부득이

17세기 중국의 반기독교 논쟁

부득이

17세기 중국의 반기독교 논쟁

양광선 · 이류사 · 남회인
지음

안경덕 · 김상근 · 하경심
옮김

일조각

서문

15세기 말 포르투갈과 스페인이 주도한 유럽인들의 신대륙 발견과 동인도 항로 개척은 16~17세기의 세계사를 이해하는 열쇠이다. 이때부터 유럽 최고의 지식인 집단이었던 예수회 선교사들이 상인들의 길을 따라 인도 · 중국 · 일본으로 가서 그리스도교를 전파하게 되었는데, 이에 따라 동양인들은 새로운 문물을 직접 접하게 되었다.

당시 세계의 최강국이었던 중국의 지식인들은 이런 역동적인 상황에서 그리스도교를 만나고 난 후의 반응을 기록으로 남겼다. 그리스도교의 세계 선교가 시작된 이래 선교지에서 17세기의 선교에 대한 반응이 온전하게 남아 있는 것으로는 중국의 기록들이 유일무이하다. 대표적인 기록으로 『부득이不得已』와 『부득이변不得已辯』 및 『역법부득이변曆法不得已辨』, 『파사집破邪集』과 『벽사집闢邪集』, 그리고 『오문기략澳門記略』을 들 수 있는데, 이들을 통틀어 '명말청초 반기독교 문서'라고 부를 수 있다. 이 문서들의 주 내용은 그리스도교에 대한 비판이지만, 동서 문명의 충돌과 이에 대한 중국 측의 관용tolerance과 선교사 측의 적응accommodation을 이해할 수 있는 단초가 되기에 문명사적으로 큰 의미를 갖는다.

이러한 명말청초 반기독교 문서를 원문과 함께 한국어로 완역하고 주해하는 일은 6년이 넘게 걸릴 만큼 힘든 작업이었다. 역자들은 오랜 번역 과정을 거치며 각 문서를 한 권씩 출간하는 것보다 내용에 따라 한데 묶어 읽는 것이 당시의 상황과 생각을 이해하는 데 보다 도움이 될 것이라는 데 의견을 모으고 모두 세 권으로 구성하였다. 제1권인 이 책에는 『부득이不得已』, 『부득이변不得已辯』, 『역법부득이변曆法不得已辨』 등을 실었는데, 조선족 학자 조희천 선생 등이 상당 부분을 애벌 번역한 다음, 본인이 원문과 대조하면서 수정하여 완역하고 여기에 주해를 달았다. 이어서 중국 고전문학을 전공한 하경심 교수가 사실상의 삼역三譯과 역주를 추가하는 작업을 담당하였고, 예수회 선교 역사를 전공한 김상근 교수는 최종적인 검토와 「중국 그리스도교사와 반그리스도교 운동의 전개 과정」을 추가하였다. 또 나

일성 연세대학교 명예교수는 역법에 관한 내용을 여러 차례 교열해 주셨다.

앞으로 제2권 『파사집破邪集』·『벽사집闢邪集』 합본과 제3권 『오문기략澳門記略』이 간행되면 '명말청초 반기독교 문서' 전체가 햇빛을 보게 된다. 제2권은 본인과 이주해 박사가, 제3권은 하경심 교수·이주해 박사·정찬학 박사가 번역하고 주해를 붙였다.

이 문서들이 20세기 말에 부분적으로 영어권 국가에서 영어로 번역·인용·해석되어 학위논문에 활용된 적은 있었으나 완역된 것은 이 한국어 주해본이 세계 최초라고 알고 있다. 동서 교류의 귀중한 이 자료가 널리 읽히고 활용되기를 기원한다.

이 책을 기꺼이 출판해주신 일조각에 심심한 감사를 표하며, 꼼꼼한 교정으로 책의 모양새를 다듬어 주고 크고 작은 오류를 잡아주신 안경순 편집장님, 김건우 선생님께도 고마움을 전한다.

2013년 8월
옮긴이들 모두를 대신하여
안경덕

차례

하권

제2부 부득이변 不得已辯

제3부 역법부득이변 曆法不得已辨

제4부 명말청초의 반그리스도교 운동 관련 자료

동서 문명 간 도전과 응전의 기록

이 책은 양광선楊光先(1597~1669)의 『부득이不得已』, 이에 대한 예수회 신부들의 반박문인 『부득이변不得已辯』과 『역법부득이변曆法不得已辨』 등을 모아 엮은 것으로, 그리스도교문명권과 유교문명권의 도전과 응전을 기록한 문헌이다.

『부득이』 최초의 판본은 강희 4년(1665)에 나온 청각본淸刻本이라고 하는데, 전해지는 것은 없다. 현재 남아 있는 최고본은 남경도서관에 수장되어 있는 청초본갑淸抄本甲(상하 1권) 1책인데, 출간 일자는 알 수 없다. 다음으로는 청나라 동치 8년(1869)에 청초본을淸抄本乙(상하 1권)이 나왔는데, 이 또한 남경도서관에 소장되어 있다. 이어서 청말淸末의 학자 주좌계周左季가 수정하고 발문跋文을 쓴 판본(1923)이 있는데, 1권 4책으로 되어 있다. 이 판본은 1~2책이 상반권, 3~4책이 하반권으로 나뉘어 총 123장이고, 손행연孫行衍의 「양광선전楊光先傳」과 정면장程綿莊의 「정면장선생서후程綿莊先生書後」의 두 글이 첨부되어 있다. 1929년에는 청초본갑을 영인하였는데, 이 영인본(中社影印本)은 1966년에 출판된 『천주교동전문헌속편天主教東傳文獻續編』(臺灣學生書局)에 실려 있으며 이 책의 저본이기도 하다. 이 역서에서는 『천주교동전문헌속편』의 원문과 이를 저본으로 하여 진점산陳占山이 교주校注한 『부득이不得已』(黃山書社, 2000)를 대조·참조하였다. 한편 로마의 예수회 고문서 보관실(Jesuit Archive in Rome)에도 『부득이』 사본이 보관되어 있는데, 이 책의 저본과 같은 것이다. 『부득이』는 양광선이 1659년에 쓴 「벽사론闢邪論」과 「적류십론摘謬十論[열 가지 오류를 들추어 논함]」에서부터 1665년에 쓴 「고혼사소叩閽辭疏」에 이르기까지 각기 다른 시기에 쓴 글과 상소문 등 21편을 모아 발간한 것으로, 상하 두 권으로 되어 있다. 상권에는 주로 그리스도교를 비판하는 글이 실려 있는데, 1660년에 왕태징王泰徵이 쓴 「시신록서始信錄序[시신록 서문]」와 양광선이 청년이었을 때 당시의 간신 진계신陳啓新을 탄핵한 글인 「존성학소尊聖學疏[공자의 가르침에 따른 상소]」 등 2편의 부문附文을 포함하여 총 12편의 글이 실려 있다. 하권에는 예수회 신부들이 전래한 서양의 천문학과 역법을 비판하는 글이 실려 있는데, 양광선은 서양 천문학과 '시헌력時憲曆'에 대한 반론을 제기한다. 『부득이』는 종교적인 면에서는 창조론 · 그리스도론 · 내세론 · 신론 · 우상론 등에 대한 그리스도교와 유교의 주요 논점을 망라하고 있고, 과학의 영역에서는 주로 역법과 지리학을 중점적으로 다루고 있다.

『부득이변』은 『부득이』에 대한 반박문으로, 불리오Lodovicus Buglio(利類思 또는 利再可, 1606~1682)가 쓰고 페르비스트Ferdinand Verbiest(南懷仁, 1623~1688)의 감수를 거쳐 1665년에 출간되었다. 불리오는 『부득이』에서 문제가 되는 문장을 차례로 인용하고 조목조목 반박하고 있다. 특히 그리스도교를 공격한 「벽사론」의 30가지 조목에 대해 구체적으로 반박하고 있는데, 정문呈文을 권券과 편篇으로 구분하지 않고 내려썼다. 초간 이후 강희 9년(1670)에 중각본重刻本이 나왔고, 강희 20년(1681) 전후, 도광 27년(1847), 중화민국 15년(1926)에도 재간되었는데, 이 책에서는 『천주교동전문헌』에 실린 강희 원각본(바티칸 소장본)을 저본으로 삼았다. 책 말미에 「자역법행교변藉曆法行敎辯[역법을 구실로 사교를 행한다는 데 대한 변]」과 「중국초인변中國初人辯[중국의 태초인에 관한 변]」이라는 두 편의 글을 게재하였으나 언제 썼다는 표시가 없다. 이 두 편의 내용은 주로 『부득이』 가운데 「청주사교장請誅邪敎狀[사교의 주멸을 청하는 상소]」과 「여허청서시어서與許靑嶼侍御書[시어 허청서에게 보내는 편지]」에서 지적한 문제에 대한 답변이다.

페르비스트의 『역법부득이변』은 강희 8년(1669)에 북경에서 출간되었는데, 책 이름이 원래 『부득이변』이었으나 불리오의 『부득이변』과 구별하기 위하여 따로 이름을 붙인 것이다. 이 책은 이름처럼 『부득이』에서 서양의 역법을 공격한 부분에 대한 반론으로, 순치 14년(1657)에 회회력과回回曆科 추관정秋官正 오명훤吳明烜이 지적한 내용에 대한 반론도 수록되어 있으며, 역법 외에 대지원형설大地圓形說과 같은 다른 문제도 다루고 있다.

이 글들과 함께 수록된 이조백李祖白(?~1665)의 『천학전개天學傳槩』(1663)는 중국인의 시조가 천지창조 이후 유대로부터 왔다는 부분에 대해 양광선이 반박한 것을 재반박한 문헌이다. 이조백은 1622년 천주교로 개종하고 세례를 받은 이후, 아담샬Johann Adam Schall von Bell(湯若望, 1591~1666)과 함께 흠천감에서 일하던 관리였다. 그는 『천학전개』에서 중국인의 시조가 유대지역에서 나와 중국으로 이동했다는 이론을 제시했다. 『역경易經』「계사전繫辭傳」에 복희가 팔괘를 만들고 그물을 발명하여 최초의 중국인들에게 어획수렵의 방법을 전수했다는 전설이 기록되어 있는데, 복희가 바로 최초의 중국인들을 유대지역에서 중국으로 이끌고 온 인물이라는 주장이다. 이조백은 1665년 양광선이 일으킨 역옥曆獄 때에 사형당했다. 『천학전개』의 서문을 썼던 허지점許之漸(1612~1700)은 관직을 삭탈당하고 평민으로 강등되는 처벌을 받기도 했다.

『부득이』 상권과 짝을 이루는 불리오의 『부득이변』과 『부득이』 상권 및 하권에 실린 역법의 내용을 반박하는 페르비스트의 『역법부득이변』을 함께 읽어보면 1665년 역옥 당시의 상황과 당사자들의 입장을 입체적으로 재구성하여 확인해볼 수 있다. 이 책에 실린 글들은 역옥과 관련된 소장과 변론서이므로 일차 사료로서의 가치가 커서 신학·종교학·역사학, 특히 동서 교류사를 연구하는 학자들에게 큰 도움을 줄 것이다. 또한 그리스도교 비판의 대변자라고 할 수 있는 양광선이 서양 선교사들에게 관용적인 태도를 보인 청나라 조정에 품은 불만도 읽을 수 있다.

『부득이』는 1724년 청나라 조정이 '성훈광유聖訓廣諭'라는 천주교 금교령을 발동하는 단초가 된 책인데, 중국의 반그리스도교 운동의 시작은 마테오 리치Matteo Ricci(利瑪竇, 1552~1610)가 죽은 지 6년 만인 1616년에 발생한 남경교안南京教案으로 볼 수 있다. 신유학자인 양광선은 남경교안을 계기로 발간되기 시작한 각종 반그리스도교 문서를 읽고 또 몸소 경험하면서 그리스도교에 대한 생각을 정리하였다. 양광선이 주도한 예수회 선교사들과의 투쟁이 중요한 것은 이 투쟁의 결과가 19세기 중엽 중국이 유럽의 군사력 앞에 무기력하게 개방을 강요당할 때 선례와 귀감이 되었기 때문이다. 역법의 문제를 떠나서, 외세의 침입을 극도로 경계하고 새로운 문물과 제도를 외세와 한통속으로 보았던 양광선의 선각자적 경계심이 19세기의 상황과 흡사하였기 때문에 당시 지식인들에게 경모의 대상이 된 것이다.

『부득이』에 대한 제기題記와 발문跋文을 살펴보면 먼저 전대흔錢大昕(1728~1804)은 「부득이제기不得已題記」에서 "서양 선교사들이 『부득이』라는 책을 사다가 불태워 이러한 반그리스도교 문서의 씨를 말리려 하였다는 말을 들었다"고 하였고, 고서수집가인 황비열黃丕烈(1763~1825)도 「부득이제기不得已題記」를 써서 "책장사가 가지고 온 『부득이』를 비싼 값을 쳐주고 샀다"고 하였으니 그 사상적 가치를 높이 평가하고 있었다고 볼 수 있으며, 1846년에 전기錢綺(1798~1858)는 「부득이발不得已跋」에서 양광선이 서양인들에게 독살당했다고 하면서 그의 노력으로 그리스도교의 포교가 금지되어 인심을 바로잡고 사설을 막을 수 있었으니 다행스러운 일이라고 하였다.

19세기 중엽에 『부득이』는 중국의 반그리스도교 사상을 대표하는 문헌으로 평가되어 당시에 출간된 반그리스도교 문서인 『벽사실록闢邪實錄』(1870)과 『벽사기실闢邪紀實』(1871)에 많은 부분이 인용되었고, 이 두 책은 20세기가 될 때까지 자주 인용되는 서책이 되어 소책자 등으로 여러 차례 발간되었다. 물론 그 전에도 장옥서張玉書(1642~1711)는 우동尤侗(1618~1704)의 『외국지外國志』 서문에서 양광선이 아담 샬과 벌인 논쟁을 언급하며 서양을 비난하였고, 완원阮元(1764~1849)은 『주인전疇人傳』(1799)에 양광선의 일대기를 실었으며, 위원魏源(1794~1857)은 『해국도지海國圖志』(1842)에서, 하섭夏燮(1800~1875)은 『중서기사中西紀事』(1851)에서 서양을 언급하면서 많은 부분을 『부득이』에서 인용하기도 하였다.

양광선은 자신에 대한 비판이 적지 않았는데도 서양 선교사들이 촉발시킨 문제에 대해 『부득이』를 써서 항변함으로써 정통 유학자로서의 신념을 지키려고 노력하였다. 그는 유교와 그리스도교가 결코 타협할 수 없다고 보았던 것이다. 불리오와 페르비스트가 『부득이변』과 『역법부득이변』을 써서 『부득이』를 비판한 것은 선교사들이 그리스도교 왕국인 유럽 밖에서 가장 세심하고 신경질적인 반응을 보인 일로, 이런 예는 선교사상 일찍이 없었다. 그만큼 양광선의 그리스도교와 선교사에 대한 공격이 날카로웠고 그 공격에 적극적으로 대응하지 않으면 안 될 까닭이 있었던 것이니, 양광선이 죽은 후 2세기 만에 벌어진 일들이 이를 입증하고 있다.

중국 그리스도교사와 반그리스도교 운동의 전개 과정[1]

이 책은 청나라 개국 초기인 17세기 중엽 양광선이 쓴 반그리스도교 문서인 『부득이』의 번역과 주해, 『부득이』에 대한 예수회 선교사 불리오의 반박문인 『부득이변』과 페르비스트의 『역법부득이변』의 번역과 주해, 그리고 이 세 문서와 관련된 각종 자료를 모은 것이다. 이 책의 주된 목적은 최소한 1,400년의 장구한 역사를 자랑하는 중국의 그리스도교사와 함께 전개되었던 반그리스도교 운동의 실체를 명말청초를 중심으로 살펴보는 것이다. 『부득이』에서는 '햇빛과 달빛과 별빛이 어두워지고, 오륜五倫이 끊어지도록' 중국에 악영향을 미치고 있는 그리스도교와 서양 천문학의 폐해를 묵과할 수 없어 '부득이' 탄핵의 상소를 올릴 수밖에 없었던 양광선의 사자후가 펼쳐지고 있다. 양광선은 서양 천문학에 기초한 '시헌력時憲曆'의 채택을 비판하고, 이를 제작했던 서양의 선교사들을 탄핵하면서 1665년에 이른바 역옥曆獄(欽天監教難)을 일으킨 인물이다. 따라서 『부득이』에서 제기되고 있는 논쟁은 17세기 중국의 반그리스도교 정서의 진면목을 보여 주는 동시에, 서양과 동양이 처음 만났을 때 어떤 방식으로 서로를 이해하고 또 오해했는지를 정확히 제시해준다. 모든 문명의 만남이 그러하듯이 대립의 당사자들은 각자의 입장에서 상대방을 이해하고 또 오해하기 마련인데, 17세기 중국에서 제기된 양광선의 논쟁에서도 이러한 현상이 반복되어 나타난다.

17세기 중엽, 예수회 선교사들이 전수한 유럽의 종교와 과학은 동아시아 문화를 선도해가던 중국 사회에 큰 충격을 주었다.[2] 명말청초의 중국인들은 자신들의 천

1 이 글에서 '그리스도교'라는 용어는 가톨릭교회를 포함한 전체 그리스도교를 뜻한다. 가톨릭교회를 따로 지칭할 필요가 있을 때는 '가톨릭교회'라고 하였다.

2 예수회의 선교를 통한 동서 문화의 교류에 대해서는 김상근, 『동서 문화의 교류와 예수회 선교역사』(한들출판사, 2006) 참조.

문학에 중대한 착오가 있다는 것을 발견하였다. 『상서尙書』「요전堯典」에서 강조되었듯이, 천자인 중국의 황제는 매년 정확한 월력을 반포하여 백성들의 농사에 정확한 농시農時를 제공할 의무가 있었다. 중국의 천문학과 월력에 문제가 있다는 것을 인정하는 것은 천자의 덕목이자 의무인 월력 반포에 문제가 있다고 스스로 인정하는 것이었다. 이는 동시에 천자가 우주의 삼라만상과 교감한다는 동중서董仲舒의 천인감응설天人感應說과도 상응하지 못하는 것이었다. 중국 천문학의 오류는 '세계의 중심이 중국'이라는 중화사상의 기초를 흔들 수 있는 사건이었다. 중국 천문학의 누적된 오차로 인해 논란이 일던 차에, 1583년부터 중국에서 활동을 시작했던 예수회 선교사들은 중국의 천문학보다 과학적인 서양의 천문학을 중국인들에게 소개했다. 정확한 월력의 반포가 중국 황제의 중대한 사명이었기 때문에 부득이 중국의 천문학은 서양의 천문학으로 대체되어야만 했다. 그러나 이러한 '부득이'한 사정은 중화사상에 익숙한 양광선 같은 보수적인 인물들에게는 도저히 받아들일 수 없는 것이었다. 결국 양광선은 '부득이' 황제에게 상소를 올려, 거짓된 월력을 제작하여 황제와 중국의 신민을 미혹해온 무도한 서양 선교사들을 탄핵하고, 중국의 천문학이 서양의 천문학보다 우수하다는 주장을 펼치며 반그리스도교 운동을 전개한다.

양광선이 일으킨 17세기의 반그리스도교 운동은 천문학과 연관된 동서 문화의 충돌이 중국에서 극대화된 사건이다. 이 책을 통해 한국 학계에 처음 소개되는 양광선의 『부득이』, 불리오와 페르비스트의 반박문인 『부득이변』과 『역법부득이변』, 그리고 이 세 문서와 연관되어 이 책에 실린 자료는 모두 아직까지 우리말로 번역되지 않은 것들이다. 이 희귀한 자료는 동서 문화 교류사와 17세기 중국사, 그리고 중국 종교사 및 천문학사에 매우 중요한 역사적 가치를 지니고 있다. 18~19세기에 한정되어 있는 한국 학자들의 동서 문화 교류사 연구에도 큰 도움을 주리라 믿는다.

예수회 선교사들을 통해 서양의 천문학이 중국에 전해지자 동양과 서양은 처음으로 과학적인 세계관의 충돌을 경험했다. 이슬람 역법에 기초한 회회력回回曆과 이를 계승한 명나라의 대통력大統曆이 과학적 오류를 드러냈을 때 마침 서양의 천문학에 숙달되어 있던 예수회 선교사들이 중국에서 활동을 펼치고 있었다. 예수회 선교사들이 중국 황실에 소개했던 시헌력은 단순한 과학 지식의 소개 차원을 넘어 중화주의에 대한 명백한 도전이었으며, 동양이 서양에 비해 과학적 후진성을 면치 못하고 있다는 사실의 정확한 반증이었다. 그러나 당시 예수회 선교사들이 중국에 제시한 천문학은 갈릴레이Galileo Galilei(1564~1642)의 지동설에 기초한 것이 아니라 기존의 프톨레마이오스Claudios Ptolemaeos의 천동설에 티코 브라헤Tycho Brahe(1546~1601)의 '티코 체계'[3]를 접합시킨 일종의 절충적인 천문학이었다. 청나라 때에 활동했던 예수회 선교사들은 이미 갈릴레이의 지동설에 대해 알고 있었지만 교황청의 결정에 따라 티코 체계를 중국에서 그대로 사용했는데, 이는 1865년에 교황청이 갈릴레이와 케플러Johannes Kepler(1571~1630)의 이론을 받아들일 때까지 계속되었다. 결국 중국에 소개된 서양의 천문학은 선교사들의 종교적 동기에 의해 완급이 조절된 것이었다. 즉 서양의 종교적 입장에 따라 과학적 지식이 제한적으로 중국에 소개되었다는 것을 의미한다.

양광선과 중국 천문학자들 역시 자신들의 전통적인 입장에서 서양 천문학과 선교사들의 과학 지식에 대응했다. 그들의 대응은 선동적인 탄핵과 서양 천문학에 대한 전면적인 부정으로 시작되었다. 양광선의 경우가 여기에 해당한다. 그러나 무조건적인 거부나 대항은 서양의 과학 지식 앞에서 힘을 발휘할 수 없었다. 낡은 체제의 오류만이 만천하에 드러날 뿐이었다. 결국 그들이 취할 수 있는 마지막 논리적 대항은, 서양의 지식이 실용적인 면에서는 발전했지만 원래의 지식은 오래전에 중국에서 서양으로 전래된 것이라는 입장을 펼치는 것이었다. 또한 중국은 근원적인 지식을 태동시키고 보유하고 있을 뿐만 아니라, 지식의 '도덕(윤리)적인 면'을 소유하고 있다는 점에서 여전히 세계의 중심이라는 입장을 고수했다. 이른바 동도서기론東道西器論의 맹아가 여기서 발견된다.[4]

중국에 소개된 서양 문물이 17~18세기 조선의 실학자들에게 큰 영향을 미쳤

3 아리스토텔레스적 우주상에 의문을 제기하고 지구를 중심으로 태양이 공전하며, 태양 둘레를 다른 행성과 혜성이 돈다고 하는 지구중심설.

4 이 견해에 대한 상세한 설명은 George Wong, "China's Opposition to Western Science during Late Ming and Early Ch'ing", *Isis*, Vol. 54, No. 1(March, 1963), pp. 29~49 참조.

고,[5] 중국의 황제와 마찬가지로 월력 반포의 의무를 지녔던 조선의 국왕에 의해 중국과 서양의 천문학이 일찍부터 소개되었던 점으로 미루어, 17세기 천문학과 연관된 중국의 반그리스도교 운동은 한국의 근대 과학사를 이해하는 데도 중요한 배경 지식을 제공해줄 것이다. 『부득이』 등의 번역과 주해를 통해 17세기 중국의 반그리스도교 운동을 엿볼 수 있는데, 이를 논의하기 전에 먼저 그리스도교가 어떻게 중국에 소개되었는지를 개략적으로 살펴볼 필요가 있다.

당·원나라 때의 실크로드 그리스도교

중국의 그리스도교 역사는 당나라 때로 거슬러 올라간다. 17세기 초에 발견된 서안西安의 대진경교유행중국비大秦景教流行中國碑(781년 건립)에 따르면, 이 그리스도교는 '네스토리우스파'로, 중국 문헌에서 경교景教라고 불렸다.[6] 이 비석에는 알로펜Alopen(阿羅本)이 이끄는 페르시아의 시리아 교회 선교단이 635년에 당나라의 수도 장안長安에 도착하여 선교 활동을 전개했다고 기록되어 있다. 당시 아시아와 서역의 많은 나라들과 더불어 평화적인 교역을 행하고 있던 당나라는 외래 종교에 대해 비교적 관용적인 입장을 취하고 있었다. 알로펜은 '정관貞觀의 치治'를 이루었던 태종太宗(재위 626~649)의 환대를 받으며 장안의 의녕방義寧坊에 대진사大秦寺라는 사원(교회)을 건립하였다. 한때 이 교회당에는 21명의 네스토리우스 사제들이 활동하고 있었다. 태종에 이어 집권한 고종高宗(재위 649~683) 때에는 네스토리우스 교회가 "수많은 성읍에 사원이 넘쳐났다〔寺滿百城〕"고 기록될 정도로 큰 발전을 이루었다. 그러나 이 교회는 685년부터 704년까지 섭정했던 불교도 측천무후則天武后에 의해 첫 번째 타격을 받았고, 713년에는 당시 황실의 지원을 받던 도교도들에 의해 큰 탄압을 받기도 했다. 그러나 현종玄宗(재위 712~756) 때에는 네스토리우스 교회에 대해 우호적인 입장을 취하였다. 대진경교유행중국비에 따르면 현종 치세에 아라비아로부터 수라함首羅含(Abraham)과 급렬及烈(Gabriel)이 파송되어 당

---

5 박성순, 『조선 유학과 서양과학의 만남』(고즈윈, 2005) 참조.

6 이 분야에 대한 연구는 황정욱, 『예루살렘에서 장안까지』(한신대학교출판부, 2005); 김호동, 『동방 기독교와 동서문명』(까치, 2002); 그 외 정수일의 실크로드 연구를 참조할 수 있다.

나라에 입국하였으며, 744년에는 길화佶和(George)라는 이름의 사제가 추가로 입국하여 네스토리우스 교회의 새로운 발전의 터전을 마련하였다. 대진경교유행중국비는 이 시기의 네스토리우스 교회에 대하여 "잠시 무너졌던 가르침의 기둥은 다시 높이 숭상되었고, 잠시 기울어졌던 도道의 반석은 다시 굳건하게 세워졌다〔法棟暫橈而更崇, 道石時傾而復正〕"고 기록하고 있다.

안녹산安祿山의 난(755~763)이 일어났을 때 이를 정벌(756)한 당나라 장군 곽자의郭子儀의 참모는 네스토리우스 교도였던 동삭방절도부사同朔方節度副使 이사伊斯 장군이었다. 안녹산의 난 때 혁혁한 무공을 세운 이사는 대종代宗(재위 762~779)이 티베트 군의 공격을 받고 위기에 처했을 때 또다시 황제를 위기에서 구함으로써 당나라 황실이 네스토리우스교에 대해 우호적인 입장을 취하는 데 결정적인 공헌을 하였다. 이사의 무공 덕분에 당 황실은 "매년 성탄절이 다가오면 뛰어난 향품을 내려 무공을 격려하셨고 황제께서 음식을 하시하여 네스토리우스 교도들을 환대〔每於降誕之辰, 錫天香以告成功, 頒御饌以光景衆〕"할 정도였다. 이사는 781년 1월 7일자로 비석을 세우고 이를 '대진경교유행중국비'라 하였다. 비석의 내용은 당시 대진사 주교였던 경정景淨이 기술했다.

그러나 네스토리우스교는 9세기 중엽부터 중국 종교사에서 서서히 종적을 감추게 된다. 네스토리우스교가 소멸된 이유에 대한 학자들의 다양한 분석이 시도된 바 있는데,[7] 가장 결정적인 동기는 무종武宗(재위 840~846)이 845년에 일으킨 회창폐불會昌廢佛 사건이었다. 무종은 도교 도사인 조귀진趙歸眞의 설득으로 불교 사찰을 파괴하고 26만 명의 불교 승려들을 환속시키는 대대적인 법난을 일으켰다. 이때 네스토리우스교도 이슬람교·마니교·조로아스터교(拜火敎) 등과 함께 직접적인 피해를 입었으며 네스토리우스 교도들은 당나라의 정치권력이 미치지 않는 서아시아 초원 지역으로 이주했다.

중국 역사에서 네스토리우스교는 중앙아시아 부족의 발흥과 더불어 다시 한 번 역사에 등장하게 된다. 위구르족에 이어 몽골 평원의 강자로 떠오르기 시작한 케

---

7 예를 들면 김상근, 「네스토리안 그리스도교는 왜 중국에서 사라졌는가?—소수 신앙공동체의 종교적 생명력에 대한 연구」, 『신학논단』 제43집(2006년 2월), 727~763쪽 등.

레이트Keraits(돌궐족 계통으로 '怯烈'로 불림)족과 나이만Naimans족의 등장은 중앙아시아에서 네스토리우스 교회가 확장되는 새로운 전기를 마련해주었다. 비록 이설이 있지만, 케레이트족의 지도자들은 대부분 네스토리우스교를 신봉하고 있었다. 또한 13~14세기경에 케레이트족과 함께 중앙아시아의 군사적 패권을 장악했던 옹구트Onguts족 또한 네스토리우스교를 믿는 유목민 부족이었다. 옹구트족은 튀르크어를 공식어로 사용하였고, 중국인들은 이들을 '백달단白韃靼'으로 부르며 경계하고 있었다. 이들은 845년 회창폐불의 법난이 일어났을 때, 내몽골 지역으로 도피한 네스토리우스 교도에 의해 그리스도교로 개종되었을 것으로 추정된다.[8] 중앙아시아 평원에서 출발하여 아시아와 유럽을 무력으로 제패했던 몽골의 영웅 칭기즈 칸은 1203년 가을에 케레이트와의 전투에서 승리함으로써 중앙아시아의 패권을 장악했다. 칭기즈 칸의 세력 확장과 권력 세습은 몽골과 중국에서 네스토리우스교가 부활하는 데 직접적으로 기여했다.[9] 칭기즈 칸은 케레이트족의 지도자 토그릴Toghrul(? ~1203)의 동생 자아 감보Jakha Gambhu의 세 딸을 각각 자신과 첫째 아들, 그리고 넷째 아들의 아내로 삼았다. 이 세 딸 중 넷째 아들 툴루이Tolui(睿宗, 1192~1232)와 결혼했던 케레이트 부족장의 딸 소르칵타니 베키Sorghoqtani Beki(1198~1252)는 네스토리우스 교도였다. 소르칵타니 베키는 몽케Möngke(憲宗, 1208~1259), 쿠빌라이Kubilai(世祖, 1215~1294), 훌라구Hulagu(1218~1265), 아리크 부카Arikbukha(?~1266)를 낳았는데, 이들은 모두 어머니로부터 그리스도교적 영향을 받으며 성장했다.[10] 이 중 첫아들 몽케가 남송과의 전투에서 사망

8 김호동, 『동방 기독교와 동서문명』, 187쪽.

9 Ian Gillman and Hans-Joahim Klimkeit, *Christians in Asia before 1500*(Ann Arbor: The University of Michigan Press, 1999), pp. 285~295. 케레이트 부족장이었던 토오릴은 원래 칭기즈 칸의 義父였다. 그러나 칭기즈 칸의 무리한 혼인 요청으로 둘 사이의 관계가 악화되었고, 결국 칭기즈 칸의 승리로 둘 사이의 무력 충돌은 종결된다. 이 사건을 통해 케레이트의 네스토리우스교는 몽골제국의 종교로 편입되기에 이른다.

10 소르칵타니 베키의 남편 툴루이는 금나라와의 전쟁을 마치고 귀환하던 중 급사했다. 칭기즈 칸의 셋째 아들 오고타이(太宗, 1186~1241)는 카라코룸으로 수도를 옮기고 대대적인 국가 정비 사업을 추진했으며 유럽을 원정하여 오스트리아 비엔나 교외까지 진격했다. 그러나 유럽 원정에 나선 오고타이가 1242년경에 사망하자, 대권은 툴루이 가문으로 넘어가고 소르칵타니 베키의 정치적 영향력은 더욱 강력해진다. 소르칵타니 베키의 정치적 능력에 관해서는 라시드 앗 딘 지음, 김호동 옮김, 『칸의 후예들』(사계절, 2005), 309~319쪽 참조.

하자, 둘째 아들인 쿠빌라이가 몽골제국의 패권을 장악하고 원나라의 시조인 세조가 되었다. 네스토리우스 교도였던 소르칵타니 베키의 아들이 중국의 새로운 왕조를 창건하고 황제로 등극함으로써 네스토리우스교는 중국에서 최고의 전성기를 맞게 된다.[11] 소르칵타니 베키의 아들들은 비록 공개적으로 그리스도교를 신봉하지 않았지만 네스토리우스교에 대해 최대한 관용을 베풀었던 것을 볼 때 어머니 소르칵타니 베키의 종교적 영향력을 짐작할 수 있다.[12] 소르칵타니 베키는 큰 아들 몽케와 셋째 아들 훌라구가 네스토리우스 교도인 아내를 맞이하도록 주선했다.[13] 훌라구의 아들 아바카Abaqa(阿哈哥, 1234~1282)는 비잔틴제국의 공주 마리아Maria Despina Palaiologina를 아내로 맞아들였는데, 1281년 아바카가 암살당한 후에 마리아는 콘스탄티노플로 돌아가 '몽골인의 성모 마리아 교회Church of Saint Mary of the Mongols'를 설립한 것으로도 유명하다. 또한 몽골의 권력을 보좌했던 신하와 장군 가운데도 네스토리우스 교도들이 많았다.[14]

몽골제국을 방문했던 프란체스코 수도회 선교사들

13세기 중엽 유럽에서 십자군 운동이 한창 진행되고 있을 무렵, 일단의 프란체스코회 선교사들이 실크로드를 따라 몽골제국을 방문했다. 그들은 처음에는 '황색 공포Yellow Terror'를 야기한 몽골인의 유럽 침공을 무마시키기 위한 정치적인 목적을 갖고 있었지만 점차 선교적인 목적을 갖게 되었다. 유럽의 프란체스코회 사제들은 중앙아시아와 몽골제국에서 우연히 네스토리우스 교도를 발견했지만 서방교회를 대표했던 그들은 동방교회 전통의 네스토리우스교를 이단시하는 입장을 취했다.[15] 1246년 교황 이노센트 4세가 파송했던 프란체스코회 선교사 플라노

---

11 소르칵타니 베키의 역할에 대한 간략한 소개는 잭 웨더포드 지음, 정영목 옮김, 『칭기스칸, 잠든 유럽을 깨우다』(사계절, 2005), 240~261쪽; Morris Rossabi, "Khubilai Khan and the Women in His Family", in Wolfgan Bauer, ed. *Studia Sino-Mongolica*(Wiesbaden: Franz Steiner Verlag GMBH, 1979), pp. 153~180 참조.

12 Gillman and Klimkeit, *Christians in Asia before 1500*, p. 285; 김호동, 『동방 기독교와 동서문명』, 191~193쪽.

13 몽케의 아내는 오굴 카이미시, 훌라구의 첫째 부인은 도쿠즈 카툰이었다.

14 김호동, 『동방 기독교와 동서문명』, 197~202쪽.

15 Igor de Rachewilz, *Papal Envoys to the Great Khans*(Stanford: Standford University Press,

카르피니의 요한John of Plano Carpini[16]과 1253년 몽골에 파송되었던 루브룩의 윌리엄William of Rubruck(1220~1293)[17]이 남긴 기록과 마르코 폴로Marco Polo(1254~1324)의 『동방견문록東方見聞錄』에서 네스토리우스교에 대한 언급이 나온다.[18] 원나라의 문헌에서는 네스토리우스 교도들이 에르케운〔也里可溫〕으로 불렸다.[19] 그러나 이 문헌에서는 네스토리우스교도, 무슬림,[20] 조로아스터교도,[21] 마니교도,[22] 유대교도[23]의 신앙적 차이점에 대해 특별한 관심을 보이지 않았다. 중국에서는 사람에 따라 이들 여러 종교를 지칭하는 용어를 별다른 기준 없이 뒤섞어 쓰기도 했다.[24]

1971); Wolfgang Franke, *China and the West*(New York: Columbia University Press, 1967), pp. 1~18; Gillman and Klimkeit, *Christians in Asia before 1500*(Richmond, Surrey: Curzon, 1999), pp. 295~305.

16 플라노 카르피니의 요한이 남긴 기록에 대한 최고의 고증을 거친 연구는 R. A. Skelton, et at, eds., *The Vinland Map and the Tartar Relation*(New Haven: Yale University Press, 1965) 참조.

17 루브룩의 윌리엄이 남긴 기록은 Christopher Dawson, ed., *The Mission to Asia: Narratives and Letters of the Franciscan Missionaries in Mongolia and China in the Thirteenth and Fourteenth Centuries*(New York: Harper & Row, 1966) 참조.

18 마르코 폴로가 발견했던 중국 네스토리우스 공동체에 대한 위치 및 현황은 김호동, 『동방 기독교와 동서문명』, 235~236쪽 참조. 폴로와 네스토리우스교도 간의 만남에 대한 추가 연구를 위해서는 John Larner, *Marco Polo and the Discovery of the World*(New Haven: Yale University Press, 1999), p. 14, 65, 120, 126 참조.

19 Ch'ên Yüan, *Western and Central Asians in China under the Mongols*(Los Angels: University of California Press, 1966), p. 41.

20 중국 무슬림에 대한 연구는 Michael Dillon, *China's Muslim Hui Community: Migration, Settlement, and Sects*(Surrey: Curzon Press, 1999); Jonathan Lipman, *Familiar Strangers: A History of Muslims in Northwest China*(Seattle: University of Washington Press, 1997); Michael Dillon, *China's Muslims*(Oxford and New York: Oxford University Press, 1996) 참조.

21 중국 조로아스터교에 대한 연구는 林悟殊, 『波斯拜火教與古代中國』(臺北: 新文豊, 1995) 참조.

22 중국 마니교에 대한 연구는 Samuel Lieu, *Manichaeaism in Central Asia and China*(Leiden: Brill, 1998); idem, *Manichaeaism in the Later Roman Empire and Medieval China: A Historical Survey*(Manchester: Manchester University Press, 1985); 林悟殊, 『摩尼教及東漸』(北京: 中華書局, 1987) 참조.

23 중국의 유대교에 대한 연구는 Sidney Shapiro, ed., *Jews in Old China*(New York: Hippocrene Books, 1984); Donald Leslie, *The Survival of the Chinese Jews*(Leiden: E. J. Brill, 1972); Jonathan Goldstein, *The Jews of China*(Armonk and London: M. E. Sharpe, 1999) 참조.

24 Ch'ên Yüan, *Western and Central Asians in China under the Mongols*, p. 46. 명대에 波斯教, 즉 '페르시아의 종교'로 불리던 네스토리우스 그리스도교는 현종 4년(745년)에 景教로 불리기 시작했다.

1240년대부터 1340년대까지의 약 100년에 걸쳐 가톨릭교회는 몽골제국과 중국으로 정치 사절단과 선교단을 파송했다. 당시 교황청은 1230년대 말 몽골의 바투 칸Batu Khan(1207~1255)이 동유럽과 키예프를 초토화시키며 지금의 러시아 지역에 킵차크한국을 세웠던 정치 · 군사적 위기 아래에서 어떤 방식으로든지 몽골군의 서진을 막아야 할 형편에 처해 있었다. 교황청은 이러한 외교적 협상과 더불어, 유럽과 몽골 사이에 놓여 있는 공동의 적인 이슬람 제국을 협공하자는 제안을 몽골제국의 지도자들에게 전달하고자 하였다. 이러한 정치 · 군사적 배경 가운데 프란체스코회 사제인 플라노 카르피니의 요한, 루브룩의 윌리엄, 몬테코르비노의 요한John of Monte Corvino(1247~1328), 그리고 포르데노네의 오도릭Odoric of Pordenone(1265~1331) 등이 유럽과 몽골제국을 오가며 중요한 정치적 · 종교적 역할을 함께 수행하였다. 마르코 폴로는 첫 번째 중국 체류 시에는 선교사 없이 활동했으나 두 번째 여행(1271~1295)에서는 마르코Marco 선교사와 동행했다.

앞에서 말한 대로 1246년에 교황 이노센트 4세가 파송했던 플라노 카르피니의 요한은 프란체스코회 사제로는 최초로 중국에 도착한 인물이다. 그는 폴란드의 베네딕트와 함께 키예프 인근에서 바투 칸에게 체포되어 칭기즈 가문의 세 번째 칸으로 선출되기 직전인 귀위크 칸(원나라 정종, 재위 1246~1248)의 막사로 압송되었는데, 귀위크가 대관식을 하고 난 뒤 오랜 대기 상태를 거친 다음 교황의 친서를 전달했고, 귀위크 칸의 회신이 플라노 카르피니의 요한에게 전달되었다. 이때 전달된 귀위크 칸의 친서는 교황청의 비밀문서로 보관되어 있다가 20세기에 이르러 그 존재가 알려지게 되었다.

1253년 몽골에 파송되었던 루브룩의 윌리엄은 로마 교황청이 두 번째로 파송한 프란체스코회 선교사이다. 플라노 카르피니의 요한에게 친서를 전달했던 귀위크 칸은 곧 사망하고 칭기즈 칸의 다른 아들 툴루이와 그의 아내 소르칵타니 베키 사이에서 태어난 몽케가 몽골의 네 번째 칸으로 선출되었다.[25] 앞에서 언급한 대로 소르칵타니 베키는 케레이트족 출신으로 네스토리우스교도였다. 소르칵타니 베키는 첫째 아들 몽케 칸의 뒤를 이어 쿠빌라이가 다음 칸으로 추대되는 데 결정

25 칭기즈 칸 이후 몽골 대권의 승계에 대해서는 라시드 앗 딘 지음, 김호동 옮김, 『칸의 후예들』 참조.

적인 역할을 하였으며, 쿠빌라이는 송나라를 정복하고 원나라를 창건하면서 몽골의 중국화를 추진한다. 루브룩의 윌리엄은 몽케 칸의 궁궐이 있던 카라코룸을 향해 가면서 불교 사원과 이슬람 모스크, 그리고 네스토리우스 교회를 방문했다. 그는 몽케 칸의 어머니 소르칵타니 베키, 중신인 불가이Bulgai, 칸의 첫 아내인 쿠툭테이Kutuktei, 막냇동생 아리크 부카Arikbukha 등이 네스토리우스교도임을 알게 되었다. 또한 중앙아시아의 나이만족, 위구르족, 메르키트족, 그리고 소르칵타니 베키를 배출한 케레이트족이 모두 네스토리우스교도들이란 사실을 그의 여행 기록에 남겼다. 1254년, 루브룩의 윌리엄은 카라코룸에서 서방 그리스도교의 대표로 네스토리우스교 · 이슬람 · 도교 · 불교 대표 간의 종교논쟁에 참여하기도 하였다.[26] 루브룩의 윌리엄이 남긴 몽골 여행기는 마르코 폴로의 『동방견문록』과 함께 13세기의 동서 문화교류사를 이해하는 데 매우 소중한 사료이다. 윌리엄은 선교를 목적으로 활동하였지만, 몽골인들에게 그리스도교를 전파하는 데 성공하지는 못하였다.

플라노 카르피니의 요한과 루브룩의 윌리엄이 교황의 친선 대사에 가까운 역할을 수행했다면, 1289년 교황 니콜라오 4세Nicholaus IV(재위 1288~1292)가 파송한 몬테코르비노의 요한은 원나라에서 활동한 프란체스코회 최초의 공식 선교사이다. 그는 중국을 포함한 아시아 선교를 위하여 인도를 거치는 해상로를 통해 1294년경 북경에 도착했다. 당시는 세조의 손자인 성종(테무르)의 통치기였다. 몬테코르비노의 요한은 1299년 북경에 가톨릭 성당을 설립하였고, 1305년에 이르러 6천여 명을 개종시켰다. 이러한 소식이 유럽으로 전해지자 교황 클레멘스 5세Clemens V(재위 1305~1314)는 1307년 그를 북경 대주교로 임명하고 1313년경에 7명의 주교를 추가로 중국에 파송했다. 그러나 7명의 주교 가운데 4명은 도중에 무슬림에 의해 살해당하고 3명만이 중앙아시아에 도착했다. 주교 가운데 대표는 페루기아의 앤드류Andrew였으며 그는 복건성福建省 천주泉州에서 주교로 정식 취임

26 이 종교논쟁에 대한 자세한 연구는 Richard Young, "Deus unus or Dei plures sunt? The Function of Inclusivism in the Buddhist Defense of Mongol Folk Religion against William Rubruck(1254)", *Journal of Ecumenical Studies*, vol. 26(1989), pp. 100~137 참조.

했다. 1322년에는 포르데노네의 오도릭은 인도를 거쳐 남중국의 여러 도시를 방문하고 마르코 폴로의 여행기에 버금가는 중요한 방문기를 남기기도 했다.[27] 그러나 14세기 중엽 명나라가 창건된 이후부터 네스토리우스교와 프란체스코회 선교사들이 이끌던 그리스도교는 중국에서 서서히 자취를 감추었다. 명나라 말기에 중국 선교를 시작한 예수회 선교사 마테오 리치는 교황청과 예수회 총장에게 보낸 보고서에서 네스토리우스교나 프란체스코회의 중국 선교가 자취를 감췄다는 기록을 남겼다.

명 말 예수회의 중국 선교와 서양 천문학의 도입

이탈리아 출신의 예수회 선교사 마테오 리치가 1583년 중국 본토로 입국함으로써 중국과 유럽, 유교 문화와 그리스도교 문화가 본격적으로 접촉하기 시작했다. 네스토리우스 교회가 중국에 처음 소개된 지 948년 만에, 그리고 교황 이노센트 4세가 파송한 플라노 카르피니의 요한이 몽골제국을 방문한 지 337년 만에, 반종교개혁의 기수이자 16세기 그리스도교 선교 운동의 견인차였던 예수회에 의해 중국 선교가 재개된 것이다. 리치는 『천주실의天主實義』와 『기인십편畸人十篇』을 포함한 많은 저술을 통해 중화사상과 송명 성리학이 골격을 이루고 있던 명나라 말기의 중국 사상체계에 일대 충격을 주었다. 서양의 과학과 종교를 소개함으로써 동서 문화의 교류를 촉진시키고 사서삼경을 라틴어로 번역하여 '중국학'의 아버지로 추앙받고 있는 리치의 생애와 사상에 대해서는 이미 많은 학자들의 연구가 발표된 바 있다.[28] 특별히 그가 '하나님Deus'을 '천주天主'라고 번역한 것은 지금까지 어느 누구도 도달하지 못한 소위 '토착화 신학Contextualization Theology'의 위대한 모범으로까지 평가받고 있다.[29]

---

27 Henry Yule in *Cathay and the Way Thither*, vol. i, pp. 1~162, vol. ii, appendix, pp. 1~42 (London, 1866), Hakluyt Society.

28 마테오 리치의 생애와 업적에 대한 연구는 Vincent Cronin, *The Wise Man from the West* (London: The Harvill Press, 1999〔1955〕); 히라카와 스케히로 지음, 노영희 옮김, 『마테오 리치: 동서문명교류의 인문학 서사시』(동아시아, 2002) 참조.

29 이 분야에 대한 자세한 연구는 Sangkeun Kim, *Strange Names of God: The Missionary Translation of the Divine Name and the Chinese Responses to Matteo Ricci's Shangti in Late Ming*

리치는 1573년부터 1577년까지 로마대학에서 수학할 당시 당대 최고의 수학자였던 클라비우스Christophorus Clavius(1538~1612)로부터 수학과 천문학의 기초 지식을 배웠다. 수학과 천문학에 대한 리치의 지식은 1583년 중국 본토로 진입하면서부터 바로 활용되기 시작했다.[30] 1583년에 제작한 리치의 세계지도인 '곤여만국전도坤輿萬國全圖'는 중화사상에 젖어 있던 명 말의 중국 지식인들에게 큰 충격을 주었다. 중국이 세계의 중심이 아니라 동아시아의 한 국가에 불과하고, 서양의 지리학적 지식이 더 광범위하다는 사실이 당시 중국인들에게 큰 충격을 주었던 것이다. 1602년, 리치는 북경에서 이지조李之藻(1565~1630)와 함께 목각으로 완성한 '곤여만국전도'에 세계지도와 서양 천문학을 자세히 소개했다.[31] 또한 클라비우스로부터 전수받은 유클리드 기하학도 소개하여 중국 사대부들의 관심을 끌었다. 리치는 1607년에 '중국 개교開教의 삼대 기둥' 중의 한 명으로 불리던 서광계徐光啓(1562~1633)와 함께 유클리드의 『기하학원론幾何學原論』 일부를 번역하여 『기하원본幾何原本』이라는 제목으로 출간했다.[32] 리치는 천문학을 중국 선교를 위해 반드시 필요한 문화적 접촉점이라고 보고, 예수회 본부에 천문학과 세계 지리에 정통한 선교사를 중국으로 파송해줄 것을 거듭 청원했으며, 로마의 예수회 본부는 파도바·볼로냐·로마 대학에서 수학하면서 천문학을 습득한 줄리오 알레니Giulio Aleni(1582~1649, 艾儒略)를 중국으로 파송한다. 1609년에 리스본을 출발하여 1610년 말경에 마카오에 도착한 알레니는 『직방외기職方外紀』를 저술하여 서양의 천문학과 세계 지리를 중국인들에게 소개하였다.[33] 한편 리치는 서양의 천문학을 이용하여 1601년 6월 15일과 그해 12월 9일의 월식, 1602년 7월 4일의 일식, 그리고 1603년 5월 11일에 발생한 일식을 정확하게 예측하면서 서양의 천문학을

China, 1583~1644(New York: Peter Lang Publishing, 2004) 참조.

30 Henri Bernard, *Matteo Ricci's Scientific Contribution to China*(Westport: Hyperion Press, 1973〔1935〕) 참조.

31 김상근, 『세계지도의 역사와 한반도의 발견』(살림, 2004), 42쪽.

32 Peter Engelfriet, *Euclid in China: The Genesis of the First Translation of Euclid's Elements in 1607 and Its Reception up to 1723*(Leiden: Brill Academic Publishers, 1998) 참조.

33 알레니의 『직방외기』는 한국어로 번역되었다. 줄리오 알레니 지음, 천기철 옮김, 『직방외기』(일조각, 2005) 참조.

명 말 중국 지식인들에게 소개했다.

천문학을 포함한 서양의 과학문물이 중국에 본격적으로 소개된 것은 1610년에 리치가 사망한 뒤 중국 선교를 책임지게 된 니콜로 롱고바르디Nicolo Longobardi(龍華民, 1565~1655)의 공헌이 컸다.[34] 중국 선교 관찰사Visitor의 임무를 맡게 된 롱고바르디는 니콜라스 트리고Nicolas Trigault(金尼閣, 1577~1628)를 유럽으로 돌려보내 중국 선교를 확대하기 위한 몇 가지 지시를 내린다. 리치의 중국 선교 보고서를 유럽에서 출간하여 교황과 유럽 군주들의 중국에 대한 관심을 증대시킬 것, 중국 선교를 위한 예수회 선교사를 추가로 모집할 것, 그리고 서양 문물을 소개할 수 있는 각 학문 분야의 전문서적을 수집하여 올 것 등이 롱고바르디가 트리고에게 지시한 임무였다. 트리고는 1613년에 로마로 귀환한 이래 피렌체·밀라노·리옹·뮌헨·쾰른을 거쳐 프랑크푸르트 도서박람회까지 순례하며 롱고바르디의 지시를 차근차근 수행했다. 리치의 선교 보고서인 『중국전교사De Christiana expeditione apud Sinas』도 라틴어로 번역되어 교황과 예수회 총장에게 제출되었고,[35] 중국으로 가져갈 유럽의 각종 전문서적들도 속속 입수되었다. 트리고는 유럽에서 천문학과 수학에 정통한 예수회 선교사를 추가로 모집하여 1619년에 다시 중국으로 돌아갔다. 트리고가 가지고 간 유럽의 서적은 현재 북경에 소장되어 있으며, 모두 757종 629권으로 편찬되어 있다. 이들 중 서양의 천문학을 중국에 전수한 선교사는 요한 테렌츠Johann Terrenz(鄧玉函, 1576~1630), 자코모 로Giacomo Rho(羅雅谷, 1593~1638), 아담 샬Johann Adam Schall von Bell(湯若望, 1591~1666), 프란치스코 푸르타도Francisco Furtado(傅汎際, 1589~1653) 등이다.

테렌츠는 갈릴레이와 함께 과학 아카데미Academia de Lincei에 소속되어 있던 당대 최고의 천문학자였다. 자코모 로는 수학과 천문학에 특별한 재능을 지녔었고, 아담 샬은 흠천감 감정에까지 올랐던 인물로 17세기 중엽의 반그리스도교 운동을 주도했던 양광선의 주된 공격 대상이었다.

34 Nicolas Standaert, "The Transmission of Renaissance Culture in Seventeenth-century China", *Renaissance Studies*, vol. 17. no. 3(2003), p. 377 참조.

35 마테오 리치의 『중국전교사』는 '마테오 리치의 중국견문록'이라는 제목으로 번역되었다. 마테오 리치 지음, 신진호·전미경 옮김, 『마테오 리치의 중국견문록』(문사철, 2011) 참조.

명 말의 월력에 문제가 있음을 발견하고 예수회 선교사들의 서양 천문학을 이용하여 중국의 월력을 개선할 것을 제일 먼저 주장한 사람은 이지조였다. 그는 마테오 리치와 사바티누스 데 우르시스Sabbathinus de Ursis(熊三拔, 1575~1620)를 통해 서양 천문학과 월력의 정확성을 알게 되었는데, 1613년에 조정에 상소를 올려 일식과 월식을 계산하지 못하는 중국의 회회력과 대통력을 서양의 역법으로 대체할 것을 건의했다. 중국 황실은 역법의 개정에 관하여 이지조가 건의하고 서광계가 같은 내용의 상소를 올리자, 1629년에 윤허하였다. 황제의 윤허를 받은 서광계는 흠천감을 설치하고 테렌츠와 아담 샬을 투입했다. 서양 천문학의 우수성을 상소했던 이지조도 함께 흠천감에 배속되었다. 그러나 테렌츠는 이듬해인 1630년에 사망하고, 자코모 로가 대신 흠천감에 투입되었다. 테렌츠는 짧은 기간 동안 중국의 월력 제작에 참여했을 뿐이지만, 16세기까지 유럽의 천체에 대한 이해를 주도했던 프톨레마이오스의 천동설을 폐기하고 덴마크의 천문학자 티코 브라헤가 제시한 티코 체계를 중국의 월력 제작에 처음 도입했던 인물이다. 약 20명의 중국인 조력자들과 함께 흠천감에 소속되어 있던 서양 선교사들은 1631년부터 1634년까지 총 137권의 『숭정역서崇禎曆書』를 편찬하는 중요한 업적을 남겼다.[36]

『숭정역서』에는 당대 유럽의 천문학자들과 예수회 선교사들이 쓴 천문학 서적들의 내용이 망라되어 있었다. 1626년에 아담 샬이 저술한 『원경설遠鏡說』은 갈릴레이가 발명하고 천체 관측에 활용했던 망원경에 대한 정보를 담고 있으며, 티코 체계를 소개하고 있다. 앞에서 언급한 대로 티코 체계는 테렌츠가 1628년에 저술한 『측천약설測天約說』을 통해 다시 소개되었는데, 이 책들의 내용도 모두 『숭정역서』에 실려 있다. 티코 브라헤의 제자였던 롱고몬타누스Christian Severin Longomontanus(1562~1647)의 저술 『덴마크 천문학Astronomia Danica』(암스테르담, 1622)은 자코모 로에 의해 『오위역지五緯曆指』로 번역되어 소개되었다. 티코 브라헤가 편찬했던 천체 측량 기구에 대한 저술 『천문 기구Mechanica』 또한 자코모 로에 의해 『측량전의測量全義』로 번역되었다. 1632년에 편찬된 아담 샬의 『교식역지交食

36 『숭정역서』의 내용에 대한 정보는 Nicholas Standaert, ed., *Handbook of Christianity in China, Volume One: 635-1800*(Leiden: Brill, 2001), pp. 712~715 참조.

曆指』는 일식과 월식 현상을 정확하게 예측하는 방법에 대한 전문 연구서였는데, 이 책은 나중에 청나라에서 아담 샬이 흠천감의 총책임자로 임명되는 데 결정적인 역할을 하였다. 『숭정역서』에는 또한 1634년에 발간된 천문지도 〈적도남북양총성도赤道南北兩總星圖〉도 포함되어 있었다. 이 천문지도는 예수회 천문학자인 그리엔베르거Christoph Grienberger(1580~1636)의 천문도 〈위도와 경도가 새로 첨부된 천문 고지도Catalogus Veteres Affixarum Longitudines ac Latitidines Conferens cum Nouis〉 (로마, 1612)의 중국어판이다. 명 말에 발간된 『숭정역서』는 동서 문화 교류사 및 동서양 천문학사 연구에 매우 중요한 자료이다. 당대의 서양 천문학이 일목요연하게 정리되어 있을 뿐만 아니라 선교사들에 의해 선택적으로 번역되어 출간된 서양의 천문학 자료를 통해 종교적 목적으로 과학이 어떻게 활용되었는지 확인할 수 있는 소중한 사료이기 때문이다. 그러나 아쉽게도 『숭정역서』는 명 말 중국 지식인들의 관심을 끌지 못했다. 중국이 세계의 중심이라는 중화사상도 서양의 발달된 과학 지식을 적극적으로 흡수하는 것을 방해했지만, 무엇보다 당시 명나라는 대내외적으로 우환에 봉착해 있었다. 서양의 천문학은 청나라가 들어선 이래, 제국의 평화가 어느 정도 수습되었을 때 양광선 같은 보수적인 중국 지식인의 관심을 끌게 된다.

청의 건국과 아담 샬의 활약

청나라가 건국된 후 예수회 신부들은 『숭정역서』에서 과시한 서양 천문학 지식을 바탕으로 중국 월력 제작의 책임을 지게 된다. 1645년 순치제(재위 1643~1661)는 아담 샬을 흠천감의 수장인 감정監正으로 임명한다. 천자의 임무를 서양 선교사에게 위임한 것은 당시로서는 매우 획기적인 사건이었다. 그러나 중국의 아라비아력이나 대통력이 1644년 8월에 발생한 일식을 정확하게 예측하는 데 실패했기 때문에 부득이한 조치였다. 순치 2년(1645)에 반포된 아담 샬의 월력은 그의 중국 이름인 탕약망湯若望을 따 '탕법湯法'이라 불렸는데, 공식적으로는 '시헌력時憲曆'으로 불렸다. 시헌력은 『상서尙書』의 「열명說命」에 나오는 '유성시헌惟聖時憲'이란 표현에서 유래한 것이다. 당시 순치제는 아담 샬을 가까이 두고 신뢰했으며, 그가 서양 의술을 동원하여 황태후의 병을 치료하자 그를 의부義父로까지 존경했다. 순치제는 북경 선무문宣武門의 남당南堂 성당이 완성되었을 때 친히 24차례나 방문하였고, 유명한 「어제천주당비기御製天主堂碑記」를 직접 하사할 만큼 선교사들에게 우호적이었다. 이 비문에서 그는 서양 역법의 중요성에 대해 언급한다.

> 한나라부터 원나라 말기까지 〔역법을〕 고치기를 70여 차례나 하였고, 법을 만든 자가 13명에 이른다. 명대에 이르러 원나라의 수시력授時曆을 대통력大統曆으로 고쳤지만, 계산하는 방법이 여전히 뒤떨어져 있었다. 명나라 말기에 역법을 고쳐야 한다는 목소리가 분분하였고, 서양의 학자들은 평소 천문 연구에 밝았다. 바로 그때 탕약망이 배를 타고 찾아오니 수리數理에 참 밝았다. 여러 사람의 요청에 따라 시범을 보이고, 직제를 편성하고 관직을 제수받았다. 그러나 여러 사람의 의견이 분분하여 끝내 능력을 발휘하지 못하였다. 갑신년(1644)에 이르러 짐朕이 천명을 받들어 여러 지역을 통치하게 되고 제일 먼저 착수한 것이 명조 역법의 개편이었다. 중추仲秋 월삭月朔에 일식이 있어 대신을 특파하여 담당 부서의 관리들로 하여금 시각과 방위를 측정하게 하니 탕약망의 관측만이 정확하였다. 을유년(1645) 봄에 또다시 월식을 관측하게 하니 추호의 오차도 없었다. 이 사람이야말로 짐이 새로운 역법을 만드는 데 기용하라고 하늘이 내리신 것이 아니고 무엇이겠는가. 짐은 그에게 특별히 천문 관측을 맡기고, 새로운 역법을 만들도록 하고, 시헌력時憲曆이란 이름을 내리고, 널리 반포하여 시행하도록 하였다. 탕약망은 평소에 서양의 종교를 중요시해 결혼도 하지 않고 오직 짐의 명에 따라 자신의 직분에만 충실할 뿐이었다.[37]

그러나 서양 역법에 대한 거부와 반대는 시헌력이 반포되자마자 촉발되었다. 제일 먼저 아담 샬의 시헌력을 공격한 사람은 이슬람 역법을 따르던 중국의 천문학자 오명훤이었다. 1657년에 오명훤은 아담 샬이 일식과 월식을 예측한 것이 틀렸다고 주장했지만 정확한 오류의 근거를 제시하지 못했고, 아담 샬을 탄핵했지만 황실의 주목을 끄는 데 실패했다. 실제로 서양의 천문학과 연관된 반그리스도교 운동이 본격적으로 촉발된 것은 순치제에서 강희제(재위 1661~1722)로 권력의 축

37 구웨이민, 「청초 대천주교 정책의 변천」, 『교회사연구』 제18집(2002년 6월), 51쪽 재인용.

이 이동하던 때에 발생했다. 아담 샬을 '할아버지'라 부르던 순치제의 지지가 워낙 확고해서, 서양 천문학에 대한 반대는 어떤 것도 받아들여질 수 없는 분위기가 팽배했기 때문이다.

순치제는 1661년 천연두로 붕어했다. 이때 아담 샬은 8세의 어린 나이였던 강희제가 이미 천연두를 앓은 경험이 있으므로 장차 장수할 것이라고 조정에 조언함으로써 황제 등극에 결정적인 영향을 미쳤다. 황제가 천수를 누리면 그만큼 제국에 장기간의 평화가 도래할 것이라는 믿음을 이용한 조언이었다. 그러나 어린 황제의 권력 행사에는 한계가 있었다. 1663년에 황태후마저 세상을 등지자 어린 강희제는 고립무원에 빠졌고, 오배鰲拜를 포함한 만주족 출신의 대신들이 어린 황제를 제쳐두고 섭정하게 된다. 오배 등은 청나라가 지향했던 개방정책을 반대하고 산해관山海關 이북에서 시행하던 만주의 전통적인 직제로 돌아갈 것을 주장하였다. 외교적으로도 배타적인 입장에 서서 그리스도교를 포함한 서양의 문물이 청나라에 유입되는 것을 반대하는 분위기였다. 이러한 보수반동적인 사회 분위기 속에서 반그리스도교 운동을 촉발시킨 인물이 바로 양광선이고, 그가 선택한 공격의 대상이 바로 서양의 천문학과 아담 샬의 시헌력이었다.

양광선의 생애와 흠천감교난

1659년(순치 16년), 양광선은 아담 샬을 탄핵하는 상소문 「선택의選擇議」를 올리고, 이듬해인 1660년에도 두 차례의 상소문을 올려 아담 샬을 탄핵했지만 예부에서 받아들이지 않았다. 그러나 오배를 포함한 만주족 출신 대신들의 섭정이 시작된 틈을 타, 양광선은 「청주사교장」을 올려 이른바 '역옥曆獄'을 일으켰다. '흠천감교난欽天監敎難'이라고도 불리는 역옥은 어린 강희제의 통치가 막 시작되었던 시기에 발생했다. 이 사건의 발단은 1645년(순치 2년), 원나라 때 사용하던 이슬람 역법에 기초한 아라비아력과 이를 계승한 명나라의 대통력을 폐기하고 예수회 선교사들이 소개한 서양 역법에 따른 시헌력이 반포되었던 사건까지 거슬러 올라간다.

양광선의 고발장을 접수한 예부에서는 이를 이부吏部와 함께 심의하고, 형부에 그 처벌을 이첩하여 1665년에 아담 샬·페르비스트·불리오·마갈엥스P. Gabriel de Magalhães(安文思, 1610~1677)를 체포하여 투옥하였다. 그해 3월에 오배의 확고

한 가톨릭 탄압정책과 보수반동 세력의 득세에 힘입어 아담 샬에게 사형 선고가 내려졌지만, 바로 그다음 날 발생한 지진 때문에 예부와 형부는 선교사들에 대한 처벌을 미루고 이조백을 포함한 중국 관리 5명만을 사형에 처했다. 이는 중국의 역사 기록에 처음으로 등장하는 순교 사건이다. 또한 중국 각지에서 선교 활동을 펼치고 있던 예수회 선교사 21명, 도미니크회 선교사 3명, 프란체스코회 선교사 1명은 마카오로 추방되었다. 선교사들이 사형을 면할 수 있었던 것은 선대 황제의 어머니였던 태황태후太皇太后의 후원이 있었기 때문이다. 그러나 형부의 문초를 당하면서 중풍을 얻은 아담 샬은 1666년에 사망하고, 그해 중국 황실은 오배 등의 압력으로 예수회 선교사 대신 양광선을 흠천감 감정으로 임명한다. 그러나 양광선은 원래 천문학자가 아니었으므로 명나라의 천문학자이자 아라비아력의 전문가인 오명훤을 그와 함께 흠천감에서 일하도록 조치하였다.

양광선과 오명훤은 1666년부터 1668년까지 흠천감에서 월력을 제작했다. 1662년에 집권하였지만 오배의 섭정에 시달리던 강희제는 마침내 1667년, 친정을 선포하고 이듬해 오배를 투옥하였다. 이를 계기로 강희제 집권 초기의 반그리스도교적 분위기는 일시에 쇄신되었다. 강희제는 양광선파와 페르비스트파가 각각 다르게 주장하고 있는 월력의 문제에 먼저 주목했다. 황제의 총애를 받던 페르비스트가 아담 샬의 신원伸冤을 요청하였고, 황제의 의무인 월력 반포에 있어서 좀 더 신중해질 필요를 느낀 강희제는 일단 양측이 모두 월력을 제작하도록 지시했다. 강희 7년(1668) 정월 24일의 정확한 하루의 길이를 측량하여 중국과 서양의 월력의 정확성을 가늠해보니 서양 역법과 페르비스트의 측량이 정확하다는 결과가 나왔다. 양광선은 다시 상소를 올려 자신의 입장을 변명하였지만 강희제는 양광선을 파면시키고 옥에 가둔 다음, 페르비스트를 흠천감의 감부監副로 임명하였다. 또한 아담 샬과 이미 사형당한 이조백을 복권시키고 서양 역법과 선교사들에게 우호적이었다는 혐의로 파직당한 허지점과 허찬증許纘曾을 복직시키는 결정을 내렸다. 그리고 특별히 복권된 아담 샬의 무덤을 건축하기 위하여 은 524냥의 하사금을 내렸다.

양광선의 월력이 1669년의 치윤置閏(Intercalation)과 그해의 칠정七政을 계산하는 데 실패한 데다[38] 강희제의 결정과 페르비스트의 노력으로 다시 서양 역법에 따른 시헌력이 도입되었다. 양광선은 출옥한 다음 관직을 삭탈당했지만, 부정확한 월력을 만든 것은 천문 지식이 미흡하였기 때문이라고 하여 그 죄는 사면되었다. 양광선은 1668년에 다시 고소당하였다. 오배의 권력을 등에 업고 이조백을 죄 없이 죽게 하였으며 아담 샬을 근거 없이 탄핵했다는 혐의로 참형을 주청하는 상소가 올라왔던 것이다. 그러나 강희제는 양광선의 노령을 이유로 참형을 허락하지 않고, 고향으로 돌아갈 것을 허락했다. 양광선은 73세의 나이로 산동 덕주德州에서 사망했는데, 예수회 선교사들이 몰래 독살했다는 풍문이 나돌기도 했다.

전례논쟁과 강희제의 금교정책

양광선의 사망 이후 청나라 때의 가톨릭교회는 이른바 '전례논쟁'에 휩쓸리게 된다. '중국어로 그리스도교의 하나님 이름을 어떻게 표기할 것인가' 하는 문제와 '공자와 조상에게 제사를 올리는 의식에 참여할 수 있는가' 하는 문제를 놓고 작게는 가톨릭교회의 각 수도회 사이에 갈등이 빚어졌고, 크게는 교황청과 강희제가 첨예한 이견을 표출함으로써 유럽과 중국은 심각한 대립관계에 들어서게 된다. 이로써 마테오 리치의 전향적인 토착화 노력을 통해 가까스로 선교의 터전을 마련했던 가톨릭교회는 중국에서 심각한 존폐의 위기에 내몰리게 된다.

리치와 아담 샬의 뒤를 이어 중국 황실과 우호적인 관계를 수립했던 페르비스트 등의 활동으로 강희제는 1692년에 가톨릭교회를 인정하고 중국 선교에 대해 아무런 제한을 두지 않는다는 우호적인 교서를 발표했다. 그러나 18세기 초반에 중국에서 활동했던 선교사들은 강희제가 마련해주었던 우호적인 환경을 활용하지 못하고 사분오열되어 있었다. 중국 선교의 주도권을 쥐고 있던 예수회에 대한 도미니크회·프란체스코회·아우구스티누스회 등의 견제가 만만치 않았을뿐더러 포르투갈의 아시아 장악에 도전하던 프랑스와 파리외방선교회의 입김도 무시할 수 없었기 때문이다. 예수회에 소속되지 않은 선교사들은 대부분 리치 사후에 하나

38 置閏이란 태양년의 일수를 맞추기 위해 달력에 일수를 삽입하는 방법을 말한다. 정기적으로 윤달을 삽입하는 그레고리력의 방법을 예로 들 수 있다. 七政이란 해와 달, 그리고 오행성을 합쳐서 이르는 것이다.

님을 고대 유교의 개념을 빌려 '상제上帝'라고 번역하는 관행에 반대했으며,[39] 공자와 조상에게 제사를 바치는 행위를 미신적이며 이단적인 행위로 규탄하였다.

중국 선교단의 분열을 막기 위해 파견된 교황 사절은 1704년과 1707년에 예수회의 선교정책에 반대하는 심사 의견을 전격적으로 발표했다. 그러나 본격적으로 중국 전례논쟁이 시작된 것은 1715년 교황 클레멘스 11세에 의해 발표된 교서(*Ex illa die*)와 1742년에 발표된 베네딕토 14세의 교서(*Ex quo singulari*) 때문이었다. 교황청은 그리스도교 하나님의 이름(Deus)을 '상제上帝', '천주天主', '신神' 등으로 번역한 예수회 선교사들의 결정을 무효화하였으며, 공자와 조상의 묘나 영정 앞에서 제사를 바치는 행위가 종교적 예배 행위가 아니라 일종의 사회적 예식이라는 예수회의 종전 입장을 묵살했다. 1742년에 보충된 베네딕토 14세의 교서는 중국에서 활동하는 선교사들에게 새로 결정된 교황청의 정책을 따르겠다는 선서를 하도록 요구했다.

중국 전례논쟁이 발생하게 된 경위로는 중국과 서양의 문화 갈등이라는 설, 선교단 자체의 내부적 갈등이라는 설, 유럽 가톨릭 내부에서의 얀센주의[40] 득세설, 중국과 그리스도교 신앙의 부조화설 등이 제시된 바 있다.[41] 결과적으로 반그리스도교 운동사의 관점에서 17~18세기의 중국 전례논쟁은 교황청과 중국 황실의 직접적인 충돌로 인해 반그리스도교 운동의 논리적 발전이나 반그리스도교 이론의 제기를 통한 신앙의 토착화를 저해하는 역효과를 불러일으켰다고 본다.

강희제는 전례에 대한 교황청의 일방적인 결정에 반발하여 1721년에 그리스도

---

39 예수회 선교사들이 '그리스도교 하나님'을 번역한 과정과 17세기 중국 지식인들의 반응에 대해서는 Sangkeun Kim, *Strange Names of God: The Missionary Translation of the Divine Names and the Chinese Responses to Matteo Ricci's Shangti in Late Ming China, 1782~1644*(New York: Peter Lang Publishing, 2005) 참조.

40 신앙상 인간의 자유의지보다 하나님의 은혜를 중시하는 아우구스티누스의 사상을 실천하기 위해 17~18세기에 프랑스를 중심으로 하여 전개된 종교 운동. 명칭은 네덜란드의 신학자 C. O. Jansen에서 유래한다. 지상의 절대주의 권력에 대항하면서까지 전통적 신앙과 개인의 내면적 자유를 고집한 얀센주의자들의 태도는 근대적 양심으로 돌아가는 길을 마련했으며, 사상·문학·예술의 각 영역에 크게 영향을 끼쳤다.

41 중국 전례논쟁에 대한 대표적인 연구는 David Mungello, ed., *The Chinese Rites Controversy: Its History and Meaning*(Nettetal: Steyler Verlag, 1994) 참조. 전례논쟁의 기원에 관한 논의는 같은 책의 서문 참조.

교 금교령을 내렸다. 이로써 마테오 리치에 의해 시작된 중국 선교는 새로운 국면을 맞게 된다. 중국의 반그리스도교 운동은 17~18세기에 집권층의 박해로 변모했다. 집권 과정에서부터 서양 선교사들의 후원을 받던 다른 왕자들과 경쟁했던 옹정제는 집권 초기부터 그리스도교를 박해했다. 가톨릭 선교가 활발했던 복건성福建省에 대한 종교 탄압을 시작으로 옹정제는 반그리스도교정책을 고수했다.

19세기 중엽 서양 열강의 중국 지배가 가시화되면서 청나라의 가톨릭 탄압정책은 오히려 강화되는 쪽으로 전개되었다. 건륭제(재위 1735~1795)의 집권 기간에 발발했던 '대교난大教難'(1784~1785)은 호남성에서 시작하여 광동성·복건성·호북성·섬서성·사천성·산동성·하남성·감숙성 등지로 퍼져나갔다. 이 당시 북경에 체류하던 포르투갈 출신의 프란체스코회 소속 주교 알렉산드르 드 구베아Alexandre de Gouvea(湯士選, 1751~1808)는 공자와 조상의 묘나 영정에 절하는 행위를 엄금하였기 때문에 가톨릭교회에 대한 탄압은 피할 수 없는 현실로 발전되었다. 중국인 신부 주문모周文謨(1752~1801)를 조선으로 입국시킨 주교가 바로 구베아였다. 대교난을 통해 사천성四川省에서 선교활동을 펼치던 파티에르 주교를 위시한 3명의 선교사들이 체포되었고, 섬서성에서 활동하던 신부 4명이 체포되었다. 산서성에서는 중국인 가톨릭 교인들에 대한 박해가 이어지자 선교사 6명이 자수하여 체포되었는데, 일부는 사형에 처해지고 나머지는 장기간 투옥되었다가 중국 본토 밖으로 추방당했다. 가경嘉慶 연간(1796~1820) 때의 그리스도교 박해는 백련교도의 난(1796~1804)과 영국을 포함한 서양 열강들의 중국 침략과 밀접한 연관성이 있다. 옹정 연간(1723~1735)부터 도광道光 연간(1821~1850)에 이르는 동안 반그리스도교 운동은 황제의 금교정책에 따른 행정적 처벌이 주류를 이루었다.[42] 그러나 서구와 그리스도교에 대한 반대 운동은 제국주의의 첨병으로 인식된 개신교 선교사들의 입국과 더불어 새로운 차원으로 격상된다.

42 張澤, 「清代禁教期的天主教」(臺北: 光啓出版社, 民國 81年) 참조.

일러두기

- 이 책은 청대 양광선楊光先의 『부득이不得已』와 그에 대한 예수회 신부들의 반론인 『부득이변不得已辯』, 『역법부득이변曆法不得已辨』, 그리고 이와 관련된 기록들을 우리말로 옮기고 역주를 단 것이다.
- 번역의 저본과 참조한 교주본에 대해서는 옮긴이 해제와 각각의 글에 따로 밝혔다.
- 지명, 인명 등의 고유명사는 우리말 한자 독음으로 표기했으나, 일반적으로 통용되는 표현이 있을 경우에는 그 표현을 따르고 〔 〕 안에 한자 원문을 병기했다.
  예 예수〔耶蘇〕, 베들레헴〔白稜郡〕, 시나이 산〔西納山〕 등.
- 서양인의 경우, 한자 이름이 있을 때는 우리말 한자 독음으로 표기했다.
  예 이마두利馬竇(마테오 리치), 탕약망湯若望(아담 샬) 등.
  단, 옮긴이 해제에서는 마테오 리치, 아담 샬 등 원래의 이름으로 표기했다.
- 본문의 ( ) 및 〔 〕 안의 내용은 독자의 이해를 돕기 위해 옮긴이가 덧붙이거나 해당 원문을 병기한 것이다.

제1부 부득이

不得已

曆法 辯 辨

머리말[1]

小引

세상일을 보면 그만두면 안 되는데도 그만두는 자가 있으니 이해利害만 따지는 못난 자가 그런 자이며, 그만둘 수 있는데도 그만두지 않는 자가 있으니 맨손으로 호랑이와 싸우고 배 없이 맨몸으로 강을 건너는 만용을 부리는 자가 그런 자이다. 맨손으로 호랑이와 싸우고 배 없이 맨몸으로 강을 건너는 자와는 공자께서도 함께 일하지 않겠다고 하셨으나,[2] 이해만 따지는 짓 또한 군자가 즐겨하는 바가 아니다. 그 일이 어떠한지를 살펴보아야 할 따름이니 그 일이 올바르면 비록 아홉 번 죽을지라도 단 음식을 먹듯이 하여야 할 것이고, 그 일이 올바르지 않다면 후한 녹봉祿俸[3]을 준다 하여도 돌아보지 말아야 할 것이다. 이번 일은 그만두느냐 마느냐 하는 결단의 문제이므로 못난 자와 만용을 부

世間事有不可已而已者, 計利計害之鄙夫也, 有可已而不已者, 暴虎馮河之勇夫也. 暴虎馮河固爲聖人之所不與, 而計利計害亦非君子之所樂爲. 顧其事之何如爾, 事當其正, 雖九死其如飴事, 或匪正卽萬鍾所不屑. 斯可已不可已之辨, 而鄙勇二者之失, 皆可置之不問矣.

---

1 『不得已』는 양광선이 1664년에 쓴 「請誅邪敎狀」과 그 전후 시기인 1659년부터 1665년 사이에 쓴 글을 모아 상하 두 권으로 엮어 1665년에 출간한 책이다. 양광선은 이 머리말에서 비록 무모하다는 비방을 받더라도 반드시 해야 할 일이 있다며 말문을 연다. 이해나 생사에 연연하지 않고 그리스도교 배척 운동에 앞장서겠다는 다짐의 글이다.

2 이 문구의 출처는 『論語』 「述而」편으로, 제자인 子路가 三軍을 통솔한다면 누구와 함께하겠느냐고 묻자 공자는 "맨손으로 호랑이와 싸우고 배 없이 맨몸으로 강을 건너다 죽어도 후회하지 않는 사람과는 함께 일을 하지 않을 것이다〔暴虎馮河, 死而不悔者, 吾不與也〕"라고 대답한다. 이는 몸가짐과 언행을 조심하고 신중하게 일을 도모해야 한다는 뜻이다.

3 원문의 '萬鍾'은 '후한 녹봉'이라는 뜻으로, 춘추시대 제나라 때에는 6斛 4斗를, 후대에는 8斛, 10斛을 萬鍾이라 하기도 했다.

리는 자의 잘못은 모두 제쳐두고 따지지 않기로 하겠다.

그만두면 안 되는 일에 대해서는 이해와 생사를 따지지 않고 '그만두면 안 되는 뜻'을 굳게 하여 실행하여야 하는데, 그 행적이 비록 맨손으로 호랑이와 싸우고 배 없이 강을 건너는 사람의 마음으로 한 것처럼 보일 수도 있겠지만, 끝에 가서는 공자와 훗날 성인들[4]에 의해 빛나게 될 것이다. 이것이 바로 치우침 없이 지극히 곧은 중정지도中正之道[5]로서 '그만둘 수 없는 것'이므로 마땅히 그만두어서는 안 된다. 세상의 도〔世道〕가 떨어지지 않는 것은 사대부들에게 달려 있다. 삼강三綱[6]을 바로잡고 사유四維[7]를 지키는 것이 곧 세상의 도를 지키는 자들이 할 일이다.

唯於不可已之事, 而不計利害生死, 堅其不可已之志以行之, 迹雖似乎徒搏徒涉之心, 終爲先聖後聖之所亮. 此不可已之大中至正, 當不可已者也. 世道之不替, 賴士大夫以維之, 士大夫者, 主持世道者也. 正三綱, 守四維, 主持世道者之事.

하지만 사대부들은 세상의 도를 지키지 못하고, 오히려 세파에 휩쓸려 온 백성을 사교邪敎[8]의 후예로 끌어들이고 있으며, 또한 우리 나라에 예로부터 내려오는 임금 · 어버이 · 스승을 없애고 있으니, 이〔바로잡는〕 일은 정말 그만둘 수 없다. 온 세상의 배웠다고 하는 자들 가운데 어느 하나도 감히 나서

士大夫旣不主持世道, 反從而波靡之, 導萬國爲正法邪敎之苗裔, 而滅我亘古以來之君親師, 其事至不可已也. 擧世學人, 不敢一加糾政, 邪敎之力如此重哉! 三光晦, 五倫絶矣, 將

4 원문의 '先聖後聖'에서 '先聖'은 공자 또는 옛 성인, '後聖'은 先聖에 대해 상대적으로 쓴 말로 공자 이후의 성인이라는 뜻이다.
5 원문은 '大中至正'으로 치우침 없이 지극히 곧은 도리, 즉 '中正之道'를 가리킨다.
6 군주와 신하, 부모와 자식, 남편과 아내 사이에 지켜야 할 근본 도리, 즉 '君爲臣綱·父爲子綱·夫爲婦綱'을 가리킨다.
7 나라를 다스리는 데 지켜야 할 네 가지 원칙, 즉 '禮 · 義 · 廉 · 恥'를 가리킨다.
8 여기서는 '천주교'를 가리키며, 이하 같다.

서 바로잡지 못하고 있으니 사교의 힘이 이토록 크단 말인가! 햇빛과 달빛과 별빛이 어두워지고, 오륜五倫[9]이 끊기고, 이제 앞으로 천하의 사람들이 모두 아비도 없고 임금도 없는 지경에 떨어지고 말리라! 이 지경인데도 〔바로잡는 일을〕 그만둘 수 있겠는가? 이런 일을 그만둔다면 세상에 그만두지 못할 일이 어디 있겠는가! 이것이 나 광선光先이 부득이하여 나선 까닭이다. 자여子輿가 한 말[10]과 비교해볼 때, 마음은 더욱 아프고 상황은 더욱 급박하니 이해를 따질 겨를이 어디 있을 것이며, 호랑이와 싸우고 강을 건너는 것을 어찌 헛되다 하겠는가! 이 때문에 이 책의 제목을 '부득이不得已'[11]라고 하였다.

盡天下之人胥淪於無父無君也! 是尙可以已乎? 此而可已, 孰不可已! 斯光先之所以不得已也. 較子輿氏之辯, 其心傷, 其情迫, 何利害之足計, 搏涉之云徒哉! 故題其書曰 '不得已'.

9 사람이 지켜야 할 다섯 가지 도리, 즉 '父子有親·君臣有義·夫婦有別·長幼有序·朋友有信'을 가리킨다.
10 子輿는 孔子의 제자인 子路의 字이다. 각주 2에서 인용한 『論語』 「述而」편의 문구 참조.
11 '어쩔 수 없이', '그만둘 수 없어'라는 뜻이다.

제1부

부득이

상권

사교의 주멸을 청하는 상소[12]

請誅邪教狀

강남江南 휘주부徽州府[13] 흡현歙縣[14]에 사는 백성 양광선楊光先은 나이가 68세로, 현직 관원이면서 중국에 대한 역모를 꾀하고 요서妖書를 만들어 전파함으로써 민중을 현혹한 자 아무개를 고발합니다. 사교의 무리는 북경과 지방에 도당을 퍼뜨려 천하의 인심을 사들이고 있는데, 역모의 정황이 이미 드러난지라 장작더미 아래에 놓아둔 불〔厝火〕[15]처럼 염려스럽습니다. 청컨대 하루속히 쓸어버리시어 군사를 일으키는 일이 없게 하시옵소서.

江南徽州府歙縣民楊光先, 年六十八歲, 告爲職官謀叛本國, 造傳妖書惑衆. 邪教布黨京省, 邀結天下人心, 逆形已成, 厝火可慮, 請乞蚤除以消伏戎事.

삼가 살펴보건대, 한 집안에는 그 집의 아비와

竊惟一家有一家之父子, 一國

12 강희 3년(1664) 7월 26일, 楊光先이 68세 때 올린 邪敎의 주멸을 청하는 상소문으로, 「正國體呈稿」와 「與許青嶼侍御書」를 첨부하였다. 여기에서 湯若望 등 몰래 입국한 서양 선교사들이 邪教를 전파하여 민심을 어지럽히고 유교의 전통을 훼손하고 있으며, 천주교인들의 집회가 역모로 발전될 우려가 있으니 이를 하루속히 쓸어버려야 한다고 주청하고 있다. 특히 천주교인이며 흠천감 관원인 李祖白이 쓴 『天學傳槩』의 내용이 이를 증명한다고 고발하였다. 이 상소를 올리기 전 「闢邪論」 등 비슷한 상소를 올렸으나 준허되지 않았는데, 康熙帝가 어린 나이에 등극하고 만주족 출신의 보수적인 輔佐 대신들의 권한이 커지자 이 상소를 올려 '曆獄'이 시작되었다.

13 徽州는 安徽省 남부에 위치하여 浙江省과 江西省이 접경하는 지방으로, 明淸 시대의 徽州府는 歙縣을 포함하는 6개 縣을 관할하고 있었다. 그러나 이 가운데 婺源縣은 현재의 江西省으로 편입되었고, 歙縣을 비롯한 4개 縣은 1988년 安徽省 黃山市로 개칭되었다. 따라서 역사적으로는 명나라 초부터 청나라 말까지의 1府 6縣의 徽州를 가리킨다. 옛 이름으로는 '新安'이라고도 하며 人文이 융성하였고 저명한 인물이 배출된 고장이다. 宗族의 세력이 강하여 각종 문집, 지방지, 족보 등 典籍의 간행이 활발하였다. 朴元熇, 『明淸徽州宗族史硏究』(지식산업사, 2002), 25~48쪽 및 283~297쪽 참조.

14 현재 安徽省 黃山市에 있는 행정구역명. 明淸 시대에는 府의 관청이었던 府治가 있어 徽州府의 중심이었다.

15 원문의 '厝火'는 '쌓아놓은 장작더미 아래에 불을 놓아둔다'는 뜻의 '厝火積薪'의 준말로, 아직 표면화되지 않은 재해나 재앙을 뜻한다.

자식이 있고 한 나라에는 그 나라의 임금과 신하가 있습니다. 그 아비를 아비가 아니라고 하며 다른 이의 아비를 자신의 아비로 삼는다면 이를 적자賊子라 할 것이고, 그 임금을 임금이 아니라고 하며 다른 나라의 임금을 자신의 임금으로 삼는다면 이를 난신亂臣이라 할 것입니다. 이러한 난신적자는 하나라도 남기지 말고 죽여야 합니다. 하물며 〔이들이〕 군주와 아비를 더럽히고 욕되게 하며 옛 성인을 헐뜯고 능멸하고 있는데 어찌 이를 가만히 놓아두고 토벌하지 않을 수 있겠습니까?

有一國之君臣. 不父其父而認他人之父以爲父, 是爲賊子, 不君其君而認海外之君以爲君, 是爲亂臣. 亂臣賊子, 人人得而誅之. 況汚辱君親, 毁滅先聖, 安可置之不討?

서양 사람 탕약망湯若望(Johann Adam Schall von Bell)은 본래 유대 나라의 정법正法을 모반한 도적의 우두머리 예수〔耶穌〕의 잔당이나 다름없는 자입니다. 명나라 말에 그 나라의 조공도 받들지 않은 채 몰래 바다를 건너 북경으로 들어왔습니다.

西洋人湯若望, 本如悳亞國謀反正法賊首耶穌遺孼, 明季不奉彼國朝貢, 私渡來京.

사악한 신하 서광계徐光啓는 탕약망이 가진 기묘하고도 정교한 기물을 탐내어, 바다를 지키는 법률〔海律〕로써 저들을 막아 쫓아내지 않고 도리어 그를 조정에 천거하였습니다. 이에 탕약망은 역법을 고친다는 구실로 몰래 사교를 전하였습니다. 그것이 오늘날까지 이어져 역모가 점차 커지게 되었습니다.

邪臣徐光啓貪其奇巧器物, 不以海律禁逐, 反荐於朝, 假以脩曆爲名, 陰行邪教. 延至今日, 逆謀漸張.

이제 역관曆官 이조백李祖白은 『천학전개天學傳槩』[16]라는 요서를 지어 이르기를, 동서양의 모든 나

今曆官李祖白造天學傳槩妖書, 謂東西萬國皆是邪教之子

16 李祖白은 『天學傳槩』에서 인류의 기원은 유대인이며 그 한 지파가 중국 땅으로 이주했다는 주장을 폈다. 方豪, 「明季西書七千部流入中國考」, 『明代宗教』 明史論叢 10(臺北: 學生書局, 1968), 49~66쪽 참조. 『天學傳槩』는 楊光先으로 하여금 『不得已』를 쓰게 한 직접적 동기가 되었다. Albert Chan, S. J.,

라는 모두 이 사교의 자손이며 〔그중에서〕 중국으로 온 분이 복희씨伏羲氏이고, 육경六經과 사서四書[17]는 모두 이 사교의 법어미언法語微言[18]일 뿐이라고 하니, 이 어찌 명백히 이 나라를 배반하고 다른 나라를 따르라는 것이 아니겠습니까? 이와 같은 요서의 죄는 용서할 수 없습니다. 그 주모자는 탕약망이고, 서문을 요청한 자는 이재가利再可(利類思, Lodovicus Buglio)이며, 서문을 지은 자는 허지점許之漸, 이를 전해 사용한 자는 남돈백南敦伯(南懷仁, Ferdinand Verbiest)·안경명安景明(安文思, P. Gabriel de Magalhães)·반진효潘進孝·허겸許謙입니다.

孫, 來中夏者爲伏羲氏, 六經四書盡是邪教之法語微言. 豈非明背本國明從他國乎? 如此妖書, 罪在不赦. 主謀者湯若望, 求序者利再可, 作序者許之漸, 傳用者南敦伯·安景明·潘進孝·許謙.

탕약망은 또 사악한 무리를 제남濟南·회안淮安·양주揚州·진강鎭江·강녕江寧·소주蘇州·상숙常熟·상해上海·항주杭州·금화金華·난계蘭谿·복주福州·건녕建寧·연평延平·정주汀州·남창南昌·건창建昌·감주贛州·광주廣州·계림桂林·중경重慶·보령保寧·무창武昌·서안西安·태원太原·강주絳州·개봉開封·북경北京 등 모두 서른 군데의 천주당에 퍼뜨렸습니다.

又布邪黨於濟南·淮安·揚州·鎭江·江寧·蘇州·常熟·上海·杭州·金華·蘭谿·福州·建寧·延平·汀州·南昌·建昌·贛州·廣州·桂林·重慶·保寧·武昌·西安·太原·絳州·開封並京師共三十堂.

오문澳門(마카오)에는 수많은 사람이 사는데, 저들은 그곳을 소굴 삼아 바닷길로 오가는 자들을 맞이하고 보냅니다. 탕약망은 역법을 구실로 삼아 궁

香山澳盈萬人, 踞爲巢穴, 接渡海上往來. 若望借曆法, 以藏身金門, 窺伺朝廷機密. 若非內勾

Chinese Books and Documents in the Jesuit Archives in Rome(London, M. E. Sharpe, 2002), pp. 140~142 참조.

17 '六經'은 『詩經』·『書經』·『禮記』·『樂記』·『易經』·『春秋』, '四書'는 『大學』·『論語』·『孟子』·『中庸』을 가리킨다.

18 '法語'란 예법에 관한 글을 가리키고, '微言'이란 뜻이 심오한 말을 가리킨다. 즉 '法語微言'은 성현의 법도와 말씀을 뜻한다.

궐〔金門〕[19] 안에 몸을 숨기고 조정의 기밀을 엿보고 있습니다. 만약 안팎으로 연계하여 반역을 꾀하는 것이 아니라면, 무슨 이유로 무리를 퍼뜨려 북경과 지방의 요지에 천주당을 세우고 요서를 전하여 천하의 사람들을 홀리겠습니까?

外連, 謀爲不軌, 何故布黨, 爲立天主堂于京省要害之地, 傳妖書以惑天下之人?

또한 시헌력[20] 겉장에 '依西洋新法(서양의 새 역법에 따라서)'이라는 다섯 글자를 감히 써넣음으로써 역법〔正朔〕[21]을 정하는 권한을 몰래 훔쳐내어 서양을 받들었습니다. 이는 청나라가 서양의 역법을 받들어 이 나라의 성교聖敎를 없애고 오직 천주교만을 존숭하겠다는 뜻을 온 천하에 알리는 것입니다.

且於時憲曆面敢書依西洋新法五字, 暗竊正朔之權, 以尊西洋. 明白示天下, 以大淸奉西洋之正朔, 毁滅我國聖教, 惟有天教獨尊.

지금 승려와 도사道士들의 향회香會[22]에 대해서는 황제의 명을 받들어 엄히 다스리고 있사온데, 저들만은 감히 조정에 항거하고 있사옵니다. 천주당마다 일 년에 60차례가 넘는 모임을 가지는데, 그때마다 교도를 20～30명씩 받아들인 다음 저들에게 각각 금패와 비단 주머니를 주어 그것으로 신표를 삼습니다. 저 광선은 그것이 사실인지 감히 믿을 수 없어 가까운 친척인 강광江廣에게 부탁해 거짓으로 그 종교에 입단하도록 하였더니 과연 금패 하나, 비단 주머니 하나, 요서 한 권, 〔미사 날짜

目今僧道香會, 奉旨嚴革, 彼獨敢抗朝廷. 每堂每年六十餘會, 每會收徒二三十人, 各給金牌繡袋, 以爲憑驗. 光先不敢信以爲實, 乃託血親江廣假投彼教. 果給金牌一面, 繡袋一枚, 妖書一本, 會期一張.

19 원문의 '金門'은 漢나라 때의 宮門 金馬門을 말하는 것으로, 學士들이 詔命을 기다리던 곳이다.

20 순치 14년(1657) 2월에 황제가 지은 비문(御製天主堂碑記)에 '時憲曆'에 관하여 다음과 같은 언급이 있다. "아무리 역법을 훌륭하게 만들어도 후세에 가서 어쩔 수 없이 수정하게 된다. 짐은 갑신년(1644)에 등극하여 을유년(1645) 정월 보름에 湯若望을 司天(흠천감 감정)으로 임명해 새 역법을 만들도록 하고 그 역법을 칙명으로 '時憲曆'이라 이름하여 반포함으로써 원근에서 시행하게 하였다."

21 원문의 '正朔'은 帝王이 반포한 역법을 말한다.

22 명산대찰에 가서 향을 피우고 참배하던 민간의 성대한 모임을 말한다.

가 적힌] 모임 기일표 한 장을 받아 왔습니다.

이미 지난 20년 동안 백만 명의 신도를 받아들여 천하 각지에 널려 있사온데 무엇을 하려는 뜻이겠사옵니까? 갖가지 역모는 하루 이틀에 이루어지는 일이 아니옵니다. 만약 속히 잘라버리지 아니한다면 정말로 호랑이를 길러 후환을 남기는 일이 될 것이옵니다. 비록 청나라의 군마가 강하고 용맹하여 소인배 하나쯤 우려할 것 없다고는 하나, 변란이 생기고 나서 저들을 소탕한다면 백성들은 이미 도탄에 빠져 있을 것입니다. 미리 제거하시어 군사를 수고롭게 하고 재물을 허비하는 일이 생기지 않도록 하는 것이 낫습니다.

証二十年來收徒百萬, 散在天下, 意欲何爲? 種種逆謀, 非一朝夕. 若不速行翦除, 實爲養虎貽患. 雖大清之兵强馬壯, 不足慮一小醜, 苟至變作, 然後勦平, 生靈已遭塗炭. 莫若除於未見, 更免勞師費財.

삼가 엎드려 『대청률大清律』[23]의 '모반'과 '요서' 두 조목을 읽어보니, 탕약망과 이조백 등이 범한 죄가 바로 이에 해당하였습니다. 만고의 윤리강상倫理綱常에 관계되는 사안임에도 불구하고 원통하게도 토멸을 주청하는 자 하나 없습니다. 이 벼슬 없는 선비는 몸이 가루가 되는 것도 마다하지 않고, 역대 황제와 조상님들께 충절을 다하는 마음으로, 삼가 요서 『천학전개』 한 권, 사교의 도설圖說 석 장, 금패 하나, 비단 주머니 하나, 모임 기일표 한 장, 순치 18년(1661)의 황력黃曆[24] 한 권, 그리고 광선의

伏讀大清律謀叛妖書二條, 正與若望, 祖白等所犯相合. 事關萬古綱常, 憤無一人請討. 布衣不惜齏粉, 効忠曆代君親, 謹將天學傳槩妖書一本, 邪教圖說三張, 金牌一面, 繡袋一枚, 會期一張, 順治十八年漢字黃曆一本, 並光先正國體呈稿一本, 與許之漸書稿一本, 具告禮部, 叩密題參, 依律正法, 告禮部正

23 청나라 초 순치 2년(1645)에 『大明律』을 참조해 만든 것으로, 이를 바탕으로 강희·옹정 연간의 수정을 거쳐 건륭 5년(1740)에 『大清律例』('大清律'로 통칭됨)가 나오게 된다.

24 '大統曆'을 말한다.

『정국체정고正國體呈稿』[25] 한 권, 허지점이 쓴 초고[26] 한 권을 갖추어 예부에 고합니다. 머리를 조아려 밀봉한 소장을 올리오니 법에 따라 예부 정당正堂[27]에 알리어 시행하시옵소서.

堂施行.

강희 3년(1664) 7월 26일에 고발하였고, 그날로 소장을 갖추어 탄핵하였다. 당사관이 친히 광선을 데리고 좌궐문左闕門에 가서 상소 사실을 알리자, 곧 만주인 장정 열두 사람을 시켜 광선을 사제사祠祭司의 지신 사당〔土地祠〕에 두고 감시하게 하였다. 8월 5일에 밀지를 주관 부처에 내려보냈고 이부吏部와 함께 심사하였다. 초6일에는 탕약망 등을 합동으로 하루 동안 심문하였다. 초7일에는 양광선을 방면하여 집으로 돌아가게 하였다.[28]

康熙三年七月二十六日告, 本日具疏題參. 堂司官親帶光先至左闕門引奏, 隨令滿丁十二名將光先看守在祠祭司土地祠. 八月初五日密旨下部, 會吏部同審. 初六日會審湯若望等. 一日初七日, 放楊光先寧家.

25 楊光先이 1660년 12월 3일에 올린 두 번째 상소문인데, 준허되지 않았다. 그 때문에 세 번째로 올리는 이 상소에서 다시 첨부한 것이다.

26 李祖白이 쓴 『天學傳槩』에 許之漸이 서문을 붙였는데, 이를 가리킨다.

27 政事를 듣고 처리하는 大堂.

28 이 문단은 楊光先이 『不得已』를 엮으면서 첨가한 것으로, 상소문의 처리 과정에 대한 설명이다.

시어 허청서에게 보내는 편지[29]

與許青嶼侍御書

신안新安에 사는 벼슬 없는 선비 양광선은 머리를 조아려 재배하고, 시어侍御[30] 청옹青翁 허許 대인께 글을 올립니다. 선비가 7촌寸 길이의 붓을 쥐고 작가들 사이에 스스로 몸을 기탁하였으면 훌륭한 주장을 내세워야 할 책무가 있는 것이니 이를 소홀히 할 수 없는 노릇입니다. 큰 글, 작은 글을 막론하고 반드시 요순堯舜을 조종으로 삼고, 주공周公과 공자를 본받아 성인의 도에 합치되어야만 비로소 문단에서 기치를 내걸 만하고 그 가치가 완염琬琰[31]처럼 높아야, 입언立言의 직책에 걸맞을 것입니다.

新安布衣楊光先稽首頓首, 上書侍御青翁許老先生大人臺下. 士君子搦七寸管, 自附於作者之林, 卽有立言之責, 非可苟然而已也. 毋論大文小文, 一必祖堯舜, 法周孔, 合於聖人之道, 始足樹幟文壇, 價高琬琰, 方稱立言之職.

만약 그 사람이 사악한지 정직한지, 도리가 있는지 없는지, 말이 진실한지 망령된지 살펴보지 않고 지극한 덕과 도리[32]로써 글을 써준다면, 받아가는 자는 호신 부적으로 삼기에 족하겠지만, 써주는 자는 결국 비적과 결탁한 화를 입을 것이어서 입언에

苟不察其人之邪正, 理之有無, 言之眞妄, 而概以至悳要道許之, 在受者足爲護身之符, 而與者卒有比匪之禍, 不特爲立言

29 楊光先이 1664년 3월 25일에 쓴 글이다. 그는 천주교인이며 흠천감 관원인 李祖白의 『天學傳槩』(이 책 447~459쪽)가 유교의 정통성을 훼손하는 대표적인 글인데 황제의 측근으로 많은 사람들에게 영향력이 있는 許之漸(青嶼는 號이다)이 1664년 정월에 그 글의 서문을 써준 것을 비난하면서 『天學傳槩』의 내용을 조목조목 비판하고 있다. 이 책 제4부에 실려 있는 李祖白의 『天學傳槩』와 許之漸이 쓴 「天學傳槩序文」을 먼저 읽는 것이 이해에 도움이 될 것이다.

30 임금을 가까이에서 모시는 사람.

31 아름다운 옥을 가리키는 말로, 높은 품덕이나 아름다운 글을 비유할 때 쓰는 표현이다.

32 원문은 '至悳要道'로, 가장 아름다운 덕과 가장 精要한 도리를 말한다.

누가 될 뿐만 아니라 그동안 쌓은 덕과 공까지 한꺼번에 모두 무너지고 말 것입니다. 이는 입언하는 자가 조심하지 않으면 안 되는 부분입니다. 어르신께서 사정에 어두우시니, 어찌 이를 거울로 삼지 않겠습니까?

之累, 且併德與功而俱敗矣. 斯立言者之不可以不愼也. 吾家老不曉事, 豈不可以爲鑒哉?

지금 천주교인 이조백이란 자가 『천학전개』라는 책을 한 권 썼습니다. 그 책에서 다음과 같이 이르고 있습니다.[33]

玆天主敎門人李祖白者, 著天學傳槩一卷. 其言曰:

"천주이신 상제께서 천지를 개벽하고 최초의 인간으로 남녀를 한 명씩 태어나게 하셨다. 최초의 인간의 자손들은 유대 나라에 모여 살았으며, 그 나라 밖에는 사방 어디에도 사람이 살지 않았다." 이 이야기에 따르면 동서양 모든 나라는 사람이 살지 않는 빈 땅이었다고 합니다.[34] "그때에는 한 분의 주님을 모시고 하나의 종교만 믿었을 뿐이어서 갈래갈래 분분한 이단의 사설邪說이 생겨날 수도 없었다. 그 후에 인류가 날로 늘어나 머나먼 곳으로 흩어지면서 먼 동방과 먼 서방에도 사람이 살기 시작하였다." 이조백의 이 말은 천하 모든 나라의 임금과 신하, 백성은 모두가 사교의 자손이라는 것이니 이조백의 대담함이 진정 하늘을 찌릅니다!

"天主上帝, 開闢乾坤, 而生初人男女各一. 初人子孫聚居如悳亞國, 此外東西南北並無人居." 依此說, 則東西萬國盡是無人之空地. "當是時, 事一主, 奉一敎, 紛岐邪說無自而生. 其後生齒日繁, 散走遐逖, 而大東大西有人之始." 祖白此說, 則天下萬國之君臣百姓, 盡是邪敎之子孫, 祖白之膽信可包天矣!

"그 시기는 대체로 비슷한데, 역사책〔史册〕을 살펴보고 햇수〔曆年〕를 따져보니," 이조백에게 이 역사책이 중국의 역사책인지 아니면 유대 나라의 역사책인지 묻고 싶습니다. 만약 중국의 역사책이라고 한다면, 『이십일사二十一

"其時略同, 考之史册推以曆年," 試問祖白. 此史册是中夏之史册乎, 是如悳亞之史册乎? 如謂是中夏之史册, 則一部二十一史, 無有如悳

33 이하 이 글에서 큰따옴표로 인용한 문장은 별도의 표시가 없으면 『天學傳槩』에서 인용한 것이다.
34 이하 이 글에서 작은 글자로 표시된 것은 楊光先이 부가한 설명이다.

史』[35]를 들 수 있는데 여기에는 '如悳亞天主敎(유대의 천주교)'라는 여섯 자가 없습니다. 만약 유대 나라의 역사책을 말한다면 이조백은 중국인인데 어떻게 유대 나라의 역사를 구해 읽을 수 있었겠습니까? 이조백은 신하로서 그 나라를 섬기면서 중국의 정황을 일러주고 유대 나라를 주군으로 받들며 중국을 신하로 여겼음이 틀림없습니다. 그랬기 때문에 '역사책'이니 '햇수'니 말한 것입니다. 그렇지 않다면 우리 나라는 동방에 있고 유대 나라는 서방에 있어 서로 구만리나 떨어져 있는데 어찌 같은 글로 된 역사책이 있을 수 있겠습니까! 자기 나라에 대해 역모를 꾀하고 공공연히 남의 나라를 따랐으니 어떤 죄를 받아야 하는지 이조백 자신이 정해야 할 것입니다.

亞天主教六字. 如謂是如悳亞之史册, 祖白中夏人何以得讀如悳亞之史? 必祖白臣事彼國, 輸中國之情, 尊如德亞爲君, 中夏爲臣, 故有史册曆年之論. 不然, 我東乎彼西, 相距九萬里, 安有同文之史册哉! 謀背本國, 明從他國, 應得何罪, 請祖白自定.

"중국에서는 복희씨의 시대에 해당된다." 우리 나라의 복희씨를 천주교의 자손이라고 일컫고 있으니 이 어찌 주군을 팔아 아들로 삼고 사교를 아비로 섬기는 것이 아니겠습니까? 이조백의 머리는 베어버려야 마땅합니다!

"在中國爲伏羲氏." 謂我伏羲是天主教之子孫, 豈非賣君作子, 以父事邪教? 祖白之頭可斬也!

"복희씨가 아니더라도 복희씨보다 조금 앞섰을 것이며, 이것이 중국에 사람이 살기 시작한 처음이다." 복희씨 이전에 반고盤古와 삼황三皇이 있었고, 천황씨天

"卽非伏羲, 亦必先伏羲不遠, 爲中國有人之始." 伏羲以前, 有盤古, 三皇. 天皇氏已有干支. 自天皇甲

---

35 당나라 때에는 중국의 正史를 기록한 사서로 '十三史', 즉 「史記」 130권, 「漢書」 100권, 「後漢書」 120권, 「三國志」 65권, 「晋書」 130권, 「宋書」 100권, 「南齊書」 59권, 「梁書」 56권, 「際書」 36권, 「魏書」 130권, 「北齊書」 50권, 「周書」 50권, 「隋書」 85권 등 13개의 사서를 총칭하였고, 송나라 때에는 여기에 「南史」 80권, 「北史」 100권, 「新唐書」 225권, 「新五代史」 74권을 더하여 '十七史'가 되고, 명나라 때에 이르러서는 여기에 「宋史」 496권, 「遙史」 116권, 「金史」 135권, 「元史」 210권 등을 더하여 '二十一史'라 하였다. 청나라 乾隆帝 때에는 「明史」 332권을 더하여 '二十二史'라 하였고, 이에 「舊唐書」 200권과 「舊五代史」 150권을 합한 3,229권의 紀傳體 史册을 '二十四史'라 하여 4천 년의 중국 역사 기록의 보고로 삼았다. 1921년 북양정부의 대총통 徐世昌의 명으로 「新元史」 257권을 正史에 추가하여 '二十五史'가 되었다. 史學史卷編纂委員會 編, 『中國歷史大辭典 史學史卷』(上海: 上海辭書出版社, 1983), 2~3쪽 참조.

皇氏[36] 때에는 이미 간지干支[37]가 있었으니 천황의 갑자년으로부터 명나라 천계 계해년(1623)까지는 무려 19,379,460년이나 됩니다. 천관天官[38]이 관측할 때에는 누적된 시차時差로 역원曆元[39]을 정하는데 이조백은 역관으로서 역원의 햇수도 모르고 복희씨 이전의 중국에는 사람이 없었다고 하였으니, 어찌 세상을 현혹시키고 백성을 속이는 것에 그치겠습니까? 하늘과 사람을 기망한 죄로부터 이조백이 어디로 도망칠 수 있겠습니까?

子至明天啓癸亥, 凡一千九百三十七萬九千四百六十年. 爲天官家中積分曆元, 祖白曆官不知曆元之數, 而謂伏羲以前中夏無人, 豈止於惑世誣民已哉? 欺天罔人之罪, 祖白安所逃乎!

“이들이 바로 중국에 나타난 최초의 인류이지만, 실상은 유대인의 후예이다.” 복희씨가 유대 나라의 후손이라면 오제삼왕五帝三王[40]에서부터 오늘의 어지신 군주, 훌륭한 스승, 뛰어난 신하에 이르기까지 모두 그 사교를 조상이라고 인정해야 할 것이니, 반고와 삼황과 직계 조상은 어디에 두어야 한단 말입니까? 이조백을 마디마디 토막낸다 한들 어찌 주군을 무시하고 아비를 무시한 죄를 다 다스릴 수 있겠습니까! 중국 사람으로서 서양의 사교를 조종으로 삼고 있으니 진정 종족도 모르는 자입니다. 하늘이 어찌하여 이같이 요망한 자를 태어나게 하였단 말입니까!

“此中國之初人, 實如悳亞之苗裔.” 伏羲是如德亞之苗裔, 則五帝三王以至今日之聖君聖師聖臣, 皆令其認邪教作祖, 置盤古三皇親祖宗於何地? 卽寸斬祖白, 豈足以盡其無君無父之罪! 以中夏之人而認西洋之邪教作祖, 眞離種也. 上天何故而生此人妖哉!

“서쪽에서 동쪽으로 오면서 본디 천주학을 품고 온 것이다. 자손을 낳아 키우면서 집집마다 천주학을 전수하고 학습하였으니, 당시 중국의 천주학은 지금보다 갑절이나 더 홍성하고 발달하였을 것이

“自西徂東, 天學固其所懷來也. 生長子孫, 家傳戶習. 此時此學之在中夏, 必倍昌明於今之世矣.” 伏羲時, 天主教之學旣在我中夏

36 天帝를 말하기도 하고 三皇 중의 한 제왕을 가리키기도 한다.
37 天干과 地支.
38 天文과 天象을 관측하는 관원.
39 고대 중국에서 역법을 추산할 때의 계산 起點.
40 '五帝三王'의 '五帝'에 대해서는 여러 가지 설이 있는데, 『史記』에 따르면 '黃帝, 顓頊, 帝嚳, 唐堯, 虞舜'이다. '三王'은 대개 夏의 禹王, 商의 湯王, 周의 文王(또는 武王)을 가리키는데, 商의 湯王, 周의 文王·武王'이라고도 한다.

다." 복희씨 때에 천주교의 학문이 이미 우리 중국의 집집마다 전수되고 학습되었을 뿐만 아니라 지금 세상에서보다 갑절이나 홍성했다고 말하고 있습니다. 그렇다면 저들의 책 가운데 남아 있는 것이 있을 텐데, 서계書契 문자 이래 오늘날에 이르기까지 천주교에 관한 문장은 전혀 보이지 않습니다. 이조백이 터무니없이 이 같은 요언을 외쳐대는 것은 무슨 근거에서 나온 것입니까?[41] 이조백이 대체 무슨 심사인지, 나라에 법이 있으니 이조백의 가슴을 가르고 심장을 꺼내봐야 할 것입니다.

家傳戶習, 且倍昌明於今之世, 若其書有存者, 自有書契, 至今絶無天主教之文. 祖白無端倡此妖言, 出自何典? 不知祖白是何等心竅, 國家有法必剖祖白之胸, 探其心以視之!

"〔그 가르침이〕 당요唐堯와 우순虞舜[42]에 이르고 그 아래로 삼대三代[43]에 이르는 동안, 임금과 신하가 조정에서 훈계할 때나 성현들이 후세에 가르침을 남길 때 종종 천제天帝를 부르면서 서로 경계하고 격려하곤 하였다. 이는 전해 받은 바가 있어서이지, 어찌 우연이었겠는가!" 이전二典[44]·삼모三謨[45]·육경六經·사서四書에 나오는 천제가 사교의 학문을 전해 받았다고 하니 하늘을 업신여기고 성인을 비방함이 극에 달하였습니다. 이조백의 살을 씹어 먹고 이조백의 살가죽을 깔고 잠잔다 한들 이 발언에 대한 증오심을 다 씻어버리기에는 부족할 것입니다!

"延至唐虞, 下迄三代, 君臣告誡於朝, 聖賢垂訓於後, 往往呼天稱帝, 以相警勵. 夫有所受之也, 豈偶然哉!" 以二典, 三謨, 六經, 四書之天帝, 爲受之邪教之學, 誣天非聖極已. 卽啖祖白之肉, 寢祖白之皮, 猶不足以泄斯言之恨!

"『상서』를 보면, '명백히 상제의 명을 받으니 하늘이 아름답고 착한 뜻을 재삼 너에게 내려주리

"其見之書曰: '昭受上帝, 天其申命用休,'" 引書九十五言. "詩

41 李祖白의 『天學傳槪』는 성경의 내용을 단순하고 무리하게 중국의 역사에 대입시켰으므로 反教士人들에게 그리스도교 배척의 확실한 명분과 근거를 주었다.
42 唐은 堯임금의 나라, 虞는 舜임금의 나라로, 堯舜 때의 태평성대를 함께 이르는 말이다.
43 夏·商·周를 가리킨다. 중국의 역사는 堯가 陶唐을 세우고 즉위한 기원전 2357년을 起源으로 하며 堯舜 다음의 상고 태평성대를 '삼대'라고 한다.
44 『尙書』의 虞書 5편 가운데 「堯典」과 「舜典」을 이르는 말이다.
45 『尙書』의 虞書 5편 가운데 「大禹謨」·「皐陶謨」·「益稷」을 이르는 말이다.

라'[46]고 하였고," 『상서』에서 95언 인용.[47] "『시경』을 보면, '문왕이 하늘에 계시어 그 덕이 하늘에 뚜렷하다'[48]라고 하였으며," 『시경』에서 110언 인용.[49] "『논어〔魯論〕』[50]를 보면, '하늘에 죄를 지으면, 기도한들 무슨 소용이 있겠는가'[51]라고 하였고," 『논어』에서 26언 인용.[52] "『중용』을 보면, '교사郊社[53]의 예는 상제를

曰: '文王在上, 於昭于天,'" 引詩一百一十言. "魯論曰: '獲罪於天, 無所禱也,'" 引論語二十六言. "中庸曰: '郊社之禮, 所以事上帝也,'" 引中庸二十言. "孟子曰: '樂天者保天下." 引孟子五十九言.

---

46 『尙書』「皐陶謨」.

47 其見之書曰: "昭受上帝, 天其申命用休." 曰: "予畏上帝, 不敢不正." 曰: "惟皇上帝降衷于下民." 曰: "上帝孚佑下民." 曰: "惟簡在上帝之心." 曰: "惟上帝不常, 作善降之百祥, 作不善降之百殃." 曰: "顧諟天之明命." 曰: "天佑下民作之君, 作之師, 惟其克相上帝." 曰: "我亦不敢寧於上帝命, 弗永遠念天威." (『尙書』에 이런 말이 있다. "명백히 상제의 명을 받으니 하늘이 아름답고 착한 뜻을 재삼 너에게 내려주리라." "나는 상제가 두려우니 감히 그〔夏桀〕를 징벌하지 않을 수 없다." "거룩하신 천제께서는 착한 심성을 천하 백성들에게 내려주실 것이다." "상제께서는 진실로 천하 백성들을 보우하신다." "모든 것은 상제께서 마음속으로 따져보셨을 것이다." "상제의 태도가 언제나 한결같지는 않으시니 착한 일을 하면 온갖 상서로움을 내려주고 악한 일을 하면 온갖 재앙을 내린다." "하느님의 밝은 명을 명심한다." "하느님께서는 천하 백성을 보우하여 그들에게 임금을 세워주고 스승을 마련해주거니 이런 이들은 상제의 뜻을 살필 수 있다." "우리도 감히 상제의 명에 편안히 거하면서 영원히 하늘의 위엄을 염두에 두지 않을 수 없다.")

48 『詩經』「大雅」'文王'.

49 其見之詩曰: "文王在上, 於昭于天文王陟降, 在帝左右." 曰: "維此文王翼翼, 昭事上帝天鑒在下, 有命既集. 上帝臨女, 無貳爾心." 曰: "皇矣上帝臨下有赫." 曰: "敬天之怒, 無敢戲豫, 敬天之渝, 無敢馳驅." 曰: "蕩蕩上帝, 下民之辟, 天生蒸民, 其民匪諶." 曰: "貽我來牟, 上帝率育." 曰: "赫赫姜嫄, 其德不回, 上帝是依, 無貳無虞. 上帝臨女."(『詩經』에 이런 말이 있다. "문왕이 하늘에 계시어 그 덕 하늘에 뚜렷하니 문왕의 영혼 오르내리며 하느님 곁에 계시네." "이 문왕께서 삼가하고 조심하여 덕을 닦으시어 밝게 하늘을 섬기고 하늘이 세상을 두루 살펴 천명을 문왕께 내리셨네. 하늘이 그대들을 보고 계시니 두 마음 먹지 말라셨네." "위대하신 하느님이 위엄 있게 땅 위에 임하셨네." "노하신 하늘을 공경하여 감히 희롱하며 즐기지 말고 하늘의 변하심을 생각하여 함부로 행동하지 말라." "광대한 덕이 있는 하늘의 상제는 백성의 임금이시거늘 하늘이 백성을 낳으셨거니 그 명을 못 믿을 건가." "우리에게 밀과 보리 내리시어 하늘이 널리 자라게 하셨네." "밝고 밝으신 姜嫄의 덕이 조금의 티도 없어 하늘이 어여삐 보시니 딴 마음 갖지 말며 근심 말라. 하늘이 그대 위에 임하고 계시네.")

50 『魯論』, 즉 『魯論語』를 말한다. 『論語』의 한나라 때 傳本의 하나인데, 魯나라 사람에 의해 전해진 것이라 한다.

51 『論語』「八佾」.

52 魯論曰: "獲罪於天, 無所禱也." 曰: "予所否者, 天厭之, 天厭之." 曰: "丘之禱久矣," 曰: "畏天命." (『魯論』에 이런 말이 있다. "하늘에 죄를 지으면, 기도한들 무슨 소용이 있겠는가." "내가 만약 잘못했다면, 하늘이 나를 버리리라, 하늘이 나를 버리리라." "공자가 벌써 기도드렸다고 한 것

섬기려는 까닭이다'[54]라고 하였으며," 『중용』에서 20언 인용.[55] "『맹자』를 보면, '천리天理의 미덕美德을 즐겨하는 자는 천하를 가질 수 있다'[56]고 하였다." 『맹자』에서 59언 인용.[57] "이 모든 글의 어느 하나인들 천주학의 오묘한 말씀이요, 법도가 아닌 것이 있겠는가?" 지난날 이마두利瑪竇가 중국의 성경聖經[58] 현전賢傳[59]을 인용하여 천주교의 교리를 그럴듯하게 꾸몄는데, 이제 이조백은 곧바로 중국의 성경과 현전 모두가 사교의 법어미언을 이어받은 것이라 하였으니 이조백의 죄는 죽이고도 남음이 있습니다!

"凡此諸文, 何莫非天學之微言法語乎?" 往時利瑪竇引用中夏之聖經賢傳, 以文飾其邪教, 今祖白徑謂中夏之聖經賢傳, 是受邪教之法語微言. 祖白之罪, 可勝誅乎!

"이것을 살펴볼 때, 중국의 종교 중 천주학보다 앞서는 것이란 없다." 천주학보다 앞선 것이 없다면 옛 성인들과 현인들이 모두 사교의 후학이 된다는 것입니다. 군자들 중에 여기까지 읽고 나서도 눈물을 흘리며 통곡하지 않고 그와 함께 같은 하늘을 이고 살겠다고 하는 자가 있으면 그는 사람이 아닐 것입니다!

"審是, 則中國之教, 無先天學者." 無先天學, 則先聖先賢皆邪教之後學矣. 凡百君子讀至此而不痛哭流涕與之共戴天者, 必非人也!

은 천명을 두려워한다는 것이다.")

53 하늘과 땅에 제사지내는 것. 周나라 때에는 冬至에 하늘에 지내는 것을 '郊'라 하고, 夏至에 땅에 제사지내는 것을 '社'라 하였다.

54 『中庸』 19장.

55 中庸曰: "郊社之禮, 所以事上帝也." 曰: "上天之載, 無聲無臭." 至矣.(『中庸』에 이런 말이 있다. "郊社의 예는 상제를 섬기려는 까닭이다." "하늘이 다스리심에는 소리도 없고 냄새도 없다"라고 하였으니, 이는 지극히 합당한 말이다.)

56 『孟子』「梁惠王章句」下.

57 孟子曰: "樂天者保天下, 畏天者保其國." 曰: "順天者存, 逆天者亡." 曰: "雖有惡人, 齋戒沐浴, 則可以事上帝." 曰: "存其心, 養其性, 所以事天也. 殀壽不貳修身以俟之, 所以立命也." (『孟子』에 이런 말이 있다. "天理의 美德을 즐겨하는 자는 천하를 가질 수 있으며, 天命을 경외하는 자는 나라를 가질 수 있다." "天意에 순종하는 자는 생존할 수 있고, 천의를 거스르는 자는 멸망한다." "비록 악인이라도 齋戒하고 몸을 깨끗이 한다면 하늘에 제사지낼 수 있다." "자기의 선량한 본심을 보존하고 자기의 천부적인 본성을 양성함으로써 하늘을 섬긴다. 단명하든지 장수하든지 두 마음을 품지 않고 자신을 수양하며 천명을 기다리고, 그럼으로써 천명을 확립하는 것이다.")

58 儒家의 경전.

59 경전의 뜻을 정확하게 찬술한 글.

오호라, 소인의 거리낌 없음이 이 지경에 이르다니요! 우리 위대한 청나라, 오늘의 천하가 곧 삼황오제의 천하임을 생각하지 못하는 것입니다. 삼황오제의 정통을 이은 것은 청나라의 태조太祖, 태종太宗, 세조世祖, 그리고 지금의 황제(康熙帝)이십니다. 또 주공周公과 공자의 도통道統을 이은 것은 청나라를 보필하는 재상과 사유師儒[60]입니다. 이조백은 역대의 어진 임금과 충성스러운 신하가 이 사교의 후예이고 육경과 사서가 이 사교의 깊은 뜻을 담은 오묘한 말씀이라고 하였으니, 앞으로 어떻게 우리 위대한 청나라의 군주와 신하를 사교의 후예로부터 분간해낼 수 있겠습니까?

噫! 小人而無忌憚, 亦至此哉! 不思我大淸今日之天下, 卽三皇五帝之天下也. 接三皇五帝之正統, 大淸之太祖, 太宗, 世祖, 今上也. 接周公孔子之道統, 大淸之輔相師儒也. 祖白謂歷代之聖君聖臣, 是邪敎之苗裔, 六經四書是邪敎之微言, 將何以分別我大淸之君臣而不爲邪敎之苗裔乎?

이조백이 얼마나 대담한지요! 세조의 비문[61]에

祖白之膽何大也! 世祖碑天主

60 옛날에는 教官 또는 學官을 가리켰으나 일반 선비를 가리키기도 한다.

61 순치 14년(1657) 2월에 황제가 지은 비문을 말한다. 주요한 내용을 소개하면 다음과 같다. "비록 역법을 훌륭하게 만들었더라도 후세에 와서 어쩔 수 없이 수정하게 된다. 한나라부터 원나라까지 70번 이상 수정하였고 역법을 만든 사람도 열셋이나 된다. 명나라 때에 이르러 연호를 고치고 『授時曆』에 '大統'이란 이름을 붙였으나 時差의 누적 방법은 여전히 옛날 그대로였다. 후에 와서 춘분·추분·하지·동지가 점점 어긋나서 틀리게 되니 모두 마땅히 고쳐야 한다고 말하였다. 그런데 서양의 학자들이 정확하고도 능란하게 天象과 曆法을 추산하였다. 이때에 湯若望이 배를 타고 바다를 건너왔는데 天理에 통달하여 천거하니 짐이 불러 면접한 후에 관서를 설립하고 음식과 비용을 내려주었다. 그렇지만 뭇사람들의 의론이 분분하여 어찌할 수 없이 결국에는 임용하지 못하였다. 갑신년(1644)에 와서 짐이 하늘이 내려주는 보살핌을 공경히 받들어 등극하고 教令을 嚴整하는 때가 되어 처음으로 역법을 연구하고 天時의 변화를 천명하는 제도를 세웠다. 중추월 초하루에 일식이 있게 되니 특별히 대신을 파견하여 주관 관리들을 독촉해 거느리고 臺에 올라 측량하고 검증하게 하였다. 그 시각, 분초가 시작되고 끝나는 방향과 위치가 유독 湯若望이 이미 전에 상주한 것과 모두 부합되었다. 을유년(1645) 음력 정월 보름에 이르러 다시 월식을 검증해보니 역시 털끝만큼도 차이가 없었다. 그러니 하늘이 이 사람을 내어 짐이 제도를 세워 역법을 만들도록 대비시킨 것이 아닌가! 짐이 특별히 그를 司天으로 임명하여 새 역법을 만들도록 하고, 그 역법 이름을 칙명으로 '時憲曆'이라 하고 반포하여 원근에서 시행하게 하였다. 湯若望은 평소에 서방 나라의 종교에 익히 습관이 되어 결혼도 하지 않고 벼슬살이도 하지 않으며 다만 짐의 명만 받드니 권면하여 관직 품계를 내려 3품 관계를 역임하도록 하고 이에 짐이 '通玄教師'라는 명칭을 내려주었다. 일을 맡은 지 몇 해가 되어가는 사이에 더욱더 그 직책에 부지런하였고 도성 선무문 안에 원래 있던 사당에서 평소에 그 종교에서 신봉하는 신에 제사를 지내었는데 근래에 와

천주교에 관하여 다음과 같은 글이 있습니다. "무릇 짐이 가슴에 새기고 있는 것은 요순堯舜·주공周公·공자孔子의 도이며 추구하는 바는 순일과 중용의 도리이다.[62] 도교서와 불경[63] 중 『도덕경道德經』과 『능엄경楞嚴經』 등 여러 서적을 일찍이 섭렵하였으나 그 뜻이 불분명하였다. 하물며 서양의 천주교 책은 읽어본 적도 없으니 어찌 그 설에 대해 알 수 있겠는가?" 위대합니다, 성왕聖王의 가르침이란! 참으로 천만세의 도통을 정통으로 이었으니 후세에 성인이 있다고 해도 세조의 이 글을 능가하지는 못할 것입니다.

教之文有曰: "夫朕所服膺者, 堯舜周孔之道, 所講求者, 精一執中之理. 至於玄笈貝文所稱道德楞嚴諸書, 雖嘗涉獵, 而旨趣茫然. 況西洋之書, 天主之教, 朕素未覽閱, 焉能知其說哉." 大哉聖謨! 眞千萬世道統之正脈, 後雖有聖人, 弗能駕世祖斯文而上之也.

이조백의 생각을 헤아려보건대, 세조가 요순을 본받고 주공과 공자를 받드는 것에 크게 불만을 품고 『천학전개』를 저술하여 우리 세조를 내치고 오직 천주교만을 세상에 높이 드러내려고 하였던 것입니다. 신하로서 주군에게 맞서다니 이 어찌 공공연히 자기 나라를 배반하고 남의 나라를 따르는

蓋祖白之心, 大不滿世祖之法堯舜, 尊周孔, 故著天學傳槩, 以闢我世祖, 而欲專顯天主之教也. 以臣抗君, 豈非明背本國, 明從他國乎? 而弁其端者曰: "康熙三年, 歲在甲辰春王

서 상으로 받은 재물을 모아 사당을 새롭게 고쳐 지었다. 짐이 南苑을 巡幸 나갔다가 우연히 그곳에 들러보니 神의 形容이 그 나라 사람과 같았고 집과 창문 기물의 장식 역시 그 나라의 제도에 맞았다. 그에게 几案 위의 책에 대해 물으니 '이것은 천주교의 학설입니다'라고 하였다. 무릇 짐이 가슴에 새기고 있는 것은 堯舜·周公·孔子의 도이며 추구하는 바는 순일과 중용의 도리이다. 도교서와 불경 중 『道德經』과 『楞嚴經』 등 여러 서적을 일찍이 섭렵하였으나 그 뜻이 불분명하였다. 하물며 서양의 천주교 책은 읽어본 적도 없으니 어찌 그 설에 대해 알 수 있겠는가? 그러나 湯若望이 중국에 들어온 지 이미 수십 년이 되었어도 그 교를 지키고 신을 받들며 사당을 새롭게 고치었고 경건하고 신중하며 정결함이 시종 변함이 없고 꾸준하여 게으름이 없으니 그 정성은 족히 존중받을 만하다. 남의 신하로서 이 같은 마음으로 군주를 섬기니 그 자신의 일에서도 신중히 처사하지 못할 리 없을 것이다. 짐은 그를 심히 가상히 여겨 '通玄佳境'이라는 扁額을 내리고 이에 관해 이 글을 쓴다."

62 『尙書』 「大禹謨」에 나오는 말이다. "인심은 위태롭고 도심은 은미하다. 오직 순수함으로 중용을 지키라.〔人心惟危, 道心惟微, 惟精惟一, 允執厥中〕"

63 원문의 '玄笈'은 도교의 서적을 가리킨다. '貝文'은 多羅葉에 쓴 글로, 불경을 가리킨다.

것이 아니겠습니까? 그런데 그 서문에 "강희 3년 갑진년(1664) 봄 정월〔王正月〕[64]에 주하사柱下史[65] 비릉毘陵[66] 사람 허지점이 삼가 짓다"라고 씌어 있습니다.

正月, 柱下史毘陵許之漸敬題."

아아, 괴이합니다! 허 선생이 이 글을 지으시다니요! 학사대부 서광계·이지조·이천경李天經(1579~1659)·풍응경馮應京(1555~1606)·번량추樊良樞(생몰년 미상, 1604년 진사 급제) 같은 사람들 중에도 천주교에 관한 책에 서문을 쓴 일이 적지 않습니다. 어떤 이는 역법에 서문을 썼고 어떤 이는 기구 설명서[67]에 서문을 썼으며 어떤 이는 산수책에 서문을 쓰기도 하였습니다. 『진정서상進呈書像』[68]이라는 책에는 서문을 쓴 이의 이름이 없지만 사실 탕약망 자신이 서문을 지었음을 알 수 있습니다. 서광계나 이지조 등은 그래도 감히 드러내놓고 명교名教(儒教)에 득죄하는 짓은 하지 않았습니다.

噫吁戲, 異乎哉! 許先生而爲此耶! 學士大夫如徐光啓·李之藻·李天經·馮應京·樊良樞者, 若而人爲天主教作序多矣, 或序其曆法, 或序其儀器, 或序其算數. 至進呈書像一書, 則罔有序之者, 實湯若望自序之可見. 徐李諸人, 猶知不敢公然得罪名教也.

탕약망은 책을 지어서 이르기를 "남녀 각 한 사람이 인류의 시조였다"라고 하였습니다. 그러나 감히 드러내놓고 천지간에 사는 모든 사람들이 그 종교를 믿는 사람들의 자손이라고는 말하지 못하

若望之爲書也曰: "男女各一, 以爲人類之初祖." 未敢斥言覆載之內, 盡是其教之子孫. 君子直以妄目之而已矣. 祖白之爲

64 周나라의 천자가 반포한 역법에서의 正月이다. 즉 孔子가 『春秋』를 간추릴 때에 주나라의 연월을 사용하였는데, 이때 반드시 '王' 자를 앞에 놓아 주나라의 정통성을 강조하였다.

65 周나라와 秦나라의 관직 이름. 항상 대전의 기둥 아래에 侍立해 있으므로 이 같은 이름을 갖게 되었다. 한나라 이후의 御史에 해당한다.

66 許之漸의 출신지로, 江蘇省 常州 일대를 가리킨다.

67 실험·계량·관측·검험 등에 쓰는 과학 기구와 장치의 설명서.

68 湯若望이 崇禎 13년(1640) 11월에 明帝에게 바친 그림과 그에 대한 설명이다. 湯若望은 그림에 나오는 聖跡을 중국어로 번역하였다. 『進呈書像』에 실린 그림은 모두 64장인데, 楊光先은 그림 석 장을 뽑아 이를 근거로 「邪教三圖說評」을 썼다.

였습니다. 군자들 또한 그저 망령된 것으로 치부했을 뿐입니다. 그런데 이조백은 책을 지어서 우리 청나라 모두를 유대 나라에 넘겨버렸고, 우리 청나라와 옛날의 어지신 군주, 훌륭한 스승, 뛰어난 신하들을 모두 사교의 후예로 만들어버렸으며, 역대로 우리 옛 성인들이 지으신 훌륭한 경전들을 모두 사교로부터 나온 것으로 취급하였으니, 어찌 한낱 망령된 짓에 그치는 것이겠습니까!

書也, 盡我大淸而如德亞之矣, 盡我大淸及古先聖帝聖師聖臣而邪教苗裔之矣, 盡我曆代先聖之經賢傳而邪教緖餘之矣, 豈止於妄而已哉!

실은 청나라 백성을 끌고 들어가 청나라를 배반하고 사교를 따르게 하려 한 것이니, 이는 온 천하를 임금도 아비도 없는 세상으로 만든 것입니다. 그런데 선생은 그 서문에서 '불가와 도가들은 평생을 군신·부자관계 속에 살면서 그것이 하늘임을 알지 못한다. 유가라고 해도 때로는 폐단이 없을 수 없다'라고 하였습니다. 아, 이것이 무슨 말씀입니까!

實欲挾大淸之人, 盡叛大淸而從邪教, 是率天下無君無父也! 而先生序之曰: '二氏終其身於君臣父子, 而莫識其所爲天. 卽儒者, 或不能無弊.' 噫, 是何言也!

불가와 도가에서는 황제의 용패龍牌[69]를 받들어 모시니, 이는 군신 간의 도리를 아는 것입니다. 불경에 "천 개의 벽지불辟支佛[70]에게 재齋를 올리는 것보다는 집에 계시는 부모에게 효도하는 것이 낫다"라는 말이 있습니다. 이는 어버이와 자식 간의 도리를 아는 것입니다. 하물며 오륜의 가르침을 세운 유가야 말해 무엇하겠습니까! 그러나 천주 예수만은 자기 나라를 모반하여 나라 법에 의하여 못박혀 죽었으니 이는 군신 간의 도리를 알지 못한

二氏供奉皇帝龍牌, 是識君臣. 經言: "齋千辟支佛, 不如孝堂上二親." 是識父子. 況吾儒以五倫立教乎! 唯天主耶穌謀反於其國, 正法釘死, 是莫識君臣. 耶穌之母瑪利亞, 有夫名若瑟, 而曰耶穌不由父生, 及歸依彼教, 人不得供奉祖父神主, 是莫識父子.

69 불상 앞에 모시는 용의 무늬가 있는 위패.

70 '辟支迦佛陀'를 줄여 부르는 말로, 三乘 중의 中乘聖者를 가리킨다.

것입니다. 예수의 어머니 마리아〔瑪利亞〕에게는 요셉〔若瑟〕이라는 지아비가 있었음에도 저들은 예수가 그 아버지로부터 태어나지 않았다고 말하고 있으며, 또 천주교에 귀의한 교인들은 조상과 부모의 신주를 받들어 모시지 않으니, 이는 어버이와 자식 간의 도리를 알지 못하는 것입니다.

그런데도 선생은 도리어 불가와 도가가 군신·부자관계를 아는 것을 그들이 군신·부자관계를 모르는 것이라 하고, 예수가 군신·부자관계를 모르는 것을 그들이 군신·부자관계를 안다고 하였습니다. 얼마나 모순된 것입니까! 유가에게 폐단이 있다고 하였는데 그 유가는 옛 성인입니까, 옛 현인입니까, 후학들입니까? 명백히 한 사람을 지적하면서 뭇사람과 그를 공박한다면 무방하겠지만, 만약 그런 사람이 없다면 이같이 성인을 헐뜯는 글을 지어서 주공과 공자의 성교聖敎를 스스로 훼손하지 말아야 할 것입니다.

先生反以二氏之識君臣父子者, 謂之爲莫識君臣父子, 以耶穌之莫識君臣父子者, 謂之爲識君臣父子. 何剌謬也! 儒者有弊, 是先聖乎, 先賢乎, 後學乎? 不妨明指其人, 與衆攻之, 如無其人, 不宜作此非聖之文, 自毁周孔之敎也.

양자楊子와 묵자墨子가 도를 해쳤다고 해야 겨우 '나를 위하고〔爲我〕', '모두를 사랑한 것〔兼愛〕'에 지나지 않지만, 맹자는 그들을 거듭 배격하면서 "양묵楊墨의 도를 끊지 않고는 공자의 도가 빛나지 않는다"[71]라고 하였습니다. 『천학전개』가 도를 해친 정도를 보자면, 우리의 군주와 신하를 저들의 자손으로 삼고 우리 공자님을 저들의 제자로 삼은 것입니다. 이조백의 뜻인즉, '공자의 도가 끊어지지 않

楊墨之害道也, 不過曰爲我兼愛, 而孟子亟距之曰: "楊墨之道不息, 孔子之道不著." 傳槩之害道也, 苗裔我君臣, 學徒我周孔, 祖白之意若曰: '孔子之道不息, 天主之敎不著.' 孟子之距, 恐人至於無父無君. 祖白之著, 恐人至於有父有君.

71 『孟子』「滕文公章句 下」.

고는 천주교가 빛나지 않는다'[72]고 생각하는 것 같습니다. 맹자가 그들을 배격한 것은 사람들이 아비도 군주도 없는 지경에 이를까 두려워한 것이었지만, 이조백이 『천학전개』를 지은 것은 사람들이 아비도 있고 군주도 있는 지경에 이를까 두려워한 것입니다.

그런데 선생께서 이조백을 위해 서문을 지어준 것은 공자와 맹자의 가르침을 배격하고 이조백의 뜻을 따른 것입니다. "유가에게도 폐단이 없을 수 없다"는 말은 선생께서 스스로 하신 말씀입니다. 선생이 혹 청나라 사람이 아닌 건가요, 혹 청나라 과거시험에 급제한 사람이 아닌 건가요, 어찌하여 사교의 책에 서문을 쓰셨을까요? 이러한 성현을 비방한 책에 성현을 비방한 말을 하시다니, 선생께서 너무하셨습니다!

而先生爲祖白作序, 是距孔孟矣, 遵祖白矣! "儒者不能無弊," 先生自道之也. 意者先生或非大清國之産乎, 或非大清國之科目乎, 胡爲而爲邪教序? 此非聖之書, 發[73]此非聖之言也, 先生過矣!

거듭 생각해보니 이 서문은 선생의 글이 아닙니다. 어떻게 아느냐고요? 선생께서는 글을 읽어 문자를 아시며, 상서庠序[74]에서 분발하여 진사의 이름을 얻고 벼슬길에 발을 들여놓아 어사의 이름을 얻었습니다. 성인의 도에 대해서도 어려서 배우고 커서 실행하였기에 너무도 잘 알고 계십니다. 그러니 선왕의 법이 아니면 감히 복종하지 않고, 선왕의 법이 아니면 감히 말하지 않는 것은 선생이 본

尋復思之, 是非先生之筆也. 何以明之? 先生讀書知是字, 發身庠序爲名進士, 筮仕爲名御史. 其於聖人之道, 幼學壯行, 熟矣. 非先王之法服不敢服, 非先王之法言不敢言, 先生之所素定者也, 肯屑爲此非聖妖書之序哉!

---

72 『孟子』의 "楊墨之道不息, 孔子之道不著"를 빌려 "孔子之道不息, 天主之教不著"라고 표현한 것이다.

73 '發' 자는 民國 18년(1929)에 출간된 中社 영인본에는 □로 표시되어 있으나 청대 필사본에 근거하여 보충하였다.

74 옛날의 지방 학교.

디 정해놓은 원칙이었을 것입니다. 그런데 경솔하게 성인을 비방한 요망스런 책에 서문을 쓰려 하셨겠습니까!

혹 저 사교를 믿는 자들의 모략일 수 있습니다. 선생께서는 조정에서 법을 집행하시는 근신近臣이시고 글로도 명망이 있으시니 선생의 서문을 얻어서 그 책을 빛나게 하고, 세상 사람들로 하여금 "허시어의 서문도 있으니 우리 중국 사람들은 천주교의 후예임이 분명하다"고 말하게 함으로써 요사스러운 말로 백성을 현혹한 물고기 배 속의 글〔魚腹天書〕[75]과 같은 효과를 노렸던 것입니다. 그래서 선생의 이름으로 쓴 서문을 가지고 천하의 인심을 움직이고, 장차 믿을 만한 사교의 증거로 삼았던 것입니다. 그러니 결코 선생이 쓰신 글이 아닙니다.

或者, 彼邪教人之謀. 以先生乃朝廷執法近臣, 又有文名, 得先生之序, 以標斯書, 使天下人咸曰, 許侍御有序, 則吾中夏人信爲天主教之苗裔勿疑矣. 妖言惑衆, 有魚腹天書之成效. 故託先生之名爲之序, 旣足以搖動天下人之心, 更足爲邪教之證據於將來也. 必非先生之筆也.

그렇지 않으면 혹 선생의 문하인이나 막객幕客이 삼가 경건히 명교를 받드는 선생의 본마음을 이해하지 못하고, 선생의 글을 빌려 자명종 같은 갖가지 신기한 기물을 얻으려 한 것일 수 있습니다. 결코 선생이 쓰신 글이 아닙니다. 그도 아니라면 요즈음 시문詩文을 주고받는 것이 관례가 된바, 글을 요구하는 사람이 찾아오면 침상머리를 지키는 사람〔牀頭捉刀人〕[76]에게 시켜 대강 써주게 하고 주인은

不然, 或先生之門人幕客, 弗體先生敬愼名教之素心, 假借先生之文以射自鳴鐘等諸奇器, 必非先生之筆也. 再不然, 近世應酬詩文, 習爲故套, 有求者率令牀頭捉刀人給之, 主者絶弗經心, 不必見其文讀其書也.

75 '물고기 배 속의 글'은 『史記』「陳涉世家」의 기록에서 유래한 말이다. 秦나라 때 陳勝과 吳廣이 반란의 기치를 들고 일어나기 전에 '陳勝王'이라고 쓴 비단 조각을 고기 배 속에 넣어 장거리에서 팔게 하고 군졸을 시켜 이를 사오게 한 뒤, 끓여 먹으면서 그 글을 보게 하여 인심을 얻었다는 이야기가 있다.

76 曹操가 흉노의 사자를 접견할 일이 있었는데 자신의 형상이 졸렬한 것을 꺼려서 崔季珪라는 사람을 자기 대신 사자를 접견하게 하고 자기는 침상머리에서 칼을 잡고 시립해 있었다고 한다. 접견이 끝나고 사자에게 물으니 "침상머리에 칼을 잡고 있던 사람이 영웅이더라"고 대답했다 한다. 후에는 이 이

전혀 신경 쓰지 않은 채 그 글을 살펴보지도 그 책을 읽어보지도 않았을 수 있습니다.

하물며 선생께서는 새벽 별을 보면서 조회에 급히 나가야 하는 처지이고, 나가서는 어사대御史臺에 들어가 정사를 돌보고, 물러나 식사하고 쉴 때에도 어진 사대부들을 접견하면서 임금을 보좌하고 백성에게 혜택을 베풀 계책을 논의하여야 하는 몸이시니 무슨 여가가 있어 그 책을 읽어보셨겠습니까? 정말로 선생께서 그 책을 읽고서, 우리 복희씨로부터 오늘의 군주와 신하, 선비와 평민 모두를 사교의 자손이라고 모욕하고 육경과 사서를 모두 사교의 끄트머리라고 욕보인 것을 아셨다면, 머리털이 곤두서고 눈초리가 찢어져 그 책을 땅바닥에 내동댕이쳤을 터, 어찌 서문 따위를 지으려 하셨겠습니까?

況先生戴星趨朝, 出卽人臺治事, 退食又接見賢士大夫, 論議致君澤民之術, 奚暇讀其書哉? 使先生誠得讀其書, 見我伏羲氏以至今日之君臣士庶, 盡辱爲邪教之子孫, 六經四書, 盡辱爲邪教之餘論, 當必髮竪眥裂, 擲而抵其書於地之不蚤, 尙肯爲之序乎?

이것이 광선이 처음부터 끝까지 이 서문은 선생이 쓰신 글이 절대 아니라고 여기는 까닭입니다. 광선은 『벽사론闢邪論』과 『거서집距西集』[77]을 쓰는 데〔殺靑〕[78] 5~6년이나 걸렸습니다. 이미 5천여 부나 인쇄되고 간행되어 조야의 많은 사람들이 과찬해주셨는데 선생께서만은 아직 보지도 듣지도 못하신 듯 〔아무런 언급을 안〕 하셨습니다. 그런데

此光先之所以始終爲必非先生之筆也. 光先之闢邪論距西集, 殺靑五六年矣. 印行已五千餘部, 朝野多謬許之, 而先生獨若未之見, 若未之聞. 豈於非聖之書, 反悅目乎? 必不然矣! 於此, 愈信必非先生之筆也.

야기로부터 남을 대신해 일을 해주거나 글을 써주는 사람을 비유하였다.

77 楊光先은 자신의 저술처럼 말하고 있으나 『距西集』의 저자는 알 수 없다. 臺北中央圖書館 善本部에 장서본이 있다.

78 옛날 竹簡을 만들 때에는 대나무를 불에 구워서 진액을 빼버리고 푸른 표피를 긁어 없앤 뒤 거기에 글을 썼는데, 이것을 '殺靑'이라 했다.

도리어 성인을 비방한 책을 보고 기뻐하셨겠습니까? 절대 그럴 리가 없습니다! 이에 더욱더 선생이 쓰신 글이 결코 아니라 믿게 되었습니다.

그러나 아무리 광선이 절대 선생의 글이 아니라고 믿고, 관직에 계신 군자들도 절대 선생의 글이 아니라고 믿으며, 천하의 학자들도 절대 선생의 글이 아니라고 믿을 수 있다 해도, 서문이 나온 지 채 두 달도 되지 않아 이미 온 장안에 두루 퍼져버린 상태인데 자기가 쓰지도 않은 글에 대해 선생께서는 극구 부인하지 않고 계시니 후대인들이 이 양광선처럼, 오늘날 관직에 계신 군자들처럼, 또 오늘날 천하의 학자들처럼 절대로 선생이 쓰신 글이 아니라고 믿지 못하게 될까봐 두렵습니다. 유교〔名教〕에 잘못을 저지르면 제아무리 효성스러운 자손이 나온다 한들 선생을 위해 그 죄를 감출 수 있겠습니까? 마치 광선이 지금 어르신이 사정에 어둡다고 외치는 것처럼 할 것이니, 선생께서는 이를 어찌 처리해야 마땅할까 생각하셔야 할 것입니다.

雖然, 光先能信必非先生之筆, 有位君子能信必非先生之筆, 天下學人能信必非先生之筆, 但此序出未二月, 業已傳遍長安. 非先生之筆, 而先生不亟正之, 恐後之人未必能如光先, 能如今日之有位君子, 能如今日之天下學人, 能信必非先生之筆也. 得罪名教, 雖有孝子慈孫, 豈能爲先生諱哉? 猶之, 光先今日之呼吾家老不曉事也, 先生當思所以處此矣.

천주 예수는 유대 나라에서 모반을 꾀하다 그 일이 탄로나 나라 법에 의하여 두 도적과 함께 십자가에 못 박혀 죽었습니다. 이는 대중 앞에 그 시체를 버려둔 것인데, 이와 같은 사실은 탕약망의 『진정서상』에서 찾아볼 수 있습니다. 과연 그렇다면 천주 예수란 그 나라의 도적 우두머리였으니, 그 종교 또한 우리 나라의 백련교白蓮教[79]나 문향교聞

天主耶穌謀反於如悳亞國, 事露正法, 同二盜釘死十字架上, 是與衆棄之也, 有若望之進呈書像可據. 然則, 天主耶穌者乃彼國之大賊首, 其教必爲彼國之所厲禁, 與中夏之白蓮聞香諸邪實同. 在彼國則爲大罪人,

79 茅子元(?~1166)이 창시한 종교로, 南宋 때의 白蓮宗에 뿌리를 두었다. 미륵이 세상에 내려왔다고

香敎[80] 같은 여러 사교와 똑같이 분명 그들 나라에서 엄금되고 있을 것입니다. 그 나라에서는 큰 죄인인데 우리 나라에 와서는 대단한 성인이 되고, 우리더러 그들 종교의 후예라고 하면서 욕됨을 모르고, 우리더러 그들 종교의 후학이라고 하면서 죄악을 모르니, 유대 나라의 임금과 신하들이 이 사실을 듣게 된다면 우리 중국 사대부들을 생각도 견해도 없다며 비웃지 않겠습니까? 선생께서 비록 그 책에 서문을 쓴 적이 없다고 하더라도 서문에는 실제로 선생의 이름이 씌어 있으니 선생께서 편안하게만 계실 수 있겠습니까?

來我國則爲大聖人, 且謂我爲彼教之苗裔而弗知辱. 謂我爲彼教之後學而弗知惡. 使如憓亞之主臣聞之, 寧不嗤亞中夏之士大夫無心知無目識乎? 先生雖未嘗爲之序, 而序實有先生之名, 先生能晏然已乎?

〔탕약망은〕 모반을 꾀한 자의 잔당으로, 모반을 꾀하는 사교를 퍼뜨리면서 북경의 선무문宣武門 안, 동화문東華門의 동쪽, 부성문阜城門의 서쪽, 산동山東의 제남濟南, 강남江南의 회안淮安·양주揚州·진강鎭江·강녕江寧·소주蘇州·상숙常熟·상해

以謀反之遺孽, 行謀反之邪教, 開堂於京師宣武門之內, 東華門之東, 阜城門之西, 山東之濟南, 江南之淮安·揚州·鎭江·江寧·蘇州·常熟·上海,

하면서 정치와 사회가 혼탁하던 원나라 중엽(泰定 2년, 1325년)에 반란을 일으킨 비밀사교단체에서 기원하며 원·명·청대에 유행된 민간종교이다. 教義는 淨土宗에서 淵源하였고 五戒를 지키고 아미타불을 염송하며 출가를 강조하지 않아서 기성 불교의 반발을 샀다. 원대를 거치면서 미륵사상과 결합되었고, 명나라 正德 이후에는 羅教의 영향을 받아 無生老母를 創世主로 받들었다. 원·명·청대에 이 종교는 늘 농민봉기를 일으키는 데 이용되었는데 원나라 말기의 劉福通·徐壽輝 등이 영도한 홍건봉기, 명나라 말년의 徐鴻儒의 봉기, 청나라 가정 연간의 사천·호북·섬서의 白蓮教 대봉기 등이 대표적인 것들이다. 朱元璋도 이러한 시대적 반란의 기운을 타고 왕조를 이루었지만 이의 폐해를 알고 축출하고 탄압하였다. 명나라 때 민간에 크게 확산되었다. 유장근, 「민간종교」, 오금성 외, 『명청시대 사회경제사』(이산, 2007), 403쪽; 陶希聖, 「明代彌勒白蓮教及其他妖賊」, 『明代宗教』(臺北: 學生書局, 1969), 5~47쪽 참조.

80 명나라 때 민간종교의 하나로, 東大乘教라고도 한다. 만력 연간에 王森이 창립하였다. 일찍이 요망한 여우 한 마리를 구해주었더니 여우가 꼬리를 끊어 그에게 주었는데, 거기에서 이상한 향기가 풍겼다고 한다. 그것으로 신도를 모으고 자신은 문향교주라고 칭했는데, 그 신도 무리들은 하북·산동·산서·하남·섬서·사천 등지에 퍼져 있었다. 이 교에서는 燃燈佛·釋迦佛·未來佛을 신봉하였다.

上海, 절강浙江의 항주杭州 · 금화金華 · 난계蘭溪, 민閩 땅의 복건福建 · 건녕建寧 · 연평延平 · 정주汀州, 강서江西의 남창南昌 · 건창建昌 · 감주贛州, 동월東粵의 광주廣州, 서월西粵의 계림桂林, 촉蜀 땅의 중경重慶 · 보령保寧, 초楚 땅의 무창武昌, 진秦 땅의 서안西安, 진晉 땅의 태원太原 · 강주絳州, 하남河南의 개봉開封 등지에 모두 30개의 예배당을 열어 소굴로 삼았습니다. 그중 광동의 오문澳門에는 만 명의 무리가 둥지를 틀고 있는데, 그 사이에 하나의 큰 도회를 이루어서는 몰래 오가는 사람들을 전송하고 영접합니다. 탕약망은 역법을 구실로 금마문金馬門 안에 몸을 숨기고 있으면서 사교의 무리를 청나라의 북경과 12개 성省의 요충지에 바둑알처럼 깔아두고 있으니, 무엇을 하려는 뜻이겠습니까?

浙之杭州 · 金華 · 蘭谿 · 閩之福建 · 建寧 · 延平 · 汀州, 江右之南昌 · 建昌 · 贛州, 東粵之廣州, 西粵之桂林, 蜀之重慶 · 保寧, 楚之武昌, 秦之西安, 晉之太原 · 絳州, 豫之開封, 凡三十窟穴. 而廣東之香山澳, 盈萬人盤踞, 其間成一大都會, 以暗地送往迎來. 若望籍曆法以藏身金門, 而棊布邪教之黨羽於大淸京師十二省要害之地, 其意欲何爲乎?

명나라의 법도로 이들을 단속하지 못했던 것은 전왕前王의 법도를 폐지했기 때문입니다. 법률로 바다를 통해 새어드는 것을 엄격히 단속하였지만, 서광계는 역법을 구실로 이마두 등을 조정에 천거하였습니다. 수만 리 밖에서 조공도 바치지 않고 찾아온 사람에 대하여, 와도 어디에서 왔는지 알려고 하지 않고, 가도 가는 곳을 따지지 않으며, 돌아다녀도 관리하지 않고, 머물러도 가두어 막지 않았습니다. 그가 15개 성의 산천 형세, 군마와 군량을 지도와 문서에 모두 기록하는데도 금하지 않았습니다. 예나 지금이나 이처럼 외국인을 소홀히 다스린 적이 있었습니까?

明網之所以不紐者, 以廢前王之法爾, 律嚴通海泄漏, 徐光啓以曆法薦利瑪竇等於朝. 以數萬里不朝貢之人, 來而弗識其所從來, 去而弗究其所從去, 行不監押之, 止不關防之, 十五直省之山川形勢, 兵馬錢糧, 靡不收歸圖籍而弗之禁, 古今有此翫待外國人之政否?

청나라는 명나라가 서양인을 이와 같이 대하는 것을 그대로 이어받았기에 관습이 되어버렸습니

大淸因明之待西洋如此, 遂成習矣. 不察伏戎於莽. 萬一竊

다. 풀숲 속에 매복한 군사를 살피지 않았다가 만일 몰래 일어난다면 선생께서는 무슨 수로 이 서문에 대해 사죄하시겠습니까? 시헌력 표지에 '依西洋新法(서양의 새 역법에 따라서)'이라는 다섯 글자를 쓴 것에 대하여 광선은 〔탕약망이〕 몰래 역법 제정의 권위를 훔쳐 서양에 줌으로써 청나라가 서양의 역법을 받든다는 사실을 천하에 공공연히 알리고자 한다며 상소문을 올려 쟁론하였습니다. 지금 복희씨를 저들 종교의 후예라 일컫고 육경을 저들 종교의 깊은 뜻이 담긴 오묘한 말씀이라 하고 있으니, '依西洋新法'이라는 다섯 글자는 곧 저들의 종교와 역법을 받든다는 명백한 증거가 아니겠습니까?

發, 先生將用何術以謝此一序乎? 時憲曆面書依西洋新法五字, 光先謂其暗竊正朔之尊以予西洋, 而明白示天下以大清奉西洋之正朔, 具疏具呈爭之. 今謂伏羲是彼教之苗裔, 六經是彼教之微言, 而依西洋新法五字, 豈非奉彼教正朔之實據明驗乎?

백성을 현혹시키는 요서가 공공연히 인쇄되고 간행되어 전파되었으며, 계책을 세워 대응하는 사교의 무리가 이미 각 성의 요처에 나뉘어 포진되어 있습니다. 저들이 사대부들과 사귀어 날개로 삼고, 소인배들을 유혹하고 선동하여 앞잡이로 삼아 천하 민심을 수습하니, 추종자가 마치 물이 아래로 흐르듯 모여들고 있습니다. 조정에서는 그 상황을 모르고, 보통 사람들은 그 기세가 두려워 말하지 않으니 이는 안방에서 호랑이를 기르는 것과 같아서 식자들은 깊이 우려하고 있습니다.

惑衆之妖書已明刊印傳播, 策應之邪黨已分布各省咽喉. 結交士夫以爲羽翼, 煽誘小人以爲瓜牙, 收拾我天下之人心, 從之者如水之就下. 朝廷不知其故, 群工畏勢不言, 養虎臥內, 識者以爲深憂.

그런데 선생께서는 가생賈生의 통곡[81]을 본받지

而先生不效賈生之痛哭, 尙反

81 賈生은 한나라 초기의 문인 賈誼를 가리킨다. 그는 「治安策」을 바치면서, "신이 삼가 생각건대 일 중에 통곡할 만한 것이 하나요, 눈물 흘릴 만한 것이 둘이요, 길게 탄식할 만한 것이 여섯입니다. 그 밖에 도리를 어그러뜨리는 일은 일일이 열거하기조차 어렵습니다. 지금 진언하는 자들마다 모두 천하가 이미 다스려졌다 편안하다 하지만, 신만은 그렇지 않다고 생각합니다. 다스려졌다 편안하다고 말

못하시고 도리어 그에게 서문을 지어 주어 아첨하시다니요! 광선이 쓸데없는 걱정을 해온 지 6년입니다. 상소문을 품고 궁궐을 찾아갔으나 들어가지 못하였기에, 그저 말과 글로 성토하여 관직에 계신 분들이 천자께 알려주기를 바랄 수밖에 없었습니다. 선생께서는 공자의 문인門人이자 현달한 관리이며 천자께 간언하는 신하이시니, 관직 없는 광선과 비할 바가 아닙니다. 간언할 책임을 다하고, 법제를 주관하여 죄를 따지고 벌을 내리는 것은 선생이 지닌 학술로써 당연히 해야 할 바이고, 직분상 마땅히 해야 할 바입니다. 그런데 훗날 일신에 누가 될 서문을 지으시다니요?

爲其作序以諛之乎! 光先抱杞憂者六年矣, 懷書君門, 抑不得通, 惟付之筆伐口誅, 以冀有位者之上聞. 先生乃聖門賢達, 天子諫臣, 不比光先之無官. 守言責, 執典章, 以聲罪致討, 實先生學術之所當盡, 職分之所當爲者. 況有身後之累之一序乎?

광선이 선생과 아직까지 얼굴을 마주한 적도 없으면서 불쑥 선생께 이같이 무례를 범한 것은, 천하고금 모든 나라의 군주와 신하, 선비와 평민의 조상을 지키기 위해서, 옛 성현의 훌륭한 경전을 지키기 위해서, 천하의 백성들을 다가올 재앙으로부터 지키기 위해서 가만히 있을 수 없었기 때문입니다. 청컨대 선생께서는 속히 저들을 공격하는 북을 울리심으로써 과거 입언하셨던 훌륭한 명성을 보전하시고, 또 훗날 터져나올지 모를 화를 없애버리십시오. 이는 광선이 선생을 위해 드리는 계책이지, 결코 선생을 나무라는 것이 아닙니다. 선생

光先與先生素未謀面而輒敢以書唐突先生者, 爲天下古今萬國君臣士庶之祖禰衛, 爲古先聖人之聖經賢傳衛, 爲天下生靈將來之禍亂衛, 匪得已也. 請先生速鳴攻之之鼓, 以保立言之令名, 以消身後之隱禍. 斯光先之所以爲先生計, 非誚讓先生也. 幸先生亟圖之. 知我罪我, 惟先生所命. 主臣主臣.

하는 자는 어리석은 자이거나 아첨하는 자입니다. 저들은 治亂의 요체를 알지 못하고 있습니다.〔臣竊惟, 事勢可爲痛哭者一, 可爲流涕者二, 可爲長太息者六. 若其它背理而傷道者, 難遍以疏擧. 進言者皆曰天下已安已治矣, 臣獨以爲未也. 曰安且治者, 非愚則諛. 皆非事實知治亂之體者也.〕"라고 했다. 여기서는 가생처럼 천하를 근심하여 통곡하는 것을 배우지 못했다고 탓하고 있는 것이다.

께서 조속히 도모해주시기를 바랍니다. 저를 알아 주시든 제게 죄를 주시든 오로지 선생의 명에 따를 뿐입니다. 황공한 마음 금할 길 없습니다.

강희 갑진년(1664년) 3월 25일
광선이 다시 머리 숙여 면전에 글을 올립니다.

康熙甲辰三月二十五日
光先再頓首面投.

벽사론 상[82]

闢邪論 上

성인의 가르침은 평이하고 실제적이며 특이하지 않다. 일단 남달리 특이한 것이라면 괴이하다고 할 수밖에 없다. 양주와 묵적이 이단인 것은 그들이 주장하는 도리가 치우치고 중용의 도에서 벗어났기 때문이다. 그래서 성현들이 이들을 배격했던 것이다. 하물며 사람됨이며 학문이며 감히 양주와 묵적의 만 분의 일에도 못 미치고, 괴벽하고 망령됨이 다른 무엇에도 비할 수 없음에랴. 무리지어 반역을 꾀하다가 법에 의해 죽임을 당하고도 터무니없이 우주를 다스리는 성인으로 자처하고 그 도로써 천하를 교화하려고 하였다. 모든 나라가 그 교를 받아들이지 않고 내친 것은 우둔한 백성이 사교에 쉽사리 현혹되기 마련이어서 장래에 남길 화가 결코 미미하지 않을 것이기 때문이다. 이는 세도를 지키는 자에게는 훗날의 근심거리인지라, 번거로움을 마다하지 않고 그들의 주장에 근거하여 물리치고자 한다.

聖人之教, 平實無奇, 一涉高奇, 卽歸怪異. 楊墨之所以爲異端者, 以其持理之偏而不軌於中正, 故爲委賢之所距. 矧其人其學, 不敢望楊墨之萬一, 而怪僻妄誕, 莫與比倫. 群謀不軌, 以死於法, 乃妄自以爲冒覆宇宙之聖人, 而欲以其道, 教化於天下. 萬國不有, 所以迸之, 愚民易惑於邪, 則遺禍將來定非渺小. 此主持世道者, 他日之憂也. 故不憚繁冗, 據其說以闢之.

---

82 楊光先이 1659년 5월 보름에 쓴 글로 사교인 천주교의 주요 교리를 논박하는 첫 번째 글이다. 유학자의 입장에서 천주교의 교리를 연구하여 하나하나 공격하였으니 17세기 반그리스도교 문서의 백미라고 할 수 있다. 利類思(Lodovicus Buglio)는 1665년 5월에 楊光先이 주로 이 글에서 제기한 문제에 변명하는 형식으로 『不得已辯』을 쓰게 된다. 이 책 제2부에 실려 있는 利類思의 『不得已辯』을 함께 읽으면 이해에 도움이 될 것이다. '闢邪'는 '그릇되고 요사한 것〔邪教〕을 논박하다, 반박하다'라는 뜻으로, '악령이나 요귀를 쫓아내다, 물리치다'의 뜻도 된다.

명나라 만력 연간(1573~1620)에 서양인 이마두와 그와 같은 무리인 탕약망·나아곡羅雅谷(Giacomo Rho, 1593~1638)은 저들이 천주교라고 일컫는 종교를 받들고 중국에 왔다.[83] 그들이 섬기는 신주상神主像의 이름은 예수다. 그가 손에 둥근 모양의 형상을 들고 있기에 무엇이냐고 물으니 하늘이라고 하였다. 하늘이 어찌하여 예수의 손에 쥐여 있는가 하고 물으니, 다음과 같이 대답하였다. "만물이 저절로 만물이 될 수 없듯이 하늘도 스스로 하늘이 될 수 없으니 반드시 하늘을 만들어내는 자가 있은 다음에 이루어진다.

明萬曆中, 西洋人利瑪竇與其徒湯若望·羅雅谷奉其所謂天主教, 以來中夏. 其所事之像, 名曰: 耶穌. 手執一圓象, 問: 爲何物? 則曰: 天. 問: 天何以持於耶穌之手? 則曰: 天不能自成其爲天, 如萬有之不能自成其爲萬有, 必有造之者而後成.

천주는 만물이 생겨난 처음부터 존재했다. 무원無元으로써 만물의 근원을 만들었다. 형체와 소리를 초월하고 보이지도 들리지도 않았으니, 실재하지 않는 것〔無〕으로부터 실재하는 것〔有〕을 만들어 낸 것이다. 〔이를 위해〕 재료도 도구도 시간도 쓰지 않았다. 이루 헤아릴 수 없이 많은 수의 천신天神이라는 무형체無形體[84]를 먼저 만들고, 그다음에 사람을 만들었다. 사람을 만들기 위해서는 먼저 하늘과 땅을 만들고 모든 사물을 종류대로 모아 덮고 싣고 채워 편히 살게 할 필요가 있었다. 그래서 먼저 하늘과 땅을 만든 후 날짐승·길짐승·어패류·각종 식물 등을 만들었다. 그러고 나서 비로소 사람을 만들었는데 남녀 각각 한 사람씩이었다. 남자

天主爲萬有之初有, 其有無元爲萬有元, 超形與聲, 不落見聞, 乃從實無造成實有. 不需材料, 器具, 時日. 先造無量數天神無形之體, 次及造人. 其造人也必先造天地, 品彙諸物, 以爲覆載安養之需. 故先造天, 造地, 造飛走鱗介, 種植等類. 乃始造人, 男女各一. 男名亞當, 女名厄襪, 以爲人類之初祖.

83 이 주장은 사실과 다르다. 湯若望 등이 중국에 온 것은 天啓 2년(1622)으로 利瑪竇가 죽은(1610) 후이다.

84 형상이 보이지 않거나 숨겨져 있는 존재로, 삼위일체 중의 하나인 '성령'을 말하고자 한 것 같다.

의 이름은 아담〔亞當〕이고 여자의 이름은 하와〔厄襪〕다. 이들이 인류의 시조가 되었다.

하늘은 시작이 있고 천주는 시작이 없다. 유시有始가 무시無始에서 생겨났기에 천주라고 부르는 것이다. 다음에 천당을 만들었는데, 이것으로 천주를 섬기는 자의 영혼에 복을 내렸다. 지옥을 만들어 천주를 섬기지 않는 자의 영혼에 고통을 주었다. 사람이 죄를 지으면 마땅히 지옥에 들어가야 하지만, 예수 앞에서 애걸하며 참회하고, 또 천주에게 전달해주도록 예수의 어머니에게 기원하면 그 사람의 죄가 사함을 받고 영혼 또한 천당에 오를 수 있다. 모든 불교도들은 마귀이고 지옥에서 영원히 나올 수 없다."

天爲有始, 天主爲無始, 有始生於無始, 故稱天主焉. 次造天堂, 以福事天主者之靈魂. 造地獄, 以苦不事天主者之靈魂. 人有罪應入地獄者, 哀悔於耶穌之前, 竝祈耶穌之母以轉達於天主, 卽赦其人之罪, 靈魂亦得升於天堂. 惟諸佛爲魔鬼, 在地獄中永不得出.

예수가 누구인가 물으니 그가 바로 천주라고 하였다. 천주는 천지 만물을 주재하는 분인데 어찌하여 사람 세상에 내려와 태어났는가 하고 물으니, "천주께서 아담이 죄를 지어 그 화禍가 후손에게 대대로 이어지는 것을 불쌍히 여겨 몸소 세상에 강생하여 사람들을 구원하고 죄를 대속하였다. 지난 5천 년 동안 때로는 천사를 보내어 알려주기도 하고 때로는 예언자의 입을 빌려 천주가 강생하여 세상에 있을 동안의 사적事蹟을 미리 전하게 하였다. 그 단서를 미리 글로 쓰게도 하였고 국사國史[85]에 기록하게도 하였다. 강생할 때가 이르자 천사가 동정녀 마리아에게 알려서 천주를 잉태하게 하였는

問: 耶穌爲誰? 曰: 卽天主. 問: 天主主宰天地萬物者也, 何爲下生人世? 曰: 天主憫亞當造罪, 禍延世世胤裔, 許躬自降生救贖. 於五千年中, 或遣天神下告, 或託前知之口代傳降生在世事蹟, 預題其端, 載之國史. 降生期至, 天神報童女瑪利亞胎孕天主, 瑪利亞怠然允從, 遂生子名曰耶穌. 故瑪利亞爲天主之母, 童身尙猶未壞.

85 유대의 역사 기록이 포함된 『구약성서』를 의미한다.

데 마리아는 흔쾌히 허락하고 드디어 아들을 낳아 이름을 예수라 하였다. 그러므로 마리아는 천주의 어머니가 되시고도 동정녀의 몸은 그대로 훼손되지 않았다"라고 하였다.

예수가 어느 임금 때에, 어느 시기에 태어났는가 하고 물으니 한나라 애제哀帝(재위 B.C. 7~B.C. 1) 원수元壽 2년 경신년(B.C. 1)에 태어났다고 하였다. 아, 황당무계하기가 이 지경에까지 이르렀도다! 무릇 하늘은 음과 양의 두 기운이 엉켜서 이루어진 것이지 만들어낸 자가 있어서 이루어진 것이 아니다.[86]

問: 耶穌生於何代何時? 曰: 生於漢哀帝元壽二年庚申. 噫, 荒唐怪誕亦至此哉! 夫天二氣之所結撰而成, 非有所造而成者也.

공자께서는 "하늘이 무엇을 말하겠는가? 사계절은 운행되고 온갖 사물은 자라난다"라고 하셨다.[87] 계절이 운행하고 온갖 사물이 생장하는 것은 음과 양 두 기운이 수행하는 훌륭한 기능이다.[88]

子曰: "天何言哉? 四時行焉, 百物生焉." 時行而物生, 二氣之良能也.

하늘이 천주에 의해 만들어졌다면 하늘 또한 전혀 지각이 없는 사물일 것인데 어찌 만물을 생성시킬 수 있단 말인가?[89] 천주가 비록 신이라고는 하지만 실은 음과 양, 두 기운 중의 하나일 뿐이다. 두 기운 중의 한 기운을 보고 만물의 두 기운을 만들고 낳을 수 있다고 하다니, 이치가 통하는 말인가?[90]

天設爲天主之所造, 則天亦塊然無知之物矣, 焉能生萬有哉? 天主雖神, 實二氣中之一氣. 以二氣中一氣, 而謂能造生萬有之二氣, 於理通乎?

---

86 이에 대한 利類思의 답변은 『不得已辯』 천지창조(이 책 240쪽)를 보라.
87 『論語』 「陽貨」편.
88 이에 대한 利類思의 답변은 『不得已辯』 창조주 1(이 책 242쪽)을 보라.
89 이에 대한 利類思의 답변은 『不得已辯』 창조주 2(이 책 245쪽)를 보라.
90 이에 대한 利類思의 답변은 『不得已辯』 창조주 3(이 책 246쪽)을 보라.

무시無始라는 명칭은 우리 유가에서 말하는 무극無極[91]이 태극太極[92]을 낳는다는 학설을 훔쳐간 것이다. 무극이 태극을 낳는다는 것은 이치를 두고 한 말이지, 사실을 두고 한 말은 아니다. 만약 사실을 가지고 말한다면 천지사방[93] 밖에 성인이 존재하더라도 논하지 않을 것이니, 논하면 황당함에 빠지고 만다. 공자께서 괴이한 것과 이상한 힘, 반란과 귀신〔怪力亂神〕에 대해 말하지 않으신 것[94]은 바로 이 때문이었다.

無始之名, 竊吾儒無極而生太極之說. 無極生太極, 言理而不言事. 苟以事言, 則六合之外聖人存而不論, 論則涉於誕矣. 夫子之不語怪力亂神, 政爲此也.

그런데 이른바 무시無始라는 것은 그 시초가 없다는 것이다. 무시가 있으면 반드시 이 무시를 생성시킨 무무시無無始가 있을 것이고, 무시를 생성시킨 무무시가 있다면 반드시 또 무무시를 생성시킨 무무무시가 있을 것이다. 이같이 거슬러 올라간다면 어찌 끝이 있을 것인가? 그러니 무시 역시 천주라는 이름을 붙일 수 없다.[95] 잘못하여 무시를 천주로 삼는다면, 천주는 없음〔無〕에 속하게 되어 있음〔有〕을 말할 수 없게 된다.[96]

而所謂無始者, 無其始也. 有無始, 則必有生無始者之無無始, 有生無始者之無無始, 則必又有生無無始者之無無無始. 遡而上之, 曷有窮極? 而無始亦不得名天主矣. 誤以無始爲天主, 則天主屬無而不得言有.

정말로 예수를 천주라 여긴다면, 천주 또한 사람들 속의 사람이 되어버릴 뿐이어서 더더욱 천주라

眞以耶穌爲天主, 則天主亦人中之人, 更不得名天主也.

91 중국 옛 철학에서 우주만물을 형성했다고 여기는 本原.

92 중국 옛 철학에서 일컫는 가장 원시적인 混沌의 기운.

93 원문의 '六合'은 천지사방, 온 우주의 거대한 공간을 말한다. "六合 이외에 논하지 않는다"는 본래 『莊子』「齊物論」에 있는 말이다.

94 『論語』「述而」편.

95 이에 대한 利類思의 답변은 『不得已辯』 창조주 4(이 책 248쪽)를 보라.

96 이에 대한 利類思의 답변은 『不得已辯』 창조주 5(이 책 249쪽)를 보라.

고 부를 수 없게 된다.[97]

혹시 하늘에 천주가 있다면, 천지 안 모든 나라 중에 천주가 다스리지 않는 나라는 하나도 없을 터, 유대 한 나라만 주재할 리 없다. 또한 한 나라만을 주재한다면, 그를 어찌 천주라고 부를 수 있겠는가![98]

設天果有天主, 則覆載之內四海萬國無一而非天主之所宰制, 必無獨主如德亞一國之理. 獨主一國, 豈得稱天主哉!

기왕 천주라고 부른다면, 하늘 위와 땅 밑, 세상 모든 나라의 그 많은 만물이 모두 천주의 다스림에 의지해야 할 것이다.[99]

旣稱天主, 則天上地下, 四海萬國物類甚多, 皆待天主宰制.

천주가 인간 세상에 내려와 살았던 33년 동안 누가 그를 대신해서 만물을 다스렸는가? 하늘과 땅을 다스리는 분이 없으니 하늘도 운행하지 않았을 것이고, 땅도 만물을 기르지 못했을 것이며, 사람도 태어나거나 죽지 않았을 것이고, 동식물도 번식하거나 무성하지 않았을 것이니, 만물이 거의 다 없어졌을 것 아닌가?[100]

天主下生三十三年, 誰代主宰其事? 天地旣無主宰, 則天亦不運行, 地亦不長養, 人亦不生死, 物亦不蕃茂, 而萬類不幾息乎?

천주가 아담을 구원하려 하였다면 어찌하여 천지를 창조한 시초에 세상에 강림하지 않고 한나라의 원수 경신년이 되어서야 태어났는가? 원수 경신년은 지금의 황제 순치 기해년(1659)에서부터 겨우 1,660년 전 아닌가?[101]

天主欲救亞當, 胡不下生於造天之初, 乃生於漢之元壽庚申? 元壽庚申, 距今上順治己亥, 纔一千六百六十年爾?

천지개벽한 해로부터 명나라 천계 연간(1621~

而開闢甲子至明天啓癸亥以暨

97 이에 대한 利類思의 답변은 『不得已辯』 성육신(이 책 250쪽)을 보라.
98 이에 대한 利類思의 답변은 『不得已辯』 만유의 주재자 1(이 책 261쪽)을 보라.
99 이에 대한 利類思의 답변은 『不得已辯』 만유의 주재자 2(이 책 262쪽)를 보라.
100 이에 대한 利類思의 답변은 『不得已辯』 만유의 주재자 3(이 책 262쪽)을 보라.
101 이에 대한 利類思의 답변은 『不得已辯』 구주강생 1(이 책 263쪽)을 보라.

1627) 계해년(1623)까지는 도합 19,379,496년이다. 이는 황제黃帝의 '태을太乙'[102]에 기록되어 있다. 지금까지의 역법의 기원은 근거 없는 이야기가 아니다. 천지가 황량하던 태곳적은 차치하고, 천황씨天皇氏 때에는 간지干支의 이름이 있었고, 복희씨의 기원이 계미년이었던 것으로 보아 복희씨 이전에 이미 갑자가 있었음이 분명하다. 공자께서 『상서尙書』를 간추리시면서 당우唐虞에서 시작하셨는데, 요堯임금의 나라는 갑진년을 기원으로 하고 있다. 요임금의 갑진년부터 한나라의 애제 경신년까지는 모두 2,357년이 된다.[103]

於今, 合計一千九百三十七萬九千四百九十六年. 此黃帝太乙所紀. 從來之曆元, 匪無根據之說. 太古洪荒都不具論, 而天皇氏有干支之名, 伏羲紀元癸未, 則伏羲以前已有甲子明矣. 孔子刪書, 斷自唐虞, 而堯以甲辰紀元. 堯甲辰距漢哀庚申, 計二千三百五十七年.

만약 예수가 곧 천주라면, 한나라 애제 이전은 모두 하늘이 없는 세상이었을 것이니, 요임금이 공경하여 따랐다는 말〔欽若〕이 무슨 일인지도, 순舜임금이 칠정七政을 가지런히 하였다는 것이 무슨 뜻인지도 모를 것이다.[104]

若耶穌卽是天主, 則漢哀以前盡是無天之世界, 第不知堯之欽若者何事, 舜之察齋者何物也.

만약 천주가 곧 예수라면 누가 그를 안아다가 마리아의 배 속에 넣어주었단 말인가? 『제해齊諧』는 괴이한 일을 적은 책이지만 거기에도 이처럼 황당무계한 이야기는 없다! 남녀가 교합하고 만물이 변화하며 생성되는 것은 정상적인 인도人道의 이치이다. 아비가 있고 어미가 있는 것은 사람의 자식에

若天主卽是耶穌, 孰抱持之而內於瑪利亞之腹中? 齋諧之志怪, 未有若此之無稽也! 男女媾精, 萬物化生, 人道之常經也. 有父有母, 人子不失之辱, 有母無父, 人子反失之榮.

---

102 太乙은 太乙數로, 術數의 일종이다. 『奇門五總龜』에 따르면 黃帝가 風后에게 명해 지었다고 하며 太乙行九宮法에서는 360년을 大周期로, 72년을 小周期로 삼고, 太乙이 每宮에 3년 동안 머무르며 中宮에는 들어가지 않고 24년에 한 바퀴를 돈다고 한다.

103 이에 대한 利類思의 답변은 『不得已辯』 인류 역사의 기원(이 책 265쪽)을 보라.

104 이에 대한 利類思의 답변은 『不得已辯』 구주강생 2(이 책 267쪽)를 보라.

게 치욕이 될 수 없지만,[105] 어미가 있고 아비가 없는 것은 사람의 자식으로서 불명예스러운 일이다.

사생四生[106] 중에서 습생濕生은 아비 없이 어미의 태포胎胞 속 알에서 부화되어 태어나지만 〔다른〕 모든 것은 아비와 어미를 갖고 있다. 어미만 있고 아비가 없다는 것은 저들 나라에서도 교훈이 될 수 없었을 것인데 하물며 천하 모든 나라에 널리 퍼뜨릴 수 있겠는가! 세상에서 오직 짐승만이 어미를 알고 아비를 모르거니와 생각하건대 저들 종교에서는 모두 아비를 모르는 것 아닌가?

四生中濕生無父, 母胎卵化, 俱有父母. 有母而無父, 恐不可以爲訓於彼國, 況可聞之天下萬國乎! 世間惟禽獸知母而不知父, 想彼教盡不知父乎?

그렇지 않다면, 어찌하여 아비 없는 귀신[107]을 그같이 존귀하게 받들어 모신단 말인가! 아비 없는 자식을 존숭하여 성인으로 삼는 것은 사실은 남편 없는 여인에게 편리한 방편을 마련해준 것이리라. 마리아가 예수를 낳은 이상, 동정의 몸이 훼손되지 않았다는 말은 더더욱 하지 말았어야 했다. 임신이라는 것이 어떤 일인데 처녀가 어찌 태연히 허락하고 따랐겠는가? 그리고 동정의 몸인지 아닌지 누가 실제로 확인해보았다던가?

不然, 何奉無父之鬼如此其尊也! 尊無父之子爲聖人, 實爲無夫之女開一方便法門矣. 瑪利亞既生耶穌, 更不當言童身未壞, 而孕胎何事, 豈童女怠然之所允從? 且童身不童身誰實驗之?

『예기禮記』에서 "규방에서의 일은 〔문밖으로〕 내보내지 아니한다"[108]거나 "조정에서는 아녀자들의 일을 논하지 아니한다"[109]고 한 것은 부끄러움이 무

禮內言不出公庭不言婦女, 所以明恥也. 母之童身, 卽禽獸不忍出諸口, 而號爲聖人者反忍

105 이에 대한 利類思의 답변은 『不得已辯』 동정녀 탄생(이 책 267쪽)을 보라.
106 불교에서 생명체의 생성을 분류하는 방법으로, 卵生 · 胎生 · 濕生 · 化生을 말한다.
107 예수를 경멸의 투로 부른 말이다.
108 "內言不出"의 원문은 『禮記』 「典禮」 上의 "內言不出于梱"이다.
109 『禮記』 「典禮」 下.

엇인지를 밝힌 것이다. 어미가 동정의 몸이라는 것은 짐승도 차마 입 밖에 내지 못하는 말이거늘, 성인이라 불리는 자가 도리어 그것을 입 밖에 내고 그 신도가 아무렇지도 않게 천하의 모든 나라에서 떠들어댄단 말인가? 예수의 제자들은 짐승만도 못하도다! '동정의 몸'이란 말은 본래 아비가 없다는 혐의를 둘러대려고 한 말인데, 감추려 할수록 혐의가 더욱 드러남을 모르는구나.

出諸口, 而其徒反忍鳴之天下萬國乎? 耶穌之師第, 禽獸之不若矣! 童身二字, 本以飾無父之嫌, 不知欲蓋而彌彰也.

천당과 지옥이란 불교에서 만든 교리로, 어리석은 지아비들과 아낙네들을 권면하고 두렵게 하기 위한 것이지 천당과 지옥이 진짜 있는 것은 아니다. 착한 일을 하면 온갖 복을 받고 나쁜 짓을 하면 온갖 재앙이 내려오니, 온갖 복과 온갖 재앙이란 바로 현세에서의 천당이자 지옥이다.[110] 그런데 저들 천주교에서는 굳이 천당과 지옥이 천상과 지하에 있다고 한다.[111]

天堂地獄, 釋氏以神道設教, 勸怵愚夫愚婦, 非眞有天堂地獄也. 作善降之百祥, 作不善降之百殃, 百祥百殃, 卽現世之天堂地獄. 而彼教則鑿然有天堂地獄, 在於上下.

천주교를 믿는 자는 천당에 오르고 믿지 않는 자는 지옥에 떨어진다고 한다. 정말로 그렇다면 천주는 사람들이 자기에게 아첨하기를 바라는 소인일 따름이니, 어찌 천지를 주재하는 일을 감당하겠는가![112]

奉之者升之天堂, 不奉之者墮之地獄. 誠然, 則天主乃一邀人媚事之小人爾, 奚堪主宰天地哉!

〔천주교를〕 믿는 사람은 모두 착한 사람이고 믿지 않는 사람은 모두 나쁜 사람이라면 그래도 말이 되지만, 믿는 사람이 모두 나쁜 사람이고 믿지

使奉者皆善人, 不奉者皆惡人, 猶可言也. 苟奉者皆惡人, 不奉者皆善人, 抑將顚倒善惡而不

110 이에 대한 利類思의 답변은 『不得已辯』 천당과 지옥 1(이 책 270쪽)을 보라.
111 이에 대한 利類思의 답변은 『不得已辯』 천당과 지옥 2(이 책 273쪽)를 보라.
112 이에 대한 利類思의 답변은 『不得已辯』 천당과 지옥 3(이 책 277쪽)을 보라.

않는 사람이 모두 착한 사람이라면, 그때는 선악이 뒤바뀌었다고 구제하지 않을 것인가?

恤乎?

불교에서 말하는 참회는 곧 안자顔子가 '같은 잘못을 다시 범하지 아니하였다'[113]는 배움의 태도와 같은 것이지, 일찍이 죄가 모두 없어진다고는 말한 적이 없다.

釋氏之懺悔, 卽顔子不二過之學, 未嘗言罪盡消也.

천주교에서는 예수 모자에게 애원하면 그의 죄를 용서해주고 그를 천당으로 올려보낸다고 한다. 그렇다면 간악한 도적들과 사기꾼들도 모두 하늘의 백성이 될 수 있을 터이니, 천당은 실로 범죄자들의 소굴이 되는 셈이다.[114]

而彼教則哀求耶穌之母子, 卽赦其罪而升之於天堂. 是奸盜詐僞皆可以爲天人, 而天堂實一大逋逃藪矣.

불교에서 뱉어버린 구절들을 주워서는 불교 신자들은 지옥에 떨어져 영원히 빠져나올 수 없다고 말하니, 이는 가슴 가득한 질투심을 투기 심한 여인의 입에 올린 꼴이다.

拾釋氏之唾餘, 而謂佛墮地獄中永不得出, 無非滿腔忌嫉, 以騰妬婦之口.

만약 진정으로 세도를 세운다면 지극히 크고 바른 논리를 지어야 한다. 마음을 바로 하고 뜻을 참되게 하는 우리 공자님의 학문처럼 자신을 수양하고 가정을 다스리는 것을 기반으로 삼고, 나라를 통치하고 천하를 평정하는 것을 쓰임으로 삼는다면, 남이 존경해주기를 바라지 않아도 저절로 존귀하게 될 것인데, 어찌하여 석가의 잘못을 배척하고 자기네의 요사한 종교를 내세우는가?[115]

如眞爲世道計, 則著至大至正之論. 如吾夫子正心誠意之學, 以脩身齊家爲體, 治國平天下爲用, 不期人尊而人自尊之, 奈何闢釋氏之非, 而自樹妖邪之教也?

---

113 『論語』「雍也」편의 원문은 "안회라는 학생이 배움을 좋아하여, 다른 사람을 붙잡고 화풀이를 하지 않으며, 또한 같은 잘못을 다시 범하지 아니하였다〔有顔回者好學, 不遷怒, 不貳過〕"이다.

114 이에 대한 利類思의 답변은 『不得已辯』 회개, 용서와 구원(이 책 278쪽)을 보라.

115 이에 대한 利類思의 답변은 『不得已辯』 참다운 도(이 책 279쪽)를 보라.

가장 황당한 것은 강생하기 전에 강생 이후의 사적을 미리 국사國史에 기록하였다는 것이다. 무릇 역사책이란 사실을 전하는 것인데, 천사가 내려와 고한 미래의 일을 적는 역사책이 세상에 어디 있단 말인가? 예로부터 요망한 자들이 민중을 현혹시킬 때 억지로 가져다 붙이는 말 없이는 어리석은 민중의 마음을 기울게 할 수 없었다. 사당에서 불을 피우고 여우 울음소리를 내거나[116] 물고기 배 속에 천서天書를 넣거나 석인石人에게는 눈이 하나라는[117] 따위의 이야기 등이 그 예이다. 그런데 역사라고 하니 어리석은 백성은 진위도 모르고서 정말 천주라 여긴 것이다. 그렇지 않다면 어떻게 미리 기록하는 국사라는 게 있을 수 있겠는가?[118]

其最不經者, 未降生前將降生事蹟豫載國史. 夫史以傳信也, 安有史而書天神下告未來之事者哉? 從來妖人之惑衆, 不有所籍託, 不足以傾愚民之心. 如社火狐鳴, 魚腹天書, 石人一眼之類. 而曰史者, 愚民不識眞僞, 咸曰信眞天主也. 非然, 何國史先載之耶?

카이사르〔盖法氏〕[119]가 예수가 자주 행한 기적 때문에 민심이 쏠리는 것을 보고 거리낌이 더욱 심해졌다고 하는 것을 보면, 예수가 많은 사람을 모아서 역모를 꾀했음을 알 수 있다.[120]

觀盖法氏之見耶穌頻行靈蹟, 人心翕從, 其忌益甚之語, 則知耶穌之聚衆謀爲不軌矣.

관가에서 꺼리고 백성들이 들먹이니 반란이 아니면 무엇이겠는가? 예수는 죄를 면할 수 없음을 알고, 성안에 있던 많은 신자들이 붙잡힐 것을 염

官忌而民言發, 非反而何? 耶穌知不能免, 恐城中信從者多, 盡被拘執, 傍晚出城入山囿中,

116 『史記』「陳涉世家」에 따르면 陳涉, 즉 陳勝과 吳廣이 군사들을 선동하기 위해 밤에 불을 피우고 여우 울음으로 "大楚가 홍하고 陳勝이 왕이 된다"고 외치게 했다고 한다.

117 『元史』를 보면 다음과 같은 기록이 보인다. 원말명초 때에 홍건적이 반란을 일으켰다. 그 전에 劉福通은 황하에 눈이 하나인 石人을 묻어놓고, 거기에 "석인에게 눈이 하나뿐이라 말하지 말라. 이 물건이 나오면 천하가 뒤집힌다〔莫道石人一只眼. 此物一出天下反〕"라고 새겨놓았다.

118 이에 대한 利類思의 답변은 『不得已辯』 구주 강생의 예언(이 책 284쪽)을 보라.

119 원문의 '盖法氏'를 로마 황제를 뜻하는 Caesar의 음역으로 보았다.

120 이에 대한 利類思의 답변은 『不得已辯』 예수의 사역 1(이 책 285쪽)을 보라.

려하여 황혼 무렵에 도성을 빠져나와 동산에 올라가 꿇어앉아 기도하였다. 잡힌 후에 민중은 예수에게 왕을 참칭했다는 치욕을 덮어 씌워 왕이 입는 붉은색 헌옷을 가져다 입히고 날카로운 가시나무를 엮어서 면류관을 만들어 머리에 씌우고 그를 호되게 때렸다. 그리고 예수의 손에 지팡이를 쥐어주어 집권자에 비유했다. 거짓으로 꿇어 엎드려 절하면서 제멋대로 희롱하며 모욕했다. 심판관 빌라도〔比辣多〕가 그를 풀어주려 하였으나 그럴 수 없게 되자, 뭇사람들이 그를 매질하여 원한을 풀도록 내버려두니 그는 온몸에 상처를 입고 살갗이 벗겨졌으며, 마침내 십자가 위에 못 박혀 죽었다.

跪禱被執之後, 衆加耶穌以僭王之恥, 取王者絳色敝衣披之, 織剛刺爲冕, 以加其首, 且重擊之. 又納杖於耶穌之手, 比之執權者焉. 僞爲跪拜, 以恣戲侮. 審刑官比辣多計釋之而不可得, 姑聽衆撻以洩其恨, 全體傷剝, 卒釘死於十字架上.

이를 볼 때, 예수는 모반 무리의 괴수로, 일이 들통나자 나라의 법에 따라 사형당한 것이 명백하다. 그런데 그 무리는 사악한 마음을 고쳐먹지 않고 사흘 만에 다시 살아났다는 말을 퍼뜨려서 저들 나라의 어리석은 백성을 우롱하였다. 뜻밖에 중국 사람들도 사실 여부와 도리의 옳고 그름을 살피지도 않고 이를 믿고 거기에 귀의하니 미련함이 더욱 심하다고 하겠다.

觀此, 則耶穌爲謀反之渠魁, 事露正法明矣. 而其徒邪心未革, 故爲三日復生之說, 以愚彼國之愚民. 不謂中夏之人意不察其事之有無, 理之邪正, 而亦信之歸之, 其愚抑更甚也.

무릇 인심이 일제히 쏠린 것은 군중을 끌어모은 행적 때문이다. 사람들이 먼저 고발한 것은 비밀리에 계획했던 일이 실패로 돌아갔었기 때문이다. 고난이 다가왔음을 안 것은 죄에서 벗어날 길이 없었기 때문이다. 무리가 잡힐까봐 겁낸 것은 많은 사람들의 입으로 자백했기 때문이다. 황혼 무렵에 도성을 빠져나왔다는 것은 어둠을 틈타기 위함이다. 동산 안으로 들어간 것은 몸을 깊이 숨기기 위함이

夫人心翕從, 聚衆之蹟也. 被人首告, 機事之敗也. 知難之至, 無所逃罪也. 恐衆被拘, 多口之供也. 傍晚出城, 乘天之黑也. 入山囿中, 逃形之深也. 跪禱於天, 祈神之佑也. 被以王者之衮冕, 戲遂其平日之願也. 僞爲跪拜, 戲其今日得爲王也. 衆撻洩

다. 꿇어앉아 하늘에 기도한 것은 신의 도우심을 빌기 위함이다. 왕의 곤포를 입히고 면류관을 씌운 것은 그의 숙원을 장난삼아 이루어주기 위함이다. 거짓으로 무릎 꿇고 절한 것은 이제 왕이 되었다며 놀리기 위함이다. 뭇사람들이 매질해 원한을 푼 것은 그가 사람들을 미혹시킨 데 대한 원한을 풀기 위함이고, 십자가에 못 박아 죽인 것은 국법을 바로 하고 인심을 후련하게 해주기 위함이다.

恨, 洩其惑人之恨也, 釘死十字架上, 正國法快人心也.

천주교 무리들은 모반이란 말을 기피하지만, 모반의 숨겨진 사적은 『진정서상』의 말 가운데 낱낱이 자백되어 있다. 십자가에 못 박혀 죽었다고 하는데 〔십자가는〕 바로 오늘날의 검劍과 같은 형구刑具이다. 지옥을 만들어놓고 불자佛子가 지옥에 있다고 말했는데, 이는 무엇에 근거한 것인가? 그리고 십자가란 어떤 물건인가? 중국의 형구로 고증해보니 그것은 실제로는 중죄인을 능지처참할 때 쓰는 나무틀[121]일 따름이다. 그 종교에 귀의한 자들을 보면 문 위와 집 안에 모두 십자가를 모시고 있다. 이는 예수의 제자들이 집집마다 능지처참형틀을 모시고 있는 것과 같으니, 그래도 되는 것인가?

其徒諱言謀反, 而謀反之眞贓實蹟, 無一不自供招於進呈書像說中. 十字架上之釘死, 政現世之劍, 樹地獄而云佛在地獄, 何所據哉? 且十字架何物也? 以中夏之刑具考之, 實凌遲重犯之木驢子爾. 歸彼教者, 今門上堂中俱供十字架. 是耶穌之弟子無家不供數木驢子矣, 其可乎?

천주가 사람을 만들 때, 덕을 갖춘 착한 사람을 만들어 인류의 시조로 삼아도 후세 사람들이 그 덕을 훌륭히 이어나갈 수 있을지 염려되는 터에, 어찌하여 죄악을 저지르는 교만한 아담을 만들어서

天主造人, 當造盛德至善之人, 以爲人類之初祖, 猶恐後人之不善繼述, 何造一驕傲爲惡之亞當, 致子孫世世受禍? 是造人

121 원문의 '木驢子'는 바퀴와 축이 달린 나무틀인데, 범인을 여기에 태워 조리돌린 뒤에 사형에 처한다.

자손 대대로 화를 입게 하였는가? 이것은 사람을 만든 존재가 자손을 위해 남긴 계책이 본래 옳지 못한 까닭이다.[122]

之人貽謀先不臧矣.

천주가 세상에 태어나 세상을 구원하면서 마땅히 예악을 일으키고 인의를 행하여 천하의 사람들을 춘대春臺[123]에 올려놓았다면 혹 괜찮았을지도 모르겠다. 그러나 큰 요체를 알지 못하고서 작은 은혜 따위나 베풀기 좋아하여 사람들의 병을 고친다든가 사람을 죽음에서 살려낸다든가, 바다 위로 걸어 다니고 마술처럼 먹을 것을 만들어낸다든가 천당과 지옥 같은 것들만 일삼았다.[124]

天主下生救之, 宜興禮樂, 行仁義, 以登天下之人於春臺, 其或庶幾. 乃不識其大, 而好行小惠, 惟以瘳人之疾, 生人之死, 履海幻食, 天堂地獄爲事.

그러니 자손들을 구하지도 못했을뿐더러 그 자신이 사형당하는 처지에 떨어졌던 것이다. 하늘을 만들었다는 천주가 이러하단 말인가!

不但不能救其雲礽, 而身且陷於大戮. 造天之主如是哉!

일이 실패한 뒤에도 천명을 그대로 받아들이지 않고 꿇어앉아 하늘에 기도하였으니 요망한 사람의 진짜 모습이 저도 모르게 다 폭로되고 말았다. 무릎 꿇고 하늘에 기도를 드렸다고 하니, 하늘 위의 신 가운데서 그 누가 천주보다 더 존귀하단 말인가? 누가 감히 그 무릎 꿇은 것을 받아주고, 누가 감히 그 기도를 받을 수 있는가? 천주로서 무릎 꿇고 기도했다니, 그는 절대 천주가 아닌 것이 분명하다.

及事敗之後, 不安義命, 跪禱於天, 而妖人之眞形不覺畢露. 夫跪禱禱於天也, 天上之神孰有尊於天主者哉? 孰敢受其跪, 孰敢受其禱? 以天主而跪禱, 則必非天主明矣.

예수가 못 박혀 죽은 것을 헤아려보니 임진년(기

按耶穌之釘死, 實壬辰歲三月

122 이에 대한 利類思의 답변은 『不得已辯』 원죄(이 책 290쪽)를 보라.
123 『老子』에서 나온 말로, 봄날에 높이 올라서 아름다운 경치를 굽어보는 곳을 가리킨다.
124 이에 대한 利類思의 답변은 『不得已辯』 예수의 사역 2(이 책 292쪽)를 보라.

원후 32년) 3월 22일인데, 천지만물 모두가 그가 천주임을 입증했다고 한다. 하늘에서는 보름인데도 일식이 일어나 온 세상이 어두웠으며, 땅에서는 모든 나라에서 지진이 있었다고 한다. 하늘에는 두 개의 해가 없으니, 보름에 일식이 일어나 온 세상이 어두웠다면 천하만국 어느 한 나라에서도 그것을 목도하지 못했을 리 없다. 일식이 있으면 『춘추春秋』에 반드시 기록하는데 더구나 보름에 일식이 있었음에야 더 말할 것이 있겠는가? 한나라의 역사책을 살펴보니 광무제光武帝 건무 8년(기원후 32년) 임진 4월 15일에는 일식의 변이가 없었다. 하늘이 요망한 자의 악행을 미워하여 스스로 거짓말을 지어내게 함으로써 그것이 거짓임을 스스로 입증하게 한 것 아니겠는가?[125]

二十二日, 而云天地人物俱證其爲天主. 天則望日食旣, 下界大暗, 地則萬國震動. 夫天無二日, 望日食旣, 下界大暗, 則天下萬國宜無一國不共睹者. 日有食之, 春秋必書, 況望日之食乎? 考之漢史, 光武建武八年壬辰四月十五日, 無日食之異. 豈非天醜妖人之惡, 使之自造一謊, 以自證其謊乎?

장황한 글로 그 그릇됨을 논박하였지만, 예수가 무릎 꿇고 기도했다는 사실 하나로 예수는 결코 천주가 아님이 칼로 베듯 명쾌하게 밝혀졌으니 참으로 요괴를 비추는 신통한 거울이로다.

連篇累牘辯駁其非, 總弗若耶穌跪禱於天, 則知耶穌之非天主痛快斬截, 眞爲照妖之神鏡也.

한마디 말로써 족히 설파할 수 있음에도 굳이 수천 마디 말을 해야 하는 것은, 그들이 발간하여 세상에 널리 퍼뜨린 책에 중국의 언어와 문자를 훔쳐다 그 요사스런 주장을 꾸며놓은 것이 수두룩하기 때문이다. 천주교에는 돈이 많아 중국에서 뜻을 이루지 못한 사람들을 쉬이 끌어다가는, 대신 글을 짓고 윤색하게 하여 후세 사람들로 하여금 꾸며놓

一語允堪破的, 而必俟數千言者, 蓋其刊布之書, 多竊中夏之語言文字, 曲文其妖邪之說, 無非彼教金多, 不難招致中夏不得志之人, 而代爲之創潤, 使後之人第見其粉飾之諸書, 不見其原來之邪本, 茹其華而不知

125 이에 대한 利類思의 답변은 『不得已辯』 십자가 형벌(이 책 294쪽)을 보라.

은 책만 보게 하고 원래의 요사한 원본은 볼 수 없게 하며, 꽃만 먹고 열매는 모르게 만듦으로써 사람들을 구름과 안개 속으로 잘못 들어가게 하고 불의에 빠지게 한 것이다.[126] 이 때문에 반복해서 변론하여 그 견고한 중심을 곧바로 쳐부수지 않으면 안 되는 것이다.

其實, 誤落彼雲霧之中, 而陷身於不義. 故不得不反復辨論, 以直擣其中堅.

세상에서 천주교의 책을 읽는 군자들은 먼저 『진정서상』과 『몽인蒙引』[127] · 『일과日課』,[128] 이 세 책을 본다. 그런 다음에는 비록 수많은 경전과 이론이 있다 해도 더는 거들떠보지 않는다. 사교의 요서나 요망스런 말들을 군자라면 스스로 분별할 수 있을 터이지만, 세상에는 그 허망함을 미처 알지 못하고 참으로 나라가 가야 할 길과 다르게 가는 자들이 있으므로 이를 거론하여 무릇 천하의 학문하는 사람들에게 고하고자 한다.

世有觀耶穌教書之君子, 先覽其進呈書像及蒙引 · 日課三書, 後雖有千經萬論, 必不屑一寓目矣. 邪教之妖書妖言, 君子自能辨之, 而世有不及知之無狀, 眞有不與同中國者. 試舉以告夫天下之學人焉.

오늘의 천주당 자리는 지난날에 수선서원首善書院[129]이 있던 자리이다. 탕약망은 환관 위충현魏忠賢의 세력을 등에 업고 그 서원을 빼앗아 가졌으며, 큰 성취를 이룬 성인이시며 위대한 스승이신 공자의 신주를 훼손하여 두엄더미 속에서 짓밟았다. 이 사실을 알고도 눈을 치켜뜨지 않을 수 있겠는가? 이것이 사마司馬 풍원표馮元飇[130]가 절치부심

今日之天主堂, 卽當年之首善書院也. 若望乘魏璫之焰, 奪而有之, 毁大成至聖先師孔子之木主, 踐於糞穢之內, 言之能不令人眦欲裂乎? 此司馬馮元飇之所以切齒痛心, 向人涕泣而不共戴天者也.

126 이에 대한 利類思의 답변은 『不得已辯』 중국 지식인과 천주교 인식(이 책 297쪽)을 보라.
127 何大化(Antonius de Gouvea, 1592~1677)가 1655년에 쓴 천주교리서 『天學蒙引』의 약칭이다.
128 『聖教日課』의 약칭으로 龍華民이 번역한 책인데, 천주교에서 공동으로 낭송하는 經本이다.
129 명 天啓 2년(1622)에 馮從吾(1557~1627) 등이 건립한 서원으로, 馮이 時政을 비판, 魏忠賢의 미움을 사 20개월 만에 폐지되었다.
130 절강 慈溪 사람으로, 天啓 2년(1622)에 진사가 되었으며 兵部尚書까지 지냈다.

하고 사람들에게 눈물을 흘려 보이면서 〔천주교인과〕 함께 같은 하늘을 이고 살 수 없다고 한 까닭이다.

공자의 책을 읽은 자로서 조금도 동요함이 없을 수 있단 말인가? 요사스러운 말이 퍼지고 그것이 날이 갈수록 자라나고 있어 두려우니, 성인이 없다면 어찌 이를 막을 수 있으리오? 맹자가 양주와 묵적을 배척한 것은 그들이 인의를 가로막는 것을 미워해서였는데, 천주교는 인의를 가로막기만 할 뿐이던가?

讀孔氏書者, 可毋一動念哉? 邪說跛行, 懼其日滋, 不有聖人何能止息? 孟子之距楊墨, 惡其充塞仁義也, 天主之教豈特充塞仁義已哉?

우임금이 강수와 농토를 다스린 공적이 만세에 전해지고 있는데도 옛 유가들이 맹자의 공적을 일컬으면서 우임금 아래에 있지 않다고 한 것은 맹자가 양주와 묵적을 배척한 공로 때문이다. 이에 예수를 배척하여 사교를 끊어버리고 인심을 바로잡아 분란의 근원을 잘라버리려면 세도를 주관할 성인이 나타나기를 앙망하지 않을 수 없다. 한유韓愈는 "중과 도사들을 일반 사람으로 환속시키고 불교와 도교의 책들을 불살라버리며 절과 도관을 백성들의 집으로 만들어야 한다"[131]고 하였다. 예수교에 대한 나의 생각 또한 마찬가지다.

禹平水土功在萬世, 先儒謂孟子之功不在禹下, 以其距楊墨也. 玆欲距耶穌, 息邪教, 正人心, 塞亂源, 不能不仰望於主持世道之聖人云. 韓愈有言: "人其人, 火其書, 廬其居." 吾於耶穌之教亦然.

순치順治 기해년(1659) 5월 보름날
신안의 벼슬 없는 선비 장공 양광선이 쓰다.

時順治己亥仲夏望日
新安布衣楊光先長公氏著.

131 韓愈의 「原道」에서 인용한 것이다.

벽사론 중[132]

闢邪論 中

성인의 학문이 이룬 가장 큰 공은 오직 한 가지 이치를 끝까지 파고들어 도道에 이르렀다는 것이다. 그 한 가지 이치 외에 또 다른 이치를 파고드는 것을 고명하다 여길 수는 없다. 그러므로 그 말은 어느 한쪽으로 치우치지 않고 평범하여, 고원하고 특이한 논설은 하지 않는다. 배우는 이들이 평생 그것을 본받으려 하지만 평생 거기에 이르지 못한다. 이는 중용에 이르는 자가 적은 까닭이다.

聖人學問之極功, 祇一窮理以幾於道. 不能於理之外又穿鑿一理以爲高也. 故其言中正平常, 不爲高遠奇特之論. 學人終世法之, 終世不能及焉. 此中庸之所以鮮能也.

소인이란 부끄러움을 모르고 어질지 못하며 두려움도 없고 의롭지도 않은 자이다. 민첩한 구변과 아첨하는 재능을 믿을 뿐, 사물의 이치와 성정性情의 올바름을 추구할 줄 모르고서 박학다식한 것을 지극히 훌륭하다 여기고 기이한 것을 뛰어나다 여긴다. 이치를 어기고 진리를 거슬러 옛 전적典籍에 있는 글들을 갈가리 찢어놓고도 아파할 줄 모른다. 그러니 성성이나 앵무새가 비록 사람의 말을 따라 한다 해도 결국 짐승임을 면치 못하는 것과 마찬가지다.

小人不恥, 不仁, 不畏, 不義, 恃其給捷之口, 便佞之才, 不識推原事物之理, 性情之正, 惟以辯博爲聖, 瑰異爲賢. 罔恤悖理叛道, 割裂墳典之文而支離之. 譬如猩猩鸚鵡, 雖能人言, 然實不免其爲禽獸也.

132 楊光先은 利瑪竇가 원시유교에서 찾아낸 '上帝'라는 개념을 '天主'와 동일시하는 것에 대해 중국의 '天'이 뜻하는 바를 설명한다. 유학자들은 유교를 빌려 유교를 흠집내는 예수회 선교사들에 대해 크게 경계하였는데, 이 글은 이러한 경계의 대표적인 글이라고 할 수 있다. 「闢邪論」 上에 이어 바로 찬술한 것으로 보인다.

이마두는 예수를 천주로 높이고자 세상의 성인들 가운데 으뜸인 존재로 받들면서 중국의 육경에 나오는 상제를 앞뒤 문맥을 잘라 두루 인용하여 예수가 천주임을 억지로 증명하려고 하였다. 그러면서 "천주는 옛 경서에서 말하는 상제로, 우리 나라의 천주란 바로 중국에서 말하는 상제이다. 푸르고 푸른 하늘〔蒼蒼之天〕[133]은 상제가 부리는 것이니, 혹은 동쪽에 있다 혹은 서쪽에 있으며, 머리도 몸통도 없고, 손도 발도 없어 존숭할 만하지 못하다. 하물며 아래에 있는 땅처럼 사람들이 밟아대어 더러움이 모이는 곳이야 받들 만한 권세가 어디 있겠는가? 그러니 하늘이건 땅이건 모두 존숭할 만하지 못하다"라고 하였다. 이 같은 논리를 세우다니, 사람의 말을 할 수 있는 짐승이 아니겠는가![134]

利瑪竇欲尊耶穌爲天主, 首出於萬國聖人之上而最尊之, 曆引中夏六經之上帝, 而斷章以證其爲天主, 曰: "天主乃古經書所稱之上帝, 吾國天主卽華言上帝也. 蒼蒼之天, 乃上帝之所役使者, 或東或西, 無頭無腹, 無手無足, 未可爲尊. 況於下地乃衆足之所踏踐, 汚穢之所歸, 安有可尊之勢? 是天地皆不足尊矣." 如斯立論, 豈非能人言之禽獸哉!

무릇 하늘이란 만사, 만물, 온갖 이치의 큰 근원이다. 이理가 세워지면 곧 기氣가 갖추어지고, 기가 갖추어지면 곧 수數[135]가 만들어지며, 수가 만들어

夫天, 萬事萬物萬理之大宗也. 理立而氣具焉, 氣具而數生焉, 數生而象形焉.

133 周왕조 초기에는 祖上神을 의미하는 용어로 '天'이 등장하며, 天의 개념은 신유학을 정립한 朱熹(1130~1200)의 시기까지 길고 복잡한 역사적 발전 과정을 거쳐 다양한 의미를 지니게 되었다. 그 의미들은 4개의 범주, 즉 ① 물리적 하늘, ② 자연세계와 그 속의 물체 및 현상들, ③ 자연세계와 인간세계 양쪽 모두의 理, ④ 이 세계를 통치하거나 주재하는 존재 또는 개념 등으로 분류될 수 있었다. 첫째로 朱熹와 그의 문인들(그리고 후대의 신유학자들)에게 문제가 된 것은 이 세계를 '통치하거나' '주재하는' 것이라는 의미로서의 天이었다. 신유학자들은 구체적인 사람의 속성을 지닌 인격신으로의 '天'의 개념을 거부하고, 天을 '理' 또는 '主宰'의 의미로 이해하였던 것이다. 둘째로 그들에게 '물리적 하늘', 즉 '蒼天'은 땅과 함께 세계를 구성하는 것이었으며 천지란 우주 전체를 가리켰다. 그들은 천지의 구조와 운동에 관하여 땅은 하늘의 가운데 있고 하늘은 땅 주위를 돈다고 생각했다. 김영식, 『주희의 자연철학』(예문서원, 2005), 4~5쪽 및 183~185쪽. 또 다른 분류법에 대하여는 馮友蘭 지음, 박성규 옮김, 『중국철학사』(까치, 1999) 상권 제3장 3절 참조.

134 이에 대한 利類思의 답변은 『不得已辯』 천주와 상제(이 책 301쪽) 참조.

135 數目·道數·方法·規律·天數 등의 뜻이다.

지면 상象〔형상, 법칙〕이 형성된다.[136]

하늘은 형태가 있는 이理이고 이는 형태가 없는 하늘이므로 형태가 극에 이르면 거기에서 이가 드러난다. 이것이 바로 하늘이 곧 이인 까닭이다.[137]

天爲有形之理, 理爲無形之天, 形極而理見焉. 此天之所以卽理也.

하늘은 만 가지 일과 만 가지 사물을 포용하고 있고, 이理 또한 만 가지 일과 만 가지 사물을 포용하고 있다. 따라서 태극太極의 이치를 궁구하는 자들이 이理만을 말하는 것이다.[138]

天函萬事萬物, 理亦函萬事萬物. 故推原太極者, 惟言理焉.

이理 이외에 다시 이라고 일컬을 수 있는 것은 없고, 또한 하늘 이외에 다시 하늘이라고 일컬을 수 있는 것은 없다.

理之外更無所謂理, 卽天之外更無所謂天也.

『역경易經』은 이理를 말한 책으로, '이理'·'기氣'·'수數'·'상象'을 모두 논하고 있다. 건괘乾卦에서 "건乾(하늘)의 덕은 한없이 크고 널리 형통함을 말한다. 임하는 자세가 바르고 곧아야 이롭다"[139]라고 하였고, 단사彖辭[140]에서는 "위대하도다, 건의 원기元氣는. 만물은 그 힘을 받아 창시創始되며, 그러기에 건은 천도天道를 통어하는 것이다"라고 하였다.

易之爲書, 言理之書也, 理氣數象備焉. 乾之卦乾元亨利貞, 彖曰: "大哉乾元. 萬物資始, 乃統天."

무릇 원元이란 곧 이理이고 여기에서 만물이 시작된다. 이理를 바탕으로 하여 기氣가 시작되고, 기를 바탕으로 하여 수數가 시작되며, 수를 바탕으로 하여 상象이 시작되고, 상이 형태를 이루면 이理가

夫元者理也, 資始萬物, 資理以爲氣之始, 資氣以爲數之始, 資數以爲象之始, 象形而理自見焉. 故曰: "乃統天."

136 이에 대한 利類思의 답변은 『不得已辯』 이와 기(이 책 304쪽)를 보라.

137 이에 대한 利類思의 답변은 『不得已辯』 하늘과 이 1(이 책 306쪽)을 보라.

138 이에 대한 利類思의 답변은 『不得已辯』 하늘과 이 2(이 책 307쪽)를 보라.

139 『周易』은 「乾卦」의 元亨利貞에서 시작된다. 『易傳』에 따르면 '元'은 만물의 시작이고, '亨'은 만물의 생장이며, '利'는 만물의 이룸이고, '貞'은 만물의 완성이다.

140 『周易』의 卦辭, 爻辭를 해석한 글이다.

저절로 드러난다. 그러므로 "건은 천도를 통어하는 것이다"라고 말하는 것이다.

「정전程傳」[141]에서 "건乾은 곧 하늘이다. 이를 하나로 말한다면 곧 도道이고, 나누어 말한다면 형체로 보아 하늘이라고 하고, 주재의 역할로 보아 제帝라고 하며, 공용功用으로 보아 귀신鬼神이라 하고,[142] 신묘한 작용으로 보아 신神이라고 하며, 성정性情으로 보아 건이라 한다"고 하였다. 이 분합지설分合之說에서는 나누는 것을 위주로 한 바가 없고 합하는 것도 말하지 않았다. 온전한 것〔專者〕은 본체本體이고, 나뉘는 것은 작용作用이다. 나뉘는 작용을 말하지만 온전한 본체는 그대로 존재하는 것이다. 그러나 천주교의 논의와 행위는 순전히 공용에만 국한되는데, 이는 실로 정자程子가 말하는 귀신이니, 어찌 주재한다고 단정해 말할 수 있겠는가?

程傳: "乾, 天也. 專言之則道也, 分言之, 以形體謂之天, 以主宰謂之帝, 以功用謂之鬼神, 以妙用謂之神, 以性情謂之乾." 此分合之說, 未嘗主於分, 而不言合也. 專者體也, 分者用也. 言分之用而專之體自在矣. 天主教之論議行爲純乎功用, 實程子之所謂鬼神, 何得擅言主宰?

주자朱子는 "건원乾元은 하늘의 성정이며 사람의 정신과 같다"[143]고 하였다. 그러니 어찌 사람이 자기 스스로 사람이 될 것이며 정신이 자기 스스로 정신이 될 것인가? 이를 보면 하늘은 스스로 하늘이라고 할 수 없고 상제는 스스로 상제라고 할 수 없음을 알 수 있다. 만물이 존귀하게 받드는 것은 오직 하늘이고, 사람이 존귀하게 받드는 것은 오직 상제이다. 사람은 머리를 들면 하늘을 보게 되므로

朱子云: "乾元是天之性, 如人之精神." 豈可謂人自是人, 精神自是精神耶? 觀此, 則天不可言自是天, 帝不可言自是帝也. 萬物所尊者惟天, 人所尊者惟帝. 人擧頭見天, 故以上帝稱天焉, 非天之上又有一帝也.

141 「程頤傳」을 말한다. 程頤와 그의 형 程顥는 북송의 철학자이자 교육자로, 하늘이 곧 理라는 명제를 제출하였으며 이 학설은 朱熹에 의해 계승되고 발전되었다.

142 이에 대한 利類思의 답변은 『不得已辯』 하늘과 상제(이 책 308쪽)를 보라.

143 『周易』 「本義」.

상제를 하늘이라 부르는 것이지 하늘 위에 또 다른 상제가 있다는 것이 아니다.

『상서』에서 "가없는 하늘에 공경히 순종한다. 생각건대 하늘이 재난과 복을 내림에 있어서는 덕德을 살펴서 〔하늘이 정한〕 등급, 〔하늘이 주는〕 품계, 〔하늘이 주재하는〕 운명, 〔하늘이 정하는〕 징벌을 내린다"[144]고 하였다.

書云: "欽若昊天. 惟天降災祥在德, 與天敍, 天秩, 天命, 天討."

『시경』에서 "하늘의 위엄을 두려워한다"[145], "하늘이 이를 비추어 살핀다"[146]라고 하였는데 모두가 하늘을 말한 것이다. 또 "상제가 이를 아름답게 여기셨네"[147], "밝게 하늘을 섬긴다"[148]라고 하였는데 하늘을 공경히 받듦을 말한 것이다. "나는 상제가 두려워서 감히 옳지 않은 일은 못한다"[149]라고 하였는데, 이것은 감히 하늘을 거스르지 못함을 말한 것이다. "홀로 계신 천제께서는 착한 성정〔衷〕을

詩云: "畏天之威", "天鑑在玆", 皆言天也. "上帝是皇", "昭事上帝", 言敬天也. "予畏上帝, 不敢不正", 言不敢逆天也. "惟皇上帝, 降衷下民", 衷者, 理也, 言天賦民以理也. 禮云: "天子親耕粢盛秬鬯, 以事上帝." 言順天時重農事也. 凡此皆稱上帝,

---

144 각각 『尙書』의 「堯典」·「咸有一德」·「皐陶謨」에서 인용하였다. "이에 희화에게 명해 시일의 순환을 주시하게 하고 일월성신의 운행 규율을 측정하여 역법을 제정하였다.〔乃命羲和, 欽若昊天, 歷象日月星辰, 敬授人時.〕" "어긋남 없는 길흉은 사람의 행동에 달려 있고 하늘이 내리시는 재앙과 복은 덕에 달려 있다.〔惟吉凶不僭在人, 惟天降灾祥在德.〕" "하늘이 법을 두시어, 우리에게 다섯 가지 법과 다섯 가지 인정을 따르게 하시었네. 하늘이 차례로써 예를 정하시어, 우리에게 다섯 가지 등급의 예절을 따르게 하고 이를 상도로 지키게 하시었네. 군신 간에 서로 존경하고 마음과 덕을 함께하도록 하였네. 하늘이 덕 있는 사람에게 명하시어 다섯 가지 복장으로 다섯 가지 덕을 나타나게 하시고, 하늘이 죄 있는 사람을 치심에 다섯 가지 형벌로 다섯 가지 죄를 다스리셨네. 정사에 임하여 권면하고 힘쓰십시오.〔天叙有典, 勅我五典, 五惇哉. 天秩有禮, 自我五禮有庸哉. 同寅協恭, 和衷哉. 天命有德, 五服五章哉. 天討有罪, 五刑五用哉. 政事懋哉懋哉.〕"

145 『詩經』「周頌」'我將'.

146 『詩經』「周頌」'閔予小子之什', '敬止'에 나오는 구절로, 『詩經』 원문에는 "日監在玆"라고 되어 있다.

147 『詩經』「周頌」'執義'.

148 『詩經』「大雅」'大明'.

149 『詩經』이 아니라 『尙書』「湯誓」에 나오는 구절이다.

천하 민중에게 내린다"[150]고 하였는데, 충衷[151]이란 이理이고 하늘이 백성들에게 이理를 베풀어준다는 말이다. 『예기禮記』에서는 "천자가 친히 경작하여 거둔 제사 곡물을 제기에 담고 울금주鬱金酒[152]를 부어 상제를 섬긴다"[153]고 하였다. 이는 하늘이 정한 시간에 순응하여 농사를 중시함을 말한 것이다. 이들은 모두 상제라고 부름으로써 하늘을 존귀하게 받든 것이다. 결코 하늘 자신이 스스로 하늘이라고 한 것도 아니며, 상제가 스스로 상제라고 한 것도 아니다.

以尊天也, 非天自天, 而上帝自上帝也.

글 읽는 자라면 말을 가지고 뜻을 해치지 말아야 한다. 지금 하늘이 상제의 부림을 받는다고 했는데, 그렇다면 옛 성인들이 왜 임금을 천자라고 부르면서 부려먹는 천한 자를 임금의 아비에 비유했는지 알지 못하겠다. 임금의 아비가 되는 하늘을 〔감히〕 부려먹는 천한 자로 만들었다. 그러니 천주교에 귀의한 자들에게는 하늘·땅·임금·어버이·스승의 위패를 훼손하며 받들어 모시지 못하게 하는 것도 당연하다. 하늘과 땅을 받들지 않는 것은 그것이 머리도 배도 팔도 다리도 없고, 밟혀 더러워졌다 하여 천히 여기기 때문이다. 임금을 존숭하지 않는 것은 부림을 당하는 자의 아들이라 하여

讀書者毋以辭害意焉. 今謂天爲上帝之役使, 不識古先聖人何以稱人君爲天子, 而以役使之賤比之爲君之父哉. 以父人君之天, 爲役使之賤. 無怪乎令歸其教者, 必毀天地君親師之牌位而不供奉也. 不尊天地, 以其無頭腹手足, 踏踐汚穢而賤之也. 不尊君, 以其爲役使者之子而輕之也. 不尊親, 以耶穌之無父也. 天地君親尙如此, 又何有於師哉! 此宣聖木主之所

150 『詩經』이 아니라 『尙書』 「湯誥」에 나오는 구절이다.

151 앞서 인용한 『尙書』 중의 "降衷下民"의 해석에 있어 衷을 '착한 성정〔본성〕'이라고 했는데, 楊光先은 이를 '理'라 해석하였다.

152 원문은 '秬鬱'인데, 검은 기장과 울금향으로 빚은 술을 말한다. 이 술은 降神에 제사를 지내고 공이 있는 제후에게 상으로 내릴 때 썼다.

153 『禮記』 「表記」.

가벼이 여기기 때문이다. 어버이를 존경하지 않는 것은 예수에게 아비가 없기 때문이다. 하늘·땅·임금·어버이 대하기를 이와 같이 하니, 스승을 대함에 있어서야 더 말할 것이 무엇이겠는가![154] 이것이 곧 공자의 신주가 훼손된 까닭이다. 하늘과 땅이 모두 어지럽혀지고 오륜이 모두 무너졌다. 천주교가 아니었다면 성인의 학문이 결코 이 지경에 이르지 않았을 것이다!

以遭其毁也. 乾坤俱汩, 五倫盡廢, 非天主教之聖人學問斷不至此!

저들이 자랑하는 것도 당연하다. 서양에서 동양으로 오면서 큰 나라들이 모두 그것(천주교)을 배우고 지키고 있어서, 그저 한 사람, 한 가정, 한 나라의 도道만이 아니니 말이다. 어허, 이상하도다! 천지가 생겨난 이래 성인이 천하의 사람들을 아비도 없고 임금도 없는 지경으로 몰고 갔다는 말은 들어본 적이 없다! 큰 나라들이 천주교를 듣고 따른다면 이들이 모두 짐승일 터인데, 하물며 배우고 지키기까지 한단 말인가!

宜其誇詡, 自西徂東, 諸大邦國咸習守之, 而非一人一家一國之道也. 吁嘻, 異乎哉! 自有天地以來, 未聞聖人而率天下之人於無父無君者也! 諸大邦國苟聞此道, 則諸大邦國皆禽獸矣, 而況習守之哉!

하늘과 땅을 존귀하게 받들지 않으면서 상제를 존귀하게 받든다는 것은 그래도 말이 된다. 그러나 예수를 상제라고 받든다면 그것은 말이 되지 않는다. 극단적으로 말해서 평범한 사람을 성인이요 상제로 받든다면 그것도 말이 되겠지만, 어찌하여 나라의 법에 의해 처형된 죄인을 성인이요 상제로 받들기까지 하는가. 이는 말이 안 된다. 예나 지금이나 성인이면서 법에 의해 처형된 경우가 있었던

夫不尊天地而尊上帝, 猶可言也. 尊耶穌爲上帝, 則不可言也. 極而至於尊凡民爲聖人, 爲上帝, 猶可言也. 胡遽至於尊正法之罪犯爲聖人, 爲上帝, 則不可言也. 古今有聖人而正法者否? 上帝而正法, 吾未之前聞也.

154 이에 대한 利類思의 답변은 『不得已辯』 제사(이 책 311쪽)를 보라.

가? 상제가 법에 의해 처형되었다는 말은 아직까지 들어본 적이 없다.

이른바 천주는 천지만물을 주재하는 분인데, 천지만물을 주재할 수 있으면서 자기 한 몸이 천수를 누리는 일[155]도 제대로 주재하지 못했으니 천주가 상제라는 말의 의미를 알 만하다. 천주교의 여러 책에서는 예수가 나라의 법에 따라 처형당한 것에 대해 무슨 일로 못 박혀 죽었는지는 말하지 않고, 다만 세상을 구원하는 공을 다 이루고 다시 하늘로 돌아갔다고만 말하고 있다. 성인의 죽음[156]에 대해 너무나도 대충 설명하는 것 아닌가!

所謂天主者, 主宰天地萬物者也, 能主宰天地萬物, 而不能主宰一身之考終, 則天主之爲上帝可知矣. 彼教諸書於耶穌之正法, 不言其釘死者何事, 第云救世功畢, 復昇歸天, 其於聖人易簀之大事, 亦太草草矣!

내가 말하는 공功이라는 것은 한마디 말로 만백성에게 은택을 입히고 한 가지 일로 만세에 은혜를 베푸는 것이다. 예컨대 후직后稷이 백곡을 파종하고, 계契가 인륜을 밝히고, 우임금이 물과 농토를 다스리고, 주공周公이 예악禮樂을 제정하고, 공자가 요순을 본받고 맹자가 양자와 묵자를 배척한 것은 모두 세상을 구한 공이다. 예수에게 이 같은 공이 하나라도 있는가? 사람의 병을 고치고 죽은 사람을 살린 것을 공이라 한다면, 이는 마술사나 할 일이지 천지만물을 주재하는 자가 할 일은 아닐 것이다.[157]

夫吾所謂功者, 一言而澤被蒼生, 一事而恩施萬世, 若稷之播百穀, 契之明人倫, 大禹之平水土, 周公之制禮樂, 孔子之法堯舜, 孟子之距楊墨, 斯救世之功也. 耶穌有一於是乎? 如以瘳人之病, 生人之死爲功, 此大幻術者之事, 非主宰天地萬物者之事也.

---

155 원문의 '考終'은 五福 중의 하나로, 자기의 天壽를 다 누리는 것을 말한다.

156 원문은 '易簀'인데, '簀'은 참대로 만든 화려하고 아름다운 돗자리이다. 曾子가 죽을 때 머리맡의 시종이 曾子가 깔고 누운 자리를 보고 화려하다고 하자, 曾子가 자식들의 만류에도 불구하고 대부의 자리를 까는 것은 예에 맞지 않는다 하여 자리를 바꾸다 죽은 일을 말한다.(『禮記』「檀弓」)

157 이에 대한 利類思의 답변은 『不得已辯』 역모설에 대한 해명(이 책 313쪽)을 보라.

이런 것을 공이라고 한다면, 어찌하여 사람들을 병에 걸리지 않게 하고 죽지 않게 하지 못했는가? 그리하였다면 그 공이 더 컸을 텐데 말이다. 사람의 병과 죽음을 주재하다가 갑자기 사람의 병을 고치고 살리는 것을 주재한다고 하니, 주재할 능력이 없음이 이토록 심하거늘 감히 공이라고 말할 수 있는가?

苟以此爲功, 則何如不令人病, 不令人死? 其功不更大哉. 夫旣主宰人病人死, 忽又主宰人瘳人生, 其無主宰已甚, 尙安敢言功乎?

그래서 다만 "세상을 구원하는 공이 다 이루어지자 다시 하늘로 돌아갔다"는 짧은 말로 끝맺고, 이룬 공이 어떤 것이고 그 공으로 무엇을 구원했는지는 절대로 말하지 않은 것이다. 아마 말 꾸미기 어렵다는 것은 알고 있었지만 붓으로 쓰는 것 역시 어렵다는 것은 깨닫지 못했던 것 같다. 나라의 법에 의해 처형당해 못 박혀 죽었는데도 세상을 구원하는 공이 다 이루어지자 다시 하늘로 돌아갔다고 하였으니, 세상에서 능지처참을 당하고 교수형을 당한 중죄인들은 모두 이 짧은 말귀를 끌어다가 절묘하고 훌륭한 행장行狀[158]을 지을 수 있을 것이다. 요서와 요언으로써 이치를 어기고 도리를 거스르는 짓을 어찌 하루라도 중국 땅에서 용납할 수 있겠는가!

故秖以救世功畢復昇歸天八字結之, 絶不言畢者何功, 功者何救. 蓋亦自知其辭之難措, 而不覺其筆之難下也. 以正法之釘死, 而云救世功畢, 復昇歸天, 則凡世間凌遲斬絞之重犯, 皆可援此八字, 爲絶妙好辭之行狀矣. 妖書妖言, 悖理反道, 豈可一日容於中夏哉!

158 죽은 자의 世系, 貫鄕, 官爵, 生卒年, 言行 등을 적은 일종의 일대기나 평전을 뜻한다.

벽사론 하[159]

闢邪論 下

이마두가 천주교 교리를 밝힌 여러 책에서 말한 것을 자세히 읽어보면, 사실 천주교는 서역 72종의 방문旁門[160] 아래 있는 96종 사마邪魔[161] 중 하나에 지나지 않는다. 불교를 헐뜯고 훼방함으로써 불교를 능가하려 하는 것은 늘 있던 일인지라 본디 경중을 논할 것도 못 되었는데, 이마두는 중국에 와서 도교까지 함께 배척한다고 하였다. 사대부들은 그가 불교와 도교를 나란히 배척하는 것을 보고 우리 유가와 같은 부류라 여기고서 그와 교제하고 이끌어주었다. 그러다 보니 그 의론이 어긋나고 그릇된 줄을 잊었고, 천주교가 사마라는 것을 깨닫지 못하였다.

詳閱利瑪竇闡明天主教諸書之論議, 實西域七十二種旁門之下, 九十六種邪魔之一. 其詆毀釋氏欲駕而上之, 此其恒情, 原不足爲輕重. 利碼竇之來中夏竝老氏而排之, 士君子見其排斥二氏也, 以爲吾儒之流亞, 故交讚之, 援引之. 意忘其議論之邪僻, 而不覺其教之爲邪魔也.

게다가 이마두는 책에서 예수가 세상을 구원하는 공을 다 이루고 다시 하늘로 돌아갔다고만 기록하고, 법에 의해 처형당한 것은 말하지 않았으므로

且其書止載耶穌救世功畢, 復昇歸天, 而不言其死於法, 故擧世縉紳, 皆爲其欺蔽. 此利瑪竇

159 楊光先은 利瑪竇가 불교와 도교를 공격하는 것으로 유학자의 환심을 사서 천주교를 선교하는 데 유리한 자리를 차지하려는 교묘한 술책을 부리고 있음을 경계하며 이들 선교사들은 외세의 정탐꾼이니 이들을 단속하여 후환이 없도록 해야 한다고 주장한다. 「闢邪論」 中에 대한 보충으로 이어서 찬술한 것으로 보인다.

160 비정통적인 학파나 종교의 유파를 말한다. 72는 음양오행이 이루어지는 수를 나타내는데, 수량이 많음을 나타내기도 한다.

161 요괴 또는 비정통적인 학파나 종교, 정당하지 못한 것 등을 말한다.

온 세상의 선비[162]들이 모두 그에게 기만당하였다. 이 때문에 이마두를 대단히 간악한 자라고 하는 것이다.

之所以爲大姦也.

그와 같은 무리인 탕약망은 지식의 측면에서 이마두보다 수준이 낮고 어두웠으므로 예수에 관한 실제 정황을 『진정서상』에 있는 그대로 모두 드러내놓았다. 나는 그 책을 얻자마자 곧 반박하였다. 도대체 저들 나라에서 법에 의해 처형당한 죄인을 우리 중국에 가져다가 천지를 창조한 성인이라고 하다니, 우리 중국 사람을 철모르는 어린아이로 취급하기가 어찌 이 같을 수 있단 말인가! 예수를 성인이라 할 수 있다면 한나라 때의 황건적黃巾賊[163]이나 명나라 때의 백련교白蓮教 사람들을 모두 성인이라고 부를 수 있으리라! 예수가 십자가에 못박혀 죽었으니 그 종교는 저들 나라에서 반드시 금지되었을 터인데, 저들 나라에서 금지된 종교를 중국에서 전파하는 것은 그가 범한 죄악을 유포시키려는 것이다. 그 속셈을 참으로 짐작할 만하지 않은가!

其徒湯若望之知識卑闇於利瑪竇, 乃將耶穌之情事於進呈書像中和盤託出. 予始得卽其書以闢之. 豈有彼國正法之罪犯而來中夏爲造天之聖人, 其孩孺我中夏人爲何如也! 耶穌得爲聖人, 則漢之黃巾, 明之白蓮皆可稱聖人矣! 耶穌旣釘死十字架上, 則其教必爲彼國之所禁, 以彼國所禁之教而欲行之中夏, 是行其所犯之惡矣. 其衷詎可測哉!

탕약망의 무리가 남경·절강·복건과 광동에 세운 천주당이 실로 많다. 저들은 벗과 무리를 불러들여 바닷길로 오가고 있다. 천하의 사람들은 저들의 정교한 기구를 좋아할 줄만 알았지 저들이 몰래 국경을 넘나들어 나라의 금기를 어긴 것은 소홀히

若望之流, 開堂於江寧·錢塘·閩·粵實繁, 有徒呼朋引類, 往來海上, 天下之人知愛其器具之精工, 而忽其私越之干禁. 是愛虎豹之文皮, 而忽之臥榻之

162 원문의 '縉紳'은 笏을 紳帶 사이에 꽂는 宦官의 장식을 말하는데, 선비를 가리키기도 한다.
163 東漢 말년에 張角이 이끈 농민 봉기군을 말하는데, 머리에 누런 수건을 맸으므로 얻은 이름이다.

지나치고 있다. 이는 마치 호랑이와 표범의 화려한 가죽을 좋아해 침상에 두고 기르면서 이 짐승들이 사람을 물어뜯을 수 있다는 것을 잊고 있는 것과 같다.

內, 忘其能噬人矣.

무릇 나라에 강토의 경계가 있고 관關에 검문이 있는 것은, 밖에서 염탐하고 안에서 새어나가는 것을 막기 위해서이다. 어느 나라도 이같이 하지 않는 나라가 없다. 지금 법령이 제대로 수립되지 않은 탓에 중국에 모여든 서양인들이 돌아다닐 때 수륙의 법령을 따르는지도 모르고, 머물러 있을 때는 무슨 짓을 꾸미는지도 모른다. 저들은 오로지 정교하고 기묘한 기구들로 사대부들을 부추기고 천당지옥설로 우리의 어리석은 백성들을 선동하며 미혹시킨다.

夫國之有封疆, 關之有盤詰, 所以防外伺祉內洩也. 無國不然. 今禁令不立, 而西洋人之集中夏者, 行不知其遵水遵陸, 止不知其所作所爲. 惟以精工奇巧之器, 鼓動士大夫, 天堂地獄之說, 煽惑我愚民.

천주교에 귀의한 자에게는 반드시 문 위에 십자가 표지를 하나 붙이게 하는데, 그것이 사교의 암호가 아닌지 어찌 알겠는가? 세상 사람들은 정교한 기구 때문에 그들을 좋아하지만 나는 바로 그 정교한 기구 때문에 그들을 두려워한다.

凡歸之者, 必令粘一十字架於門上, 安知其非左道之暗號乎? 世方以其器之精巧而愛之, 吾政以其器之精巧而懼之也.

공수반公輸盤이 공격하고 묵자가 지키는 일[164]을 어찌 졸렬한 자가 해낼 수 있겠는가? 우리와 종족이 다르면 그 마음 역시 다르게 마련이다. 저들이 자기 나라에서 반역을 꾀하지 않았더라도 우리가 방비를 늦추어서는 안 될 것인데 하물며 저들은 자

輸之攻墨之守, 豈拙人之所能哉? 非我族類, 其心必殊. 不謀爲不軌於彼國, 我亦不可弛其防範, 況曾爲不軌於彼國乎? 玆滿漢一家, 蒙古國戚, 出入關隘,

164 『墨子』「公輸」에서 나온 말이다. 公輸盤이라는 사람이 雲梯라는 기구를 만들어 宋나라를 쳤는데, 墨子가 달려가 송의 성을 지켰으므로 公輸盤이 성을 공략하는 데 실패했다. 公輸盤은 魯般 또는 魯班盤이라고도 하는데, 춘추시대 魯나라 사람으로 재능 있는 목수였다고 한다.

기 나라에서 일찍이 반역을 꾀하지 않았던가? 만족滿族과 한족漢族은 한 가족이고 몽골인은 국척國戚인데도 국경을 드나들 때 반드시 부신符信[165]이 있어야 통행할 수 있다. 그런데 저 서양인들은 오가는 데 있어 오히려 아무런 조사도 받지 않고 자유롭게 다니니, 나는 이것이 올바른 체제라고는 생각하지 못하겠다.

猶憑符信以行. 而西洋人之往來, 反得自如而無譏察, 吾不敢以爲政體之是也.

바른 사람이라면 반드시 사교를 받들지 않을 것이고, 사교를 받드는 사람이라면 반드시 바른 사람이 아닐 것이다. 바르지 않은 사람이 바르지 않은 교敎를 받들어 행하고, 내지內地[166]에 살면서 나라의 고위 관리가 되었으니, 나라의 정세가 밖으로 흘러나가지 않을 수 있겠는가? 사람이 앞날을 멀리 생각하지 않으면 가까운 근심이 있기 마련이다. 나라의 일을 도모하는 군자라면 사사로운 친분 때문에 그를 우습게 여겨서는 안 된다.

正人必不奉邪教, 而奉邪教者必非正人. 以不正之人行不正之教, 居於內地爲國顯官, 國之情勢保毋不外輸乎? 人無遠慮, 必有近憂. 謀國君子毋以其親暱而玩視之也.

천주교의 중요한 규례 가운데 천주교를 받들어 행하는 사람은 결혼도 하지 않고 벼슬살이도 하지 않는다는 것이 있다. 탕약망이 결혼하지 않은 정황을 살펴보면 그는 동성애자[167]였다. 벼슬살이를 하

彼教之大規, 行教之人則不婚不宦. 考湯若望之不婚, 則比頑童矣. 不宦則通政使食正二品, 服俸加二級, 掌欽天監印矣, 行

165 符節이나 印章 같은 신표의 통칭.

166 수도권 지역 또는 해변에서 멀리 떨어진 곳.

167 원문은 '比頑童'이다. 『尙書』「商書」'伊訓'에 이른바 '三風十愆'이 나오는데, "경대부에게 이 중 한 가지 허물이라도 있으면 집안이 망하고, 임금에게 이 중 한 가지라도 있으면 나라가 망한다. 신하가 이를 고치지 않으면 묵형에 처해야 한다〔卿士有一于身, 家必喪, 邦君有一于身, 國必亡. 臣下不匡, 其刑墨〕"고 되어 있다. 三風은 '亂風'이라고도 하는데, 그 안에는 四愆이 포함되어 있다. 그중 첫째가 바로 '比頑童'이다. 이는 후세의 '男風' 혹은 '南風'으로, 동성애를 가리킨다.

지 않는다고 했는데 통정사通政使[168]로 정2품의 봉록奉祿을 받으며, 2급의 관록官祿을 더 받아 흠천감의 감인監印을 관장하였으니,[169] 그 교를 행하면서도 그 교를 배반한 것이다. 이미 저들 나라의 법을 위반했는데 청나라의 법인들 반드시 지킬 수 있을 것인가?

教而叛教, 業已不守彼國之法, 安能必其守大清之法哉?

『시경』에서는 "큰 눈 내리기에 앞서 싸락눈이 내리는 법"[170]이라 했다. '依西洋新法(서양의 새 역법에 따라서)'이라는 다섯 글자, 이것이 앞서 내리는 싸락눈이 아니라고 말할 수 없다. "양陽의 기운이 펴져 매가 비둘기로 변한다 하여도 식자는 여전히 그 사나운 눈을 증오한다"[171]고 했다. 나라고 어찌 그 눈을 증오하지 않을 수 있겠는가. 글을 지어 품에 품고 궁궐을 찾아갔으나 안에 들어가지 못한 까닭에 이 「벽사론」을 지어 천주교에 숨어 있는 재앙이 이와 같음을 알리는 바이다. 설사 오늘 내가 투기 심한 아낙네라고 욕을 먹을지언정, 훗날 귀신같이 선견지명이 있었던 사람이라 여겨지는 일은 없어야 할 것이다.

詩云: "相彼雨雪, 先集維霰." 依西洋新法五字, 不可謂非先集之霰也. "陽和布氣, 鷹化爲鳩, 識者猶惡其眼." 予蓋惡其眼云. 懷書君門, 抑不得達, 故著斯論, 以表天主教之隱禍有如此. 寧使今日詈予爲妬婦, 不可他日神予爲前知也.

「벽사론」의 각본刻本이 완성되었을 즈음에 한 손님이 나에게 이마두가 만력 연간(1573~1620)에 무역을 구실로 몰래 그 무리를 불러 모으니 배들이

論甫刻成, 客有向予言, 利瑪竇於萬曆時, 陰召其徒以貿易爲名, 舳艫銜尾, 集廣東之香山澳

168 明清 시대에 內外奏章과 申訴文書를 받아들이고 검사하던 通正司의 책임자를 通政使라 했다.

169 監印을 관장한다는 말은 기구의 책임자가 되었다는 뜻이다.

170 『詩經』「小雅」'頍弁'. 원문은 "如彼雨雪, 先集維霰"이다.

171 "鷹化爲鳩, 猶憎其眼"이라는 말이 『世說新語』「方正」에 나온다. "비록 양의 기운이 펼쳐져 매가 비둘기로 변한다 하여도, 식자는 그 매서운 눈을 증오한다.〔雖陽和布氣, 鷹化爲鳩, 至于識者, 猶憎其眼.〕"

꼬리에 꼬리를 물고 광동의 오문에 몰려와서 16개의 성을 쌓았다고 하였다. 그곳을 지키는 관리가 이에 겁을 먹고 오문에 참장參將[172]을 두고 군사를 늘려 그들을 진압할 것을 요청하였다. 그러나 저들의 무리가 날이 갈수록 많아져서 점차 통제할 수가 없었다.[173] 천계 연간(1621~1627)에 대성臺省[174]에서 비로소 이에 대해 언급하고 엄격한 칙지를 내렸다. 순무巡撫 하사진何士晉은 청렴결백하고 굳세며 과단성이 있는 사람으로 광동의 모든 군사를 이끌고서 그 성을 허물고[175] 그 무리를 쫓아버렸다. 이리하여 20~30년 동안의 재앙이 하루아침에 소탕되었다. 지난 일이지만 거울로 삼을 만하다.

中, 建城一十六座. 守臣懼, 請設香山參將, 增兵以資彈壓. 然彼衆日多, 漸不可制. 天啓中, 臺省始以爲言, 降嚴旨. 撫臣何士晉廉潔剛果, 督全粤兵毁其城, 驅其衆. 二三十年之禍一旦盡消. 此往事之可鑒也.

지금 탕약망이 저들 천주교인들을 불러다가 역법을 정비하기를 청하고 있는데, 이를 빌미로 다시 오문〔마카오〕에 둥지를 틀 단초를 만들고자 하는 것 아니겠는가? 저들 나라는 중국에서 십만 리나 떨어져 있어 오가는 데 십 년은 걸릴 터인데 저들은 석 달 만에 도착하였다고 말하고 있으니, 저

今若望請召彼教人來治曆, 得毋借題爲復踞澳之端乎? 彼國距中夏十萬里, 往返必須十年, 而三月卽至, 是不在彼國而在中國明矣. 不知其人於何年奉何旨安插何地方也. 如無旨安

172 武官 이름으로, 청나라 때에는 副將에 버금가는 지위였다. 提督 및 巡撫를 위해 營內의 軍務를 총괄하는 자를 提標中軍參將·撫標中軍參將이라 했다.

173 마카오에 參將을 두었다는 사실과 관련하여 『明熹宗實錄』 권1에 "만력 42년(1614)에 처음으로 中路 雍陌營에 參將을 설치하고 천 명의 사람을 조발하여 그곳을 지키게 하였다"라는 기록이 있다. 그런데 마카오에는 이미 서양인들이 살고 있었으므로 利瑪竇가 중국에 온 일과는 관계가 없다.

174 황제를 대신하여 政令을 반포하는 정부기관.

175 '성을 허물었다〔毁其城〕'는 말은 다른 문헌에 기록된 것과 다르다. 예컨대 『明熹宗實錄』 권58에서는 "兩廣 총독 何士晉이 보고하기를 마카오의 외국인들이 머나먼 곳에서 와서 거기에 웅거해 있으면서 한때 창궐하니 문무 각 관원들이 방어하기로 결책하였다. 지금은 內奸(국내의 내통자)들의 도움이 끊어졌고 서양인들은 겁을 먹고 복종하여 스스로 그 성을 허물어버리고 다만 바닷가 한쪽만 남겨두어 네덜란드 사람들을 막기를 원하고 있다"라고 기록되어 있다.

들 나라에 있었던 것이 아니라 중국에 있었음이 분명하다. 그들이 어느 해에 어떤 허락을 받고 어느 지방에 박혀 있던 자들인지 알 수 없다. 만약 허락도 없이 박혀 있었다면 사사로이 법률을 어긴 것인데, 언관의 책임을 맡은 군자가 일언반구라도 따지지 않을 수 있겠는가?

揷, 則私越之干禁, 有官守言責之大君子, 可無半語一詰之哉?

요즈음 연해지방의 형세가 평온하지 않으니 검사와 단속을 엄히 해야 할 것이다. 조정에서는 마땅히 그들을 경계할 계책을 주도면밀하게 세워 또다시 도적에게 절하며 스스로 후일의 걱정거리를 남기는 일이 없도록 해야 할 것이다. 끊임없이 들려오는 소문 때문에 글의 끝에 군더더기를 덧붙였으니 나라를 걱정하는 대군자들께서 부디 살펴주시기 바란다.

玆海氣未靖, 譏察當嚴. 廟堂之上, 宜周毖飭之畫, 毋更揖盜自詒後日之憂也. 續因所聞, 補贅論末, 憂國大君子鑒之.

사교의 그림 석 장에 대한 논평[176]

邪敎三圖說評

허지점許之漸 선생께 편지를 올리고 난 뒤 나는 후회하였다. 「벽사론」을 지을 때 탕약망이 판각하고 인쇄한 유대 나라 사람들이 예수를 떠받들어 모시는 그림과 나라의 법에 의하여 예수가 못 박혀 죽는 형상이 있는 그림을 첫머리에 첨부하여 세상 사람들로 하여금 예수가 법에 의하여 처형되었다는 것을 보게 하였다면, 사대부 가운데 기꺼이 서문을 써주는 자도 없었을 것이고, 소인배들 역시 천주교 따위에 귀의하지도 않았을 텐데 하고 말이다.

上許先生書後, 追悔著闢邪論時, 未將湯若望刻印國人擁戴耶穌及國法釘死耶穌之圖像刊附論首, 俾天下人盡見耶穌之死於典刑, 不但士大夫不肯爲其作序, 卽小人亦不屑歸其教矣.

탕약망이 지은 『진정서상』은 모두 64장인데, 그림이 48장이고 그림마다 옆에 설명문이 붙어 있다. 여기에 그 전부를 싣지 않고 예수를 떠받들어 모시는 장면을 묘사한 그림과 십자가에 못 박히는 그림, 십자가를 세우는 그림, 이렇게 석 장의 그림과 설명만을 싣는다. 세상 사람들과 더불어 예수는 모반하였다가 나라의 법에 의해 사형당한 도적의

若望之進呈書像共書六十四張, 爲圖四十有八, 一圖系一說於左方. 玆弗克具載, 止摹擁戴耶穌及釘架, 立架三圖三說. 與天下共見耶穌乃謀反正法之賊首, 非安分守法之良民也. 圖說附於左方.

176 湯若望이 펴낸 『進呈書像』(1640)은 48장의 그림이 붙어 있는 선교용 책자인데, 그 가운데 가장 논란이 되는 그림 석 장을 들어 천주교의 허황됨을 지적하고 있다. 분별없이 천주교를 옹호하거나 따르는 유학자들을 깨우치기 위해 「闢邪論」에 이어 찬술하였다. 원제는 '臨湯若望進呈圖像說'이지만, 저술 전체의 내용과 부합하도록 陳占山이 교주본(『不得已』, 合肥: 黃山書社, 2000)에서 고쳐 불렀으므로 이에 따르기로 하였다.

괴수이지 결코 본분을 지킨 양민이 아니었다는 사실을 함께 목도하고자 한다. 설명은 그림 옆에 첨부되어 있다.[177]

탕약망은 다음과 같이 말하였다. "예수께서 출행하여 오랫동안 천주교를 전파한 뒤에, 고난당할 날이 점점 임박해오는 것을 알고 서둘러 돌아와 도성 가까이에 이르렀다. 그 전까지는 맨발로 걸어 다녔으나 이번 도성에 들어올 때만은 나귀 한 마리를 타고 오셨다. 온 성안의 사람들이 목마른 자가 물을 찾듯이 예수를 기다리다가 그가 이르렀다는 말을 듣고는 귀한 사람과 천한 사람, 늙은이와 젊은이 할 것 없이 모두 쏟아져 나와 그를 영접하였다." 귀한 사람들로는 벼슬아치가 있었고 천한 사람들로는 백성들이 있었다. 떠받드는 것도 지극히 성대하였고 죽이는 것도 그렇게 신속하였으니 요망한 사람들이란 예로부터 이와 같았다.

湯若望曰: "耶穌出行教久, 知難期之漸迫也, 旋反都城就之. 從來徒行, 惟此入都, 則跨一驢. 且都人望耶穌如渴, 聞其至也, 無貴賤大小, 傾城出迎." 貴者縉紳, 賤者百姓. 擁戴之盛, 取死之速, 妖人從來如此.

"옷을 땅에 깔아 나귀 발굽에 먼지가 묻지 않게 하는 자도 있었고, 나뭇가지를 꺾어 쥐고서 길을 안내하는 자도 있었다." 이같이 예수를 떠받들어 모신 것을 보면 유대 왕과 예수가 양립할 수 없는 형세였음을 알 수 있다. 유대 왕이 예수를 죽이지 않으면 예수가 필연코 유대 왕을 시해했을 것이다.

"有以衣覆地弗使驢足沾塵者, 有折枝擁導者." 如此擁戴耶穌, 則如德亞國主與耶穌勢不能兩立矣. 非國主殺耶穌, 則耶穌必弑國主.

"사방에서 그를 틀림없는 천주라고 칭송하였다. 아아, 여기에는 대강 두 가지 뜻이 있다."

"前後左右群讚其爲天主無間也. 噫, 是蓋有二意焉.

177 이하 이 글에서 인용문은 湯若望이 『進呈書像』에 쓴 글이다. 작은 활자와 '楊子曰'로 시작하는 인용문은 楊光先의 해설이나 의견이다.

천주 예수가 도성에 돌아오는 그림

天主耶穌返都像

"첫째, 수난 전에는 존귀한 모습이 거의 드러나지 않다가 고난을 당함으로써 정말 천주라는 것이 드러난 것이다." 요망한 자의 본모습이 자기도 모르게 드러난 것인데, 오로지 존귀하기 때문에 못 박혀 주었다는 것이다.

"一少顯尊貴之相於受難之前, 以見受難實爲天主." 妖人之情不覺自露, 惟其尊貴所以取釘死.

둘째, 이것을 가지고 닷새 후에 변심하여 악한 세력에게 빌붙은 자들을 엄히 질책한 것이다." 그러나 닷새 전에 떠받들어 영접한 것은 어리석은 백성들이 그에게 현혹당했기 때문이고, 닷새 후에 변심한 것은 나라의 법이 두려워 지난 잘못을 뉘우쳤기 때문이다. 이는 "너희가 남들 따라 악한 자에게 빌붙어서 위험에 빠뜨린 자는 너희가 전날에 입성을 환영하며 천주라 찬양한 자가 아니더냐!"라고 말한 것과 같은 것이다. 자백하는 것이다. 양자楊子(양광선)는 말한다. "이것은 탕약망이 천주 예수가 모반하였다는 것을 스스로 인정한 것이다."

"一借此重責五日後有變心附惡者." 五日前奉迎者, 愚民受其惑, 五日後變心者, 懼王法悔前非也. 若曰: "爾所隨聲附惡, 以相傾陷者, 非卽爾前日歡迎入城讚爲天主者乎!" 自供. 楊子曰: "此湯若望自招天主耶穌是謀反之口供."

탕약망은 "예수가 십자가에 못 박힐 때에 왼손과 오른손에 각각 못을 하나씩 박았고 두 발에 못을 하나 박았다. 아직 처형되지 않고 감옥에 있던 두 도적도 같은 날 끌어내어 못 박아 죽였는데 그것으로 예수를 도적과 동일시하여 크게 욕보인 것이다."라고 하였다. 양자는 말한다. "범인의 자백과 서명이 이미 끝난 셈이니, 고문도 하지 않았는데 자백했다는 말이 바로 이런 것이다."

若望曰: "其釘十字架也, 左右手各一釘, 二足共一釘. 有二盜在獄未決者, 今亦取出釘之, 以等耶穌於盜. 爲大辱云." 楊子曰: "犯人畵招已畢, 此眞所謂不刑而招."

탕약망은 "못을 다 박고 나서는 곧 십자가를 세웠는데 한가운데에 예수가 있었고 양옆에 도적이 있었다. 예수가 십자가에 매달리니 하늘과 땅, 사람, 모든 사물이 그가 천주임을 증명하였다. 하늘의 증거는 이러하다. 보름날에 일식이 있었고, 역

若望曰: "釘畢, 則立其架, 中耶穌兩傍盜也. 耶穌懸架, 天地人物俱證其爲天主. 天證, 如太陽當望而食, 法所不載, 且全食下界大暗, 且久食曆時十二刻也.

예수가 십자가에 못 박히는 그림
耶穌方釘刑架像

천주 예수가 십자가에 매달려 있는 그림
天主耶穌立架像

법에서는 기록하지 않았지만 전일식全日蝕이 있어 온 세상이 몹시 어두웠으며 일식이 장장 12각(3시간)이나 계속되었다. 땅의 증거는 이러하다. 온 땅이 진동하여 만국萬國이 놀라 동요하였다. 사람의 증거는 이러하다. 헤아릴 수 없이 많은 주검들이 무덤에서 나와 부활하였다. 사물의 증거는 이러하다. 돌덩이가 저절로 깨지고 장막이 저절로 찢어지는 등의 현상이 있었다. 더욱 기이한 것은 십자가에 못 박는 일이 끝난 뒤에 악인들 무리 속에 애꾸눈이 하나가 창을 집어 들고 예수의 옆구리를 찔러 정말로 죽었는지를 시험해보았는데 찔린 자리에서 피가 흘러 그 애꾸눈에 떨어지자 금방 다시 볼 수 있게 된 일이다"라고 하였다.

地證, 全地皆震, 驚動萬國. 人證, 無數死者離墓復活. 物證, 如石塊自破, 帷帳自裂等是也. 尤足異者, 旣終之後, 惡衆有眇一目者擧鎗刺耶穌脅, 以試其實死與否, 刺血下注, 點及惡目, 隨與復明."

사교가 이같이 말한 의도는 사람들이 예수를 사교라 하고 천주가 강생한 것이 아니라고 말할까봐 두려웠기 때문이다. 그래서 하늘·땅·사람·사물을 증거로 끌어다 예수가 진짜 천주임을 드러내었다. 그러나 합리적인 이치를 가지고 말해보면 사람들로 하여금 믿지 않을 수 없게 만들 도리가 없다. 상세히 고증해본즉 예수가 못 박혀 죽던 날은 서양력(양력)으로 3월 16일인데, 중국력(음력)으로는 한나라 광무제 건무 8년 임진년(기원후 32년) 3월 22일이다.

邪敎之意, 恐人議論耶穌是邪敎, 不是天主下生. 故引天地人物作證, 以見耶穌眞是天主. 必要說到理事之所, 無使人不敢不信. 細考耶穌釘死之日, 依西曆乃三月之十六日, 考之中曆爲漢光武建武八年壬辰歲之三月二十二日.

하늘이 기왕 상도常度를 어기고 초하루가 아닌데도 일식을 일으켜 예수가 천주임을 증명해주려 하였다면, 어째서 22일에 일식이 생기지 않고 16일에 생겼는가? 탕약망도 하현달은 태양의 빛을 전부 가리지 못한다는 것을 알고 있었으므로 보름날이 되어 달이 둥글어진 아침에 182도 반을 신속히 운행하여 일식이 생겨서 하계下界가 크게 어두워졌다고 한 것이다. 역법에 정통한 탕약망 같은 자야 이러한 일식이 있다는 것을 알겠지만 우

夫天旣肯違常度, 非朔日而食以證耶穌爲天主, 何不食於廿二而食於十六? 若望亦自知下弦之月, 不能全掩太陽之光, 故於旣望月圓之朝, 疾行一百八十二度半, 以食日下界大暗. 精於曆法如若望, 方知此食在, 羲和歷官斷斷不能言, 斷斷不敢言也. 若望旣敢妄

리 나라의 희화羲和[178] 역관曆官은 절대로 말할 수도, 감히 말할 수도 없는 일이다. 탕약망이 감히 터무니없는 망언을 지껄였기에 나도 짐짓 터무니없이 믿어본다.

言, 吾亦姑以妄信.

일식이 있었다면 『춘추春秋』[179]에 반드시 기록이 있을 것이다. 그러나 건무 8년 3, 4월을 살펴보면 일식이나 지진이 있었다는 기록이 없다. 하물며 보름날 일식이 있었단 말인가? 저 사교도는 내키는 대로 거짓말을 지어내어 미련한 사내들이나 아낙네들을 미혹시킬 줄만 알았지, 눈 밝은 학자들이 사책史册을 찾아보고 고증하여 그 터무니없음을 밝혀낼 것에 대한 방비가 없었다.

日有食之, 春秋必書. 但查建武八年三月四月, 無日食地震之文. 況望日日食乎? 彼邪教人止知說燥脾之謊, 以惑愚夫愚婦, 不隄防明眼學人有史册可考, 以鏡其失枝脫節也.

나는 늘 '사대부들이 기꺼이 그와 교분을 맺으려 하고 기꺼이 위에 천거해주려 하고 기꺼이 서문을 써주려 한 것이 어찌 참된 안목이 없어서였겠는가. 그저 몇 가지 기묘하고 정교한 기물을 이롭다 여겨 그와 친하게 지냈을 뿐이겠지' 하고 생각해왔다. 그러나 특히 알 수 없는 것은, 어찌하여 저들과 친해지자마자 자기가 해오던 바른 학문을 지켜내지 못하고 단지 기물을 탐하여 남을 따르고, 온 세상이 이를 본받게 하여 마침내 천하 후세에까지 끝없는 화를 남겼는가 하는 점이다. 처음 인형을 만든 자에게는 후사가 없다[180]고 하였다. 나는 서광계가 만세토록 화를 미칠 큰 죄인의 우두머리라고 확신한다.

獨怪向來士大夫願爲定交, 願爲援引, 願爲作序, 豈眞無目. 不過利其數件奇巧器物與之狎爾. 殊不知一與親暱, 卽弗能守自己之正學, 乃玩物以徇人, 擧世尤而效之, 遂遺天下後世無窮之禍. 作俑無後. 吾必以徐光啓爲萬世大罪人之魁.

178 羲氏와 和氏를 함께 이르는 말. 『尙書』「堯典」에 의하면 堯가 羲仲과 羲叔, 和仲과 和叔 두 형제에게 명을 내려 사방으로 나가 있으면서 天象을 관측하고 曆法을 제정하게 하였다 한다. 羲和는 또한 전설상 帝俊의 세 아내 중 하나로 열 개의 태양을 낳았다고 하는데, 태양을 제어하는 여신의 이름이기도 하다.

179 여기서는 공자가 지은 『春秋』를 말한 것이 아니라 고대의 史書를 통칭한 것이다.

180 『孟子』「梁惠王章句 上」의 "仲尼는 처음 인형을 만든 자에게는 후사가 없다고 하였다〔仲尼曰: 始作俑者, 其無後乎〕"는 말에서 인용한 것이다. 孔子는 산 사람 대신, 그와 흡사한 인형을 만들어 묘에 함께 넣는 것 역시 비난받을 일이라 생각했다. 처음 인형을 만들었다는 것은 좋지 않은 선례를 남긴 것을 의미한다.

양자는 말한다. “위의 세 폭의 그림과 세 구절의 설명이 성인인지 역적인지, 또 숭배하여 떠받드는 것인지 아니면 나라의 법에 의해 처형당하는 것인지 나는 알 수가 없다. 서문을 지었던 선생들께서 판별해주시기 바란다.”

楊子曰: “右三圖三說是聖人, 是反賊, 是崇奉, 是正法, 吾弗能知. 請曆來作序先生辨之.”

국체를 바로잡기 위한 정문 초고[181]

正國體呈稿

강남 휘주부徽州府 신안위新安衛[182] 관생官生[183]으로 흡현 백성에 편입된 양광선이 올립니다. 큰 나라가 되어 작은 나라의 역법을 받드는 이치는 있지 아니하며, 하나의 역법에 남는 날〔閏餘〕[184]이 있는데 윤달이 없을 수는 없으니, 이것은 국체에 관계되는 일이기에 도의상 침묵할 수 없사옵니다. 이에 탄핵할 것을 청하오니, 모여서 상세히 살피고 역법을 개정하심으로써 대국의 명분을 높이시고 한 시대의 법전을 빛내소서.

江南徽州府新安衛官生編歙縣民楊光先呈. 爲大國無奉小國正朔之理, 一法無有閏有不閏之月, 事關國體, 義難緘默. 請乞題參, 會勘改正, 以尊大國名分, 以光一代大典事.

삼가 생각해보면 명분을 바로잡는 것이 다만 몇 글자에 달려 있다지만, 윤여로써 한 해를 이루는 것은[185] 바꿀 수 없는 법도입니다. 법도란 문란해서는 안 되고 명분은 빌려주어서는 안 됩니다. 명분

竊惟正名定分, 在隻字之間, 成歲閏餘有不易之法. 顧法不可以紊亂, 以名不可以假人. 名以假人將召不臣之悔, 法而紊亂

181 楊光先은 1660년 12월 3일 두 번째 상소문인 이 글을 올린다. 첫 번째는 같은 해 5월에 올렸으나 『不得已』에는 실려 있지 않은 것으로 보아 비슷한 내용일 것이다. 이 두 상소문은 모두 받아들여지지 않았다. 이 상소문에서는 예수회 선교사로 欽天監의 책임자였던 湯若望을 탄핵하면서 서양 역법의 오류를 지적하고 중국 역법의 정통성을 지키는 것이 곧 국체를 지키는 것임을 강조하였다. 아울러 불순하고 사악한 자들을 물리쳐줄 것을 요청하고 있다. '正'은 '바로잡는다'는 뜻이고, '國體'는 '나라의 體統, 체면, 또는 국가의 典章制度, 법도'의 뜻이다. '呈稿'는 하급에서 상급에 보고하는 공문인 呈文의 초고란 뜻이다.

182 衛는 청나라 때의 戶口編制의 단위로, 한 衛는 3천 호였다.

183 청나라 과거제도에 大官의 아들, 조카로서 鄕試에 응시한 자나 欽天監의 天文生을 官生이라 했다.

184 閏餘는 음력 1년과 하나의 回歸年을 비교하여 남는 時日 또는 윤달을 가리킨다.

185 『尙書』「堯典」에 "윤월로써 사시를 정하고 한 해를 이룬다〔以閏月定四時成歲〕"는 구절이 있는데, 여기에서 '成歲閏餘'라는 말이 나왔다.

을 남에게 빌려준다면 장차 신하된 도리를 지키지 않았다는 후회를 부를 것이며, 법도가 문란해지면 어김없이 후세에 비판거리를 남길 것입니다.

定貽後世之譏.

이것은 국체에 관계되는 것으로 평범한 득실의 문제가 아닙니다. 황제께서 등극하시어 천하를 다스리시며 만국을 보듬고 있사온데, 이제껏 지금처럼 국토가 넓고 바쳐오는 조공이 성대했던 적은 없었습니다. 그런데 역법을 제정해 반포하는 일은 만국이 우러러 귀를 기울이는 바요, 후세가 본받아 법도로 삼는 바이니, 어느 한 대代에 전대前代의 것을 따르거나 없애고, 더하거나 뺄 수 있는 여느 정무政務와 비할 바가 아닙니다. 명분으로는 만국을 다스리기에 충분하고 법도로는 만세의 전범이 되기에 충분해야만 비로소 한 시대의 역법이라 부를 수 있습니다. 요즈음 흠천감 감정 탕약망이 새 역법으로 시헌력을 추산한다고 하는데, 이는 명분상으로는 죽어 마땅한 반역죄[186]에 해당되며 법적으로는 기강을 어지럽힌 죄에 해당됩니다. 이에 황제의 신하와 백성 된 자로서 어찌 가만히 있을 수 있겠습니까?

斯國體之攸關, 匪尋常之得失也. 皇上乘乾御宇, 撫有萬國, 從來幅員之廣, 重譯之獻, 未有如皇上之盛者. 而正朔之頒, 實萬國之所瞻聽, 後世之所傚則, 非一代因革損益之庶政比也. 必名足以統萬國, 而法足以憲萬世, 始克稱一代之曆焉. 玆欽天監監正湯若望之以新法推時憲曆也, 於名則有無將之誅, 於法則有擾紀知罪. 爲皇上之臣民者, 豈能晏然而已乎?

무릇 시헌력은 청나라의 역법이지 서양의 역법이 아니며, 흠천감[187]의 관원은 청나라의 관원이지

夫時憲曆者, 大淸之曆, 非西洋之曆也. 欽若之官, 大淸之官,

---

186 원문의 '無將'은 역모의 마음을 품고 있다는 뜻이다.

187 원문의 '欽若'은 『尙書』「堯典」에 나오는 말이다. 「堯典」에는 "요임금이 羲氏와 和氏에게 명을 내려 공경스러운 마음으로 하늘에 순응하여 일월성신의 운행 규율을 추산하고 역법을 제정하여 사람들에게 삼가 天時를 고하게 한다〔乃命羲和, 欽若昊天, 曆象日月星辰, 敬授民時〕"는 말이 있는데, '欽若'은 '공경스럽게 순응한다'는 뜻이다. 여기서는 흠천감의 뜻으로 썼다.

서양의 관원이 아닙니다. 청나라의 관원으로서 청나라의 역법을 만들었다면, 역법 겉표지에 마땅히 "황제께 올려 비준받아 찍은 시헌력〔奏准印造時憲曆日〕"이라고 써서 천하에 반포하고 시행해야 비로소 황제를 받들어 대통일을 이루는 것이 될 것입니다. 그런데 지금 역서에는 '依西洋新法(서양의 새 역법에 따라서)'이라는 다섯 자가 있으니, 이는 역법의 권한을 몰래 훔쳐 서양에 주면서 청나라가 서양의 달력을 받든다고 천명하는 것이나 다름없습니다. 그 죄가 어찌 반역을 꾀한 것에 그치겠습니까!

非西洋之官也. 以大淸之官, 治大淸之曆, 其於曆面之上宜書奏准印造時憲曆日, 頒行天下, 始爲尊皇上而大一統. 今書上傳依西洋新法五字, 是暗竊正朔之權以予西洋, 而明謂大淸奉西洋之正朔也. 其罪豈止無將已乎!

『춘추春秋』는 노나라의 일을 기록한 사서이고 공자는 노나라의 오랜 신하였습니다. 노나라 신하로서 노나라의 역사서를 편수하면서도 감히 노나라 왕을 스스로 높이지 못하고 반드시 '주나라 왕 정월〔春王正月〕'이라 적었습니다. 이것은 모두 주나라를 천왕으로 높이고 대통일을 이루고자 한 것이지 주나라 천왕을 빌려 노나라를 돋보이게 하고자 한 것이 아니었습니다. 지금 청나라의 역서에 '依西洋新法'이라고 크게 써놓은 것이 대체 누구를 천왕으로 받들려는 것인지 모르겠습니다. 만약 황상을 천왕으로 받든다면 '依西洋新法'이라고 써서는 아니 되었습니다. 감히 '依西洋新法'이라고 쓴 것은 청나라의 역법을 빌려 저들 서양을 크게 돋보이게 하고 천하만국에 청나라가 서양의 달력을 받든다는 것을 천명하려는 것이니, 실제로는 서양을 천왕으로 섬기고 청나라를 노나라처럼 낮추려는 속셈입니다. 이 죄는 주살로도 용서할 수 없습니다.

春秋魯記事之史也. 仲尼魯之老臣也. 魯臣而修魯史, 尙不敢自大其君, 而必繫之以春王正月. 蓋所以尊周天王而大一統, 非藉周天王而張大夫魯也. 今以大淸之曆而大書依西洋新法, 不知其欲天王誰乎. 如天王皇上, 則不當書依西洋新法. 敢書依西洋新法, 是藉大淸之曆, 以張大其西洋, 而使天下萬國曉然知大淸奉西洋之正朔, 實欲天王西洋, 而魯大淸也. 罪不容於誅矣!

공자는 번영繁纓[188]을 아끼시면서 명분과 〔그것을 상징하는〕 기물은 남에게 빌려줄 수 없다고 하였습니다.[189] 지금 서양의 새 역법에 따랐다는 명분을 빌렸으나, 이는 실제로 시행한 일이지 그저 빈 말에 붙여진 것이 아닙니다. 어찌 번영에만 그치겠습니까![190] 탕약망은 틀림없이 이 다섯 자가 황제의 전지傳旨에서 나왔다고 말할 것입니다. 무릇 황제의 전지란 그 역법을 쓰라 전한 것이지, 그 다섯 자를 역서 겉장에 크게 적으라고 전한 적은 없을 것입니다. 황제께서 설사 그 다섯 자를 역서 겉장에 쓰라는 전지를 내리셨다 하더라도 탕약망은 마땅히 명분으로써 사양하며 "상하에 정해진 명분이 있사온데 신이 변방의 작은 나라의 역법을 가지고 어찌 큰 나라가 이에 따랐다는 말을 할 수 있으며 역서 겉장에 크게 써서 천하 만방에 내보일 수 있겠사옵니까. 신은 감히 그럴 수 없사옵니다"라고 사양했어야 할 것입니다.

孔子惜繁纓, 謂名與器不可以假人. 今假以依西洋新法, 此實見之行事, 非託之空言者也. 豈特繁纓已哉! 若望必曰五字出自上傳. 夫上傳者, 傳用其法, 未嘗傳其特書五字於曆面也. 皇上卽傳其特書五字於曆面, 若望亦當引分以辭曰: "冠履有定分, 臣偏方小國之法, 曷敢云大國依之而特書於曆面以示天下萬國. 臣不敢也."

"천자의 위엄이 바로 앞 면전에 있는데, 이 소백小白이 하배下拜하지 말라 한 천자의 명을 감히 받들리오"[191]라고 한 예를 본받아 사양할 수는 없었

"天威不違顏咫尺, 小白敢貪天子之命毋下拜", 不可師以辭乎? 如曰習矣而不察, 小國命大國,

---

188 옛날에 天子와 諸侯들이 쓰던 輅車(고대에 쓰던 큰 수레의 일종)의 말을 장식하던 물건으로, '繁'은 뱃대끈, '纓'은 가슴걸이 띠를 말한다. 이러한 장식물은 그 사람의 신분, 등급, 명분을 나타냈다.

189 『左傳』「鞌之戰」에 나오는 말이다. "名器"에서 '名'은 名號와 명분을, '器'는 車服儀制(수레와 예복의 의식과 제도)를 뜻하는데, 모두 존비귀천의 등급을 나타낸다.

190 명분을 지키려면 아껴야 할 것이 많다는 뜻이다.

191 『國語』「齊語」에 나오는 고사. 小白은 齊나라 桓公의 이름이다. 葵丘의 회맹에서 천자가 소백에게 제사 고기를 내리며 그의 겸손함과 제후로서의 지위를 높이 사, "너는 下拜(신하가 당 아래로 내려가 북쪽을 향해 재배하고 머리를 조아리는 것)하지 말라" 하자, 소백이 물러나 관자에게 물었다. 관자가 신하답지 못한 것은 어지러움의 근본이라 충고하자 다시 나와 宰孔에게 위와 같이 말한다. 소백은 천

던 것입니까? 만일 습관이 되어서 살피지 못했다고 한다면, 소국이 대국에 명하는 것은 습관이 되어 살피지 못할 그런 일이 아닌 것입니다. 신하 된 자로서 그의 임금에 무례한 자를 보면 사나운 매가 참새를 쫓듯 해야 합니다.[192] 광선이 지난 5월에 일찍이 글을 갖추어 조목조목 진술하여 고발하는 소문疏文[193]을 썼었는데, 비록 위에 전달되지는 못하였으나 그 큰 뜻은 천하에 명백히 알려졌습니다. 당약망은 마땅히 스스로를 단속하고 잘못을 바로잡음으로써 신하 된 도리를 지키지 않은 죄를 씻어야 할 것인데 어찌하여 감히 순치 18년(1661)의 역서에도 버젓이 그 다섯 자를 크게 써넣었단 말입니까? 회개할 줄 모름이 극에 달했다고 할 수 있습니다. 이것이 명분과 기물을 도둑질한 첫 번째 죄입니다.

非習而不察之事也. 人臣見無禮於其君者, 如鷹鸇逐雀. 光先於本年五月內, 曾具疏糾政疏, 雖部不得上達, 而大義已彰於天下. 若望卽當檢擧改正, 以贖不臣之罪, 何敢於十八年曆日猶然大書五字? 可謂怙終極矣. 此盜竊名器之罪一也.

3년마다 윤달이 있는 것은, 기氣는 남고 삭朔은 모자란 것을 나타낸 역수曆數입니다.[194] 추산할 방법이 없다면 어찌 어느 달에 마땅히 윤달을 두어야 하고 어느 달에 윤달을 두지 말아야 한다는 것을 알 수 있겠습니까? 한 달에 절기節氣 하나와 중기中

三歲一閏, 氣盈朔虛之數也. 無法以推之, 何以知其某月當置閏, 某月不當置閏乎? 一月之內有一節氣一中氣, 此常月之法也. 有一節氣而無中氣, 則以上

자에게 누가 될까 두려워 당 아래에서 하배를 하고 다시 올라가 천자의 명을 받는데, 천자는 이에 흡족해 큰 상을 내린다.

192 『左傳』「文公」 18년조에 나오는 고사로, 원문은 다음과 같다. "임금에게 예를 갖추는 사람을 보면 효자가 부모를 봉양하듯 할 것이요, 임금에게 무례하게 구는 자를 보면 사나운 매가 참새를 쫓듯 해야 합니다.(見有禮于其君者, 事之如孝子之養父母也, 見無禮于其君子, 誅之如鷹鸇之逐鳥雀也.)" 莒國 紀公의 태자인 仆가 그 아비를 죽이고 寶玉을 훔쳐 魯나라 宣公에게 도망가자 노국의 대부 季文子가 군주와 부모에 대한 예의가 없음을 들어 내쫓을 것을 간하는 내용이다.

193 이 疏章은 『不得已』에 수록되지 않았다. 내용은 아마 「正國體呈稿」와 같았을 것이다.

194 '氣盈朔虛'는 1년을 360일 기준으로 할 적에 태양의 주기(366일)는 남고 달의 주기(354일)는 모자람을 일컫는 말이다.

氣 하나가 있는 것[195]은 정상적인 달에서의 역법입니다. 하나의 절기는 있으나 중기가 없다면 그달의 상반월의 절기는 앞 달의 중기로 되고, 하반월의 중기는 다음 달의 절기로 됩니다. 이것이 윤달을 두는 방법이고, 누구나 다 아는 것입니다.

半月爲前月之中氣, 下半月爲後月之節氣. 此置閏之法, 夫人而盡知也.

새로운 역법에서는 순치 18년 윤7월 14일 유시酉時 정正[196] 초각初刻에 백로白露가 들므로 중추절 8월 14일 이전을 7월의 중기로 삼아 쓰며, 14일 이후는 8월의 절기로 쓴다고 하였습니다. 이같이 절기는 있으나 중기가 없는 것을 윤閏이라 하니, 이것이 올바른 역법입니다. 그런데 또 갑자기 12월 15일 신시申時 정3각에 든 입춘이 1월의 절기라고 하니, 이달에는 절기는 있으나 중기는 없어 마침 윤7월의 역법과 같습니다. 이것이 일 년에 두 개의 윤달이 있는 역법입니다. 같은 하나의 역법에 윤달이 있기도 하고 윤달이 아닌 달이 있기도 하니, 어찌 후세의 사람들의 입을 막을 수 있겠습니까? 그리고 순치 18년의 실제 윤달은 10월인데 새 역법에는 잘못하여 7월이 윤달로 되어 있습니다. 무슨 도리에 근거하여 이같이 추산한 것인지 알 수 없습니다.

新法於十八年閏七月十四日酉時正初刻交白露, 八月節十四日以前作七月用, 十四日以後作八月用. 此有節氣而無中氣之爲閏, 此法之正也. 忽又於十二月十五日申時正三刻, 交立春正月節, 此月有節氣而無中氣, 政與閏七月之法同. 是一歲而有兩閏月之法矣. 同一法也, 而有閏有不閏, 何以杜天下後世之口乎? 且順治十八年實閏十月, 而新法謬閏七月. 此不知其憑何理以推也.

탕약망은 분명 서양 역법은 희화역법과 다르다고 말할 것입니다. 새로운 역법을 사용하는 것은 그것이 희화역법보다 정밀하기를 바라기 때문입

若望必曰西洋新法與羲和不同. 夫用新法者, 冀其精密於羲和之法也. 而新法謬亂若此, 不

195 옛 역법에서 한 해 24氣를 12개월에 나누어 배치하고 月初의 것은 節氣라 하고 月中 이후의 것은 中氣라 했다.

196 하루를 12시로 나누고 한 시를 둘로 나누어 처음 것을 初, 뒤의 것을 正이라 했다.

니다. 그런데 새 역법의 오류와 혼란이 이와 같아 감히 희화역법의 만분의 일과도 비길 수 없거늘, 그래도 큰소리치며 새 역법에 대해 말할 수 있겠습니까! 비단 이것만이 아닙니다. 한 달에 세 개의 절기가 있는 것은 윤달이 있는 달도 있고 윤달이 아닌 달도 있다는 역법보다도 더 괴이합니다.

敢望羲和之萬一, 尚可侈口言新法哉! 匪特此也. 一月有三節氣, 則又更異於有閏有不閏之法矣.

동지의 시각으로부터 입춘의 시각까지는 마땅히 45일 8시가 좀 못 되어야 하는데, 새 역법에서는 44일 1시 3각에 불과합니다. 입춘의 각刻을 앞당겨서 하루 전날 6시 3각에 합친다면 입춘이 되지 말아야 할 날이 입춘이 되는 것이며 입춘이 되어야 할 날이 입춘이 되지 못하는 것입니다. 이 모든 것들은 개벽 이래 지금까지 들어보지도 못한 법입니다. 무릇 봄은 일 년의 처음 시작입니다. 『예경禮經』「월령月令」에 따르면, 입춘 날에는 천자가 몸소 삼공三公·구경九卿·대부大夫 들을 거느리고 동쪽 교외에 나가 봄을 맞이했습니다. 의례와 제도가 얼마나 중요하고 성대한 것인데, 변방 작은 나라의 새 역법으로 중국의 『예경』을 어지럽히다니, 천제를 모독하고 천자를 업신여김이 이토록 심할 수가 있습니까? 『정전政典』[197]에서는 "천시天時와 역수曆數를 정확하게 계산하지 못하고 앞당겨 놓은 자는 가차 없이 죽이며 뒤늦게 한 자도 가차 없이 죽인다"[198]라고 하였습니다. 새 역법이 『정전』의 내

至於冬至之刻至立春之刻, 應有四十五日八時弱, 而新法止四十四日一時三刻. 將立春之刻趲在前一日六時三刻, 是不應立春之日而立春, 應立春之日而不立春. 凡此開闢至今所未聞之法也. 夫春爲一歲之首. 禮經月令, 立春之日天子親帥三公九卿大夫以迎春於東郊. 關於典禮何等重大, 乃以偏方之新法, 淆亂上國之禮經, 褻天帝而慢天子, 莫此爲甚焉! 政典曰: "先時者殺無赦, 不及時者殺無赦." 新法之干於政典多矣. 此僭擾天紀之罪二也.

197 나라를 다스리는 典章 또는 제도를 기재한 전적.
198 『尙書』「胤征」.

용을 범한 것이 많습니다. 이것이 천기天紀[199]를 교란시킨 두 번째 죄입니다.

당당한 천조天朝[200]로서 한 세대의 대경大經 대법大法을 역모를 꾀하며 천기를 교란하는 자에게 맡기고 그가 제 마음대로 훔치고 어지럽히도록 내버려두고 있으니 도대체 무엇으로써 천하 후세에 물려주려는 것입니까? 한마디로 서양의 학문은 좌도左道의 학문입니다. 그들이 지은 책이며 행하는 일들은 어느 하나도 도리에 어긋나지 않는 것이 없습니다. 세상에서는 그들이 먼 곳에서 온 사람이라 하여 〔경계를〕 소홀히 하고 있으며 또 그들의 기구가 정교하다 하여 친근히 대하고 있습니다. 그 덕분에 탕약망은 그 새 역법을 빌려 금문金門 안에 숨어서 사교를 행하고 있는 것입니다.[201]

夫以堂堂之天朝, 擧一代之大經大法垂之無將擾紀之人, 而聽其盜竊紊亂, 何以垂之天下後世哉? 總之, 西洋之學, 左道之學也. 其所著之書, 所行之事, 靡不悖理叛道. 世盡以其爲遠人也而忽之, 又以其器具之精巧也而暱之. 故若望得籍其新法, 以隱於金門, 以行邪敎.

시일이 오래되다 보니 저들 무리가 불꽃처럼 왕성해져 어떤 자들은 천주 예수처럼 그 나라에 반역을 꾀하면서 이마두와 더불어 일본을 습격하려 꾀하고 있습니다.[202] 이것이 과연 호랑이를 길러 스스로 후환을 남기는 것과 무엇이 다릅니까? 이 두 가지 일 중에서 한 가지는 탕약망이 올린 정문에서

久之, 黨與熾盛, 或有如天主耶穌謀爲不軌於其本國, 與利瑪竇謀襲日本之事. 不幾養虎自貽患哉? 二事一見於若望進呈之書, 一聞於海船商人之口. 如斯情事, 君之與相, 不可不一聆

199 時日 또는 하늘의 기강을 가리킨다.

200 본래는 조정에 대한 존칭이었으나 후에는 중국 봉건왕조가 대외적으로 자칭할 때 쓰던 말이다.

201 湯若望이 欽天監 監正으로서 時憲曆을 만들어 시행하게 하고, 황제의 측근(궁궐 안)에 있다는 것을 빌미로 사교인 천주교를 선교한다는 정황을 말하고 있다.

202 당시 스페인의 식민지인 필리핀에 진출했던 중국인 2만여 명이 희생되는 변고가 있어 서양인에 대한 경계심이 커지고 있었고, 마카오가 일본과의 교역중개지로서 이를 통하여 선교 자금이 조달되고 있던 정황이 부풀려져 이런 소문이 난 것 같다. 利類思는 『不得已辯』의 마지막 부분에서 선교사들의 활동을 설명하며 이에 대해 해명하고 있다.

보았고, 다른 한 가지는 배를 타고 온 상인의 입을 통해 들었습니다. 이러한 사정을 임금께서 재상들과 더불어 한번 귀 기울여 들으시어 천주교인들의 흉포한 속셈을 아셔야 합니다. 남의 나라를 빼앗으려고 꾀하는 것은 그들의 천성입니다.

於耳中, 以知天主教人之狼子野心. 謀奪人國, 是其天性.

저들은 지금 같은 무리를 불러들여 밖에서는 광동 오문에 모여 있고, 안으로는 깊숙한 궁궐[203]에서 관직을 맡고 있으니, 벌과 전갈같이 독침을 가진 자들을 방비하지 않으면 안 됩니다. 이것이 양광선이 「적류십론摘謬十論」을 지어 그릇된 역법을 바로잡고, 「벽사삼론闢邪三論」을 지어 저들이 좌도임을 밝힌 까닭입니다. 잘못된 역법을 바로잡으면 좌도가 물러날 것이요, 좌도가 물러나면 화근이 없어질 것입니다. 이는 벼슬아치들이 해야 할 일입니다. 엎드려 빌건대 갖추어 올리는 정문을 자세히 살펴주십시오.

今呼朋引類, 外集廣澳, 內官帝掖, 不可無蜂蠆之防. 此光先之所以著摘謬十論以政其謬曆, 闢邪三論以破其左道也. 謬曆正而左道祛, 左道祛而禍本亡. 斯有位者之事也. 伏乞詳察備呈.

국체에 관계되는 일에 관하여 정문을 갖추어 탄핵문을 올리오니, 황제께서는 만한滿漢 내각 · 한림翰林, 육부六部의 구경九卿,[204] 과도科道[205]에 공동으로 심의할 것을 명해주옵소서. 또 어지를 받아 바로잡게 해주옵소서. 사교를 내치심으로써 모반의 마음을 품고 천기를 교란시킨 자들을 경계로 삼으신다면, 명분이 바로잡혀 나라가 존귀해질 것이요,

事關國體, 具疏題參, 請勅滿漢內閣翰林六部九卿科道公同勘議. 請旨改正. 拜將邪教迸斥, 以爲無將擾紀之戒, 庶名分定而上國尊, 曆法正而大典光矣. 字多逾格, 仰祈鑒宥, 爲此具呈須知. 呈者.

203 원문의 '帝掖'은 宮掖과 같은 말이다. '掖'은 황궁 중의 旁舍로, 妃嬪들의 거처를 말하나 여기서는 궁궐을 일컫는다.

204 九卿은 六部의 尙書, 都察院 左都御史 · 通政使司 · 大理寺正卿 등 9개 주요 관직을 말한다.

205 科道官을 말한다. 明清 시대 六科의 給史中과 각 道의 監察御史를 통칭하여 科道官이라 했다.

역법이 바로 서고 법령이 빛날 것입니다. 격식에서 벗어난 내용이 많으나 너그러이 용서해주시기를 비오며, 이에 정문을 갖추어 올리오니 처리해주십시오. 정문을 쓴 이.

순치 17년(1660) 12월 3일에 올렸으나, 예과에서 비준하지 않았다.

順治十七年十二月初三日具投, 禮科未准.

중성설[206]

中星說

예나 지금이나 선례가 되는 제도가 전적에 기록되어 있지 않으면 뭇 의론이 분분하여 오래도록 정론定論이 나올 수 없고 끝끝내 충분한 근거를 세울 수 없게 된다. 그렇게 되면 사사로이 지혜를 뽐내고 제멋대로 망령된 견해를 펼쳐 그럴듯한 말로 천하 후세 사람들을 선동해도 이를 바로잡을 길이 없다. 이미 기록되어 있어 고증할 수 있고 또 일정한 옛 제도가 있다 하더라도 모두 근거로 삼을 수 없다는 것은 선왕의 법도가 따를 만한 것이 못 되거나 기록이 믿을 만하지 못하기 때문이다.

古今掌故, 無載籍可考, 則紛如衆訟, 終無足徵. 可以逞其私智, 肆其邪說, 以簧鼓天下後世, 而莫之所經正. 夫旣有載籍可考, 又有一定掌故, 乃盡以爲不可據, 是先王之法不足遵, 而載籍不足憑也.

전적은 복희씨伏羲氏의 그림을 조상으로 삼지만 거기에는 그림만 있고 글이 없다. 『상서尙書』에는 글도 있고 사실도 기록되어 있어 그 전아함을 충분히 확인할 수 있다. 그러므로 공자가 『상서』를 간추리실 때 당우唐虞에서부터 끊은 것은 참으로 문장과 정사政事의 본보기라 할 수 있다. 거기에다 역대의 석유碩儒들이 논술하고 주석을 달았으니 만세의 전범이 될 것은 더 말할 필요가 없다.

載籍以羲畵爲祖, 然有畵而無文, 尙書有文有事, 典雅足徵. 故孔子刪書, 斷自唐虞, 誠文章政事之祖. 而又經歷代大儒之所論註, 則其爲憲萬世不得言矣.

「요전堯典」에 보면 〔요임금이〕 희화羲和에게 명

堯典乃命羲和欽若昊天之後,

206 楊光先은 「闢邪論」과 「摘謬十論」을 찬술하던 1659~1660년간에 중국에서 堯舜 이래 中星을 살펴 역법을 바로잡은 내력과 그 정통성을 주장하는 글을 써서 湯若望을 공격하고 있다. 四方에 분포되어 있는 28宿가 일정한 궤도에서 운행하는 순차에 따라 매월 정남방에 이르는데 이를 中星이라 한다.

해 삼가 하늘의 뜻을 따르게 한 후, 희씨와 화씨에게 따로 명을 내려 각각 명을 받들어 사방 먼 곳에 나가 살게 하였다. 성수星宿·방수房宿·허수虛宿·묘수昴宿[207] 등 사정四正의 중성中星을 살펴서 역법을 바로잡았으니, 이 두 사람은 틀림없이 복희씨의 후예일 것이다. 사천司天[208]의 사관史官과 더불어 가학家學을 지켰으므로 그 관직을 세습하였는데, 이 제도는 틀림없이 이에 근원을 두고 만들어졌을 것이다.

卽分命申命二氏, 宅於四極. 考正星房虛昴四正之中星, 此二氏必羲后之裔. 與其司天之史守其家學, 故世其官, 而掌故之淵源必本之肇造.

간지干支에 관한 태고의 학문은 그 학맥이 이어져 내려온 지 오래이므로, 결코 지금의 사람들이 새로운 것이라고 주장하는 것처럼 억측해서 만들어낸 것이 아니다. 사정의 중성을 고찰할 때는 모두 태양의 성수가 사정궁四正宮[209] 가운데 머물러 있는 것으로 고찰한다. 대체로 태양이라는 것은 군주의 모습으로서, 한가운데 서 있으며 한쪽으로 기울어지지 않는다. 군주가 가운데에 자리잡고 있으면서 천하를 통치하므로 태양을 사정궁 가운데 놓아 이를 상징하였다. 그러니 의미하는 바 없이 그렇게 말한 것은 아니다. 따라서 해와 말의 성수가 오궁午宮[210] 한가운데에 배열되어 있다.

干支之太古學有師承, 其來舊矣, 定非創自胸臆, 若今人之以新鳴也. 考其四正之中星, 咸以太陽之宿居於四正宮之中. 蓋太陽者, 人君之象, 中立而弗偏倚者也. 人君宅中, 以治天下, 故以太陽宅於四正宮之中以象之. 非無所取義而云然也. 故星日馬宿列於午宮之中.

「요전」에서 "밤과 낮의 길이가 같은 때의 황혼에

典曰: "日中星鳥." 午宮正中之線,

---

207 星宿는 남방 朱雀 七宿 중 하나, 房宿는 동방 靑龍 七宿 중 하나, 虛宿는 북방 玄武 七宿 중 하나, 昴宿는 서방 白虎 七宿 중 하나이다.

208 天象에 관한 사무를 장악, 주관하는 것 또는 그로써 길흉을 판단하는 사람.

209 宮은 고대 역법에서 하늘을 12등분한 것으로, 그중에서 子·午·卯·酉에 해당하는 4개 궁을 4正宮이라 한다.

210 하늘을 12등분하여 午에 해당하는 宮을 午宮이라 한다.

조성鳥星이 남천南天에 나타난다"[211]라고 하였다. 오궁의 정중선正中線은 성수의 5도 92분 12초 37미微[212] 50섬纖[213]에 해당한다.[214] 해와 토끼의 방수가 묘궁卯宮 한가운데에 배열되어 있다.

當星宿五度九十二分一十二秒三十七微五十纖. 房日兎宿, 列於卯宮之中.

「요전」에서 "낮이 가장 긴 때의 황혼에 화성火星이 남천에 나타난다"라고 하였다. 묘궁의 정중선은 방수의 초도初度 3분 56초 12미 50섬에 해당된다. 해와 쥐의 허수가 자궁子宮 한가운데에 배열되어 있다.

典曰: "日永星火." 昴宮正中之線, 當房宿初度三分五十六秒一十二微五十纖. 虛日鼠宿, 列於子宮之中.

「요전」에서 "밤과 낮의 길이가 같은 때에 허성이 남천에 나타난다"라고 하였다. 자궁의 정중선은 허성의 5도 99분 87미 50섬에 해당된다. 해와 닭의 묘수卯宿가 유궁酉宮 한가운데에 배열되어 있다.

典曰: "宵中星虛." 子宮正中之線, 當虛宿五度九十九分九十九秒八十七微五十纖. 昴日雞宿, 列於酉宮之中.

「요전」에서 "낮이 가장 짧은 때에 묘성이 남천에 나타난다"라고 하였다. 유궁의 정중선은 묘수의 3도 25분 68초 26미 50섬에 해당된다.

典曰: "日短星昴." 酉宮正中之線, 當昴宿三度二十五分六十八秒六十二微五十纖.

「요전」에 기재되어 있는 이 내용은 4천여 년 동안이나 대대로 지켜왔지만 누구도 이론을 제기하지 않았는데, 모자람이 있는 역법이라고 말할 수 있겠는가? 지금 서양인 탕약망이 희화의 제도를 모두 고쳐서 내버리려 하고 있다. 제전帝典[215]마저 진정 근거로 삼을 수 없다면 세상의 모든 기록과 전적을 진시황처럼 한꺼번에 불살라버려야 할 것

此堯典之所紀載, 曆代遵守四千餘年, 莫之或議, 可云不足法乎? 今西洋人湯若望盡更羲和之掌故而廢黜之. 將帝典眞不足據, 則世間載籍當盡付之祖龍一火矣, 奚必存此贅疣, 以爲撓亂新法之具哉?

211 '日中'은 밤낮의 길이가 같은 것, 즉 춘분을 가리킨다. '星鳥'는 南方 七宿가 하늘에 새 모양으로 나타나므로 붙은 이름이다.

212 圓의 度數에서 1초의 60분의 1.

213 圓周角度 60分(制)의 小數의 이름으로, 1천2백96만 분의 1度.

214 이하 이 글에서 작은 활자는 楊光先 자신의 주해이다.

215 여기서는 '二典', 『尙書』의 「堯典」과 「舜典」을 말한다.

이니[216] 어찌 이러한 군더더기 혹을 굳이 남겨서 새 역법을 교란시키는 도구로 삼겠는가?

공자를 성인이라고 하는 것은 그가 요순을 본받아 서술했기 때문이다. 그가 본받은 일을 살펴보면 실로 위로는 하늘의 때를 지켰고 아래로는 물과 땅을 따랐을 뿐이다. 성스럽고 지덕至德함에 있어 공자에게는 덧붙일 것이 없다. 희화가 성수·방수·허수·묘수의 중성을 바로잡은 것이 「요전」에 기록되어 있는데, 공자가 본받아 기술한 것을 탕약망이 하루아침에 고치고 바꾸었다. 이는 요순 때 기록이 잘못되었고 공자의 기술이 그릇되었다는 것이니, 탕약망이 옳고 공자가 틀렸다면 공자는 성인이 될 수 없는 것 아닌가?

孔子之所以爲聖人者, 以其祖述堯舜也. 考其祖述之績, 實上律天時, 下襲水土而已. 聖而至於孔子, 無以復加矣. 而羲和訂正星房虛昴之中星, 乃堯典之所紀載, 孔子之所祖述, 若望一旦革而易之. 是堯舜載籍之謬, 孔子祖述之非, 若望是而孔子非, 孔子將不得爲聖人乎?

온 천하의 선지자와 후지자, 선각자와 후각자에게 묻나니, 요순을 마땅히 본받아야 하는가, 본받지 말아야 하는가? 반드시 이를 판별할 사람이 있으리라. 만약 마땅히 본받아야 한다면 희화의 역법을 모두 폐지해버릴 수 없을 것이다. 나는 희화의 학문이 끊어져 전해지지 못할까봐 두려운 것이 아니다. 전적의 시조인 옛 제도가 오늘날 믿음을 얻

試問擧世之先知後知先覺後覺, 堯舜應祖述乎, 不應祖述乎? 必有能辨之者. 如應祖述, 則羲和之法, 恐不可盡廢也. 予不懼羲和之學絶而不傳. 懼載籍之祖之掌故不能取信於今日, 使後之學者, 疑先聖先賢之典冊盡

216 원문의 '祖龍'은 진시황을 가리킨다. 『史記』 「秦始皇本紀」에 나오는 다음과 같은 고사에서 비롯되었다. "〔진시황 36년〕 가을에 사자가 밤에 관동 화음 평서도를 지나는데, 어떤 사람이 벽옥을 들고 사자를 가로막으며 말했다. '나 대신 고지군에게 전해주게.' 그러더니 '올해 조룡이 죽을 것이다'라고 말했다.〔秋, 使者從關東夜過華陰平舒道, 有人持璧遮使者曰: '爲吾遺滈池君'. 因言曰: '今年祖龍死'.〕" 裴駰은 『史記集解』에서 蘇林의 말을 인용하여 "祖는 시작이고 龍은 임금이다. 바로 진시황을 가리킨다〔祖始也, 龍人君像. 謂始皇也〕"라고 했다. 여기서는 秦始皇이 중국을 통일한 후 일으킨 焚書坑儒 사건을 말하는데, 기원전 213년 승상 李斯의 말에 따라 관청이 소장한 서적 중에서 秦에 관한 서술이 없는 책과 민간 소장의 책 중에서 醫學, 卜筮, 種樹에 관한 것들 이외에는 거두어 불사르고 이듬해에는 460명의 술사와 학사를 생매장하였다.

지 못하게 되어, 훗날 학자들이 옛 성인들과 옛 현인들이 쓰신 전책典冊 모두를 세상을 속이는 글로 의심하여, 학문의 맥과 도道의 맥이 이로부터 바뀔 것이 두려운 것이다. 이것이 내가 크게 걱정하는 바이다.

爲欺世之文具, 而學脈道脈, 從斯替矣. 此予之所以大憂也.

따라서 이렇듯 쉬지 않고 중성에 대한 변론을 늘어놓음으로써 가의賈誼의 통곡을 대신하는 것이니, 어찌 논변하기를 좋아해서이겠는가? 그만둘 수가 없어서 그럴 뿐이다. 『예기禮記』「왕제王制」편에는 "말귀를 변석辨析하여 율령律令을 파괴하고 명분을 어지럽혀 제 맘대로 고치며 사도邪道에 의거하여 정사政事를 어지럽힌 자는 죽인다"라고 씌어 있다. 들은 말을 기록한 것은 아닐지니, 이미 오늘과 같은 일이 있을 줄 안 것인가?

故於中星之辯剌剌不休, 以當賈生之痛哭. 予豈好辯哉? 予不得已也. 禮王制曰: "析言破律, 亂名改作, 執左道以亂政, 殺." 不以聽作記者, 其前知有今日乎?

택일에 관한 논의[217]

選擇議

삼가 생각하건대 음양오행의 이치는 상생相生과 상극相剋이 제화制化[218]하는 응용을 보는 것이다. 그 이치를 잘 알아 응용하면 흉한 것도 길한 것으로 바꿀 수 있으며 이치에 어그러지게 응용하면 길한 것이 도리어 흉한 것으로 바뀐다. 그런데 헤아려 따져보고 적당한 조치를 취하는 일은 책을 읽어 이치에 밝은 사람이 아니면 해낼 수 없다. 오늘날의 천문·지리·시령時令,[219] 이 세 가지는 대부분 공부하지 않은 사람들이 먹고사는 밑천으로 삼고 있다. 그들은 음양오행의 이치에 대해서는 근본적으로 통달하지도 못한 채 잘못된 것을 또 잘못 전하고 온통 망령되고 황당한 말만 늘어놓아 결국에는 사람에게 화를 끼치는 일이 늘 많고 복을 주는 일이 늘 적다.

竊惟陰陽五行之理, 惟視生剋制化之用. 用得其理, 則凶可化爲吉, 用違其理, 則吉反變爲凶. 而斟酌權宜, 非讀書明理之人不能也. 今天文地理時令三家, 多是不讀書之人籍此以爲衣食之資. 其於陰陽五行之理, 原未融會貫通, 以訛傳訛, 滿口妄誕, 究至禍人之事恒多, 而福人之事恒少.

무릇 산에는 산의 방위方位가 있고, 명命[220]에는

夫山有山之方位, 命有命之五

217 楊光先은 이 글에서 順治帝가 애지중지하였던 아들 榮親王이 석 달 만에 죽었을 때 장례일을 선택하면서 당시 欽天監의 책임자인 湯若望이 큰 잘못을 하였다고 고변하고 있다. 榮親王은 순치 14년(1657) 10월에 태어났고 이듬해 정월에 죽었다.

218 음양가들은 상생, 상극이 서로 '制化'하는 것이라고 하는데, 여기서 '制'는 나를 傷하게 하는 것을 制伏(제압해 굴복시킴)하는 것이고, '化'는 흉한 것을 만나도 길한 것으로 轉化(바꾸어 다르게 되게 함)시킨다는 것이다.

219 月令과 같은 뜻으로, 계절, 열두 달에 따라 제정한 농사에 관계되는 政令, 직무, 금령 및 그것을 五行 상생 원리에 귀납시킨 것을 말한다.

220 태어난 해의 干支, 本命을 말한다.

명의 오행이 있으며, 세월歲月[221]에는 세월의 생사가 있는데, 이러한 것은 통서通書[222]에 자세히 기록되어 있다. 사람을 대함에 이치에 따라 변통한다 하여 '통通' 자를 붙인 것이다. '통'은 변통이라는 뜻이다. 오늘날 못난 방술사方術士[223]들은 그 이치도 똑똑히 알지 못하고 변통시킴으로써 변통에 관한 책을 가지고 오히려 통하지 않는 방술을 꾸미고 있다. 이에 사람을 그르치지 않는 경우가 드물다.

行, 歲月有歲月之生死, 詳載通書. 待人隨理而變通之, 故名其書曰通. 通者, 有變通之義. 今庸術不能明理而變通之, 反將變通之書, 以文其不通之術. 鮮有不誤人也者.

무릇 음양 양택兩宅에서는 그 사람의 본명本命을 위주로 하는데, 산향山向[224] 세월은 모두 본명을 살리고 보완해야 하며 본명에 맞서는 것을 가장 꺼린다. 운명을 장악하는 이치를 선택함에 있어서는 사주四柱[225]를 살리고 보완해야 하며 사주를 누르고 새나가게 하는 것을 피해야 한다. 때로 삼방三方이 불리하고 일 처리에서 완화시키기 어려우면 살殺[226]을 제압하고 전화시키는 월령月令을 써서 흉한 것을 길한 것으로 변하게 한다. 만약 월령의 생살生殺[227]에서 살에 편향되어 있고 일주日柱·시주時柱가 좋지 못하면 흉함이 있고 길함이 없다.

凡陰陽二宅, 以其人之本命爲主, 山向歲月, 俱要生扶本命, 最忌剋命. 選擇造命之理, 要生扶之四柱, 忌剋洩之四柱. 或三方不利, 用事難緩, 則用制殺化殺之月令, 以化凶爲吉. 若月令生殺黨殺, 日時不良, 則有凶而無吉.

영친왕의 본명을 보면 정유년(1657)에 태어났는

如榮親王之命, 丁酉年生, 納音

221 여기에서는 年柱와 月柱의 干支.
222 宋의 周敦頤가 지은 心性論을 다룬 책 이름이기도 하나 여기서는 曆書를 일컫는 것으로 보인다.
223 의사·점쟁이·星術家·관상가 등을 통틀어 이르는 말.
224 풍수지리를 보아서 정한 분묘의 방위.
225 태어난 年·月·日·時의 干支. 즉 年柱·月柱·日柱·時柱를 말하며, 이 네 가지를 합쳐서 八字라 한다.
226 煞과 통하여 흉신, 재난의 뜻이다. 또 七殺이라는 것이 있으며 그것을 일명 偏官이라고도 하는데, 喜身旺, 合殺, 喜制伏, 喜羊刃, 忌身弱, 忌見財, 忌無制이다.
227 음양의 흥망, 성쇠, 생장, 쇠퇴 등의 대립적 개념. '生'은 생성, 왕성, 생장 등의 뜻이고, '殺'은 쇠퇴, 소망, 쇠락, 제압 등의 뜻이다.

데 납음納音[228]이 화국火局에 속하고 수水가 살殺이 되므로 마땅히 이목二木의 생성이 왕성한 달을 선택하여 화火를 생성시키고 수가 화를 이기지 못하게 하며 목木을 생성케 해야 한다. 이것이 재난을 바꾸어 은덕을 생기게 하는 방법이다. 수水의 생성이 왕성한 달로써 화火를 이기는 것을 꺼리며, 금金의 생성이 왕성한 달로써 살을 생성시키는 것을 꺼린다. 이것은 정해져 있는 이치이다.

屬火, 以水爲殺, 宜選二木生旺之月以生火, 令水不剋火而生木. 此化難生恩之法也. 忌水生旺之月以剋火, 忌金生旺之月以生殺. 此定理也.

무술년 인오술寅午戌 삼합三合 화국火局[229]을 살펴보면 북방으로 삼살三殺을 삼으며, 해亥가 겁살劫殺[230]이 되고, 임壬이 복병伏兵[231], 자子가 재살災殺, 계癸가 대화大禍, 축丑이 세살歲殺이 된다. 대체로 해임자계亥壬子癸는 음양 이수二水로서 임관臨官과 제왕帝旺[232]의 땅이 되어 물로써 불을 죽일 수 있다. 일설에 해자축亥子丑은 음양 이화二火[233]가 되고 12궁 중 묘절墓絶[234]이 화火를 향하며 북방에 이르면

查戊戌年寅午戌三合火局, 以北方爲三殺, 亥爲劫殺, 壬爲伏兵, 子爲災殺, 癸爲大禍, 丑爲歲殺. 蓋亥壬子癸爲陰陽二水臨官帝旺之地, 以水能滅火也. 一說亥子丑爲陰陽二火, 墓絶之鄕火, 至北方而無氣, 其義與水剋火同. 此北方所以爲寅午

228 五音(宮, 商, 角, 徵, 羽)과 12律을 서로 배합시키면 60音이 되고, 60音을 60甲子와 서로 배합시켜 金, 火, 木, 水, 土 5행의 순서에 돌려서 宮을 삼는데, 이를 '納音'이라 한다.

229 四柱推命學에서 四柱에 있는 세 개의 地支를 합쳐 그 셋 중의 중심이 되는 地支의 오행으로 세 개 地支의 오행을 정하는 것을 三合이라 하고, 정해진 오행이 어느 오행에 속하는가에 따라 火局, 水局이라 한다.

230 '劫財'라고도 하는데, '劫'은 '빼앗는다'는 뜻이다.

231 음양가들이 四柱 干支 배합으로 얻은 조합을 이르는 말로, '군사를 매복시켜 두고 시기를 기다린다'는 뜻이다.

232 四柱推命學에서 地支 12개를 12宮으로 보고 그것에 오행의 작용을 부여하는데, 이것을 '五行 寄生 12宮'이라 한다. 12궁의 이름은 長生, 沐浴, 冠帶, 臨官, 帝旺, 衰, 病, 死, 墓, 絶, 胎, 養이다. '臨官'은 이삭이 패고 열매가 열리는 현상으로, 사람으로 말하면 벼슬을 얻는 것이다. '帝旺'은 만물이 성숙하는 현상이고, 사람으로 말하면 홍성함을 상징한다.

233 地支 三合이 陰陽二火라는 말이다.

234 五行 寄生 12宮 중의 제9, 10의 宮인데, 인생으로 말하면 이미 죽어 숨이 끊어진 상태라는 것이다. 이제 다시 天地의 氣를 받고 受胎하면 재생하여 生死의 輪回가 또 시작된다. 그래서 다음 구절에서 죽

기氣가 없어진다고 하는데 그 의미는 물이 불을 이겼다는 것과 같다. 이것이 바로 북방이 인오술寅午戌 삼합의 삼살이 되는 까닭이다.

戌三合年之三殺也.

또 『산가변운山家變運』[235]을 찾아보면 자오子午 이 산二山이 오행에서 수水에 속하고 수묘水墓는 진辰[236]에 있다. 60갑자 중의 무술戊戌이 병진 묘운墓運을 찾아 만나니, 납음納音으로는 토土에 속하는데 공월公月의 월건月建[237]을 선택하면 신유辛酉는 경금庚金의 제왕지향帝旺之鄕이고 신금辛金의 임관지지臨官之地이므로 관왕官旺의 금金을 쓰면 수水를 생성하여 화火를 이긴다. 게다가 묘운墓運은 토土에 속하는데 어미는 자식을 돌보느라[238] 수를 상극하지 못하고 도리어 금을 도와 수를 생성한다.

又查山家變運, 子午二山正五行屬水, 水墓在辰. 戊戌年, 遁得丙辰墓運納音屬土, 選用公月月建, 辛酉爲庚金帝旺之鄕, 辛金臨官之地, 用官旺之金, 生水以剋火. 加之墓運屬土, 母顧子而不剋水, 反助金以生水.

임진일을 찾아보면 간두투수干頭透水이고 납음으로는 수水에 속하며 많은 살殺이 무리지어 모여서 왕명王命을 누르고 있으니 얼마나 꺼려야 할 것인가. 그리고 8월 27일은 실제로 지지地支의 공망空亡[239]을 범하고 있으므로 통서에서는 매장하기를

查壬辰日干頭透水, 又納音屬水, 衆殺黨聚, 以剋王命, 何忌如之. 且八月二十七日, 實犯地空, 通書忌理葬, 豈湯若望未之見也?

어서 氣가 없는 상태이고 오행에서 北方은 水이므로 水가 火를 이긴 것과 같다고 말한 것이다.

235 옛 方士書.

236 紀月에서 음력 3월.

237 陰陽五行을 年, 月, 日, 時의 四柱에 배합시키고 인간의 일을 거기에 기탁하여 길흉과 관련이 있는 辰名을 만들어내었는데 이것을 叢辰이라 한다. 星相術에서 土는 陽建의 神이라 한다. 正日은 建寅이라 하는데, 12辰을 따라 순환하면 또 陽建이라 한다. 한편 月建은 옛 역법에서 달마다 정해서 세운(建) 12辰이다. 북두성의 자루가 돌아가는 것을 표준으로 계절의 표준을 정하고 12地支와 12개월을 서로 배합하여 이것으로 紀月하였는데, 동지가 있는 11월(夏曆)을 子에 배합시켜 建子의 달이라 하고 12월을 丑에, 正月은 寅에, 2월은 卯에 배합시켰다.

238 陰陽五行의 상생, 상극 관계에서 土는 金을 생성하므로 土를 어미로 보고 金을 자식으로 본 것이다.

239 60甲子는 10干, 12支가 양과 양, 음과 음끼리 서로 결합되어 이루어진 것이기 때문에 60甲子 一旬(10개)마다에는 포함되지 않은 地支가 두 개씩 있다. 이것을 位는 있으나 祿이 없다 하여 '空亡'이라 한

꺼리는데 탕약망은 어찌 이것을 미처 보지 못했단 말인가?

갑진甲辰 시時를 찾아보면 기문법奇門法[240]에서의 복음伏吟[241]을 범하고 있다. 『경經』[242]에서는 "그중〔課中〕[243] 복음이 가장 흉하고 천봉天蓬[244]에 지천봉地天蓬이 가해졌다. 천봉이 만약 천영天英[245]에 이르면 곧 그것이 반음궁反吟宮[246]이라는 것을 알아야 한다. 팔문八門[247]의 반음反吟과 복음伏吟이 모두 이러하니 살아서는 생문生門에 있었고 죽어서는 사문死門에 있었던 것이다. 가령 길수吉宿가 기문奇門을 얻는다 해도 만사가 모두 흉하여 부릴 수가 없다"라고 하였다.

査甲辰時, 奇門法犯伏吟. 經云: "課中伏吟爲最凶, 天蓬加着地天蓬. 天蓬若到天英生, 須知即是反吟宮. 八門反伏皆如此, 生在生兮死在死. 假令吉宿得奇門, 萬事皆凶不堪使."

영친왕의 장례를 치른 해의 간지는 삼살三殺을 범하였고, 월의 간지는 생살生殺을 범하였으며, 일의 간지는 당살黨殺을 범하였고, 시時의 간지는 복

英親王之葬年犯三殺, 月犯生殺, 日犯黨殺, 時犯伏吟. 四柱無一吉者, 不知其憑何書何理

다. 8월 27일 辰時에 榮親王의 장례를 치렀는데, 이날이 空亡이라는 것이다.

240 奇門遁甲을 말하는데, 術數의 일종이다. 10干 중의 '乙, 丙, 丁'을 三奇로 하고 8卦의 變相인 '休·生·傷·杜·景·死·惊·開'를 8門으로 하므로 '奇門'이라 이름을 붙인 것이다. 또 10干 가운데 甲은 가장 고귀하여 잘 나타나지 않으며 '여섯 개 甲은 늘 이른바 6儀'라고 하는 '戊, 己, 庚, 辛, 壬, 癸' 속에 숨겨져 있고 三奇, 六儀는 9宮에 분포되어 있으나 甲은 단독으로 한 개 宮을 차지하고 있으므로 이를 '遁甲'이라 한다. 術士들은 이 奇門遁甲으로 길흉화복을 추산할 수 있다고 한다.

241 술사들이 길흉을 점칠 때 얻은 卦爻의 象인데, 억제되거나 제압당해서 엎드려 신음한다는 뜻이다.

242 奇問遁甲에 관한 경전을 말하는데, 여기서는 둔갑술의 대강을 읊은 宋 趙普의 「煙波釣叟歌」 구절을 인용하였다.

243 『不得已』의 원문은 '課中'이나 「煙波釣叟歌」에는 '就中'으로 되어 있다.

244 天神의 이름으로, 天蓬黑煞이라고도 한다.

245 별 이름으로, 옛사람들은 天英을 불길한 조짐의 妖星이라고 여겼다.

246 '反吟'은 術數의 말이다. 사람의 生辰八字를 인간의 일에 붙여서 길흉화복과 혼인의 성패를 추산하는데, 木星이 太陽과 相對하는 것을 反吟이라 하고 木星이 太陽을 제압하는 것을 伏吟이라 한다.

247 '八門'은 術數家들의 말이다. 休·生·傷·杜·死·景·惊·開를 八門이라 하는데, 그중에서 休·生·門의 三門은 吉하고 나머지 五門은 凶하다. 奇門遁甲術 등에서도 이 술법을 쓴다.

음伏吟을 범하였다. 사주가 어느 하나 길한 것이 없는데 그가 무슨 책의 어떤 이치에 근거하여 택일하였는지 알 수 없다. 그래도 그날을 몇 개월 만에 명을 다한 영친왕에게 썼으니 망정이지 만약 그것을 일반 관원이나 서민의 집에 썼다면 그 흉과 화가 이루 말할 수 없었을 것이다!

而選之也. 幸用之以葬數月之王, 若用之宦庶之家, 其兇禍不可言矣!

열 가지 오류를 들추어 논함[248]

摘謬十論

첫 번째 오류: 여러 과科의 교정較正[249]을 채용하지 않은 것

一謬 不用諸科較正之新

예로부터 역법을 제정할 때는 언제나 역수曆數로 추산하고 천상을 관측하며 물시계〔漏壺〕로 점검하고 절기로 검증한다. 대체로 추산할 때는 역수를 근본으로 하지 천상을 근본으로 하지 않는다. 추산이 천상과 부합하지 않을까 우려하여 회회과回回科[250]에서 사용하는 태음太陰[251]과 오성五星[252]의 침범 현상을 가지고 그것을 교정한다. 또 추산과 침범 현상, 이 두 가지가 천상과 부합하지 않을까 우

從來治曆, 以數推之, 以象測之, 以漏考之, 以氣驗之. 蓋推算者, 主數而不主象. 恐推算與天象不合, 故用回回科之太陰五星凌犯以較之. 又恐推算凌犯二家與天象不合, 故用天文科臺官之測驗以考之. 三科之較政精矣當矣, 而猶曰此數象之

248 楊光先이 1659년 5월에 쓴 글이다. 여기에서는 서양 역법의 오류를 지적하여 그 채택의 부당함을 주장하고 있다. 즉 ① 흠천감 여러 科의 교정을 채용하지 않은 것, ② 한 달에 세 절기가 있는 것, ③ 하지와 동지, 춘분과 추분에 길고 짧음이 있는 것, ④ 하지에 태양이 늦게 운행한다는 것, ⑤ 寅宮의 箕宿를 이동시켜 丑宮에 들여놓은 것, ⑥ 觜宿와 參宿의 두 수를 바꿔놓은 것, ⑦ 紫氣를 빼버린 것, ⑧ 羅睺와 計都를 바꿔놓은 것, ⑨ 황도로 절기를 추산한 것, ⑩ 역법이 2백 년에 그친다는 것 등을 오류라고 지적하였다. 그중 ⑤, ⑥, ⑦의 세 조목은 사실 1,660년에 吳明烜이 湯若望을 탄핵하여 올린 두 번째 상소의 내용과 같다. 이에 대하여 湯若望과 南懷仁은 1668년에 『曆法不得已辨』을 써서 답변하였다. 천문역법은 역옥을 유발한 중요한 빌미였지만 전문적 내용이고 직접적으로 천주교를 공격하는 내용도 아니다. 단지 중국의 전통 역법을 대신하여 서양 역법이 청나라의 역법으로 채택된 데 대한 異論과 반발의 성격을 갖고 있다.

249 계량하여 비교하고 바로잡는 것.

250 천문 관측을 위해 설치한 부서의 하나로, 원나라에서 이슬람 역법을 도입하였을 때 이를 전담하기 위하여 설치한 역과이다. 欽天監에는 기능에 따라 여러 과를 두었는데 推算科·回回科·天文科·樓閣科 등이다.

251 달을 일컫는 말이다.

252 水·木·金·火·土의 5대 行星, 즉 東方의 歲星(木星), 南方의 熒惑(火星), 中央의 鎭星(土星), 西方의 太白(金星), 北方의 辰星(水星)을 말한다.

려하여 천문과天文科 대관臺官[253]이 측정하고 검증한 것으로 다시 점검해본다. 세 개 과科의 비교와 정정이 이처럼 정밀하고 타당하지만 그래도 이는 역수와 천상에 관한 일이지 기후·시각·분초의 일이 아니라 하며 그것을 누각과漏刻科[254]에서 검증한다. 하루를 백 각으로 계산하는 누호와 율관律管[255]을 절기 변화를 관측하는 방에 갖추어 두고서 갈청재〔葭灰〕가 날리는[256] 시각과 분초를 점검하며 그것을 가지고 추산한 시각과 분초가 천지의 절기와 부합되는지 여부를 검증한다. 이것이 곧 네 개의 과를 나누어 설치한 뜻으로, 옛날부터 벌써 이렇게 해왔다.

事, 非氣候時刻分秒事也, 故用漏刻科考訂. 一日百刻之漏, 布律管於候氣之室, 驗葭灰飛之時刻分秒, 以知推算之時刻分秒與天地之節氣合與不合. 此四科分設之意, 從古已然.

그런데 지금은 혼자만의 추산에 의거해 옛 제도였던 여러 과를 폐지하려 하고 있다. 회회과에서 사용하는 태음과 오성의 침범 현상을 취하지 못하도록 금지하면서 위에 올리지 못하게 하고, 자기가 쓴 침범 현상을 보고하여 자신의 추산이 잘못되었다는 것을 엄폐하고 있다. 천문과의 대관을 제쳐놓고 그들이 천상 기록을 보고하지 못하게 하고 있으며, 누각과의 율관을 폐지하고 갈청재가 날리는 것을 점검하지 않고 있다. 기후가 관측실에서 어그러져도, 〔천상의〕 운행 도수가 하늘에서 빗나가도 내

今惟憑一已之推算, 意廢古制之諸科. 禁回回科之凌犯, 而不許之進呈, 進自著之凌犯, 以掩其推算之失. 置天文科之臺官, 而不使之報象, 廢漏刻科之律管, 而不考其飛灰. 縱氣候違於室中, 行度舛於天上. 誰則敢言? 此若望所以能盡聾瞶一世之人, 得成其爲新法也.

253 천문대의 일을 맡아보는 관원.

254 '漏刻'은 시간을 계산하는 단위로, 고대에 漏壺로 시간을 계산할 때 하루 밤낮을 百刻으로 나누었다.

255 音을 정하는 기구로, 대나무관과 금속관으로 만들어졌다. 고대에는 계절 변화를 측정하는 기구로도 썼는데 密室에다 두었다.

256 옛사람들은 갈청을 태워서 재로 만든 뒤 그것을 율관 속에 넣어 밀실에 두고서 기후를 알아맞혔다. 어느 節侯에 이르면 어느 율관의 갈청재가 즉시 날려 그 절후가 이미 이르렀음을 알렸다.

버려둔다. 누가 감히 말하겠는가? 이것이 곧 탕약망이 온 세상 사람을 귀머거리로 만들어놓고 새 역법을 성사시킬 수 있었던 까닭이다.

두 번째 오류: 한 달에 세 절기가 있는 것

二謬 一月有三節氣之新

살펴보건대, 달마다 하나의 절기, 하나의 중기中氣가 있다는 것은 정해져 있는 역법이요, 정해져 있는 이치이기도 하다. 〔새 역법에 따르면〕 순치 3년(1646) 11월은 큰달이다. 계묘일을 보면 초1일 계묘 묘시 초1각이 대설인데 11월 절기이다. 15일 정사丁巳 해亥 정초각이 동지인데 역시 11월 절기이다. 30일 임신壬申 미未시 초1각이 소한인데 이는 12월 절기이다. 이것은 한 달 사이에 두 달의 절기가 있는 것이다. 천지개벽 이래 지금에 이르기까지 이러한 역법이 있다는 말을 들어본 적이 없다.

按曆法每月一節氣, 一中氣, 此定法也, 亦定理也. 順治三年十一月大. 癸卯, 初一日癸卯卯初一刻大雪, 十一月節. 十五日丁巳亥正初刻冬至, 十一月節. 三十日壬申未初一刻小寒, 十二月節. 此是一月之內有兩月之節氣矣. 自開天闢地至今, 未聞有此法也.

세 번째 오류: 하지와 동지, 춘분과 추분에 길고 짧음이 있는 것

三謬 二至二分長短之新

살펴보건대, 하지·동지·춘분·추분의 역수는 시각이 똑같고 길고 짧음의 차이가 없다. 동지에서 하지까지는 옛 역법에서는 182일 7시간 반이 좀 못 되는데 새 역법에서는 182일 2시간이며, 하지에서 동지까지는 옛 역법에서는 182일 7시간 반이 좀 못 되는데 새 역법에서는 183일 1시간이 좀 못 된다. 이렇게 하지에서 동지까지가 〔동지로부터 하지까지보다〕 11시간이 더 길고 동지에서 하지까지는 11시간이 짧다. 춘분에서 추분까지는 옛 역법에서는 182일 7시간 반이 좀 못 되는데 새 역

按至分之數, 時刻均齊, 無長短不一之差. 冬至至夏至, 古法一百八十二日七時半弱, 新法一百八十二日二時, 夏至至冬至, 古法一百八十二日七時半弱, 新法一百八十三日一時弱. 是夏至至冬至長十一時, 而冬至至夏至短十一時矣. 春分至秋分, 古法一百八十二日七時半弱, 新法一百八十六日九時二

법에서는 186일 9시간 2각 10분이 좀 못 되며 추분에서 춘분까지는 옛 역법에서는 182일 7시간 반이 좀 못 되는데 새 역법에서는 178일 5시간 5각 5분이다. 이것은 춘분으로부터 추분까지가 8일 3시간 5각 5분이 더 많고 추분으로부터 춘분까지는 8일 3시간 5각 5분이 더 적은 것이다.

刻十分弱, 秋分至春分, 古法一百八十二日七時半弱, 新法一百七十八日五時五刻五分. 是春分至秋分多八日三時五刻五分, 而秋分至春分少八日三時五刻五分矣.

네 번째 오류: 하지에 태양이 늦게 운행한다는 것

四謬 夏至太陽行遲之新

태양의 운행에는 본래 늦고 빠름이 없고 하루 밤낮에 실제로 1도를 운행한다. 하지의 태양은 신궁申宮[257]에서 황도黃道[258]의 궤도를 따라 삼수參宿[259]의 8도에서 운행하다가 삼수 8도 인궁寅宮에서 나와 술궁戌宮에 들어가는데, 낮 동안에 지상의 219도가 좀 못 되게 운행한다. 그러므로 낮이 길며 밤에는 지상의 146도가 좀 더 되게 운행하므로 밤이 짧다는 것이다. 가령 하지의 낮이 길기 때문에 태양이 늦게 운행한다고 말한다면 하지의 밤은 짧고 태양은 마땅히 빠르게 운행해야 할 것이다. 낮에 늦고 밤에 빠르다는 것이 도리에 맞는가?

太陽之行, 原無遲疾, 一晝夜實行一度. 夏至太陽躔申宮參八度, 參八出寅宮入戌宮, 晝行地上度二百一十九度弱. 故晝長, 夜行地下度一百四十六度强, 故夜短. 苟因夏至之晝長, 而謂太陽之行遲, 則夏至之夜短, 太陽應行疾矣. 遲於晝, 而疾於夜, 有是理乎?

동지의 태양은 황도를 따라 인궁의 기수箕宿 3도에서 운행하다가 기수 3도 진궁辰宮에서 나와 신

冬至太陽躔寅宮箕三度, 箕三出辰宮入申宮, 晝行地上度一

257 태양과 달이 황도를 따라 운행하다가 황도 부근에서 일 년에 12차례 會合하는데, 일정한 회합 위치가 있다. 황도를 12등분한 것을 각각 宮이라 하는데, 그 12宮을 地支에 배합할 때 申에 해당하는 것을 말한다.

258 지구가 태양을 따라 한 바퀴 도는 것을 지구에서 보면 태양이 천공에서 한 바퀴 이동하는 것으로 보이는데, 이렇게 태양이 이동하는 노선을 말한다. 황도와 지구 적도는 북반구의 춘분점과 추분점에서 서로 교차된다.

259 星座 이름으로, 28宿의 하나이다. 西方 白虎 7宿 중의 마지막 하나의 宿.

궁申宮으로 들어가는데 낮에는 지상의 146도가 좀 더 되게 운행한다. 그러므로 낮이 짧으며 밤에는 지상의 219도가 좀 못 되게 운행하므로 밤이 길다는 것이다. 가령 동지의 낮이 짧기 때문에 태양의 운행이 빠르다면 동지의 밤은 길고 태양의 운행은 마땅히 늦어야 할 것이다. 낮에 빠르고 밤에 늦다니 이런 도리가 있는가?

百四十六度强. 故晝短夜行地下度二百一十九度弱, 故夜長. 苟因冬至之晝短, 而謂太陽之行疾, 則冬至之夜長, 太陽應行遲矣. 疾於晝而遲於夜, 有是理乎?

새 역법에서는 하지에 태양의 운행이 늦다 하여 입추를 1일 3시간이나 미루었으며 동지에 태양의 운행이 빠르다 하여 입춘을 1일 6시간이나 앞당겼다. 입하와 입동 모두 1일 7, 8시간의 차이가 난다. 이 모두 태양의 운행을 잘 몰랐기 때문이니, 착오이다. 『예경禮經』에서는 입춘이면 천자가 몸소 삼공·구경·제후·대부 들을 거느리고 동쪽 교외에서 봄을 맞이한다고 하였다. 전례典禮에 관해 얼마나 중요시하였는가를 알 수 있다. 그런데 먼 외딴 나라의 새 역법을 가지고 청나라의 『예경』을 어지럽히고 있으니, 천제를 업신여기고 천자를 모독함이 이보다 더 심할 수는 없으리라!

新法以夏至太陽之行遲, 故將立秋壓在後一日三時, 以冬至太陽之行疾, 故將立春僨在前一日六時. 立夏立冬莫不皆差一日七八時. 總因不明太陽之行, 誤之也. 禮經立春之日, 天子親率三公九卿諸侯大夫以迎春於東郊. 關於典禮, 何等重大. 玆以偏邦之新法, 淆亂上國之禮經, 慢天帝而褻天子, 莫此爲甚焉!

다섯 번째 오류: 인궁寅宮의 기수箕宿를 3도 이동시켜 축궁丑宮에 들여놓은 것

五謬 移寅宮箕三度入丑宮之新

인궁 성수星宿의 도수를 살펴보면 미수尾宿[260] 2도에서 인궁에 들어가기 시작하여, 미수의 3, 4, 5, 6, 7, 8, 9, 10, 1, 2, 3, 4, 5, 6, 7도, 기수箕宿의 초初 1, 2, 3, 4, 5, 6,

査寅宮宿度, 自尾二度入寅宮起, 尾三, 四, 五, 六, 七, 八, 九, 十, 一, 二, 三, 四, 五, 六, 七, 箕初一, 二,

260 東方 青龍 七宿 중의 여섯 번째 星宿로, 9개의 별이 있다.

7, 8도, 59분, 두수斗宿의 초 1, 2, 3, 4도이다. 비로소 축궁에 들어간다. 지금 동지의 태양이 실제로는 황도를 따라 인궁의 기수 3도를 운행하는데 새 역법에서는 기수를 3도 옮겨서 축궁에 들어간다고 하였으니, 이는 천체를 11도나 옮겨놓은 것이다. 하나의 궁宮이 옮겨지면 12개 궁이 어느 하나도 옮겨지지 않는 것이 없게 된다.

三, 四, 五, 六, 七, 八, 五十九分, 斗初一, 二, 三, 四度. 始入丑宮. 今冬至之太陽實躔寅宮之箕三度, 而新法則移箕三入丑宮, 是將天體移動十一度矣. 一宮移動, 十二宮無不移動也.

여섯 번째 오류: 자수觜宿[261]와 삼수參宿 두 수를 바꿔놓은 것

六謬 更調觜參二宿之新

사방 7수는 모두 목, 금, 토, 일, 월, 화, 수의 순서로 되어 있는데, 남방 7수는 정수井宿 목, 북방의 들개,[262] 귀수鬼宿 금, 양, 유수柳宿 토, 노루, 성수星宿 일, 말, 장수張宿 월, 사슴, 익수翼宿 화, 뱀, 진수軫宿 수, 지렁이이다. 동방 7수는 각수角宿 목, 교룡, 항수亢宿 금, 용, 저수氐宿 토, 담비, 방수房宿 일, 토끼, 심수心宿 월, 여우, 미수尾宿 화, 호랑이, 기수箕宿 수, 표범이다. 북방 7수는 두수斗宿 목, 해태, 우수牛宿 금, 소, 여수女宿 토, 박쥐, 허수虛宿 일, 쥐, 위수危宿 월, 제비, 실수室宿 화, 돼지, 벽수壁宿 수, 설유㺦貐[263]이다. 서방 7수는 규수奎宿 목, 승냥이, 누수婁宿 금, 개, 위수胃宿 토, 까투리, 묘수昴宿 일, 닭, 필수畢宿 월, 새, 자수觜宿 화, 원숭이, 삼수參宿 수, 유인원이다. 새 역법에서는 유인원의 상징인 삼수參宿 수水를 앞에다 놓고 원숭이의 상징인 자

四方七宿, 俱以木金土日月火水爲次序, 南方七宿, 井木犴, 鬼金羊, 柳土獐, 星日馬, 張月鹿, 翼火蛇, 軫水蚓. 東方七宿, 角木蛟, 亢金龍, 氐土狢, 房日兎, 心月狐, 尾火虎, 箕水豹. 北方七宿, 斗木獬, 牛金牛, 女土蝠, 虛日鼠, 危月燕, 室火豬, 壁水貐. 西方七宿, 奎木狼, 婁金狗, 胃土雉, 昴日雞, 畢月烏, 觜火猴, 參水猿. 新法更調參水猿於前, 觜火猴於後. 古法火水之次序, 四方顚倒其一方矣.

---

261 28宿 중 白虎 七宿의 제6의 宿로, 3개의 별이 있다.

262 井宿가 木의 순차인데, 어떤 동물에 속하는가를 비유한 것이다. 아래의 것들도 같다.

263 사람을 잡아먹는다는 전설상의 맹수.

수觜宿 화火를 바꾸어 뒤에 놓았다. 옛 역법에서는 화, 수의 순서인데 사방 중에서 그 하나를 뒤집어 놓은 것이다.

일곱 번째 오류: 자기紫氣를 빼버린 것

옛날에는 사여四餘가 없었다. 탕약망 또한 사여가 수나라·당나라 때로부터 생겨났다고 하였다. 사여란 자기紫氣,[264] 월패月孛,[265] 나후羅睺,[266] 계도計都이다. 만약 진정 그것이 없는 것이라면 사여는 모두 삭제해도 마땅하다. 만약 수나라·당나라·송나라의 역법에 있었다면 사여는 모두 보존해야 마땅하다. 무슨 연고로 나후와 계도, 월패는 보존하고 유독 자기만 빼버렸는가? 만약 자기는 형체가 없기 때문이라고 한다면, 나후와 계도, 월패인들 언제 형체가 있었던가? 탕약망이 말하기를 월패는 달 위에 떠 있는 한 조각 흰색 기운이라고 했다. 만약 흰색의 기운이 달 위에 있다면 월패도 하루에 달과 함께 13도를 운행하고 2일 4시에는 하나의 궁宮을 지나가야 할 것인데 무슨 연고로 9달에야 겨우 하나의 궁을 지나가는가? 더군다나 달의 흰색 기운을 누가 본 사람이 있다던가?

七謬 刪除紫氣之新

古無四餘, 湯若望亦云四餘自隨唐始有. 四餘者, 紫氣月孛羅睺計都也. 如眞見其爲無, 則四餘應當盡削. 若以隨唐宋曆之爲有, 則四餘應當盡存. 何故存羅計月孛, 而獨刪一紫氣? 苟以紫氣爲無體, 則羅計月孛曷嘗有體耶? 若望之言曰, 月孛是一片白氣, 在月之上. 如果有白氣在月上, 則月孛一日應同月行十三度, 二日四時過一宮, 何故九月始過一宮耶? 況月上之白氣有誰見耶?

---

264 자색의 氣雲으로, 고대에는 이것이 상서로운 氣라고 했다. 제왕이나 성현이 나타날 조짐에다 붙였다.
265 '孛'는 사방에 빛을 뿌리는 혜성.
266 인도 점성술에서 온 말로, 고대 인도 천문학에서는 黃道와 白道가 내려서 만나는 교차점을 羅睺라 하였고 올라가서 만나는 교차점을 計都라 하였다. 羅睺는 인간의 길흉화복을 지배한다고 여겨졌다.

여덟 번째 오류: 나후와 계도를 바꿔놓은 것

나후와 계도는 수나라와 당나라 때부터 있었다. 탕약망도 이를 좇아 나후와 계도를 썼으니, 이는 옛 역법을 계승한 것이지 새 역법이라고 말할 수 없다. 그의 이른바 새로운 것이란 나후로 계도를 삼고 계도로 나후를 삼은 것에 불과하다. 다만 탕약망이 수나라와 당나라의 역법에서 나후가 계도이고 계도가 나후였다는 것을 어떻게 알았는지 모르겠다. 나후는 화火에 속하고 계도는 토土에 속한다. 화와 토는 작용이 각기 다르고 상생·상극·제화制化가 각기 다르다. 공경히 사람들에게 농사 절기를 가르쳐주어 백성들이 편히 사용하게 하였는데, 이제 오행을 뒤바꿔놓았으니 백성들이 어떤 것을 따르란 말인가!

八謬 顚倒羅計之新

羅計自隨唐始有. 若望亦遵用羅計, 是襲古法而不可言新法也. 其所謂新者, 不過以羅爲計, 以計爲羅爾. 但不知若望何以知隨唐之羅是計, 計是羅耶. 羅屬火, 計屬土, 火土異用, 生剋制化, 各有不同. 敬授人時, 以便民用, 顚倒五行, 令民何所適從!

아홉 번째 오류: 황도로 절기를 추산한 것

살펴보건대 절기는 마땅히 적도赤道 12궁을 좇아 균등하게 나뉘어야 하니, 하나의 절기는 각각 15일 2시 5각 17초 70미微 83이 된다. 지금 새 역법에서는 황도의 넓고 좁은 궁宮으로 절기를 추산하였기 때문에 16일·15일·14일 각기 한 절기씩 차이가 난다. 그래서 입춘·입하·입추·입동·춘분·추분의 날짜가 모두 어긋나고, 하지와 동지의 시간이 어긋난다.

九謬 黃道算節氣之新

按節氣當從赤道十二宮勻分, 每一節氣該一十五日二時五刻一十七秒七十微八十三. 今新法以黃道闊狹之宮算節氣, 故有十六日, 十五日, 十四日一節氣之差. 所以四立二分皆錯日, 二至錯時.

열 번째 오류: 역법은 다만 200년에 그친다는 것

신하는 임금께 만수무강을 축원하고 국운國運이 끝없이 이어지기를 바란다. 맹자께서 "천 년 이후

十謬 曆止二百年之新

臣子於君必以萬壽爲祝, 願國祚之無疆. 孟子云: "千歲之日

의 동지도 앉아서 추산해낼 수 있다"[267]고 말씀하셨다. 이는 천만년의 역운曆運을 미리 알 수 있다는 말이다. 태종황제는 어질고 무용이 넘쳤으나 살생을 좋아하지 않았으므로 하늘이 그분에게 유독 두터운 생生을 내리셨다. 황상께서 비록 춘추 어리지만 한 왕조를 연 군주이시며, 또한 영명하고 인덕 있고 무공이 있으며 살생을 좋아하지 않아 하늘이 장차 큰 복을 내리실 것이다. 황실은 무한한 역운을 누릴 것인데 탕약망은 200년의 역법을 바쳤으니 그 죄가 어찌 죽임에서 그칠 것인가!

至可坐而致." 言千萬年之曆可前知也. 太宗皇帝仁武而不嗜殺, 天故篤生. 皇上冲齡, 而爲一代開闢之主, 皇上又英明仁武而不好殺, 天將篤祜. 皇家享無疆之曆祚, 而若望進二百年之曆, 其罪曷可勝誅!

순치 16년(1659) 5월 일

順治十六年五月 日

원래의 논평은 번잡하고 길어서 도리어 본래의 뜻을 제대로 전하지 못하였다. 예부에서 심사할 때 불러 들어가 위와 같이 간략히 줄여서 깔끔한 면모로 소장疏章을 바치었다.

原論繁冗, 反不達意. 部審入招, 節畧如右, 以便翻清入疏進呈.

267 『孟子』「離婁章」下.

시신록 서문[268]

始信錄序

세상의 기이한 산봉우리와 절벽들은 반드시 골짜기와 산기슭이 받쳐주어야만 험준하고 높이 솟은 기세를 이룰 수 있다. 아무런 밑받침 없이는 높고 웅장한 것이 이루어지지 않는다. 다만 신안新安 황산黃山의 시신봉始信峰은 천만 쪽의 대나무를 한데 묶어 세워놓기라도 한 듯, 한 줌의 흙도 묻히지 않은 채 땅에서 솟구쳐 오르기라도 한 듯 천 장丈 높이로 우뚝 솟아 있다. 사면이 깎아지른 듯하여 기어오르려 해도 오를 수가 없다. 이 봉우리에 오르려면 여래봉如來峰으로부터 나무를 엮어 너비가 한 자가 되지 못하고 길이가 한 장丈이 넘지 않는 다리를 만들어 무지개처럼 허공에 걸쳐 놓아야 한다. 거기에 '접인接引(맞아서 안내함)'이라는 이름을 가진 소나무 한 그루가 있는데, 가지 하나가 옆으로 쭉 뻗어 나와 딱 허리 높이로 평평히 이어져 곧바로 맞은편 언덕에 닿을 수 있다. 사람이 그것을 붙들고 봉우리 꼭대기로 건너가면 크기가 한 장쯤 되는 초막이 한 채 보이는데, 사람이 겨우 무릎

宇宙間奇峯峭壁, 必有峽崥爲之基, 以成其峻拔之勢. 未有無所憑籍, 而能成其爲崔巍者. 惟新安黃山之始信峯, 如攢萬片竹木, 不著一寸土壤, 拔地而起, 矗立千仞. 四面陡絶, 莫可躋攀. 欲登者, 由如來峯編木爲梁, 廣不盈尺, 修不逾丈, 架爲飛虹. 有松焉, 名曰接引, 橫出一枝, 政與腰平, 直達彼岸. 人扶以渡峯頂, 大可函丈, 一廢圜瓢, 才能容膝, 以憩遊人. 四面羣峯如架上槊, 如筒中筆, 林立天外. 登者莫不跳躍叫絶, 以爲不登此嶺, 不信人間有此奇峯. 故以始信名焉.

268 1660년 11월 1일에 王泰徵이 쓴 것이다. 楊光先의 고향인 歙縣 가까이 있는 黃山의 始信峰에 楊光先을 빗대 그의 의기와 용기를 찬양하고 孟子에 비견한 글로, 楊光先이 한 일이 청사에 빛나고 후인들의 흠모를 받을 것이라고 하였다. 「始信錄序」와 「尊聖學疏」 앞에는 원래 '附'(부록) 자가 없었으나 여기서는 陳占山 校註本의 目錄에 근거하여 첨가하였다.

을 구부리고 앉을 만하여 거기서 유람객들이 잠시 휴식한다. 사면의 뭇 봉우리들은 마치 긴 창[269]을 꼭대기에 박아 세운 듯, 붓통에 붓을 꽂아놓은 듯하고, 하늘 저쪽까지 숲이 빽빽하다. 봉우리를 오르는 사람들은 누구나 할 것 없이 펄쩍펄쩍 뛰면서 절경이라고 외쳐대며 이 봉우리 꼭대기에 올라보지 않고는 세상에 이같이 기이한 산봉우리가 있다는 것을 믿지 못할 것이라고들 말한다. 그래서 '시신始信(비로소 믿는다)'이라는 이름을 얻었다.

우리 군郡의 장공長公 양 선생은 몸이 궁장宮墻[270]의 반열班列에 서 있는 것도 아니고 이름이 사판仕版[271]에 올라 있는 것도 아니다. 비록 조상으로부터 대종백大宗伯[272]이라는 벼슬을 물려받았으나 관직을 사양하고 물러나 벼슬 없는 선비로 살았다. 당시 그의 지위로 말하자면 한낱 백성에 지나지 않았다. 그러나 하루아침에 분발해 일어나 권력을 가진 요인들을 탄핵했으니, 전후로 바친 소장疏章과 「정양충고正陽忠告」[273] 등의 여러 각판본이 나오자 일시에 장안의 종잇값이 뛰어올랐다. 관棺을 들고 가던 날[274]에는 그에게 바치는 시詩가 관곽棺槨에 넘쳐 났고, 곤장을 맞던 날에는 구경꾼들이 만 명에 달하였는데 선생을 부처의 명호名號로 부르지 않

吾郡楊長公先生, 身不列於宮牆, 名不掛於仕版. 雖有令先大宗伯世廕, 又遜職以爲布衣. 論其時地, 不過一齋民爾. 一旦起而劾權要, 其先後章疏與正陽忠告諸刻, 頓令長安紙貴. 當其舁棺之日, 贈詩者盈棺, 廷杖之日, 觀者萬人, 靡不爲先生稱佛名號. 而先生之奇, 始信於天下.

269 원문의 '槊'은 고대의 兵器로, 자루가 긴 창이다.
270 고대에 天子가 都城의 교외나 名山 아래에서 제후들을 朝會할 때에 임시로 건축했던 곳을 말한다.
271 벼슬아치 명부.
272 본래는 周나라의 官職名이었으나 明清 시대에는 禮部尙書를 太宗伯이라 했다.
273 楊光先이 崇禎 10년(1637)에 陳啓新을 탄핵하며 올린 상소문이다.
274 楊光先이 조정의 대신들을 탄핵하고 수레에 관을 싣고 가서 皇命을 기다린 일을 가리킨다.

는 자가 없었다.[275] 이에 선생의 기이함을 세상에서 비로소 믿게 되었다.

계미년(1643) 겨울에 숭정 황제〔烈皇〕[276]께서 경연經筵에 친히 납시어 온 나라 안의 문무 인재에 대하여 하문하셨는데, 조정의 신하가 민무閩撫 주지풍朱之馮[277]을 들어 대답하였고, 양성백襄城伯 이국정李國楨이 선생을 들어 대답하였다. 황제께서 "그 관을 들었다는 양광선인가?"라고 말씀하시더니, 드디어 대장군인大將軍印을 걸어놓고 선생을 기다렸다. 양성백이 사람을 보내 그를 영접해오게 하였으나 보낸 자가 선생의 거처에 이르기 전에 종묘사직이 무너졌다.

癸未冬, 烈皇御經筵, 詢宇內文武材, 廷臣以閩撫朱之馮對, 襄城伯李國楨以先生對. 帝曰: "是舁櫬之楊光先乎?" 遂懸大將軍印, 以待先生. 襄城遣人迎, 未至先生所, 而宗社墟矣.

『명기明紀』[278]를 편찬한 자들 중에 몇 사람이 일제히 선생이 온수溫首를 탄핵한 일, 진리원陳吏垣을 파직시킨 일,[279] 장형杖刑을 받은 일, 변방수자리 형벌에서 풀려난 일 등을 기록하니, 이로부터 선생의 기이함이 후세에 비로소 믿어지게 되었다. 그러나 나는 이런 것들로 선생의 진정한 기이함을 보여주기에는 아직 부족하다고 생각한다.

編明紀者, 數家咸書先生劾溫首, 揆陳吏垣, 獲譴杖戍事, 而先生之奇始信於後世. 然予以爲猶未足盡先生之眞奇也.

선생의 진정한 기이함은 권세 있는 요인들을 탄

先生之眞奇, 不在於劾權要, 而

---

275 楊光先을 '佛名號', 즉 부처 또는 불자의 명호로 불렀다는 것은 그가 불교에 호감을 가져 佛名이 있었거나 민중들이 그를 그만큼 종교적인 인물로 높이 평가하여 따랐다는 뜻으로 해석할 수 있으나 분명치 않다.

276 明나라 마지막 황제인 崇禎(재위 1628~1644)의 시호를 烈愍皇帝라고 하였는데, 줄여서 烈皇이라 한다.

277 天啓 연간 복건 巡撫를 지낸 朱一馮(1572~1646)을 가리키는 것으로 보인다. 朱之馮(?~1644)은 宣府 巡撫를 지낸 인물이다.

278 編年體의 明나라 역사책으로, 모두 60권이다.

279 首輔 溫體仁, 給事中 陳啓新을 탄핵한 일을 말한다.

핵한 데에 있지 않고, 성학聖學[280]을 존숭하고 지선至善[281]의 도道에까지 멀리 생각이 미친 데에 있다. 오직 학력學力[282]만으로 거기에 이를 수 있었으니 학맥學脈이 없었다면 도맥道脈[283]을 알 수 없었을 것이다. 선생이 상소문에서 말하기를, 사람이 생겨난 이래 성학은 성학으로 계속 이어져 내려왔으나 오직 이 도통道統만은 천년이 지나도 떨어져 끊이지 않았다고 하였다. 성학 육백삼십사언聖學六百三十四言[284]을 지은 덕택에 학맥과 도맥에 더 없이 큰 공을 세울 수 있었던 것이다! 이는 실로 고금에 다시 찾아볼 수 없는 거작이어서 참으로 세상과 함께 영원히 전해질 만하다.

在於尊聖學, 緬維止至善之道. 惟學力以致之, 匪學脈則道脈不明. 先生疏中, 生民以來, 聖聖相承, 惟此道統曆千世而不墜. 賴有聖學之六百三十四言, 其有功於學脈道脈至矣, 盡矣! 誠古今來不再見之鴻文, 眞足與天地並垂不朽.

한나라와 송나라 때 유가들이 경전을 수호한 것에 견주어도 그 공이 몇 배나 더 크다. 그런데도 사관들이 이를 수록하지 않고 권세 있는 요인들을 탄핵한 일만을 수록하였으니 작은 것을 줍고 큰 것을 흘려버렸다고 해야 할 것이다. 『자치강목資治綱目』「범례凡例」에서는 도술道術[285]에 관계되는 것이면 모두 써넣었는데 선생의 육백삼십사언을 도술에 관계되지 않는다고 말할 수 있는가? 대서특필하지 않을 수 있는가? 나는 그들에게 역사를 편수할 재

較漢, 宋諸儒之羽翼聖經者, 功高倍蓰. 而編年家不知收此, 而收劾權要之事, 可謂拾其細而遺其大矣. 資治綱目凡例, 凡關道術者必書, 先生之六百三十四言可云不關道術乎哉? 可以不大書特書乎哉? 予未免有史才而無史識之嘆. 後有正史必以予言爲歸. 從來理學經濟名

280 孔子의 학설.
281 儒家에서 사람의 도덕 수양이 도달할 수 있는 최고의 경지를 이르는 말이다.
282 학문에서의 조예나 도달한 정도를 말한다.
283 道統을 뜻하는데, 宋, 明 理學家들이 유가의 학술과 사상을 가르쳐주고 전수받는 계통을 道統이라 했다.
284 「尊聖學疏」를 말하는데, 그 전문이 대략 6백여 자이므로 이같이 부른 것 같다.
285 학설이나 치국의 방법, 도덕, 학문 등을 가리킨다.

능만 있고 역사 편수에 대한 지식이 없었던 것을 한탄하지 않을 수 없다. 훗날에 가서 정사正史가 나오게 되면 반드시 나의 말대로 될 것이다. 지금까지 이학가理學家나 경세가經世家나 명신名臣들은 모두 사후에야 이름을 남겼다. 그런데 선생은 벼슬 없는 선비로서 생전에 청사에 기록되었으니, 고금에 있어 지극히 기이한 일 아니겠는가?

臣垂於竹帛者, 率在身後. 而先生以無位之布衣, 標靑史於生前, 豈非古今之至奇者哉?

선생의 육백삼십사언을 읽지 않으면 세상에 양 선생이 있다는 것을 믿지 못하며, 선생의 육백삼십사언을 읽고 나면 비로소 세상에 양 선생이 있다는 것을 믿게 된다. 선생은 한평생 몸과 마음을 나라를 위해 모두 바쳤다. 최근에 저술한 「벽사론」과 「중성설」은 육백삼십사언과 서로 표리를 이루니, 한데 놓고 볼 때 그 공이 맹자의 아래에 있지 않다. 산봉우리의 기이함을 비로소 믿게 되는 일도, 인물의 기이함을 비로소 믿게 되는 일도 모두 우리 고을에서 볼 수 있다. 지세가 영험하고 인물이 걸출하다더니, 참으로 그러하구나! 이에 선생의 글 네 편을 합쳐서 제목을 '시신始信'[286]이라 하고, 각각 각판하고 인쇄하여 서질書帙을 만듦으로써 천하 후세와 더불어 선생의 진정한 기이함을 함께 우러르고자 한다.

不讀先生之六百三十四言, 不信人間有楊先生, 讀先生之六百三十四言, 始信人間有楊先生也. 先生一生, 精神事業專致力於宮牆. 近著闢邪論中星說與六百三十四言相爲表裏, 合而觀之, 功不在孟子下矣. 峯之始信, 人之始信, 咸於吾郡見之. 地靈人傑, 信矣哉! 玆合先生之四文, 題曰始信, 另梓成帙, 以與天下後世共瞻先生之眞奇.

순치 경자년(1660)년 11월 1일
조카 왕태징이 머리를 조아려
자양의 강학 석상에서 절하고 적다.

順治庚子仲冬吉旦
眷姪王泰徵頓首
拜書於紫陽之講席.

286 『始信錄』은 산실되었다.

사교도는 이 서문 안에 '명사明史'라는 두 글자가 있다는 이유로 처음으로 예부에 양광선을 고발하여 저들의 죄를 사면받으려 하였다. 예부에서 심리하는 중에 양광선의 진술을 얻은 덕택에 그 대략적인 내용이나마 아래에 삼가 적는다.

邪教以此序內有明史二字, 首告光先到部, 冀脫彼罪. 蒙部審取光先口供, 猶記其大畧, 謹錄於左.

조정에서 『명사』에 관한 일을 엄중한 반역 사건으로 주벌한 것은 그 말이 윤리에 어긋남을 주벌한 것이지 '명사' 라는 두 글자를 징벌한 것은 아니다. 지금까지 멸망한 나라의 역사는 새로운 왕조에서 편수하면서 한 왕조의 정령政令의 득실을 고찰하여 좋은 것은 후세에서 본받게 하고 좋지 못한 것은 후세에서 경계를 삼도록 하였다. 이것이 곧 역대로 역사를 편수하는 대의이다. 예컨대 주나라와 진秦나라의 역사는 한漢나라 왕조에서 편수하였고, 한나라의 역사는 진晉(동진, 서진)나라 왕조에서 편수하였으며, 진나라의 역사는 수隋나라 왕조에서 편수하였고, 수나라의 역사는 당나라 왕조에서 편수하였다. 당나라 역사는 송나라 왕조에서 편수하였고, 송나라의 역사는 원나라 왕조에서 편수하였으며, 원나라의 역사는 명나라 왕조에서 편수하였으니, 명나라의 역사는 청나라 조정에서 명을 내려 문무대신의 총괄하에 편수국을 설치하게 하고 사신詞臣[287]들로 하여금 찬수하게 하여야 할 것이다.

朝廷誅莊逆之明史, 誅其言語不倫, 非誅明史二字. 從來墟社之史, 新朝修之, 考其一代政令之得失, 善者取以爲法於後世, 不善者取以垂戒於後世. 此曆代修史之意. 如周秦史漢修, 漢史魏修, 魏史晉修, 晉史隋修, 隋史唐修, 唐史宋修, 宋史元修, 元史明修, 明史應該淸朝命文武大臣總裁開局, 令詞臣纂修.

그러나 명나라 천계 연간과 숭정 연간에는 실록이 없고 게다가 조보朝報[288]가 산실되어 상고上考할 근거가 없었기에 시행하지 못하였다. 그래서 재야에서 고금의 정사政事에 관심을 갖고 있는 인사들이 『명기사략明紀史略』을 지었는데, 이를 야사野史라 일컫는다. 조정에서 편수 기구를 개설하고 편수한 역사를 정

因明朝天啓, 崇禎未有實錄, 加以朝報散失, 無憑稽考, 故未擧行. 所以田間留心古今政事之士, 著有明紀史略, 謂之野史. 朝廷開局纂修之史, 謂之正史. 野史適以備正史之採擇. 無野史

287 文學侍從의 臣下.
288 조정의 公報 · 詔令 · 奏章 및 관리의 임면 사항 등을 실었던 官報.

사正史라고 한다. 야사는 정사에서 채택할 것을 대비해두기에 적합하다. 야사가 없다면 정사가 사실을 고증할 길이 없게 되며 정사가 출간되면 야사는 자연 사라진다. '명사' 두 글자는 반역의 형률刑律에 속하지 않는다.

則正史無所考衷, 正史出而野史自然不存. 明史二字不在叛逆之科.

공자의 가르침에 따른 상소[289]

尊聖學疏

은음恩蔭[290] 신안위新安衛 관생으로 현재 관직에서 물러나 있는 양광선이 신하로서 나라를 부유하게 하고 백성을 구제하기 위한 일 등을 소장疏章으로 올리옵니다.

恩廕新安衛官生, 今讓職楊光先爲臣疏裕國恤民等事.

이과급사중吏科給事中 진계신陳啓新이 경전을 받든다는 명의를 빌려 마지려馬之驪가 경전을 받들지 않은 잘못을 규탄하고, 또 송宋 왕실이 변혁을 통해 오랑캐화한 것은 모두 학문의 죄요, 만대萬代의 인심과 도술道術을 무너뜨린 것은 송나라 진종眞宗(재위 997~1022)의 「권학가勸學歌」[291]로부터 시작된 것이라고 추론追論하였사옵니다. 이와 같은 죄를 지었으니, 진정 천지간에 용납되지 못할 것입니다. 사람이 생겨난 이래 성학은 성학으로 계속 이어져 내려왔으나, 이 도통이 천년토록 떨어져 끊어지지 않은 것은 『대학大學』의 도道로 시작되는 성학과

內云吏科給事中陳啓新假尊經, 以糾馬之驪之不尊經. 而追論宋室變革爲夷皆學之罪, 壞萬世人心道術由宋眞宗勸學之歌. 如此作孽, 眞不容於天地間矣. 生民以來聖聖相承, 惟此道統曆千世而不墜, 賴有聖學聖經一章, 冠以大學之道.

289 원래의 제목은 '三百六十四言'이라고도 하는데, 이것은 명나라 말기에 楊光先이 奸臣 陳啓新의 『假尊經』을 탄핵한 상소문이다. 이 일로 인하여 楊光先은 변방에 유배된다.

290 恩廕이라고도 한다. 조정에 경사가 있을 때 관원의 자손으로서 그 은덕으로 國子監에 들어가 공부하고 벼슬길에 나가는 것을 말한다.

291 勸學文이라고도 하는데, 내용은 이러하다. "부귀하려고 좋은 밭 살 것 무어냐. 책 속에서는 천 종의 쌀이 절로 나오거늘, 편안히 살려고 고대광실 지을 필요 없네. 책 속에는 본래 황금집이 있거늘, 문밖에 나가면 따르는 사람 없다고 한탄 마시라. 책 속에는 말과 수레가 살촉같이 많다네. 매파 없어 장가 못 든다 한탄 마시라. 책 속에는 옥같이 고운 미인 기다린다네. 남아로서 평생의 뜻 이루어 보려면 六經 들고 창 밑에서 부지런히 읽으시라."

성경 한 장章이 있었던 덕분이옵니다.

『논어』의 첫 구절은 "배우면서 때때로 익힌다"입니다. 지금까지 큰 성인과 현인들 중에서 학문의 힘으로 성공하지 않은 분이 어디 있었겠습니까? 천지간에서 학문은 해와 달처럼 끝도 낡음도 없으며 밝고 어두움은 있으나 사라지거나 멎는 법은 없습니다. 세도가 흥하면 학문도 따라 흥하고 세도가 더러우면 학문도 따라 더러워집니다.

論語一書, 首言學而時習. 從來大聖大賢, 孰非學力所致? 學之在天地間, 如日月之無終無古, 有明晦而無消歇. 世隆則從而隆, 世汚則從而汚.

진실을 추구하고 가짜를 내쳐버리는 것은 옛날의 법도가 가장 엄격히 지킨 것이었습니다. 배움이 죄가 된다는 말은 들어본 적이 없습니다. 원나라 말기처럼 꽉 막혔던 때에는 하늘도 땅도 거의 숨이 멎을 지경이었습니다. 그러나 유기劉基·송렴宋濂·진우陳遇·도안陶安·왕의王禕·장일章溢 같은 무리는 당시의 편향된 글로 인해 그 학문이 폄하되지 않았습니다.

求眞黜僞, 古道綦嚴. 未聞學可罪也. 卽否塞如元末之世, 天地亦幾息矣. 而劉基·宋濂·陳遇·陶安·王禕·章溢之徒, 不以時之左文而貶其學.

고황제高皇帝(朱元璋, 재위 1368~1398)께서 저양滁陽[292]에서 봉기하여 어두운 세상을 열어젖히고 크게 밝히니 뭇 선비들이 천운天運에 순응하여 구름같이 따랐으며 마침내 위대한 시대의 유가 종사宗師들이 되었습니다. 뒤를 이어서 방효유方孝儒·황관黃觀·철현鐵鉉·경청景淸[293] 같은 인물들이 등장하여 만대 충효의 으뜸이 되었습니다. 이후로 전

洎高皇帝崛起滁陽, 闢旣昏之天地而大明之, 諸儒應運雲從, 遂爲昭代儒宗之首. 繼而方孝孺·黃觀·鐵鉉·景淸輩, 又爲萬世忠孝之冠. 後此則錢唐之袒胸受箭, 李時勉之脇折金瓜, 于謙之旋乾轉坤, 王守仁之

292 지금의 安徽省 滁縣 일대이다. 朱元璋은 郭子興을 따라 滁州에서 기의했으며 明 건국 후 郭子興을 滁陽王으로 追封했다.

293 이들은 明 建文帝 때 齊泰, 黃子澄의 건의로 藩을 없애려 하자 燕王 棣가 이들을 간신으로 지목하고 기병해 평정한 '靖難의 변' 당시 명신들이다.

당錢唐[294]은 가슴을 드러내고 화살을 받겠다고 하였고, 이시면李時勉은 금과金瓜[295]에 갈빗대가 부러졌으며, 우겸于謙[296]은 천하의 추세를 돌려세웠고, 왕수인王守仁[297]은 무공과 문덕을 이루었으며, 양계성楊繼盛[298]은 감히 직언을 올려 황제의 노여움을 사고 간신의 심기를 건드렸고, 해서海瑞[299]는 강직하고 청렴하였으며, 오여필吳與弼과 진계유陳繼儒[300]는 도학道學의 문장文章을 지었는데 고결하고 고상하였으니 독서인의 맥이 한 번도 끊어진 적이 없습니다. 윤상倫常 또한 이들 덕분에 유지될 수 있었습니다. 그 밖의 이학理學, 경세제민經世濟民, 충절, 청렴, 충정의 사적들은 헤아릴 수 없이 많습니

武功文德, 楊繼盛之批鱗觸姦, 海瑞之剛直廉介, 吳與弼·陳繼儒之道學文章, 潔身高尚, 是皆未絶之讀書種子. 而倫常之事, 賴以扶植. 其他理學, 經濟, 忠節, 清貞不可勝數. 而啓新至謂太祖竭盡心力, 未見大有挽回. 何其敢於誣先聖, 誣祖宗, 誣名臣之若是!

294 唐은 塘의 誤記인데, 太祖 洪武 연간에 刑部尙書를 지낸 인물이다. 태조가 『孟子』에서 "군주가 신하를 하찮게 여기면 신하는 군주를 원수처럼 여긴다"는 구절을 읽고 신하가 할 말이 아니라며 공자와 함께 지내는 맹자 제사를 그만두고 이에 대해 간언하는 자를 화살로 쏘라고 명하자 錢塘이 나서서 맹자를 위해 가슴을 드러내고 화살을 맞겠다고 하였다. 『明史』 권 139에 傳이 실려 있다.

295 衛士들이 들고 있던 일종의 병장기 막대로, 철봉 끝에 노란 쇠를 붙인 것. 李時勉은 간언하다가 황제의 뜻을 거슬러 무사에게 金瓜로 맞아 갈빗대 세 개가 부러졌다고 한다.

296 于謙(1398~1457)은 浙江 錢塘 사람으로, 兵部尙書를 지냈으며 瓦剌(오이라트)의 수령 也先이 산서 大同을 침략해 英宗이 土木堡에서 포로로 잡혔을 때 북방 사수를 주장, 英宗의 동생을 景帝로 옹립하고 也先을 격퇴했다. 후에 강화가 이루어져 英宗이 돌아오고 복위된 뒤 모반죄로 몰려 죽었다.

297 王守仁(1472~1528)은 浙江 餘姚 사람으로, 농민 起義와 寧王 宸濠의 난을 진압하는 한편, 良知良能, 知行合一說을 주장하여 학문의 일가를 이루었으므로 무공과 문덕을 겸비했다고 한 것이다.

298 楊繼盛(1516~1555)은 容城 사람으로, 兵部員外郞 때 馬市를 여는 것에 대해 잘못을 질책하는 "十不可, 五謬"의 상소를 올렸다가 폄적되었고 兵部武選員外郞 때에는 嚴嵩의 간악한 죄에 대해 "十大罪, 五奸"의 상소를 올렸다 하옥되어 혹형을 당했다.

299 海瑞(1514~1587)는 廣東 瓊山 사람으로, 世宗이 도교에 심취해 정사를 돌보지 않자 嘉靖 45년 「治安疏」를 올려 황제의 과실을 질타하다 하옥되었다. 청렴결백하고 강직한 성격이었으며 1960년 말에 역사학자 吳晗이 海瑞의 일생을 다룬 『海瑞罷官』이라는 희곡을 썼다가, '작품 속 황제가 毛澤東을 빗대 비판한 것이고 海瑞는 彭德懷를 빗댄 것'이라 하여 四人帮에 의해 배척당한 바 있다. 이후 문화대혁명 시기에 금지되었다가 1980년대에 다시 공연되었다.

300 吳與弼(1391~1469)은 撫州 崇仁 사람이고, 陳繼儒(1558~1639)는 華亭 사람으로, 모두 明代의 이름난 理學家이며 陳繼儒는 은거해 저술에만 힘썼다.

다. 그런데 진계신은 심지어 태조께서 심력心力을 크게 만회하는 것을 보지 못했다고 하였습니다. 어찌 감히 옛 성인을 모독하고 조종祖宗을 모독하고 뛰어난 신하를 모독함이 이 같을 수 있단 말입니까!

황상께서는 하늘을 공경히 받들고 조종을 본받으며 경학經學을 존숭하고 이단을 물리치십니다. 또한 곧고 바르게 요堯·순舜·우禹·탕湯·문왕文王·무왕武王·주공周公·공자의 맥을 계승하고 계십니다. 제왕의 학문 중 오직 황상만이 그 주지를 얻으셨습니다. 신은 다만 황상의 학문이 돈독하지 못하고 좋아하는 하나 전일하지 못해, 행여 가짜 군자, 가짜 도학자道學者 들이 조정의 반열에 가득 서게 될까 두려울 따름입니다. 정직한 말이 날로 드물어지고 은혜로운 정치가 날로 숨어들어 천하가 날로 어지러워지지나 않을까 심히 걱정스럽습니다. 지금 진계신이 잠시 시행되지 않은 것을 가지고 곧바로 그 죄를 송나라 진종의 「권학가」에 돌리고 있으니, 이는 황제로 하여금 옛 성인의 학문을 없애게 하려는 것입니다.

皇上敬天法祖, 尊經黜異. 直接堯舜禹湯文武周孔之脈. 帝王之學, 唯皇上獨得其宗. 臣惟恐皇上學之不篤, 好之不專, 使僞君子, 假道學布列朝宁. 今讜言日疎, 惠政日壅, 致天下日趨於亂, 是爲深憂. 今啓新以一時之鮮實行, 而徑歸罪於宋宗之歌勸學, 是欲皇上廢先聖之學矣.

경전을 존숭한다는 것을 명분 삼아 실제로 학문을 없애고 있으니, 고금을 통해 이와 같이 경전을 존숭하는 법이 있었사옵니까? 천막 기둥을 꺾고 방문榜文을 찢어놓은 요사스러운 바람은 병자년에 과거 방문이 나붙던 날 요사스런 바람이 불어 방문이 찢어지고 방문 천막 기둥이 꺾였습니다. 바로 진계신이 올린 학문을 혐오하는 소장疏章에 대한 응험입니다. 하늘에 계시는 성인께서 방榜에 오른 북경 사람들을 깨우쳐

以尊經爲名而以廢學爲實, 古今有此尊經之體否? 臣謂折棚破榜之妖風. 丙子科榜出之日, 妖風碎榜, 吹倒榜棚. 正應啓新厭學之一疏. 此上天先聖所以提醒首善一榜之人以轉告夫天下學者.

천하의 학자들에게 전하여 알리도록 한 것입니다.

진계신의 본뜻은 이전에 제과制科[301]를 폐지한 일에 대해 논의를 펼치고자 하는 데 있을 따름입니다. 그래서 이 같은 교묘한 말로 황제의 마음을 움직이려 했던 것입니다. 신이 보건대, 진계신의 본뜻은 제과를 폐지하는 것에 그치지 않을 것입니다. 만일 진계신이 크게 쓰임을 받게 된다면, 서적을 불사르고 선비들을 구덩이에 묻어 죽이지 않고서는 그치지 않을 것입니다. 아, 요순의 시대에도 사흉四凶[302]을 용납하지 않았거늘 성명聖明한 황제가 위에 계시는데 어찌 요사하게 재화災禍를 빚어내는 이사李斯 같은 자를 남겨두겠습니까? 이 같은 자는 세상에서 비할 바 없이 위험한 죄인입니다. 신은 황상께서 어떻게 그를 대하실지 알지 못하겠사옵니다.

啓新本意, 不過欲申前罷制科之論. 故作此巧語以動皇上. 臣觀啓新之意, 未止於罷制科. 啓新苟得大用, 不至於焚書坑儒不已. 噫, 堯舜之世不容四凶, 而聖明在上, 豈可儲一妖祟之李斯乎? 此天地間無等之罪人, 臣不知皇上何以待之也.

301 과거 시험에서 임시로 설치한 시험 과목.

302 堯舜시대에 악명이 높았던 네 부족의 수령.

제1부

부득이 하권

얼경
孽鏡

머리말 引

『얼경』[1]은 서양 새 역법의 망령됨을 비춰주는 책이다. 사람이 세상에 사노라면 갖가지 죄를 짓게 된다. 사건이 일어나면 관가에서 상세히 심문하고 연루된 자들을 고문하지만 형법을 범한 무리는 그래도 억지를 쓰고 변명하면서 요행을 바란다. 그러나 염라국 '얼경' 아래 이르러 종전에 저지른 죄들이 전부 거울 속에 드러난 뒤에는 변명하고 싶어도 할 수가 없어 비로소 머리를 숙이고 죄를 자복한다. 이것이 바로 내가 『얼경』을 쓰게 된 이유이다.

孽鏡者, 鏡西洋新法之妄也. 人生世上造種種罪孽. 事發, 經官備諸拷掠, 而犯刑憲之徒猶强辯抵飾, 以希僥幸. 及至閻羅孽鏡之下, 從前所作罪孽畢見鏡中, 然後欲辨不能, 始俛首承伏. 此予所以有孽鏡之著也.

새 역법의 망령됨은 그 화근이 저들 종교에서 만든 세계지도에서 비롯되었으니, 바로 세상 모든 나라들의 대지는 마치 하나의 둥근 공과도 같아 천하 사방의 여러 나라 땅덩이가 허공에 매달려 있다고 한 것이다. 때문에 위에 있는 나라 사람의 발바닥이 아래에 있는 나라 사람의 발바닥과 마주하고 있다는 말이 나오게 된 것이다. 그러니 세상 모든 나라가 지평선 위에 있으면서 땅 위 하늘의 180도와

新法之妄, 其病根起於彼教之輿圖, 謂覆載之內萬國之大地, 總如一圓球, 上下四旁布列國土, 虛懸於太空之內. 故有上國人之足心, 與下國人足心相對之論. 所以將大寰內之萬國, 不盡居於地平之上, 以映地上之天之一百八十度, 而將萬國分

1 '孽'은 죄과, 죄악의 뜻으로, 孽鏡은 生前의 죄상을 낱낱이 밝혀주는 염라국의 거울이다. 18층 지옥 중 네 번째가 얼경지옥이다.

마주하고 있는 것이 아니라, 모든 나라의 절반은 지평선 위에 있으면서 그 위 하늘의 180도와 마주하고 있고, 나머지 절반은 지평선 아래에 있으면서 그 아래 하늘의 180도와 마주하고 있는 셈이다. 그렇기 때문에 저들은 지상에서의 250리 넓이가 하늘에서 1도의 차이가 된다고 말하면서, 자신들의 측정이 매우 정밀하기 때문에 갈청재 날리는 것으로 맞춰볼 필요도 없이 하늘 본래의 절기를 알 수 있다고 자랑하고 있다. 저들은 조선朝鮮 · 심양瀋陽[2] · 강소江蘇 · 절강浙江 · 사천四川 · 운남雲南 등 성省을 12개 구역으로 나누었는데, 각 구역의 절기와 시각, 일식 및 월식이 드는 분초는 지역에 따라 각기 다르다.

一半於地平之上, 以映地平上之天之一百八十度, 分一半於地平之下, 以映地平之下之天之一百八十度. 故云地廣二百五十里, 在天差一度, 自詡其測驗之精, 不必較之葭管之灰, 而得天上之眞節氣. 所以分朝鮮·盛京·江·浙·川·雲等省, 爲十二區, 區之節氣時刻交食分秒, 地各不同.

이같이 황당하기 짝이 없는 소리를 역법을 모르는 자들뿐만 아니라 역법과 역법의 원리를 잘 알고 있는 자들도 감히 믿지 않는 자가 없으니 그것은 무엇 때문인가? 하늘은 멀리 있고 사람은 가까이 있으니 가까이 있는 사람은 하늘에 물을 수 없고 멀리 있는 하늘은 또 사람에게 대답해주려고 하지 않기 때문이다. 그러니 진짜인지 아닌지 어떻게 분별하고 검증한단 말인가? 비록 마음속으로는 그것이 이치에 어긋나는 것임을 알고 있지만 물리칠 방법이 없기 때문에 저들의 종교(천주교)가 중국에 퍼질 수 있는 것이다.

此荒唐之說, 不但不知曆者信之, 卽精於曆法曆理者, 亦莫敢不信之, 何也? 天遠而人邇, 邇者旣不克問天, 而遠者又弗肯人答. 眞與不眞, 安所辨驗? 雖心知其妄, 然無法以辟之, 所以其教得行於中夏.

2 원문은 盛京으로, 1625년 청 太祖가 瀋阳에 옮겨와 황궁을 지었으므로 太宗 때(1634)부터 이곳을 盛京이라 불렀다.

나는 역법이 한 시대에 관련되는 커다란 법도이고, 역법의 원리는 성현에 관련되는 학문이라 여긴다. 불행히 사교로 인해 맥이 끊기고 있는데도 다급히 소리쳐 이를 구하고 바로잡지 않는다면 이 어찌 성인의 가르침을 크게 배반하는 것이 아니겠는가? 그렇기 때문에 지금까지 역법으로써 저들을 물리쳐왔는데, 학사대부 중에 역법에 정통한 자들이 적고 설사 있다 하더라도 종이에 적힌 진부한 말들을 표절해온 데 지나지 않아 역법을 정말로 알고 있다 할 수 없었기에 희화〔역법〕에 도움이 되지 못했던 것이다. 그래서 「적류십론摘謬十論」[3]이라는 글을 지어 앞서 공격하였으나 끝내는 고립된 처지에 빠져 그 사악한 기세를 억눌러 잠재우지 못하였으며, 또 역법의 원리로써 비판하였으나 학사대부들은 역법을 잘 알지 못하고 도리어 원리가 반드시 역법에 부합하라는 법은 없다며 의심을 하였다. 그러한 까닭에 「정고呈稿」[4]라는 글은 의문점이 그대로 남아 있는 안건이 되어 훗날 군자들이 시비를 바로잡아주기를 기다려야 하는 처지에 놓였다. 이렇게 되자 탕약망은 그릇되고 이치에 어긋난 역법을 함부로 퍼뜨리면서도 아무런 거리낌 없이 굴었다.

予以曆法關一代之大經, 曆理關聖賢之學問. 不幸而被邪教所擯絕, 而弗疾聲大呼爲之救正, 豈不大負聖門? 故向以曆之法辟之, 而學士大夫邃於曆法者少, 卽有之, 不過剽紙上之陳言, 未必盡知曆之法, 故莫爲羲和之援. 所以摘謬十論雖爲前矛, 然終以孤立, 莫克靖其魔氛, 旣又以曆之理辟之, 學士大夫旣不知曆之法, 必反疑理之未必眞能與法合. 所以呈稿一書, 竟作存疑之案, 以俟後之君子訂其是非. 故若望愈敢肆其邪妄, 而無所忌憚.

아, 이것은 학사대부들의 죄로다! 『상서尙書』 「요전堯典」에서는 하늘의 순환을 주시하고[5] 가지런히

噫! 斯學士大夫之罪也! 典重欽若察齊, 不知學者何以弗潛心

3 『不得已』 上(이 책 134쪽) 참조.

4 「正國體呈稿」를 말한다. 『不得已』 上(이 책 113쪽) 참조.

5 "이에 희화에게 명하여 하늘의 순환을 주시하고 일월성신의 규칙을 측정하여 사람들에게 시간을 계산하는 법을 전해주게 하셨다.〔乃命羲和, 欽若昊天, 歷象日月星辰, 敬授人時.〕"

살피는 것을 중시했는데 배우는 자들이 무엇 때문에 마음을 다해 깊이 탐구하지 않았는지 알 수 없도다. 명나라 태조는 천문을 익히는 것을 금하였지만, 역법을 익히는 것은 금한 적이 없었다.[6] 천문학에서는 별을 관측하고 운기를 살펴 길흉을 예언하는데, 이것이 사람의 귀를 미혹하고 어지럽히며 인심을 뒤흔들어놓기 충분하였기에 금하였을 것이다. 그러나 역법의 경우는 성명한 제왕이 하늘을 공경하고 백성을 부지런히 섬기는 데 사용했던 실제 정사였으니, 금해서야 되겠는가? 가령 역법을 금하였다면 과장科場에서 책문策問을 낼 적에 많은 선비들을 대상으로 역법을 묻지 말았어야 했을 것이다. 조정에서는 이미 많은 선비들에게 역법에 관한 책문을 낸 바 있고, 선비들 또한 역법으로 영화榮華와 명예를 얻은 바 있거늘, 이제 와서 몰랐다고 핑계대면서 새 역법의 기망됨과 희화〔역법〕가 사라지는 것을 좌시하고만 있으니, 이것이 학사대부들의 죄가 아니란 말인가!

探討. 明祖禁習天文, 未嘗禁習曆法也. 蓋天文觀星望氣, 詹驗妖祥, 足以惑亂人聽, 動搖人心, 故在所禁. 若曆法乃聖帝明王敬天勤民之實政, 豈亦所宜禁哉? 使曆法而禁, 則科場發策不當下詢曆法於多士矣. 朝廷既以曆法策多士, 而多士又以曆法射榮名, 今乃諉之不知, 而坐視新法之欺罔羲和之廢絶, 豈非學士大夫之罪哉!

역법이 술수에 가까운 것이어서 정녕 학사대부들의 마음을 움직이기에 부족하다 하더라도 「요전堯典」·「순전舜典」의 이전二典은 요순임금을 계승하고 존숭했던 공자께서 〔『서경書經』의〕 맨 앞에 놓

曆法近於術數, 故不足動學士大夫之念, 而二典爲祖述堯舜之孔子所首存, 豈亦不足動學士大夫之念呼? 此予之所以日

6 明 太祖(재위 1368~1398)는 사실상 역법을 배우는 것을 금지하여 좋지 않은 영향을 미쳤다. 沈德符는 『萬曆野獲編』「曆法」에서 "나라 초기에 천문을 배우는 것을 엄격히 금하였다. 역법을 배우는 자는 변방에 유배시켜 수자리를 하게 하였고 역법을 만든 자는 목을 베었다. 孝宗(재위 1487~1505) 때에 이르러 이 금령이 느슨해졌고 또 산림에 은거해 있는 자 중 역법에 정통한 학자를 뽑으려고 명을 내렸으나 끝까지 응하는 자가 없었다〔國初, 學天文有厲禁. 習曆者遣戍, 造曆者誅死. 至孝宗弛其禁, 且命征山林隱逸能通曆學者, 以略其選, 而卒無應者〕"고 하였다.

으셨던 것인데 그것도 학사대부의 마음을 움직이기에 부족하였단 말인가? 이것은 내가 밤낮으로 간절히 바라지만 내 힘으로 할 수 없는 것이다. 하는 수 없어서 희화역법을 잘 아는 옛날의 역관들에게 희망을 걸었지만 옛날의 역관이란 자들은 그들의 가학家學[7]을 모두 저버리고 원수에게 절하면서 아비로 삼고 도척盜蹠[8] 같은 악인들에게 꼬리치며 제 몸을 낳아준 조상들을 보고 짖어댄다. 그래서 이미 끊어져버린 희화역법의 한 가닥 맥이라도 지켜보고자 하지만 희화의 후예들 중에서는 그러한 자를 찾을 길이 없다. 이 때문에 나는 두렵다.

夜引領, 而不可得者也. 不得已而幸冀於羲和之舊官, 而舊官者若而人乃盡叛其家學, 而拜仇作父, 反搖尾於賊跖, 以吠其生身之祖考. 是欲求存羲和已絶之一線, 於羲和之後人者, 又不可得矣. 予爲此懼.

하늘의 순행을 관찰하는 올바른 법과 올바른 원리는 일단 차치하고, 오직 탕약망이 간행한 세계지도와 그가 바로잡았다고 하는 도리만을 얼경에 비추어 천하 후세 사람들과 함께 보고자 한다. 〔탕약망이 말하는〕 땅에서의 250리가 하늘에서는 1도 차이라는 것, 천상의 진짜 절기가 진짜가 아니라는 것은 미련한 사내나 아낙도 훤히 알 수 있는 것이어서 탕약망의 종전 주장이 모두 이치에 맞지 않다는 것을 깨닫는다. 학사대부들은 천상의 진짜 절기에 대한 그의 망령된 학설로부터 미루어 올라가 그의 역법, 역법의 원리, 학문의 망령됨을 알게 된다. 이에 〔저들과〕 중국에서 함께하지 않겠노라고 더불어 진군의 북을 울린다면, 희화의 학문은 추락했지만 다시 밝은 빛을 내게 될 것이

舍欽若之正法正理都置不論, 唯就若望所刊之輿圖, 所訂之道理, 照以孽鏡, 與天下後世共見. 其二百五十里差一度, 天上眞節氣之不眞, 卽愚夫愚婦見之, 莫不曉然明白, 盡識其從前之無所不妄. 學士大夫由其天上眞節氣之妄, 推而知其曆法曆理學問之妄. 鳴共功之鼓, 不與同於中國, 俾羲和之學墮而復明. 存羲和以尊二典, 尊二典以尊仲尼, 端有望於主持世道之大君子. 特懸孽鏡, 以照其妄

7 역관의 직업은 세습되었다.

8 춘추전국시대의 전설적인 大盜賊. 성격이 포악하여 살생과 약탈을 일삼고 사람을 회쳐 먹었으며 무리를 이루어 나라를 뒤흔들었다고 한다. 『莊子』 「盜蹠」 편에 孔子와 盜蹠이 문답하는 내용이 있다.

다. 희화를 보존하는 것으로 이전二典을 존숭하고, 이전을 존숭하는 것으로 공자를 존숭한다면 틀림없이 세상의 도리를 다스리고 지켜나갈 대군자도 기대할 수 있을 것이다. 이에 특별히 『얼경』을 내걸어 저들의 망령됨을 아래와 같이 비추어본다.

如左.

강희 개원改元(1662) 5월 단오
신안의 벼슬 없는 백성 양광선 장공 씀.

康熙改元仲夏端陽日
新安布衣楊光先長公氏著.

얼경

孽鏡

죄과: 탕약망이 판각하고 인쇄한 세계지도에서는 궁宮을 12폭幅으로 나누고 한 폭의 한계를 30도라고 하였다.

孽: 若望刻印之輿地圖, 宮分十二幅, 幅界三十度.

첫째 폭은 미궁未宮이다. 동극東極이 끝나는 곳은 바로 브라질〔伯西兒〕의 서쪽 변계이다. 360도의 말末에서 시작되고, 남아메리카〔南亞墨泥加〕가 331도 초初에서 끝난다.

第一幅, 未宮. 東極之盡, 是伯西兒之西偏. 起三百六十度末, 南亞墨泥加止三百三十一度初.

둘째 폭은 신궁申宮이다. 남아메리카의 기아나〔未亞納〕가 330도 말에서 시작되고, 태평양〔大東洋〕이 301도 초에서 끝난다.

第二幅, 申宮. 未亞納起三百三十度末, 大東洋止三百一度初.

셋째 폭은 유궁酉宮이다. 캐나다〔加拿大國〕가 300도 말에서 시작되고, 캘리포니아만〔東洪海〕이 271도 초에서 끝난다.

第三幅, 酉宮. 加拿大國起三百度末, 東洪海止二百七十一度初.

넷째 폭은 술궁戌宮이다. 북아메리카 서해안〔小東

第四幅, 戌宮. 小東洋起二百七

洋]이 270도 말에서 시작되고, 흑지黑地[9]가 241도 초에서 끝난다.

十度末, 黑地止二百四十一度初.

다섯째 폭은 해궁亥宮이다. 알래스카산맥〔雪山〕이 240도 말에서 시작되고, 솔로몬 군도〔沙蠟門島〕가 211도 초에서 끝난다.

第五幅, 亥宮. 雪山起二百四十度末, 沙蠟門島止二百一十一度初.

여섯째 폭은 자궁子宮이다. 알래스카〔亞泥俺國〕가 210도 말에서 시작되고, 일본日本 중부가 181도 초에서 끝난다.

第六幅, 子宮. 亞泥俺國起二百一十度末, 日本之中止一百八十一度初.

일곱째 폭은 축궁丑宮이다. 일본 중부가 180도 말에서 시작되고, 조선朝鮮이 174, 173, 172, 171도에서 시작되며, 중국〔中夏〕이 170도 말에서 시작되어 151도 초에서 끝난다.

第七幅, 丑宮. 日本之中起一百八十度末, 朝鮮起一百七十四三二一度, 中夏起一百七十度末, 止一百五十一度初.

여덟째 폭은 인궁寅宮이다. 성수해星宿海[10]가 150도 말에서 시작되고, 인도印度가 121도 초에서 끝난다.

第八幅, 寅宮. 聖宿海起一百 五十度末, 印度止一百二十一度初.

아홉째 폭은 묘궁卯宮이다. 천축天竺과 아라비아〔回回〕가 120도 말에서 시작되고, 인도양〔小西洋〕과 터키 지역〔魯密〕이 91도 초에서 끝난다.

第九幅, 卯宮. 天竺回回起一百二十度末, 小西洋, 魯蜜止九十一度初.

열째 폭은 진궁辰宮이다. 예멘〔亞登〕이 90도 말에서 시작되고 에게 해 서쪽〔利加亞〕이 61도 초에서 끝난다.

第十幅, 辰宮. 亞登起九十度末, 利加亞止六十一度初.

열한째 폭은 사궁巳宮이다. 그리스〔厄勒祭〕가 60도 말에서 시작되고 난득산蘭得山[11]이 31도 초에서

十一幅, 巳宮. 厄勒祭起六十度末, 蘭得山止三十一度初.

---

9 지금의 지명은 알 수 없으나 캐나다에 있는 곳으로 추정된다.

10 青海省의 黃河 발원지에 있다. 이 부분은 오류로 생각되는데, 星宿海는 당시의 경위선을 나눈 것에 따르면 140도 위치에 있어야 한다.

11 어디를 가리키는지 알 수 없다.

끝난다.

열두째 폭은 오궁午宮이다. 묵리默理[12]가 30도 말에서 시작되고, 대서양이 15도에 위치해 있는데, 브라질의 동쪽 변계가 5도에서 시작하여 1도 초에서 끝난다. 서극西極이 끝나는 곳은 동극의 제360도인 브라질과 서로 맞닿는다.

第十二幅, 午宮. 默理起三十度末, 大西洋在十五, 度伯西兒之東偏, 起五度止一度初. 在西極之盡處, 與東極第三百六十度之伯西兒相接.

거울: 세계지도에 따르면 동극의 미궁 제360도인 브라질은 곧 서극의 오궁 제1도인 브라질이다. 하늘의 제360도가 제1도와 맞닿아 있다면, 이는 곧 둥근 고리 모양이라는 이야기이다. 정말 그러하다면 4대 부주部州며 만국의 산천대지가 하나의 커다랗고 둥근 공이라는 것이다. 세상 모든 나라가 그 공의 상하 사방에 널려 있고, 공〔표면〕의 크고 작은 웅덩이는 곧 크고 작은 바다여서 물이 거기에 고여 있다는 것이다. 그러므로 공 위쪽 나라에 사는 사람들의 발바닥은 공 아래쪽 나라에 사는 사람들의 발바닥과 마주하고 있는 셈이다.

鏡: 據圖, 東極未宮第三百六十度之伯西兒, 卽西極午宮第一度之伯西兒. 如天之第三百六十度與第一度相接, 此環體也. 若然, 則四大部州, 萬國之山河大地, 總是一大圓球矣. 萬國錯布其上下四旁, 球之大小洼處, 卽是大小洋, 水附之. 所以球上國土人之脚心與球下國土人之脚心相對.

이러한 논의를 세운 뜻을 생각해보건대, 하늘에 혼천의渾天儀가 있는 것을 보고 땅에 혼지의渾地儀를 만들어 하늘의 궁도宮度와 짝을 이루려고 한 것 같다. 하지만 아래쪽 나라에 사는 사람들이 거꾸로 매달려야 한다는 것은 생각지 못하였으니, 이 이론은 마치 생각 없는 사람이 한때 흥분하여 되는 대로 허튼 소리를 해대면서 그것이 얼토당토않은 소

想其立論之意, 見天之有渾儀, 欲作一渾地之儀, 以配天之宮度. 竟不思在下之國土人之倒懸, 斯論也如無心孔之人, 只知一時高興, 隨意謅謊, 不顧失枝脫節. 無識者聽之, 不悟彼之爲妄, 反嘆其之聞見不廣, 有識者

12 어디를 가리키는지 알 수 없다.

리란 걸 생각하지 못한 것과 같다. 배우지 못한 사람이 이 말을 듣는다면 그 망령됨을 알아차리지 못하고 도리어 자신의 견문이 넓지 못함을 한탄할 것이지만, 배운 사람이 도리로써 헤아려본다면 저도 모르게 웃음을 터뜨려 밥알을 온 상 가득 뿜어내고 말 것이다!

以理推之, 不覺噴飯滿案矣!

모름지기 사람이란 머리 위에 하늘을 떠받치고 땅 위에 우뚝 서 있어야 하는 것이지, 가로 서거나 거꾸로 서는 사람이 있다는 말은 들어본 적이 없다. 오직 나나니벌은 벽에 붙어 기어 다닐 수 있고 파리는 〔천정에〕 거꾸로 붙어 있을 수 있지만, 사람이나 날짐승·들짐승·어패류는 모두 그리할 수 없다. 여러 가지 비유를 들 것도 없이 이층집을 예로 들어보자. 내가 이층 마루판 위에 바로 서 있을 때 탕약망이 마루판 아래에 거꾸로 서 있을 수 있다면 발바닥을 서로 마주하고 있는 나라라는 것이 정말 있을 수 있다. 만약 거꾸로 서 있을 수 없다면 동극 미궁 제360도의 브라질이 서극 오궁 제1도의 브라질일 수는 없는 것이다. 그런데 탕약망은 오궁의 서양에서 태어나 지금은 축궁의 중국에 와 있다. 축궁을 오궁과 상하로 나눈다면, 묻건대 탕약망이 보기에 그가 살고 있는 중국은 바로 서 있는가, 아니면 거꾸로 서 있는가? 만약 바로 서 있다면 그가 태어난 서양은 반드시 거꾸로 서 있어야 할 것이다. 만약 서양도 바로 서 있다면 동극 미궁 제360도의 브라질이 어떻게 서극 오궁 제1도의 브라질과 맞닿을 수 있다는 것인지 알 수 없다. 이것으로 미루어보면 대지가 둥글지 않다는 것을 알 수

夫人頂天立地, 未聞有橫立, 倒立之人也. 惟螺蟲能橫立壁行, 蠅能仰栖, 人與飛走鱗介, 咸皆不能. 玆不必廣喩, 請以樓爲率. 予順立於樓板之上, 若望能倒立於樓板之下, 則信有足心相對之國. 如不能倒立, 則東極未宮第三百六十度之伯西兒, 必非西極午宮第一度之伯西兒也. 且若望生於午宮之西洋, 今處於丑宮之中夏. 丑之與午分上下之位, 試問若望彼所見居之中夏, 是順立乎, 是倒立乎? 如是順立, 則彼所生之西洋, 必成倒立矣. 若西洋亦是順立, 則東極未宮第三百六十度之伯西兒, 不知何以得與西極午宮第一度之伯西兒接也. 此可以見大地之非圓也.

있다.

저 물이라는 것은 세상에서 가장 평평한 것이다. 평평하지 않으면 흘러가고 평평하면 머물러 있으며 가득 차면 넘쳐나는 것이 물의 본성이다. 대지가 정말 둥근 공과 같다면 온 사방과 아래쪽 국토의 웅덩이에 고인 바닷물이 무슨 까닭으로 쏟아지지 않는지 알 수 없다. 탕약망에게 묻노니, 저들 사교가 기이한 것을 좋아한다는데, 둥글게 생긴 물, 담벼락에 가로 서 있는 물, 위쪽에 둥둥 뜬 채 떨어져 내리지 않는 물을 본 적이 있는가? 지금 물이 가득 담긴 대야를 탕약망에게 넘겨주어, 대야를 기울이고도 물이 흘러나가지 않게 하고 대야를 뒤엎어 놓고도 물이 쏟아지지 않게 할 수 있다면 나는 사방에 대지가 있고 그 아래쪽에도 나라가 있다는 말을 믿을 것이다. 만약 〔탕약망이 대야를〕 기울여 물이 흘러나가지 않게 할 수 없고 대야를 뒤엎어 물이 쏟아지지 않게 할 수 없다면, 대지는 물같이 평평한 것이지, 공같이 둥글 수는 없는 것이다.

今夫水, 天下之至平者也. 不平則流, 平則止, 滿則溢, 水之性也. 果大地如圓球, 則四旁與在下國土洼處之海水, 不知何故得以不傾. 試問若望, 彼教好奇, 曾見有圓水, 壁立之水, 浮於上而下不滴之水否? 今試將滿盂之水付之若望, 能側其盂而水不瀉, 覆其盂而水不傾, 予則信大地有在四旁, 在下之國土. 如不能側而不瀉, 覆而不傾, 則大地以水爲平, 而無似球之事.

옆과 아래쪽에 있는 나라가 평평한 물속에 있다면 서양 사람은 모두가 물고기나 자라일 것이니, 탕약망은 사람일 수가 없다! 한마디로 서양의 학문은 용렬하고 비속하여 기이할 게 없다. 그런 학문을 가지고 중국에서 행세하려는 것은 마치 천으로 만든 북을 들고 뇌문雷門[13]으로 들어가는 것과 같으니, 세상에 들리지 않을 것은 당연하리라. 이 때문

苟有在旁在下之國, 居於平水之中, 則西洋皆爲魚鱉, 而若望不得爲人矣! 總之西洋之學, 庸俾無奇. 而欲以行於中夏, 如持布鼓過雷門, 其不聞於世也必矣. 故設高奇不根之論, 以聳中夏人之聽. 如南極出地三十六

13 浙江 會稽에 있었던 城門으로, 그곳에 있는 큰 북을 치면 洛陽까지 들렸다고 한다.

에 근거도 없이 높고 기이하기만 한 이론을 꾸며내어 중국 사람들의 이목을 끌고 있는 것이다. 예컨대 남극이 대지에서 36도나 높이 있다는 말에 대해, 중국 사람들이 속으로 터무니없음을 알고 있으면서도 그와 다투지 않는 것은, 직접 그곳에 가서 그 말이 거짓임을 증명할 길이 없기 때문에 짐짓 추궁하지 않고 있을 뿐이다. 그러자 저들은 계책이 적중한 줄로 여기고 급기야 희화의 학문을 끊어 없애기에 이르렀으며, 근거도 없는 책을 지어 혹세무민하고 후세를 더럽히고 있다. 이에 시급히 그것을 바로잡아 세상의 도리를 지키지 않을 수 없으니 천지의 덕성을 바르게 말하여 그 망령된 말을 깨뜨리고자 한다.

度之說, 中夏人心知其妄而不與之爭者, 以弗得躬履其地驗其謊, 姑以不治治之. 而彼自以爲得計, 遂至於滅羲和之學, 撰不根之書, 惑世誣民, 以汚後世. 不得不亟正之, 以爲世道之防. 請正言天地之德以破之.

하늘의 덕은 둥글며 대지의 덕은 네모나다고 성인께서 이미 상세히 말씀하셨다. 가볍고 맑은 것은 위로 떠올라서 하늘이 되는데, 한번 위로 떠오르면 쉬지 않고 회전하고 운행한다. 무겁고 탁한 것은 아래로 응집되어 땅이 되는데, 한번 아래로 응집되면 네모진 채 멈추어 움직이지 않는다. 이 두 기운은 맑거나 탁하고, 둥글거나 네모지고, 움직이거나 고요한 고정체인데, 네모졌다 다시 둥글게 변하는 것이 어찌 있을 수 있겠는가? 네모진 것이 정말 둥글어질 수 있다면 큰 천하 안에 작은 천하가 하나 더 있는 것이다. 탕약망에게 묻노니, 이 작은 천하라는 것은 허공에 떠 있는가, 아니면 안착해 있는가? 만약 허공에 떠 있다면, 이 허공의 대지는 반드시 기운의 부추김을 받아 쉬지 않고 움직일 터이니, 하늘이 하루에 한 바퀴를 돈 뒤에야 비로소 편

天德圓而地德方, 聖人言之詳矣. 輕淸者上浮而爲天, 浮則環運而不止. 重濁者下凝而爲地, 凝則方止而不動. 此二氣淸濁圓方動靜之定體, 豈有方而亦變爲圓者哉? 方而苟可以爲圓, 則是大寰之內, 又有一小寰矣. 請問若望, 此小寰者是浮於虛空乎, 是有所安着乎? 如以爲浮於虛空, 則此虛空之大地, 必爲氣之所鼓, 運動不息, 如天之行一日一周方成安立. 旣如天之環轉不息, 則上下四旁之國土人物隨地周流. 晝在上而順, 夜在下而倒, 人之與物亦不成其

안히 서 있는 것과 같을 것이다. 하늘이 쉬지 않고 회전한다면, 상하 사방에 있는 나라의 사람과 물건은 대지를 따라 떠다닐 것이다. 낮에는 위에 바로 서 있을 것이고, 밤에는 아래에 거꾸로 매달려 있을 것이니, 사람이나 물건이나 편안히 있을 수 없다. 만약 안착해 있다면, 〔대지의〕 아래쪽 나라의 사람이나 물건은 모두가 대지에 짓눌리고 깔려서 귀신이 되고 진흙이 되고 말 것이니, 또한 거꾸로 태어나 거꾸로 자라면서 편안히 있을 수도 없을 것이다!

爲安立矣. 如以爲有所安着, 則在下之國土人物, 盡爲地所覆壓, 爲鬼爲泥, 亦不得成其爲倒生倒長之安立矣!

이는 하늘이 하나의 기운이 뒤섞이어 생성되고, 마치 두 개의 사발을 합쳐 놓은 것처럼 위는 텅 비어 있고 아래에는 물이 담겨 있으며, 물속에 한 덩어리의 땅이 놓여 있다는 사실을 모르고 한 소리이다. 평탄한 것은 대지가 되고 높은 것은 산악이 되며 낮은 것은 강과 호수가 된다. 땅덩어리를 실은 물은 동서남북 네 개의 큰 바다이다. 하늘은 밖에서 물을 둘러싸고 있고, 땅은 물 가운데에 놓여 있다. 하늘은 형체가 둥글지만 움직임은 곧다. 그래서 일월성신이 거기에 매달려 있는 것이다. 땅은 고요하게 닫히지만 움직이며 열린다. 그래서 강과 호수의 물이 흘러가는 것이다. 물은 동쪽으로 흘러서 미려尾閭[14]로 새나가는데, 미려 안에 규칙적으로 운행하는 자연의 기운이 물에 부딪히게 되므로 끊임없이 순환하는 것이다.

不知天之一氣渾成, 如二碗之合, 上虛空而下盛水, 水之中置塊土焉. 平者爲大地, 高者爲山嶽, 低者爲百川. 載土之水卽東西南北四大海. 天包水外, 地着水中. 天體專而動直. 故日月星辰系焉. 地靜翕而動辟. 故百川之水輸焉. 水輸東注洩於尾閭, 閭中有氣機爲水所沖射, 故輪轉而不息.

14 동쪽 바다 가운데 있어서 바닷물을 빨아들인다고 하는 큰 구멍.

하늘은 서쪽으로 운행하는데 이것은 움직이며 열어주는 이치 때문이다. 미려는 바로 오늘의 약수弱水[15]인데, 세간에서 '누토漏土'라고 하는 것이 이것이다. 물이 미려로 새나가면 기운이 새나가는 것을 막아 순환시키고 샘물로 만든 다음 산골짜기로 내보낸다. 그러므로 성수해의 민산岷山·파총산嶓冢山의 강과 호수의 원류源流는 우묵한 곳을 채우고 앞으로 나아가는데, 이것은 바로 고요하게 닫아주는 이치 때문이다. 고요하게 닫아주는 기운이 아니라면 산꼭대기에서 흘러내리는 샘물이 어찌하여 밤낮 멈추지 않고 동으로 가는데도 마르지 않겠는가? 움직이며 열어주는 자연의 운행이 아니라면 동해의 해변이 어떻게 예로부터 지금까지 차서 넘치지 않겠는가? 이로써 대지와 물은 서로 잇닿아 있고, 대지는 허공에 떠 있지 않다는 사실을 명백히 알 수 있다.

而天運以西行, 此動辟之理也. 尾閭, 則今之弱水, 俗所謂漏土是也. 水泄於尾閭, 氣翕之而輪轉爲泉, 以出於山谷. 故星宿海岷嶓百川之源盈科而進, 此靜翕之理也. 苟非靜翕之氣, 則山巓之流泉, 何以不舍晝夜東委而不竭. 非動辟之機, 則東海之涯涘, 何以自亘古至來今而不盈? 此可以見地水之相着, 而大地之不浮於虛空也明矣.

땅이 물 가운데에 있다면 여러 나라의 땅 표면은 모두 지평선 위에 있을 것이다. 물이 대지를 잠기게 한다면 여러 나라의 땅 뒷면은 모두 지평선 아래에 있을 것이다. 지평선이란 바로 동서남북에 있는 네 개의 큰 바다의 수평면이다. 지평선 위쪽의 표면은 마땅히 지평면 위의 천도天度[16]와 마주하고 있어야 한다. 지평선 아래쪽의 뒷면은 마땅히 지평면 아래의 천도와 마주하고 있어야 하니, 이는 명

地居水中, 則萬國之地面皆在地平之上. 水浸大地, 則萬國之地背皆在地平之下. 地平卽東西南北四大海水也. 地平上之面, 宜映地平上之天度. 地平下之背, 宜映地平下之天度, 此事理之明白易見者也.

15 부력이 약해서 깃털도 가라앉는다는 전설상의 물의 이름. 弱水에 관해서는 『尙書』「禹貢」, 『山海經』「西山經」 등에 기록이 있다.

16 天球의 둘레를 일정 구역으로 나누어 놓은 度數.

백하고도 쉽게 알 수 있는 사물의 이치이다.

해와 달을 보지 못하였는가? 달은 빛이 없어서 해가 비춰주는 빛으로 빛을 삼고 있다. 보름 저녁에 해가 서쪽으로 질 때 달이 동쪽에서 떠올라 달과 해가 동서에서 마주보기 때문에 달은 햇빛을 모두 받을 수 있다. 초하루에는 달과 해가 같은 천도에 있으므로 이것을 합삭合朔이라고 한다. 아침에 〔해와 달이〕 함께 동쪽에서 떠오르면 해는 위쪽에 있고 달은 아래쪽에 있는데, 달의 뒷면이 위로 해와 마주하기 때문에 뒷면으로 햇빛을 모두 받게 된다. 이때 달의 앞면이 아래로 대지를 비추기 때문에 어둡고 빛도 없는 것이다. 이것이 바로 땅 표면이 지평면 위쪽의 182도 반의 천도를 비추고, 땅 뒷면이 지평면 아래쪽의 182도 반의 천도를 비추는 이치인 것이다. 이것을 보고도 알지 못하여 대지가 공처럼 둥글어 하늘의 360도 천도 모두를 비춘다고 한다면, 달도 둥근 공과 같을 것이어서 햇빛을 모두 받을 것이며, 그믐·초하루·반달·보름달의 차이 또한 없어야 마땅할 것이다. 이것이 바로 대지가 공처럼 둥글다는 학설이 허튼 소리인 까닭이다.

不觀之日月乎? 月無光, 映日之光以爲光. 望之夕日沒於西而月昇於東, 月與日東西相望, 故月全映日之光. 而盈朔之日, 月與日同度, 謂之合朔. 朝同出於東方, 日輪在上, 月輪在下, 月之背上與日映, 故背全受日之光. 月之面下映大地, 故晦而無光焉. 此卽地面映地平上一百八十二度半之天度, 地背映地平下一百八十二度半之天度之理也. 若望此焉而弗知, 而謂大地如球, 以映天三百六十之全度, 則月亦如球, 亦當全映日之光而無晦朔絃望之異矣. 此大地如球之所以爲胡說亂道也.

죄과: 탕약망의 세계지도에 따르면 대서양은 오궁 제11도에서 시작하여 동쪽으로 사궁·진궁·묘궁·인궁을 거쳐 중국에 이르며 축궁 제170도에서 끝이 난다.

孽: 據若望之輿地圖, 大西洋起午宮第十一度, 東行曆巳辰卯寅至中夏, 止丑宮第一百七十度.

거울: 이 세계지도를 자세히 들여다보고 중국 사람들은 그저 궁을 나누고 천도를 추산한 것의 정밀함을 부러워할 줄만 알았지, 〔천도에서〕 탕약망이

鏡: 詳觀此圖, 中夏之人, 只知羨其分宮占度之精當, 而弗察其自居居人之深意. 中夏之人

서양 나라들을 어디에 배치하고 중국을 어디에 배치했는지 그 내면의 깊은 뜻을 살피지 못하였다. 중국 사람들은 어쩌면 이리도 멍청한가! 더구나 비싼 가격에 그 지도를 구해서는 마치 벽옥璧玉이라도 얻은 듯 청사에 걸어두었으니, 탕약망이라는 간악한 도적에게 비웃음을 사지 않을 수 있겠는가? 탕약망의 죄를 성토해보고자 한다.

何太夢夢也! 且高値求之, 如獲拱璧, 以居於廳事之上, 豈不爲湯賊所暗哂哉? 請聲其罪.

오궁이란 남쪽 정양正陽 지역으로, 『주역周易』에서 말하는 건괘乾卦이다. 건乾은 군주의 형상이며, 양陽은 군주의 자리이다. 축궁이란 북쪽의 그늘지고 어두운 지역으로 『주역』에서 말하는 곤괘坤卦이다. 곤坤은 부녀자의 도道이며, 음陰은 신하의 도이다. 탕약망이 말하는 서양은 서방의 끝자락이니, 천도를 점칠 때에 마땅히 유궁·술궁에 놓아야 할 것이다. 중국은 천지의 한가운데에 있으니 천도를 점칠 때에 마땅히 정오正午의 자리에 놓아야 할 것이다. 그런데 그는 정오의 자리에 중국을 놓지 않고 서양을 놓았으며, 유궁·술궁에 서양을 놓지 않고 어두운 축궁에 중국을 놓았다. 이는 명백히 스스로를 임금의 자리에 놓고 중국을 신첩臣妾으로 삼은 것이니, 무례하기가 극에 달했다고 할 수 있다! 신하 된 자라면 군주에게 무례하게 구는 자를 보고 새매가 참새를 쫓듯이 해야 하는데, 그 당시 종백평장宗伯平章이라 불리던 자(서광계)는 과연 무엇을 보고 탕약망을 추천하였는가?

按午宮者, 南方正陽之地, 先天爲乾. 乾者, 君之象也, 陽者, 君之位也. 丑宮者, 北方幽陰之地, 先天爲坤. 坤者, 婦道也, 陰者, 臣道也. 若望之西洋在西方之極, 其占天度也宜以酉戌自居. 中夏在天地之中, 其占天度也宜居正午之位. 今乃不以正午居中夏, 而以正午居西洋, 不以酉戌居西洋, 而以陰丑居中夏. 是明以君位自居, 而以中夏爲臣妾, 可謂無禮之極矣! 人臣見無禮於其君者, 如鷹鸇之逐雀, 不知當日所稱宗伯平章者, 果何所見而援引之也?

오궁과 축궁의 상하 위치로 헤아려볼 때, 대지가 둥근 공과 같고 발바닥을 서로 맞대고 있다는 학설은 더욱 사람 마음을 상하게 한다. 오양午陽은 위

因午丑上下之位推之, 則大地如球足心相踏之說, 益令人傷心焉. 午陽在上, 丑陰在下, 明

에 있고 축음丑陰은 아래에 있으니, 우리 중국더러 저 서양 발아래 있는 나라라고 말하고 있음이 분명하다. 우리 중국을 업신여김이 참으로 심하도다! 이 말은 헐뜯고자 하는 말이 아니다. 서양이 차지한 오궁을 살펴보면 그 뜻하는 바가 자명하지 않은가. 한마디로 천주교인들의 속마음은 우주의 대주大主가 되려고 하는 것이다. 하늘은 예수가 다스리고 있고, 만국의 온 인류는 아담 한 사람이 낳았으며, 저들의 나라가 정오의 양陽〔正陽〕[17]에 자리잡았으니, 다른 모든 나라는 예수의 신첩인 셈이요, 저들의 땅이 위에 있으니 다른 모든 나라는 저들의 아래와 주변 사방에 있는 셈이다. 이런 것쯤은 소인배들의 황당무계한 이야기이니 따질 것조차 없다고 말할 수 있다. 그러나 '依西洋新法(서양의 새 역법에 따라서)'이라는 다섯 글자는 명백히 우리 중국이 서양의 달력〔正朔〕을 받든다고 말하고 있는 것이니, 이것도 따질 것조차 없다 할 것인가! 신하된 자로서 역심을 품었다면 목을 베어야 마땅하다 하였는데, 탕약망의 소행은 역심이 극에 달한 것이라 할 수 있다! 중국의 임금과 신하들은 잘 생각해보시라! 저들은 결단코 중국과 함께할 수 없으며, 남겨둔다면 반드시 후환이 될 것이다.

謂我中夏是彼西洋脚底所踹之國. 其輕賤我中夏甚已! 此言非讒之也. 察彼所占之午而義自見矣. 總之, 天主教人之心, 欲爲宇宙之大主. 天則耶蘇之役使, 萬國人類爲亞當一人所生, 國則居正午之陽, 而萬國皆其臣妾, 地則居上, 而萬國在其下與四旁. 此猶可曰小人無稽之言, 不足與較. 而依西洋新法五者, 明謂我中夏奉西洋之正朔, 此亦不足較乎! 人臣無將, 將則必誅, 若望之所行可謂將之極矣! 中夏君臣請試思之! 斷不可與同中國, 留之, 必爲他日患.

죄과: 탕약망이 역법을 진정進呈하면서 올린 주장奏章에서 말하기를, "대지에서 250리 넓이는 하늘에서는 약 1도의 차이가 됩니다. 이것이 바로 각

孽: 若望進曆疏云: "在地廣二百五十里, 在天約差一度. 此各省眞節氣時刻, 交食分秒所

17 남방의 해가 중천에 있을 때의 기운. 唐 咸玄英은 '日午正陽'이라 했다.

성省마다 참된 절기와 시각, 일식과 월식이 드는 분초가 제각기 다르게 나타나는 까닭입니다. 그래서 조선·심양·강소·절강·사천·운남 등 12개 구역으로 나눈 것입니다. 구역의 절기 및 해가 뜨고 지는 시각, 일식과 월식이 드는 분초는 지역마다 다르기 때문에 이렇게 해야만 하늘의 참된 절기를 얻을 수 있습니다"라고 하였다.

繇以異. 故分朝鮮·盛京·江·浙·川·雲等省, 爲十二區. 區之節氣及日出沒時刻, 交食分秒地各不同, 此得天上之眞節氣."

거울: 땅의 도리로써 하늘의 도수에 맞추는 것은 그 방법이 나침반과 다르다. 나침반은 스물네 개 산의 오행을 정하므로 하늘의 365도를 넷으로 나눈 것 전체를 가지고 지상에서 하늘을 관측한다. 하늘에는 위와 아래가 있고 대지에도 정면과 뒷면이 있다. 하늘의 위쪽을 지평선 위에 있는 대지의 정면에 비추면, 이는 곧 태양이 낮 동안 하늘 위의 천도를 운행하는 것을 둘로 나눈 모양새가 된다. 지평선 아래에 있는 하늘을 지평선 아래에 있는 대지의 뒷면에 비추면, 이는 곧 태양이 밤 동안 대지 아래의 천도를 운행하는 것을 둘로 나눈 모양새가 된다. 때문에 지상에서 하늘을 관측하는 경우에는 182도 62분 87초 50미를 사용하는 것이니, 이것이 나침반의 사용법과 다른 부분이다.

鏡: 以地之道理, 準天之度數, 其法與羅經不同. 羅經定二十四山之五行, 故用天三百六十五度四分度之一之全以地測天. 天有上下, 地亦有面背. 在上之天映地平上之地面, 卽二分太陽晝行天上度之體也. 在地下之天, 映地平下之地背, 卽二分太陽夜行地下度之體也. 故以地測天者, 用一百八十二度六十二分八十七秒五十微, 此其所以與羅經之用不同也.

여기에서는 옛 성인들의 역법 원리에 의거할 것 없이, 지상 모든 곳에 비추는 하늘의 반을 탕약망의 말에 따라 둥근 공처럼 생긴 대지에 천도를 모두 짝짓는다 하여도 하늘의 본래 절기를 살필 수 있다. 새 역법에서는 하늘을 360도로 나누었는데, 탕약망이 상소에서 "250리에 1도의 차이가 난다"고 한 말에 근거하자면 천 리는 4도, 만 리는 40도

今不必依古先聖人之法之理, 以地之全映天之半, 卽照若望圓球之地, 以配天之全度, 而天上之眞節氣可從而考矣. 新法判天爲三百六十度, 據若望疏云: "二百五十里而差一度," 是千里差四度, 萬里差四十度, 三

의 차이가 날 것이므로 360도라면 그 차이가 도합 구만 리에 그칠 것이다. 과연 이 말과 같다면, 이 큰 우주 안의 그 많고 많은 나라들, 거기에 네 개 큰 바다의 물까지 합쳐서 계산한다 하더라도 동쪽 하늘가로부터 서쪽 하늘가까지 가로 직경 구만 리, 남쪽 하늘가에서 북쪽 하늘가까지 세로 직경 구만 리에 그쳐야 할 것이며 여기에 보탬이 있을 수는 없을 것이니, 이는 밖을 둘러싼 하늘이 있고, 그 하늘에 제한되어 있는 도수가 있기 때문이다. 대지의 직경이 구만 리인 것은 탕약망이 스스로 정해 놓은 250리에 1도 차이가 난다는 말에 따른 것이니, 제 아무리 교묘하게 변론한다 하더라도 이를 뒤집을 수는 없을 것이다.

百六十度共差九萬里止矣. 果如所言, 則大寰之內, 萬國之多, 幷四大海水合而計之, 東天際至西天際橫經九萬里, 南天際至北天際直徑九萬里止矣, 而必不能有所增者, 有天包之於外, 有度以限之於天故也. 地徑九萬里者, 乃若望自訂二百五十里而差一度之率, 雖有巧辯, 不可易也.

죄과 : 탕약망은 또 상소에서 말하기를 "신은 대서양으로부터 팔만 리를 항해하여 북경에 왔습니다"라고 하였다.

孽 : 若望又疏云: "臣自大西洋八萬里航海來京."

거울 : 살펴보면, 탕약망의 고국인 서양 나라는 오궁 제10도에서 시작하니, 우리 중국이 있는 축궁 170도까지 오려면 〔그 거리가〕 도합 160도이다. 바닷길에서의 1도 차이를 250리로 계산하면 사만 리에 불과해야 마땅한데, 어찌하여 팔만 리를 거쳐 중국에 왔다고 하는가? 팔만 리를 160도로 나누면 1도는 500리가 되어야 한다. 이것이 올바른 계산법이다. 여기에 동방의 도수 200도를 곱하면 십만 리가 나오므로, 〔탕약망이 온 거리를〕 모두 합하면 십팔만 리나 된다. 구만 리로 한정하여 말한 것과 서로 모순되지 아니한가!

鏡: 考若望之西洋國在午宮第十度起, 至我中夏在丑宮第一百七十度止, 共計一百六十度. 以海度差二百五十里積之, 止該四萬里, 何云八萬里來中夏也? 以八萬里分爲一百六十度, 每度該地五百里. 此法之正也. 再將東方二百度計之, 又有十萬里, 共計十八萬里. 則與限定九萬里之率自相剌謬矣!

탕약망에게 묻노니, 하늘의 절기는 무슨 방법으

請問若望, 天上之節氣將何從而

로 그 진실을 얻을 수 있는가? 이것을 보면 지난 18년 동안 모든 것이 구름과 안개 속에 있었다는 것을 알 수 있다! 이는 여전히 탕약망이 대지는 둥근 공과 같다고 한 말로부터 미루어 추측해 나온 것이다. 대지의 가로 직경 계산법을 250리에 1도 차이가 난다는 말로 미루어 헤아려보면, 동쪽 하늘 끝에서 서쪽 하늘 끝까지의 가로 직경은 사만 오천 리에 지나지 않는다. 그러니 팔만 리 길을 왔다는 말은 가로 직경보다 삼만 오천 리나 더 많은 것이다. 이렇게 차이가 많이 나는 것 외에도 십만 리 길이 더 있지 않은가!

得其眞乎? 觀此, 則十八年來盡墮其雲霧中矣! 此猶就若望大地如球之率推之也. 若以地平橫經之法二百五十里差一度推之, 則自東天際至西天際, 橫經止得四萬五千里. 而八萬里之來程, 已多於橫經三萬五千里矣. 況所多之外, 更有十萬里哉!

〔팔만 리 이외에〕 추가로 더 있는 십만 리 길은 일단 논외로 두고 탕약망의 여정에서 추가된 삼만 오천 리만 가지고 말해보아도 하늘을 뚫고 밖으로 나간 것임에 틀림없다. 탕약망에게 묻건대, 중국이 하늘 밖에 있는가, 아니면 서양이 하늘 밖에 있는가? 만약 우리 중국이 하늘 밖에 있다면, 중국은 확실하게 하늘과 땅 사이에 자리잡고 있으므로 하늘 밖에 있을 리 만무하다. 만약 서양이 하늘 밖에 있다고 한다면, 서양이 하늘에 가로막혀 있을 터인데 탕약망은 어떻게 하늘을 넘어서 올 수 있었는가? 만약 중국과 서양이 모두 하늘 안에 있다면, 250리가 1도 차이라고 상주한 것은 붉은 패牌의 금지를 기망하는 행위이니, 탕약망은 무엇으로 변명하려는가!

且姑置此更多之十萬里於不論, 卽就若望來程所多之三萬五千里言之, 定當撑破天外矣. 試問若望, 還是中夏在天外乎, 還是西洋在天外乎? 若云中夏在天外, 而我中夏實居天地之中, 無在天外之理. 若云西洋在天外, 則西洋爲天所隔限, 若望何能越天而來? 若云中夏西洋具在天內, 則二百五十里而差一度之奏, 是爲欺罔紅牌之禁, 若望何以自文也!

죄과: 탕약망이 각판하고 인쇄한 〈견계총성도見界總星圖〉를 보면 기수箕宿의 수水·표범〔豹〕 3도는 축궁丑宮 초에 있고 귀수鬼宿의 금金·양羊은 오궁午宮의 제3과 제4도에 있다.

孽: 若望刻印之見界總星圖, 箕水豹三度在丑宮之初, 鬼金羊在午宮之第三第四度.

겨울: 탕약망은 동짓날 태양이 황도를 따라 기수 3도를 운행한다고 하여 하늘의 운행 역수曆數와 궁수宮宿[18]의 이치도 살피지 않고 하늘의 정해져 있는 법칙을 위반하고 왜곡된 사견을 제멋대로 펼쳐서 인궁寅宮의 기수 3도를 축궁丑宮 초로 옮겨놓았다. 이 때문에 하늘 가득한 별자리들이 모두 10여 도나 옮겨졌다. 다른 궁들은 그런대로 드러나지 않지만, 유독 미궁의 귀수鬼宿 금金과 양羊만은 본래 미궁의 제25와 제26도에 있던 것이 옮겨져서 오궁 제4와 제5도에 들어가 있다. 이렇게 되니 미궁은 전부가 정수井宿 차지가 되고 귀수의 금과 양은 기운조차 없어졌다.

鏡: 若望因冬至日躔箕三度, 不察天行之數, 宮宿之理, 違天定之則, 逞曲學之私, 將寅宮之箕三移入丑宮之初. 因而將滿天星宿, 俱移十餘度. 他宮猶爲不顯, 獨未宮之鬼金羊宿, 原在未宮第二十五二十六度, 今移入午宮第四五度. 是未宮全爲井宿所躔, 而無鬼金羊之氣矣.

대저 사람을 낳은 열두 띠는 까닭 없이 정한 것이 아니다. 하늘에 널려 있는 28수는 제각기 길게 혹은 짧게 천도를 차지하고서 12궁에 나뉘어 에워싸여 있으며, 각 궁마다 하나의 성수를 정하여 그 궁의 주인으로 삼는다. 이 때문에 자오묘유子午卯酉가 사중四仲[19]이 되는데, 중仲이란 가운데라는 뜻이요 바르다는 뜻이다. 이것을 일러 사정궁四正宮[20]이라 하며 네 개 태양을 주수主宿로 삼는다. 허일虛日에는 쥐 자리가 자궁子宮의 한가운데 자리잡고 있으므로 자년子年에 태어난 사람은 쥐띠이고, 성일星日에는 말 자리가 오궁午宮의 한가운데 자리잡고 있으므로 오년午年에 태어난 사람은 말띠이며,

夫生人之十二肖, 非無故而取也. 天列二十八宿, 占度各有短長, 分包於十二宮, 每宮取一宿以爲一宮之主. 故子午卯酉爲四仲. 仲者, 中也, 正也. 謂之四正宮, 以四太陽爲主宿. 故虛日鼠宿居子宮之中, 所以子年生人肖鼠, 星日馬宿居午宮之中, 所以午年生人肖馬, 房日兎宿居卯宮之中, 所以卯年生人肖兎, 昴日鷄宿居酉宮之中, 所以酉年生人肖鷄. 此四正宮之宿

18 宮宿 또는 宮은 하늘을 12등분한 것의 하나 또는 별자리를 말한다.
19 太陰, 즉 木星이 12궁의 卯·酉·子·午의 네 面 바로 중간에 있다는 말.
20 主宿가 한가운데 있는 네 개의 宮.

방일房日에는 토끼 자리가 묘궁卯宮의 한가운데 자리잡고 있으므로 묘년卯年에 태어난 사람은 토끼띠이고, 묘일昴日에는 닭 자리가 유궁酉宮의 한가운데 자리잡고 있으므로 유년酉年에 태어난 사람은 닭띠이다. 이는 사정궁四正宮의 성수가 한가운데에 자리잡고 있기 때문인 것이다.

所以居於中也.

인신사해寅申巳亥는 사맹四孟인데, 맹孟은 왼쪽에 있으므로 별자리에서 왼쪽에 있는 것을 사맹궁이라 하며, 네 개의 화성火星을 주수主宿로 삼는다. 미화尾火에서는 호랑이 자리가 인궁寅宮의 왼쪽에 자리잡고 있기 때문에 인년寅年에 태어난 사람은 호랑이띠이고, 자화觜火에서는 원숭이 자리가 신궁申宮의 왼쪽에 자리잡고 있기 때문에 신년申年에 태어난 사람은 원숭이띠이며, 익화翼火에서는 뱀 자리가 사궁巳宮의 왼쪽에 자리잡고 있기 때문에 사년巳年에 태어난 사람은 뱀띠이고, 실화室火에서는 돼지 자리가 해궁亥宮의 왼쪽에 자리잡고 있기 때문에 해년亥年에 태어난 사람은 돼지띠이다. 이는 사맹궁의 성수가 왼쪽에 자리잡고 있기 때문인 것이다.

寅申巳亥爲四孟, 孟居左, 故以宿之在左者爲四孟宮, 以四火星爲主宿. 尾火虎宿居寅宮之左, 所以寅年生人肖虎, 觜火猴宿居申宮之左, 所以申年生人肖猴, 翼火蛇宿居巳宮之左, 所以巳年生人肖蛇, 室火猪宿居亥宮之左, 所以亥年生人肖猪. 此四孟宮之宿所以居於左也.

진술축미辰戌丑未는 사계四季인데, 계季는 오른쪽에 있으므로 별자리에서 오른쪽에 있는 것을 사계궁이라 하며, 네 개의 금성金星을 주수主宿로 삼는다. 항금亢金은 용 자리가 진궁辰宮의 오른쪽에 자리잡고 있기 때문에 진년辰年에 태어난 사람은 용띠이고, 누금婁金은 개 자리가 술궁戌宮의 오른쪽에 자리잡고 있기 때문에 술년戌年에 태어난 사람은 개띠이며, 우금牛金은 소 자리가 축궁丑宮의 오

辰戌丑未爲四季, 季居右, 故以宿之在右者爲四季宮, 以四金星爲主宿. 亢金龍宿居辰宮之右, 所以辰年生人肖龍, 婁金狗宿居戌宮之右, 所以戌年生人肖狗, 牛金牛宿居丑宮之右, 所以丑年生人肖牛, 鬼金羊宿居未宮之右, 所以未年生人肖羊.

른쪽에 자리잡고 있기 때문에 축년丑年에 태어난 사람은 소띠이고, 귀금鬼金은 양 자리가 미궁未宮의 오른쪽에 자리잡고 있기 때문에 미년未年에 태어난 사람은 양띠이다. 이는 사계궁의 성수가 오른쪽에 자리잡고 있기 때문인 것이다.

此四季宮之宿所以居於右也.

맹중계孟仲季의 명칭은 주수主宿가 왼쪽, 가운데, 오른쪽 어디에 있느냐에 따라 정해지고, 12궁의 명칭은 주수가 어떤 상象을 하고 있느냐에 따라 정해지며, 사람이 태어난 띠는 12궁의 주수에 따라 정해지니, 아무 근거도 없이 함부로 집어낸 것이 아니다. 이로써 희화역법의 정밀함을 증명할 수 있다. 이 띠를 역서 뒤의 기년紀年 조목에 적어 천하와 각 속국에 반포하라. 그것은 일대 역법의 새로운 편찬과 관련되는 문제로, 세세한 정령의 문제가 아니다.

孟仲季之名以主宿所居之左中右而定, 十二宮之名以主宿之象而定, 人之生肖以十二宮主宿而定, 非萬無考據而亂拈. 此可以徵羲和氏之精審也. 此生肖書於曆後之紀年, 以頒於天下與各屬國. 其關於一代新修之曆法, 亦非細政令也.

지금 새 역법에서는 자화 원숭이 자리를 가운데로 옮겨오고, 삼수參水 유인원〔猿〕 자리를 왼쪽에 두어, 신궁申宮의 왼쪽이 유인원 차지가 되었다. 이리되면 신궁은 원숭이띠가 아니라 유인원띠가 되어야 마땅할 것이다. 정목井木의 들개〔犴〕 자리의 초도初度를 미궁未宮에 들여놓고, 정수의 31·13도를 오궁午宮에 들여놓았으며 귀금鬼金의 양 자리를 오궁의 제4와 제5도에 들여놓았다. 이리되면 미궁은 전부 정목의 들개 자리 혼자 차지하게 되고, 귀금 양 자리의 기운은 전혀 없어지고 마니, 미궁은 양띠가 아니라 들개띠가 되어야 마땅할 것이다. 우주 안에서 미년未年에 태어난 모든 사람들은 어서 탕약망에게 시헌력 뒷부분의 기년紀

今新法調觜火猴於中, 而以參水猿居於左, 則申宮之左爲猿所居, 是申宮不當肖猴, 而當肖猿矣. 以井木犴宿之初度入未宮, 井之三十一一三度入午宮, 鬼金羊宿入午宮之第四五度. 是未宮全爲井木犴宿獨據, 而絶無鬼金羊之氣, 則未宮不當肖羊, 而當肖犴矣. 宇宙之內, 凡繫未年生人, 速向若望於時憲曆後紀年條下, 將未年生人改書羊字爲犴字, 使天下後世及各屬國觀之. 始與名實相符.

年 조목 아래에 미년생 사람의 '양羊'을 '들개〔犴〕'로 고치게 하여 천하 후세 사람들과 여러 속국이 그것을 보게 하라. 그래야만 비로소 명실상부해질 것이다. 만약 미년생 사람이 여전히 양띠여야 한다면, 귀금 양을 오궁으로 옮겨 넣어서는 아니 될 것이다. 이것이 도리가 통하지 않는 중에서도 가장 심한 것이다.

如未年生人仍該肖羊, 則鬼金羊宿不當移入午宮也. 此不通之最著者也.

부록

금오와 옥토에 관한 변

金烏玉兔辯

세상 사람들이 전고典故를 인용할 때는 모두 금오金烏를 해〔日〕라 하고 옥토玉兔를 달이라 한다. 이것은 모두 하늘에 널린 성수들을 깊이 따져보지 않았기에 달을 해라 하고 해를 달이라 잘못 부른 것이다. 살펴보건대, 28수에서 동쪽 창룡蒼龍 일곱 개의 성수에는 방일房日 토끼〔兎〕가 있고, 서쪽 백호白虎 일곱 개의 성수에는 필월畢月 까마귀〔烏〕가 있다. 서쪽은 금에 속하므로 필월 까마귀를 금오金烏라 한다. 옥玉이라는 것은 대구對句로 쓴 글자이지 흰 토끼라는 뜻이 아니다. 만약 옥을 정말로 흰빛으로 사용했다면 금색金色 또한 흴 터이고 까마귀도 검다 할 수 없을 것이다. 금오와 옥토가 하늘에 밝게 널려 있는데도 금오를 해라고 하고 옥토를 달이라고 하니, 대체 어떤 전고에서 나온 것인지 모르겠다.

世之使事, 咸以金烏爲日, 玉免爲月, 是皆未考究夫天之列宿, 故誤呼月爲日, 呼日爲月爾. 按二十八宿東方蒼龍七宿有房日免, 西方白虎七宿有畢月烏. 西方屬金, 故畢月烏爲金烏. 玉者, 對待之文, 非白免也. 如以玉爲眞白, 則金色亦白, 而烏非黑矣. 金烏玉免, 照然列於天上, 而謂金烏是日, 玉免是月, 不知出自何典.

살펴보니 묘궁卯宮에는 일성日星만 있고, 유궁酉

考卯宮又單有日星, 酉宮有月

宮에는 월성月星만 있다. 일日이 동쪽에 있고 월月이 서쪽에 있으면 방일 토끼, 필월 까마귀와 더욱 맞아떨어진다. 그런데 기이한 것을 좋아하는 자들은 걸핏하면 상양翔陽(해)이라는 까마귀의 이름을 찾아내서는 그것이 해 속의 세 발 달린 까마귀라고 하면서 그(금오나 옥토)와 같은 학설에 맞장구를 친다. 그런 다음 『상서尙書』의 첫머리에 그것을 써 넣으니, 이것이 사족과 무엇이 다르단 말인가?

星. 日東月西, 更與房日免, 畢月烏符合. 而好奇者輒穿鑿翔陽烏名爲日中踆烏三足, 以附會其說. 乃刊之尙書之端, 此與蛇足何異?

세간에서는 금오가 서쪽으로 떨어지면 옥토가 동쪽에서 떠오른다고 말하는데, 보름밤에 미처 잠들지 못하고 밝은 달을 감상하다가 달이 서쪽으로 떨어지고 해가 동쪽에서 솟는 것을 보고 이같이 말하였을 것이다. 하지만 이는 곧 밤새도록 술을 마시다 북두성 꼬리가 돌아가고 삼성參星이 가로로 누운 모습을 보고 한 말과 같은 뜻이지, 보름날 저녁에 본 광경을 두고 한 이야기는 아니다. 사람들이 잘못 이해했을 따름이다.

俗傳金烏西墮, 玉免東昇, 蓋望夜未眠, 玩月至曉, 見月西墮, 而日東昇故爾云云. 正與長夜之飮, 斗轉參橫, 同一命意, 非望之夕之言也. 人自錯會意爾.

사람들은 토끼에 수컷이 없다 하여 태음의 상징으로 본다. 그러나 이는 『주역』의 감괘坎卦가 바로 달을 본뜬 것으로 서쪽에 있으며, 바깥에 음효陰爻 두 개가, 안에 양효陽爻 하나가 있어서 음 안에 양이 있음을 의미한다는 사실을 살피지 못한 것이다. 또한 『주역』의 이괘离卦는 해를 본뜬 것으로 동쪽에 있으며, 바깥에 양효가 두 개, 안에 음효 하나가 있어서 양 안에 음이 있음을 의미한다는 사실 또한 살피지 못한 것이다.

人以兎之無雄, 象太陰之體. 不察先天坎卦爲月之象, 在於西方, 外二陰而內一陽, 是爲陰中有陽. 先天离卦爲日之象, 在於東方, 外二陽而內一陰, 是爲陽中有陰.

수컷이 없는 토끼를 일수日宿로 삼으니 정양正陽 안에 음의 괘상卦象이 있는 것이다. 이것은 복희씨

無雄之兎之爲日宿, 正陽中有陰之卦象. 斯伏羲氏及故先聖

와 옛 성인들이 말씀하신 지극히 정미精微하고도 신묘한 도리이니 어찌 범상한 학문으로 그 만 분의 일에 미치기를 바라겠는가! 문장에서 전고를 사용할 때에는 의리의 정당함을 구하는 것을 귀하게 여긴다. 옛 성인과 현인 들의 크나큰 도리를 제쳐놓은 채 묻지 않고, 도리어 지극히 하잘것없는 송충이 같은 것을 근거로 삼은 것, 이 또한 서양 새 역법의 오류이다. 그 때문에 둥근 대지, 둥근 물에 관한 의론 뒤에 붙여 천하 학자들과 함께 바로잡는 바이다.

人至精至微之道理, 豈尋常之學問所能企及其萬一哉! 文章使事, 貴求義理之正, 出處之眞. 若舍古先聖賢之大道理不問, 而以至微小毛蟲之體爲據, 是亦西洋新法之謬也. 故附之於圓地圓水之後, 與天下學者共正之.

견계총성도[21]

見界總星圖

그림의 바깥 둘레는 새 역법 황도黃道의 28수로 합계 360도이지만 살펴본 다음에 보충하여 판각할 것이다. 또 하나의 바깥 둘레는 새 역법 적도赤道의 28수로 합계 365도 22분이다. 이것이 바로 탕약망이 각판 인쇄한 〈견계총성도〉에 기록되어 있는 도수들인데, 어찌하여 적도와 황도의 도수가 서로 모순되는데도 〔흠천감의〕 대통大統·회회回回 두 과科에서는 전혀 반박하지 않는가? 대통·회회 두 과가 얼마나 쇠약해졌는지 알 수 있도다.

外盤是新法黃道之二十八宿, 計三百六十度, 俟査明補刻. 又外盤是新法赤道之二十八宿, 計三百六十五度二十二分. 此若望刊印見界總星圖所載之數, 何赤黃二度道之數目自相矛盾, 大統回回二科絶無糾駁? 可見二科之衰弱也.

안쪽 둘레는 대통역법 적도의 28수로 합계 365도 25분 75초이며, 또 하나의 안쪽 둘레는 대통역

內盤是大統赤道之二十八宿, 計三百六十五度二十五分七十

21 경계 내에 보이는 별들을 모아 놓은 그림.

법 황도의 28수로 모두를 합한 도수는 적도와 같으나 여러 성수들의 도수는 적도와 다르다. 이는 태양이 운행하는 궁마다 넓은 것도 있고 좁은 것도 있기 때문이다. 대통역법에서 황도는 곽수경郭守敬 때로부터 지금까지 수정한 적이 없어서 12궁의 넓고 좁은 차이가 각기 다 다르니 시급히 수정하여야 마땅할 것이다.

五妙, 又內盤是大統皇道之二十八宿, 總數與赤同, 而各宿之度數與赤異. 由日行之宮有闊狹也. 大統黃道自郭守敬至今未修, 十二宮之闊狹盡皆不同, 所當亟宜考修者也.

죄과: 탕약망의 새 역법에서는 하늘의 적도와 황도를 모두 360도라 하였다.

孽: 若望新法, 判天之赤黃二道, 俱是三百六十度.

거울: 탕약망이 하늘을 360도라고 단정하였다면 역법과 총성도를 모두 똑같이 그렸어야 할 것이며 서로 차이가 있어서는 안 될 것이다. 탕약망이 각판 인쇄한 〈견계총성도〉의 기록을 살펴보면 적도 12궁 28수의 위치와 순차가 고쳐지고 옮겨져서 희화역법과 완전히 달라졌다. 그러니 도수도 마땅히 희화역법과 달라야 할 것이다. 그런데 어찌하여 새 역법의 그림에서 사용한 365도 25분은 여전히 희화역법의 도수를 따랐는가? 어찌 서로 모순됨이 이 지경에 이르렀는가!

鏡: 若望旣判天爲三百六十度, 則凡法之與圖皆宜畵一, 不當自相異同也. 查若望刻印之見界總星圖所載, 赤道十二宮之二十八宿位次改移, 旣與羲和迥異. 而度數亦應與羲和不同. 奈何於新法之圖用三百六十五度二十五分, 仍踵羲和之數? 何其自相抵牾之至此也!

사람들이 새 역법을 전하게 된 것은 이마두가 회회과 마만언馬萬言의 『이백년항년표二百年恒年表』[22]를 천금이나 주고 사들인 데서 비롯되었는데, 〔사여四餘 중의 하나인〕 자기紫氣를 계산하여 넘겨주지 않았던 까닭에 새 역법에는 삼여三餘만 있을 뿐 사여가 모두 있지는 않다. 그 학설이 사실에 가까

人傳新法之由, 是利瑪竇以千金買回回科馬萬言之二百年恒年表, 其紫氣未經算授, 故新法只有三餘而無四餘. 其說似乎近眞, 今考見界總星圖之度數, 可見其學之不自胸中流出, 始

22 馬萬言의 생평과 사적은 고증할 수 없고, 『二百年恒年表』의 내용도 알 수 없다.

운 듯 보이나, 지금 〈견계총성도〉의 도수를 살펴보건대, 그 학설이 그의 생각에서 우러나온 것이 아님을 알 수 있으니, 전해진 바가 거짓이 아니었음을 비로소 믿을 수 있다. 희화역법에 숙달된 옛 관리들이 희화역법에 관한 학문을 논하지 않은 지가 이미 17년이 되었다.[23] 이에 희화역법은 이미 끊어졌고 남아 있는 것은 회회과뿐이다. 저 탕약망은 기어코 희화역법과 회회역법 두 학문의 뿌리를 뽑아 잘라내야만 새 역법이 중국에서 유일하게 시행될 수 있다고 여겼으며 그중에서도 회회과를 가장 심하게 꺼렸던 것이다.

信所傳之不謬也. 羲和之舊官不講羲和之學, 已十七年於玆矣. 是羲和之法已絶, 而未絶者獨回回科. 爾若望必欲盡去以斬絶二家之根株, 然後新法始能獨傳於中夏, 其所最忌, 唯回回科爲甚.

회회과의 역법에서는 60분을 1도로 하고 60초를 1분으로 한다. 회회역법에서의 춘분을 희화역법과 비교해보면 이틀이 앞당겨져 있고 추분은 희화역법보다 이틀이 늦추어져 있다. 새 역법은 이 점에서 모두 회회역법과 일치하기 때문에, 식견이 있는 자가 그것이 남의 것을 베껴온 학문임을 간파할까 두려워, 기어코 회회과를 제거해 버려야 속이 시원한 것이다. 마치 성질 사나운 첩이 정실을 모함하여 쫓아버리고 규방의 사랑을 독차지하고 나서야 비로소 후환이 없어지는 것처럼 말이다.

蓋回回科之法以六十分作一度, 六十秒作一分. 回回法之春分較之羲和在前二日, 秋分較之羲和在後二日. 新法盡與回回科同, 恐識者看破其買來之學問, 故必去之而後快. 如悍妾之譖逐正妻, 而得獨傳其房幃, 始無後來之患.

23 희화역법에 숙달된 옛 관리, 희화역법에 관한 학문은 대통역법을 잘 아는 역관과 대통역법을 가리킨다. 『大淸會典事例』(권 1003)의 기록에 따르면 順治 元年(1644)에 설치한 천문기구에는 대통력과가 없었다. 이때부터 楊光先이 이 글을 찬술하던 때까지가 바로 17년이 된다.

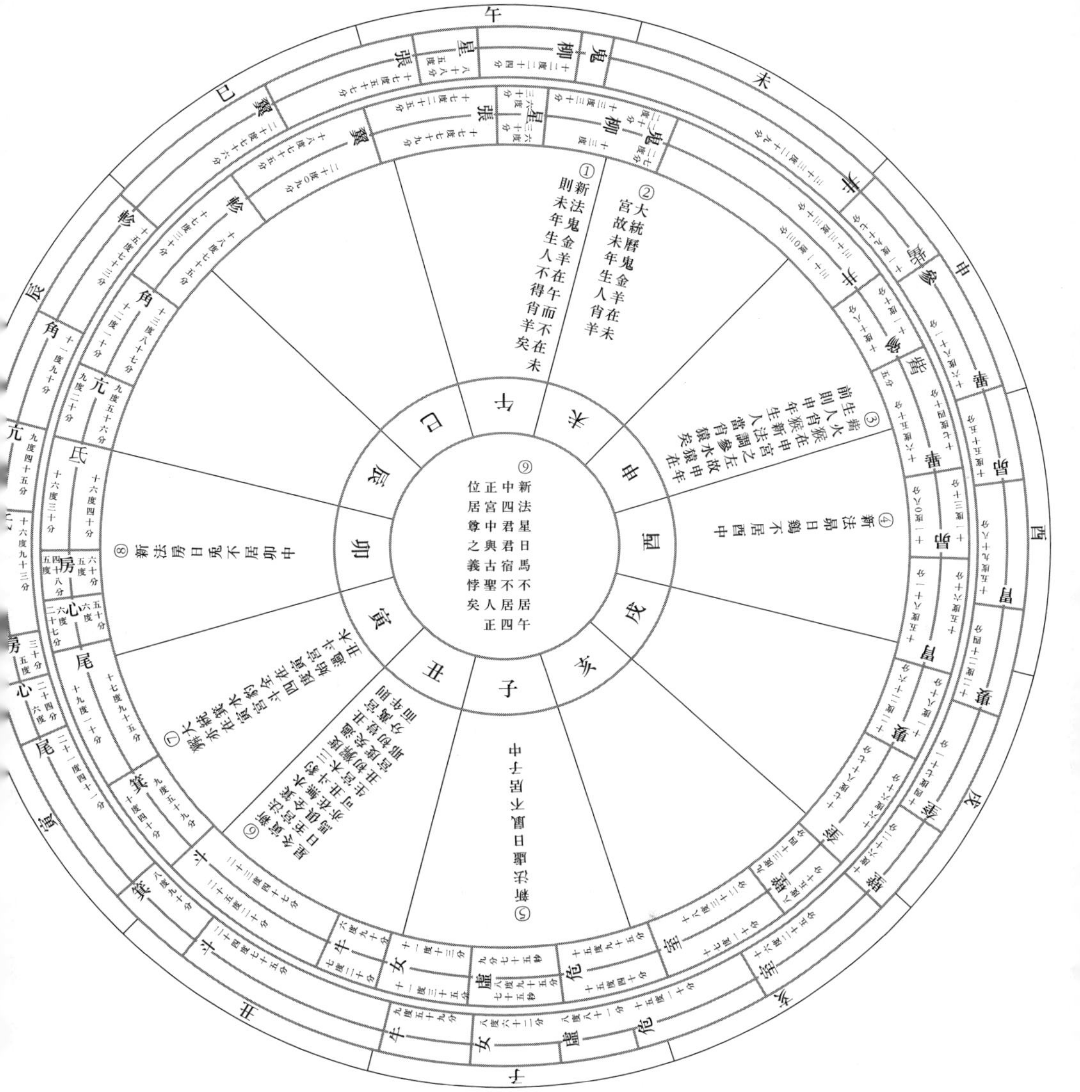

견계총성도*

見界總星圖

① 신법의 鬼金羊은 午에 있고 未에 있지 않으므로, 未年生은 양띠에 속하지 않는다. ② 대통력의 鬼金羊은 未宮에 있으므로 未年生은 양띠에 속한다. ③ 觜火猴는 申宮의 왼쪽에 있는 까닭에 申年生은 원숭이〔猴〕띠에 속한다. 신법에서는 參水猿을 앞에 두었으므로 申年生은 당연히 원숭이〔猿〕띠에 속한다. ④ 신법에서는 昴日鷄가 酉 중에 있지 않다. ⑤ 신법에서는 虛日鼠가 子 중에 있지 않다. ⑥ 신법에서 箕水豹 3도가 丑宮을 지나면, 寅宮에는 斗未獬가 없게 된다. 어찌 만년 동안 冬至가 모두 丑宮 初度初分에 있고, 星日馬 역시 丑宮에서 생긴단 말인가? ⑦ 대통력에서 箕水豹는 모두 寅宮에 있고 斗木獬 역시 寅宮에 있으며 斗 4도에서 비로소 丑을 지난다. ⑧ 신법에서 房日兎는 卯 중에 있지 않다. ⑨ 신법의 星日馬는 午 중 四君에 거하지 않으며, 君宿는 四正宮에 거하지 않으니 위치를 바르게 하여 존엄하게 거한다는 옛 성인의 뜻과 어그러진다.

* 바깥쪽 원은 탕약망의 새 역법의 28수(황도·적도)이고, 안쪽 원은 대통역법의 28수(황도·적도)이다.

이순풍李淳風[24]과 원수성袁守誠[25]은 당나라 초기에 역법을 편수한 현인들이었지만, 회회역법에 춘분이 이틀 앞당겨져 있고 추분이 이틀 늦추어져 있는 오류가 있음을 알고도 회회과를 남겨두어 참고할 수 있게 하였다.[26] 이 점에서 그들의 마음은 얼마나 공명정대하였던가! 그랬기 때문에 회회역법이 당나라 때에 보존될 수 있었고 송·원·명나라를 거쳐 지금에까지 이를 수 있었다. 어찌 가차 없이 자기만 옳다 하고 남을 없애려 하는 탕약망 같았겠는가? 한마디로 말하자면, 군자의 학문은 진실하기 때문에 다른 사람의 학문이 진실한 것을 좋아하며, 다른 사람의 참된 학문의 장점을 볼수록 그것을 가져다 더욱더 자신의 학문의 장점을 성장시키는 데 사용한다. 소인배의 학문은 거짓되어서 다른 사람의 학문이 진실한 것을 가장 꺼리며, 다른 사람의 참된 학문의 장점이 자기의 약점을 드러낼까봐 두려워한다. 이것이 이순풍·원수성의 학문과 탕약망의 학문이 구별되는 까닭이며, 회회과를 보존한 것과 희화·회회 두 개 과를 없애버린 것의 차이점이다.

李淳風·袁守誠, 亦唐初修曆之賢也, 知回回科春分前二日, 秋分後二日之誤, 而獨存其科, 以備參考. 此其心何等公虛正大! 故回回科之法得存於唐, 以歷宋元明至於今日. 豈若若望之是己滅人而不恤也? 總之, 君子之學問眞, 故喜人學問之眞, 見人眞學問之長, 愈足以濟己學問之長. 小人之學問假, 最忌人學問之眞, 恐人眞學問之長便足以形己之短. 此李袁若望學問之所以別, 而存回回科與滅羲和, 回回二科之所以異也.

비교하여 검증하지 않고서야 어찌 분별할 수 있

不有較證, 孰爲辨別? 故將羲和

24 李淳風(602~670)은 唐나라 천문학자이자 수학자로, 岐州雍縣(지금의 陝西省 鳳翔) 출신이다. 633년 渾天儀를 만들었고, 『晉書』와 『隋書』 등 天文志와 律曆志를 편찬했으며, 『算經上書』를 주석하였다. 『乙巳占』의 저자이다.

25 袁守誠은 袁天罡을 말한다. 당나라의 유명한 천문학자이자 星象學家로, 『五行相書』 및 『推背圖』 등의 저작을 남겼다.

26 중국에서 아라비아 천문기구를 설치한 것은 元 世祖 때였고, 唐·宋 때에는 回回科를 설치한 일이 없었으니 이 말은 사실과 다르다.

겠는가? 이 때문에 희화역법의 궁수 도수와 새 역법의 궁수 도수를 합하여 하나의 그림으로 만듦으로써 〔새 역법에서는〕 미궁未宮에 귀금鬼金 양羊이 없다는 것, 그리고 기수 3도가 인궁寅宮에 있지 축궁丑宮에 있지 않다는 것과 365도 25분이라는 수치가 있을 수 없다는 것을 밝힌다. 이렇게 하면 천하 사람들이 한 번 보고 쉽게 이해할 수 있게 되어 그가 말한 천상의 절기가 진실되지 않다는 사실을 깨닫게 될 것이며, 탕약망이 수십 년 동안에 저질러놓은 오류와 죄과가 이 거울 속에서 모조리 드러나게 될 것이다.

之宮宿度數與新法之宮宿度數, 合成一圖, 以明未宮之無鬼金羊, 與箕三度之在寅而不在丑, 及新法不應有三百六十五度二十五分之數. 俾天下之人一見了然, 而知其天上節氣之不眞, 而若望數十年所作之孽, 畢於此鏡中見之矣.

죄과: 탕약망은 12궁 상象의 이름은 여전히 희화역법을 따르면서 오궁午宮을 사자상獅子象으로, 미궁未宮을 거해상巨蟹象[27]으로 하는 등 12가지가 다르게 하였다.

孽: 若望十二宮象名仍踵羲和法, 以午宮爲獅子象, 未宮爲巨蟹象等十二.

거울: 희화역법에 따르면 태양이 황도를 따라 66년 243일 6시 동안 운행하면 1도의 차이가 난다. 옛 성인께서는, 후세 사람들이 태양 황도의 성수가 위주가 된다 여기고 천체가 물러난다는 사실을 모르고서 12궁의 성수들을 동지의 해를 따라 이동시켜 인궁을 축궁에, 미궁을 오궁에 잘못 들여놓아 결국 12궁의 모든 성수와 12궁이 모두 이동하는 사태가 생길까 우려하였다. 이에 12궁에서 별의 형상과 비슷한 사물을 가져다가 12상象으로

鏡: 按羲和之法, 以日躔六十六年二百四十三日六時而差一度. 先聖恐後人誤認日躔之宿爲主而不知天之退, 將十二宮之宿, 隨冬至之日以移, 則寅宮錯入丑宮, 未宮錯入午宮, 十二宮之宿與宮無所不移. 故於十二宮, 取其星之形似者, 爲十二象, 以確定十二宮, 使宮與宿不

27 해와 달이 황도를 따라 운행하면서 한 해에 12번씩 일정한 자리에서 만나는데, 황도가 하늘을 한 바퀴 도는 360도를 30도씩 12구간으로 나누고 이를 12궁이라 한다. 巨蟹象은 여기에 이름을 붙인 것 가운데 하나이다.

삼고 12궁을 확정지음으로써 궁과 성수를 이동하지 못하게 하였다. 그런 까닭에 오궁은 헌원軒轅·어녀御女 등 17개의 별로 사자상을 삼았고, 미궁은 귀금 양의 네 개의 별이 게로 보인다 하여 거해상이라 불렀다. 나머지 10개 궁의 상들도 제각기 상징과 이름이 다르다. 그런데 탕약망은 귀금 양 별자리를 오궁에 옮겨다 놓아, 거해상과 사자상이 함께 오궁에 있게 하였다. 그러고는 미궁을 거해상이라 하니, 탕약망은 어떤 별을 게자리로 삼았는가? 어찌 두 개의 귀금 양이 있을 수 있단 말인가? 궁의 이름은 성수이고 성수의 형체는 상象이며 상의 이름이 곧 궁이다. 이 세 가지가 하나로 합쳐져 귀금 양이 될 뿐이다. 탕약망은 이것도 깨닫지 못하고서 감히 역법과 역법 원리에 정통하다고 늘 떠벌렸단 말인가! 남의 장점을 훔쳐다가 자기의 장점으로 삼았지만, 여기서 그만 자기의 단점이 드러나 장물이 발각되었구나. 서광계·이지조·이천경李天經이 과연 무얼 보고서 그를 존숭하고 믿는지 알 수 없도다!

得移動. 故午宮以軒轅御女十七星爲獅子象, 未宮以鬼金羊宿四星爲蟹匡, 故名巨蟹象. 餘十宮之象, 各有不同. 今若望移鬼金羊宿於午宮, 是巨蟹與獅子同在午宮矣. 而云未宮爲巨蟹象, 不知若望以何星爲蟹匡也? 豈有兩鬼金羊乎? 宮之名是宿, 宿之體是象, 象之名是宮. 三者總一鬼金羊爾. 若望此焉而不悟, 常敢言精於曆法曆理哉! 竊人之長以爲己長, 於此不覺露己短而眞贓獲矣. 不知徐李三君果何所見, 而尊信之也!

죄과: 새 역법의 황도 12궁은 하나의 궁마다 30도이고 넓고 좁은 구별이 따로 없다. 동지의 낮이 짧은 것은 해의 운행이 빠르기 때문이라 했으며, 하지의 낮이 긴 것은 해의 운행이 늦기 때문이라고 하였다.

孽: 新法黃道十二宮, 每宮三十度, 無闊狹之分. 以冬至之晝短謂太陽之行疾, 夏至之晝長謂太陽之行遲.

거울: 생각건대 하지와 동지의 낮이 길고 짧은 것은 해가 대지 위를 운행하는 도수의 많고 적음을 보는 것이지 해가 빠르고 늦음을 보는 것이 아니다. 해는 동쪽으로 1각에 1분을 운행하며 하루에 1

鏡: 按二至晝之長短, 視太陽行地上度之多寡, 非太陽有遲疾也. 太陽東行一刻行一分, 一日行日一度, 此太陽右旋之體也.

도를 운행하는데, 이것은 해가 오른쪽으로 회전하는 천체이기 때문이다. 하늘은 서쪽으로 1각에 3도 66분 25초를 운행하며, 하루에 하늘을 한 바퀴를 돌고도 또 1도를 더 운행하는데, 이것은 하늘이 왼쪽으로 회전하는 천체이기 때문이다. 자세히 실제의 이치를 가지고 따져보면, 해는 황도에 매달려 있는 하늘의 주된 둥근 천체로서, 운행하지 않기 때문에 오늘 오시午時에도 정중正中에 있고 내일 오시에도 정중에 있으며 아무리 오랜 세월 동안 오시를 지나도 여전히 정중에 있다. 다만 하늘이 하루에 한 바퀴를 돌고 1도를 더 지나가기 때문에 해가 동쪽으로 운행하는 것이 1도뿐인 것처럼 보이는 것이다. 사실 해라는 둥근 천체는 오직 하늘의 운행을 따를 뿐, 하늘의 1도에도 미치지 못하며 운행하지도 않는다.

天西行一刻, 行三度六十六分二十五秒, 一日週天而猶過一度, 此天道左旋之體也. 細以實理求之, 太陽繫於黃道爲天之主輪而不行, 故今日午時在正中, 明日午時在正中, 曆萬古之午時而在正中. 天一日一周, 而猶過一度, 故見太陽東行一度爾. 其實, 太陽之輪只隨天運, 不及天一度而無行也.

동지에는 해가 적도 남쪽 24위도에 있으며 아침에는 진방辰方(동남동)에서 떠오르고 저녁에는 신방申方(서남서)으로 넘어간다. 낮에는 대지 위쪽의 천도天度 146도 10분을 운행하므로 40각 짧다. 밤에는 대지 아래쪽의 천도 219도 15분을 운행하므로 60각 길다. 하지에는 해가 적도 북쪽 24위도에 있으며, 아침에는 인방寅方(동북동)에서 떠오르고 저녁에는 술방戌方(서북서)으로 넘어간다. 낮에는 대지 위쪽의 천도 219도 15분을 운행하므로 60각 길다. 밤에는 대지 아래쪽의 천도 146도 10분을 운행하므로 40각 짧다. 이것이 하지와 동지의 밤낮 길이가 다른 까닭이다.

冬至, 太陽在赤道南二十四緯度, 朝出辰方, 暮入申方. 晝行地上之天度百四十六度一十分, 故晝短四十刻. 夜行地下之天度二百一十九度一十五分, 故夜長六十刻. 夏至, 太陽在赤道北二十四緯度, 朝出寅方, 暮入戌方. 晝行地上之天度二百一十九度一十五分, 故晝長六十刻. 夜行地下之天度一百四十六度一十分, 故夜短四十刻. 此二至晝夜短長之所以別也.

탕약망은 동지의 낮이 짧은 것은 해의 운행이 빠

今若望謂冬至之晝短, 爲太陽

르기 때문이라고 말하는데 이것은 낮에 운행하는 대지 위쪽의 도수가 적고 밤에 운행하는 대지 아래쪽의 도수가 많다는 것을 구분하지 않고 일률적으로 운행이 빠르다고 말한 것이다. 그렇다면 낮도 40각이고 밤도 40각이니 동지의 낮과 밤은 모두 80각에 그칠 것이다. 만약 동지의 밤이 긴 것을 두고 말해본다면, 낮이 짧은 것이 해의 운행이 빠르기 때문인즉 밤이 긴 것은 해의 운행이 늦기 때문이어야 한다. 낮에는 빠르고 밤에는 늦은 이치가 어디 있단 말인가! 하지의 낮이 긴 것이 해의 운행이 늦기 때문이라고 말하는 것은, 낮에 해가 운행하는 대지 위쪽의 천도가 많고 밤에 해가 운행하는 대지 아래쪽의 천도가 적다는 것을 구분하지 않고 일률적으로 해의 운행이 늦기 때문이라고 말한 것이다. 그렇다면 낮도 60각이고 밤도 60각이니 하지의 낮과 밤은 모두 120각이어야 한다. 만약 하지의 밤이 짧은 것을 가지고 말해본다면, 낮이 긴 것이 해의 운행이 늦기 때문인즉 밤이 짧은 것은 해의 운행이 빠르기 때문이어야 한다. 낮에는 늦고 밤에는 빠른 이치가 어디 있단 말인가! 이 말은 앉거나 눕거나 거꾸로 되어도 모르는 바보라도 하지 않을 텐데 스스로 역법에 정통했다고 떠벌리는 자임에랴.

之行疾, 是不分晝行地上度之少, 夜行地下度之多, 而槪云行疾. 則晝四十刻, 夜亦四十刻, 而冬至之晝夜共八十刻止矣. 如云冬至之夜長, 夫晝短是行疾, 則夜長是行遲矣. 豈有疾於晝而遲於夜之理哉! 謂夏至之晝長爲太陽之行遲, 是不分晝行地上度之多, 夜行地下度之少, 而槪云行遲. 則晝六十刻, 夜亦六十刻矣, 而夏至之晝夜, 共有一百二十刻矣? 如云夏至之夜短, 夫晝長是行遲, 則夜短是行疾矣. 豈有遲於晝而疾於夜之理哉! 斯言也卽坐臥不知顚倒之愚人且不肯道, 而自號精於曆法.

거울 뒤에

鏡餘

글을 다 쓰고 나니, 어떤 손님이 나에게 물었다.

書成, 客有問於予曰: "子之孽

"선생께서 쓰신 『얼경』은 특정한 일을 취해 사실에 비추어보았고, 문장 흐름 또한 백거이白居易가 쓴 시처럼 노파에게 읽어주어도 이해하지 못할 것이 없을 터이니,[28] 학사 대부들이야 말해 무엇하겠습니까! 그러나 새 역법이 시행되게 된 것은 대통역법과 회회역법에서는 일식과 월식을 검증하지 않았고, 새 역법은 이를 검증했기 때문입니다. 장차 무슨 수로 대통역법과 회회역법으로 하여금 이를 검증하게 하시겠습니까?"

鏡取事照事, 行文如白傳之詩, 雖讀使老婦聽之, 亦莫不解, 況學士大夫乎! 但新法之行, 起於大統·回回交食之不驗而新法之驗爾, 將何道以令大統, 回回二科之驗乎?"

내가 말하였다. "손님께서는 두 개 과는 검증하지 않았고 새 역법은 검증하였다는 것을 참으로 아십니까? 이른바 '검증하지 않았다'는 것은 천도天道의 운행 시간을 검증하지 않은 것이 아니라 인간세상의 일을 검증하지 않은 것임을 모르고 계십니다! 조정에 이마두의 역법을 추천한 자는 종백 서광계뿐인데, 얼마 지나지 않아 서광계가 군사를 통솔하고 나라를 다스리게 되었습니다. 검증하느니 하지 않느니 하는 것은 탕약망이 주창하고 재상이 화답한 것이지, 해와 달이 스스로 주관할 수 있는 일은 아닙니다. 재상이 옳다고 하면 누가 감히 아니라고 할 것이며, 재상이 아니라고 하면 누가 감히 옳다고 하겠습니까? 새 역법이 검증도 하지 않았는데, 책상머리에서 칼을 쥐고 있는 사람이 대신 기록한 후, 자기는 검증하였고 두 과는 검증하지 않았다

予曰: "客果知二科之弗驗, 而新法之驗耶? 不知所謂不驗者, 非天時之不驗, 人事之不驗也! 荐利瑪竇之曆法於朝者, 宗伯徐光啓爾, 未幾, 而宗伯平章軍國矣. 驗與不驗, 出於若望之所唱, 相國之所和, 非日與月之所得自主也. 相君之所是, 孰敢非之, 相君之所非, 孰敢是之? 新法卽不驗, 有床頭捉刀人爲之代草, 以鳴己之驗而坐二科之不驗, 二科卽驗, 無裨諶爲之初創, 以拾新法之不驗而聲己之驗. 一如提線之傀儡, 運掉靈便, 而衆人謂之驗, 一如斷線之

28 唐나라 시인 白居易는 시를 지을 때는 노파에게 읽어주어도 이해할 수 있도록 쉽게 지어야 한다고 주장한 바 있다.

고 외친다면, 두 과에서 검증을 먼저 했더라도 처음 행했음을 확인시킬 비심裨諶[29] 같은 사람이 나와 새 역법은 검증하지 않았다고 정리하고 자기는 검증했다고 주장할 수 없었을 것입니다. 하나는 실에 매인 꼭두각시처럼 민첩하게 움직이니 사람들이 검증했다고 여긴 것이고, 다른 하나는 실 끊어진 꼭두각시처럼 뻣뻣하게 죽은 듯 있으니 사람들이 검증하지 않았다고 여긴 것입니다. 이리하여 새 역법은 검증한 것이 되었고, 두 개 과는 검증하지 않은 것이 되었습니다.

傀儡, 僵然似尸, 而衆人謂之不驗. 此新法之所以驗, 而二科之所以不驗也.

서광계의 뒤를 이어서 서국西局을 감독한 자들은 이지조와 이천경이었는데[30] 번다하게 따지고 꾸짖는 주장奏章과 게첩揭帖을 올렸으니, 두 개 과에서 어찌 감히 한마디라도 항변할 수 있었겠습니까? 두 개 과가 검증하지 않은 것은 서국의 인사들이 통제하였기 때문입니다. 두 개 과에서 정말로 검증하지 않았다 하더라도, 일식과 월식은 역법 가운데 한 가지에 불과합니다. 기수箕宿 3도를 축궁에 넣고 귀금 양을 오궁에 넣으며 삼수參水 원猿을 자화 원숭이〔猴〕 앞으로 옮긴 것과 같이 건상乾象을 혼란시키는 일에 대해 재상이 새 역법의 잘못을 나무랐다는 이야기는 들어보지 못하였습니다.

繼相君而監西局者, 爲之藻天經二李君, 而辨詰之疏揭紛然矣, 二科曷敢置一喙以抗之乎? 二科之不驗, 由局面人事以限之也. 卽二科眞不驗, 而交食不過曆法中之一事爾. 而以箕三度入丑宮, 鬼金羊入午宮, 調參水猿居觜火猴之前, 如此擾亂乾象, 未見相君言新法之非. 擧世言羲和之是, 愈可以明二科不驗之故也.

29 『論語 · 憲問』에 "孔子께서 말씀하시길, 외교문서를 만들 때 裨諶이 초안을 작성하고, 世叔이 검토해 논하고, 行人인 子羽가 꾸미고 東里子産이 윤색을 하였다고 하셨다(子曰爲命, 裨諶初倉之, 世叔討論之, 行人子羽修飾之, 東里子産潤色之)"는 말이 있다. 비심은 처음 행한 사람을 비유한 것이다.

30 李之藻가 徐光啓의 후임으로 西局(흠천감의 부서 이름)을 감독한 적이 없으므로 楊光先의 말은 잘못된 것이다.

온 세상이 희화역법을 옳다고 하면 할수록 두 개과에서 검증하지 않은 사실만 더욱 분명해질 뿐입니다.

재상이 일식과 월식을 가지고 역법의 오묘함을 다했다고 여긴다면 재상은 정말이지 역법을 이해하지 못하는 것입니다. 하늘에는 본래 궁이란 것이 없지만 사람이 한 해에 12달이 있다 하여 하늘을 12개 궁으로 나눈 것이며, 하늘에는 본래 도수가 없지만 사람이 한 해는 365일 3시가 있다 하여 하늘을 365도 4분의 1도로 나눈 것입니다. 또 궁에 구별이 없을까 염려하여 28수를 정하여 궁에 이름을 붙였고, 해가 황도를 따라 운행하면 세차歲差의 이동이 있는 것을 염려하여 뭇 별자리 가운데 흡사한 모양을 선택하여 12개의 상象을 정한 다음 12개 궁에 맞춘 것입니다. 오궁이 헌원으로 사자상을 삼고, 미궁이 귀수로써 거해상을 삼은 것과 같은 예들은 잘 아실 겁니다. 새 역법에서는 성수만 옮기고 상은 옮기지 않았는데, 재상은 상으로 성수를 찾아낸다는 것도 몰랐으니, 어찌 역법을 안다고 말할 수 있겠습니까? 재상만 모르는 것이 아니라 탕약망 또한 상이 무엇인지조차 몰랐습니다. 이 때문에 장렬황제(毅宗, 재위 1627~1644)께서 상에 관해서 탕약망에게 묻자 탕약망은 오색 사자를 그리고 오궁의 상이라고 하고, 청록색의 게를 미궁의 상이라 하며, 자주색 조복朝服과 백마를 인궁이라 하여 12도상을 진정하였는데, 장렬황제께서는 코웃음을 치셨습니다. 이 때문에 역법을 편수하는 자들이 새 역법의 정밀함을 극구 칭찬하였음에도 장렬

相君苟以交食爲盡曆法之奧, 則相君誠不知曆法矣. 天本無宮, 人以一歲有十二月, 故判天爲十二宮, 天本無度, 人以一歲有三百六十五日三時, 故判天爲三百六十五度四分度之一. 又恐宮之無別, 故指二十八宿以名宮, 又恐日躔有歲差之移, 故於列宿取星之近似者, 立十二象以驗十二宮. 知午宮以軒轅爲獅子象, 未宮以鬼宿爲巨蟹象之類. 新法宿移而象不移, 相君不知因象以求宿, 安得謂之知曆法乎哉? 不但相君不知, 卽若望亦不知象爲何物. 所以莊烈皇帝問象於若望, 而若望畵五彩獅子爲午宮之象, 靑綠蟹爲未宮之象, 紫布白馬爲寅宮之象, 十二圖以進, 莊烈皇帝嗤之. 故修曆者雖極口讚新法之精, 而終烈皇之世, 新法所以不得見用, 由若望之底蘊, 爲烈皇一眼所看破.

황제 때에는 끝내 새 역법이 시행되지 못하였으니, 이는 탕약망의 재능이라는 것을 황제께서 한눈에 간파하셨기 때문입니다.[31]

모든 일식과 월식의 법칙은 전적으로 황도 12궁의 넓고 좁은 도수의 증감增減의 차에 달려 있습니다. 증감의 차만 계산해내면 일식과 월식은 절로 검증할 수 있습니다. 대통력의 황도는 곽수경郭守敬[32] 때로부터 지금에 이르기까지 3백여 년 동안 수정한 적이 없어서 그 차이가 이미 5도나 되었기에, 아무리 계산에 능한 자라 해도 평분선平分線으로 구하는 것밖에 방도가 없습니다. 그러나 별자리 도수의 분초를 모두 정확하게 구할 수는 없어서 사이사이 분초의 차가 생겼습니다. 일반적으로 해는 일 년에 1분 50초의 차이가 생겨서 66년 243일 6시간 동안에는 1도의 차가 납니다. 이 1도의 차이 때문에 황도 12궁의 성수들의 도수는 궁마다 늘고 줄게 되어 넓이가 서로 달라집니다. 때문에 66년 8개월이 되면 반드시 한 번 수정하여야 하니, 그렇게 하면 모든 일식과 월식을 검증할 수 있습니다. 수정한다는 것은 춘분·추분의 시각에 태양이 황도와 적도의 안팎 두 길목, 즉 춘분점과 추분점에서 만나는 것을 측정한다는 뜻으로, 역법이 쓸 수 없어 수정이 필요하다는 말은 아닙니다. 선비들은 그

夫交食之法, 全在黃道十二宮之闊狹度數增減之差. 增減得而交食自無不驗. 大統曆之黃道, 自郭守敬至今三百餘年未修, 而差已五度, 雖善算者, 不過以平線求之. 而宿度之分秒, 終有所未盡正, 間有時刻分秒之差. 蓋太陽一歲而差一分五十秒, 六十六年二百四十三日六時而差一度. 此一度之差, 而黃道十二宮之宿數, 宮宮各有增有減, 所以闊狹不同. 故必六十六年八月而一修, 而交食無不驗也. 夫所謂修者, 二分之刻測太陽躔赤黃內外二度口之交, 非法壞而待修也. 儒者不明其故, 謂法久而差, 不知差者歲差之差, 非差錯之差也.

31 楊光先의 이러한 주장은 근거가 없다. 새 역법이 明나라 말기에 시행되지 않은 원인에 대해서는 『明史』「曆志」에 상세히 기록되어 있다.

32 郭守敬(1231～1316)은 원나라 때 천문학자이자 수학자로, 자는 若思이다. 1276년에 신역법을 수정하여 약 4년만에 『授時曆』을 편찬했다. 이 역법은 360년간 통용되었다.

까닭을 잘 알지 못하고 역법이 오래되어 차이가 생겼다고들 하는데, 이 차이란 세차歲差[33]의 차差이지 착오의 차가 아님을 모르고 있습니다.

하늘이 일 년을 운행하면 1분 50초의 차이가 나고, 66년 8개월이 되면 1도의 차이가 나는 것, 이것이야말로 하늘의 정해진 형체〔定體〕입니다. 세차의 정해진 형체를 알게 되면 희화역법이든, 회회역법이든, 서양역법이든 방법은 달라도 그 결과는 같아집니다. 그러나 희화역법이 회회역법이나 서양역법보다 우수한 점이 있다면, 이 두 역법은 360도를 한해의 365일 3시에 맞추었는데, 그 사이에 짧은 것으로 긴 것을 삼았기에 어쩔 수 없이 억지스런 계산을 할 수 밖에 없다는 점입니다. 어찌 희화역법에서 365도 25분을 한해의 365일 3시에 맞춘 것만큼 간단명료하고도 쉬울 수 있겠습니까? 이것을 본다면 희화역법과 새 역법의 시시비비는 배우지 않고도 알 수 있을 것입니다. 삼백여 년 동안 수정하지 않은 궁도를 가지고 계산하였는데도 일식·월식이 드는 시각이 전부 틀리지만은 않으니, 희화역법의 폐단 정도는 그런대로 양호하다는 생각이 듭니다. 감수하는 자가 편파적인 마음을 품지 않고서 희화역법을 존중하여 이를 위주로 수정하고, 회회역법에서의 능범凌犯[34]을 성상의 운행도수로 검

天行一歲, 有一分五十秒之差. 六十六年八月, 有一度之差, 天之定體也. 知歲差之定體, 而羲和之法, 回回之法, 西洋之法, 殊途而同歸矣. 然羲和之法, 所以善於回回西洋者, 二家以三百六十度, 配歲之三百六十五日三時. 其間以短爲長, 未免有迂曲之算. 豈若羲和以三百六十五度二十五分, 配歲之三百六十五日三時之爲直截省事哉? 觀此, 則羲和新法之是非得失, 不待學而知矣. 以三百餘年未修之宮度, 而交食尙未盡差, 則羲和之敝猶善也. 使監修者無偏黨之心, 尊羲和之法以爲之主而加修之, 用回回之凌犯以驗星象之行度, 用西洋之交食以正日月之躔離, 豈不集衆長以成一家? 何故分門別戶, 必

33 春分이 되는 날이 해마다 조금씩 서쪽으로 나아가는 度名. 春分點이 매년 50.2角의 속도로 서쪽으로 이동한다.

34 침범의 뜻. 『明史』「天文志」에 "모든 행성이 황도 이내에 출입하며 운행하는데 무릇 항성 중에서 황도에 가까운 것이 모두 반드시 경유하는 길이다. 凌犯은 모두 여기로부터 생긴다"라고 하였다.

증하는 방법을 채택하며, 서양역법의 일식·월식을 해와 달이 운행하면서 지나는 거리의 원근을 바로잡는 방법을 채택한다면, 여러 역법의 장점을 모아 일가一家를 이룰 수 있지 않겠습니까? 무엇 때문에 따로 분파를 만들어 기어이 지나치지도 모자라지도 않는 정확한 역법을 없애고 홀로 괴벽하고 황당하며 사리에도 맞지 않는 역법만을 받들려고 합니까? 이것이 이른바 사랑하는 마음이 지나쳐 그 악함을 알지 못한다는 것이니, 군자의 마음 씀씀이가 아닐 것입니다.

일식과 월식의 분초 시각의 검증에 대해 말한다면, 그 안에 커다란 폐단이 있습니다. 일식과 월식은 하늘에서 생기므로 그 분초의 도수는 사람들이 머리를 쳐들고 바라보면 바로 알 수 있는데, 꼭 저들 사교의 망원경을 이용하여 분초를 확정해야 합니까? 망원경에 작은 것을 크게 만드는 특이함이 있는지는 모르겠지만 눈을 버리고 망원경을 쓰다니, 중국의 사대부들이 그들의 이 같은 술수에 걸려든 지 이미 오래입니다! 또한 시각의 수목數目에 있어서는 그 폐단이 더욱 심합니다. 대체로 관가의 일이란 그 말이 증험되지 않을까 염려되면 사실을 바꿈으로써 말을 신령하게 꾸미는 법인데, 하물며 몇 개의 파派가 물과 불처럼 서로 용납하지 못하고 있으니 더 말해 무엇하겠습니까? 세도가 있는 곳에서는 쇠붙이도 날아오르고 깃털도 가라앉습니다. 이 때문에 오말午末을 미초未初라고 보고하는 자도 있고, 미초를 오말이라고 보고하는 자도 있는 것입니다. 누가 이 일각一刻을 다투겠습니까? 또 가느다란 풀 가지를

欲滅大中至正之法, 而獨尊僻誕不通之法乎? 此所謂愛而不知其惡, 非君子之用心也.

至於交食分秒時刻之驗, 其中有大弊焉. 日月食於天上, 分秒之數, 人仰頭則見之, 何必用彼教之望遠鏡以定分秒耶? 不知望遠鏡有展小爲大之異, 廢日用鏡, 中夏之士大夫落其術中久矣! 若夫時刻之數, 則其弊又特甚焉. 大凡公家之事, 恐其言之不驗, 則遷其事以神其言, 況數家之氷炭水火乎? 惟勢之所在, 則金颺而羽沈. 故午末而報未初者有之矣, 未初而報午末者有之矣. 孰爲爭此一刻乎? 又有以細草揷壺之空, 微其漏以候時者. 此又近時之事, 誰察其莫辯之寃? 客所謂不驗者, 率皆如此之類, 安得叫徹九天以定其眞是非乎? 客幸詳之."

물시계 구멍에 꽂아 물방울을 적게 떨어뜨려 시각을 늦추는 자도 있습니다. 이것은 최근에 있었던 일이지만, 누가 그 변명할 수 없는 억울함을 살펴주겠습니까? 손님이 검증하지 않았다고 한 말들은 모두 이와 비슷한 일들이니, 무슨 수로 구천에 외쳐 시비를 가릴 수 있겠습니까? 잘 생각하고 헤아려주셨으면 합니다."

손님이 말하였다. "이제야 검증되고 되지 않은 그 내막을 알겠습니다. 그대의 논증이 아니었다면 저 또한 개 짖는 소리나 하는 사람이 될 뻔했습니다."

客曰: "今而後知驗不驗之故也. 微子之論, 吾亦幾成吠聲矣."

합삭과 초휴 시각에 관한 변[35]

合朔初虧時刻辯

역법가들은 일식과 월식을 계산할 때 합삭 시각을 기준으로 삼는다. 이른바 합삭이란 해와 달이 같은 경도에 있고 같은 위도에는 있지 않는 것으로, 이것이 달의 합삭에 관한 일반적 법도이다. 해와 달이 같은 경도에 있고 또 같은 위도에 있는 것은 일식과 월식에 관한 법도이다. 해와 달이 같은 경도와 위도에 놓인 다음에라야 초휴 현상이 나타난다. 해와 달이 같은 위도에 있더라도 같은 경도에 있지 않으면 결코 초휴 현상이 나타나지 않는다. 이것은 역수요, 상규요, 결코 달라질 수 없는 법도다.

曆家之算交食, 以合朔之時刻爲定準. 所謂合朔者, 日月同經度而不同緯度, 此常月合朔之法也. 日月同經度而又同緯度, 故交合朔之法也. 日月旣同經緯度, 然後見初虧. 日月雖同緯度, 而未同經度, 必不得見初虧. 此數也, 法也, 理也, 無二致焉.

합삭 현상이 나타난 지 2각 13분이 지난 다음에 새 역법에서는 15분을 1각으로 하였다. 초휴 현상이 나타나는 일은 본 적이 없다. 이는 절대로 있을 수 없는 역수요, 있을 수 없는 상규요, 있을 수 없는 법도다.

未有合朔已過二刻十三分, 新法十五分爲一刻. 而後始見初虧者. 此必無之數, 必無之法, 必無之理也.

탕약망이 만든 시헌력에서는 강희 3년(1664) 12월 1일(무오일) 미시 정3각 2분에 합삭 현상이 있었다고 하였는데, 일식을 보고하는 그림에는 초휴가 시작된 시각이 신시 초 1각이 좀 더 된 것으로 나

若望之時憲曆, 於康熙三年十二月初一戊午日未正三刻二分合朔, 而報食圖之初虧, 則在申初一刻强, 是合朔先於初虧二

35 合朔은 해와 달이 운행하다가 같은 宮, 같은 天度에 있게 되는 것을 말하며, 初虧는 달이 이지러지기 시작하거나, 일식 또는 월식이 처음 시작되는 것을 말한다. 이 글은 이에 관한 옳고 그름을 따진 것이다.

와 있으니, 합삭 현상이 초휴보다 2각 13분 먼저 나타났다는 이야기이다. 해와 달이 같은 경도에 있지 않고서 어떻게 합삭 현상이 나타날 수 있는지 알 수 없다. 만약 미시 정3각 2분의 합삭이 옳은 것이라면 신시 초 1각이 좀 더 되어 나타난 초휴가 틀린 것이며, 신시 초 1각이 좀 더 되어서 나타난 초휴가 옳은 것이라면 미시 정3각 2분에 나타난 합삭이 틀린 것이다. 두 가지 가운데서 한 가지는 반드시 틀린 것이며, 두 가지가 모두 옳은 일은 있을 수 없다.

刻十三分. 日月未同經度, 不知其何以得合朔也. 如以未正三刻二分之合朔爲是, 則申初一刻强之初虧爲非, 以申初一刻强之初虧爲是, 則未正三刻二分之合朔爲非. 二非必居一焉, 無兩是之理也.

겉으로는 미시 정3각 2분의 합삭을 올려 임금을 기망하고 천하 사람들을 미혹시켰으며, 뒤로는 신시 초 1각이 좀 더 되어서 나타난 초휴 현상을 가지고 은총을 굳힘으로써 역법의 권한을 틀어잡았던 것이다. 이것이 저들이 단지 일식과 월식이라는 고소한 미끼로 우리 나라를 낚으려 하였던 바이니, 나는 세세히 판별하여 그 간교한 계략을 부수지 않을 수 없다.

陽進未正三刻二分之合朔以欺君, 以惑天下, 陰握申初一刻强之初虧以固寵, 以操曆權. 是彼單以交食爲香餌, 以釣我國, 吾不得不微細分辯, 以破其奸云.

일식 때 천문 현상에 대한 검증

日食天象驗

탕약망의 역법은 갖가지가 도리에 어긋나고 갖가지가 잘못투성이인데도 사람들에게 자랑하며, “우리 서양의 역법은 일식과 월식을 정확하게 추산할 수 있다”고 말하였다. 저들은 이것으로 스스로를 기이하다 내세웠고, 사람들도 이것으로 저들을 기이하게 여기고는 천상天象에 부합하는지 부합하지 않는지 헤아려보지도 않았으니, 어찌하여 귀만 믿고 눈을 내버렸단 말인가!

湯若望之曆法, 件件悖理, 件件舛謬, 乃詑於人曰: “我西洋之新法, 算日月交食有準.” 彼以此自奇, 而人亦以此奇之, 竟弗考對天象之合與不合, 何其信耳而廢目哉!

이왕 있었던 일식과 월식은 일단 논외로 두고, 강희 3년(1664) 갑진년甲辰年 12월 1일 무오戊午 삭일의 일식만 가지고 검증하고자 한다. 누구나 볼 수 있는 현상은 사람마다 눈이 있으므로 덮어 감출 수 없다. 그것의 정확 여부를 어찌 속일 수 있겠는가? 그런데 세상 사람들이 바야흐로 천상에 부합되지도 않는 일식과 월식을 정확한 것이라고 여겨 부화뇌동하고 서양의 사교(천주교)를 우리 나라에 절대 없어서는 안 될 것으로 여기며 그들을 손짓하고 끌어들임으로써 스스로 재앙을 초래하려 하는 것이다.

已往之交食姑不具論, 請以康熙三年甲辰歲十二月初一戊午朔之日食驗之. 人人共見, 人人有目, 難盡掩也. 其準與不準, 將誰欺乎? 而世方以其不合天象之交食爲準而附和之, 是以西洋邪教爲我國必不可無之人, 而欲招徠之, 援引之, 以自貽伊戚也.

〔저들이 계산한〕 일식과 월식이 매우 부정확하다는 것은 말할 필요조차 없지만, 설사 그것이 정확하다 하더라도 어찌 대청국의 침상에서 남의 나라를 빼앗으려는 서양인이 코골며 잠자게 할 수 있

毋論其交食不準之甚, 卽使準矣, 而大清國臥榻之內, 豈慣謀奪人國之西洋人鼾睡地耶? 從古至今, 有不奉彼國差來朝貢

단 말인가? 예부터 지금까지 저들 나라에서 보낸 조공을 받들지 아니하고 우리 나라 변경을 넘어서 들어온 자가 있었던가? 조공을 바치러 온 사신이 자기 본국으로 돌아가지 않고 벗과 자기 무리를 불러들여 온 나라 안에 퍼지게 하고 우리 백성들을 선동하고 유혹한 일이 있었던가? 강통江統의 「사융론徙戎論」[36]은 조짐이 나타나기에 앞서, 미리 횃불을 밝힌 글이다. 저들의 세력이 강해져 남의 천하를 파괴하지 않고서는 그만두지 않으리라 여기고, 내 감히 글을 지어 명백히 말한 것이다.

而可越渡我疆界者否? 有入貢陪臣不還本國, 呼朋引類, 散布天下, 而煽惑我人民者否? 江統徙戎論, 蓋早炳於幾先. 以爲毛羽旣豊, 不至破壞人之天下不已, 玆敢著書顯言.

동서양의 여러 나라와 우리 복희씨와 중국의 태초인까지 모두 사교의 자손이라 하니, 저들이 천하 사람들을 모욕하는 것이 말로 다 표현할 수 없는 지경에 이르렀다. 그런데도 사람들은 이를 그대로 받아들이면서 부끄럽게 여기지 않으니, 훗날 어리석은 사고가 생기면 아들이나 동생으로서 아비나 형에게 항거할 것인가? 아니면 아들이나 동생으로서 아비나 형을 호위할 것인가? 호위하자니 의리상 맞지 않고, 항거하자니 역부족일 터, 묻건대 천하 사람들은 어느 쪽에 설 것인가?

東西萬國及我伏羲與中國之初人, 盡是邪教之子孫, 其辱我天下人至不可以言喩. 而人直受之而不恥, 異日者脫有蠢動, 還是子弟拒父兄乎? 還是子弟衛父兄乎? 衛之於義不可, 拒之力又不能, 請問天下人何居焉?

광선의 어리석은 생각으로는 차라리 중국에 좋은 역법이 없을지언정 중국에 서양인들이 살게 해서는 안 된다. 좋은 역법이 없어도 합삭의 역수를 몰랐던 한나라처럼 일식이 대부분 그믐날에 든다

光先之愚見, 寧可使中夏無好曆法, 不可使中夏有西洋人. 無好曆法, 不過如漢家不知合朔之法, 日食多在晦日? 而猶享四

36 江統의 자는 應元이며 산서성 陳留 사람으로, 관직은 散騎常侍에까지 이르렀다. 『晋書』 권 56에 傳이 있다. 「徙戎論」은 『晋書』 本傳에 수록되어 있다.

서양 탕약망의 추산
西洋湯若望推算

강희 3년 12월 초하루 무오 삭일 미시 정3각 2분의 합삭
康熙三年十二月初一戊午朔 合朔未正三刻二分
8분 92초의 일식
日食八分九十二秒

해가 지평선으로 들어가 빛이 회복되지 못한 것이 7분 66초
이 분초는 천문 현상과 부합하지 않음.
日入地平未復光七分六十六秒 此分秒不合天象.
식심 때 해가 황도 축궁 두수 21도 21분에 위치
食甚日躔黃道丑宮斗宿二十一度二十一分

신시 초1각 여의 초휴
初虧申初一刻强
正西

신시 초2각 반의 식심
食甚申初二刻半
正南

유시 초3각의 복원
復圓酉初三刻
正東

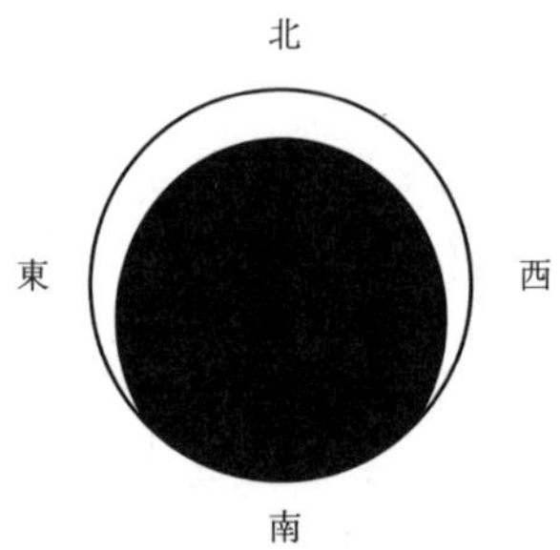

초휴, 식심, 복원의 방위가 천문 현상과 전혀 부합하지 않음.
初虧食甚復圓方位與天象全無一合.

구법 하락서의 추산
舊法何雒書推算

강희 3년 12월 초하루 무오 삭일

康熙三年十二月初一戊午朔

8분 56초의 일식

日食八分五十六秒

해가 지평선으로 들어가 빛이 회복되지 못한 것이 3분 72초

日入地平地未復光三分七十二秒

식심 때 해가 황도 축궁 두수 22도 1분 40초에 위치

食甚日躔黃道丑宮斗宿二十二度一分四十秒

미시 정3각의 초휴

初虧未正三刻

正西偏北

신시 정1각의 식심

食甚申正一刻

正北

유시 초3각의 복원

復圓酉初三刻

正東偏北

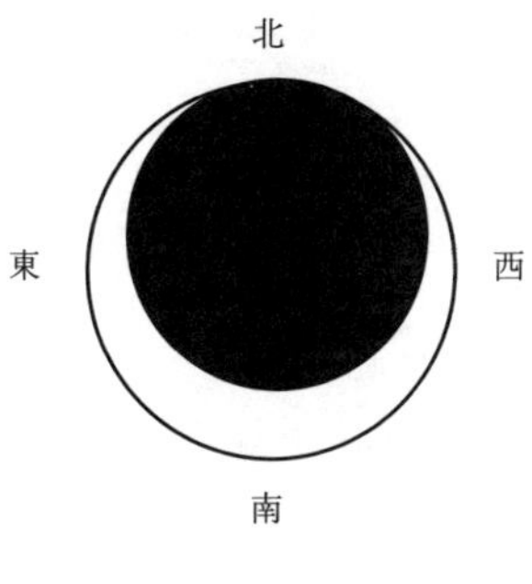

이 그림에서 식심은 정북쪽이고 천상의 식심은 북동쪽이니 그림과 천상이 80% 부합함.

此圖食甚在正北, 天象食甚在北東, 此圖與天象有八分合.

강희 3년 12월 무오 삭일의 일식 천상도
康熙三年十二月戊午朔日食天象之圖

서남쪽의 초휴
初虧西南

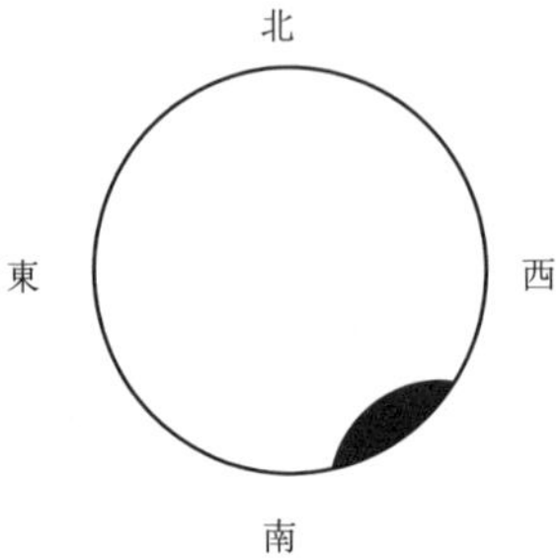

초휴의 방위는 탕약망과 하락서 양쪽의 추산이 모두 천상과 부합하지 않음.
初虧方位, 湯若望與何雒書兩家之推算, 俱與天象不合.

금환식(고리 일식) 때 사방에 빛이 나타남
金環食四面露光

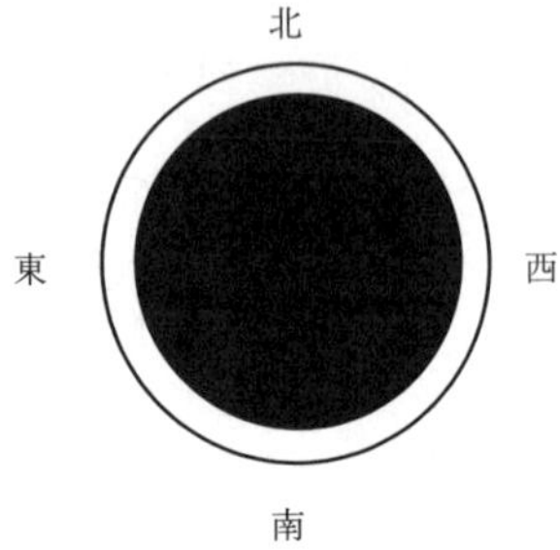

이 금환식의 경우 양쪽의 추산이 모두 천상과 부합하지 않음.
此金環食, 兩家之推算, 俱與天象不合.

동북쪽의 식심
食甚東北

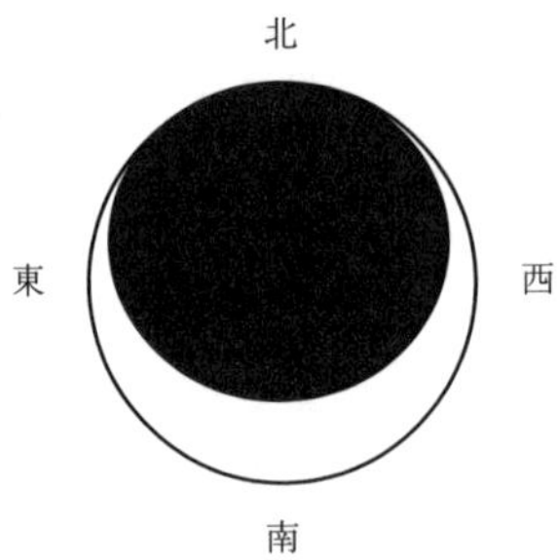

식심의 천상에 대해 탕약망은 남쪽, 하락서는 북쪽에 있는 것으로 추산했는데, 하락서의 추산이 천상과 80% 부합하고 탕약망의 추산은 완전히 거꾸로임.
食甚天象, 湯若望在南, 何雒書在北, 雒書推算有八分合天象, 若望推算全與天象顚倒.

해가 지평선으로 들어가
아직 빛이 회복되지 않은 상태
日入地平未復光

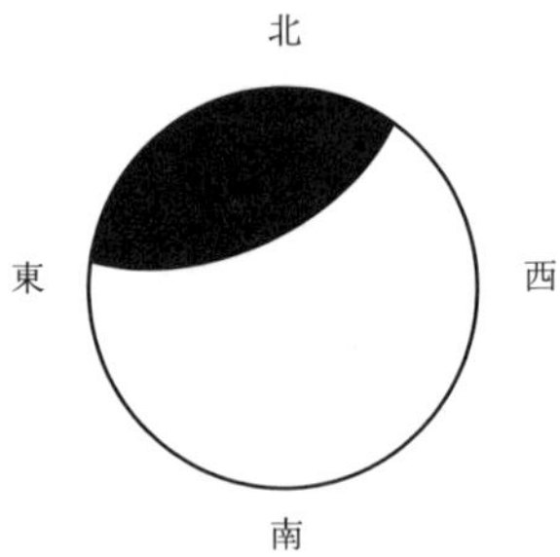

동북쪽으로 다시 둥글어지는데 하락서의 추산은 천상과 부합하고, 탕약망의 추산은 부합하지 않음.
復圓在東北, 何雒書推算與天象合, 湯若望之推算與天象不合.

고 하기밖에 더하겠는가? 그래도 한나라는 400년의 국운을 누렸다. 서양인을 〔중국에〕 살게 한다면, 나는 저들이 돈을 뿌려서 우리 나라 사람들의 인심을 사들여서 마치 장작더미 밑의 불씨처럼 어느 날이든 재앙을 불러오지나 않을까 두렵다.

百年之國祚. 有西洋人, 吾懼其揮金以收拾我天下之人心, 如勵火於積藉之下, 而禍發之無日也.

하물며 저들의 일식과 월식 계산은 너무도 틀리지 않은가? 이에 무오戊午 삭일 일식의 천상天象을 그림으로 그리고, 대통역법과 회회역법에서 일월식을 보고한 원래의 그림[37]과 함께 간행해 도성 성문에 내어걸고 천하에 널리 고하고자 한다. 이로써 회화의 옛 역법과 새 역법 중 어느 것이 옳고 어느 것이 그른지 판단하게 하고, 그럼으로써 떠도는 소문만 따르는 자들의 의혹을 풀어주고자 한다.

況其交食甚舛乎? 故圖戊午朔食之天象, 與二家報食之原圖, 刊布國門, 遍告天下, 以辨舊法新法之孰得孰失, 以解耳食者之惑云.

37 이것은 명백히 楊光先의 잘못으로, 梅文鼎이 일찍이 이를 정정하였다.(『疇人傳』「梅文鼎傳」卷 37)

첫 번째 고혼사소[38]

一叩閽辭疏

강남 휘주부 신안위 관생 출신으로 흡현 백성에 편입되어 있는 신 양광선이 삼가 상주하옵니다. 천은이 높사오나 신이 직분을 감당하기 어려우니, 폐하께서 귀먹고 늙은 신을 불쌍히 여기사 신의 사직을 윤허하시어 흠천감에서 힘을 바치게 해주심으로써 황은에 보답하고 신의 본분에 만족하게 해주시옵소서.

江南徽州府新安衛官生編歙縣民臣楊光先謹奏爲. 天恩隆重, 臣分難勝, 仰吁皇仁憫臣聾老, 準臣辭職, 在監效勞, 以報皇恩, 以安愚分事.

금년(1665) 2월에 예부에서 칙지를 내려주시기를 주청하여 다음과 같은 성지를 받았습니다. "오주빈吳周斌 등 세 사람을 데려오고, 양광선을 흠천감에 하품下品으로 등용하는 일은 서로 논의하여 처리한 후 아뢰어라. 그대로 시행하라." 신은 칙명을 듣고 등골에 땀을 흘리며 곧바로 예부에 정문을 갖추어 올렸으나 〔예부가〕 대신하여 제본을 복주覆奏[39]할 것을 허락받지 못하였습니다. 3월에 예부에서 상주하여 윤허를 받아 신을 흠천감 우감부로 임명하였으며, 4월 4일에 이부에서 제본을 복주하였습니다. 4월 7일에는 '논의한 대로 하라. 그대로 시행하라'는 성지를 받았습니다. 이에 신은 더욱

本年二月內, 禮部爲請旨事, 奉旨: "吳周斌等三人準取來, 將楊光先應於欽天監以下品用, 一并議奏. 欽此." 臣聞命之天, 汗流浹背, 卽具呈禮部, 未準代題. 三月內, 禮部題授臣欽天監右監副, 四月初四日, 吏部題覆. 初七日, 奉旨依議. 欽此. 臣愈措躬無地, 隨繕疏賫投通政司, 不準. 封進下情, 無路上達, 只得具本叩閽.

38 '叩閽'은 관리나 백성이 억울한 일 등으로 직접 조정에 申訴하는 것을 말한다.
39 공문을 검토해 황제에게 아뢰는 것을 말한다.

몸 둘 곳이 없게 되어 상소를 다시 쓴 다음 통정사通政司에 올렸으나 허락받지 못하였습니다. 사정을 진정할 길이 막혀 있어 상달할 방도가 없기에 제본을 갖추어 억울한 사연을 상소할 수밖에 없습니다.

신이 생각하건대, 공명功名의 길이라면 누구나 다투어 나아가기 마련이어서, 구하여도 얻지 못하는 경우는 있어도 폐하의 특별한 은전을 사양하는 자는 아직 없었습니다. 더욱이 성명한 조정에서 영명하신 군주를 만났으니, 이야말로 신하로서 계략과 방책을 펼치어 목숨마저 바쳐야 할 시점이거늘, 어찌 감히 영예를 사양하며 스스로 고상한 척할 수 있겠습니까? 더구나 〔흠천감 부책임자〕 감부監副는 직위는 낮지만 중앙 부서의 관직이니, 벼슬 없는 선비가 쉽사리 나아갈 수 있는 자리가 아닙니다. 하지만 신은 타고난 성품이 천하고 모자라 하루도 관직에 머물러 있을 자격이 없습니다. 신은 스스로를 깊이 알고 있기에 폐하께 조금의 숨김도 없이 털어놓지 않을 수 없습니다.

臣惟, 功名之途, 人咸爭趨, 只有求而不得, 未有出自特恩而反辭者. 更値聖朝欣逢睿主, 正臣子宣猷效命之秋, 何敢辭榮, 自矜高尙? 況監副繫小京堂官, 非布衣一蹴之所可到. 但臣生性下劣, 有不可一日居官者. 臣自知之深, 不得不披瀝於皇上之前.

신은 중화中和의 덕을 타고나지 못한 탓에 성질이 거칠고 사나워 온화한 모습이나 공경하고 삼가는 풍모라곤 없이 무모하고 경솔한 기질뿐입니다. 사람들과 이야기할 때도, 그것이 군사이건 형법이건 예의이건 음악이건, 상대가 윗사람이건 아랫사람이건 높은 사람이건 천한 사람이건 간에 목청을 높이고 눈을 부릅뜨며 마치 다투고 싸우는 것 같습니다. 신의 부친께서는 매양 신을 조심시키면서 "그런 성질과 모양새로 관직을 차지한다면 틀림없이 목숨을 잃는 지경에 이를 것이다"라고 말씀하

臣禀不中和, 氣質粗暴, 毫無雍容敬謹之風, 純是魯莽滅裂之氣. 與人言事, 無論兵刑禮樂, 上下尊卑, 必高聲怒目, 如鬪似爭. 臣父每戒臣曰: "汝此性像若居官, 必致殺身." 雖日嚴督臣讀書, 終不能變化氣質, 故不令臣赴擧子試. 臣謹遵父命, 不敢襲先臣宗伯楊寧巡撫軍功之世蔭, 讓職臣弟. 所以懲僥倖,

셨습니다. 날마다 신의 공부를 엄격하게 감독하시었지만 끝내 타고난 기질을 고치지 못했기에 신을 과거에 응시하지 못하게 하였습니다. 신은 삼가 부친의 명을 좇아 감히 조상이신 종백宗伯 양녕楊寧의 순무군공巡撫軍功이라는 직을 세습하지 못하고 동생에게 그 관직을 양보하였습니다. 이는 요행을 경계하고 부친의 가르침을 지키기 위함이었습니다.

守父敎也.

요즈음 사교(천주교)가 나라를 망치고 강상綱常을 어지럽히고 있는데, 거기에 못된 마음까지 품고 『멸만경滅蠻經』의 '홍범오행洪範五行'[40]을 이용해 우리 나라를 암암리에 해하고자 하였습니다. 또한 함부로 내각의 신하가 되어, 위엄을 세우고 뭇 공인들의 입에 재갈을 물리더니[41] 급기야는 담이 더욱 커져서 아무 거리낌 없이 요서妖書를 만들어 퍼뜨리면서, 동서양 만국의 모든 백성이 사교의 자손이라고 말하고 있습니다. 이것은 천하에 반역이 서서히 시작되고 있음을 명백히 알리는 것입니다. 신은 이에 격분한 나머지 제 몸 하나 돌보지 않고 그 죄상

頃因邪教毁滅地廢亂綱常, 更包藏禍心, 用滅蠻經之洪範五行, 暗害我國. 而又枉參部臣, 立威以鉗制群工之口, 遂敢大膽無忌, 造傳妖書, 謂東西萬國盡是邪教子孫. 明白示天下以叛逆之漸. 臣因是忿不顧身, 發其罪狀, 原不敢望有生.

---

40 이 사건은 榮親王의 장례날을 택일한 사건과 관계 있다. 榮親王이 죽고 청나라 황실에 불운이 겹치자 楊光先은 이 모든 것이 湯若望 등이 正五行을 쓰지 않고 오히려 洪范五行을 사용하고, 또 山向年月을 정하는 데 있어서도 모두 忌殺을 범한 탓이라고 상주했다. 이에 湯若望 등은 쫓겨나고 李祖白 등이 주살당했으며 청 황실에서는 서양 신법을 폐한 후 다시 大統曆을 사용했다. 이것이 바로 康熙曆獄이다. 그러나 후에 楊光先은 대대로 사용한 홍범오행을 '滅蠻經'이라 칭한 것 때문에 사형 처결을 받았는데, 연로하다는 이유로 간신히 사면되었으나 길에서 객사하고 만다. 『滅蠻經』은 당나라 때 승려 一行이 지었다고 하는 풍수지리 서적으로 이단적인 도참설을 기술하고 있다.

41 順治 15년(1658)에 榮親王의 장례 기일에 관한 안건에서 湯若望의 참주로 예부상서 恩格德이 파면당한 일을 가리키는 듯하다. 魏特 「湯若望傳」에 따르면 강희 3~4년의 교안에서 楊光先이 이 사람과 결탁한 바 있다.

을 고발하였으니, 감히 살기를 바라지 않았습니다.

다행히 폐하께서 성명하신 덕택에 〔유교의〕 도를 참되게 아시고 도를 독실하게 믿으시어, 의연히 미혹되지 않으시고 50~60년이나 풀숲에 숨어 있던 간악한 도적들을 하루아침에 쓸어 없애셨습니다. 이는 폐하께서 도통道統을 지키시고 국운을 길러내신 크고도 위대한 업적으로, 천년만년 길이 전해질 일입니다. 신이 평생토록 책을 읽으며 도를 지켜온 뜻 또한 이를 통해 아랫사람에게 믿음을 얻게 되었습니다. 그러나 신이 일단 관직을 받는다면, 신이 반역 행위를 공격하고 요망한 자들을 벌하고자 했던 모든 행동들은 도를 지키고 나라를 지키기 위한 것이 아니라 공명과 부귀를 위한 것이 되고 말 것입니다. "큰 띠를 하사받은 왕후는 하루에 옷을 세 번이나 벗어야 한다"[42]고 성인께서 밝은 가르침을 주셨는데, 신이 대체 무엇이기에 감히 성인의 말씀을 두려워하지 않겠습니까? 게다가 신의 나이 예순하고도 아홉이라 두 귀가 축 늘어졌으니, 엄자산崦嵫山[43]에 다다른 해가 빛을 발할 시간이 얼마나 되겠습니까? 남들은 벼슬에서 물러날 때에 신이 오히려 베옷을 벗고 〔관복을 입는다면〕, 참으로 나아갈 줄만 알고 물러날 줄 모르며, 얻을 줄만

賴皇上聖明, 認道之眞, 信道之篤, 毅然不惑, 將五六十年之大奸伏莽一旦鏟除. 斯皇上扶持道統, 培養國祚之大烈鴻休, 永垂於千秋萬歲. 而臣一生讀書衛道之志, 亦藉信於下矣. 若一受職, 則臣伐叛討妖之擧, 非爲衛道衛國而作, 是爲功名富貴而作也. 錫之鞶帶, 終朝三褫, 聖有明戒, 臣何人斯而敢不畏聖人之言耶? 且臣年六十有九, 雙耳聾鍾, 崦嵫之日, 爲光幾何? 人當懸車, 臣反釋褐, 是眞知進而不知退, 知得而不知喪之小人, 皇上何所取若人而任之哉?

42 『周易』「訟卦」"上九"의 爻辭는 "〔송사에서 이겨 군왕이〕 혹 큰 혁대를 내려준다고 해도 하루에 세 번 풀게 된다〔或錫之鞶帶, 終朝三褫之〕"는 것인데, 이는 송사로 다투고 있는 왕후가 매일 위에 걸친 화려한 복식도 세 번씩 떨쳐버릴 정도로 부지런히 무예를 연마한다는 뜻이다.

43 甘肅省 天水縣 서쪽에 있는 산으로, 지금의 齊壽山이다. 『山海經』「西山經」에 나오며 郭璞의 注에 "해가 들어가는 산〔日沒所入之山也〕"이라 했다.

알고 잃을 줄 모르는 소인배일 것인데, 폐하께서 이 같은 사람에게서 무엇을 취하시고자 임용하려 하십니까?

게다가 몇 달 동안 심문을 받고 나니 이미 심혈心血이 말라버리고 정신이 혼미해져서 때때로 현기증이 납니다. 만약 분수를 헤아리지 못하고 공명을 탐하여 하루하루 직무에 쫓긴다면, 제 몸은 더욱 쇠할 것이어서 만일 실수를 저지른다 하여도 목숨으로도 그 책임을 메울 수 없을 것입니다. 설사 폐하께서 신을 주살하지 않으신다 하여도 천하 사람들이 신을 비웃고 매도하지 않겠습니까? 이것이 신이 관직을 받을 수 없는 진심입니다. 엎드려 바라옵건대, 이미 내리신 칙명을 거두시고 신의 사직을 윤허하시어 신이 평민의 신분으로 흠천감에서 폐하의 부림을 받을 수 있게 해주시옵소서. 그리하면 신은 맹세코 평생 배운 학문을 남김없이 다 바치어 폐하의 특별하신 은전에 보답할 것이옵니다. 굽어 살펴주시옵소서. 감히 폐하의 하명을 기다리는 이 황공한 마음 감당할 길 없사옵니다. 글에 격식을 벗어난 곳 많으니, 살펴 용서해 주시기를 바라옵니다. 이에 제본을 봉하고 머리를 조아려 삼가 소문을 갖추어 상주합니다.

況數月對審, 心血已枯, 精神恍惚, 時作眩暈. 若不揣分, 貪戀功名, 日趨職事, 愈加衰憊, 脫有錯誤, 死不償責. 縱皇上不殺臣, 天下人能不笑罵臣哉? 此臣所以不敢受職之實心也. 伏乞收回成命, 準臣辭職, 容臣以布衣在監聽皇上差遣. 臣矢竭平生之學術, 以報皇上之特恩. 惟皇上垂鑒焉. 臣曷勝隕越待命之至. 字多逾格, 仰祈鑒宥. 爲此具本叩閽, 謹具奏聞.

강희 4년(1665) 4월 14일 고훈사소를 올렸다. 15일에 성지를 받들어 관원을 파견하여 신하(양광선)와 주본을 이부에 넘기고 의논하여 상주하였다. 초하루에 이부에서 앞에서 말한 건에 대하여 공문서를 갖추어 복주하였다. 양광선이 올린 고훈사소에서 운운한 바에

康熙四年四月十四日叩閽. 十五日, 奉旨差官, 將臣幷本交與吏部議奏. 初一日, 吏部題覆前事. 據楊光先叩閽疏內云云, 查得康熙四年四月內, 臣

의거하여 알아본바, 강희 4년 4월에 신이 소속된 이부에서 예부상서 기철祁徹과 백옥희白玉熙 등이 성지를 내려줄 것을 청한 소문에 내린 답복에서 양광선을 우감부右監副로 임명하는 내용을 발견하였으며, 제본을 갖추어 올려서 '논의한 대로 따르라'는 성지를 받았음이 확인되었다. 이제 와서 나이가 예순아홉이고, 귀는 먹고 눈은 침침하며, 심혈이 고갈되고 정신이 혼미하다는 등등의 말을 하지만, 이미 양광선을 우감부로 임명하였고 제본을 갖추어 올려서 진작 성지를 받은 바이니, 그의 고혼사소는 윤허하지 말아야 할 것이다. 이달 초사일에 '논의한 대로 따르라'는 성지를 받았다.

部覆禮部尚書祁等爲請旨事一疏, 將楊光先補右監副等因具題, 奉有依議之旨在案. 今强稱年六十有九, 耳聾眩闇, 心血已枯, 精神恍惚等語, 但先將楊光先補授右監副, 具題已經奉旨, 其叩閽辭職緣由, 相應不準. 本月初四日, 奉旨依議.

두 번째 고혼사소
二叩閽辭疏

강남 휘주부 흡현 백성, 신 양광선이 상주하옵니다. 다시금 천은을 내리시어 신의 사직을 윤허하시고 흠천감에서 봉직하게 하여 주시옵소서.

폐하께서 신이 역법에 밝다 여겨주시고 신을 흠천감 우감부로 임명하셨습니다. 신이 4월 14일에 머리를 조아려 사직할 것을 상소하니, 성지聖旨를 받들어 이부에서 의논한 뒤 상주하였습니다. 5월 초하루에 이부에서 제본을 갖추어 복주하였는데 신의 사직을 윤허하지 않는다고 하였습니다. 4일에는 '논의한 대로 따르라. 그대로 시행하라'는 성지를 받았습니다. 신이 생각건대, '흠천'이란 이름의 관직을 받은 자라면 역수와 역리에 정통하여야만 비로소 직책을 제대로 감당할 수 있을 것이며, 유가처럼 역리만 알고 역수를 몰라도, 역법가처럼 역수만 알고 역리를 몰라도 안 될 것입니다. 신은 지난해 이부에서 심문을 받을 때에 "양광선은 역리만 알고 역수를 모른다"고 친필 공술을 남겼으니, 문건에서 찾아볼 수 있을 것입니다. 또 작년 11월 13일에 예부의 신하 기철祁徹·백옥희白玉熙가 일식도日食圖 석 장을 가져와 어느 것이 맞고 틀린지 물었을 때 신은 "일식에 관한 역법을 배운 적이 없으므로 정말 모르겠다"고 하였고, 써놓은 공술도 있습니다. 두 신하 모두 살아 있으니 물어보실 수 있을 것입니다. 이 일들은 모두 황제께서 품급 논의에

江南徽州府歙縣民臣楊光先謹奏爲. 再懇天恩, 允臣辭職, 在監供事事.

臣蒙皇上以臣爲知曆, 故授臣欽天監右監副. 臣於四月十四日叩閽辭職, 奉旨, 吏部議奏. 五月初一日, 吏部題覆不準臣辭. 初四日奉旨依議欽此. 臣思官以欽天名, 必精於曆數曆理者, 方能勝任, 而無實儒家但知曆之理, 而不知曆之數, 曆家但知曆之數而不知曆之理. 臣於去年在部對審之時, 有陽光先止知曆理, 不知曆數之親筆口供, 在案可查. 又於去年十一月十三日, 部臣祁徹·白玉熙將日食圖三張問臣, 孰得孰失, 臣回稱: "光先未習交食之法, 實不知道," 寫有口供. 二臣見在可問. 此皆在未奉皇上議品之旨之先之事. 非逆知皇上授臣欽天監之官, 而先造此口供以爲今日辭官之地也.

관한 성지를 내리시기 전에 있었던 것입니다. 결코 황제께서 신을 흠천감 관원으로 임명할 것을 미리 알고서 이 같은 공술을 만들어놓고 오늘날 사직을 청하는 여지로 남겨놓은 것이 아닙니다.

역수를 배운 적도 없고, 귀도 먹고 눈도 침침한 늙은이가 흠천감에서 역수 맡는 자리를 함부로 차지한다면 그것은 참으로 명실상부하지 못한 처사일 것입니다. 이는 관직을 사기로 얻는 것이나 마찬가지이니, 신 만 번 죽어도 감히 폐하를 기망할 수 없습니다. 이 때문에 4일에 사직을 윤허하지 않는다는 명을 듣고서 바로 10일에는 평복 차림으로 흠천감에서 일하였습니다. 감히 이름을 올려 황은에 감사하지 못했고, 감히 관모를 쓰고 관대를 두르지 못했으며, 감히 임용되었다 하여 봉록을 받지도 못했고, 감히 반열을 따라 입조하여 조회에 참가하지도 못하였습니다. 삼가 죽음을 무릅쓰고 다시 소문을 올리오니 폐하께서 신이 역수를 배우지 못하였음을 굽어 살피시고 평민의 신분으로 흠천감에서 배우게 하옵소서. 역수에 정통하게 된 다음 신에게 관직을 주시어, 위로는 폐하의 융숭한 은전을 저버리지 않고, 아래로는 신이 맡은 직분의 명실상부함을 저버리지 않게 해주신다면, 성은이 망극하겠나이다. 이에 다시 머리 조아려 소문을 올립니다.

今以未學曆數, 聾老眩暈之夫, 冒濫欽天監曆數之職, 實不副名. 是爲騙官, 臣寧萬死不敢欺君. 故於初四日聞不準辭之命, 卽於初十日以民服到監供事. 不敢報名謝恩, 不敢穿著頂帶, 不敢到任支俸, 不敢隨班朝參. 謹冒死再疏上聞, 伏乞皇上俯念臣未習曆數, 準臣以布衣在監學習. 待曆數精熟之日, 然後授臣以官, 庶上不負皇上之隆恩, 下不負臣職之名實, 臣感恩無窮矣. 於此, 再疏叩閽.

강희 4년 5월 11일에 고혼소를 올리니, 이부에 보내 의논하게 하였다. 5월 26일에 이부에서 다시 조사한바, 관원이 관직을 사퇴하고 평민으로 봉직한 선례가 없었다. 같은 달 28일에 '논의한 대로 따르라'는 성지를 받았다.

康熙四年五月十一日叩閽, 發吏部議. 五月二十六日, 吏部復查得, 凡官無辭官布衣供事之例. 本月二十八日奉旨依議.

세 번째 고혼사소

三叩閽辭疏

흠천감에서 일하고 있는 벼슬 없는 백성, 신 양광선이 세 번째로 천은을 간절히 바라오며 삼가 상주합니다.

欽天官供事布衣臣楊光先謹奏爲三懇天恩事.

신이 근자에 두 번째로 사직소를 올렸으나 이부에서는 '지금까지 평민 신분으로 〔관직에서〕 봉직한 선례가 없다'고 주본을 갖추어 복주하고, 신의 사직을 허락하지 않았습니다. 신 생각건대, 폐하께서 신을 흠천감의 관직에 임명하신 것은 실로 이 왕조에서 일찍이 없었던 일이며 천년 동안에도 찾아볼 수 없는 크나큰 은혜이옵니다. 신 머리에서 발끝까지 온 몸을 바치더라도 다 보답할 수 없거늘, 어찌하여 감히 두세 번이나 스스로 죄를 짓겠습니까? 신이 사직하려는 것은 사직함으로써 영예를 낚아 올리려는 것이 아니라 그 직책을 감당하지 못할까 두려워서입니다. 생각해보면, 역법에는 몇백, 몇천, 몇만 등 수만 가지 분초分秒의 수목數目과 자구字句가 두루 갖추어져 있습니다. 이를 익히는 자가 기억력이 좋고 총명하다면 크게 어려울 것이 없겠지만, 신은 정신도 혼미하고 기억력도 다 사라졌습니다. 『역법기례曆法起例』는 40여 조목에 지나지 않는 책인데, 명을 받은 때부터 오늘까지 〔달포 사이에〕 네 번을 읽어보았지만 아직도 외우지 못합니다. 이런데도 불구하고 흠천감의 관직을 차지한다면 어찌 스스로 부끄러움이 없겠습니까?

臣頃再疏辭職, 吏部題覆從無布衣供事之例, 不準臣辭. 臣惟, 皇上授臣欽天之官, 實本朝從無之例, 誠千載曠遇之恩. 臣卽頂踵捐糜, 尙不能報, 何敢至再至三自干罪戾? 但臣之辭職, 非故辭榮沽名, 實懼不能勝任. 按曆法俱幾百幾十幾萬幾千百十分秒數目字樣. 習者記性聰明, 原不甚難, 但臣精神耗鈍, 記性全消. 曆法起例止四十餘條, 臣自奉命至今凡四閱月, 尙不能成誦. 而冒欽天之職, 寧不自慚? 臣之所以冒死必辭者, 聾老昏憒, 恐負皇上發臣之心. 臣之所以願以布衣在監供事者, 天恩未報, 欲竭駑駘之力, 以報皇上曠世之恩也. 臣願報恩之心, 非獨止臣一身. 臣欲習學精熟, 俾子傳孫, 孫傳曾孫, 世世

신이 기어이 사직하려는 것은 귀먹고 늙고 아둔하여 폐하께서 신을 발탁하신 뜻을 저버릴까 두렵기 때문입니다. 신이 평민으로 흠천감에서 일하려는 까닭은 아직 천은에 보답하지 못하였으니 아둔한 힘이나마 다 바쳐 폐하의 전례 없는 은혜에 보답하려 함입니다. 신이 천은에 보답하려는 마음은 단지 신 한 몸에서 그치는 것이 아닙니다. 신이 〔역법을〕 열심히 배우고 익혀서 아들이 손자에게, 손자는 증손자에게 전하게 하여 대대손손 폐하의 견마와 같은 충신이 되게 하겠습니다. 이것이 폐하께 보답하려는 끝없고 다함이 없는 마음입니다. 어찌 차마 태연히 사직하고 물러난 채 평민으로서 일하지도 않으면서 폐하의 은덕을 저버리고 보답하지 않을 수 있겠습니까?

子孫得爲皇上之犬馬臣. 此臣報皇上無窮無盡之心. 豈忍恝然辭職, 不以布衣供事, 而負皇上之恩於不報耶?

이부의 신하들이 '無例(선례가 없다)'라는 두 글자로 판정하였으나, 신은 평민이 천거를 통하지 않고 폐하의 특별 성지를 통해 흠천감 관원으로 임명되는 것은 폐하의 은전에 해당하는 사례라 생각하옵니다. 만약 신의 청을 윤허하신다면 이 역시 폐하의 은전에 해당하는 사례일 것입니다. 사례라는 것은 언제나 황제께서 임명하시고 파면하는 데에서 생겨나므로 어느 것도 천은이 아닌 것이 없습니다. 예컨대 명나라 태조께서는 강남을 차지하자마자 진강鎭江의 평민 진우陳遇를 불러 편수編修로 임명하였습니다. 진우가 사양하고 받으려 하지 않자 평건平巾[44] 차림으로 종신토록 봉직하게 하였는데, 지

銓臣執無例二字, 臣以爲布衣不由荐擢, 特旨發授監員, 斯皇上之恩例也. 若允臣所請, 亦皇上之恩例也. 例總出於皇上授免, 無非天恩. 如明太祖初取江南, 即聘鎭江布衣陳遇, 授以編修. 遇辭不受, 以平巾供事終其身, 至今人稱明祖之聖. 臣才遠不及陳遇, 而皇上之聖神實過明祖. 此臣所以哀吁皇上之前也. 臣非敢執此爲例, 但取銓臣無例之言, 則布衣供事前已

44 武官이 쓰던 平巾幘, 內臣이 쓰던 平頂帽, 관리를 고향으로 돌려보낼 때 쓰게 하던 平頂帽 등 여러 종

금까지도 사람들은 태조의 성명함을 칭송하고 있습니다. 신의 재능은 진우에 훨씬 못 미치지만 폐하의 성스럽고 신묘하심〔聖神〕은 참으로 태조를 능가하십니다. 그래서 신은 폐하께 애달프게 호소하는 것입니다. 신이 감히 이것을 가지고 사례라 우기고자 하는 것이 아니라, 다만 이부 신하들이 "선례가 없다"고 한 말만 두고 따져볼 때, 평민의 신분으로 봉직한 예가 이미 앞서도 시행된 적이 있었다는 사실을 말하고 있는 것입니다. 말하자면, 신의 관직은 폐하의 특별 성지에서 나온 것이라 이부 신하들은 절대로 감히 신의 사직을 허락해 주라고 복주하지 못할 것입니다. 엎드려 비오니, 폐하께서 신이 늙어 직분을 감당할 수 없는 사정을 굽어 살피시고, 다시 특별 성지를 내리시어 신이 평민의 신분으로 흠천감에서 일하도록 윤허해주십시오. 신이 후일에 역수로 인해 죄를 짓지 않도록 해주신다면, 폐하께서 미천한 신하의 생명을 보전시켜주신 은덕은 천지와 나란할 것입니다. 이에 소문을 갖추고 머리를 조아려 상소하고 삼가 주장을 갖추어 아뢰옵니다.

有行之者矣. 總之, 臣之職出自皇上之特旨, 銓臣斷不敢覆準臣辭. 伏乞皇上俯念臣老不勝任, 仍頒特旨, 準臣以布衣在監供事. 使臣他日不以曆數得罪, 則皇上保全微臣性命之恩與天地幷矣. 爲此, 具疏叩閽, 謹具奏聞.

강희 4년 6월 13일 소문을 갖추어 고혼소를 올렸고, 14일 아침에 황제께서 시위를 보내어 다음과 같은 성지를 내렸다. "청나라 조정에서는 평민을 관공서에서 일하게 한 사례가 없다. 사직은 윤허하지 않으며 본래 주본은 돌려보낸다."

康熙四年六月十三日具疏叩閽, 十四日早奉上差蝦諭旨: "清朝從無布衣供事衙門之例. 官不準辭, 原本發還."

류가 있다.

네 번째 고혼사소
四叩閽辭疏

강남 휘주부 흡현 백성, 신 양광선이 삼가 상주하옵니다. 신에게 감히 관직을 받을 수 없는 두려움 여섯 가지와 부끄러움 두 가지가 있기에, 사정을 여덟 가지로 적어 올리고, 죽기를 무릅쓰고 속사정을 아뢰오니 부디 통촉해주시옵소서.

江南徽州府歙縣民臣楊光先謹奏爲. 臣有六不敢受職之畏, 二不敢受職之羞, 謹將實情分具八本, 冒死披陳, 仰祇睿鑒事.

이달 13일에 신이 세 번째 소문을 갖추어 머리를 조아려 상소하면서, 편수 진우가 평건을 쓰고 일하기를 허락한 명나라 태조의 선례에 견주어 달라 청하였는데, 폐하께서 시위를 보내 내리신 다음과 같은 성지를 받았습니다. "청나라 조정에서는 평민을 관공서에서 일하게 한 사례가 없다. 사직은 윤허하지 않으며 본래 주본은 돌려보낸다. 그대로 시행하라." 신은 폐하의 하늘같이 높고 땅같이 두터운 은전을 입어, 여러 차례 고혼소를 올려 진노케 하였는데도 신을 벌하지 않으셨습니다. 신에게 양심이 없다 하더라도 어찌 이 한 몸 죽어 보답하기를 잊을 수 있겠습니까? 하지만 인정과 세태를 살펴보면, 사직하지 않을 수 없는 크나큰 두려움이 있사옵니다.

本月十三日, 臣具第三疏叩閽, 請比編修陳遇以平巾供事明太祖之例, 蒙皇上差蝦諭旨: "淸朝從無布衣供事衙門之例. 官不準辭, 將原本發還. 欽此." 臣蒙皇上天高地厚之恩, 不以臣屢辭震怒置臣於法. 臣卽有胸無心, 敢忘捐糜圖報? 但察之人情事勢, 有所大畏而不得不辭者.

신이 만약 평민의 신분으로 흠천감에서 일하지 않는다면 그것은 신하로서 군주에 항거하는 것이니 신은 만 번 죽어 마땅할 것입니다. 신이 5월 10일에 흠천감에 나가서 일하기 시작한 이래 인심과

臣若不以布衣在監供事, 是以臣而抗君, 臣應萬死. 臣自五月初十日到監供事, 見人情行事無一不伏殺臣之機, 臣安得不

상황을 살펴보니 어느 하나도 신을 없애려는 조짐이 숨어 있지 않은 곳이 없었으니, 어찌 두려워하지 않을 수 있겠습니까? 신은 평소에 도리와 학문으로 자부해왔는데 어찌 한 번 죽는 것을 두려워하겠습니까? 두려운 것은 남이 파놓은 함정에 빠져 명예를 잃는 것입니다. 신이 사직 문제로 폐하를 진노케 하여 폐하께서 신에게 죽음을 내리신다면, 신은 죄 없이 죽는다 하더라도 천하 후세 사람들이 반드시 신에게 인륜을 밝히고 성학을 존숭하고, 또 사교를 물리친 공로가 있다며 긍휼히 여길 것이니, 신은 죽어서도 산 것이나 마찬가지일 것입니다. 만약 신이 화의 조짐을 미리 보지 못하고 한때의 영화와 명예를 탐내어 앉은 채 남이 파놓은 함정에 빠져든다면, 폐하께서 훗날 신을 용서치 않으실 뿐만 아니라 신의 온 몸이 입이라 해도 변명하지 못하게 될 것입니다. 그리된다면 신은 이익에 눈멀어 해 입는 것조차 잊고서 죄를 짓고 죽게 되는 꼴이니, 천하 후세 사람 중에 그 누가 신을 긍휼히 여겨 신의 결백을 드러내주려 하겠습니까? 이것이 신이 크게 두려워하는 바이며, 생전에 죽음을 무릅쓰고 사직할 것을 상주하여 밝힘으로써 죽은 다음에 결백해지기를 추구하는 까닭입니다. 삼가 두려움에 관한 일들을 여덟 가지로 나누어 제본을 갖추어 머리 조아려 상소합니다.

畏? 臣素以理學自信, 豈畏一死? 所畏者, 被人排陷, 死敗名爾. 臣今以辭職干皇上之怒, 賜臣以死, 臣雖死無罪, 天下後世, 必有恤臣有明人倫, 尊聖學, 辟邪教之功, 臣死猶生. 臣苟不能逆睹禍機之夾, 貪戀一時之榮名, 坐入陷阱之中, 不但皇上他日不能原臣, 臣卽渾身是口, 有所不能分辯. 是臣以見利忘害, 有罪而死, 天下後世, 誰復憐臣, 而肯爲臣暴白? 此臣之所以大畏, 冒死辭職奏明於生前, 以求明白於死後也. 謹將可畏事情, 分具八本叩閽, 謹具奏聞.

강희 4년 6월 21일에 제본을 갖추어 머리 조아려 상소하였다. 27일에 다음과 같은 성지를 받았다. "양광선이 상주한 주본 안에 적힌 사항들은 이부와 예부에

康熙四年六月二十一日, 具本叩閽. 二十七日, 奉旨: "楊光先所奏各本內事情, 着吏禮二

서 합동으로 함께 진실을 조사하고 본인의 진술을 받아서 정문을 갖추어 상주하라. 각 주본에는 모두 날짜가 없으며 여덟 개 제본에 첩황貼黃[45]이 없으니, 삼가 행하라."

部會同一幷察質, 取口供具奏. 各本俱無小日, 八本無貼黃, 着飭行."

첫 번째, 감히 관직을 받을 수 없는 두려움에 관한 주소입니다. 신이 사교를 고발한 것은 옛날부터 지금까지의 인륜을 밝히기 위함이었고, 조정과 백성을 위하여 숨은 재앙을 제거하기 위함이었지 사적인 원한이 있어서 저들과 송사를 벌인 것이 아닙니다. 그런데 저들은 보복을 시도하여 함정을 크게 만들어놓고 갑자기 유언비어를 날조하고 있으니, 신이 어찌 두려워하지 않을 수 있겠습니까? 신은 금년 정월 15일에 성지를 받고 내원內院[46]으로 소환되어 만주족과 한족 내원 신료들, 만주족과 한족 예부 신료들과 더불어 폐하의 대혼大婚[47] 길일을 골랐습니다. 신은 삼가 금년 8월 28일 진시를 택하였는데, 음력으로 이미 한로에 접어들어 천자의 수레가 태청문으로 들어올 수 있기에 이날을 택했던 것이었습니다. 그런데 갑자기 〔정월〕 20일에 여러

第一不敢受職之畏疏. 臣所告邪教, 是爲往古來今明人倫, 爲朝廷百姓除隱禍, 非有私怨而與之訟也. 彼乃思圖報復, 大張機阱, 忽造流言, 臣寧不畏? 臣於本年正月十五日, 奉旨召至內院, 同滿漢院臣, 滿漢禮臣選皇上大婚吉期. 臣恭選得本年八月二十八日辰時, 古曆已交寒露節, 鑾輿由大淸門進, 此臣之所擇也. 忽於二十日, 遍地鬨傳, 謂臣言三年內無婚嫁吉期. 長安中, 無不人人且笑且罵, 致臬臣李秀, 忿恨之極, 不審有無, 遽誤形之章疏.

45 明淸 때에 奏疏의 요점들을 절록하여 奏疏의 마지막에 풀로 붙였는데, 이를 '貼黃'이라 하였다.

46 淸나라 초기의 관리제도였던 內三院을 말한다. 제2대 황제 太宗(재위 1626~1643)이 중앙집권적 정치체제를 확립할 목적으로 그때까지는 文館에서 貝勒이라는 유력한 귀족의 합의제로 정치를 운영하던 것을 1636년 內國史院·內秘書院·內弘文院으로 구성된 內三院으로 교체하였다. 內國史院은 황제의 起居, 詔令의 기록, 실록 등의 편찬, 제사 축문이나 인쇄물 등의 작성을 맡아보았고, 內秘書院은 섭외 문서와 칙서 등을 작성했으며, 內弘文院은 역대 정치의 옳고 그름을 분별하여 進講하는 일을 담당하였다. 순치 15년(1658) 明나라 정치제도를 본떠 內三院을 內閣으로 개칭하였다가 1661년에 부활시켰으나 강희 9년(1670년)에 다시 內閣으로 바꾸었다. 여기에서는 자금성 안의 내각집무실을 의미한다.

47 天子 또는 諸侯의 결혼을 가리킨다.

곳에서, 신이 3년 안에는 대혼을 치를 만한 길일이 없다고 말했다는 소문이 널리 돌기 시작했습니다. 온 장안에서 비웃고 욕설을 퍼붓지 않는 자가 없었으며, 심지어 얼신臬臣(按察使) 이수李秀는 분을 못 이겨 사실 여부도 따지지 않고 말도 안 되는 소장을 올리기까지 했습니다.

만약 폐하께서 작은 일까지도 빈틈없이 살피시고 엄정한 성지를 내리시어 신을 위해 판가름해주시지 않았더라면 신의 억울함은 천년 후에도 밝혀지지 않았을 것입니다. 또한 훗날 신의 일가가 멸족의 화를 당할 징조는 일찌감치 폐하의 대혼을 3년간 막았다는 말 한마디에 잠복해 있었을 것입니다. 이 말 한마디는 신을 죽일 뿐만 아니라 이수까지도 연루시킬 뻔하였는데, 신에게 분명히 닥쳤을 화를 이수 덕에 면하였습니다. 이와 같은 중상모략이 사악한 〔천주교〕 무리가 퍼뜨린 유언비어에서 나오지 않았다면 어디에서 나왔겠습니까? 저들의 계략이 비록 이번에는 실현되지 못했지만 저들이 다음에 흉계를 꾸미지 않으리라고 보장할 수 없습니다. 깊이 감추어둔 계략은 예측하기 어렵고 아직 드러나지 않은 화는 미리 방비하기 어려운 법입니다. 이것이 신이 심히 두려워하며 감히 관직을 받지 못하는 첫째 이유입니다. 폐하께서 밝게 살펴주시기를 간절히 바랍니다.

若非皇上明察秋毫, 嚴旨爲臣剖分, 則臣之寃千古莫白. 而他日滅臣族之慘, 早伏於阻皇上三年大婚之一語. 此言不但殺臣, 且幷李秀幾累, 臣之顯禍, 得李秀而始免. 此謀不出自邪黨流言, 何從而生? 其計今雖不行, 不能保其日後之無暗算. 機深叵測, 禍隱難防. 此臣之所以深畏, 而不敢受職者一也. 伏乞皇上鑒察.

'이미 칙지가 내려졌다'는 성지를 받았다.

奉旨, 已有旨了.

두 번째, 감히 관직을 받을 수 없는 두려움에 관

第二不敢受職之畏疏. 助教臣

한 주소입니다. 사교를 돕고 있는 신하 허지점許之漸은 사교의 요망한 책에 써준 서문에서 불가와 도가 모두 군신과 부자를 알고 있으며 유자라 하더라도 폐단이 없을 수 없다고 하였으니, 실로 명교에 크나큰 죄인입니다. 그러나 폐하의 너그러우신 은전을 입어 단지 삭탈관직만 당했을 뿐입니다. 서둘러 고향으로 돌아가 문 닫아걸고 잘못을 반성하여도 만세토록 욕먹는 일을 모면키 어려울 터인데, 아직도 도성에 숨어 살면서 날마다 탕약망과 각 성에서 호송되어온 서양 사람들과 아침저녁으로 오가며 추천을 통해 관직에 복귀할 길을 도모하고 있습니다. 그러면서 관직에 다시 기용되면 맹세코 신을 죽이겠다고 떠들고 있습니다. 소문이란 비록 믿을 만한 것이 못 되지만, 파면당한 한족 관리들이 혐의를 받을까봐, 또 비난을 두려워해 도성에 오래 머무는 선례가 없었던 것을 생각해보건대, 지금 〔허지점이〕 감히 거리낌 없이 도성에 머무는 데에는 필히 그 안에 깊은 모략이 있을 것입니다. 사교는 돈도 많고, 한데 모여 살면서 보복을 꾀하고 있습니다. 신의 지혜와 힘에는 한계가 있으니 저들의 은미한 움직임을 무슨 수로 다 살필 수 있겠습니까? 낮에는 중상모략이 근심이고 밤에는 자객이 걱정입니다. 이것이 신이 심히 두려워하면서 감히 관직을 받지 못하는 둘째 이유입니다. 폐하께서 밝게 살펴주시기를 간절히 바랍니다.

許之漸序邪教妖書, 謂二氏同知君臣父子, 卽儒者不能無弊, 誠名教中之大罪人. 荷皇上寬恩, 謹褫其職. 宜亟歸里, 閉門思過, 尙難免萬世唾罵, 乃敢潛住京師, 日與湯若望及各省解來之西洋人, 朝夕往來, 謀荐復官. 聲言起官之後, 誓必殺臣. 風聞雖不足信, 但思革職漢官, 引嫌畏譏, 從無舊住京師之例, 今敢留京無忌, 其中必有深謀. 邪教金多, 群居思報. 臣之智力有限, 安能察其隱微? 日憂中傷, 夜虞刺客. 此臣之所以深畏, 而不敢受職者二也. 伏乞皇上鑒察.

'이미 칙지가 내려졌다'는 성지를 받았다.

奉旨, 已有旨了.

세 번째, 감히 관직을 받을 수 없는 두려움에 관한 주소입니다. 폐하께서 용서 없이 흠천감의 다섯 관원[48]을 주살하시고 이미 죽은 유필원劉必遠·가문욱賈文郁 두 집안의 사람들을 유배 보내신 까닭은 저들이 '홍범오행洪範五行'으로 암암리에 나라를 해쳤기 때문이었습니다. 무릇 나라의 신하라면 '홍범오행'을 보고 힘껏 배격해야 신하 된 자로서 충심을 다하였다 할 것입니다. 다섯 관원이 '홍범오행'을 써서 죽임을 당했다는 것을 보고도 '홍범오행'을 쓰려는 자는 있지 않을 것이니, 이는 아마도 마음에 생각하는 바가 있어서일 것입니다! 신이 흠천감에 이르기 전에, 길일을 택하는 관원이 여러 유파의 통서通書[49]를 가지고 와 세 명의 흠천감 만주족 관원에게 품고하기를, 각 유파의 통서마다 모두 '홍범오행'이 들어 있어 어느 한 가지만 폐할 수 없다고 하니, 흠천감의 만주족 관원이 저들의 잘못을 크게 꾸짖었습니다. 신이 흠천감에 부임한 뒤에 예부에서 흠천감에 공문을 보내어 예蕊 마마의 장례 기일을 고르게 하였습니다. 이 일을 맡은 관원이 정문呈文을 올려, '홍범오행'을 참조하는 것이 더 합리적이라고 하자 흠천감 만주족 관원은 그 정문을 두 번 세 번 지운 뒤에야 그만두었습니다. 참으로 사교만 있는 줄 알고 조정에 법도가 있는 줄은 모

第三不敢受職之畏疏. 皇上殺欽天監五官, 及流徙已死劉賈二人之家屬而不赦者, 以其用洪範五行而暗害國家也. 率土之臣, 見洪範五行卽宜力加排斥, 始盡臣子之心. 未有旣知五官爲洪範五行而殺而反欲用洪範五行者, 蓋其心有所爲爾! 臣未到監之先, 選擇官持各家通書, 稟三滿監臣, 言各家通書俱有洪範五行, 不宜偏廢等語, 滿監臣嚴叱其非. 及臣到監之後, 部禮行監, 選蕊格格葬期. 選擇官呈稱, 宜將洪範五行參用更爲合理, 滿監臣涂抹其呈至再而後止. 可謂只知有邪教, 而不知有朝廷之法度矣! 夫旣以洪範五行爲是, 則是明斥臣之拒洪範五行爲非. 彼不但力斥臣, 此敢力抗皇上. 其心不過受邪教之主使, 以臣不用洪範五行爲非, 竟不思皇上不赦劉有泰諸人之爲是也. 監員之立心行

48 康熙 4년(1665)에 죽임을 당한 欽天監의 한족 관원 李祖白·宋可成·宋發·朱光顯·劉有泰를 가리킨다.

49 원래 宋學의 시조 周敦頤가 쓴 『易通』을 말한다. 『易經』과 『中庸』에 의거하여 도덕을 역설한 책이다. 여기에서는 역법과 관련된 여러 유파의 기본 서적을 의미한다.

른다고 말할 수 있겠습니다. 저들이 기왕 '홍범오행'을 옳다고 여겼기에, 신이 '홍범오행'에 맞선 것이 잘못이라며 분명히 내친 것입니다. 저들은 신을 힘껏 내쳤을 뿐만 아니라 감히 폐하께 항거하였습니다. 저들은 사교의 사주를 받아 신이 '홍범오행'을 쓰지 않는 것이 잘못이라고만 생각할 뿐, 폐하께서 유유태劉有泰 등 여러 사람을 용서하지 않은 것이 옳은 처사였음은 끝내 생각하지 못하고 있습니다. 흠천감 관원의 마음가짐과 일 처리가 이와 같으니 신이 어찌 저들과 같은 관서에서 함께 폐하를 섬길 수 있겠습니까? 이것이 신이 심히 두려워하며 감히 관직을 받지 못하는 셋째 이유입니다. 폐하께서 밝게 살펴주시기를 간절히 바랍니다.

事如此, 臣安敢與之同衙門共事皇上哉? 此臣之所以深畏, 而不敢受職者三也. 伏乞皇上鑒察.

'이미 칙지가 내려졌다'는 성지를 받았다.

奉旨, 已有旨了.

네 번째, 감히 관직을 받을 수 없는 두려움에 관한 주소입니다. 금년 5월 29일에 신은 흠천감의 만주족과 한족 신하들을 따라 관상대에 올라가 여러 관측 기구들을 시험하다가 탕약망이 만든 서양식 해시계가 8분 정도 비스듬히 놓인 것을 보게 되었습니다. 신이 그 즉시 "작년 12월 초하루에 있었던 일식 때, 이 비스듬히 놓인 해시계를 가지고 시각을 관측했을 터이니 역법과 박사 하락서何雒書와 마유룡馬惟龍이 어찌 틀리지 않을 수 있었겠는가?"라고 말했습니다. 이에 천문과 박사 이광굉李光宏이 "작년 일식은 서양식 해시계로 관측한 것이 아닙니다"라고 답하였습니다. "그러면 무엇으로 관

第四不敢受職之畏疏. 本年五月二十九日, 臣隨滿漢諸監臣上觀象臺, 考驗議器, 見湯若望之西洋日晷斜安八分. 臣卽言曰: "去年十二月初一日日食, 用此斜晷以測時刻, 曆科博士何雒書·馬惟龍, 安得不輸?" 天文科博士李光宏應曰: "去年日食不在西洋日晷上測." 臣問: "在何處測", 答曰: "是在簡儀上測." 臣指簡儀問光宏曰: "簡儀是子在北, 午在南, 乃夜用之

측하였냐"고 신이 물었더니, "간의簡儀로 관측하였다"고 답하였습니다. 신이 간의를 가리키며 이광굉에게 "간의는 자子가 북쪽에 있고 오午가 남쪽에 있어서, 밤에 성수를 관측하는 데 사용하는 것인데, 어찌 그것으로 해의 시각을 관측할 수 있단 말인가"라고 물었더니, 이광굉이 "지난 2백 년 동안 모두 이같이 관측하였습니다"라고 답하였습니다. 신이 "이미 2백 년 동안이나 간의에서 별의 적도赤道를 관측하였다면, 무슨 까닭으로 간의 아래 평반平盤에다 자子가 남쪽이고 오午가 북쪽인 해시계를 또 하나 세웠는가"라고 물었더니, 신하들이 보고 "이것은 시각을 관측하는 해시계입니다"라고 말하였습니다. 신이 "자가 남쪽이고 오가 북쪽인 해시계는 버려둔 채 쓰지 않고, 밤에 별의 적도를 관측하는 간의로 해의 시각을 관측하는 경우가 어디 있는가? 2백 년 동안 관상대 관원을 맡은 자들이 이렇게까지 〔사리에〕 밝지 않을 수 있다니"라고 말하자, 이광굉은 그래도 "이것은 도충倒沖[50] 측법입니다"라고 하였습니다. 그래서 신이 "당신 말에 따르면 밤 시각을 거꾸로 하여 낮 시각을 맞춘다는 것인데, 소한小寒 때에는 해가 적도 바깥 21도에 있으면서 적도로 들어오는 법이 없다는 것을 생각해보지 못하였는가? 무슨 수로 12월의 해를 간의 표면에 비출 것인가? 그런 말로 탕약망을 대신하여 흠차원부欽差院部의 대신들을 속일 수는 있겠지만,

以測星者, 豈可用以測日之時刻?" 光宏答曰: "二百年來俱是如此測." 臣曰: "二百年來既用簡儀上測星之赤道, 何故於簡儀下之平盤又立一子南午北之日晷?" 諸臣看曰: "此是測時刻之日晷." 臣曰: "放着子南午北之日晷不用, 豈有以簡儀夜測星之赤道而測日時刻之理? 二百年來之臺官, 其不通不至此也!" 光宏猶曰: "此是倒沖測法." 臣曰: "依你說, 夜時刻可倒沖日時刻, 獨不思小寒節太陽在赤道外二十一度, 不曾躔入赤道? 如何十二月之太陽照得上簡儀之面? 此話只好替湯若望欺欽差院部大臣, 如何欺得我? 你不是欺欽差, 你是欺皇上. 我明日奏過朝廷, 請官與你測驗, 便見誰是誰非." 光宏語塞, 始曰要求指教. 復與簡儀平水槽中注水, 見簡儀斜測五分. 夫儀既不正, 卽測天度星辰盡皆不準, 何況用之測太陽? 如此情形, 率與邪教朋比爲奸, 以欺天

50 '거꾸로 돌아가서 침범한다'는 뜻.

어찌 나를 속일 수 있겠는가? 당신은 흠차대신을 속이는 것이 아니라 폐하를 속이는 것이네. 내가 내일 조정에 주청하여 관원을 청해 당신과 함께 관측하고 나면 누가 옳고 그른지 금방 드러날 것이네"라고 하였습니다. 이광굉은 말문이 막혀 그제야 가르침을 달라고 하였습니다. 다시 간의의 물통〔平水槽〕에 물을 부어보니 간의가 5분 정도 기운 채 관측되고 있음이 드러났습니다. 간의가 정확하지 않으면 천도天度와 성신星辰의 관측이 모두 부정확한 법인데, 하물며 그것을 써서 해를 관측했으니 더 말할 것이 있겠습니까? 이러한 정황은 모두 사교와 작당하여 나쁜 짓을 저질러 천하를 속이려는 것입니다. 신이 어찌 이 같은 자들과 같은 관서에서 함께 폐하를 섬길 수 있겠습니까? 이것이 신이 깊이 두려워하며 감히 관직을 받지 못하는 넷째 이유입니다. 폐하께서 밝게 살펴주시기를 간절히 바랍니다.

下. 臣安能與之同衙門共事皇上哉? 此臣之所以深畏, 而不敢受職者四也. 伏乞皇上鑒察.

'이미 칙지가 내려졌다'는 성지를 받았다.

奉旨, 已有旨了.

다섯 번째, 감히 관직을 받을 수 없는 두려움에 관한 주소입니다. 신이 생각건대, 성명하신 폐하께서 청나라 왕조에서 쓸 역법을 반포하고 시행하시어 사교의 역법을 없애시고 요순의 옛 역법으로 돌려놓으신다면, 산모퉁이 바닷가에 사는 백성들 모두 또다시 하늘의 해를 보게 되었다고 기뻐할 것이며, 뿐만 아니라 성명과 교화가 미치는 나라들 모두 기뻐하며 성스러운 교화에 젖을 것입니다. 희

第五不敢受職之畏疏. 臣惟, 皇上聖明, 頒行大淸一代之曆, 革除邪教新法, 復用堯舜舊法, 不但山陬海澨之民咸慶復見天日, 卽聲教所迄之國莫不欣霑聖化. 爲羲和之曆官者, 宜何如歡跃, 何如鼓舞, 各展抱負, 以報皇上復用其家學之恩. 乃令

화역법의 관원이라면 기뻐 뛰고 북을 치고 춤을 추며, 저마다 포부를 펼쳐 폐하께서 다시 그 가학家學을 써주신 은덕에 보답하고자 할 것입니다. 하지만 지금 〔회화역법의 관원들은〕 우왕좌왕 머뭇거리며 의심을 품고 있습니다. 서양인들이 도성의 큰길을 버젓이 돌아다니며 의기양양해하는 것이 보이고, 탕약망이 머지않아 복직될 것이라는 소문이 들리니, 저들은 감히 자기의 재능을 드러내어 탕약망에게 미움을 사려고 하지 않습니다. 이 때문에 일식과 월식, 칠정七政과 사여四餘에 관하여 모두 알고 있는 자들은 역법에 관한 일을 그만둔 지 오래라 짧은 시일 안에 다시 익힐 수 없다며 핑계를 대고, 역법 중 한 가지만 알고 있는 자들은 역법에 두루 밝지 못하다는 구실로 사양하고 있습니다. 지금 춘하중추동春夏中秋冬의 다섯 개 역관직을 보충하려 시험을 치를 때, 역과曆科에서 보내오는 문제들은 모두 일식과 월식 같은 큰 문제〔大題〕[51]가 아니라 작은 문제〔小題〕[52]뿐으로, 그것으로 시험을 치게 합니다. 그 속내는 잠시 승진이나 도모하다가 나중에 역법을 두루 모른다는 구실로 물러나려는 것입니다. 이 모두가 예전에 시행한 옛 역법의 오류를 잡아 새 역법이 다시 일어날 수 있는 여지를 만들어 주고자 하는 것입니다. 이들은 탕약망의 위세가 두렵다는 것만 알지, 폐하의 칙명이 마땅히 따라야만

首鼠兩端, 心懷疑貳. 見西洋人公然馳騁長安道中, 揚揚得意, 相傳湯若望不久復官, 不敢出其所長, 以得罪於若望. 故全會交食七政四餘之法者, 託言廢業已久, 一時溫習不起, 止會一事者, 又以不全會爲辭. 目今考補春夏中秋冬五曆官, 而曆科所送之題目, 不以交食大題具呈, 止送小題求試. 意在暫圖升擢, 他日好以不全會推諉. 無非欲將舊法故行錯謬, 以爲新法留一恢復之地. 是人只知若望之威之可懼, 而不知皇上之命之當遵也. 人心如此, 臣寧不畏? 此臣之所以深畏, 而不敢受職者五也. 伏乞皇上鑒察.

51 大題는 明淸 시기에 五經의 文章으로 命題하여 과거시험을 치르던 것이다.
52 小題는 明淸 시기에 四經의 文句로 命題하여 과거시험을 치르던 것이다.

하는 것임을 모르고 있습니다. 인심이 이와 같으니 신이 어찌 두렵지 않겠습니까? 이것이 신이 심히 두려워하며 감히 관직을 받지 못하는 다섯째 이유입니다. 폐하께서 밝게 살펴주시기를 간절히 바랍니다.

'이미 칙지가 내려졌다'는 성지를 받았다.

奉旨, 已有旨了.

여섯 번째, 감히 관직을 받을 수 없는 두려움에 관한 주소입니다. 폐하께서는 성상星象에 변이가 있고 지진이 있어 온 나라에 대사면령을 내리신 것이지, 탕약망 한 사람 때문에 사면령을 내리신 것은 아니었습니다. 하지만 지금 사람들 사이에서는 탕약망이 진짜 성인이고 그의 사교가 진짜 천주이기 때문에 탕약망을 처형하려 하자 하늘이 특별히 그를 위해 성상의 변이를 보여준 것이고 땅이 그를 위해 흔들린 것이며, 이에 조정에서도 감히 그를 죽이지 못하고 온전하게 살려주면서 그에게 여전히 천주당을 주관하게 하였으니, 진짜 성인, 진짜 성교는 없앨 수 없음을 알겠다는 말이 떠돌고 있습니다. 이런 말이 떠도는 것이 어찌 나라의 복이라고 할 수 있겠습니까? 폐하께서 온 나라에 대사면령을 내리시어 수많은 사람들의 목숨을 살려주셨다는 것을 알지 못하고, 사람들은 오로지 탕약망 한 사람만 봅니다. 하늘의 공덕을 훔쳐 자기 힘으로 그리된 것이라 말하고 있으니, 인심이 이 지경에 이르렀는데 크게 우려하지 않을 수 있겠습니까?

第六不敢受職之畏疏. 皇上因星變地震, 大赦天下, 非爲湯若望一人而赦也. 今民間訛傳, 稱若望是眞聖人, 其教是眞天主, 故於若望將刑之時, 天特爲之星變, 地特爲之震動, 朝廷遂不敢殺, 乃全而生之, 仍令其主天主之堂, 可見眞聖人眞聖教之不可滅. 有如此斯言也, 豈天下國家之福哉? 皇上之赦天下, 不知生全幾萬千人, 而人獨於若望之一身. 貪天功爲己力, 人心至此, 可不大憂?

소인배들은 대의를 알지 못하고 쉽사리 요사한 말에 현혹되므로 이 같은 말이 한번 퍼져 온 천하에 알려지면 천하 백성 모두가 사교의 패거리가 되는 광경을 장차 보게 될 것입니다. 이것이 바로 신이 이단을 공격한 법어法語인데 도리어 사교의 성망을 더 무겁게 보태주었으니, 신의 죄과 벗어날 길 없습니다. 처음 도성에 도사리고 있던 자들은 탕약망 등 네 사람에 불과했는데, 지금은 수십 명이 무리지어 모여 있습니다. 처음에는 피하거나 거리낄 줄 모르던 저들이 지금은 자신들의 중요한 기밀을 숨길 줄도 알게 되었고, 돈이 많아 귀신을 부릴 줄도 압니다. 한인漢人들은 기꺼이 저들의 정탐꾼이 되어 바다를 오가며 남몰래 정보를 전합니다. 만약 저들을 차단하고 방비하지 않는다면 참으로 호랑이를 기르는 꼴이 되어 스스로 후환을 남기게 될 것입니다. 천하의 재앙은 늘 소홀히 하는 데에 숨어 있는 법입니다. 처음에 뿌리가 작다고 하여 주의를 기울여 방비하지 않았다가, 깃털이 풍성해져서 하루아침에 변란을 일으킨다면 쳐서 없애지도 못할 것이니, 후회한들 돌이킬 수 있겠습니까? 예로부터 지금까지 매사가 이러했습니다. 하물며 저들 사교는 남의 나라를 빼앗아 주인 자리를 차지하려 꾀하고 있지 않습니까! 저들의 실제 행적을 살펴볼 때, 이 같은 일이 한두 가지가 아닙니다. 저들이 본국을 빼앗으려고 꾀했던 행적은 예수가 처형당한 일을 적은 책과 그림이 있으니 살펴볼 수 있고, 일본을 빼앗으려고 꾀했던 행적은 무역상들이 말로 증언해줄 것이며, 여송국呂宋國〔필리핀〕

小民不知大義, 易爲邪言煽惑, 此言一行, 卽傳天下, 將見天下之人民盡化爲邪教之羽翼. 是臣以攻異端之法語, 反爲邪教增重其聲價, 臣之罪不可解矣. 向盤居京師者, 止若望四人, 今則群取數十. 向尙不知避忌, 今知秘其機緘, 金多可役鬼神. 漢人甘爲線索, 往來海上, 暗通消息. 若無有以關防之, 實爲養虎, 自遺其患. 從來天下之禍, 常伏於其所忽. 初以其根蒂之小也, 不甚留意堤防, 及至毛羽既豊, 一旦變作, 不可扑滅, 雖悔何追? 自古至今, 每每如斯. 况其教以謀奪人之國爲主! 査其實迹, 非止一端. 其謀奪本國也, 有耶蘇正法之書像可考, 其謀奪日本國也, 有舶商之口可憑, 其已奪呂宋國也, 有故明南禮部臣沈漼之參疏可據. 如此狼子野心之凶人, 又有火器刀甲之鐵猛, 安可與之同中國哉? 臣不但爲身懼, 爲族懼, 且爲天下懼, 爲朝廷懼矣. 此臣之所以深畏, 而不敢受職者六也. 伏乞皇上鑒察.

을 이미 빼앗은 행적은 작고한 명나라 남경 예부의 신하 심각沈潅[53]이 선교사를 참주한 상소문을 근거로 삼을 수 있습니다. 이같이 흉포한 야심을 지닌 악인들이 날카롭고 사나운 화포와 총, 칼과 병갑兵甲을 가지고 있으니, 저들과 어찌 중국에서 공존할 수 있겠습니까? 신은 제 한 몸을 위해 두려울 뿐만 아니라 민족을 위해 두렵고 천하를 위해 두려우며 조정을 위해 두렵습니다. 이것이 신이 심히 두려워하며 감히 관직을 받지 못하는 여섯째 이유입니다. 폐하께서 밝게 살펴주시기를 간절히 바랍니다.

'이미 칙지가 내려졌다'는 성지를 받았다.

奉旨, 已有旨了.

일곱 번째, 감히 관직을 받을 수 없는 부끄러움에 관한 주소입니다. 신은 참으로 월등한 학문을 가진 자라야 사람들의 사표가 될 수 있으며, 학문 없이 자리나 지키는 사람은 비록 남이 그 위세에 눌리기는 하지만 기꺼이 승복하지 않아 반드시 직책을 감당하지 못하여 일을 그르치는 화가 생긴다고 들었습니다. 신이 역법을 계산하는 능력도 없으면서 역법을 계산할 줄 아는 능력을 지닌 역관들 위에 버젓이 자리한 채 저들과 마주한다면, 스스로 부끄러움이 없을 수 있겠습니까? 혹시 착오가 생겼을 때, 신에게는 그것을 바로잡아줄 방법이 없으

第七不敢受職之羞疏. 臣聞, 有眞過人之學問, 然後可以爲人之師表, 無其學而充其位, 人雖壓於勢而不肯心悅誠服, 必有覆餗之患. 臣無算曆之能, 而儼然居於能算曆之官之上對之, 能不自慚? 或有錯誤, 臣無術以正之, 何以謝欽若之責? 此臣之所以深羞而不敢受職者一也. 伏乞皇上鑒察.

53 字는 雨中으로, 만력 연간에 南京의 禮部尙書 벼슬을 하였으며 『明史』에 傳이 있다. 沈潅이 세 차례에 거쳐 教士들을 參奏한 疏章은 『明神宗實錄』에 기재되어 있으며 徐昌治의 『聖朝破邪集』에도 수록되어 있다.

니 공손히 명령만 따랐느냐는 책망을 어찌 면할 수 있겠습니까? 이것이 신이 심히 부끄러워 감히 관직을 받지 못하는 첫 번째 이유입니다. 폐하께서 밝게 살펴주시기를 간절히 바랍니다.

'이미 칙지가 내려졌다'는 성지를 받았다.

奉旨, 已有旨了.

여덟 번째, 감히 관직을 받을 수 없는 부끄러움에 관한 주소입니다. 신이 생각건대, 일찍이 바른 말로 남에게 간언한 사람은 감히 스스로 그 사람의 전철을 밟지 않습니다. 명나라 말기에 무과에 급제한 진계신은 형구〔斧鑕〕를 짊어지고 오천 자의 상소를 올려 이과급사중吏科給事中이라는 벼슬을 받았습니다. 신은 일찍이 그에게 바른말로 규간하며 "사람 마음이란 것이 벼슬이 없으면 무엇이건 과감하게 하다가도 일단 벼슬을 얻게 되면 앞뒤를 살피게 되지요. 과장科長께서 만약 관직을 받지 않으셨다면, 서슬 시퍼런 날카로운 입으로 백성들의 복리나 병폐에 대해 바른 소리를 하여 조정을 대신해 나라를 다스리고 백성을 구제했을 것이니, 그 이름 또한 절로 후세에 전해졌겠지요. 그러나 지금 관리가 되고 나더니 밝은 의견을 제시하는 모습은 뵐 수 없고, 다만 자리를 보전하는 요령이나 배우신 것 같아 혹 제명에 죽지 못하게 될까 걱정입니다"라고 말하였습니다.

第八不敢受職之羞疏. 臣惟, 曾以正論規諫人者, 不敢自蹈其轍. 明末武擧陳啓新負斧鑕, 上五千言, 授以吏科給事中. 臣曾規正之曰: "人之情不做官, 則敢作敢爲, 一做官便瞻前顧後. 科長若不受職, 辦着一張鋒快嘴, 說些民間利病的公道話, 替朝廷治得天下, 救得蒼生, 自然名傳後世. 科長如今做了官, 不見有所建明, 只學得保守紗帽, 恐後來死得不好."

신은 또 「정양충고正陽忠告」라는 글을 지어 그를 비난했습니다. 훗날 진계신은 과연 고발되고 탄핵을 당해 심문을 받다가 황하에 뛰어들어 죽었습

臣著正陽忠告一書譏之. 啓新後果被糾參提問, 自投黃河而死. 擧世皆笑啓新之愚, 而稱臣

니다.[54] 온 세상 사람들은 진계신을 미련하다 비웃고 신이 한 말이 옳다며 칭송하였습니다. 지금 신이 역법도 셈할 줄 모르는 주제에 외람되이 흠천감의 관직을 받는다면, 훗날 반드시 저 양광선 같은 자가 나타나 당시 진계신의 잘못을 바로잡던 양광선을 비웃을 것입니다. 비록 부끄러운 낯으로 구차하게 한세상 산다 한들, 죽는 날에 무슨 낯으로 지하에 있는 진계신을 만나보겠습니까? 이것이 신이 부끄러워 감히 관직을 받지 못하는 두 번째 까닭입니다.

言之是. 今臣以不能算曆之夫, 而濫受皇上欽天之職, 將來必有如楊光先之人, 來笑當年規正陳啓新之楊光先矣. 臣雖靦顔偸生世上, 死之日將何面目見陳啓新於地下哉? 此臣之所以甚羞而不敢受職者二也.

신에게 두 가지 큰 부끄러움과 여섯 가지 심한 두려움이 있으니, 어찌 감히 가볍게 폐하께서 주시는 벼슬을 받을 수 있겠으며, 죽음을 무릅쓰고 기어코 사직하지 않을 수 있겠습니까? 이것이 신이 도끼도 피하지 않고 끊임없이 머리 조아려 소문을 올리는 까닭입니다. 폐하께서 밝게 살펴주시기를 간절히 바랍니다.

臣有二甚可羞, 六深可畏, 安敢輕易受皇上之官, 而不冒死而必辭也? 此臣之所以不避斧鉞, 而叩閽之無已也. 伏乞皇上鑒察.

'이미 칙지가 내려졌다'는 성지를 받았다.

奉旨, 已有旨了.

54 이에 대해서는 다른 주장들이 있다. 예를 들면, 『明史』「姜埰集」에서는 "巡撫와 巡按을 내려보내 장물을 추적하고 죄를 정하였는데 啓新이 도망가니 어디로 갔는지 몰랐다. 나라가 변하고 바뀐 다음에 중으로 있다가 죽었다"라고 하였다.

다섯 번째 고혼사소

五叩閽辭疏

흠천감에서 일하는 신 양광선이 상주하옵니다. 천은은 더욱 무거워지고 신의 두려움은 더욱 깊어지니, 보잘것없는 뜻을 살피시어 칙명을 거두어주실 것을 간절히 바라옵나이다.

欽天官供事臣楊光先謹奏爲. 天恩愈重, 臣懼愈深, 懇鑒微忱, 收回成命事.

금년(1665) 7월 27일에 이부와 예부에서 신 등의 공술을 받아 품고하여 상주하였고, 8월 5일에 "흠천감의 일은 심오하고 정미하며 매우 긴요하다. 3월 2일 지진이 있었을 때 이미 간의簡儀가 조금 패이고 갑자기 깨어졌다고 하였는데, 어찌하여 그 즉시 정문을 갖추어 올리지 않고 양광선이 보고 말한 후인 6월 18일에야 비로소 정문을 갖추어 올려서 수리할 것을 청했는가? 이에 근거해 볼 때, 모든 일 처리가 거칠기 짝이 없고, 옛것을 그대로 따르기만 할 뿐이다. 장기순張其淳을 강등시키고, 양광선을 감정監正으로, 장기순을 좌감부로, 이광현李光顯을 우감부로 삼으라. 그대로 시행하라"는 성지를 받았습니다.

本年七月二十七日, 吏禮二部取臣等供回奏, 八月初五日奉旨: "欽天監事務, 精微緊要. 既稱於三月初二日, 地震之間, 簡儀微陷閃裂, 彼時何不即行具呈, 經楊光先看見說出, 始於六月十八日具呈請修? 據此, 凡事俱草率因循. 張其淳着降, 楊光先着爲監正, 張其淳着爲左監副, 李光顯着爲右監副. 欽此."

외람되이 헤아려볼 때, 신이 여러 차례 소장을 올려 시끄럽게 폐하의 성총을 어지럽혔는데도 신을 귀찮게 여겨 처벌하지 않으시고 오히려 신을 높여 감정의 자리에 임명하셨으니, 폐하의 하늘 같은 은혜가 이처럼 지극하시므로 감격에 겨워 저도 모르게 이내 눈물이 흐릅니다. 하지만 스스로의 분

竊照臣屢疏瀆聒宸聽, 不以臣爲煩擾, 置臣於法, 反加臣爲監正, 臣感皇上如天之恩至於如此之極, 而不覺繼之以泣也. 但臣自揣分量, 實不敢一刻自安. 臣聞人臣事君, 進退以禮, 辭受

수를 생각할 때, 잠시도 마음이 편치 않습니다. 신은 신하 된 자가 임금을 섬길 때 나아가거나 물러나거나 모두 예의에 맞아야 하고, 사양하거나 받거나 모두 의리에 맞아야 한다고 들었습니다. 높은 자리를 사양하고 낮은 자리를 차지할 수는 있지만, 낮은 자리를 사양하고 높은 자리를 차지하는 법은 없습니다. 신은 폐하께서 우감부에 임명해주신 은덕을 입고서, 학술이 아직 정미精微하지 못한 까닭에 직무를 감당할 수 없다고 네 차례나 고혼사소를 올렸습니다. 지금 신을 감정에 임명하셨는데, 덥석 절하고 명에 따른다면 신이 지난날 사직하고자 한 것은 우감부가 낮은 자리라 마다한 것이 되고, 지금 받아들이는 것은 감정이 높은 자리라 받아들이는 것이 됩니다. 낮은 자리면 마다하고 높은 자리면 받는다면, 신은 조급하게 나아갈 줄만 알지 군주를 섬길 때에는 나아가고 물러남이 예의에 맞아야 하고, 사양하고 받음이 의리에 맞아야 한다는 것도 모르는 사람일 터이니, 어찌 신하로서의 직책을 다하기를 바랄 수 있겠습니까?

以義. 只有辭尊居卑, 未有辭卑居尊者. 臣蒙皇上授臣右監副, 臣以學術未精, 不能勝任, 凡四叩閽疏辭. 玆授臣以監正, 臣卽拜命, 則臣前日之辭是辭監副之卑, 而今日之受是受監正之尊矣. 於卑則辭, 而於尊則受, 是臣止知躁進, 而不知事君進退之禮, 辭受之義, 安望其能盡臣職哉?

더욱이 간의가 기울어진 것을 알아낸 것도 만주족 감관이었고, 정문을 갖추어 보고하여 수리를 청하라 시킨 것도 만주족 감관이었습니다. 신은 단지 사직 상소에서 역관들의 태만한 습성을 들어 품고하였을 뿐인데, 폐하께서 신을 능력 있다 여기시고 감정으로 승진시키셨으니, 신이 만주족 감관의 업적을 빼앗아 감정 자리를 얻는 것이나 마찬가지라, 어찌 스스로 부끄러움이 없을 수 있겠습니까?

況看出簡儀傾側者, 乃滿監臣, 而責令其具呈請修者, 亦滿監臣也. 臣不過於辭疏中擧監員稽怠之習以入告, 皇上以臣爲能, 而加臣爲監正, 是臣掠滿監臣之美, 以得監正, 臣能不自愧哉?

또 갑자기 부귀해지는 것도 상서롭지 못하다고

臣又聞, 驟富貴者不祥. 臣以

들었습니다. 신이 벼슬 없는 평민으로 있다가 하루아침에 6품 관직을 얻는다면 갑자기 부귀해지면 안 된다는 계율을 범하는 것이 되어버리는데, 미처 성은에 감사하고 취임하기도 전에 다시 5품 관원으로 발탁되어 경당京堂[55]에 오른다면 갑자기 얻은 부귀에 더 갑작스런 부귀를 더하는 꼴이라, 하늘의 재앙이나 사람으로 인해 생기는 화액이 반드시 뒤따를 것입니다. 신이 천도天道와 사리事理로써 사람을 나무라면서 스스로 길한 것을 따르고 흉한 것을 피할 줄도 모른다면, 천도와 사리에 어두운 자가 되고 마는 것입니다. 천도와 사리에 어두운 자가 어찌 흠천감의 감정이 될 수 있겠습니까? 이것이 신이 깊이 두려워하며 기필코 사퇴하고자 하는 까닭입니다.

無位布衣, 一旦得六品之官, 已犯驟貴之戒, 尙未謝恩到任, 又擢爲五品視篆京堂, 於驟之中而又加驟焉, 天災人禍, 將必隨之. 臣以天道人事之理指人, 而不自知吉凶之趨避, 是懵於天道人事之理矣. 以懵於天道人事之理之夫, 豈可以爲欽天監之監正哉? 此臣之所以深懼而必辭也.

신이 또한 사책史冊을 살펴보건대, 위에 큰 성인이신 군주가 계셔야만 아래에 관직을 받지 않는 신하가 있다고 하였습니다. 이 때문에 위에 요순堯舜이 계실 적에 아래에 소부巢父와 허유許由[56]가 있었고, 위에 한 고조와 광무제가 계실 적에 아래에 사호四皓[57]와 엄광嚴光[58]이 있었으며, 위에 송 태조와

臣又考之史册, 上有大聖人之君, 下然後有不受職之臣. 故上有堯舜, 下有巢由, 上有漢高光武, 下有四皓嚴光, 上有宋祖明祖, 下有陳摶陳遇. 是皆遭際聖君, 故得遂其高尙. 臣固不敢追

55 청조 때 일부 고급 관원들, 예컨대 都察院·通政司·詹事府·國子監 등 관서의 장관을 모두 京堂이라고 칭하였다.

56 巢父와 許由는 전하는 바에 의하면 요임금 때의 隱士들이다. 요임금이 그들에게 양위하려 했으나 받지 않고 은거했다고 한다.

57 四皓는 秦末에 商山에 은거해 있던 東園公·甪里·綺里季·夏黃公이다. 이 네 사람은 모두 수염과 눈썹이 새하얗기 때문에 商山四皓라 하였다. 漢 高祖가 그들을 불렀으나 응하지 않았는데 후에 高祖가 태자를 폐출하려 하자 呂后가 張良의 계책에 따라 그들을 맞아 태자를 보좌하게 하였다.

58 漢 光武帝(재위 25년~57년)와 동학이었던 嚴光은 會稽 餘姚 사람이었는데, 光武帝 劉秀가 즉위한 뒤 改名하고 은거하였다. 후에 光武帝가 그를 諫議大夫에 임명하고 불렀으나 응하지 않고 富春山에

명 태조가 계실 적에 아래에 진단陳搏[59]과 진우陳遇[60]가 있었던 것입니다. 이분들은 모두 성군을 만난 덕택에 고상함을 끝까지 지킬 수 있었습니다. 신이야 감히 전 시대 현철들의 발자취를 따르겠노라 하지 못하지만, 폐하께서 요·순·한 고조·광무제·송 태조·명 태조와 같아지기를 앙망하고 있습니다. 폐하께서 신의 주청을 윤허하시어, 먼 후세 사람이 폐하께서 인륜을 밝히고 성학을 존숭하며 사교를 물리친 양광선이라는 자를 포용하시고 억지로 관직에 임용하지 않으셨다고 칭송하게 해주신다면, 폐하의 성명은 요·순·한 고조·광무제·송 태조·명 태조를 능가할 것입니다.

蹤前哲, 實以堯·舜·高·光·宋明二祖, 仰望皇上. 倘蒙皇上允臣所請, 俾千秋萬歲後之人, 頌皇上容一明人倫, 尊聖學, 辟邪教之楊光先, 而不强之以職, 則皇上聖神之名, 駕越於堯·舜·高·光·宋明二祖之上矣.

간절히 바라옵건대 내리신 칙명을 거두시고 신이 평민의 신분으로 흠천감에서 봉직하게 해주십시오. 그리된다면 신은 남의 업적을 빼앗았다는 부끄러움도 없어지고, 갑자기 부귀해짐으로써 생길 불길함에 대한 두려움도 적어질 것입니다! 격식에 맞지 않는 글자가 많지만, 밝게 살피시어 너그러이 용서해주시기를 앙망하옵니다. 이에 죽음을 무릅쓰고 머리 조아려 소문을 올립니다.

伏乞收回成命, 準臣以布衣在監供事·庶臣撫掠美之愧, 而更鮮驟貴不祥之懼矣! 字多逾格, 仰祈鑒宥, 爲此昧死叩閽.

강희 4년(1665) 8월 24일에 시위를 보내어 이부에 의

康熙四年八月二十四日, 奉差

돌아가 은거했다.

59 字는 南國이고 호는 扶搖子이며, 『宋史』에 傳이 있다.

60 陳遇(1313~1384)는 元明 간 應天部 上元 사람으로, 자는 中行이다. 원대에 溫州教授를 지내다 관직을 버리고 은거했으며, 朱元璋의 부름을 받고 명대에 다시 관직에 나아갔다. 황제도 先生이라 칭할 정도로 존경했다고 한다.

론토록 하였다. 같은 해 9월 13일에 이부에서 의논하여 상주한 뒤에 다음과 같은 성지를 받았다. "양광선을 감정으로 임명한다. 이에 따라 그의 사직 연유는 윤허하지 않는다." 14일에는 다음과 같은 성지를 받았다. "양광선이 천문관서의 모든 사무를 알고 있기에 그를 감정에 임명한다. 즉시 직무를 받고 사무를 볼 것이며 당돌히 사직해서는 아니 된다."

蝦交吏部議. 本年九月十三日, 吏部議得已經奉旨: "楊光先着爲監正. 其辭職緣由相應不準." 十四日奉旨: "楊光先因知天文衙門一切事務, 授爲監正. 着卽受職辦事, 不得瀆辭."

제 2 부

부득이변

不得已

자서
自敍

갑진년(강희 3년, 1664) 겨울에 양광선이 『부득이』 등의 책을 저술했을 때 나는 처벌을 기다리고 있던 중이라 조용히 조정의 처분을 따라야만 했다. 또 홀로 타지에 멀리 나와 있는 처지에 어찌 감히 그 날카로운 칼날에 맞서 한마디 말인들 할 수 있었겠는가? 다음 해(1665) 3월에 별자리의 형상에 두 차례나 이변이 생겼고 지진이 다섯 차례나 있었다.[1] 황제께서 대사면령을 내리신 덕분에 형부刑部 관아〔法署〕[2]를 떠날 수 있게 되었다. 그제야 나는 조금이나마 입을 열어 토로할 수 있었다. 마땅히 해야 할 말을 하지 못하는 것, 또 언급하고도 감히 말하지 못하는 것은 내가 구만리 바다를 건너 동방을 찾아온 처음의 뜻이 아니다. 양광선이 역법을 빌려 〔서양의 역법을〕 제멋대로 배격한 일에는 달리 그 전말이 있다. 이에 대한 논박 내용은 다른 책에 있다.[3]

甲辰冬, 楊光先著不得已等書, 余時方羈紲待罪, 靜聽朝廷處分. 又以孤旅遠人, 何能攖其鋒刃而敢措一詞乎? 閱明年三月, 星變者再, 地震者五. 上大赦, 得離西曹法署. 至是, 可稍稍吐矣, 然當言之而不可言, 與夫言及之而不敢言, 非復余九萬里航海東來之初志也. 夫光先借曆數以恣排擊, 厥事別有顚末. 辯詳他卷.

생각해보면, 성인을 헐뜯고 도의를 비방하며, 상리常理를 위반하고 상도를 거스리며 옳은 것을 그

惟是毁聖訕道, 悖謬拂經, 以是爲非, 以非爲是, 一憑其寸舌尺

1 '曆獄'(1665)으로 형 집행을 기다리던 중 천문의 변이와 北京 일대의 심한 지진이 있어 황제의 명에 의하여 利類思 등의 형 집행이 중지되고 사건은 재심에 붙여져 반전되었던 일을 가리킨다. 작은 활자는 利類思 자신의 설명이나 주해이다. 이하 같음.

2 '法署'는 司法官衙를 말한다.

3 '다른 책'은 南懷仁의 『曆法不得已辨』을 가리킨다.

릇되다 하고 잘못된 것을 옳다고 하며, 혀와 붓을 놀려 천주교가 후세에 남긴 영향을 주워 모은답시고 그릇되고 황당한 것을 끌어다 써서 이 세상 사람들을 속이려고 한 것 가운데 『부득이』라는 책보다 더 심한 것이 없다. 따라서 그 잘못된 것을 바르게 고하지 않을 수 없다.

管, 摭拾天學之餘緒影響, 而又援引舛誕, 以欺當世, 莫如不得已一書. 故不得因其訛謬而弗正告之.

도道는 본성을 따르는 데서 근본이 서고, 덕을 잃는 데서 없어진다. 이理는 지극히 합당한 데서 밝아지고, 되는 대로 하는 데서 소홀해진다. 어찌 한 사람이 의심한다고 해서 뭇사람들이 믿고 있는 바를 의심할 수 있겠는가? 동양이나 서양이나 이 마음과 이 도리는 똑같다. 내 어찌 하찮은 말로써나마 이를 시급히 깨우치지 않을 수 있겠는가? 도리를 궁구하고 사물의 이치를 다스리는 군자들께서 질정해주시기를 바란다.

顧道本乎率性, 而喪乎失德. 理明於至當, 而忽於苟然. 豈得以一人之疑, 疑衆人之信? 東海西海, 此心此理有同然者. 余豈忍以芻言, 不急醒之乎? 請以質之窮理格物之君子.

을사년(1665) 여름 5월
장안의 여사旅舍에서 이류사 씀.

乙巳夏五月
利類思題於長安旅舍

부득이변
不得已辯

양광선은 천주께서 천지만물을 창조하시고 세상에 구세주를 내려보내신 사적 등, 천주학의 여러 책에 실려 있는 내용을 두루 인용하면서, 황당하기 그지없는 헛소리라고 함부로 지적하였다. 속언에 "깃털이나 인갑鱗甲이 없는 연충蠕蟲은 살갗이 무엇인지 모르고, 여름 벌레는 얼음이 무엇인지 알지 못한다"라고 하였다. 이치가 참으로 그러한지라, 그가 틀린 말을 한 것도 어찌 보면 당연하다 하겠다. 그러나 양광선이 그렇게 망령되고 무지하며 비루한 견해로써 그릇되고 망령된 언사를 함부로 지껄였던 것은, 세상 사람들의 마음이 정의를 따르고 사악함을 피하는 길로 가는 것을 막고자 한 것이다. 고명하신 분이야 이치에 근거하고 의로운 것을 살펴서 구름과 안개를 헤쳐내기 어렵지 않겠지만, 마을에 사는 일반 백성이라면 혹여 그 수렁에 빠지지나 않을까 두렵다. 이에 양광선이 한 말에 근거하여 대략적으로나마 다음과 같이 밝히는 바이다. 천주교의 요지를 알려고 한다면 『천학실의天學實義』[4]·『만물진

楊光先歷引天學諸書所載天主造天之萬物, 及降生救世諸蹟, 謬指爲荒唐怪誕. 語云: "果蠕不知有膚, 夏蟲不可語氷." 理有固然, 無怪其出言之舛. 但光先以狂瞽陋見, 肆爲悖誕妄詞, 將欲蔽塞天下人心以趨正避邪之路. 雖高明者依理攷義, 不難徹其雲霧, 而閭井細民, 恐有爲其所蹈溺焉. 故據其所言, 而畧拆之如左. 欲知天學要義, 宜閱天學實義, 萬物眞原, 聖敎緣起等書. 而窮究其原本微義, 細載超性學要中.

4 利瑪竇의 저술로, 1595년 南昌에서 처음으로 간행되었는데 1603년에 '天主實義'로 제목을 바꾸어 北京에서 다시 간행되었다. 천주교 교리의 주요 내용에 관하여 당시의 중국 선비들과의 문답 형식을 빌려 쓴 책이다. 한국어 번역은 송영배 등 역주, 『천주실의』(서울대학교출판부, 1999) 참조.

원萬物眞原』[5]·『성교연기聖敎緣起』[6] 등을 읽어야 한다. 그리고 그 원본原本의 심오한 도리를 궁구한 내용은 『초성학요超性學要』[7]에 자세히 씌어 있다.

천지창조[8]

광선이 "무릇 하늘은 음과 양의 두 기운이 엉켜서 이루어진 것이지 만들어낸 자가 있어서 이루어진 것이 아니다"[9]라고 하였다.

光先云: "天二氣之所結撰而成, 非有所造而成者."

하늘이 두 기운이 엉켜서 이루어졌다고 한 것은, 만물의 근본을 모르기 때문에 한 말이다. 이치로써 따져보건대, 세상 만물이 기질을 부여받아 생성되는 데에는 네 가지 단서〔四端〕[10]가 있으니, 질質·모模·조造·위爲[11]가 그것이다. 이 중 어느 하나가 없

謂天爲二氣結撰而成, 不知萬物之根由也. 以理推之, 凡物受成之所以然有四端, 曰質·曰模·曰造·曰爲. 缺一不能成物.

5 艾儒略의 저술로, 체계적인 천주교 신학이론 저술로서 조물주가 천지만물을 창조한 일을 논하였다.

6 '聖敎緣起'라는 제목의 책이 간행된 일은 없다. 1643년에 간행된 『主敎緣起』를 잘못 쓴 것이라면, 이것은 湯若望의 저작을 말한다. 천주교의 역사, 즉 천주의 실재, 영혼, 사후의 상벌, 천주의 강생과 구원 등을 다루었다.

7 『超性學要』는 토마스 아퀴나스(1225~1274)의 『神學大全Summa theologica』을 利類思와 安文思가 1654년부터 1678년까지 25년에 걸쳐 중국어로 번역한 책이다. 利類思는 『天主聖體』 4권(1654), 『三位一體』 3권(1654), 『萬物原始』 1권(1654), 『天神』 5권(1676), 『形物之造』 1권(1676), 『人靈魂』 6권(1677), 『人肉身』 2권(1678), 『總治萬物』 2권(1678), 『天主降生』 4권(1679~1682) 등을 번역하였고, 安文思는 『復活論』 2권(1677)을 번역하였다. 1932년 上海에서 전권이 重刊되었다.

8 利類思의 『不得已辯』에는 소제목이 없으나 주해와 추가 연구를 위해 전체 내용을 32개 항목으로 나누었다.

9 「闢邪論」 上(이 책 74쪽) 참조.

10 '四端'은 다음의 質·模·造·爲 네 가지인데, '端'은 始末, 端緖, 緣由 등으로 해석할 수 있다.

11 '質'은 바탕·형체·자료의 뜻이고, '模'는 격식·모양·규격·영혼·정신의 뜻이며, '造'는 만드는 자, 창조자라는 뜻이고, '爲'는 사용·용도 등의 뜻이다.

어도 만물은 생성되지 못한다.

만물의 탄생은 다시 두 종류로 나눌 수 있는데, 생겨나는 것〔生成〕과 만들어지는 것〔造成〕이 그것으로, 모두 이 네 개의 단서에 의해 이루어진다. 인류는 생겨나는 것에 속한다. 형체는 질質이고, 영혼은 모模이며, 부모는 조造이고, 진정한 복은 위爲이다. 만들어지는 사물은 구워내는 도자기 같은 것이다. 모래와 흙은 질質이고, 틀은 모模이며, 도자기공은 창조자〔造〕이고, 그 쓰임새는 위爲이다. 만물이 모두 이러하다.

物之生又分兩種, 有生成者, 有造成者兩種, 俱賴四端而成. 生成之物, 人類是也. 形體爲質, 靈性爲模, 父母爲造, 眞福爲爲. 造成之物, 陶冶是也. 沙土爲質, 式樣爲模, 工匠爲造, 適用爲爲. 萬物皆然.

그러니 하늘이 있기에 앞서 설사 두 기운이 있었다 하더라도, 결코 스스로 엉켜서 하늘을 이룰 수는 없으며, 반드시 그것을 만든 자가 있어야 하는 것이다. 집을 지으려면 먼저 나무와 돌 등의 자재가 있어야 하는데, 이때 반드시 목수의 도끼 같은 연장이 있어야만 집을 지을 수 있지, 나무와 돌 스스로가 그대로 집이 될 수는 없는 것과 같은 이치이다. 또 영혼과 육체가 어우러져 사람이 되려면 반드시 태어나게 하고 생명을 갖게 하는 자가 있어야만 하지, 영혼과 몸뚱이가 스스로 태어나 생명을 가질 수 없는 것과 같은 이치이다.

則在天之先, 縱有二氣, 亦斷不能自結撰而成天, 必有所以造之者. 如房屋, 資以木石, 不能舍工師之斧斤, 非木石自能爲房屋也. 又如靈魂肉身弁而爲人, 必有所以生之命之者, 非魂與軀而能自生自命也.

저 두 기운이라는 것은 영혼도 없는 사물인데, 무슨 수로 서로 엉켜 하늘을 이룰 수 있단 말인가? 그러니 하늘은 단연코 창조되어 이루어진 것임을 알 수 있다.

夫二氣無靈之物耳, 豈能結撰而成天? 則天斷有所受造可知矣.

창조주 1

광선이 "하늘이 무엇을 말하겠는가? 사계절은 운행되고 온갖 사물은 자라난다. 계절이 운행하고 온갖 사물이 생장하는 것은 음과 양 두 기운이 수행하는 훌륭한 기능이다"[12]라고 하였다.

光先云: "天何言哉? 四時行焉, 百物生焉. 時行而物生, 二氣之良能也."

양광선은 공자의 말[13]을 인용하여 터무니없게도 하늘은 두 기운이 엉켜서 이루어진 것이지 만들어 내는 분이 있어서 이루어진 것은 아니라고 하였는데, 이는 공자의 말을 제멋대로 해석한 것이다. 우리의 도道는 지극히 밝아 누가 말하지 않아도 저절로 드러나니, 하늘의 도를 말하지 않아도 볼 수 있는 것과 마찬가지이다. 그래도 하늘이 만들어진 것이 아니라고 말할 것인가?

光先引孔子之言, 誣天爲二氣所結成, 而非有所造, 是妄解孔子之言者也. 吾道至明, 不待言而自顯, 如天道不待言而可見, 謂天非有所造乎?

두 기운이 사계절을 운행하고 만물을 생장하게 하는 것은 스스로 지니고 있는 능력 때문이 아니다. 영혼도 없는 두 기운이 사계절로 하여금 순서에 따라 착오 없이 운행되게 하고, 사물마다 제각기 그 종류에 따라 생장하게 하면서 혼란 없이 대를 이어나가게 하니, 지극히 신령하고 슬기로운 한 분이 그것을 주재하고 있음이 분명하다. 그가 전지全知로써 정해놓은 질서와 전능全能으로써 부여한 덕성이 제각기 그 무리의 종자를 보전케 하고 제각

夫二氣使時行而物生, 非自有之能也. 以無靈之二氣, 而俾四時次序不爽, 俾物物各以其類生, 嗣續不亂, 必有一至靈至睿者宰之. 以其全知所定之秩序, 以其全能所賦之德, 使各傳其類, 各得其所, 所謂天主是也. 時行物生, 孔子未嘗歸功於二氣, 光先何所見而云然乎? 四時

12 「闢邪論」上(이 책 74쪽) 참조.
13 『論語』「陽貨」.

기 마땅한 자리를 찾게 하는 것이니, 천주가 바로 그런 분이시다. 사계절이 운행되고 만물이 생장하는 것에 대하여 공자가 한 번도 그것을 두 기운의 공으로 돌린 적이 없거늘, 광선은 무엇을 보고서 이같이 말하는 것인가? 사계절의 운행이 결코 두 기운의 기능 때문이 아니라는 것에 관하여 좀 더 상세히 말해보고자 한다.

行非二氣之能, 請詳其說.

두 기운이 사계절을 운행하려면 두 기운 스스로가 움직여야만 사계절을 움직이게 할 수 있는데, 이 두 기운이 스스로 움직이려면 반드시 다른 것이 움직여야만 한다. 모든 움직임은 다른 움직임이 있어야만 가능하다. 반드시 먼저 움직여주는 것이 있어야 하고 그런 다음에 그 힘을 받아 움직일 수 있다. 이는 을이 힘을 받아 움직이는 것은 갑이 먼저 움직인 것에 의지하여 가능하고, 또 병이 힘을 받아 움직이는 것은 을이 먼저 움직인 것에 의지하여 가능한 것과 마찬가지 이치이다. 나머지 다른 것도 이와 같음을 미루어 짐작할 수 있다.

盖二氣使時行, 必因二氣自動而動四時, 而二氣自動, 必因他動而動. 盖凡動因他動而動. 必先有施動者, 而後有受動. 如乙受動, 必依甲施動而動, 丙受動, 必依乙施動而動. 餘可類推.

서로 원인이 되어 움직이게 되는 순환관계가 맨 처음 움직임을 제공한, 즉 스스로는 어떤 움직임의 힘도 받지 않는 존재에게서 멈추지 않는다면, 반드시 무궁에까지 이르게 될 것이다. 정말 무궁하다면, 최초에 움직임을 제공한 자도 그다음에 움직임을 제공한 자도 이치상 모두 없어야 한다. 기왕에 무궁이라 한다면, 처음 움직임을 제공하는 자도 없고 그다음에 움직임을 제공하는 자도 없다. 순서에 따라 움직임을 제공하는 것은, 가장 처음에 움직임을 제공한 자의 힘을 받았기 때문일 뿐이다.

夫相因而動之倫, 不止於最初施動而自不受動者, 則必至於無窮極. 若果無極乎, 則最初施動者, 與次施動者, 理應幷無. 盖旣爲無窮, 則無初施動, 亦無次施動. 緣次施動者, 受動於最初施動故耳.

그러나 지금은 그렇지 않다. 서로 반응하여 차례대로 움직이는 순환관계는 결단코 무궁에 이르지 못하며, 만물을 지니고 있으면서 스스로는 움직임을 받지 않는 가장 처음 움직임을 제공한 자에게서 멈출 것이니, 지극히 높고 지극히 신령하며 오직 하나뿐인 묘유妙有,[14] 천주가 바로 그분이시다. 그러니 사계절의 운행이 두 기운의 능력에 의한 것이 아니라는 것은 아주 명백하다.

而今不然. 是相應遞動之倫, 必不能至於無窮極, 必當止於最初施動之萬有, 而自不動者也, 是爲至上至靈至一之妙有, 天主是也. 則四時行, 非二氣之能也, 明甚.

만물의 생성을 놓고 보아도 이 또한 두 기운의 능력에 의한 것이 아니다. 조물주는 반드시 물체의 밖에 있어야 한다. 예를 들어, 공인이나 장인이 그릇을 만들 때 자기 몸을 나누어 그릇을 만들지는 않을 터, 반드시 다른 물체로써 만들 것인데, 공인과 장인은 바로 그 다른 물체의 외부에 존재하는 자이다. 지금 두 기운이 물체 가운데에 혼합되어 있으면서 만물을 생성하였다고 하는데, 두 기운은 물체 자체이지 물체 밖의 것이 아니므로, 모양과 바탕은 될 수 있을지 모르나 조물주는 될 수 없다. 그러니 어떻게 두 기운이 만물을 생성하였다고 말할 수 있겠는가?

論物生, 亦非二氣之能. 凡造物者, 必在物體外. 如工匠造器, 必不分其體爲器皿, 須以他物造之, 其工匠固在他物外也. 今二氣渾在物之中, 以成萬物, 是二氣爲物體, 而不在外, 僅可爲質模而不可爲造者. 豈得謂二氣之能生物乎?

14 '妙有'란 道家에서는 有와 無를 초월하는 원시적 존재를 가리켜 하는 말이다. 『文選』의 孫綽 「游天臺山賦」에 "太虛遼郭而無閡, 運自然之妙有"라는 구절이 있는데, '太虛는 아득히 멀고 넓으며 막힘이 없고 자연을 움직이는 妙有'라는 뜻이다. 그리고 佛家에서는 非有之有(有가 아닌 有)를 가리켜 妙有라고 하는데, 非空之空(空이 아닌 空)의 眞空(진짜 空)에 상대되는 것이다.

창조주 2

광선이 "하늘이 천주에 의해 만들어졌다면 하늘 또한 전혀 지각이 없는 사물일 것인데 어찌 만물을 생성시킬 수 있단 말인가?"[15]라고 하였다.

光先云: "天設爲天主之所造, 則亦塊然無知之物矣, 焉能生萬有哉?"

하늘이라 하면 두 가지가 있는데, 하나는 형상이 있는 하늘로 푸르고 푸른 하늘이 바로 그것이다. 이것은 천주께서 만들어낸 것으로 전연 지각이 없는 사물일뿐더러 만물을 낳을 수도 없다. 하늘이 만물을 낳을 수 있는 것은 해와 달과 오성五星이 움직이기 때문인데, 해와 달과 오성은 본래 스스로 움직이지 못하며 신령한 분이 그것들을 움직이게 한다. 다른 하나는 형상이 없는 하늘로 만물의 주재다. 가장 신령한 묘유는 나보다 먼저 있었으나 시작은 없는 것으로 만유의 근원이다.

夫天之說有二, 一有形象之天, 卽蒼蒼之天是也. 是爲天主所造, 屬塊然無知之物, 而不能生萬有. 誠然, 盖天生萬物, 因日月五星之動, 而日月五星原非能自動, 自有靈者使之動也. 一無形象之天, 主宰是也. 至靈之妙有, 先我而無元, 爲萬有之根源.

이 때문에 중국의 선비들은 하늘을 말할 때 단지 그 형상만을 가리키지 않고 주재자까지 함께 말하였으니, 이는 신하가 주상을 부를 때 조정이라고 한 것과 마찬가지다. 조정이란 그저 궁궐일 뿐이지만 주상이라는 말은 그것을 포괄한다. 경서經書에서 "하늘을 받든다, 하늘을 섬긴다, 하늘을 두려워한다, 하늘이 만물을 생성한다"라고 한 것들은 모두 주재자로서의 하늘을 가리켜 한 말일 따름이다. 뒤에서 상세하게 말하겠다.

故中儒言天, 不徒指其形體, 而卽兼乎主宰, 如臣稱主上爲朝廷. 夫朝廷宮闕耳, 而主上該焉. 至經書所言尊天事天畏天天生物, 皆指主宰者而言耳. 詳後.

---

15 「闢邪論」 上(이 책 74쪽) 참조. 「闢邪論」 上에는 "則亦塊然"이 "則天亦塊然"으로, "生萬物有哉"가 "生萬有哉"로 되어 있다.

창조주 3

광선이 "천주가 비록 신이라고는 하지만 실은 음과 양, 두 기운 중의 하나일 뿐이다. 두 기운 중의 한 기운을 보고 만물의 두 기운을 만들고 낳을 수 있다고 하다니, 이치가 통하는 말인가?"[16]라고 하였다.

光先云: "天主雖神, 實二氣中之一氣. 以二氣中之一氣, 而謂能造生萬有之二氣, 於理通乎?"

아, 한 가지 물체일 따름인데 때로는 영靈이 있다 하고 때로는 영이 없다고 하니, 스스로 모순되기가 이보다 더 심할 수 있으랴! 지금 천주를 신이라고 말하고 또 천주를 기운이라고 말하니, 어찌하여 하는 말이 이처럼 어긋나고 틀리단 말인가! 신은 영이 깃들어 있으나 기운은 영이 깃들어 있지 않다. 기운을 천주라고 하는 것은 천주를 모르고 하는 말일 뿐만 아니라 기운이 어떤 것인지도 모르고서 하는 말이다.

嗟呼, 一物耳, 忽云靈, 忽云無靈, 自相矛盾, 莫此爲甚! 今謂天主屬神, 又謂天主屬氣, 何出言之悖謬乎! 蓋神爲有靈, 氣爲無靈. 以氣爲天主, 不但不知天主, 幷不知氣爲何物也.

땅으로부터 하늘에 이르기까지에는 네 가지 원형元形[17]이 있으니, 흙 위는 물이고 물 위는 기운이며 기운 위는 불이다. 불 위는 칠정七政[18] 및 뭇별들이 있는 하늘이다. 불의 영역에 이르면 기운은 없

從地而天, 有四元形, 土上爲水, 水上爲氣, 氣上爲火. 火上爲七政列星之天. 至火域無氣矣. 體更淸於火. 所謂無聲無臭者是也.

16 「闢邪論」 上(이 책 74쪽) 참조.

17 대자연이 부여한 형태를 말하는 것으로, 만물을 가리킨다. 隨 王通의 『中說』 「立命」에는 "땅이라는 것은 원형을 통괄하는 것으로 산천, 구릉만 말하는 것이 아니다〔地者, 統元形焉, 非止山川丘陵之謂也〕"라고 하였다.

18 '七政'은 天文 용어로, 무엇을 가리키는지에 대해서는 두 가지 설이 있는데, 첫째는 日·月·金·木·水·火·土를 가리킨다는 것으로, 『尙書』 「舜典」에는 "舜은 즉위한 뒤 북두칠성의 운행을 관측하고 일곱 가지 정사마다 따로 日·月·五星과 가지런히 조화되게 하였다〔在璇璣玉衡, 以齊七政〕"라고 씌어 있다. 둘째는 북두칠성을 가리킨다는 설이다.

어진다. 본체本體는 불보다 더 맑다. 이른바 소리도 없고 냄새도 없다는 것이 바로 그것이다.

천주는 만물의 태초의 있음〔初有〕이다. 그것은 시원始原이 없으나 만물은 그것으로 시원을 삼는다. 본성은 하나일 뿐 둘이 아닌데, 그 거룩한 본성이 열리자 곧바로 전능을 나타내었다. 그의 능력과 있음은 모두 끝이 없으며 만물 사이에 가득하다. 만물로 한정할 수도 없고 포괄할 수도 없으며, 바탕과 모양이 합쳐져 만들어지지도 않았다. 지극히 신묘하고 자취도 없어서, 운행하되 움직이지 않으면서 만물을 움직이게 한다. 이것이 이른바 만 가지 작용 가운데 최초의 작용이라는 것이며, 만 가지 성취 가운데 최종의 성취라는 것이다.

天主者, 萬有之初有也. 其有無元, 而萬有以之爲元. 性一無二, 聖性所啓, 卽顯全能. 其能其有, 皆屬於無窮, 充塞萬物, 萬物莫能限, 莫能函, 不繇質模之合. 至神無迹, 行而不動, 而令萬物動. 是謂萬作最初之作, 是謂萬爲最終之爲.

이것은 가장 신령한 것이며 모든 신령한 것은 여기에서부터 신령함이 시작된다. 이것은 가장 아름다운 것이며 모든 아름다움은 이것으로부터 아름다움이 시작된다. 지나온 것이나 닥쳐올 것이나 모두 그것의 존재를 보았고 또 보게 된다. 지극히 가까우면서도 지극히 멀고, 보이지 않으면서도 보이지 않는 것이 없다. 언제나 운행하지만 언제나 고요하며, 오래되었지만 언제나 새롭다. 유형有形과 무형無形의 모든 만물은 모두 다 여기서 비롯되었으니 이분이 바로 천주이시다. 상세한 것은 『초성학요』 등 여러 책을 보라. 지금 천주를 가리켜 황당하게도 두 기운 가운데 하나라고 하는 것은 너무도 터무니없는 소리 아닌가?

是之爲至靈, 而萬靈繇之肇靈. 是之爲至美好, 而萬美好繇之爲美好. 往者來者, 無不卽其見在. 至近而至遠, 不可見而無不見. 常行而常寂, 悠久而常新. 一切萬有有形無形, 悉出於此, 是爲天主. 詳見超性學要諸册. 今謬指天主爲二氣中之一氣, 無乃荒悖殊甚乎?

창조주 4

광선이 "이른바 무시無始라는 것은 그 시초가 없다는 것이다. 무시가 있으면 반드시 이 무시를 생성시킨 무무시無無始가 있을 것이고, 무시를 생성시킨 무무시가 있다면 반드시 또 무무시를 생성시킨 무무무시가 있을 것이다. 이같이 거슬러 올라간다면[遡而上][19] 어찌 끝이 있을 것인가? 그러니 무시 역시 천주라는 이름을 붙일 수 없다"[20]라고 하였다.

光先云: "所謂無始者, 無其始也. 有無始, 則必有生無始者之無無始, 有生無始者之無無始, 則必又有生無無始者之無無無始. 遡而上, 曷有窮極? 而無始亦不得名天主矣."

이러한 논의를 하는 자는 이른바 잘못되어도 크게 잘못된 자이다. 무시란 시작을 생성할 수 있는 존재이거늘, 무시를 생성한 무무시라는 것이 대체 어디 있단 말인가? 하물며 어찌 무무무시에서 생성되어 끝없는 데까지 이를 수 있단 말인가?

爲此論者, 所謂大謬不然之甚者也. 盖無始者, 能生有始之物, 安有生無始之無無始乎? 況生于無無無始而至于無窮乎?

이는 처음 생성을 베풀어주는 존재가 있어야 그 생성을 받는 존재가 생기며, 기왕 생성을 받았다면 분명 시작이 있는 것임을 모르고서 하는 말이다. 무시가 무무시에서 탄생하였다면, 이 또한 시작이 있는 것이니 어떻게 시작이 없다고 말할 수 있겠는가? 가령 그 말대로 무시가 생성을 받았다고 잘못 말했다 하더라도 그것이 무궁의 극에까지 이를 수는 없다.

不知有施生, 然後有受生, 既受生, 必有始也. 今謂無始受生于無無始, 則仍有始也, 何得謂無始乎? 卽如所云, 誤謂無始受生, 亦不能至於無窮極.

모든 생성이 베풀어질 수 있는 것은 서로 연결되

盖凡施生之所以然, 皆相關相

19 「闢邪論」 上에는 "遡而上之"로 되어 있다.
20 「闢邪論」 上(이 책 75쪽) 참조.

고 서로 이어지기 때문인데, 그 근본을 미루어볼 때, 끊임없이 대대로 전해지면서 멈추어 끝나는 데가 없다고는 말할 수 없다. 반드시 맨 처음에 생성을 베푸는 자가 있어 중간에서 생성을 베푸는 자의 근본 원인이 되어주어야 하고, 중간에 있는 자는 마지막에 있는 자가 생성을 베푸는 근본 원인이 되어주어야 한다. 가령 맨 처음에 근본 원인이 없다면 중간에도 그같이 되는 근본 원인이 없을 것이니, 하물며 마지막에 그같이 되는 근본 원인이 있을 수 있겠는가? 생성을 베풀어주는 자가 없다면 생성을 받아들이는 자도 자연 없을 것이니, 이는 이치상 그럴 수밖에 없는 것이다. 이치에 따라 만물의 생성을 베푸는 근본 원인을 찾아본다면, 반드시 맨 처음 생성을 베푼 근본 원인에 이르러 멈추게 될 것이다.

接而生, 推尋原本, 不能謂之無窮遞傳, 而無所止極也. 必有最初施生, 以爲中者之施生之所以然, 而中者施終者之施生之所以然. 苟無初所以然, 則無中所以然, 況終所以然乎? 蓋旣無其施生者, 則自無其受生, 據理不得不然. 以理推尋物之施生所以然, 必至最初施生所以然而止矣.

창조주 5

광선이 "잘못하여 무시를 천주로 삼는다면, 천주는 없음[無]에 속하게 되어 있음[有]을 말할 수 없게 된다"[21]라고 하였다.

光先云: "誤以無始爲天主, 則天主屬無而不得言有."

이 말은 더 터무니없다. 천주를 무시라고 한 것은 천주께서 만물의 근원으로서 어디서 온 것이 아

此論更謬. 凡謂天主無始, 惟謂天主爲萬物之元, 而無所從來,

21 「闢邪論」 上(이 책 75쪽) 참조.

니라 저절로 존재하였기에 시작이 있는 모든 만물은 비할 바가 아님을 말한 것일 뿐이니, 어찌 천주께서 무無에 속한다고 말할 수 있겠는가?

即爲自有, 非一切凡有有始可比焉, 豈得謂天主屬無哉?

마치 모든 피조물은 반드시 조물주로부터 비롯되었으되 조물주는 피조물이 아닌 것과 같다. 그런데 피조물이 아니라고 하여 조물주를 무에 속한다고 말한다면 이치가 통하겠는가? 천주는 바로 시작이 없으므로〔無始〕 오직 천주만을 유有라고 부를 수 있는 것이다. 세상의 모든 존재〔有〕는 천주의 존재〔有〕로 인해 존재〔有〕하게 된 것이다.

如凡受造之物, 必由於造物者, 而造物者, 非受造也. 今因無受造而謂造物屬無, 此理通乎? 正因天主無始, 則惟天主可稱有. 而凡有, 皆因天主有而有矣.

성육신

광선이 "정말로 예수를 천주라 여긴다면, 천주가 사람들 속의 사람이 되어버릴 뿐이어서〔則天主一人中之人〕[22] 더더욱 천주라고 부를 수 없게 된다"[23]라고 하였다.

光先云: "眞以耶穌爲天主, 則天主一人中之人, 更不得名天主也."

천주께서 세상에 강림하사 사람으로 태어나셨다는 사실은 사람들의 상식을 초월하는 것이니, 어찌 한마디 말로 다 설명할 수 있겠는가? 『초성학요』나 『강생실의降生實義』[24] 등 여러 책에 상세히 적혀 있다.

天主降生爲人之事, 原超人思議之外, 豈一言而明哉? 超性學要降生實義諸書, 其詳之審矣.

---

22 「闢邪論」 上에는 "則天主亦人中之人"으로 되어 있다.

23 「闢邪論」 上(이 책 75~76쪽) 참조.

24 저자 및 내용은 모두 알려져 있지 않다.

천주께서 세상에 태어났다는 것은 다름 아니라 바로 천주의 본성인 원체原體가 우리 사람의 성체性體[25]와 예수 한 분의 몸에서 결합하였다는 것이다. 즉 예수 한 분이 두 가지 본성을 지니고 있다는 것인데, 하나는 천주의 본성이고 다른 하나는 사람의 본성이다. 나무에 비유할 때 천주는 나무의 몸통이다. 나무 위에 가지가 둘 있는데, 한 가지는 뿌리로부터 뻗어 나온 것으로서 천주의 본성이 그것이며, 다른 한 가지는 밖으로부터 덧붙여진 것으로서 사람의 본성이 그것이다. 그러나 이 두 가지는 본래 같은 하나의 형체이고 같은 하나의 나무여서 둘로 갈라놓을 수 없다. 이는 사람의 본성을 천주의 본성에 합쳐놓은 것이니, 사람의 본성을 논할 때는 시작이 있는 사람이라 하고, 천주의 본성을 논할 때는 시작이 없는 천주라 하는 것이다.

天主降生非他, 卽天主本性之原體結合於吾人之性體於一位耶穌. 是耶穌一位具二性, 一天主性, 一人性. 粗比之樹, 天主其樹體也. 上有二枝, 一自根發者, 主性是, 一自外接者, 人性是. 而二枝固同一體, 同一樹, 非可分之爲二者. 是合人性於主性, 論人性並謂有始之人, 論天主性並謂無始之天主.

예수는 천주와 사람의 두 가지 전혀 다른 본성을 겸하여 가지고 있으므로 실제로 천주의 한량없는 능력과 인식을 가지고 있음과 동시에 실제로 사람의 유한한 능력과 인식도 가지고 있다. 천주가 사람의 본성을 취하였다고 해서 천주가 아닌 것은 아니다. 또 사람의 본성이 천주에게 들어갔다 해서 사람으로서의 본성을 잃는 것은 아니다. 사람의 본성을 가지고 있기에 그를 사람이라고 말하고, 천주의 본성을 가지고 있기에 그를 천주라고 말한다. 그러니 예수를 천주라고 부른다고 하여 아니 될 것

耶穌兼包天主及人二殊之性, 實有天主無量之能識, 而又實有人有限之能識. 天主取人性, 不失其爲天主. 而人性被取於天主, 不失其爲人性焉. 具人性謂之人, 具天主性謂之天主. 稱耶穌曰天主, 何所不可? 天主降生乃聖教最要之奧旨, 請申言之.

25 本性·氣質을 말한다.

이 무엇이란 말인가? 천주께서 세상에 태어난 것은 천주교의 가장 중요하고 깊은 내용이므로, 이에 관해서 자세히 말해보고자 한다.

지금 세상 사람들이 의문을 가지고도 해결하지 못하고 있는 것 가운데 예수의 강생보다 더 큰 것이 없다. 어떤 사람은 그것을 의심하며 맞지 않는다고 하고, 어떤 사람은 그것을 의심하며 불가능한 것이라고 하며, 어떤 사람은 그 권위를 의심한다. 이제 세 가지 요지만을 들어보겠다. 첫째는 강생의 의미이고, 둘째는 강생에 관한 학설이며, 셋째는 강생한 사건이다. 그 후에 의문에 대해 답하겠다.

今世群疑而不決者, 莫如降生一事. 或疑其不宜, 或疑其不能, 或疑其勢. 今特揭其要旨三端. 一曰降生之意, 二曰降生之說, 三曰降生之事. 然後答其疑.

강생의 의미는 무엇인가? 반드시 알아야 할 것은 천주께서 사람을 위해 천지만물을 창조하였다는 것이다. 그렇기 때문에 천지만물을 다 창조한 후에야 사람을 만들었으니, 그렇게 함으로써 온갖 사물은 우리 사람을 위해 준비되었음을 보여준 것이다. 세상에 사람이 없다면 천지만물을 창조하지 않았을 것이며, 하늘에 영원한 복이 마련되어 있지 않다면 역시 사람을 태어나게 하지 않았을 것이다. 그런데 사람의 조상이 천주의 명령을 거역한 후에는 원죄原罪가 남게 되었다. 이로 인해 인류는 하늘에 올라가 복을 누릴 수 없게 되었을 뿐만 아니라 영원한 재앙 속으로 떨어지게 되었으니, 이것은 천주께서 사람을 창조한 본래의 뜻을 저버린 것이었다. 그러나 가없이 인자한 천주께서 어찌 차마 사람을 내버려두고 돌보지 않을 수 있었겠는가? 사람을 창조하였으니 반드시 사람을 구해주어야 하였다. 그러나 사람을 구해줄 방법이 있어야 했다.

何謂降生之意? 須知天主爲人而造天地萬物. 故造天地萬物畢, 然後造人, 正以示種種皆爲吾人而設也. 世上無人, 則不造天地萬物, 天上無備永福, 亦不生人. 乃人祖方主命後, 則遺有原罪. 因而人類不惟不得上昇享福, 且又墜罹永殃, 是負天主造人之原意矣. 天主仁慈之無涯, 豈忍棄人而不顧? 造人必救人. 但須得救人之法.

천주께서 하시는 일들은 반드시 완벽하고 흠이 없으며, 인의仁義가 모두 갖추어져야 한다. 사람의 죄를 용서하기만 하자니 의義에 결함이 생기고, 사람의 죄를 벌하기만 하자니 인仁에 결함이 생긴다. 이에 천주는 그 전지전능하신 능력을 발휘하여 인의를 온전히 드러내고자 몸소 강생하신 것이다. 이 때문에 예수는 천주이면서 사람이다. 사람이라는 점에서 말하자면 사람들을 대신하여 〔죄의〕 빚을 지고 고난을 겪을 수 있었으며, 천주라는 점에서 말하자면 사람들을 대신하여 〔죄의〕 빚을 갚아주고 구원해줄 수 있었다. 사람들을 대신하여 빚을 지고 고난을 겪음으로써 그의 끝없는 '인자함'을 보여주고, 사람들의 죄를 대속해줌으로써 그의 지극히 공정하고 엄격한 '의'를 보여주셨다. 천주께서 사람을 구해주지 않으면 사람의 죄는 없어질 길이 없다. 사람이 천주에게 씻을 수 없는 죄를 지은 후, 하늘의 뭇 신들이나 세상의 뭇사람들이 셀 수 없이 죽었어도 인류의 죄를 씻을 길 없었던 것은 어째서인가? 죄의 가볍고 무거움은 죄를 범한 대상과 그 죄를 범한 자의 존귀함과 비천함을 기준으로 한다. 천주는 지극히 존귀하여 그 위에 아무도 없으며, 우리 사람은 가장 비천하여 그 아래에 아무도 없다. 무한한 덕이 아니라면 스스로 그 죄의 만 분의 일도 씻기에 모자라니, 하물며 오랜 세월에 걸친 뭇사람들의 죄를 모두 갚으려 함에야 더 말할 것이 있겠는가? 오직 강생 한 가지 사건을 통하여 인류는 용서를 받았으며, 천주께서 사람을 창조한 본래의 뜻도 저버리지 않을 수 있었다.

蓋天主所行之事, 必完滿無缺, 仁義各全. 獨赦人罪, 則義缺, 獨罰人罪, 則仁缺. 故用其全知, 以顯仁義兩全, 乃躬降生是也. 是耶穌則天主而人. 論其爲人, 可以代人負債而受苦, 論其爲天主, 可以代人還債而補贖. 代人負債而受苦, 示其仁慈無涯, 代人贖罪, 示其至公極嚴之義. 使非主代救人, 罪無由消滅矣. 蓋人得罪於天主無容補, 盡天上衆神, 盡天下衆人, 百千萬死, 悉不能贖人類之罪, 何也? 蓋罪之輕重, 以所犯者與犯罪者之尊卑爲則. 天主至尊無以上, 吾人至卑無以下. 非無限之德, 則不足以自贖其罪之萬一也, 而況欲悉償萬世衆人之罪乎? 惟降生一事, 人類則蒙赦宥, 而天主造人之原意不負矣.

강생에 관한 학설이란 무엇을 말하는가? 천주의 강생이란 다름 아니라 바로 천주의 본성과 사람의 본성이 예수 한 분에게서 결합된 것을 의미한다. 예수라는 분은 사람이면서 동시에 천주다. 사람이라면 시작이 있는 존재이니 세상에 처음 태어났다 해야겠지만, 천주라면 시작이 없는〔無始〕 존재로, 무시 전에 존재했기 때문에 세상에 처음 태어났다고 할 수 없다. 예수의 경우는 무시로부터 생겨났기 때문에 강생했다 하고 사람이 되었다고 하는 것이다. 천주께서 본성을 바꾸어 사람으로 된 것도 아니고, 예수가 사람의 본성을 변화시켜 천주로 된 것도 아니며, 두 본성이 서로 합하여 하나가 된 것은 더더욱 아니다. 천주의 본성과 사람의 본성이 예수 한 분에게 깃든 것이다. 마치 우리의 영혼과 육신이 하나의 사람으로 된 것처럼 천주이자 사람으로서 하나의 예수가 된 것이니, 모든 사람과 다를 바 없다. 천주의 본성을 말한다면 강생 이전에도 그러하였고 강생 이후에도 그러하지만, 천주의 본성과 사람의 본성이 합쳐져 있기 때문에 두 가지 이름을 같이 사용할 수 있다. 그래서 예수를 천주이면서 사람이라 하기도 하고, 사람이면서 천주라 하기도 한다. 이 때문에 천주께서 세상에 내려와 고난을 겪고 죽음을 당한 뒤에 부활해 하늘로 올라갔다고 말한다.

何謂降生之說? 天主降生非他, 乃天主性締結人性於一位耶穌. 是耶穌一位, 實人亦實天主. 言人有始, 而始生于世, 言天主無始, 從無始有, 非始生於世. 今從無始生, 故謂之降也, 謂之爲人也. 非天主化本性而成人, 亦非耶穌化其人性而成天主, 又非兩性交和合一. 乃天主性與人性, 寓于耶穌一位之中. 如我輩靈魂肉身, 成爲一人, 是天主而人成一耶穌然, 與一切人無異. 論天主性, 降生之先是如此, 降生之後亦是如此, 惟因天主性與人性締結, 故可以互通名稱也. 是耶穌謂之天主而人, 人而天主. 因此曰天主降世受苦受死, 復活昇天也.

강생이란 어떠한 사건인가? 『성경』에 상세히 쓰여 있으니 여기서는 간략한 내용만 적어보겠다. 천지를 창조한 처음에 천주는 이미 그의 뜻을 드러내 보였으니, 〔예수가〕 강생하기 1,500년 전에 유대교

何謂降生之事? 經典詳之, 姑擧其略. 開闢之初, 天主已示其旨, 而降生千五百年先, 更詔古教聖人相傳候望. 迨降世時至,

의 예언자들에게 가르치고 전하여 기다리게 하였다. 강생할 때가 이르자 천주는 천사를 보내 자신이 강생하게 될 어머니로 선택된 마리아라고 불리는 여인에게 알리게 하였다. 마리아는 어려서부터 맹세하고 동정의 몸을 지켜왔기에, 남녀의 교감을 통하지 않고 천주의 전능에 힘입어 아이를 잉태할 것이며 낳아도 여전히 처녀의 몸일 것이라는 이야기를 듣고 이를 겸손하게 따랐다. 그리하여 곧바로 잉태하여 아홉 달 만에 〔예수를〕 낳으니, 천사가 알린 바와 똑같았다. 이때가 한나라 애제哀帝 원수元壽 2년(기원전 1년) 동지 후 4일째 되는 날 밤중이었다. 태어날 때 방 안에는 빛이 가득 차서 대낮 같았고 모든 천사들이 내려와 감싸며 하늘 가운데에서 "하늘에는 대주大主[26]께 영복, 땅에는 선인善人들에게 평화"라고 찬송하였다. 하늘에는 이상한 별이 나타나 외국의 세 박사(동방박사 3인)를 인도하였는데, 그들은 저마다 지방의 특산물을 가지고 와서 바치고 경배하였다.

天主遣天神報所選降世之母, 名瑪利亞. 從幼矢守童身, 已聞此事非由男女交感, 乃由天主之全能, 而其母且孕且育, 仍然處子, 乃以謙詞允之. 故卽頃受孕, 九月而生, 一如天神所報. 時漢哀帝元壽二年冬至後四日夜分也. 生時室中光明如晝, 九品天神群來呵護, 空中作樂, 其頌云: "上天榮福於大主, 下地安和於善人." 天見異星, 引導外國三君, 各持方物, 奉獻朝覲.

강생한 곳은 유대〔如德亞〕라는 나라였다. 이 나라는 아시아, 유럽 및 아프리카 세 개 주의 중간에 있으며 아시아 주에 위치하니 중국과 같은 주에 있는 것이다. 이때 세상에서 오직 이 한 나라만이 유대교〔主敎〕[27]를 보존하면서 이단에 물들지 않고 있었으며, 또한 천주께서 천지를 창조했을 때부터 인류를 내고 기

降生之地, 曰如德亞國. 亞細亞, 歐邏巴及利未亞三大洲之中, 卽亞細亞洲, 與中國同洲. 盖天下此時, 惟此一國, 獨存主敎, 不爲異端所染, 又爲天主開闢之初, 化生人類元祖之地. 先知聖人預言主降

26 古漢語에서 大主의 뜻과 利類思가 쓴 大主의 뜻은 다르다. 古漢語에서 大主는 太主로서 황제 고모에 대한 칭호이다. 利類思는 큰 主라는 뜻으로 쓴 것 같다.

27 '主敎'로 되어 있으나 여기서는 자기가 天主敎의 前身이라고 주장하는 유대교를 가리킨 듯하다.

른 인류 시조의 땅이었다. 선지자들이 천주께서 강생할 일을 예언하며 훗날의 징조를 성경에 기록하였는데, 이런 것들이 모두 이 나라에 보존되어 있다.

生之事, 以爲日後符徵, 載在經典, 皆存是國.

천주께서 강생하니 그 이름을 예수라 하였다. 풀이하면 구세주라는 뜻인데, 이로써 그의 강생이 세상 사람을 구원하기 위해서임을 보여준 것이다. 세상에서 사신 33년 동안 예수가 보여준 신령하고 기이한 일들은 이루 다 말할 수 없다. 예컨대 그가 명을 내리니 죽은 자가 살아나고 벙어리가 말을 하며 귀머거리가 소리를 듣고 장님이 밝게 보며 앓던 사람의 병이 치유되었다. 큰 파도와 거센 바람이 잠자라는 명에 즉시 잠잠해졌다. 천지간 온갖 귀신들도 모두 그 명령을 들음으로써 그가 천지만물의 참된 주라는 것을 증명하였다. 예수가 베푼 교훈은 인륜의 모든 것과 성학聖學의 최고 경지를 요지로 삼고 있어, 세상에 살아 있을 때는 도덕을 즐겨 행하게 하고 후세에는 천주께서 마련해주신 영광과 행복을 누리도록 한다. 그의 신성한 발자취와 하늘의 교훈은 온 세상이 존경하고 숭배하였다.

主降生之名曰耶穌. 譯言救世, 以示其降世乃救世人也. 居世三十三年, 所顯之靈異不可盡述. 如命死者生, 暗者言, 聾者聽, 瞽者明, 病者痊, 巨浪雄風命息卽息. 天地百神咸聽其命, 以徵其爲天地萬物之眞主. 其垂訓立教, 大要人倫之盡, 而聖學之至, 使人在世, 樂于道德, 而後世享上主所備之榮福. 其神跡天訓, 擧世尊崇.

이때 오직 대제사장 가야바Caiaphas〔司教傲滿〕는 예수가 세상에 오신 때와 그 하신 일이 구약성경〔古經〕[28]과 꼭 들어맞는 사실도 살피지 못하고, 사람

時惟司教傲滿, 不察耶穌之時與事與古經符合, 謂以人僭稱天主謀殺之. 而耶穌因之, 以成

28 '古經'은 중국 천주교에서 『구약성서』를 가리킨다. 천주교에서는 예수 이전의 유대교를 古教라 부르기도 한다.

으로서 천주를 참칭한다고 예수를 모함하여 죽였다.[29] 그러나 예수는 그 일로써 세상을 구원하는 업을 이루시려, 저들의 박해를 묵묵히 따르며 십자가에 못 박혀 죽었다. 때는 춘분 후의 보름날 오시午時였다.[30] 해와 달이 서로 마주하고 있어 박식薄食[31]이 생길 수 없었으나, 달은 상도常道를 벗어나 해를 가렸다. 세상이 어두워지고 대지가 온통 흔들렸으며 돌들이 수없이 부서지고 무덤들이 저절로 열렸다. 이미 죽은 전대의 많은 성인들이 세상에 모습을 드러내었다. 천지만물이 모두 슬픔을 머금었다. 사흘 후에 부활하여 세상에서 40일을 살면서 그 교의 규칙을 바르게 정하였으며 12명의 사도들에게 명하여 만방에 두루 밝혀 알리라 하고, 말을 마친 뒤 하늘로 돌아갔다.

救世之功, 遂聽彼加害, 釘之十字架而死. 時春分後望日午時. 日月相對, 不得薄食, 月乃違其常, 而掩日輪. 宇宙晦冥, 大地全震, 石多破裂, 塚墓自開. 先聖已死者, 多出見于世. 天地萬物, 皆含哀傷. 三日後復活, 復居世四十日, 重定教規, 命十二位宗徒, 遍曉萬方, 言畢歸天焉.

이제는 의심스러운 것부터 풀어보자. 천주의 무능함에 관한 의심이다. 천주의 전능하신 뜻은 도리에 어그러짐이 없으며, 모든 것이 전능의 경계 안에 있어 어느 한 사물에 국한되지 않으니, 만물을 온전히 포괄하는 덕의 능력인 것이다. 천주의 본성과 사람의 본성이 한 존재에서 합쳐졌다는 것은 실로 사람의 생각을 초월한다. 어떤 사람들은 천주의 본성과 사람의 본성이 예수라는 존재로 합쳐져 하나의 물체가 되었다고 여기면서, 두 본성의 이름은

今將解先疑. 疑天主不能也. 天主全能之義, 凡于理無悖, 皆在全能之界, 不限於某某物, 總該萬有之德能. 今天主性與人性合於一位, 實邁越人之思想. 或以因天主性與人性湊合耶穌而成一物, 不知兩性之名稱可通, 而兩性之實各別也. 或以爲降生後, 天主性有所變易, 不知主

29 『신약성서』 「마태복음」 26장 3~5절.

30 『신약성서』 「마태복음」 27장 45~50절. 예수가 십자가 위에서 운명한 시각은 오후 3시(유대 시각 제9시)이다.

31 일식이나 월식으로 해나 달이 서로 그 빛을 가리는 현상을 말한다.

통용될 수 있지만 두 본성은 사실 서로 다르다는 것을 알지 못한다. 어떤 사람들은 강생한 후에 천주의 본성에 변화가 있었다고 여기면서, 천주 본성의 묘유는 무시無始로부터 늘 한결같아 비록 강생하여 사람의 본성을 천주 자신에게 엮었다 하더라도 천주의 본성은 원래 바뀐 바가 없고 사람의 본성만 높은 자리에 올랐다는 사실을 알지 못한다. 어떤 사람들은 천주께서 육신에 갇혀 있을 때 우주만물을 다스리는 권한이 정지되었다고 여기면서, 세상에 내려와서도 여전히 천주의 본성을 보존한 채 천지만물을 다스렸다는 것을 알지 못한다. 천주의 본성은 끝없는 묘유이므로 육신에 있을 때에도 그에 얽매이지 않고, 사물 속에 있을 때에도 그 사물에만 깃들지 않으며, 능히 만물 어디에나 깃들 수 있다. 그러니 천주께서 강생하였기에 하지 못하는 일이 있다고 의심할 수 있겠는가?

性之妙有, 從無始恒一, 雖降生締結人性於己, 而天主性原無所易, 惟人性登高位焉. 或以爲天主囿於形身時, 息宰宇宙萬物之權, 不知降世仍存天主性, 而御天之萬物. 盖天主性無窮妙有, 在形無囿於形, 在物無舍於物, 且能舍萬物. 又何疑天主降生有所不能也?

두 번째 의심은 천주의 강생이 각 사물에 어울리는 본성의 뜻에 합당하지 않다는 것이다. 천주의 본성은 모든 선의 근원이므로 선과 관련된 뜻은 모두 천주에게 합당하다. 선이 지니고 있는 덕은 바로 아름답고 좋은 것을 사물에 전하는 데에 있다. 선이 크면 클수록 그 아름답고 좋은 것을 사물에 전하는 일 역시 천주에게 더욱 합당하게 된다. 천주의 선은 지극한 선이므로, 본연의 아름답고 좋은 것을 사물에 전하는 것은 지극히 합당한 일이로되, 천주께서 사람으로 강생하여 피조물로 하여금 조물주의 본묘本妙[32]와 맺어 엮어지게 하는 것보다 더 합당한 것이 없다. 이를 살펴볼 때, 천주께서 사

二疑天主降生之不宜各物相稱本性之義也. 天主本性爲萬善之本元, 則凡係善之義, 皆宜天主. 夫善之爲德, 在傳其美好於物. 善愈大, 即其傳美好於物也, 愈宜天主. 天主之善爲至善, 則傳達本美好於物爲至宜, 此則莫若天主降生爲人, 令受造之物締結於造物者之本妙. 審此, 則天主降生爲人至宜矣. 又須知天主傳達其美好, 各有等級. 如天地火氣水土金石

람으로 강생하신 것은 지극히 마땅한 일이다. 또한 천주께서 아름답고 좋은 것을 전하는 데에는 각기 등급이 있었음을 알아야 한다. 예를 들면 하늘·땅·불·공기·물·흙·쇠붙이·돌 등은 늘 존재할 뿐 생명이 없게 하셨고, 풀과 나무는 생명은 있으나 지각이 없게 하셨으며, 길짐승과 날짐승은 지각은 있으나 영靈이 없게 하셨고, 사람은 영이 있으나 순정하지 못하게 하셨다. 또 천사는 순정한 영일 뿐 유한하게 하셨다. 이는 바로 아름답고 좋은 것을 전하는 데에 등급과 한계를 둔 것이다. 이 점을 생각해볼 때, 천주의 본성이 인간의 본성에 엮어진 것은 그 아름답고 좋은 것을 피조물에게 남김없이 전한 것이다. 이에 능력·지혜·선함 등 여러 덕성을 무궁히 지니게 하시고 그를 천주라고 불렀다. 그러나 요즈음 사람들은 천주께서 천지만물을 창조하여 영광·존귀함·위엄을 드러냈다는 것만 알고, 강생하여 세상을 구원함으로써 영광·존귀·위엄을 더욱 크게 드러냈다는 것은 모르고 있다. 천주께서는 가없는 인의와 지혜와 능력 등 여러 덕성으로 인해 더 이상 존귀할 수 없는 지존至尊이 되셨는데, 그 인의와 지혜와 능력의 무궁함이 강생에서보다 더 남김없이 드러난 적은 없다. 그러므로 사람의 미천함을 마다하지 않으신 것은 지극한 인덕仁德을 보여주신 것이요, 사람의 죄를 용서해준 것이 아니라 대속代贖하신 것은 지극한 의로

等, 止爲有而無生, 草木, 止爲生而無覺, 禽獸, 止有覺而無靈, 人類, 止爲有靈而不純, 天神, 止爲純靈而有限. 是傳其美好有等且限. 惟此, 天主性締結於人性, 傳其美好於受造之物至盡矣. 使卽具能知善諸德於無窮, 而稱之天主. 今人惟知天主造天地萬物, 顯其榮尊威嚴, 而不知降生救世愈顯其榮尊威嚴焉. 天主因其仁義知能諸德無疆, 故爲至尊無以上, 而其仁義知能無疆, 莫若顯于降生之至盡也. 故不嫌人類微賤, 示至仁也, 不赦人罪, 而代贖之, 顯至義也. 得救人之妙法, 彰至知也, 人與天主二物, 相距於無窮, 合於一位, 明大能也. 餘德可推類矣.

---

32 근본적 妙有라는 뜻으로 쓴 듯하다.

움을 드러내신 것이다. 사람을 구원할 묘안을 얻은 것은 지극한 지혜를 밝히신 것이요, 무궁히 멀리 떨어져 있는 사람과 천주라는 두 존재를 하나의 몸에 합하신 것은 큰 능력을 밝게 보여주신 것이다. 나머지 덕성은 미루어 짐작할 수 있으리라.

세 번째 의심은 강생의 권위에 관한 것으로, 천주께서 인간으로 강생하려 할 때 하늘에서 인간 세상으로 내려와 여인의 배 속에 잉태되는 일을 면하였다면 얼마나 영광스러웠겠느냐는 것이다. 그러나 이는 내려와 잉태되어 태어나야만 진정한 사람이 되는 것임을 모르고서 하는 소리이다. 하늘에서 강생할 때 인류와 전혀 달랐다면, 어찌 사람의 이목을 놀라게 하지 않았겠는가? 그러나 강생할 때 제왕의 궁궐을 선택하지도 않았고, 안정되고 번화한 곳을 선택하지도 않았으며, 따뜻한 계절을 선택하지도 않았다.

三疑降生之勢, 以天主欲降生人間, 從天降世, 免囿胎於女腹, 何等榮顯. 不知降孕而生, 乃眞人也. 從天降來, 非同人類, 豈不駭人見聞乎? 然而降世不擇帝王之室, 安華之地, 溫煖之時.

이 모든 것에는 깊은 뜻이 담겨 있다. 천주께서 강생하신 뜻은 단지 사람의 죄를 대속하는 것뿐만 아니라 그 뿌리까지 뽑으려 한 데에 있다. 사람이 짓는 죄의 근원에는 세 가지가 있다. 첫째는 부유함을 좋아하는 것이고, 둘째는 고귀함을 좋아하는 것이며, 셋째는 안일함을 좋아하는 것이다. 지극히 높으신 천주께서 지극히 천한 곳에 내려오신 것은 우리의 오만함을 억누르기 위함이었고, 천지의 주인으로서 기꺼이 가장 가난한 곳에 내려오신 것은 우리의 탐욕을 깨뜨리기 위함이었으며, 온갖 복을 다 마련해놓고도 몹시 추운 날을 선택하신 것은 우리가 안일에 빠지는 것을 치료하기 위함이었다.

凡此皆寓深意. 盖天主降世之意, 不惟代贖人類之罪, 且拔其根也. 凡人諸罪之宗有三. 一曰好富, 二曰好貴, 三曰好逸樂. 以天主至尊之位, 而下降極賤之處, 爲抑我傲, 以天地之主, 甘降最貧之地, 爲破我貪, 以全福之備, 而選苦寒之日, 又爲藥我耽逸.

예수의 수난에 대해 말한다면, 작은 움직임 하나로도 오랜 세월의 죄악을 구원할 수 있는데도 불구하고, 온갖 고난을 겪고 십자가에 못 박히는 참혹한 형벌까지 받으신 데에는 두 가지 뜻이 담겨 있다. 첫째는 인내의 아름다움을 보여주신 것이다. 또 그것으로 우리 같은 자들에게 천주께서 내리신 고난과 험난함은 기쁜 마음으로 순순히 받아들여야 한다는 것을 가르치셨다. 둘째는 범죄의 흉악함을 보여주신 것이다. 차라리 크나큰 재앙과 박해를 기꺼이 받아들여 목숨을 잃는 지경에 이를지언정 천주의 명은 한순간이라도 어길 수 없는 것이다.

至論耶穌之受苦, 一動一靜, 能救萬世之罪, 而欲受千端苦難, 致釘十字架酷刑, 其義有二. 一示忍德之美. 且要用訓我等, 凡天主所降苦難險困, 皆宜欣然順受. 二示犯罪之凶惡. 寧甘重殃大害, 以至致命, 不可一息違天主之命也.

만유의 주재자 1

광선이 "혹시 하늘에 천주가 있다면, 천지 안 모든 나라 중에 천주가 다스리지 않는 나라는 하나도 없을 터, 유대 한 나라만 주재할 리 없다. 또한 한 나라만을 주재한다면, 그를 어찌 천주라고 부를 수 있겠는가[豈得稱天主]"[33]라고 하였다.

光先云: "設天果有天主, 則覆載之內四海萬國無一而非天主之所宰制, 必無獨主如德亞一國之理. 獨主一國, 豈得稱天主!"

나는 말한다. 맞는 말이다. 어느 누가 천주를 오직 유대 나라만의 주라고 하였는가?

予曰: 誠然. 誰謂天主獨主如德亞一國哉?

33 「闢邪論」 上(이 책 76쪽) 참조. 「闢邪論」 上에는 마지막 문구가 "豈得稱天主哉"로 되어 있다.

만유의 주재자 2

광선이 "기왕 천주라고 부른다면, 하늘 위와 땅 밑, 세상 모든 나라의 그 많은 만물[萬類甚多][34]이 모두 천주의 다스림에 의지해야 할 것이다"[35]라고 하였다.

光先云: "旣稱天主, 則天上地下, 四海萬國萬類甚多, 皆待天主宰制."

나는 말한다. 맞는 말이다. 더 말할 필요가 무엇 있겠는가?

予曰: 誠然. 何待言乎?

만유의 주재자 3

광선이 "천주가 인간 세상에 내려와 살았던 33년 동안 누가 그를 대신해서 만물을 다스렸는가? 하늘과 땅을 다스리는 분이 없으니 하늘도 운행하지 않았을 것이고, 땅도 만물을 기르지 못했을 것이며, 사람도 태어나거나 죽지 않았을 것이고, 동식물도 번식하거나 무성하지 않았을 것이니, 만물이 거의 다 없어졌을 것 아닌가?"[36]라고 하였다.

光先云: "天主下生三十三年, 誰代主宰其事? 天地旣無主宰, 則天亦不運行, 地亦不長養, 人亦不生死, 物亦不蕃茂, 而萬類不幾息矣?"

앞에서 이미 상세히 말하였다. 이른바 천주께서 강생하였다는 것은 처음에는 하늘에 있다가 나중에 땅에 강생했다는 말이 아니다. 그는 지극히 영명靈明하여 본래 그 끝을 알 수 없으며, 천지사방

前已詳言矣. 夫所謂天主降生, 非向在天而後乃降生於地也. 盖其靈明之極, 原無邊際, 充塞貫滿於六合之內外, 無所不

34 「闢邪論」 上에는 "物類甚多"로 되어 있다.
35 「闢邪論」 上(이 책 76쪽) 참조.
36 「闢邪論」 上(이 책 76쪽) 참조.

〔六合〕[37]의 안팎에 가득 차 있어 존재하지 않는 곳이 없다. 아직 강생하지 않았을 때에도 세상과 떨어져 있지 않았으며, 강생한 후에도 역시 하늘과 떨어지지 않았다. 강생의 여부와 관계없이 천지를 다스리고 만물을 주관한다. 다만 천주께서 사람의 본성과 자기의 본성을 결합시켰기에 강생이라고 말한 것이다. 반드시 잉태되어 태어나 어려서부터 성인이 될 때까지 유대 나라에 살면서 진리를 펴다가 못 박혀 죽었고, 죽었다가 다시 살아나 하늘에 오른 것 등은 모두 예수가 사람의 본성으로서 겪은 일들이다. 천주의 본성은 바뀌지도 옮겨지지도 않으며, 어린 적도 장성한 적도 없다. 또한 태어나지도 죽지도 않으면서 언제나 천지를 다스리고 만물을 변화시키고 생장시켰다. 그러니 어찌 천주께서 강생하였다고 하여 하늘이 운행하지 않고 땅이 만물을 기르지 않으며 사람이 태어나고 죽지도 않았다고 말할 수 있는가? 이것이 대롱으로 하늘을 보고 표주박으로 바닷물을 재는 것과 무엇이 다른가!

在. 當其未降生, 亦不離於世, 及其旣降生, 亦不離於天. 其制馭天地, 主持萬有, 無分降生與否耳. 特天主取人之性與己之性相締結, 故曰降生也. 且必孕而生, 自幼而壯, 居如德亞而行道, 至釘而死, 死而復活昇天者, 此皆耶穌人性之事也. 其天主性不易不動, 不幼不壯. 不生不死, 仍然宰制乾坤, 化生萬物耳. 豈云天主降生, 遂謂運天不運行, 地不長養, 人不生死? 何異以管窺天而蠡測海也!

구주 강생 1

광선이 "천주가 아담을 구원하려 하였다면 어찌하여 천지를 창조한 시초에 세상에 강림하지 않고 한나라의 원수 경신년이 되어서야 태어났는가? 원수 경

光先云: "天主欲救亞當, 胡不下生於造天之初, 乃生於漢之元壽庚申? 元壽距今上順治己

37 '六合'은 天地와 四方, 즉 우주를 말한다.

신년은 지금의 황제 순치 기해년(1659)에서부터 겨우 1,660년 전 아닌가?"[38]라고 하였다.

亥, 纔一千六百六十年爾?"

천주께서 하시는 일은 사람의 생각을 초월한다. 천주께서 만물을 창조하실 때, 세상을 구원하는 일에 대해 미리 의론하거나 도모하여 헤아리지 않았다면, 이 또한 그럴 법한 얘기이다. 그러나 그 까닭을 짐작해보건대, 인류가 명을 어기기도 전에 강생한다는 것은 마땅치 않음을 알아야 한다. 강생은 사람의 죄를 구해주고 씻어주기 위한 것이니, 죄가 없는데 무슨 죄를 씻어준단 말인가? 마치 병이 없는 자가 의사의 치료를 받을 필요가 없는 것과 같은 것이다. 또 사람이 명을 어긴 초기에 강생하는 것도 마땅치 않다. 거기에는 세 가지 이유가 있다.

天主所行, 超越人之意量. 主造物時, 並無有擬議謀度救世之事, 亦莫非然. 但揣摹其故, 須知人類未方命之先降生, 固不宜也. 降生爲救贖人罪, 無罪何贖? 猶無病者無庸醫治. 又當人類方命之初降生, 亦所不宜. 其故有三.

첫째, 사람의 시조가 애초에 〔천주의〕 명을 거스른 근본 원인이 교만에 있었으니, 그 교만을 다스리려면 마땅히 스스로 회개하도록 해야 함을 살핀 것이다. 그러나 본성의 힘으로 극복해낼 수 있는 것이 아니었다. 사람들이 본성이 이미 무너졌는데도 이를 스스로 깨닫지 못하자 천주께서 구원을 베풀어주신 것이다.

其一, 視人祖方命之根由在傲, 治其傲宜令自反. 又不徒恃本性之力所能克. 人性雖壞, 不自覺知, 故迨聖主之垂救.

둘째, 믿음이 독실함을 살핀 것이다. 천주께서 강생하셨을 때 믿고 따르는 자가 많았던 것은 천주께서 친히 명령을 내려주셨고 뭇 성자들 또한 구세주를 기다리고 있었기에, 그 강생이 지극히 성대할

其二, 視信德之篤. 盖天主降生, 多信從者, 賴有天主親諭, 又賴有群聖望主, 降生之至殷.

38 「闢邪論」 上(이 책 76쪽) 참조. 「闢邪論」 上에는 "元壽距今"이 "元壽庚申距今"으로 되어 있다.

수 있었던 것이다.

셋째, 천주교의 전파를 살핀 것이다. 만약 세상이 열린 시초에 강생하였다면 인류가 너무 적어 오랜 세월 뒤에는 사라져버리고 말았을 것이다. 만물을 만들어주고 이루어준 은혜가 시대가 이르고 사람이 적어 끝내 전해지지 않은 것과 마찬가지로 말이다. 이렇게 따져볼 때, 천지가 창조된 시초에 천주께서 강생하는 것은 마땅한 일이 아니었음을 알 수 있다.

其三, 視聖教之傳. 若世初降生, 人類甚少, 必日久失傳. 如造成之恩, 因時遠人少以至失傳. 據此, 則知天主降生, 不宜于世界受造之初矣.

인류 역사의 기원

광선이 "천지개벽한 해로부터 명나라 천계 연간(1621~1627) 계해년(1623)까지는 도합 19,379,496년이다. 이는 황제黃帝의 '태을太乙'에 기록되어 있다. 지금까지의 역법의 기원[從來之元][39]은 근거 없는 이야기가 아니다. 천지가 황량하던 태곳적은 차치하고, 천황씨天皇氏 때에는 간지干支의 이름이 있었고, 복희씨의 기원이 계미년이었던 것으로 보아 복희씨 이전에 이미 갑자가 있었음이 분명하다. 공자께서 『상서尙書』를 간추리시면서 당우唐虞에서 시작하셨는데, 요堯임금의 나라는 갑진년을 기원으로 하고 있다. 요임금의 갑진년부터 한나라의 애제 경신년까지는 모

光先云: "開闢甲子至明天啓癸亥以暨于今, 合計一千九百三十七萬九千四百九十六年. 此黃帝太乙所紀. 從來之元, 匪無根據之說. 太古洪荒都不具論, 而天皇氏有干支之名, 伏羲紀元癸未, 則伏羲以前已有甲子明矣. 孔子删詩書, 斷自唐虞, 而堯以甲辰紀元. 堯甲辰距漢哀庚申, 計二千三百五十七年."

39 「闢邪論」 上에는 "從來之曆元"으로 되어 있다.

두 2,357년이 된다"[40]라고 하였다.

중국은 복희씨 이후로부터 사실에 근거한 역사를 기록하였으나 그 이전 수만 년 동안의 일들에는 믿기 어려운 것이 많다. 복희씨·헌원씨·요순 시기에는 생민生民도 극히 적었을 터인데 어찌 수만 년이나 될 수 있었겠는가? 복희와 요순시대의 백성들은 심성이 순박했다. 문예文藝를 제정하고 법도를 세우며, 궁실을 짓고 농경을 시작한 것이 바로 이 시기였는데, 따져보면 태초와 거리가 멀지 않다는 것을 알 수 있다. 남헌南軒은 요순 이전의 일을 논하면서 그중에 이치에 맞지 않는 것이 많이 있다고 지적하였으며, 또 사서의 기록은 틀림없이 복희씨로부터 시작되었다고 하였다. 태사공太史公은 "신농神農 이전의 일에 대해서 나는 알지 못한다"라고 하였다. 『강감綱鑒』[41]에서도 "전傳을 믿지 않고 경經을 믿으니 의론이 비로소 정해졌다"라고 하였다.

中國自伏羲以後, 書史載有實據, 自此以前, 尙數萬年多難信者. 盖羲軒堯舜之時, 生人至少, 豈有數萬年之久乎? 伏羲堯舜之民, 性心純善. 制文藝, 典法度, 肇宮室, 始耕鑿, 正惟此時, 推知其去原初, 不甚相遠. 南軒氏論堯舜以前之事, 曰其中多有不經, 又曰作史當自伏羲造端無疑也. 太史公曰: "夫神農以前, 吾不知矣." 綱鑒亦曰: "不信傳而信經, 其論始定."

지금 나는 경전의 기록에 근거하여 요임금 때로부터 순치 원년(1644)에 이르기까지를 꼭 4천 년으로 보는데, 이것은 육경의 이치와 어긋나지 않으며 〔천주교의〕 성경과도 서로 합치된다. 이에서 알 수 있듯 '천황 때에 간지를 사용하였고 복희씨의 기원은 계미이다'라고 하는 말은 모두가 이치에 맞지 않는 황당한 말이다.

今吾據經載, 自帝堯迨順治元年, 正四千年, 此與六經義不遠, 而於天主經相合. 由此而知, 天皇氏有干支之名, 伏羲紀元癸未, 皆外紀荒唐不經之語也.

---

40 「闢邪論」 上(이 책 76~77쪽) 참조. 「闢邪論」 上에는 "孔子刪詩書"가 "孔子刪書"로 되어 있다.

41 明淸 시기에 通史를 편찬하면서 朱熹의 『通鑒綱目』의 體例를 채용하여 『綱目』과 『通鑒』에서 각기 한 글자씩 따 '綱鑒'이라 하였다.

구주 강생 2

광선이 "만약 예수가 곧 천주라면, 한나라 애제 이전은 모두 하늘이 없는 세상이었을 것이니, 요임금이 공경하여 따랐다는 말이 무슨 일인지도, 순임금이 칠정七政을 가지런히 하였다는 것이 무슨 뜻인지도 모를 것이다"[42]라고 하였다.

光先云: "若耶穌卽是天主, 則漢哀以前盡是無天之世界, 第不知堯之欽若者何事, 舜之察齋者何物也."

천주께서 한나라 애제 때 강생하였다면 애제 이전은 하늘이 없는 세계였을 것이라는 말은, 앞에서 말한 천주께서 강생하신 후 천지에 주재자가 없어지지 않았겠는가 하는 말과 같은 뜻이므로 쓸데없이 답변할 필요조차 없다.

主降生在漢哀, 則謂漢哀以前無天之世界, 猶夫前言天主降生, 天地不幾無主宰同義, 無庸贅答.

동정녀 탄생

광선이 "만약 천주가 곧 예수라면 누가 그를 안아다가 마리아의 배 속에 넣어주었단 말인가? 『제해齊諧』는 괴이한 일을 적은 책이지만 거기에도 이처럼 황당무계한 이야기는 없다! 남녀가 교합하고 만물이 변화하며 생성되는 것은 정상적인 인도人道의 이치이다. 아비가 있고 어미가 있는 것은 사람의 자식에게 치욕이 될 수 없지만……"[43]이라고 하였다.

光先云: "若天主卽是耶穌, 孰抱持之而內于瑪利亞之腹? 齊諧志怪, 未有若此之無稽也! 男女媾精, 萬物化生, 人道之常經也. 有父有母, 人子不失之辱" 云云.

42 「闢邪論」 上(이 책 77쪽) 참조.
43 「闢邪論」 上(이 책 77~78쪽) 참조. 「闢邪論」 上에는 "瑪利亞之腹"이 "瑪利亞之腹中"으로 되어 있다.

사람의 일로써 천주의 일을 짐작하려는 것은 땅으로써 하늘을 재는 것이나 진배없다. 천주께서 어미의 배를 빌리지 않고 스스로 하늘에서 내려와 내려온 즉시 성인의 몸이 되는 것은 전능한 분에게 어려운 일이 아니었겠지만 사람의 모범이 되기에는 부족하였을 것이다. 반드시 하늘에서 내려와 사람 몸에 잉태되어 탄생함으로써 참사람의 혈맥을 가졌기에, 천주일지라도 역시 참사람임을 알 수 있는 것이다. 우리들이 마땅히 은혜에 감격하고 본받아 배워야 할 점은 다만 남녀의 교합을 통해 태어나지 않았다는 것이다. 예로부터 큰 성인들이 세상에 태어날 때에는 보통 사람들과 다른 점이 많았는데, 하물며 천지의 주主임에야 더 말할 것이 있겠는가? 바로 이러한 면에서 그의 전능이 드러나고, 그의 특별한 사랑과 정결의 덕이 보이는 것이다.

欲以人事測天主之事, 猶以地量天, 不啻倍蓰. 天主欲不借母胎, 自天而降, 降卽成大人之身, 固於全能無難, 但不足以爲人之表. 必也降孕而生, 眞人血脉, 乃知雖爲天主, 亦眞人也. 吾儕所當感恩而師法者, 但不從媾合而生耳. 盖古來大聖之生世, 多異於凡人, 況天地之主乎? 卽此正顯其全能, 而示其鍾愛貞潔之德焉.

천주 강생의 깊은 뜻은 어머니를 강생의 토대로 삼았다는 데에 요지가 있다. 때가 가까워오자 한 처녀〔室女〕[44]를 어머니로 선택하여 뭇사람들이 물들어 있는 원죄를 끊어버리고 외형과 내면의 아름다움, 본질의 순수함, 덕행의 완벽함을 정해 놓았다. 그리고 생전과 생후에 보여준 모든 일, 그가 발디딜 성역聖域,[45] 성모의 자리에 오르게 하여 지극히 존귀한 직분을 맡길 일 등이 이미 모두 그 몸 안에 내포되어 있었다. 그래서 천지창조 시초에 이미

天主降生奧旨, 其所最要, 在以其母爲降生之基. 于時卽擇一室女爲之母, 絕衆人所染之原罪. 定其形質之美, 性體之純, 德行之備. 及其生前生後所見之純工, 所履之聖域, 加以母皇之位, 充至尊之職, 皆已包含于其體之中矣. 故開闢之初, 已示斯旨, 而降生前千五百年, 更詔

44 ‘室女’는 아직 出嫁하지 않은 여자를 가리킨다.
45 성인이 다녀갔던 지역, 땅이란 뜻으로 쓰인 듯하다.

그 뜻을 보이시고, 강생하기 천오백 년 전에 다시 예언자에게 일러 후세에 전하도록 한 것이다. 성모가 처음 그 어머니에게 잉태되었을 때 성모의 부모는 이미 나이가 많았으니, 끝내 〔자식을〕 구하여 얻은 점이 일반 사람과는 크게 달랐다. 원죄에 물들지 않고 태어나 천주의 어머니로서의 의로움을 지녔으니, 세상 사람들의 탄생과는 자연 같지 않은 것이다.

先知聖人相傳于後世. 而聖母所由始胎于其母者, 乃于其父母既耄之年, 盖終其求而得, 與衆大異. 夫其不染原罪而生, 又有天主之母義, 自不同于世人之所由得生也.

강생할 때가 이르자 천주는 말없이 신령스러운 공력功力을 운용하여 성모의 정결한 몸속에 하나의 완벽한 육신肉身[46]을 만들고, 또 깨끗하고 순수한 영과 사람의 본성을 결합시켰다. 그리하여 순식간에 성태聖胎가 이루어졌다. 흙에 비유해보자. 흙이 모든 곡식을 생장시키지만 먼저 씨를 뿌린 다음 물을 주고 경작하여야만 자라날 수 있으니, 이것은 정해진 이치이다. 사람이 잉태되어 태어나는 것도 마찬가지이다. 태초에 하늘을 창조할 때에는 백곡이 있지 않았는데, 종자가 어디에서 왔겠는가? 분명 씨 뿌리고 물주기 전에 천주께서 백곡에게 생겨날 것을 명하시자 그 즉시 생겨났을 것이니, 최초의 곡식 또한 동정의 몸인 흙에서 태어난 것이다. 성모도 천주의 명을 받고 예수를 낳았는데, 그때에 성체가 즉시 잉태되었으나 동정의 몸이 어찌 처음과 달라졌으랴? 털끝만큼도 훼손되고 결여됨이 없

迨降生之時已至, 天主默運神功, 于聖母之清淨體中造成一全美肉身, 又與精粹靈神, 以結人性. 盖一息之頃, 而聖胎成焉. 今試以土爲喩. 夫土生百穀, 必先播種, 加以灌漑耕耘, 乃能生育, 此定理也. 人之孕生, 亦猶是焉. 顧論初造天之時, 未生百穀, 種從何來? 必不待播種漑灌, 而天主命生百穀卽生, 則是最初之穀, 亦生於童身土中耳. 聖母亦得天主之命生耶穌, 彼時聖體卽孕, 童身寧改於初? 自應無纖毫之損缺焉. 如玻璃瓶, 太陽光照瓶中, 玻璃不損, 太陽透出瓶外, 玻璃不

46 佛教에서는 地·水·火·風의 '四大'가 和合된 身을 말하며, 道教에서는 죽은 다음에 그 시체를 처리하여 金漆을 한 뒤 神에게 제사지내는데, 이 역시 '肉身'이라 부른다. 여기서는 肉體의 뜻으로 썼다.

었다. 마치 유리병 속으로 햇빛이 비쳐도 유리는 훼손되지 않고, 햇빛이 병 밖으로 빠져나와도 유리는 상하지 않는 것과 같다. 성모가 하늘에서 내림을 받아 잉태하고도 여전히 동정의 몸이었던 것과 무엇이 다른가?

傷. 何異聖母降孕而仍童女乎?

천당과 지옥 1

광선이 "천당과 지옥이란 불교에서 만든 교리로, 어리석은 지아비들과 아낙네들을 권면하고 두렵게 하기 위한 것이지 천당과 지옥이 진짜 있는 것은 아니다. 착한 일을 하면 온갖 복을 받고 나쁜 짓을 하면 온갖 재앙이 내려오니, 온갖 복과 온갖 재앙이란 바로 현세에서의 천당이자 지옥이다"[47]라고 하였다.

光先云: "天堂地獄, 釋氏以神道設敎, 勸怵愚夫愚婦, 非眞有天堂地獄也. 作善降之百祥, 作不善降之百殃, 百祥百殃, 卽現世之天堂地獄."

천당과 지옥은 상벌賞罰 개념이 아주 명백하다. 세상의 상벌로써 상벌을 내리려 한다면, 상벌의 큰 뜻을 잃게 된다. 세상에서 상벌을 쥐고 있는 자는 군주인데, 한 나라에서 군주로부터 상벌을 받는 자는 천에 한둘일 뿐이다. 한 사람만 놓고 보아도 그가 군주로부터 상벌을 받는 경우는 또한 천에 한둘에 지나지 않는다. 그러므로 세상의 착한 사람들에게 모두 상을 주려 한다면, 그 녹봉과 작위로는 덕 있는 자에게 보답하기에 부족할 것이며, 세상의 악

天堂地獄, 賞罰甚明. 欲以見世之賞罰爲賞罰, 則失賞罰之大矣. 夫世之操賞罰者君也, 一國之內, 其爲君所賞罰者, 特千百之一二耳. 一人之身, 其爲君所賞罰者, 又特千百之一二耳. 故欲以世賞遍善, 則祿爵不足以答有德, 欲以世罰遍惡, 則囹圄不足以容多奸.

---

47 「闢邪論」 上(이 책 79쪽) 참조.

한 사람들에게 모두 벌을 주려 한다면, 그 감옥의 수로는 간악한 자를 다 수용하기에 부족할 것이다.

『상서尙書』에 "상제라고 언제나 변함없는 것은 아니다. 착한 일을 하면 온갖 복을 내려준다"[48]라고 하였지만, 착한 일을 한 사람이 모두 보답을 받는 것은 아니니, 세상의 상이란 본디 모두에게 베풀기에는 부족하다. "악한 일을 하면 온갖 재앙을 내린다"[49]라고 하지만 이 또한 악한 일을 한 사람이 모두 견책을 받는 것은 아니니, 세상의 벌이란 본디 모두에게 내리기에는 부족하다. 이것으로 어찌 능히 천주께서 지극히 공정하시어 모든 선행에 보답하고 모든 악행에 벌주시는 뜻을 드러낼 수 있겠는가? 더구나 요즈음 세상에서 상서로움이란 오직 부귀와 복록뿐으로, 사람들은 그것만을 가장 좋아한다. 하지만 도에 통달한 사람과 고매한 뜻을 지닌 사람들 중에는 이런 것들을 버리고 취하지 않는 사람들도 있다. 요즈음 세상에서 재앙이란 배를 가르고 간을 빼내며 머리를 박살내는 것으로, 사람들은 실로 이를 가장 두려워한다. 그러나 충신과 의사義士 중에는 자기 몸을 희생해 의를 이루는 사람들도 있다. 만약 후세에 보답이 없다면 이것이 어찌 상벌의 본뜻이겠는가?

書曰: "惟上帝不常. 作善降之百祥", 然有善而未蒙報也, 則世賞固不足以盡之. "作不善降之百殃", 亦有惡而未加譴也, 則世罰亦不足以盡之. 是何足顯天主至公, 無善不報, 無惡不罰之義乎? 況今世之祥, 惟富貴福澤, 最爲人之所好. 然達人志士, 且有棄之而不居者. 今世之殃, 惟剖肝碎首, 實爲人之所畏. 然藎臣義士, 且有殺身以成仁者. 若謂後世無報, 是豈賞罰之本旨乎?

무릇 덕이라는 것은 만물 중에 가장 진귀한 보물이어서, 세상의 모든 재물과 벼슬과 녹봉을 다 준

夫德之爲物至寶, 盡天下財物爵祿, 未足以還其値. 苟不以後

48 『尙書』「伊訓」.
49 『尙書』「伊訓」.

다 하더라도 그 값을 치르기에는 부족하다. 만약 후세에 천당이 있어 영원한 복으로써 그에 보답해 주지 않는다면, 덕 있는 자는 그에 상응한 보답을 받지 못하게 된다. 더구나 단 하루의 영화와 즐거움도 누리지 못한 자도 있으니, 이를 어찌할 것인가? 악이라는 것은 너무나 흉한 것이어서, 천하의 극형과 엄한 법을 다 쓴다 하여도 그 죄를 다 다스리기에는 부족하다. 만일 후세에 지옥이 있어 영원한 재앙으로 응징하지 못한다면, 죄를 지은 자는 그에 상응한 벌을 받지 않을 것이다. 더구나 법망을 빠져나간 큰 범죄자〔漏網于呑舟〕[50]도 있으니, 이를 어찌할 것인가?

世之天堂永福報之, 則有德者不得其報稱. 且有未享一日之榮樂者矣, 可奈何? 惡之爲物至凶, 盡天下極刑嚴法, 未足以滿其辜. 苟不以後世之地獄永禍報之, 則有罪者不得其報稱. 且有漏網于呑舟者矣, 可奈何?

어떤 사람들은 "선과 악으로 인해 현세에서 받는 보응만으로도 충분하다. 도리를 어긴 자들이 마음속으로 두려워하며 불안해하고, 도리를 지킨 자들이 마음 편히 기뻐하며 지내는 것을 보지 못하는가? 무엇 때문에 후세에 천당과 지옥의 보응을 기다려야 한단 말인가"라고 말한다. 〔또 어떤 사람들은〕 "이 같은 근심과 즐거움은 세상 사람들이 늘 근심하고 즐거워하는 본래의 감정일 따름이니, 어찌 일시적인 근심과 즐거움이 선악에 대한 실제 보응이 될 수 있단 말인가?"라고 말한다. 또 〔어떤 사람들은〕 "과연 천당과 지옥이 있다면 왜 경전에 기록되어 있지 않은가? 혹시 이전의 성인들이 이 도리

或曰: "善惡之報在今世, 似有足據. 不觀夫違理者心中怵然不安, 順理者心中暢然自喜? 又何俟後世天堂地獄之報乎?" 曰: "此憂樂乃世人常憂常樂之本情耳, 豈一時之憂樂, 足當善惡之實報乎?" 又曰: "果有天堂地獄, 何經傳不載? 或前聖未達此理乎?"

50 '漏網于呑舟'는 『莊子』 「庚桑楚」의 "呑舟之魚"와 『南史』 「陳慶之傳」의 "주상이 법을 너그러이 하여 은혜를 베푼다면 배를 삼킨 큰 고기 같은 죄인은 법망에서 빠져나갈 것입니다〔上屈法申恩, 呑舟是漏〕"라는 典故에서 가져온 말이다.

에 대해 알지 못했던 것일까?"라고 말한다.

『시경』과 『상서』에서 비록 드러나게 표현하지는 않았지만 이미 명시한 바 있다. 『시경』에서는 "문왕이 하늘에 계시면서 상제 곁에 계시다"[51], "세 임금이 하늘에 계시다"[52]라고 하였고, 『상서』에서는 "그(武王)는 상제한테서 큰 명을 받았다"[53]라고 하였으며, 또 "은나라의 많은 선철先哲 명군明君들은 모두 하늘에 계시다"[54]라고 하였다. "위에 계시다", "하늘에 계시다", "상제 곁에 계시다" 등은 곧 천당을 가리킨 것이 아니겠는가? 천당이 있으면 반드시 지옥이 있기 마련이니, 둘 중 하나가 빠져서는 안 된다. 만약 도척盜跖·안회顔回·백이伯夷·걸주桀紂가 같은 곳으로 돌아간다면, 성현들은 괜한 고생만 하는 셈이다. 천당지옥설은 경사經史에 기록되어 있고 사적에도 보여 하나하나 고증할 수 있거늘, 어찌 불교에서 만든 교리라 하는가?

曰詩書雖未顯言之, 而已明示之矣. 詩曰: "文王在上, 在帝左右", 曰: "三后在天", 書曰: "乃命於帝庭", 曰: "玆殷先多哲王在天". 夫在上, 在天, 在帝左右, 非天堂乎? 有天堂, 必有地獄, 二者不能缺一. 若謂盜跖·顔回·伯夷·桀紂, 同歸一域, 則聖賢徒自苦耳. 天堂地獄之說, 載之經史, 見之事蹟, 班班可攷, 豈釋氏神道設敎之謂?

천당과 지옥 2

광선이 "저들 천주교에서는 굳이 천당과 지옥이 천상과 지하에 있다[在于上下]고 한다"[55]라고 하였다.

光先云: "彼敎則鑿然有天堂地獄, 在于上下."

---

51 이에 해당하는 원문은 "文王在上, 于昭于天. 周雖舊邦, 其命維新, 有周不顯. 帝命不時, 文王陟降, 在帝左右"(『詩經』「大雅」'文王')이다.

52 『詩經』「大雅」'文王'.

53 『尙書』「金縢」.

54 『尙書』「金縢」.

55 「闢邪論」上(이 책 79쪽) 참조. 「闢邪論」上에는 "在于上下"가 "在於上下"로 되어 있다.

천당지옥설은 불교에서 창시한 것이 아니지만 중국에서는 불교를 통해 처음 접했기 때문에 불교의 전유물이라 여겼다. 『천축지天竺志』[56]에 따르면, 석가는 정반국왕淨飯國王의 아들로 마야 부인摩耶夫人의 소생이라 한다. 처음에 오로지 청정淸淨[57]과 명심明心[58]만으로 교리를 삼았으나, 나라 사람들 가운데 따르는 자가 없었다. 그 나라는 서쪽으로 대진국大秦國[59]에 가까워서 유대 나라에 유대교가 있다는 것을 석가는 익히 들어 알고 있었다. 이에 유대교의 천당지옥설을 훔쳐다가 육도윤회六道輪廻[60]에 집어넣어 교리를 만드니, 그 나라 사람들이 믿고 따랐다. 지금 불교의 경전을 보면, 최상의 경지인 대승大乘[61]에서는 명심견성明心見性에만 힘써 선악의 욕념을 일으키지 않고, 화복禍福의 상相[62]을 세우지 않으려 한다. 교외별전敎外別傳이니, 염화미소拈花微笑니 하는 것은 대개 부처도 없고 불법도 없고 본래 그러하여 말과 문자를 빌릴 필요가 없다는 뜻이다. 그러니 천당과 지옥은 불교의 본래

天堂地獄之說, 非刱於佛, 中國因彼始聞, 遂指爲佛教所有. 按天竺誌, 釋迦淨飯國王之子, 摩耶夫人所生. 初專以淸淨明心爲教, 彼國之人莫有從者. 其國西近大秦, 卽如德亞國有天主古教, 釋氏素聞. 乃竊其天堂地獄之說, 攙入輪廻六道雜揉成教, 彼國遂服焉. 今觀藏典, 其最上一乘, 惟事明心見性, 且欲不起善惡之意, 不立禍福之相. 而教外別傳, 拈花微笑, 盖謂無佛無法, 本來如是, 並不假語言文字. 則知天堂地獄, 非其本旨, 先儒所謂寶玉大弓之竊也. 豈因爲其所竊, 而遂置不講耶? 佛氏竊天主教說, 不特此也. 盖唐時天學已東來, 中士罕

56 '天竺'은 인도를 가리킨다.

57 惡刑과 煩腦에서 멀리 떠나는 것을 말한다.

58 明心見性, 즉 세속의 모든 잡념을 버리고 잃어버렸던 本性(佛性)을 깨우치는 것을 말한다.

59 본래 중국 고대 史書에서는 로마제국을 가리키는 말로 썼으나, 여기서는 異邦, 異域의 나라라는 뜻으로 썼다.

60 본래 梵語에서는 流傳이라는 뜻이었다. 불교에서는 衆生이 제각기 선악의 업으로 인하여 天道 · 人道 · 阿修羅道 · 畜生道 · 餓鬼道 · 地獄道 등의 6道 속에서 생사가 교체되며 바퀴가 돌듯 끊임없이 돈다고 한다.

61 '大乘'은 '보살승'이라고도 하는데, 불교에서 해탈의 정도로 깊고 낮음으로 나누는 三乘 중에서 最上의 경지이다.

62 일체 사물의 外觀 形狀을 이르는 말.

종지가 아니며, 옛 유자들이 말한 "보옥寶玉과 대궁大弓을 훔친다"[63]는 것과 마찬가지임을 알 수 있다. 그러나 어찌 훔친 것이라 해서 내버려두고 말하지 않을 수 있겠는가? 석가가 천주교의 설법을 훔쳐 간 것은 이뿐만이 아니다. 당나라 때에 천주학이 이미 동양에 전해졌으나,[64] 중국의 선비들 중에는 그 종지에 대해 탐구하는 자들이 적었다. 그 때문에 번역된 천주교 성경에 불교의 경전이 많이 섞여 들어왔으며,[65] 잘못된 것이 또 잘못으로 이어져 내려오다 보니 도리어 가짜 종교가 흥하게 되고 진짜 종교가 빛을 잃게 되었다.

究厥旨. 故所譯經典, 多混入佛藏, 以訛沿訛, 反令僞教興, 而眞教晦.

깊이 연구해보면 두 종교의 천당지옥설은 현저히 다르다. 불교의 천당에는 욕계欲界와 색계色界[66]가 있어 여전히 속세의 경지를 벗어나지 못하고 있

究竟天堂地獄之說, 彼此懸殊. 彼之天堂有欲界色界, 仍不離於塵俗之境, 又福盡復降, 是雖

63 『春秋』「定公八年」.

64 唐나라 太宗 때(635년) 중국에 처음으로 그리스도교의 일파인 네스토리우스파 선교단이 長安에 들어와 전교하게 되는데, 이들은 황실의 윤허를 받고 네스토리우스파의 경전을 중국어로 번역하는 일도 하였다. 744년에 이 교파의 두 번째 선교단이 長安에 오게 되는데, 이러한 기록은 1625년경 西安에서 발견된 '大秦景教流行中國碑'라는 기념비의 내용에서 밝혀졌다. 이 네스토리우스 교단은 로마제국 영토 안에서 성장해온 서방교회와는 달리 조로아스터교, 불교, 힌두교 등 여러 종교와 갈등을 겪으면서 공존해온 경험을 가지고 있었다. 김상근, 『세계사의 흐름을 바꾼 기독교 역사』(평단, 2004), 74~80쪽 참조.

65 중국에 처음으로 전래된 그리스도교의 일파인 네스토리우스 교단의 활동은 '大秦景教流行中國碑' 외에도 1908년에 발견된 敦煌 문서와 중국의 사료 등을 통해 알려지게 되었는데, 이들은 그리스도교 성경을 번역할 때 문화적·언어적인 융합과 혼합이 있었으며 불교적 표현이 많이 들어갔다고 한다. 자세한 자료로는 P. Y. Saeki, *The Nestorian Documents and Relics in China*(Tokyo: Maruzen Company, 1937); Martin Palmer, *The Jesus Sutras*(New York: The Ballantine Publishing Group, 2001); Nicolas Standaert, *Handbook of Christianity in China*, Volume One: 1635~1800(Leiden: Brill, 2001), pp. 1~111; 김호동, 『동방 기독교와 동서문명』 등을 참조.

66 '欲界'는 三界 중의 하나로 地獄·人間·六欲天 등을 말한다. 탐욕이 불길같이 일어난다는 欲界는 후에는 塵世, 인간 세상을 가리키는 말로 쓰였다. '色界'도 三界 중의 하나인데, 欲界 위에 있고 無色界 아래에 있다.

으며, 또 복이 모두 없어지면 다시 하계로 내려간다고 하니 비록 복을 얻더라도 우리가 소유하기에는 부족한 것이다. 우리가 말하는 천당에는 안으로 받는 복과 밖으로 받는 복이 있다. 안으로는 본성으로써 조물주의 끝없는 아름다움과 만물의 성정을 관찰하고, 뭇 신들과 거룩한 성자와 함께 살면서 그들과 한마음 한뜻이 되어 조그마한 근심 걱정에도 휩싸이지 않는다. 밖으로는 온몸이 지극히 아름답고 밝은 빛을 내면서 빠르고도 굳건하여 일체의 굶주림과 추위, 피로와 고달픔이 침범하지 못한다. 저들이 말하는 지옥은 칼로 만든 산과 검으로 된 나무,[67] 정수리를 끊어내고 발꿈치를 갈아내는 것을 벗어나지 않지만, 고난이 끝나면 다시 빠져나올 수 있다. 우리가 말하는 지옥에는 안으로 겪는 고통과 밖으로 겪는 고통이 있는데, 안으로 겪는 고통이란 참되신 천주의 지극한 아름다움에 대한 희망을 영원히 잃어버리고 언제나 원망과 질투심을 품고 지내는 것이다. 밖으로 겪는 고통이란 몸이 영원히 세찬 불길에 태워지고 지져져서 오관이 각기 고통을 느끼며, 온갖 고통들이 한데 모여 거기에 떨어지면 영원히 나올 수 없는 것이다. 이같이 두 종교의 천당과 지옥은 이름만 같지 실상은 다르다.

得之, 不足我有也. 我所謂天堂, 有內祉外祉. 內則以本性明觀造物主無窮之美好, 與萬物之性情, 於諸神群聖同居, 而與之一心一旨, 微憂纖患, 悉不能被. 外而四體百骸極美麗光明, 神快透堅, 一切饑寒倦勞, 所不能侵. 彼之地獄不出刀山劍樹, 切頂磨踵, 而苦盡仍出. 我所謂地獄有內痛外痛, 內則永失眞主至美之望, 常懷怨妬. 外則身形永被暴火焚灼, 五官各觸其苦, 萬苦並集, 墮之者永不出焉. 則是二者固名同而實異矣.

67 원문은 "刀山劍樹"인데, 지옥의 酷刑 중 하나이다. 『阿含經』「九衆生居品」에는 "죄 많은 자에게는 그가 들어갈 지옥이 마련되어 있는데 칼로 만든 산과 검으로 된 나무, 불수레, 숯불이 이글이글한 화로가 있어 녹은 구리물을 삼키고 있다〔設罪多者當入地獄, 刀山劍樹, 火車爐炭, 呑飮融銅〕"고 되어 있다.

천당과 지옥 3

광선이 "천주교를 믿는 자는 천당에 오르고 믿지 않는 자는 지옥에 떨어진다고 한다. 정말로 그렇다면 천주는 사람들이 자기에게 아첨하기를 바라는 소인일 따름이니, 어찌 천지를 주재하는 일을 감당하겠는가"[68]라고 하였다.

光先云: "奉之者升之天堂, 不奉之者墮之地獄. 誠然, 則天主乃一邀人媚事之小人爾, 奚堪主宰天地哉!"

이 말대로라면 어진 임금이라도 모두 상벌의 권한을 가지고 있을 필요가 없다. 순舜임금이 스물두 명의 어진 이[69]를 등용하였으되 삼 년마다 한 차례씩 그들의 업적을 평가하여 어리석은 관리는 물리치고 명철한 관리는 올려 쓴 것〔黜陟幽明〕,[70] 그 모두가 사람들이 자기에게 아첨하기를 바라는 소인배의 짓이었단 말인가?

據如所論, 則聖帝明主, 皆不必持賞罰之權耳. 夫虞廷二十二賢人用, 三載考績, 黜陟幽明, 抑皆邀人媚事之小人耶?

천주께서는 바로 천하를 다스리고 있기 때문에 특별히 지옥과 천당을 두어 착한 자에게 상을 내리고 악한 자에게 벌을 주는 큰 권한이 있음을 보여주신 것이다.

天主正因主宰天下, 故特置天堂地獄, 以示賞善罰惡之大權.

제왕이 상벌을 내리고 성현들이 잘잘못을 따지는 것은 모두 선을 본받게 하고 악을 금하기 위한

但帝王之賞罰, 聖賢之是非, 皆範人於善, 禁人于惡, 至詳極備,

---

68 「闢邪論」上(이 책 79쪽) 참조.

69 스물두 명은 四岳, 九官, 十二牧을 말하는데, 요직에 있는 고위관리의 총칭이다. '四岳'의 경우, 『國語』「周語」下에는 한 사람(共工의 후손으로서 禹의 치수를 도운 사람)의 이름으로 되어 있고, 『史記』에서는 네 사람을 가리키는 것으로 보았다. 여기서는 1명으로 보아 22명이라 하였다.

70 『尙書』「舜典」에 나오는 말로, 순임금이 상과 벌을 명확히 하였으므로 사람마다 열심히 일하고 공을 이루는 데 힘을 썼기에 그의 공적이 더욱 빛났다는 말이다. '幽明'은 어리석은 관리와 명철한 관리를 가리킨다.

것으로, 지극히 상세히 마련해놓고 있으나 상벌을 내리고 잘잘못을 따짐이 사람의 외적 형체에나 미칠 뿐 보이지 않는 성정性情에는 미치지 못한다. 오직 후세의 영원한 복과 화만이 사람의 마음을 다스릴 수 있어, 선악을 판가름하여 숨을 곳이 없게 한다. 사마천司馬遷은 "안회顔回가 요절하고 도척盜跖이 장수한 일은 사람들로 하여금 선악에 마땅한 보응이 없지 않는가 하는 의심이 들게 한다"[71]라고 하였다.

然賞罰是非, 能及人之外形, 不能及人之隱情. 惟後世永遠福禍, 乃治人心, 使善惡判然, 而無所遁. 司馬遷有云: "顔回之夭, 盜跖之壽, 使人疑於善惡之無報."

그러니 천주께서 후세의 보응을 만들어놓지 않았다면 어찌 주재자로서의 권세를 가지고 있다고 할 수 있겠는가?

然則, 天主非置後世之報, 何得謂持主宰之權乎?

회개, 용서와 구원

광선이 "천주교에서는 예수 모자에게 애원하면 그의 죄를 용서해주고 그를 천당으로 올려보낸다[而昇之於天堂][72]고 한다. 그렇다면 간악한 도적들과 사기꾼들도 모두 하늘의 백성이 될 수 있을 터이니, 천당은 실로 범죄자들의 소굴이 되는 셈이다"[73]라고 하였다.

光先云: "彼敎則哀求耶穌之母子, 卽赦其罪而昇之於天堂. 是奸盜詐僞皆可以爲天人, 而天堂實一大逋逃藪矣."

사람이라면 몸에 병이 생기지 않을 수 없기에 약과 침의 처방이 생겼다. 사람의 마음에도 죄가 없

盖人身不能無疾, 故爲藥石之方. 人心不能無罪, 故開悔罪之

71 『史記』「伯夷列傳」.
72 「闢邪論」上에는 "而升之於天堂"으로 되어 있다.
73 「闢邪論」上(이 책 80쪽) 참조.

을 수 없기에 죄를 회개하는 길을 열어놓았다.

路.

사람의 몸에 병이 있어 약을 복용하면 병이 치유되므로 그 사람은 더 이상 환자가 아니다. 사람의 마음이 죄를 짓고 깊이 뉘우친다면 선한 이가 되므로 그 사람은 더 이상 죄인이 아니다. 기름을 담아두는 그릇은 사면이 더러워졌더라도 불 속에 집어넣으면 순식간에 빛나고 깨끗해진다. 죄인이 깊이 회개하는 마음은 세차게 타오르는 불길과도 같으니, 타서 없어지지 않을 죄가 어디 있겠는가? 깊이 회개하여 용서받지 못한다면 천하에는 착한 사람이 없을 것이다. 공자는 큰 잘못이 없기를 바랐고, 우禹임금은 죄가 자신에게 있다고 하였으며, 탕湯임금은 나날이 새로워지기만을 바랐다. 성현이라고 연마하며 힘쓰지 않은 순간이 있었던가?

人身有疾, 服藥則愈, 非復病人. 人心得罪, 痛悔則善, 卽非罪人. 夫貯油之器, 汚染四面, 投之于火, 則旋焉光潔. 罪人痛悔之心, 若火猛熾, 罪有不銷滅者乎? 苟非痛悔得赦, 天下無善人矣. 仲尼之求無大過, 大禹之罪在朕躬, 湯王之惟求日新. 聖賢何常不砥礪兢兢耶?

죄를 용서하는 권한에 대해 말한다면 오직 천주만이 가지고 계신다. 어찌 성모에게 애원한다 하여 용서를 받을 수 있겠는가? 천주교의 여러 책을 모두 살펴보아도 그런 말은 없으니 이는 망언이다. 다만 성모에게 뭇사람들을 대신하여 천주에게 전달해주기를 빈다는 이야기는 있다.

至論赦罪之權, 則惟天主掺焉. 豈有哀求聖母, 得蒙其赦? 遍察天學諸書, 無有此語, 此妄言也. 惟求聖母以代衆人轉達天主, 則有之.

참다운 도

광선이 "만약 진정으로 세도를 세운다면 지극히 크고 바른 논리를 지어야 한다. 마음을 바로 하고 뜻을 참되게 하는 우리 공자님의 학문처럼 자신을 수양하고 가정을 다스리는 것을 기반으로 삼고, 나라를 통

光先云: "如眞爲世道計, 則著至大至正之論. 如吾夫子正心誠意之學, 以脩身齊家爲體, 治國平天下爲用, 不期人尊而

치하고 천하를 평정하는 것을 쓰임으로 삼는다면, 남이 존경해주기를 바라지 않아도 저절로 존귀하게 될 것인데, 어찌하여 석가의 잘못을 배척하고 자기네의 요사한 종교를 내세우는가?"[74]라고 하였다.

人自尊之, 奈何闢釋氏之非, 而自樹妖邪之敎也?"

천주교가 어떠한 종교인가를 말한다면, 마음을 바로잡고 뜻을 정성스럽게 하여, 이것을 익히면 성현이 되고 세상을 다스리는 정도〔大道〕가 되는 바로 그런 종교가 아니겠는가? 좀 더 논해보겠다. 세상을 다스리는 핵심은 사람의 마음을 다스리는 것으로써 나라를 다스리고 천하를 태평하게 하는 근본으로 삼는 것이다. 따르고 피할 것의 참된 도리에 따라 사람의 마음을 평정시키고, 상과 벌을 온당하게 주어 착한 일을 권면하고 악한 일을 금하도록 해야만 사람의 마음이 다스려지며 그리하면 세상이 다스려진다. 따르고 피할 것의 참된 도리에 따라 사람의 마음을 평정시킨다는 것은 무엇을 말하는가? 천주교에서는 사람들의 영성을 본래의 방향으로 이끌어서 위로는 참되신 주와 합하게 하고 아래로는 사람들과 조화롭게 한다. 도달하고자 하는 것은 신의·인자·신독愼獨·인내 등의 여러 가지 덕이며, 피하고자 하는 것은 패도悖道·반역·오만·투기妬忌 등의 여러 가지 악이다. 그러므로 의롭지 못한 이득이나 영달, 영광이나 고귀함이 그 마음을 얽매지 못하며, 뜻밖의 빈곤이나 치

論天主敎何, 莫非正心誠意, 習之爲聖爲賢, 爲治世之大道乎? 請申論之. 夫治世之大端, 以治人心爲治國平天下之根本. 要惟使人心定於趨避之眞, 與賞罰之當, 勉人于善, 禁人于惡, 人心治, 則世治矣. 何謂使人心定於趨避之眞? 盖天主敎率人靈性于其本向, 上合於原始眞主, 下和於同類儔儕. 所就者, 信仁愼忍諸德, 所避者, 悖逆傲妬諸惡. 故不義之利達榮貴, 不得牽其心, 意外之貧辱苦難, 不得屈其志. 由其所授訓誨, 皆有種種善規, 今世置人於泰山之安, 後世置人於眞福之域. 所謂使人心定於趨避之眞者此也.

---

74 「闢邪論」 上(이 책 80쪽) 참조.

욕, 고통이나 재난이 그 의지를 꺾지 못한다. 천주교의 가르침에는 온갖 훌륭한 훈계가 있기에, 현세에서는 사람을 태산과 같은 안정 속에 살게 하고 후세에서는 참된 복지에서 살게 한다. 이른바 따르고 피할 것의 참된 도리에 따라 사람 마음을 평정시킨다는 것은 바로 이것이다.

상과 벌을 온당하게 주어 착한 일을 권면하고 악한 일을 금하도록 한다는 것은 무엇을 말하는가? 상과 벌은 지극히 궁극적이고 지극히 공정하게 만들어졌다. 지극히 궁극적이라 함은 영원한 복과 영원한 재앙으로 선악에 보응하는 것을 의미하며, 지극히 공정하다 함은 털끝만 한 선악도 천주의 전능에서 도망쳐 보응을 받지 않을 수 없음을 의미한다. 이것은 사람의 마음을 큰 두려움에 떨게 하기에 충분하여, 부지런히 착한 일을 하게 하고 악을 없애는 데 전전긍긍하게 한다. 그러니 어떻게 본분을 벗어나 어지러운 생각이 싹터 법을 무너뜨리고 기강을 어지럽히는 짓을 할 수 있겠는가? 그렇게 되면 나라의 오랜 안녕과 통치는 틀림없이 보장될 것〔可左券而求〕[75]이다. 이른바 상과 벌을 온당하게 주어 착한 일을 권면하고 악한 일을 금하도록 한다는 것은 바로 이것이다.

何謂以賞罰之當, 勉人于善, 禁人于惡? 其設賞罰至盡矣, 而復至公. 至盡云者, 以永福永禍之報應善惡, 至公云者, 以無纖毫之善惡, 不能逃天主全知, 而不得其報. 極足以惕聳人心, 使人莫不孜孜爲善, 兢兢去惡. 尙寧有分外亂萌, 而爲壞法亂紀之事哉? 則國家之久安長治, 可左券而求. 所謂以賞罰之當, 勉人爲善, 禁人爲惡者此也.

중국의 역사를 두루 살펴보면, 상고 때에는 훌륭하게 잘 다스려졌다고 한다. 그러나 말기에 이르러

且歷攷中史, 上古稱大治矣. 迨末季, 求數百年之安, 而不可

75 "可左券而求(좌권을 가지고 구하듯 어김없을 것이다)"는 '틀림없이 보장된다'는 뜻으로, '左券'은 계약을 맺은 서류를 두 쪽으로 쪼개 채권자가 왼쪽 조각을 가지고 있다가 채무 상환을 요구하는 증거로 삼는 것을 말하는데, 오늘날의 어음이나 보증수표와 같다.

서는 수백 년 동안 안정을 얻으려 해도 얻을 수 없었다. 세도世道를 맡은 자들에게는 그저 다스리고자 하는 마음만 있었을 뿐, 안타깝게도 틀림없이 잘 다스릴 수 있는 방도가 없었다. 그리하여 불교와 도교의 학설을 빌려 도움을 받으려 하였다. 그러나 도관道觀이나 절이 세상 천지에 그득했어도 세도와 민심은 나날이 추락하고 하늘의 도리에 이르지 못했다. 이는 가르침을 세울 때 한두 가지 좋은 점만 훔쳐왔을 뿐, 그 밖의 의론은 진실하지도 확실하지도 않았기 때문이다.

得. 任世道者, 空有願治之心, 恨無必治之術. 于是, 假釋道二氏之說以輔之. 然仙宮佛院滿遍寰區, 而世道人心日趨日下, 未臻上理. 緣其立教也, 竊取一二善事, 其他議論不眞不確故也.

불교의 윤회·정토淨土[76]·살생계·파옥破獄[77] 등 갖가지 황당무계한 설들은 만물의 시원始原도, 인류의 나아가는 방향도, 영혼의 성정도, 삶과 죽음의 끝도 도대체 무엇인지 모르고서 하는 소리이다. 그러고는 터무니없게도 참되신 주를 부처 밑에 굽히게 하였으니, 사리에 맞지 않음이 더욱 심하다. 이것은 성현들의 참된 학문의 취지와는 어긋나는 것이다. 노자와 장자의 뜻을 펴는 자들은, 아득하고 막막한 데까지 이르러 타당성이 없고, 도록道籙 등을 뒤섞어 사리를 어그러뜨린다. 그들이 말하는 신선이 되어 하늘에 오른다는 것도 여전히 형체일 뿐, 흙먼지 가득한 속세를 벗어나지 못한다. 이것 역시 절대로 있을 수 없는 일이거늘, 하물며 옥황상제를 하늘의 지존으로 떠받들기까지 함에랴. 이것은 도

釋氏輪廻·淨土·戒殺·破獄種種誕妄, 不知萬物之原始, 人類之趨向, 靈魂之性情, 生死之究竟. 且妄屈眞主於佛之下, 乖謬殊甚. 此與聖賢眞學之旨悖矣. 衍老莊之旨者, 涉幽邈而無當, 雜符籙而悖理. 卽據所云成仙登空, 亦惟形體, 不離塵俗. 又萬萬必無之事, 況奉玉皇爲皇天至尊. 是道家於天主, 以人竊其號, 佛氏於天主, 以人處其上. 一不當, 一不恭, 皆無合于昭事之旨. 且二氏之教行于中土, 已千八百年矣, 而人心世道

76 부처가 사는 곳으로, 塵世의 오염이 없는 淸淨한 세계라 하여 이르는 말이다.
77 불교의 法事 가운데 하나로, 地獄門을 열어 亡靈을 구한다고 한다.

가가 사람에다 천주의 칭호를 훔쳐 붙인 것이고, 불가가 사람을 천주 위에 갖다 놓은 것이다. 하나는 부당하고 하나는 불경스러우니, 모두 다 사리를 밝힌다는 뜻에 부합하지 않는다. 게다가 불교와 도교가 중국 선비들 사이에 퍼진 지 이미 1,800년인데, 인심과 세도는 도리어 지금이 옛날만 못하다.

反今不如古.

만약 불교와 도교를 받들던 자들이 천주교를 받든다면 교화가 일어나고 도리가 펼쳐져 당우唐虞 삼대三代를 넘어설 수 있을 것이다. 예컨대 서방의 30여 개 나라에서 천주교를 받들어온 지 1,600년이 흘렀는데, 나라가 크게 안정되고 오랫동안 태평성세를 누리고 있다. 인심이며 풍속이 서로 다투지도 빼앗지도 않으면서 제각기 생업을 즐기고 있다. 이것은 다스림이 겉으로 드러난 지극히 좋은 모습이니, 이상하게 여길 것도 없다. 천주교에서 말하는 생사와 이해의 본원은 매우 상세하고도 진실하다. 죽은 다음에 선행에 상을 주고 악행에 벌을 주는 도리 또한 매우 공평하고도 지당하다. 아침저녁으로 성찰하는 일 또한 매우 자세하고도 엄격하다. 거룩한 분의 은총이 옆에서 도와주시고, 죄를 회개하여 나날이 새로워지며, 수사修士가 깨우쳐주고 경계해준다. 착한 벗이 부지런히 권면해주고, 수많은 선철과 선현이 이끌어주고 모범이 되어준다. 이 모든 것에 악에서 벗어나 선으로 나아가게 하는 바른 도리가 깃들어 있으니, 천주교의 바른 가르침이면 진실로 인심을 다스려 안정시킬 수 있으며, 세상을 다스리는 최고의 법도가 될 수 있음을 알 수 있다.

若以奉佛老者, 從奉天主, 則興化致理, 必出唐虞三代上矣. 如西方三十多國, 奉教後千六百年, 大安長治. 人心風俗, 不爭不奪, 各樂本業. 此外治之至象, 似不足爲異. 盖其所言生死利害之原, 甚悉且眞. 身後賞善罰惡之理, 甚公且當. 朝夕省察之工, 甚細且嚴. 有聖寵輔佐, 有悔罪日新, 有修士提警. 有善友勸勉, 有許多先聖先賢指引表則. 種種皆有離惡就善之正道, 可知天主正教, 誠能治安人心, 而爲治世之極軌云.

구주 강생의 예언

광선이 "가장 황당한 것은 강생하기 전에 강생 이후의 사적을 미리 국사國史에 기록하였다는 것이다. 무릇 역사책이란 사실을 전하는 것인데, 천사가 내려와 고한 미래의 일을 적는 역사책이 세상에 어디 있단 말인가? 예로부터 요망한 자들이 민중을 현혹시킬 때 억지로 가져다 붙이는 말 없이는[不有借托][78] 어리석은 민중의 마음을 기울게 할 수 없었다. 사당에서 불을 피우고 여우 울음소리를 내거나 물고기 배속에 천서天書를 넣거나 석인石人에게는 눈이 하나라는 따위의 이야기 등이 그 예이다. 그런데 역사라고 하니 어리석은 백성은 진위도 모르고서 정말 천주라 여긴 것이다. 그렇지 않다면 어떻게 미리 기록하는 국사라는 게 있을 수 있겠는가?"[79]라고 하였다.

光先云: "其最不經者, 未降生前將降生事蹟豫載國史. 夫史以傳信也, 安有史而書天神下告未來之事者哉? 從來妖人之惑衆, 不有借托, 不足以傾愚民之心. 如社火狐鳴, 魚腹天書, 石人一眼之類. 而曰史者, 愚民不識眞僞, 咸曰信眞天主也. 非然, 何國史先載之耶?"

천하에 대강이라도 글을 아는 나라에서는 저마다 그 나라의 역사를 가지고 있으니, 내 나라에 일찍이 없었던 일이라 하여 남의 나라에도 없었을 것이라고 말할 수는 없다. 중국의 역사가 기록한 것은 중국의 역사일 뿐, 이웃 나라의 일은 기록할 수가 없었다. 하물며 멀리 구만리나 떨어져 있는 외국의 일이야 더 말할 것이 있겠는가?

天下畧知文理之國土, 各有其史, 不得以我國所未嘗有, 而謂他國亦無也. 中史所紀者, 中國之事耳, 鄰國之事無由紀載. 況隔遠九萬里外之事乎?

천주교의 『구약성서』에는 옛적에 천주께서 천

天主古經載昔天主開闢天地,

78 「闢邪論」 上에는 "不有所籍託"으로 되어 있다.
79 「闢邪論」 上(이 책 81쪽) 참조.

지를 여시고 아담이라는 한 남자와 하와라는 한 여자를 만들었으니 이들이 곧 인류의 시조라고 기록하고 있지만, 복희씨나 신농씨 두 임금의 이름을 기록한 적은 없다. 그러나 서방 국가의 기록에 없다 하여 중국에 복희씨와 신농씨 두 임금이 있었다는 사실을 말살해버릴 수는 없다. 한편 중국의 역사책을 보면 복희씨와 신농씨 등의 임금에 관한 기록은 있지만 아담과 하와 두 시조의 이름은 기록되어 있지 않다. 어떻게 중국의 기록에 없다고 하여 서방 국가에 아담과 하와가 있었다는 사실을 말살할 수 있겠는가? 만약 그러하다면, 중국에 서방 여러 나라에 관한 기록이 없다 하여 천하에 서방 여러 나라가 없었다고 말할 수 있겠는가? 중국〔禹蹟〕[80] 역사에 천주께서 강생한 신성한 흔적이 없다 하여 그런 일이 없다고 말하니, 견식이 어찌 이다지도 넓지 못하단 말인가?

卽生一男名亞當, 一女名阨襪, 是爲世人始祖, 而未嘗載有伏羲, 神農二帝之名. 不可謂西國無所載, 而抹殺中國之有伏羲神農二帝也. 若以中國之書觀之, 惟載伏羲神農等帝, 而並未載有亞當, 阨襪二祖之名. 豈因中國無是載, 而卽抹殺西國之有亞當阨襪耶? 若然, 禹蹟不紀大西諸國, 可謂天下無大西諸國哉? 然中史不載天主降生之靈蹟, 遂謂無此事, 何其見之不廣也?

예수의 사역 1

광선이 "카이사르가 예수가 자주 행한 기적 때문에 민심이 쏠리는 것을 보고 거리낌이 더욱 심해졌다고 하는 것을 보면, 예수가 많은 사람을 모아서 역모를 꾀했음을 알 수 있다"[81]라고 운운하였다.

光先曰: "觀盖法氏之見耶穌頻行靈蹟, 人心翕從, 其忌益甚之語, 則知耶穌之聚衆謀爲不軌矣" 云云.

80 '禹蹟'은 禹迹·禹跡·禹域이라고 쓰기도 한다. 禹가 물을 다스리며 九州에 모두 발자국을 남겼는데, 이로부터 후세에 중국의 영토를 의미하는 말로 썼다고 한다. 이 말은 『尙書』「立政」에 나온 것이다.

81 「闢邪論」 上(이 책 81쪽) 참조.

천주의 강생 사적에는 그 까닭이 많지만 크게 세 가지로 요약할 수 있다. 첫째는 속죄하기 위함, 둘째는 교화를 베풀기 위함, 셋째는 모범을 세우기 위함이다. 속죄한 것에 대해서는 이미 앞에서 자세히 말하였으니 여기서는 교화를 베푼 일과 모범을 세운 일에 대하여 개략적으로 말하려 한다.

天主降生事蹟, 其故雖多, 大約有三. 一曰贖罪, 一曰敷教, 一曰立表. 贖罪前論已悉, 今略言其敷教與立表焉.

천주께서 천지를 창조할 때에 사람에게 명하기를, 온갖 선으로써 본성을 온전히 지키라고 하셨다. 본성대로 행한다면 저절로 진리에 부합될 것이므로 교화할 필요가 없었다. 그러나 오랜 시간이 흘러 본성이 혼탁해지자 성인에게 명을 내려 교를 세워 가르치게 하였다. 그러나 또다시 성인의 말을 업신여기고 이를 지키지 않자 천주는 부득이 몸소 가르치셨다. 그리하여 세상에 내려와 사람들에게 만물의 시원, 우주의 궁극, 선을 베푸는 즐거움, 선을 행하지 못하여 받는 재앙, 회개의 문, 구원의 법 등을 밝게 보여주시고, 사도들을 보내 온 세상을 깨우치셨다. 사악한 귀신을 섬기던 자들을 교화시켜 참되신 주를 섬기게 하고, 방탕하던 자들을 정숙하게 하였으며, 탐욕스러웠던 자들을 청렴하게 하고, 난폭했던 자들을 인자하게 하였다. 온 세상에 천주의 은혜를 입어 변화한 자들이 이미 열에 예닐곱이나 되었으니, 이 모든 것이 교화를 널리 펼친 결과가 아니겠는가?

天主賦界時, 命人以種種之善, 克全其性. 率性而行, 自然合道, 原不須教. 迨世遠性昧, 乃命聖人立教以訓之. 至又侮篾聖言, 不知循守, 天主不得不躬自喩焉. 于是, 降世明示人以物之原始, 宇宙之究竟, 與夫爲善之樂, 爲不善之殃, 悔改之門, 補救之法, 遍遣宗徒, 譬曉萬方. 俾向之事邪鬼者, 化而事眞主矣, 向之淫者貞, 向之貪者廉, 向之暴者仁. 令寰宇之內, 被聖澤而沾風化者, 今已十之六七, 何莫非敷教之弘施哉?

천주와 사람은 존귀함과 비천함의 차이가 현격하니 무슨 수로 천주를 우러러 본받겠는가? 세상에 내려왔기 때문에 사람들은 비로소 그 언행을 본받을 수 있었던 것이다. 그리하여 신령함과 빛나는

天主于人, 崇卑懸絶, 何從仰法? 惟旣降世, 則其言行人始得而模楷焉. 故隱其神靈赫奕之威, 而獨著貞孝廉忍之德, 俾衆

위엄은 감추고, 오직 정절과 효도, 청렴과 인내의 덕만을 드러내심으로써 뭇사람들이 보고 본받을 수 있게 하였다. 서양의 역사를 보면 네 명의 복음서 기록자들〔四聖〕[82]이 예수에 관한 사적을 각기 기록하였다. 그 이후에 성도들이 만국에 넘쳐났으니, 그들은 모두 예수의 훌륭한 가르침을 좇아 덕을 이루었던 것이다. 이를 일러 몸소 가르치는 것이라고 한다. 예수의 기이한 모범과 진실된 사고는 절대적으로 사람과 구별된다.

人皆可效視. 西史四聖, 各紀其事. 嗣後諸聖徒洋溢萬國, 皆從耶穌懿訓而成德焉. 是之謂以身教. 其奇表眞思絶人區者矣.

예수의 수난에 대해 말하자면, 사람의 정리情理에 관련된 일이어서 천주의 일과는 전혀 상관없다고 해도, 이 역시 천주의 수난이라고 말할 수 있다. 예컨대, 여기 한 사람이 있는데, 어떤 자는 그의 옷을 훼손하고 어떤 자는 그의 관冠을 찢었다면, 그의 몸을 건드리지 않았다고 해서 옷과 관만 욕됨을 당했다고 할 수 있는가? 바로 그 사람이 욕됨을 당했다고 해야 할 것이다. 천주 예수께서 사람의 본성을 덧입은 채 그 본성에 해를 입었는데, 이를 두고 단지 사람이 수난당했다고만 할 수 있는가? 바로 천주께서 수난당했다고 해도 되지 않겠는가?

至於耶穌受難, 雖係人情事, 與天主之事了不相涉, 然亦可謂天主受難. 譬有人于此, 或毁其衣, 裂其冠, 雖不擊其身, 豈徒曰衣冠受辱? 而直曰此人受辱矣. 天主耶穌衣人之性, 既害其人性, 豈徒曰人受難, 直謂之曰天主受難, 何不可哉?

광선에게 "악당이 모반죄로 예수에게 죄를 물었다는 것을 어디서 알았느냐"고 묻자, "『진정서상進呈書像』을 보고 알았다"고 대답하였다. 기왕 『진정서상』의 기록을 인용했다면, 이 책이 억울하게 무고당한 사실 또한 밝혔어야 했다. 어찌하여 서술한

今試問光先: "惡黨以謀犯之罪罪耶穌, 從何知之?" 答曰: "由進呈書像". 然既引進呈書像所載, 亦宜引本書寃誣之事. 何載取其敍述而掩滅其斷詞? 豈非

82 '四聖'은 『신약성서』 사복음의 저자로 알려진 마태·마가·누가·요한을 가리킨다.

부분만을 취해 싣고 내용을 잘라내어 사실을 엄폐하는가? 고의적으로 실상을 가려 무고하고 미혹시키려 한 것 아닌가? 비록 그러하지만, 성탕成湯(湯王)에게도 띠 도롱이를 쓰고 스스로 죄를 짊어졌던 날이 있었음을 보지 못하였는가? 알지 못하는 자는 그를 죄인으로 여길 것이나, 만약 그가 임금으로서 백성을 위해 신께 비 내려주시기를 빌면서 스스로 희생했음을 알게 된다면, 그의 권위와 존엄이 깎이지 않을 뿐만 아니라 성덕이 더욱더 빛을 발해 만세토록 전해져 칭송받을 것이다. 광선은 단지 『진정서상』 안의 예수 수난에 관한 몇 가지 사적만을 슬쩍 가져다가 한 글자, 한 구절마다 걸핏하면 능멸하였으나, 이는 예수 수난의 여러 사적이 『강생언행기략降生言行紀略』[83]·『성경직해聖經直解』[84]·『방자유전龐子遺詮』[85]·『제정편提正編』[86]·『주교연기主教緣起』[87] 등에 기록되어 세상에 널리 유행되고 있음을 모르고서 한 짓이다. 우리들이 구만리 먼 동양에 온 것도 바로 이 큰 사건[88]을 널리 드러내기 위한 것 아니던가! 그러니 책과 그림을 감히 임금

故昧本情, 藉以誣惑乎? 雖然, 不觀成湯衣茅負罪之日乎? 不知者以爲罪人也, 若知其至尊, 爲民禱雨, 身爲犧牲, 不但不減其威尊, 且益彰其至德, 傳頌萬世. 若但竊取進呈書像內所載耶穌受難諸蹟, 每一字句輒加凌侮, 不知耶穌受難諸蹟載在降生言行紀略, 聖經直解, 龐子遺詮, 提正編, 主教緣起等書, 行世甚明. 況吾儕九萬里東來, 正爲闡揚此一大事! 豈有書像敢進之闕廷者, 而畏他人之揑誣哉? 所慮四區賢達未目全書者, 或有爲其煽搖. 故不厭苦口正告, 不然何蜚語之足懼.

---

83 『天主降生言行紀略』(1642)을 말하는데, 예수의 탄생과 행적을 기술한 8권으로 된 책이다. 艾儒略이 역술하였다. 徐宗澤 編, 『明清間耶蘇會士譯著提要』(上海: 世紀出版集團, 2010), 38~40쪽 참조.

84 『聖經直解』(1636)는 陽瑪諾이 예배용으로 색인을 넣은 전14권(1642년 재판 발행 때 8권)으로 간행한 성경해설집이다. 徐宗澤 編, 『明清間耶蘇會士譯著提要』, 23~25쪽 참조.

85 龐廸我의 저서로 천주교의 교리를 해설하였다. 徐宗澤 編, 『明清間耶蘇會士譯著提要』, 83쪽 참조.

86 賈宜睦의 저술이다.

87 湯若望의 저서로 천주교의 내력을 기술하였다. 徐宗澤 編, 『明清間耶蘇會士譯著提要』, 174쪽 참조.

88 사건이라고 한 것은 '그리스도 사건'을 의미한다. 즉 하나님의 아들인 예수 그리스도가 사람의 몸으로 세상에 태어나 천국의 복음을 전하고 십자가에 매달려 죽은 후 부활하여 승천한 사건으로, 그리스도교에서는 '성육신 사건'이라고도 하는데, 인류 구원의 핵심이 되는 사건이다.

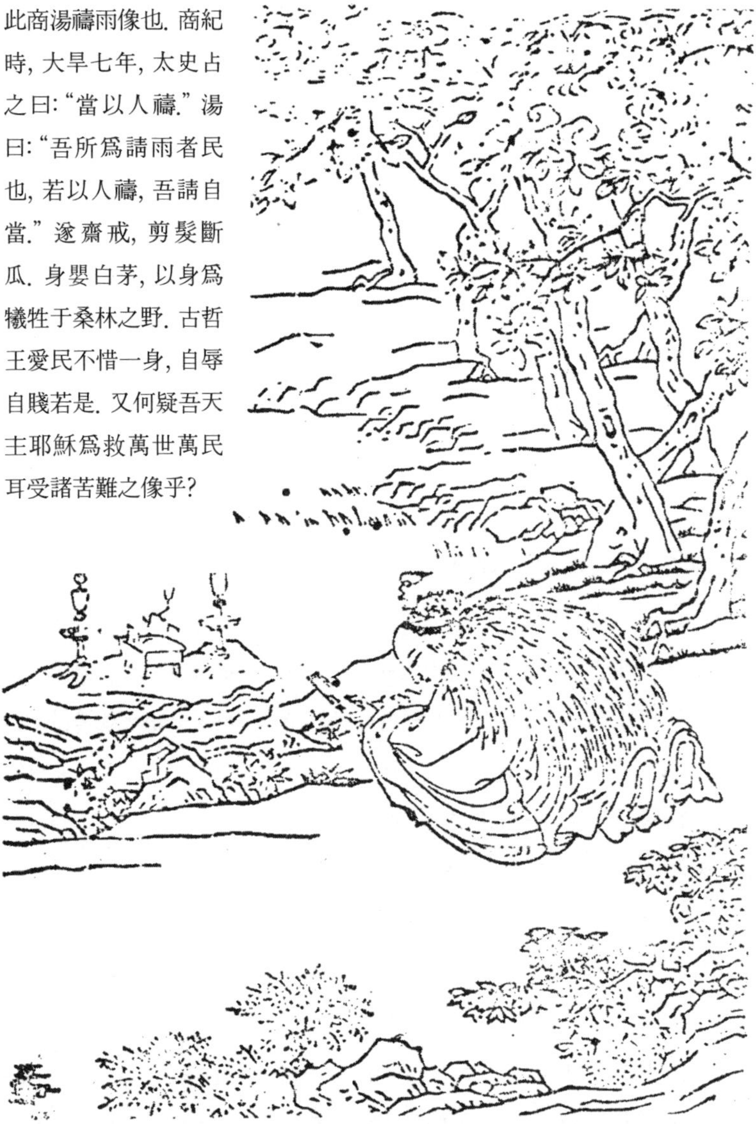

이것은 상商나라의 탕왕湯王이 신에게 비를 내려달라고 비는 그림이다. 상나라 때의 자연현상을 기록한 것 중 다음과 같은 것이 있는데, 7년 동안 큰 가뭄이 들자 태사太史가 점친 다음, "사람을 바쳐서 빌어야 합니다"라고 아뢰었다. 탕왕이 "내가 비를 비는 것은 백성들을 위해서이거늘, 사람을 바쳐 빌어야만 한다면 나 자신을 바치겠소"라고 하였다. 이에 재계齋戒한 뒤 머리카락을 자르고 손톱과 발톱을 깎았다. 그러고는 몸에 흰색 띠 도롱이를 입고 뽕나무 숲이 있는 벌판에서 자신의 몸을 제물로 바쳤다. 옛적의 현명한 임금은 자기 한 몸을 아끼지 않고 백성을 사랑하였기에, 스스로를 욕되게 하고 천하게 여기기가 이와 같았다. 그런데 또 어찌하여 우리 천주 예수가 만세대의 만백성을 구하기 위해 온갖 고난을 겪은 그림을 의심한단 말인가?

께 바친 자로서 다른 사람의 날조와 무고를 두려워 하겠는가? 걱정되는 것은 사방의 어진 이들 가운데 아직도 책 전부를 보지 못한 자가 있어 혹시라도 그로 인해 선동되지나 않을까 하는 것이다. 그래서 고생도 마다하지 않고 바르게 알리는 것이지, 그렇지 않다면 근거 없이 떠도는 소문 따위를 두려워하겠는가?

원죄

광선이 "천주가 사람을 만들 때, 덕을 갖춘 착한 사람을 만들어 인류의 시조로 삼아도 후세 사람들이 그 덕을 훌륭히 이어나갈 수 있을지 염려되는 터에, 어찌하여 죄악을 저지르는 교만한 아담을 만들어서[何造爲惡一驕傲之亞當][89] 자손 대대로 화를 입게 하였는가? 이것은 사람을 만든 존재가 자손을 위해 남긴 계책이 본래 옳지 못한 까닭이다"[90]라고 하였다.

光先云: "天主造人, 當造盛德至善之人, 以爲人類之初祖, 猶恐後人之不善繼述, 何造爲惡一驕傲之亞當, 致子孫世世受禍? 是造人之人貽謀先不臧矣."

천주께서 창조한 사물은 정교하고 순정하지 않은 것이 없다. 더욱이 사람의 본성은 완벽하게 아름다워, 그 명철한 깨우침은 그대로 온갖 이치와 통하고 일을 처리하는 것도 타당하다. 선악을 판단하여 따를 바와 피해야 할 바를 제대로 택한다. 애

天主所造事物, 無不精粹純備. 而人性尤爲全美, 其明悟能直通萬理, 而辨事宜. 裁度善惡, 所當趨避. 其愛欲復清潔正直, 所願惟善, 所憎惟不善. 又賦之

89 「闢邪論」 上에는 "何造一驕傲爲惡之亞當"으로 되어 있다.
90 「闢邪論」 上(이 책 83~84쪽) 참조.

욕 또한 청결하고 곧아서 원하는 바는 오직 선이요, 미워하는 바는 오직 불선不善이다. 선악을 가리는 능력 또한 부여받았다.

擇善惡之能.

『성경』에 "천주께서 처음 인간을 만드시고는 본심의 결정에 모든 것을 맡기셨다. 생사와 선악이 네 앞에 놓여 있으니 오로지 네 선택에 달렸다"라고 적혀 있다. 사람에게 절대로 악을 행하지 못하게 하는 일이 천주에게 어려웠을 리 없지만, 이는 사람의 자연적인 본성이 아니다. 설사 악을 행하지 않는다 하여도 선을 행했다고는 말할 수 없다. 이는 사람을 하나로 고정시켜 놓아 스스로 덕을 행하지 못하게 하는 것이니, 옳은 것 같지만 사실은 그릇된 것이어서 끝내 하늘의 보답을 받을 만한 공적이 없게 된다.

經曰: "天主初化成人而任以本心之決. 生死善惡, 竝設爾前, 惟爾所擇." 若欲使人必不能爲惡, 天主固無難, 但非人性之自然. 卽不爲惡, 亦不云爲善. 是定人于一, 不使自如其所行德, 似是而實非, 終無功績以蒙天報也.

사람의 유년 시절을 보자. 선악이 나뉘지 않아 이때에는 사악한 짓을 하지 않는다. 그런데도 사람들은 그 시절의 공덕을 자랑하지 않으니, 이는 사악한 짓을 할 수 없었기 때문이지 할 수 있는데 하지 않은 게 아니기 때문이다. 할 수 있는데 하지 않으려 하는 것, 이것이야말로 찬미할 만한 덕행이라 할 수 있다.

試觀人幼稚之年. 善惡未辨, 此時不爲回邪. 而人卒不誇其功德者, 正謂其不能爲, 非能爲不爲也. 使能爲而不願爲, 此則實德可讚美矣.

『성경』에서 선한 이를 칭찬하여 "죄를 범할 수 있었으나 범하지 않았고, 악을 행할 수 있었으나 행하지 않았으니, 그 상서로운 복이 틀림없이 무궁할 것이다"라고 하였다. 천주께서 아담을 만들고 마음대로 결정할 수 있는 권리까지 주신 것이, 어찌 단지 죄를 범하지 않게 하는 데 그치고자 하심이었겠는가? 선을 좇아 선의 보답을 받고, 악을 피

經讚善人曰: "能犯而不犯, 能爲惡而不爲, 故其吉祥定於無窮也." 天主生亞當, 而賦以心權, 豈徒不犯而已? 誠欲以循善得善報, 以避惡免惡刑. 乃自犯命以取罪, 與天主何預哉?

해 악으로 인한 형벌을 면하게 하고자 하심이었다. 스스로 명을 어겨 죄를 지은 것이 어찌 천주와 상관있는 일이었겠는가?

예수의 사역 2

광선이 "천주가 강생하여 세상을 구원하면서[天主降生救世][91] 마땅히 예악을 일으키고 인의를 행하여 천하의 사람들을 춘대春臺에 올려놓았다면 혹 괜찮았을지도 모르겠다. 그러나 큰 요체를 알지 못하고서 작은 은혜 따위나 베풀기 좋아하여 사람들의 병을 고친다든가 사람을 죽음에서 살려낸다든가, 바다 위로 걸어 다니고 마술처럼 먹을 것을 만들어낸다든가 천당과 지옥 같은 것들만 일삼았다"[92]라고 하였다.

光先云: "天主降生救世, 宜興禮樂, 行仁義, 以登天下之人於春臺, 其或庶幾. 乃不識其大, 而好行小惠, 惟以瘳人之疾, 生人之死, 履海幻食, 天堂地獄爲事."

천주께서 세상에 내려와 사람이 되시고, 교리를 세워 가르침을 전파하면서 어느 하나 인의로써 깨우치시지 않은 것이 있었던가! 상세한 것은 『언행기략言行紀略』[93]에 기록되어 있다.

天主降世爲人, 立教垂訓, 何一不以仁義爲誨廸哉! 言行紀略載之詳矣.

천주께서 내리신 명령은 모두 사람들로 하여금 잘못을 회개하여 의로 옮겨가게 하고, 탐욕을 막아 인덕을 온전케 하며, 모든 죄악의 뿌리를 뽑아버리고 모든 덕의 근본을 부지런히 행하게 하는 것이었

其所提命者, 皆使人悔過徙義, 遏欲全仁, 拔除諸罪之根, 忻勤諸德之宗. 不但使天下人登春臺, 直令萬世享眞福於無窮焉.

91 「闢邪論」 上에는 "天主下生救之"로 되어 있다.
92 「闢邪論」 上(이 책 84쪽) 참조.
93 『天主降生言行紀略』을 말한다.

다. 천하의 사람들을 춘대에 오르게 할 뿐만 아니라, 만세토록 영원히 참된 복을 누리게 하려는 것이었다.

그 때문에 서쪽 끝에 있는 여러 나라에서는 천주교를 받든 이후로 1,600년 동안 강한 자와 약한 자가 서로 긍휼히 여기고 윗사람과 아랫사람이 서로 편안히 지내며 길에 떨어진 물건이 있어도 줍지 않고 밤에도 문을 닫아걸지 않았다. 인륜을 어그러뜨리거나 반역을 꾀하는 것은, 그런 일도 그런 사람도 없었을 뿐만 아니라 문자로도 기록된 바 없다. 오랫동안 평안하고 태평스럽기가 이와 같다. 더구나 큰 성인과 큰 현자들이 대대로 끊임없이 나오니, 이 어찌 그곳에는 모두 똑똑한 사람만 있고 중간쯤 되는 재목은 없어서이겠는가? 오로지 전수받은 것이 진실되고, 게으름 피우지 않고 힘써 행한 결과일 뿐이다.

故遍西極諸國, 自尊聖敎之後, 千六百年來, 大小相䘏, 上下相安, 路不拾遺, 夜不閉關. 至於悖逆造亂, 非獨無其事其人, 亦幷其語言文字而無之. 其久安長治如此. 況大聖大賢, 世世不絶, 豈其人皆上智而無中材? 惟所授者眞, 而力行者不倦耳.

남방의 외진 변방 사람들은 본디 사람을 잡아먹기도 하였으며, 동북쪽과 서쪽의 작은 나라에는 국법도 문자도 없었다.[94] 그러나 일단 천주교의 교리를 전수받고 난 뒤에는 오랜 풍속을 모두 고쳐 충성스럽고 신의가 두터우며 청렴하고 고결한 나라가 되었다. 이것이야말로 예수가 천주교를 세워 거둔 효과가 아니겠는가?

且南方僻陋之俗, 素以食人爲事, 與東北小西之邦, 向無國法文字. 一授敎規, 舊習悉變, 而爲忠信廉潔之區焉. 此非耶穌立敎之成效耶?

예수가 사람을 죽음에서 살려주고 사람의 병을

至論耶穌生人之死, 瘳人之疾,

94 艾儒略의 『職方外紀』에는 선교사들이 보고 들은 세계의 풍물이 그려져 있는데, 利類思는 이를 염두에 두고 이러한 표현을 한 것 같다.

치료해준 일을 말해보자면, 천지간 온갖 신들이 모두 그의 명을 들었으니, 갖가지 신령한 행적들은 인력으로 가능한 바가 아니었다. 이에 비로소 천지만물의 참된 주인임이 증명되었는데, '작은 은혜' 운운할 것인가?

天地百神咸聽其命, 種種靈異, 非人所能及也. 始証爲天地萬物之眞主, 小惠云乎哉?

십자가 형벌

광선이 "예수가 못 박혀 죽은 것을 헤아려보니 임진년(기원후 32년) 3월 22일인데, 천지만물 모두가 그가 천주임을 입증했다고 한다. 하늘에서는 보름인데도 일식이 일어나 온 세상이 어두웠으며, 땅에서는 모든 나라에서 지진이 있었다고 한다. 하늘에는 두 개의 해가 없으니, 보름에 일식이 일어나 온 세상이 어두웠다면 천하만국 어느 한 나라에서도 그것을 목도하지 못했을 리 없다. 일식이 있으면 『춘추』에 반드시 기록하는데 더구나 보름에 일식이 있었음에야 더 말할 것이 있겠는가? 한나라의 역사책을 살펴보니 광무제光武帝 건무 8년(기원후 32년) 임진 4월 15일에는 일식의 변이가 없었다. 하늘이 요망한 자의 악행을 미워하여 스스로 거짓말을 지어내게 함으로써 그것이 거짓임을 스스로 입증하게 한 것 아니겠는가?"[95]라고 하였다.

光先云: "按耶穌之釘死, 實壬辰歲三月二十二日, 而云天地人物俱證其爲天主. 天則望日食旣, 下界大暗, 地則萬國震動. 夫天無二日, 望日食旣, 下界大暗, 則天下萬國宜無一國不共睹者. 日有食之, 春秋必書, 況望日之食乎? 考之漢史, 光武建武八年壬辰四月十五日, 無日食之異. 豈非天醜妖人之惡, 使之自造一謊, 以自證其謊乎?"

95 「闢邪論」上(이 책 84~85쪽) 참조.

천문가들이 각국 각지에서 일식이 드는 것을 논하는 데에는 서로 차이가 있을 수 있다. 이 지방에 일식이 들었으나 저 지방에는 일식이 들지 않을 수도 있고, 저 지방에 일식이 들었으나 이 지방에는 일식이 들지 않을 수도 있다. 이것은 정상적인 역법의 이치이다. 각 지방마다 자오子午[96]가 다르므로 일식이 드는 시간도 그에 따라 달라진다. 동서의 차이가 있으며 남북의 시차視差도 있다. 이 지방에서는 해가 많이 이지러질 수 있으나 저 지방에서는 해가 조금만 이지러질 수도 있다. 또 여기는 빠르고 저기는 늦으며 여기는 있고 저기에는 없을 수도 있다. 각 지방마다 제각기 다른데 천하가 어찌 같을 수 있겠는가?

天文家論各國各地交食有異. 有此方日食, 彼方不食者, 有彼方日食, 此方不食者. 曆法之常經也. 盖各方子午各異, 交食隨之而異. 有東西之差, 亦有南北之視差. 此方多食, 彼方少食. 有此早彼遲, 此有彼無者. 各方各別, 天下豈能一例乎?

더구나 역법가들이 일식을 관측해보니, 반드시 초하룻날에 일어나지 보름에 일어난 적은 없었다. 예수가 고난을 당한 것은 건무 8년(기원후 32년) 3월 15일인데, 이것은 하늘에 이변이 나타나 경고를 준 것으로서 성상星象의 경위經緯가 제 위치를 잃은 것이니, 역법가들이 알 수 있는 바가 아니다. 그러니 중국의 역사책에 기록되지 않은 것이고 그 까닭을 광선은 알지 못했던 것이다. 대지는 둥근 물체로서 천공에 들려 있고, 사람은 누구나 자기가 살고 있는 곳에서 발로 땅을 밟고 머리로 하늘을 이고 있다. 해와 달과 별들이 돌면서 운행하고 하

況曆家測量日食, 必以朔日, 從無望日食者. 耶穌受難爲建武八年三月十五日, 此天變示警, 象緯失位之象, 非曆家所得知也. 然中國史書之不紀也, 其故光先未之知也. 盖大地圜體擧於天之中, 人從所居莫不足履地而首載天. 日月星辰之旋轉運行, 天動而地不動, 故晝夜遲蚤之殊.

96 '子午'는 子午線을 말한다. 子午는 본래 北과 南을 가리키는데, 옛사람들은 子로 正北을, 午로 正南을 삼았다. 子午線은 지구를 측량하기 위해 假設한 북남(子午) 방향의 線으로, 즉 지구 모 지점을 통과하는 經線이다.

늘은 움직이지만 땅은 움직이지 않으므로 낮과 밤에 늦고 이른 차이가 생기는 것이다.[97]

예수가 수난당한 것이 한나라 건무 8년 3월 15일 오시午時인데, 지구의 형체로 보건대 유대 나라는 중국과 지리 위치상 멀리 떨어져 있어서 시각이 각기 다르다. 유대 나라가 정오일 때 중국과는 20여 각(5시간)의 차이가 있고 시차視差도 4각이나 있으므로 합하여 계산하면 유시酉時 정각이 좀 더 된다. 게다가 춘분이 드는 때를 만나 해가 이미 지평선 아래로 들어갔다. 그러니 비록 이변이 있었더라도 우러러 관찰할 수 없었을 터, 사관들이 어떻게 기록했겠는가? 서양의 역사 기록에 따르면, 한 위대한 현자가 천문에 대해 잘 알고 있었는데, 그 이름은 디니슈에〔低尼削〕[98]이며 그때에 이집트에 살고 있었다. 그는 해가 어두워지는 것을 우러러 관측하고 나서 놀라워하며, "혹 조물주가 재난을 당하는 것인가, 아니면 천지와 세상이 끝장나려는 것인가"라고 하였다. 몇 년 후 사도들이 그곳에 이르러 천주교를 전파하게 되었을 때 디니슈에는 비로소 그 까닭을 상세히 알게 되었다. 그리하여 천주

今耶穌受難在漢建武八年三月十五日午時, 以地體論, 如德亞國與中國地勢隔遠, 而時刻自別. 當彼午正, 於中國差二十餘刻, 又視差四刻, 合算在酉正强. 且時際春分, 日已入地平. 卽有變現, 無由仰觀, 史官從何而紀? 按西史載一大賢, 諳于天文, 名低尼削, 時居厄日多國. 仰觀日色昏暗, 愕然曰: "此或造物主被難耶, 抑天地世界將終耶?" 數年之後, 宗徒至其地傳教, 低尼削乃詳知其故. 遂奉教著書, 發明天主奧理焉.

---

97 16세기말 예수회 선교사들은 Ptolemy의 우주론에 근거한 서양역법을 중국에 가지고 왔다. 利瑪竇는 Collegio Romano에서 수학하면서 Christophorus Clavius로부터 천문학을 배웠고 1582년 중국에 도착한 후에는 Clavius의 수학 관련 저술 등을 활발하게 소개하였다. 1596년 9월 22일 南昌에서 日蝕을 정확히 관측하여 명성을 더한 利瑪竇는 중국의 천문 관측에 많은 오류가 있음을 발견하였다. 서양에서는 Clavius가 예견하지 못했던 과학의 시대가 열리고 있었으나, 중국은 서양의 기존 과학기술의 전수와 수용에만 머물러 있었기 때문에 Clavius의 학맥이 利瑪竇에서 湯若望과 南懷仁에 이르기까지 이어진다.

98 누구를 가리키는지 알 수 없으며 중국어 표기대로 발음을 옮겼다.

교를 믿게 되었고 책을 지어 천주교의 깊은 도리를 밝게 드러냈다.

중국 지식인과 천주교 인식

광선이 "그들이 발간하여 세상에 널리 퍼뜨린 책에 중국의 언어와 문자를 훔쳐다 그 요사스런 주장을 꾸며놓은 것이 수두룩한데, 천주교에는 돈이 많아 중국에서 뜻을 이루지 못한 사람들을 쉬이 끌어다가는 대신 글을 짓고 윤색하게 하여 후세 사람들로 하여금 꾸며놓은 책만 보게 하고 원래의 요사한 원본은 볼 수 없게 하며, 꽃만 먹게 하고 열매는 모르게 만듦으로써 사람들을 구름과 안개 속으로 잘못 들어가게 하려 했음이 분명하다"[99]라고 하였다.

光先云: "蓋其刊布之書, 多竊中夏之語言文字, 曲文其妖邪之說, 無非彼教金多, 不難招致中夏不得志之人, 而代爲之創潤, 使後之人第見其粉飾之諸書, 不見其原來之邪本, 茹其華而不知其實, 誤落彼雲霧之中."

서방의 학자는 중국 사람이 아니니, 중국인들과 문답하기 위해 중국말을 사용했음은 이치상 당연한 일이다. 말년에 비록 중국의 서적을 두루 읽었으나 언어와 문자에 익숙하지 못하였을 것이니, 중국 선비에게 청해 바로잡았음은 이치상 당연한 일이다. 중국의 대군자들이 경멸하지 않은 덕분에 더 나아가 정미精微한 문제까지 토론하고 전고典故도 연구할 수 있었는데, 우연히 책을 썼더니 매우 감상할 만하였다. 그가 말한 대로라면 명망 있

西儒非中夏人, 而與中夏人問答, 用中夏語言文字, 理所必然. 末年雖遍讀中書, 然未免語言文字不熟, 請中士代正, 理亦必然. 承上國大君子不鄙, 進而討論精微, 匈稽典故, 偶有撰述, 則鑒賞殷殷. 果如所云, 則明公鉅卿皆不得志之人, 皆西士揮金所招致耶? 何出言之無稽也!

99 「闢邪論」 上(이 책 85~86쪽) 참조.

는 고관들은 모두 뜻을 얻지 못한 사람들이며, 서방의 선비들이 돈을 뿌려 데려온 사람들이란 말인가? 어찌 이같이 터무니없는 말을 입 밖에 낸단 말인가!

여기에서 간략하게 여러 어진 이들의 가르침을 인용하여 천하에 진실을 말하겠다. 양정균楊廷筠은 "서방의 서책에는 그림이 있고 설명이 있으며 원본이 있고 번역본이 있다. 책이 한 권 나올 때면 세 왕을 고증할 수 있고 지극히 존엄하신 분에게 이를 수 있어 사관史館에 넘긴다"라고 말하였다. 왕여순王汝淳은 "얻어서 읽어보면 모두가 몸과 마음을 바르게 수양하는 미언微言들이다"라고 하였다. 진량채陳亮采는 "그 책은 뜻이 깊으면서도 사실적이고 매우 절실하여 우리 나라의 많은 유학자들이 품위 있는 책이라고 칭찬한다. 말마다 글자마다 뼈를 찌르고 마음에 스며드니, 이는 유문儒門을 북돋워주는 바이다. 생각마다 숨결마다 상제에게 귀의하여 하늘의 보답을 누리기 바라며 타락하지 않기를 구하니, 이는 유문을 날개처럼 보좌해주는 바이다"라고 말했다. 이지조는 "그 대강을 보면, 사람들이 잘못을 회개하여 의리를 따르게 하고, 탐욕을 억제하여 인덕을 온전히 이루게 하며, 처음을 생각하여 내려다보심을 두려워하고, 끊임없이 반성하고 두려워하여 서둘러 죄를 씻게 함으로써 하늘에 계신 상제께 죄를 짓지 않게 한다"라고 하였으며, 왕가식王家植은 "배우는 것은 선善을 숭상하고 윤리를 중시하며 하늘을 섬기라는 말씀이니, 요순·주공·공자의 큰 가르침과 그리 다르지 않다"

玆畧引諸賢惠教之言, 共質之天下. 楊庭筠曰: "西書有圖有說, 有原本有譯本. 每一書出, 可以考三王, 可以達至尊而付史舘." 汪汝淳曰: "得而讀之, 則皆身心修正之微言." 陳亮采曰: "其書精實切近, 多吾儒所雅稱. 至其語語字字, 刺骨透心, 則儒門鼓吹也. 其欲念念息息, 歸依上帝, 以冀享天報, 而求免沈淪, 則儒門羽翼也." 李之藻曰: "大約使人悔過徙義, 遏欲全仁, 念本始而惕降監. 綿顧畏而遄澡雪, 以庶幾無獲戾於皇天上帝." 王家植云: "所習爲崇善重倫事天語, 往往不詭於堯舜周孔大指." 劉胤昌云: "佛入中國千八百年矣, 人心世道, 日不如古, 成就得何許人? 若崇信天主, 必使數年之間, 人盡爲賢人君子, 世道視唐虞三代且遠勝之. 而國家更千萬年永安無危, 長治無亂. 可以理推, 可以一鄉一邑試也." 崔昌云: "龐子迪我, 著

라고 하였고, 유윤창劉胤昌은 "불교가 중국에 들어온 지 1,800년이 되었는데 인심과 세도世道는 나날이 옛날만 못해가고 있으니, 대체 어떤 사람을 만들어냈는가? 만약 천주교를 숭상하여 믿는다면 반드시 수년 사이에 사람들은 모두 현인군자가 될 것이며, 세도는 당우삼대唐虞三代 때보다 훨씬 더 좋아질 것이다. 나라는 천만년 동안 장구히 안정되어 위태로움이 없을 것이고 오랫동안 태평하여 난리가 없을 것이다. 이는 이치로 미루어 알 수 있으며 또한 한 마을 한 성읍씩 시험해볼 수 있다"라고 하였으며, 최창崔昌은 "방적아龐迪我는 책을 저술하여 후세에 말을 남겼는데, 만물의 이치를 기록하고 덕행을 찬술하여 하늘과 사람의 오묘한 진리에 통달했다. 그가 쓴 『칠극七克』[100] 등은 사람의 모든 변화를 아우르고 있으며 하늘과 사람이 서로 밝혀주고 서로 권계하는 것 또한 대략 갖추어져 있다. 세상의 가능한 모든 가르침을 총괄해, 겸양으로 덕을 쌓고 인내로 만물을 구제한다. 탐욕도 시기도 부리지 않고, 방종하지도 게으름을 피우지도 않으며, 남의 것

書立言, 述物撰德, 以通天人之奧. 所著七克諸篇, 而人之變態盡矣, 而天人之互相發明, 互相告戒, 亦畧具矣. 總一世教中盡能, 謙以畜德, 忍以濟物. 不貪不妬, 不淫不怠, 不饕人, 求策勵. 家懷貞節, 朝皆貞臣, 野皆良士, 爭於何有, 亂於何生?" 諸如此類, 不一而足. 請觀其人其語. 詎非纓緌之領袖, 述著之翹楚.

100 예수회 신부 龐迪我가 撰集한 것으로, 1614년에 각판 인쇄되었으며 鄭以偉·熊明遇·陳亮采 등이 서문을 쓰고, 龐迪我 자신도 서문을 썼다. 이 책에서는 천주교가 금지하는 근본적인 일곱 가지 죄를 이겨내야 한다고 말하고 있다. 즉 伏傲(교만을 누름), 平妬(질투를 가라앉힘), 解貪(탐욕을 풀어버림), 熄忿(분노를 없앰), 塞饕(탐욕스럽게 먹고 마시는 것을 막음), 坊淫(음란함을 막음), 策怠(게으름을 채찍질함)를 말하였다. 그 말들은 儒家, 墨子에서 나온 것이지만 모두 근본으로 돌아가서 천주를 존숭하고 섬기게 하였다. 『四庫全書』「子部 雜家類存目 2」에 수록되어 있다. 『四庫全書總目錄提要』에서는 "논술한 한 가지 일을 말하면 도리가 없는 것이 아니지만 모두가 근본으로 돌아가서 천주를 존숭하고 섬겨 복을 구한다고 한 것은 그 오류가 종지에 있는 것이지 문자 설명에 있는 것이 아니다〔就所論之一事言之, 不爲無理, 而皆歸本敬事天主以求福, 則其謬在宗旨, 不在詞說也〕"라고 하였다. 『七克』은 한국어로 번역되었다. 빤또하 지음, 박유리 옮김, 『칠극』, 일조각, 1998 참조.

을 욕심내지도 않고, 독려를 구한다. 가정에는 정절을 품은 사람들뿐이요, 조정에는 모두 절개 있는 신하들뿐이요, 재야在野에는 모두 어진 선비들뿐이니 다툴 것이 무엇이며 분란이 어디에서 생길 것인가"라고 하였다. 이와 같은 말들은 일일이 다 열거할 수 없다. 그들의 사람 됨됨이와 그 말들을 살펴보시라. 어찌 지체 높은 이들〔纓緌〕[101]의 우두머리이자 저술 중의 으뜸〔翹楚〕[102]이 아니겠는가?

서방의 학자들이 무슨 큰 힘이 있어서 중국의 학자들을 불러들일 수 있었겠는가? 훌륭한 나라의 뭇 선비들이 그들을 모욕하고 경멸해도 무방하다 하겠지만, 우리 위대한 청나라의 여러 왕공들과 이름난 학자들 중에는 천주교를 믿고 마음을 기울인 자가 줄을 이었다. 세조 장황제章皇帝는 더구나 하늘이 낸 영명하고 성철聖哲한 군주임이 틀림없다. 〔그런〕 황제께서 칙조로 자주 상을 내려주시고, 은총을 베푸시는 조서를 내려주셨으며, 금빛 장식을 한 높고 으리으리한 동서 두 채의 집까지 하사하셨다. 말한 바와 같이 '사람들을 구름과 안개 속으로 잘못 들어가게 하려 했다'는 것은 실제로는 장황제를 가리켜 말한 것이니 불경죄가 어찌 이같이 클 수가 있단 말인가!

西儒有何鉅力, 得以招致之哉? 然猶可曰勝國諸紳不妨侮之蔑之, 至我大清聖朝諸王公名碩, 承其顧盼傾倒者, 踵相接也. 而世祖章皇帝, 尤稱天出聖明. 勅獎頻加, 恩綸載錫, 賜金箚宇, 輪奐東西二堂. 如所云落彼雲霧之中者, 實指章皇帝也, 何不敬之大也!

101 '纓緌'는 모자와 허리띠, 모자의 장식물을 말하는데, 이는 官位, 명망 있는 선비를 가리킨다.

102 '翹楚'는 『詩經』「周南」'漢廣'의 "翹翹錯薪, 言刈其楚"(빽빽하게 우거진 잡목 속에서 가시나무를 베어다가)라는 구절에서 온 말이다. 잡목 속의 가시나무는 걸출한 인재 또는 두드러진 사물을 가리킨다.

천주와 상제

광선이 "이마두는 예수를 천주로 높이고자 세상의 성인들 가운데 으뜸인 존재로 받들면서 중국의 육경에 나오는 상제를 앞뒤 문맥을 잘라 두루 인용하여 예수가 천주임을 억지로 증명하려고 하였다. 그러면서 '천주는 옛 경서에서 말하는 상제로, 우리 나라의 천주란 바로 중국에서 말하는 상제이다. 푸르고 푸른 하늘은 상제가 부리는 것이니, 혹은 동쪽에 있다 혹은 서쪽에 있으며, 머리도 몸통도 없고, 손도 발도 없어 존승할 만하지 못하다. 하물며 아래에 있는 땅처럼 사람들이 밟아대어 더러움이 모이는 곳이야 받들 만한 권세가 어디 있겠는가? 그러니 하늘이건 땅이건 모두 존승할 만하지 못하다'라고 하였다. 이 같은 논리를 세우다니, 사람의 말을 할 수 있는 짐승이 아니겠는가"[103]라고 하였다.

光先云: "利瑪竇欲尊耶穌爲天主, 首出於萬國聖人之上而最尊之, 曆引中夏六經之上帝, 而斷章以證其爲天主. 曰 '天主乃古經書所稱之上帝, 吾國天主卽華言上帝也. 蒼蒼之天, 乃上帝之所役使者, 或東或西, 無頭無腹, 無手無足, 未可爲尊. 況於下地, 乃衆足之所踏踐, 汚穢之所歸, 安有可尊之勢? 是天地皆不足尊矣.' 如斯立論, 豈非能人言之禽獸哉!"

예수는 번역하면 구세주로, 강생하신 천주에 대한 존칭이다. '천주天主'라는 두 글자는 중국에도 있는데, 우리 서양 나라의 말로는 '그리스도〔陡斯〕'라 한다. 이는 '천지를 낳고 만물을 낳으신 대주재大主宰'라는 뜻인데, 이를 간략히 하여 '천주'라고 부른다. 육경과 사서에 나오는 상제는 천주와 거의 비슷한 개념이다. 그러나 이마두가 처음으로 한 말은 아니며 중국의 이름난 유학자들 사이에 오랫동

耶穌譯言救世, 乃天主降生之尊稱. 天主二字, 亦中華有之, 吾西國稱陡斯也. 其義則曰: '生天生地生萬物之大主宰', 簡其文曰: '天主'. 六經四書中言上帝者, 庶幾近之. 然亦非由利子始也, 中夏名儒久稱之矣.

103 「闢邪論」 中(이 책 89쪽) 참조.

안 불려온 명칭이다.

풍응경馮應京이 말했다. "천주란 누구인가? 상제이다. 우리 나라 육경과 사서에서 많은 성현들은 '상제를 두려워한다', '상제를 돕는다', '상제를 섬긴다', '상제를 감동시킨다'라고 하였다." 양정균이 말했다. "천주를 흠모하고 공경한다는 것은 곧 우리 유자들이 말하는, 부지런히 상제를 섬긴다는 것이다." 이지조는 또 "천주교에서 오로지 천주만을 섬기는 것은, 바로 우리 유자들이 하늘을 알고 하늘을 섬기는 것과 같다."고 하였다.[104] 주자朱子는 '제帝란 곧 하늘의 주재이다'라고 하면서 천지만물을 주재하는 자라고 여겼다. 따라서 '주主'라고 부르는 것이 적실한데, 그 함의를 궁구해보면 우주 안 만국의 큰 부모라는 뜻이다. 하늘에 대해 『주역』보다 더 똑똑히 설명한 것은 없으며 『주역』은 문자의 조종祖宗이다. 거기에서 '건乾은 근원이다', '하늘을 아우른다〔統天〕'[105]라고 하였고, 또 '임금이요 어버이'[106]라고 하였다. 또 '제帝는 진震에서 나온다'라고 하였는데, 주자는 그것을 해석하여 이르기를 '제帝란 하늘의 주재자이다'[107]라고 하였다."[108] 이러한 글들을 볼 때, 천주가 곧 상제의 뜻임은 이마두로부터 시작된 것이 아님을 알 수 있다.

馮應京曰: "天主者何? 上帝也. 吾國六經四書聖聖賢賢, 曰畏上帝, 曰助上帝, 曰事上帝, 曰格上帝." 楊庭筠曰: "夫欽崇天主, 卽吾儒昭事上帝也." 李之藻曰: "其敎專事天主, 卽吾儒知天事天也." 朱子曰: '帝者, 卽天之主宰', 以爲主宰天地萬物是也. 故名之主則更切, 而究極其義, 則宇內萬國之一大父母也. 說天莫辯乎易, 易爲文字之祖. 卽言乾元統天爲君爲父, 又言帝出於震. 而紫陽氏解之, 以爲帝者, 天之主宰." 觀此, 則天主上帝之義, 不自利子刱矣.

104 馮應京과 李之藻는 1601년, 1607년에 각각 『天主實義』 서문을 쓴 바 있다.
105 『周易』 乾卦에 있는 원문은 "大哉乾元, 萬物資始, 乃統天"이다.
106 『周易』 說卦에 있는 원문은 "乾爲天, 爲君爲父"이다.
107 『周易』 「系辞」에 나오는 '帝出乎震'이라는 말에 朱子가 단 해석이다.
108 마테오 리치 지음, 송영배 등 옮김, 『천주실의』, 22~28쪽(『天主實義』 재판의 李之藻 서문) 참조.

광선은 입으로 육경을 읊조리면서도 육경에서 말하는 상제의 뜻을 알지 못하고, 도리어 다른 사람을 사람의 말을 하는 짐승이라고 하였다. 그가 "푸르고 푸른 하늘은 상제가 부리는 것"이라 한 말은 그 뜻이 아주 명백하다. 하늘이라고 부르는 것에는 두 가지가 있는데, 하나는 형상이 있는 하늘로서 위로는 해와 달과 별이 있고 아래로는 물과 쇠와 돌이 있다. 이것이 바로 푸르고 푸른 하늘로, 거대한 땅덩이와 상응하는 개념이니 이상하게 생각할 만한 것이 없다. 다른 하나는 형상이 없는 하늘, 즉 하늘이 진정 하늘일 수 있게 하는 그 존재이다. 하늘이 하늘일 수 있게 하는 존재는 바로 천주를 가리키는데, 중국말로 상제라 하는 것이며 나를 낳아주고 길러주는 커다란 근본이자 근원이다.

光先口誦六經, 而不達六經言上帝之義, 則反以他人爲能人言之禽獸耶. 至所云蒼蒼之天, 乃上帝之所役使, 其義甚明. 蓋稱天有二, 一有形象之天, 在上爲日月星辰, 在下爲水金石. 是蒼蒼之天與地之塊然者正相等, 無足異耳. 一無形象之天, 卽天之所以爲天也. 天之所以爲天者, 指天主, 卽華言上帝也, 乃生我養我之大本大原也.

하늘을 두려워한다는 것은 존엄하신 영靈의 밝디밝은 눈이 아래를 비추고 있음을 의미한다. 『상서』에서는 "상제에게서 명을 받으면 〔하늘은〕 다시금 너에게 아름답고 훌륭한 것을 내려주리라"[109]라고 하였고, 『시경』에서는 "하늘은 상제이다"[110]라고 하였다. 상제를 하늘이라 말한 것은 푸르고 푸른 하늘을 두고 한 말이 아님이 분명하다. 또 성현들은 하늘을 말하면서 항시 그 명에 따랐으니, 그 명을 내리는 자가 있었음이 분명하다. 그런데 천주라고 하지 않고 다만 하늘이라고 한 것은, 마치 주상

畏天者, 謂其威靈洞矚, 而臨下有赫也. 書曰: "于昭上帝, 其申命用休", 詩曰: "皇天上帝." 夫以上帝言天, 非蒼蒼之謂明矣. 又聖賢言天, 恒依之以命, 則固有出是命者. 然不言天主但言天者, 正如指主上曰朝廷. 夫朝廷宮闕耳, 言朝廷卽言此攸居之上主也.

109 『尙書』「益稷」.
110 『詩經』「大雅」'皇矣'.

主上을 가리켜 조정이라 하는 것과 같다. 조정은 궁궐일 뿐이지만 조정이라 하면 곧 그곳에 살고 계신 주상을 말하는 것이다.

이理와 기氣

광선이 말하기를 "이理가 세워지면 곧 기氣가 갖추어지고, 기가 갖추어지면 곧 수數가 만들어지며, 수가 만들어지면 상象이 형성된다"[111]라고 하였다.

光先云: "理立而氣具焉, 氣具而數生焉, 數生而象形焉."

이것은 본래 송나라 유학자들의 잠꼬대 같은 소리이다.[112] 송나라 유학자들은 "하늘이 곧 이理"라 하였는데, 광선은 이에 기인해 "이理가 곧 하늘"이라 말하고 있다. 그래서 기와 수가 생겨나고 상이 형성된다는 학설이 있게 된 것이다.

此本宋儒之睡餘也. 宋儒指天卽理, 光先因指理爲天. 故有生氣數形象之說.

이理라는 것이 사물을 생성할 수 없음은 아주 명백하다. 사물에는 두 가지가 있는데, 자립할 수 있는 것과 의지해야 하는 것이 그것이다. 자립할 수 있는 것은 다시 두 가지로 나뉘는데, 하늘 · 땅 · 쇠 · 돌 · 사람처럼 형상이 있으면서 사행四行에 속하는 것과 천사나 사람의 혼백처럼 형상이 없으면서 사행에 속하지 않는 것이 그것이다. 의지해야 하는 것에도 두 가지가 있는데, 차가움과 더움, 건

夫理不能生物, 亦甚明矣. 凡物共有二種, 有自立者, 亦有倚賴者. 自立者, 又有二種. 有有形而屬四行者, 如天地金石人物之類, 有無形而不屬四行者, 如天神人魂之類. 倚賴者, 亦有二種, 有有形而賴有形者, 如冷熱燥濕剛柔方圓五色五味五音之

111 「闢邪論」 中(이 책 89~90쪽) 참조.

112 예수회 선교사들의 유교에 대한 이해는 陳受頤, 「明末耶穌會士的儒教觀及其他」, 陶希聖 外, 『明代宗教』(臺灣: 學生書局, 1968), 67~123쪽; 朱謙之, 「耶穌會對於宋儒理學之反響」, 陶希聖 外, 『明代宗教』, 125~180쪽 참조.

조함과 조습함, 강직함과 유연함, 네모와 원, 오색五色, 오미五味, 오음五音[113]처럼 형상이 있으면서 형상이 있는 것에 의지하는 것과 오덕五德이나 칠정七情[114]같이 형상이 없으면서 형상이 없는 사물에 의지하는 것이 그것이다.

類, 有無形而賴無形者, 如五德七情之類.

이렇듯 자립할 수 있는 것과 의지해야 하는 두 종류의 것은 비록 서로 어울려 존재하지만, 반드시 자립하는 것이 먼저 있은 다음에야 의지하는 것이 있을 수 있다. 가령 그 사물이 없으면 그 사물의 이理 또한 없으니, 이 이理라는 것은 의지하는 부류에 속한다. 유형의 몸체나 바탕이 없으면 차가움과 더움, 건조함과 조습함, 강직함과 유연함, 네모와 원, 오색, 오미, 오음 등은 모두 붙을 곳이 없다. 무형의 혼령이 없으면 오덕과 칠정도 모두 허공 속에 사라져버릴 것이니, 이理가 사물을 생성할 수 있다고 말하겠는가? 그렇다면 천지에 천지의 이理가 있고 귀신에 귀신의 이理가 있다고 말하는 것도 생성된 후에 그 같음을 추론했을 뿐이다. 만약 천지, 인물, 귀신이 없다면 이理라는 것은 붙어 의지할 데가 없을 터인데, 무슨 수로 스스로 사물을 생성할 수 있단 말인가?

夫此自立與倚賴二種, 雖相配而行, 然必先有自立者, 而後有倚賴者. 設無其物, 卽無其理, 是理猶物之倚賴者也. 無有形之體質, 則冷熱燥濕剛柔方圓五色五味五音, 俱無所着. 無無形之靈, 則五德七情, 亦俱泯於空虛, 而謂理能生物乎? 卽云天地自有天地之理, 神鬼有神鬼之理, 亦從有生之後, 推論其然. 若無天地人物神鬼, 理尙無從依附, 又何能自生物乎?

이理라는 것은 법도를 두고 하는 말이다. 조물주

理者法度之謂. 造物者成物之

113 '五色'은 푸른빛·누른빛·붉은빛·흰빛·검은빛의 다섯 가지 빛깔, '五味'는 단맛·짠맛·신맛·쓴맛·매운맛의 다섯 가지 맛, '五音'은 宮·商·角·徵·羽의 다섯 가지 음률을 말한다.

114 '五德'에는 여러 가지가 있다. 金·木·水·火·土를 五德으로 보는 음양가들의 견해도 있고, 사람의 다섯 가지 품덕, 즉 溫·良·恭·謙·讓이나 智·信·仁·勇·嚴 또는 仁·智·義·禮·信으로 보는 견해도 있다. '七情'은 喜·怒·哀·恨·愛·惡·欲인데, 중국 의학에서는 喜·怒·憂·思·悲·恐·驚을 가리킨다.

가 만물을 만들 때에 그 형체만 만드신 것이 아니라 이理도 부여했다. 이는 나라를 창건한 군주라면 반드시 한 나라를 다스릴 법률을 제정하는 것과 마찬가지이다. 나라에 군주가 없다면 법률이 어찌 스스로 시행될 것인가? 『천주실의』와 『이지생물변理之生物辯』에 상세히 논술되어 있다.

時, 不特造其形而亦賦其理. 猶如開國之君, 必定一國之法律以爲治. 倘國無君, 法律豈能自行乎? 天主實義理之生物辯其詳.

하늘과 이理 1

광선이 "하늘은 형태가 있는 이理이고 이는 형태가 없는 하늘이므로 형태가 극에 이르면 거기에서 이가 드러난다. 이것이 바로 하늘이 곧 이인 까닭이다"[115]라고 하였다.

光先云: "天爲有形之理, 理爲無形之天, 形極而理見焉. 此天之所以卽理也."

이것은 터무니없고 황당무계한 말이다. 기왕 하늘을 형태가 있는 이理라고 했다면, 이理는 형태가 없는 하늘이 될 수 없으며, 또 이理를 형태가 없는 하늘이라고 했다면 하늘은 형태가 있는 이理라고 할 수 없다. 하나의 사물인데 때로는 형태가 있다고 말하고 때로는 형태가 없다고 말하니 스스로 모순이 아닌가? 묻건대, 이理에는 형태가 있는가, 없는가? 형태가 있다고 한다면 이理는 형태가 없는 하늘이 아닐 것이며, 형태가 없다고 한다면 하늘은 형태가 있는 이理가 아닐 것이다. 더구나 하늘을 이理라고 일컬을 수는 없지 않은가. 하늘은 자립할 수 있는 본

此虛誕不經語也. 旣云天爲有形之理, 則理不能爲無形之天, 又云理爲無形之天, 則天非得謂有形之理. 一物也, 忽謂有形, 忽謂無形, 非自相矛盾乎? 試問理有形否? 謂有形, 則理非爲無形之天, 謂無形, 則天非爲有形之理. 況天亦不可謂之理. 夫天自立之體也, 非恃別體以爲物. 理則倚賴, 而託他體以爲物. 是物在理先, 理居物後.

115 「闢邪論」 中(이 책 90쪽) 참조.

체이므로 다른 본체에 기탁해야 사물이 되는 것은 아니다. 이理는 의지해야만 하므로 다른 물체에 의탁하여야 사물을 형성할 수 있다. 따라서 사물이 이理보다 먼저 있고 이理가 사물보다 뒤에 있다.

『시경』에 "하늘이 많은 백성을 낳으시고 만물에 법칙을 정하셨네"[116]라고 하였는데, 여기서 '법칙'이 곧 이理이다. 먼저 사물이 있은 후에 사물의 이理가 있으니, 하늘을 이理라고 말할 수 없음은 매우 명백하다. 공자께서 '상제께 교사郊祀의 제를 지낸다'[117]라고 말하였지만, 이理에 제사지낸다고는 말하지 않았다. 그리고 이른바 이理로써 사물을 다스린다고 하는 것은 마치 천자가 법으로써 사람을 다스리는 것과 같은 것인데 어찌 '천자가 곧 법이다'라고 말할 수 있겠는가? 사람이 없다면 법도 만들어지지 않았을 것이며 사물이 없다면 이理라는 이름조차 없었을 것인데, 하늘이 곧 이理라고 말한다면 되겠는가?

詩曰:"天生蒸民, 有物有則," 則乃理也. 先有物而後有物之理, 則天不能謂之理也明甚. 孔子謂郊祀上帝, 不言祀理也. 且所謂天以理理物, 猶天子以法理人, 豈謂天子卽法乎? 無人則法亦不設, 無物則理亦無名也, 謂天卽理可乎?

하늘과 이理 2

광선이 "하늘은 만 가지 일과 만 가지 사물을 포용하고 있고, 이理 또한 만 가지 일과 만 가지 사물을 포용하고 있다. 따라서 태극太極의 이치를 궁구하는 자들[推太

光先云: "天函萬事萬物, 理亦函萬事萬物. 故推太極者, 惟言理焉."

116 『詩經』「大雅」'蕩' 및 '蒸民'.

117 『禮記』「禮運」의 "故祭帝於郊, 所以定天位也"와 『禮記』「禮器」의 "祀祭於郊, 敬之至也" 등 郊祀에 관한 기록 참조.

極者]"[118]이 이理만을 말하는 것이다"[119]라고 하였다.

만약 그렇다면 사람에게 두 귀가 있고 나귀에게도 두 귀가 있다 하여 '사람은 곧 나귀이다'라고 할 수 있는가? 두 사물에 대해, 갑과 을에게 서로 상통하는 점이 한두 가지가 있다고 하여 갑과 을이 곧 하나의 사물이라고 말할 수 없는 것이다. 하늘과 이理는 그 허와 실이 각기 다르다. 하늘은 그 형상으로써 모든 사물을 포용하며, 이理는 그 신령神靈으로써 모든 사물을 벗어나지 못하게 한다. 이理와 하늘이 비슷하다고 한다면 가능하겠지만 하늘이 곧 이理라고 말한다면 가능하겠는가?

若是, 則人有雙耳, 驢亦有雙耳, 可云人卽驢乎? 凡二物, 如甲乙有一, 二相通之情, 不可謂甲乙卽是一物耳. 天也理也, 虛實各別焉. 天以其形無物不包, 理以其神無物能離. 謂理與天似則可, 而謂天卽理可乎?

하늘과 상제

광선이 "「정전程傳」에서 '건乾은 곧 하늘이다. 이를 하나로 말한다면 곧 도道이고, 나누어 말한다면, 형체로 보아 하늘이라고 하고, 주재의 역할로 보아 제帝라고 하며, 공용功用으로 보아 귀신鬼神이라 한다'"[120]라고 운운하였다.

光先云: "程傳: 乾, 天也. 專言之則道也, 分言之, 以形體謂之天, 以主宰謂之帝, 以功用謂之鬼神" 云云.

이는 하늘이 곧 상제라고 무고하기 위해, 「정전」의 하늘에 관한 학설에 의탁한 것이다. 그러나 성립

此欲誣天卽上帝, 而托指程傳以爲天之說者. 而其妄據爲難

118 「闢邪論」 中에는 "故推原太極者"로 되어 있다.
119 「闢邪論」 中(이 책 90쪽) 참조.
120 「闢邪論」 中(이 책 91쪽) 참조.

되기 어려운 단서에 함부로 의거한 바가 세 가지 있다. 첫째는 "하나의 사물이 여러 가지 본성을 가지고 있어 이 때문에 여러 가지 이름이 붙었지만 실제로 두 개의 사물이 아니다. 형체로 인해 하늘이라고 부르며 주재자이기 때문에 제帝라고 일컬었을 뿐, 같은 사물이지 무슨 구분이 있는 것이 아니다"라고 한 것이다. 둘째는 "하늘이니 상제니 하는 것을 사람들이 섞어 사용한다. 만물이 받드는 것은 오직 하늘뿐이고 사람이 받드는 것은 상제뿐이다. 그러므로 하늘이라고 부르기도 하고 상제라고 부르기도 한다"라고 한 것이다. 셋째는 『시경』과 『상서』를 인용하여 "하늘이라고도 부르고 제帝라고도 부르지만 오로지 하늘은 하나뿐이다. 하늘 위에 또 하나의 상제가 있는 것은 아니다"라고 한 것이다.

端者有三. 其一, 以爲一物具多情, 因而得多名, 非實爲二物. 因其形體, 故謂之天, 因其主宰故謂之帝, 同一物, 非有所分也. 其二, 以爲天也, 上帝也, 人之通稱. 盖萬物所尊者惟天, 人所尊者惟帝. 故又稱天又稱帝也. 其三, 引詩書, 稱天稱帝, 惟此一天. 非天之上, 又有一帝也.

이제 그 첫 번째에 답하겠다. 영靈이 없는 형체의 하늘은 만물을 주재할 수 없으니, 기왕 주재라고 말했다면 형체의 하늘이 아니다. 형상이 있는 사물은 모두 명에 따라서 움직인다. 움직이면 반드시 나아가는 바가 있으며 나아가는 바가 있으면 반드시 얻는 바가 있다. 그러므로 지극히 신령하고 슬기로운 자는 그의 전지全知로 정해놓은 질서로써 그것들을 주재하며 만물을 이끌어 제각기 적당한 자리를 얻게 한다. 이것은 모두 형상이 있는 하늘이 이루어낼 수 있는 바가 아니라 형상이 있는 하늘 밖에 한 분의 상제가 존재하고 있는 것이다. 명칭이 각기 달라 주主라 하기도 하고 제帝라 하기도 하는 게 아니라 본체도 다른 것이다.

今答其一曰: 形體無靈之天, 不能主宰萬物, 旣云主宰, 則非形體之天矣. 有形之物, 皆順命而行. 行必有所向, 向必有所得. 故有至靈至睿者, 以其全知所定之秩序, 爲之主宰, 開引萬物各得其所. 此皆非有形象之天所能致也, 是則形天之外, 自有一帝. 不以名稱各異, 或爲主或爲帝也, 而本體亦異焉.

둘째, 사람이 머리를 들어 하늘을 보면서 제帝라

答其二曰: 人擧頭見天而稱帝,

고 부르는 것은, 틀림없이 하늘 위에 한 분의 제帝가 계시어 만물을 주재한다고 여기기 때문이다. 마치 궁궐을 보면 그 안에 틀림없이 온 천하의 신하와 백성의 주인께서 존귀하게 살고 있음을 아는 것과 같다. 어찌 궁궐을 보면서 그 안에 임금이 계시는 것을 모를 수 있겠는가? 그러니 하늘을 보면 곧 하늘 위에 주재가 있음을 알게 되는 것이다. 존귀한 하늘은 우주 안 만물 중에서 지극히 맑고 지극히 높은 곳에 자리잡고 있으면서 모든 만물을 덮고 있으며, 존귀한 제帝는 위아래 뭇 영靈 중에서 지극히 순정하고 지극히 존귀한 아름다움 속에 계시며 만물을 다스리신다. 존귀한 하늘과 존귀한 제帝는 뜻이 각기 다르니, 하늘이요 제帝요 하는 것은 완전히 다른 각각 하나의 존재이다.

必也以爲天之上有一帝主宰萬物. 如見宮闕, 而知其內必有一天下臣民之主, 尊居九重. 豈見宮闕, 不知內有君乎? 故見天卽知上有主宰矣. 尊天者以其宇內萬形之中, 位於至淸至高之所, 而覆盖萬物, 尊帝者以其上下萬靈之中, 居於至純至尊之美, 主宰萬物. 尊天尊帝之義殊異, 則天也帝也, 迥然各一矣.

셋째, 『시경』과 『상서』에서 하늘에 돌린 덕德은 형상의 하늘이 독단할 수 있는 바가 아니다. 예컨대 "하늘을 두려워한다", "하늘을 공경한다", "하늘이 다스린다",[121] "하늘이 명한다", "하늘이 천하 민중에게 착한 본성을 내린다"라고 한 것이 형상의 하늘과 무슨 상관이 있는가? 형상의 하늘은 곧 영이 깃들어 있지 않은 물체이니, 경외할 것이 무엇 있겠는가? 경외할 만한 것은 오직 그 위에 순수한 영의 묘체妙體가 있기 때문이다. 천하 민중에게 착한 본성을 내린다는 것은 백성에게 이理를 부여한다는 것인데, 푸르고 푸른 형상의 하늘이 지각도

答其三曰: 詩書所歸之德於天, 非形天所得擅焉. 如畏天, 敬天, 天討, 天命, 天降衷下民, 於形何與? 形天乃無靈之體, 何敬畏之有? 所可敬畏者, 惟因其上有純靈之妙體耳. 降衷下民, 卽賦民以理, 豈可謂蒼蒼有形象之天, 自無知覺, 能賦民以理乎? 凡物以所自無, 不能施所有者甚明.

121 『尙書』 「皐陶謨」에 "하늘이 죄를 다스린다〔天討有罪〕"라는 말이 있다.

없으면서 백성들에게 이理를 부여할 수 있다고 말할 수 있겠는가? 만물은 스스로 없는 것을 있는 자에게 베풀 수 없음이 매우 명백하다.

그러니 『시경』과 『상서』에서 이 덕을 하늘과 제帝에게 돌린 것은, 형상의 하늘 위에 반드시 지극히 신령스럽고 지극히 순정한 존재가 있어 그의 전지전능으로 천지를 다스리고 천하 민중에게 착한 본성을 내리니 가히 존경하고 두려워할 만한 존재라는 사실을 말하는 것이 분명하다. 글을 가지고 뜻을 해쳤으니, 책을 제대로 읽을 줄 아는 자라면 어찌 이를 옳다고 하겠는가?

然則, 詩書以此德歸于天與帝者, 明指此形天之上, 必有一至靈至純者, 以其全能全知, 統御乾坤, 降衷下民, 甚可敬可畏者也. 以辭害意, 善讀書者, 豈謂是歟?

제사

광선이 "[천주교는] 천주교에 귀의한 자들에게는 하늘·땅·임금·어버이·스승의 위패를 훼손하며 받들어 제사지내지 못하게 한다. 하늘과 땅을 받들지 않는 것은 그것이 머리도 배도 팔도 다리도 없고, 밟혀 더러워졌다 하여 천히 여기기 때문이다. 임금을 존숭하지 않는 것은 부림을 당하는 자의 아들이라 하여 가벼이 여기기 때문이다. 어버이를 존경하지 않는 것은 예수에게 아비가 없기 때문이다. 하늘·땅·임금·어버이 대하기를 이와 같이 하니, 스승을 대함에 있어서야 더 말할 것이 무엇이겠는가"[122]라고 하였다.

光先云: "令歸其教者, 必毁天地君親師之牌位而不供奉也. 不尊天地, 以其無頭腹手足, 踏踐汚穢而賤之也. 不尊君, 以其爲役使者之子而輕之也. 不尊親, 以耶穌之無父也. 天地君親尚如此, 又何有於師哉!"

---

122 「闢邪論」 中(이 책 93~94쪽) 참조.

천주교를 믿고 따르는 것은 하늘과 땅을 숭배하는 것이 아니라 하늘과 땅의 주主를 우러러 흠모하고 공경하는 것임을 앞에서 상세히 말하였다. 임금·어버이·스승을 숭배하지 않는다는 것은 터무니없는 말이다. 하늘과 땅을 숭배하지 않는 것이 어찌 이 종교를 믿는 사람들뿐이겠는가! 옛날에도 마찬가지였다. 옛날에 중국의 선비들이 위패를 만들어놓고 받들어 제사를 지내는 데는 깊은 뜻이 담겨 있었다. 어찌 천지를 말하지 않은 것뿐이겠는가! 천지사방에 가득 찬 뭇 영들의 진재眞宰[123]를 말하여 마땅히 받들어 모셔야 하는 것은 하늘도 땅도 아니고 천지의 참 주재임을 분명하게 보여준 것이다. 그런데 후세에 와서 옛사람들의 뜻을 이해하지 못하고 다만 천지에만 국한되었다.

從奉聖教, 不拜天地, 而欽崇天地之主, 前論已詳. 不拜君親師, 乃妄言也. 夫不拜天地, 豈特今奉教之人! 古時亦莫不然. 古時中士設供奉之牌, 亦有深意. 豈不曰天地而已! 乃曰天地十方萬靈之眞宰. 明示宜供奉也. 非天非地, 乃天地之眞宰. 後世不明古人之意, 止於天地耳.

임금·어버이·스승을 받들어 공경하는 일은 천주를 공경한 다음에 가장 먼저 해야 할 일로서 인륜의 큰 요지이다. 천주교의 십계명 중에서 처음의 세 계명은 천주를 섬기는 데 관한 계명이고, 나중의 일곱 계명은 부모에게 효도하고 부모를 공경하는 데 관한 계명이다.[124] 부모라는 말에는 나를 다스리고 나를 낳아주며 나를 양육하고 나를 가르친다는 뜻이 모두 포함된다. 그러하니 천주교에서 가장 중히 여기는 것이 임금·어버이·스승이거늘, 무엇에 근거하여 그같이 말하는지 알 수 없다.

至言奉敬君親師, 此則敬天主之後爲首務, 係人倫之大旨. 蓋聖教十誡中, 前三誡係敬事天主, 後七誡首卽孝敬父母也. 父母之義, 兼包治我生我養我教我是也. 然則, 聖教最重者君親師也, 不知何所據而云然也.

---

123 우주의 주재자 또는 자연의 본성.

124 개신교에서는 십계명 중에서 처음의 네 계명을 하나님과 사람의 관계에 관한 계명으로, 나중의 여섯 계명을 사람과 사람의 관계에 관한 계명으로 보고 있다.

역모설에 대한 해명

광선이 말하기를 "내가 말하는 공功이라는 것은 한 마디 말로 만백성에게 은택을 입히고 한 가지 일로 만세에 은혜를 베푸는 것이다. 예컨대 후직后稷이 백곡을 파종하고, 계契가 인륜을 밝히고, 우임금이 물과 농토를 다스리고, 주공周公이 예악禮樂을 제정하고, 공자가 요순을 본받은 것[孔子之法堯舜][125]은 모두 세상을 구한 공이다. 예수에게 이 같은 공이 하나라도 있는가? 사람의 병을 고치고 죽은 사람을 살린 것을 공이라 한다면, 이는 마술사나 할 일이지 천지만물을 주재하는 자가 할 일은 아닐 것이다"[126]라고 하였다.

光先云: "夫吾所謂功者, 一言而澤被蒼生, 一事而恩施萬世, 若稷之播百穀, 契之明人倫, 大禹之平水土, 周公之制禮樂, 孔子之法堯舜, 斯救世之功也. 耶穌有一於是乎? 如以瘳人之病, 生人之死爲功, 此大幻術者之事, 非主宰天地萬物者之事也."

서로 논쟁하여 도리를 따질 때에는 우선 서로가 논거로 삼는 이치가 옳은가 그른가 하는 것부터 명확히 해야 비로소 제대로 변별하고 물리칠 수 있다. 만약 투철하게 알지 못하고 억지로 논쟁한다면 온 책 가득 시끄럽게 까마귀 짖는 소리를 면치 못할 것이다.

凡互相辯理, 先須明彼此所據之理是否, 方始辨拆. 若不洞曉而强辨, 則不免嘵嘵而滿紙鴉鳴矣.

천주께서 강생하신 후 이루어놓은 업적이 설령 별것 아니라 해도 그 공功은 무궁하다. 설사 천상천하의 모든 신들과 뭇 성인들의 공을 하나로 합친다 해도, 천주 예수가 한 번 멈추거나 한 번 움직여 이룬 미세한 공에 비한다면 공적이라고 말하기에

夫天主降生, 其事業縱使細微, 其功固無窮也. 卽盡天上天下衆神衆聖之功, 合而爲一, 較天主耶穌一靜一動之微功, 亦不足以言功. 緣彼由人爲有限, 此

125 「闢邪論」 中에는 "孔子之法堯舜" 뒤에 "맹자가 양자와 묵자를 배척하고〔孟子之距楊墨〕"라는 구절이 있다.

126 「闢邪論」 中(이 책 95쪽) 참조.

도 부족할 것이다. 저것은 사람이 한 일이어서 한계가 있지만, 이것은 천주께서 하신 일이라서 무한하기 때문이다. 공의 경중을 논할 때에는 공을 세운 자의 지위가 존귀한지 비천한지를 보아야 한다. 천주는 다른 것과 상대가 안 될 정도로 지극히 존귀한 존재이므로 그가 세운 공적 역시 다른 것과 상대가 안 될 정도로 지극히 큰데, 어찌 피조물 따위를 이에 비길 수 있단 말인가?

由天主爲無限故. 盖論功輕重, 視立功者之位之尊卑. 天主至尊無對, 則其所立之功, 亦至弘無對, 豈衆受造之物可比擬哉?

그러나 세상에 내려와서 사람의 모습으로 된 뒤에 사람들은 오로지 사람으로서의 그만 볼 뿐, 천주로서의 그는 보지 못했다. 천주임을 드러내고 세상에 내려와 사람을 구원하였기에, 사람이나 신이 능히 해낼 수 없는 일을 행하였다. 예컨대 죽은 자를 다시 살리고 눈먼 자를 다시 보게 하며 큰 파도와 거센 바람을 즉시 잠재우는 등의 기이하고 신령스러운 여러 사적은 사람과 신의 능력을 초월하는 것이다.

但降世屬于人形, 惟見其爲人, 而不見其爲天主. 至示其爲天主, 降世救人, 故行非人與神所能及之事. 如死者復活, 瞽者復明, 巨浪雄風命息卽息, 種種靈異, 超越人神之能力.

백곡을 파종하거나 농경을 처음 시작하거나, 인륜을 밝히거나, 문예를 제정하거나, 법도를 홍기시키거나, 물과 농토를 다스리거나 하는 일은 모두 사람의 힘으로 해낼 수 있다. 만약 이러한 일들만 했다면 다만 성인이라고 일컬을 수 있을 뿐 어찌 천지의 주主라고 할 수 있겠는가? 예수가 세상을 구원한 공이 어찌 죽은 사람을 살려내고 사람의 병을 고쳐준 것뿐이겠는가? 그의 공적은 세상 사람들을 영원한 재난 속에서 구해내어 천당의 영원한 복을 얻게 한 데 있다. 모든 사람의 죄를 구해주고, 사람과 사물의 시원始原과 종말에 나아갈 길을

夫播百穀, 始耕鑿, 明人倫, 制文藝, 興法度, 平水土等人力能行者之事. 若只行此事, 僅謂之聖人耳, 豈爲天地之主乎? 但耶穌救世之功, 豈止生人之死, 瘳人之病而已? 其功在救世之人於永禍, 而得天堂之永福. 救衆生之罪, 明人物之原始與其終向, 使宗徒遍曉萬方, 敬主愛人, 不慾不貪, 不傲不妬. 種種避惡趨善之功業, 令今世後世得享

밝혀주었으며, 제자들로 하여금 온 세상에 두루 알려 천주를 우러르고 사람을 사랑하며, 욕망과 탐욕을 부리지 말고 교만하지도 질투하지도 말도록 하였다. 악을 멀리하고 선을 따르게 하는 여러 가지 공로로 이 세상과 앞으로 올 세상이 참된 복을 누리게 하였다. 이와 같은 공적은 사람의 힘을 초월하는 것이니, 어찌 앞서 오신 성인이나 뒤에 올 성인의 공적과 비교할 수 있겠는가?

眞福. 此等功績, 邁越人力, 是豈先聖後聖之可擬議也?

광선은 「벽사론」 하에서 반복적으로 종합해서 말하기를, 서양 선비들이 중국에서 선교를 구실로 역모를 꾀한다고 하였다. 이마두가 오문澳門(마카오)에 있는 서양인들을 무역한다는 구실로 불러 모은 것은 실제로 오문을 근거지로 매복해 있다가 중국을 해치려는 속셈이라고 하였다.

光先下論反復總言, 西士在中國藉傳教之名, 而謀不軌之事. 利瑪竇令召在澳西洋人而貿易爲名, 實踞澳伏戎謀中國.

이는 본래 진위를 논쟁할 필요도 없이 자명한 일이다. 다만 세상 사람들의 총명함과 미련함이 같지 않아, 지혜로운 자는 의심할 만한 일은 의심하되 의심해서 안 되는 일은 의심하지 않지만, 미련한 자는 이와 반대이다. 그런 까닭에 부득이 진위를 밝혀서 의혹을 풀 수밖에 없다. 예로부터 지금까지 나라 밖의 사람이 중국에서 역모를 꾀했다는 말은 들어본 적이 없다. 나라 밖 이웃 나라 사람들도 아직 이와 같은 일을 꾀한 적이 없었거늘, 하물며 몇몇 유생이 구만리나 떨어진 먼 곳으로부터 3년이나 걸려 긴 항해를 해와 역모를 꾀한다니! 아무리 미련한 자라도 이런 생각은 하지 않을 것이며 아무리 미련한 자라도 이 같은 말은 하지 않을 것이다. 광동의 오문에 거주하는 서양의 손님을 이마두가 무역을

此事原不必辯而自明也. 但世人有智愚不等, 知者可疑而疑, 不可疑而不疑, 愚則反是. 故不得不辯以解. 從古及今, 未聞海外之人謀中國也. 海外鄰國之人, 尙無此事, 況以數儒生, 離九萬里之遙, 三年之遠航海, 謀爲不軌! 雖至愚者, 不應作是想, 雖至愚者, 亦不應作是語. 至論廣東居澳西客, 謂利瑪竇令召交易, 可付一笑. 西客居澳在嘉靖年間, 而利瑪竇入中國係萬曆九年, 相距五十餘載. 此事廣東布政司可考.

구실로 불러들였다는 말은 한 번 웃고 말 일이다. 서양의 손님들이 오문에 거주한 것은 가정嘉靖 연간(1522~1566)의 일이며, 이마두가 중국에 들어온 것은 만력萬曆 9년(1581)이니, 그 시간 차이가 50여 년이나 된다. 이 일은 광동 포정사布政司[127]에 조사해 알아볼 수 있다.

서양의 손님들이 오문에 거주하게 된 데에도 본디 이유가 있다. 명나라 홍치弘治 연간(1488~1505)에 서양의 손님들은 광동의 광주, 절강의 영파 일대를 다니면서 무역하였는데, 가정 연간에 광동의 해적 장서로張西老가 오문을 공격하고 광주를 포위하기에 이르자, 광주성을 지키던 관리가 서양의 손님들을 불러들여 포위를 풀 수 있도록 도와달라고 하였다. 이에 적들을 내몰아 가다가 오문에 이르러 섬멸하였다. 이때 총독이 상소를 올리자 칙지가 내려와 서양의 손님들을 오문에 거주하게 하라고 명령하셨으니, 벌써 130여 년 전의 일이다. 천계天啓 연간(1621~1627)에 해적들이 오문을 공격하니 서양인들이 출전하여 1,500여 명의 해적을 죽이고 수백 명을 사로잡았다. 양원兩院[128]에서 상소를 올려 〔서양인의〕 공이 가장 크다고 하니, 어지御旨에 따라 칭찬과 장려를 받았다. 또 성을 지킨 공로로 관직까지 하사받았다. 명나라 말기에 천하가 크

然西客居澳, 又原有由焉. 明季弘治年間, 西客遊廣東廣州·浙江寧波往來交易, 至嘉靖年間, 有廣東海賊張西老, 攘澳門, 至圍困廣州, 守臣召西客協援解圍. 赶賊至澳殲之. 是時, 督臣疏聞有旨, 命西客居住澳門, 至今一百三十餘年矣. 至天啓元年, 海寇攻澳門, 西洋人出敵殺賊一千五百有奇, 活擒數百名. 兩院疏敍首功, 蒙旨嘉獎. 守城有功, 且賞官職. 迨明末天下大亂, 海寇猖披. 西客住澳交易如常, 並無異論. 蓋人心有所深謀, 雖一時隱匿, 久必明露焉. 豈一百三十餘年之久, 不足以知西客信實忠良之心乎? 廣

127 官署 이름. 明 洪武 9년(1376)에 中書令을 고쳐서 承宣布政使司로 만들었다. 宣德 후기에 전국의 府, 州, 縣 등과 南京, 北京에 13개 布政司를 두고 左右 布政司 한 사람씩 두어 각 城의 최고 행정장관으로 삼았다.

128 大理院과 都察院을 가리킨다.

게 어지러워지자 해적들이 창궐하여 횡행하였다. 그러나 서양의 손님들은 평상시와 다름없이 오문에 거주하고 교역하면서 별다른 물의를 일으키지 않았다. 사람이 속으로 깊은 음모를 꾀하고 있으면 비록 한때는 이를 숨길 수 있다 하여도 오래가면 반드시 드러나고야 마는 법이다. 130여 년이란 오랜 세월이 서양 손님들의 성실하고 충성스럽고 선량한 마음을 알기에 부족하단 말인가? 광동 총독과 무원撫院[129]의 권력을 장악하고 있던 높은 관리들이 만약 털끝만큼이라도 의심스러운 점을 발견했더라면, 어찌 단 하루라도 서양 손님들이 머무르게 용납했겠는가?

東總督撫院, 當道諸大吏, 若有纖毫致疑, 豈容西客一朝居耶?

선교하는 수사修士들이 반역을 꾀한다는 말은 더더욱 우습다. 지금 몇 가지 단서를 들어 그 망령됨을 논박하려 한다. 역모를 꾀하는 자라면 반드시 남들이 아는 것을 피하며 행동이 은밀하여 구석진 곳에 숨게 마련이니, 교통이 편리한 도회지와 큰 고을에서 드러내놓고 모든 사람이 다 볼 수 있게 하는 자가 어디 있단 말인가? 미련한 백성이야 현혹시키기 쉽다 하더라도, 명망 있는 대관들의 눈과 귀를 무슨 수로 가릴 수 있단 말인가? 더구나 사람의 의도란 말에 드러나지 않고 반드시 행동에 나타나는 법이어서 잠시는 숨길 수 있어도 오래되면 반드시 밝혀지게 마련이다. 서양의 수사들이 중국에

至論傳教之修士, 謀爲不軌, 尤屬可笑. 今姑擧數端, 以闢其妄. 凡謀逆, 必避人知, 踵跡詭秘, 必匿隱僻之處, 寧有顯在通都大邑, 無人不可見者乎? 愚民雖云易惑, 而名公鉅卿何術可掩其耳目? 況人意不顯于言, 必露於行, 暫隱而久必彰. 西士行教在中國八十餘年矣. 有纖芥可疑, 瑕隙可指乎? 細查主教諸書, 果有違道非理之事乎? 敬主愛人, 忠君孝親, 無他論也. 且

129 明清 시기에 巡撫가 관례에 따라 都察院 右副都御史 또는 右僉都御史 직함을 겸하였으므로 이렇게 불렀다.

서 선교한 지 80년이 넘었다. 겨자씨만 한 의혹이라도 있었으며 지적할 흠집이라도 있었던가? 천주교의 여러 책들을 세세히 살펴보아 과연 도리에 어긋나고 그릇된 일이 있었던가? 천주를 섬기고 사람을 사랑하며, 임금께 충성하고 부모에게 효도하라는 말 외에 다른 말이라곤 없다. 또한 서양의 수사들은 깨끗한 삶을 기꺼이 즐기며 세상에 구하는 바 없이 다만 후세의 영원한 복만을 바랄 뿐이니, 이것으로 그 사람됨을 알 수 있을 것이다.

西士甘於淡泊, 無求於世, 惟求身後永福, 卽可以知其人.

더구나 배운 것은 격물格物[130]과 궁리窮理요, 옆으로는 상수象數[131]를, 가운데서는 성명性命[132]을 배웠다. 그들이 행하는 일은 자기 한 몸을 닦아 스스로에게 보탬이 되는 데에서 그치지 않는다. 그들은 저서를 통해 말을 남기고자 하루에도 반나절 넘게 책을 쓰면서 혼자 한적하게 지내며 세상일에 간여하지 않는다. 모든 일을 거짓으로 꾸며댈 수 있다 하지만, 서양에서 가져온 만 권이나 되는 책을 장정하고 인쇄하고 또 필사하는 것 등을 보고도 그들 가슴속에 품고 있는 바를 알기에 부족하단 말인가?

況所學格物窮理, 傍而象數, 正而性命. 其行事, 不止修身益己. 且著書立言, 一日之中, 對越强半, 閑居獨處, 不與世事. 凡事皆可僞設, 西國携來書籍萬計, 裝潢印摹, 不足知其胸中所畜耶?

만약 서양의 자기 군주를 위해서라고 말한다면, 나는 군주를 위해 기꺼이 멀리 떠나와 돌아가지도 않고, 부모와 처자, 친지와 고향도 다 버린 채 만 번의 죽음도 무릅쓰고 갖은 고생을 해가며 타향에

若謂爲西洋國主, 未聞爲國君而肯遠離不返, 舍父母妻子親屬故土, 萬死一生, 跋涉勞苦, 老死他鄕, 以謀萬不可幾之利.

130 사물의 이치를 따지는 것을 말하는데, 청나라 때에는 서양의 자연과학을 格物이라 했다. 그리고 사람의 행동을 바로잡는 것도 格物이라 했다.

131 거북은 象으로 알려주고 筮는 數로서 告한다 하여, '象數'는 길흉을 점치는 것을 가리킨다.

132 만물의 타고난 本性.

서 늙어 죽어가면서까지 얼마 되지도 않는 이득을 꾀하는 자가 있다는 말은 들어본 적이 없다. 설사 군주를 위해 목숨을 바치는 충신 용사라 해도, 관작과 봉록과 부귀가 자기 대에는 미치지 못해도 자손 대에는 반드시 미칠 것이라 바라지 않는 자가 없다. 그러나 우리 같은 사람은 혈혈단신으로 처자식도 없지 않은가! 자기 한 몸의 영화와 향락을 도모하지도 않을뿐더러 자식들에게 가업을 물려주려 도모하지도 않는다. 사람으로서 이런 짓을 하는 자라면 바보이거나 미친 자일 터인데, 구하는 바도 욕심도 없고 결혼도 벼슬살이도 하지 않는 자더러 그런 짓을 하였다고 말할 것인가? 또한 남의 나라에서 음모를 꾸미는 자라면 반드시 안팎으로 내통하고 앞뒤로 결탁하기 마련이다. 그러나 서방은 중국과 구만리나 멀리 떨어져 있어 항해하여도 삼 년이 아니면 다다를 수 없으며, 저 바다 밖은 바람과 파도를 예측하기도 어려워 한 글자의 소식 얻기가 하늘에 오르는 것 이상으로 어려운데, 하물며 다른 일들이야 더 말해서 무엇하겠는가?

且忠臣勇士爲君致命者, 莫不望爵祿富貴, 不及本身, 必及其子孫. 況我輩原孑然一身, 無妻無子也哉! 旣不爲己身之榮享, 又不爲子孫之垂業. 人而出此, 非愚則狂, 而謂無求無欲不婚不宦者爲之乎? 又凡有謀于人國者, 必內外相通, 後先相結. 今大西距中國九萬里而遙, 航海非三年不達, 且海外風濤, 難以逆料, 求一字相聞, 不啻登天, 況其他乎?

그리고 남보다 앞서 선교하러 온 서방의 수사들 중에는 칠팔십 년이 된 자도 있고 사오십 년이 된 자도 있으며, 뼈가 묻혀 썩은 자도 있고 늙어서 운신하지 못하는 자도 있다. 후에 온 수사들은 고국이 제각기 다른데, 어찌 종적을 감추고 몰래 도모하여 서로 알려주고 전수하면서 끝나지 않을 음모를 계속 꾸미겠는가?

且行敎西士先來者, 或七八十年, 或四五十年, 爲朽骨者有之, 龍鍾者有之. 後至之士鄕國, 皆人人殊, 寧有隱跡密謀, 展轉告授, 以繼此未竟之圖哉?

이러한 이야기를 가지고 고명한 이들에게 물으면 틀림없이 한 번 비웃을 가치도 없다고 할 것이

以此質之高明, 固不足以當一哂, 卽語之黃童, 亦不足聳其

며, 철없는 어린아이에게 말해도 의심을 불러일으키기에 부족할 것이다. 그런데도 저 멀리 종적도 증거도 없는 일본과 여송呂宋(필리핀)을 끌어대고, 옛 명나라 왕조 예부禮部 신하의 참주소장參奏疏章과 잡으려다 허사가 된 외국 상인을 지목하였으니, 말할수록 허황해졌고 허황될수록 이리저리 둘러댔다. 저들이 말하기를, 배를 타고 온 외국 상인에게 전해 들은바, 서양 손님들이 일본을 강탈하려 한다고 했는데, 묻건대 그 외국 상인의 이름은 무엇이며 몇 년 몇 월에 만나보았는가? 심각沈潅[133]이 참주소장을 올린 것은 지금으로부터 이미 오십 년 전의 일[134]이니, 세월이 오래되지 않았다 할 수 없

疑猜. 且遠引無踪無證之日本呂宋, 幷指故明禮臣之參疏, 與捕空之舶商, 愈言愈虛, 愈虛愈遁. 云舶商傳聞西客謀奪日本, 試問舶商是何姓名, 何年何月與相見? 至沈𣙜之參疏, 今已五十年矣, 歷時不爲不久. 其所言虛實果否? 今何如哉? 凡觀人者, 不知其國視其人, 不知其人聽其言而觀其行. 況居香山澳之西客, 與居內地行教之修士所言所行, 誠今昔天下萬耳萬

133 원문에는 '沈𣙜'이라고 되어 있는데, 이는 沈潅(1565~1624)의 誤記이다. 그는 그리스도교에 대한 중국 최초의 교안인 '南京教案'의 주동 인물이다.

134 '오십 년 전의 일'이란 南京教案(1616~1617)을 말한다. 사실상 중앙정부가 개입한 첫 번째 그리스도교 박해사건으로 예수회가 중국 선교를 시작한 지 30여 년 만에 발생했다. 그리스도교가 기존 질서에 대한 위협세력으로 인식될 때 어떠한 적대적 반응이 있었는지 살필 수 있는 중요한 사건이다. 1616년 南京禮部侍郎인 沈潅(浙江 吳興 출신으로 후에 戶部尙書가 되었다)은 '선교사의 선교 활동은 중국의 법통을 혼란시키고, 무리를 만들어 不軌를 꾀하며, 堯舜 이래의 曆法을 혼란시키며, 교인은 제사를 소홀히 하여 考悌의 좋은 풍습을 어지럽히고 있다'는 上疏를 1616년 여름부터 1617년 1월 7일까지 세 차례에 걸쳐 올렸으며, 禮部尙書 方從哲(沈潅과 同鄕), 內官 魏進忠, 劉朝, 유학자 晏文輝, 南京禮部郎中 徐如珂(1562~1626) 등의 협조를 받아 1617년 2월 3일에 3명의 예수회 신부를 포함한 27명의 그리스도교 관련 구속자에 대하여 중앙정부 차원의 징계와 함께 선교 활동을 금지하는 조치를 얻어내었다. 물론 이러한 중앙정부의 조치 효력은 南京 지역에 국한된 것이었지만, 이 사건으로 사실상 5년 동안 선교가 금지되었고, 그리스도교의 선교 중심지는 北京에서 奉敎士人 중 유력자인 楊廷筠의 고향인 杭州로 바뀌게 된다. 沈潅이 외국인 선교사의 불법 입국, 국가 존위를 위협하는 선교 내용과 활동을 문제 삼았고 그리스도교 교리에 대한 충분한 이해는 없었던 것으로 보이므로, 南京教案은 본질상 그리스도교도와 신유학자 사이의 사상적 대결은 아니었다고 볼 수 있다. 그러나 南京教案은 중앙정부와 선교사 사이에 갈등을 불러오고 관리들이 그리스도교 자체에 부정적 인식을 갖게 되었을 뿐만 아니라 이 교안 전후로 많은 反教士人들과 佛者들이 그리스도교를 공박하는 저술을 활발히 발간하여 계속적인 반그리스도교 운동의 이론적 근거를 마련하였기 때문에 결과적으로 그리스도교의 선교는 상당한 피해를 보았다고 할 수 있다. 이는 楊光先이 주도한 '역옥'의 원류라고 볼 수 있다. 南京教案에 관하여는 주로 예수회의 보관 자료(보고서 및 Semedo의 자료 등)를 이용한 연구가 많았으나

다. 그가 한 말들의 허실 여부는 과연 어떠한가? 지금은 또 어떠한가? 사람을 볼 때에, 그 나라를 모르면 그 사람을 보고, 그 사람을 모르면 그의 말을 듣고 그의 행동을 본다. 하물며 오문에 사는 서양 손님들과 내지에서 전도하고 있는 수사들의 언행은 예나 지금이나 천하의 수많은 눈과 귀가 다 같이 보고 듣는 바 아닌가.

目所共見其聞也哉.

중국 측 자료가 충실히 남아 있고, 특히 『聖朝破邪集』이 집중적으로 연구되면 더 풍부한 학문적 성과를 얻을 수 있을 것으로 본다. 張維華, 「南京教案始末」, 『中國近代史論叢』 第一輯第二册(臺北: 正中書局, 1956), 201~226쪽; 陳受頤, 「明末清初耶蘇會的儒教觀及反應」, 『明代宗教』, 67~123쪽; 寶成關, 「中西文化的第一次激烈衝突－明季 "南京教案" 文化背景剖析」, 『史學集刊』(1993:4), 57~63쪽; Kelly, Edward Thomas, "The Anti-Christian Persecution of 1616~1617 in Nanking"(Unpublished Ph. D, dissertation: Columbia University, 1971); Young, John D., *Confucianism and Christianity—The First Encounter*(Hong Kong: Hong Kong University Press, 1983), pp. 59~76 등 참조.

역법을 구실로 사교를 행한다는 데 대한 변[135]

藉曆法行教辯

광선은 "탕약망은 저의 새로운 역법을 구실삼아 금문金門 안에 숨어서 저들의 사교를 행하고 있습니다"[136]라고 운운하였다.

光先云: "若望得藉其新法, 以隱於金門, 以行邪教" 云云.

이에 앞서 명나라 말 임술년(1622)에 관련 관서를 설치하여 역법을 고쳤다. 십 년이 지나서 탕약망은 섬서성 서안부西安府 천주당에서 선교하기 시작하여[137] 숭정 4년 신미년(1631)에 황제의 부름을 받아 북경으로 들어왔다. 그러니 역법을 빌려 선교한 것이 아니었음이 아주 명백히 드러난다. 그리고 서양의 수사들이 중국에서 선교 활동을 시작한 것은 이마두가 처음이었다. 만력 신사년(1581)[138]에

先是明季壬戌年, 開局修改曆法. 閱十年, 而湯若望自陝西西安府天主堂行教, 以崇禎四年辛未欽取進京. 則非藉曆法以行教, 極彰明較著矣. 且西士在中國行教, 自利瑪竇始. 萬曆辛巳年, 入中國朝見神宗, 獻天主像等方物. 於宣武門內建天主

---

135 이 글은 언제 썼는지는 표시되어 있지 않으나 문맥으로 보아 1668년으로 추정된다. 본문에 萬曆 辛巳年(1581)에서 87년이 흘렀다고 한 것에서 유추한 것이다. 그러나 이 책의 저본인『天主教東傳文獻』의 판본에서 그 3년 전인 康熙 원각본(1665)의 영인본이라고 하였으니 추가적인 연구가 필요하다. 참고로 康熙 9년(1670)에 중각본이 발간된 적이 있다.

136「請誅邪教狀」의 원문은 "湯若望은 역법을 구실로 삼아 궁궐 안에 몸을 숨기고 조정의 기밀을 엿보고 있습니다. 만약 안팎으로 연계하여 반역을 꾀하는 것이 아니라면, 무슨 이유로 무리를 퍼뜨려 北京과 지방의 요지에 천주당을 세우고 요서를 전하여 천하의 사람들을 홀리겠습니까〔若望借曆法, 以藏身金門, 窺伺朝廷機密. 若非內勾外連, 謀爲不軌, 何故布黨, 爲立天主堂于京省要害之地, 傳妖書以惑天下之人〕"이다.(이 책 46~47쪽 참조)

137 魏特(Alfons Väth)의『湯若望傳』에 의하면 湯若望이 서안에 선교하러 간 것은 丁卯年(1627)이었으므로 壬戌年(1622)은 오류이다.

138 1581년(辛巳年)이라 한 것은 오류이다. 利瑪竇는 1583년에 중국에서 선교를 시작하였고, 처음으로 北京에 간 것은 1598년 9월이었으며, 두 번째인 1601년 4월부터 정식으로 北京에 거주하였고, 생전에

중국에 와서 신종神宗을 알현하고 천주상 등 그 나라의 토산물을 바쳤다. 선무문宣武門 안에 천주당을 짓고 책을 쓰고 성경을 번역하면서 천주교의 바른 교리를 밝혔는데, 그 후 87년이 흘렀다.

堂, 著書譯經, 發明天主教正理, 至今八十七載.

그의 뒤를 이어 중국에 들어온 수사들로는 절강 항주의 곽거정郭居靜 계미년(1583), 강서 남창부의 소여한蘇如漢 갑신년(1584), 건창부建昌府의 비기규費奇規 신묘년(1591), 강남 강녕부江寧府의 고일지高一志와 송강부松江府의 여녕석黎寧石 임진년(1592), 섬서 서안부의 김니각金尼閣 기해년(1599), 복건 복주부의 애유략艾儒略 임인년(1602), 산서 강주絳州의 증덕소曾德昭 갑진년(1604), 하남 변량汴梁의 필방제畢方濟 정묘년(1627) 등이다. 저들은 제각기 자기 천주당에서 선교활동을 하였다.[139] 이로부터 알 수 있는 바, 탕약망이 역법을 찬수하기 전에 서양의 수사들이 중국에서 선교활동을 벌인 지가 이미 30년, 40년에서 50년이나 된다.

接踵而至者, 浙江杭州郭居靜 癸未, 江西南昌府蘇如漢 甲申, 建昌府費奇規 辛卯, 江南江寧府高一志, 松江府黎寧石 壬辰, 陝西西安府金尼閣 己亥, 閩福州府艾儒略 壬寅, 山西絳州曾德昭 甲辰, 河南汴梁畢方濟 丁卯. 各居本堂行教. 是知湯若望未修曆法之前, 西士在中國行教已三四五十年矣.

탕약망이 북경에 숨어서 교리를 전파했다는 광선의 주장은 허구임이 더욱 뚜렷하다. 숭정 13년(1640)에 탕약망은 『진정서상』에서 천주께서 강생한 후의 사적과 천주교의 요지에 대해 개략적으로 서술하였다. 이 상소문에서는 다음과 같이 밝혔

至光先所云, 湯若望隱於京都以行教, 愈顯其虛. 崇禎十三年, 湯若望進呈書像, 畧講天主降生行實, 天主教要. 疏內明云: "臣等輕棄家鄉, 觀光上國,

---

중국의 황제를 대면(알현)한 일도 없다.

139 위의 각 선교사의 이름 옆에 표시한 干支는 그들이 중국(마카오)에 들어온 해로 보이는데, 대부분 연대가 잘못되었다. 郭居靜은 1593년, 高一志는 1605년, 金尼閣과 艾儒略, 畢方濟는 1610년, 曾德昭는 1613년에 각각 중국에 들어왔다. 각 선교사들의 사적은 費賴之, 『入華耶穌會士列傳』(上海: 商務印書館, 1938); 方豪, 『中國天主教史人物傳』(北京: 宗教文化出版社, 2007) 등을 참조.

다. “신 등이 고향을 버리고 상국上國을 둘러본 것은 사실상 이것을 위해서입니다. 즉 위에서 말한 선교법을 위해서이니, 감히 숨기지 못하겠사옵니다.” 이 상소문은 지금도 보존되어 있다.

意實爲此. 卽右所云爲傳敎法不敢隱也.” 書疏見存.

순치 원년(1644) 5월에 탕약망은 상소문에서 이렇게 진술하였다. “신은 대서양에서부터 팔만 리를 항해하여 북경으로 와서, 결혼도 하지 않고 벼슬도 하지 않은 채 오로지 상제를 부지런히 섬기면서 천주교를 드러내는 일을 근본으로 삼고, 사람들에게 충성과 효도와 절개와 청렴과 준법을 권면하는 일에만 힘쓰고 있사옵니다. 신은 천주당인 성모당을 하나 직접 사들여 아침저녁으로 향을 피우면서 수행하고 있으니, 널리 보우해주기를 간절히 기원하옵니다.” 그달 12일에 청나라 문자로 쓰인 어지를 하사받아 교당의 문어귀에 내걸었다.

順治元年五月內, 若望奏疏畧曰: “臣自大西洋八萬里航海來京, 不婚不宦, 專以昭事上帝, 闡揚天主聖敎爲本, 勸人忠君孝親貞廉守法爲務. 臣自購置天主堂聖母堂一所, 朝夕焚修, 祈求普祐.” 云云. 本月十二日蒙頒給淸字令旨, 張掛本堂門首.

순치 원년 12월에 탕약망은 관직을 마다하며 올린 소문疏文에서 명확히 말하기를, “신은 집을 떠나 참다운 도를 배우면서, 세상의 영화를 끊기로 맹세하고 동양으로 선교하러 왔사옵니다”라고 운운하였다.

順治元年十二月內, 若望辭官, 疏內明言: “臣辭家學道, 誓絶世榮, 轉敎東來.” 云云.

또 순치 14년(1657) 10월에 탕약망은 다시금 관직을 마다하며 올린 상소에서, “신은 부평초같이 떠돌아다니는 외로운 여행자이옵니다. 어려서부터 참다운 도를 배웠고, 장년에 이르러서는 동방을 여행하면서 천주교를 선양하고 전파하였사온데, 이는 다만 한편으로 역학曆學에도 정통한 덕분이었사옵니다”라고 운운하였다.

又順治十四年十月內, 若望又辭官, 疏內曰: “臣萍飄孤旅. 自幼學道, 及壯東遊, 宣傳天主正敎, 祗緣傍通曆學.” 云云.

또 순치 13년(1656) 10월에 올린 「이류사와 안문

又順治十三年十月內, 利類思

사의 사은소謝恩疏」에서, "신 등은 바다 건너 머나먼 곳에서 온 사람으로 명나라 말에 동양으로 와 사천에 살면서 천주교를 전파하였사옵니다. 은혜롭게도 굽어 살펴주시고 측은히 여겨주셔서, 특별히 생활에 쓰라고 돈과 쌀을 하사받았으며 향을 피우며 수신하라고 집도 하사받았습니다"라고 하였다.

安文思謝恩疏內曰: "臣等海國遠人, 明季東來, 居蜀明教. 又蒙俯鑒積忱, 特賜銀米養贍, 賜房焚修."

이러한 상소문에서 모두 '전교傳教'라는 두 글자를 명백히 조정에 고하고 있으니, 어찌 신분을 숨기는 행위가 있었단 말인가? 더구나 세조 황제가 친히 천주교당에 납신 것이 한 번이 아니며, 표창의 뜻으로 편액을 내려주시고, 장식으로 은을 하사하셨다. 아울러 성은을 입어 어제御製 비문碑文까지 하사받아 교회당 옆에 세워두었으니, 이 모든 것은 천주교를 존숭하였기 때문이다. 갖가지 남다른 은택들이 세상의 눈과 귀에 환히 드러나 있다. 게다가 장황제章皇帝는 하늘이 내린 탁월한 지혜를 가지신 분이신데, 만약 탕약망의 행실에 조금이라도 왈가왈부할 만한 작은 단서라도 있었다면 하늘 같은 밝은 살피심으로부터 어찌 도망갈 수 있었겠는가?

皆以傳教二字明明人告, 豈隱身之所爲? 況蒙世祖皇帝臨幸天主堂者不一, 賜扁旌表, 賜銀修飾. 幷蒙御製碑文, 建立堂左, 皆所以崇教法也. 種種殊恩, 昭彰耳目. 且章皇帝神智天縱, 倘若望所行稍有可議, 豈能逃如天之照哉?

중국의 태초인에 관한 변
中國初人辯

『주역』에서 이르기를, "천지가 있은 후에 만물이 있었고 그 후에 남녀가 있었다"라고 하였다. 이것은 이치에 근거해서 한 말이다. 짐작해보면 이 남녀들은 천지의 자리가 정해지고 만물이 정리된 후에 태어났을 터이니, 필연코 온 세상의 태초인일 것이다. 태어나려면 반드시 땅이 있어야 했을 것인데 성경에 근거하면, 그 땅이 곧 유대 나라다. 〈여지도輿地圖〉[140]에 따르면, 천하를 다섯 개 대주大州로 나누는데, 아시아[亞細亞]·유럽[歐羅巴]·아프리카[利未亞]·아메리카[亞墨利加]·마젤라니카[瑪熱剌尼加][141]가 그것이다. 지금의 유대 나라는 아시아에 있으며 중국과 같은 주에 있다.

易云: "有天地, 然後有萬物, 然後有男女." 此據理而言. 計此男女, 生於天地成位, 萬物潔齋之後, 必也普世之初人乎. 生必有地, 據天主經爲如德亞國. 按(輿圖), 天下分五大洲, 一曰亞細亞, 一曰歐羅巴, 一曰利未亞, 一曰亞墨利加, 一曰瑪熱剌尼加. 今如德亞國在亞細亞內, 與中國同洲.

온 세상의 태초인이 있은 후에 여러 나라에도 태초인이 있게 되었다. 『성경』에 의하면 각국의 태초인들은 모두 온 세상의 태초인의 후예이니, 모두가 유대 나라의 후손인 셈이다. 어찌 중국의 태초인만 예외일 수 있겠는가? 양광선은 근거를 날조하여 죄명罪名을 지었다. 그의 뜻을 헤아려보건대 중국인이

既有普世初人, 方有各國之初人. 據經, 各國初人, 皆普世初人之後, 則皆如德亞國之苗裔. 豈中國初人獨否耶? 楊光先捏據, 以爲罪案. 推其意, 以爲中國人耻言生於他國, 今請得而

140 利瑪竇는 『山海輿地圖』(1584), 『輿地山海全圖』(1587), 『坤輿萬國全圖』(1602) 등 여러 차례 만국지도를 발간하였는데, 이에 대하여는 줄리오 알레니 지음, 천기철 옮김, 『직방외기』, 55~65쪽 참조.

141 '瑪熱剌尼加' 또는 '墨瓦蠟尼加'로 음역하는데, 『직방외기』에서는 이 땅의 모습을 아직 자세히 알지 못하여 지도에 그려넣지 못했다고 하였다. 줄리오 알레니 지음, 천기철 옮김, 『직방외기』, 64쪽 참조.

다른 나라에서 태어났다고 말하기를 수치스러워하는 것 같은데, 지금 그에 관해 변론해보고자 한다.

辨之.

중국의 태초인이 다른 나라의 후예가 아니라고 말한다면, 다른 나라의 태초인이 중국의 후예일 것은 당연한 이치이다. 그러나 중국과 서방의 고대사를 종합적으로 고찰해보면, 중국의 태초인이 멀리 다른 나라로 흘러들어 갔다는 기록은 보이지 않지만 서방의 역사에서는 유대 나라의 태초인이 멀리 동방으로 흘러들어 갔다는 기록이 보인다. 그러니 중국의 태초인이 다른 나라에서 태어났다는 말은 근거가 있지만, 다른 나라의 태초인이 중국에서 태어났다는 말은 근거가 없다. 만약 태초인이 다른 나라에서 태어났다면, 중국의 태초인은 부득이 다른 나라의 후예일 수밖에 없다. 이것은 필연적인 논리인데 무엇을 수치스러워한단 말인가? 여기는 중국이요 저기는 외국이요 하며 이처럼 구별하는 것은 모두 후세를 두고 하는 말들이지 태곳적을 말하는 것은 아니다.

謂中國初人非他國之苗裔, 則他國之初人乃中國之苗裔, 理所必然. 但合考中西古史, 不載中國初人遠遊他國, 而西史載如德亞國初人遠遊東來. 則謂中國初人, 生自他國爲有據, 而謂他國之初人, 生自中國無所憑. 如初人生於他國, 卽爲中國之初人, 不得不爲他國之苗裔. 此必然之理, 何足云耻哉? 此中國彼外國, 作如許區別者, 皆後世之論, 非所論太古之初者也.

세상이 혼돈 상태였을 때에는 유교가 아직 생겨나지 않았으며 예악도 흥성하지 않았다. 태생의 근원을 더 거슬러 가보면 생명조차 없었을 것이다. 이때 우주에는 원기元氣[142]만이 혼돈 상태로 있었으니, 무슨 사람이 있어서 머나먼 밖으로부터 찾아와 중국인의 시조가 되었겠는가? 나무에 뿌리가 있고 물에 근원이 있는 것은 필연적인 이치이거늘,

世方洪濛, 此中正敎未擧, 禮樂未興. 更遡其生, 幷生齒亦未之有. 於斯之時, 宇內元氣渾琿淪淪, 會有人焉遠從外來, 爲中國之鼻祖? 木本水源, 理所必至, 孰瑋耻哉?

142 하늘과 땅이 갈라지기 전의 혼돈의 氣.

무엇을 부끄러워한단 말인가?

무릇 중국을 중국이라고 부르는 까닭은 예악을 흥기시키고 문예를 만들어 충효인의를 갖추었기 때문이지, 태초인이 중국에서 태어났기 때문은 아니다. 게다가 중국에 사람이 살게 된 처음부터 문물과 예의가 그같이 홍성할 수 있었던 것은 아니지 않은가? 이 또한 점차적으로 홍성하였음에 분명하다.

夫中國之所以謂中國者, 特以能興禮樂, 制文藝, 該忠孝仁義, 非因初人生在中國也. 且中國有人之初, 豈遂有文物禮儀之盛乎? 亦必漸而興焉.

만약 지역을 가지고 따진다면 풍성馮城의 우순虞舜[143]이나 서강西羌의 하우夏禹[144]나 기산岐山의 희백姬伯[145]이나 모두가 중국의 성인이 되기에는 부족하다. 송나라의 육자陸子는 "동해에서 성인이 나신다 해도 마음이나 이치는 같을 것이다. 서해에서 성인이 나신다 해도 마음이나 이치는 같을 것이다"[146]라고 하였다. 그저 마음과 이치의 같음만을 구할 뿐, 동서양의 차이는 가르지 않았거늘, 어찌하여 보는 눈이 넓지 못한가?

若以方域論, 將馮之姚, 西羌之似, 岐下之姬, 均非足中國之聖人矣. 宋陸子曰: "東海有聖人出, 此心此理同. 西海有聖人出, 此心此理同也." 但求心理之同, 不分東西之異, 何所見之不廣也?

143 '馮'은 地名으로, 馮城을 가리킨다. 『後漢書』「馮魴傳」의 주석에서 인용한 『東觀漢記』에 의하면 洛陽에서 멀지 않은 곳이라 한다. 虞舜의 원문은 '姚'인데, 姚는 虞舜의 성이다.

144 '西羌'은 西漢 시기에 羌人을 부르던 말로, 이들은 陝西 · 青海 · 甘肅 등지에 모여 살았다고 한다. 夏禹의 원문은 '似'인데, 이는 夏나라 禹王의 姓인 姒로 보아야 할 것이다. 禹가 羌人이었다는 설이 있다.

145 '岐山'은 지금의 섬서성 기산현 경내를 가리키고, '姬伯'은 周 文王 姬昌을 가리킨다.

146 陸子는 南宋의 철학가 陸九淵을 말한다. 위의 인용구는 『象山先生全集』「雜說」에 나오는 말로 원문은 "천만세 이전에 성인이 나셨더라도 이런 마음에 이런 이치는 같았을 것이고 천만세 후에 성인이 나신다 하더라도 똑같이 이런 마음에 똑같이 이런 이치일 것이다. 동서남북의 바다에서 성인이 나타난다 하더라도 똑같이 이런 마음에 똑같이 이런 이치일 것이다〔千萬世之前有聖人出焉, 同此心同此理也. 千萬世之後有聖人出焉, 同此心同此理也. 東西南北海有聖人出焉, 同此心同此理也〕"이다.

제3부

역법부득이변

曆法不得已辯

자서

自序

나 남회인南懷仁은 멀리 서양에서 온 미천한 선비로 조용히 학문과 도를 닦으며 다른 사람의 잘잘못을 입에 담지 않고 살았다. 그러나 나라의 억만년 미래가 걸린 큰 법도에 관한 일이라면 줄기차게 쟁론하여 결백을 가릴 수밖에 없다. 말하지 않을 수 없기에 한번 말해보고자 하는 것이다. 나 남회인은 순치 16년(1659)에 세조 장황제의 부름을 받고 북경에 와서 봉록을 받으며 역법에 관한 일을 이어받았다.[1]

懷仁遠西鄙儒, 靜修學道, 口不言人短長. 若事關國家億萬年之大典, 則不禁娓娓焉. 諍而白之, 蓋一言乎其所不得不言也. 仁自順治十六年, 荷世祖章皇帝欽召進京, 叅養繼曆.

강희 3년(1664)에 양광선은 종이 가득 쓴 거짓말로 크나큰 옥사를 조작하였다. 바로 그때에 탕약망은 입을 다물고 있었고, 나 남회인은 중국에 온 지 얼마 되지 않아 말이 통하지 않았던 탓에 한마디 말도 할 수가 없었다. 다행히 황제께서 통찰해주신 덕에 죽지 않고, 남회인 등은 하사해주신 저택에서 여전히 살아갈 수 있었다. 문을 닫고 조용히 살아가는 여가에 양광선이 써서 퍼뜨린 「적류십론摘謬十論」 등의 글을 자세히 살펴보았다. 그가 베낀 것은 모두가 지난 왕조(明) 때 이미 폐기하였던 낡은

康熙三年, 楊光先以一紙誑詞, 構彌天大獄. 方是時, 若望暗矣, 懷仁入中土未久, 語言不通, 一詞莫措. 幸蒙皇上洞鑒, 待以不死, 仁等得仍栖賜宅. 掩開靜息之餘, 細繹光先所布十謬等書. 其所抄襲者, 皆前朝已敝之舊法, 其所詆譭者, 皆世祖特用之新法. 仁不勝忿激, 因著此不得已辯, 以待公評.

1 南懷仁의 전임자는 湯若望이다.

역법[2]이었으며, 그가 헐뜯고 비방한 것은 모두가 세조께서 특별히 채용하였던 새 법이었다. 나 남회인은 격분을 이길 수 없어 『부득이변不得已辯』을 지어 공정한 평가를 기다리고자 한다.

대체로 천문이라는 것은 조정에 있어서는 실제 정사요, 유생에 있어서는 실제 학문이므로 어느 한 사람의 한 가지 일처럼 세 치 혀를 함부로 놀려 비평하거나 제멋대로 붓을 놀려 겉모양새나 대충 그려낼 수 있는 것이 아니다. 천문의 요체는 관측과 검증에 있다. 『상서尙書』에는 "낮과 밤의 길이가 같을 때(춘분) 황혼에 성조星鳥가 남쪽 하늘에 나타나고, 밤과 낮의 길이가 같을 때(추분) 황혼에 허성虛星이 남쪽 하늘에 나타난다"[3]고 하였으며, 또 "북두성을 관찰해 칠정七政을 조화롭게 다스린다"[4]고 하였다. 이것은 모두 관측하고 검증한 것을 말한 것이다. 관측과 검증의 방법이 한 가지만 있을 수는 없다. 그 가운데 심오하지 않고 쉽사리 볼 수 있는 것을 들어 말하자면, 일식과 월식, 해가 뜨고 지는 것, 그믐과 초하루에 달이 차고 이지러지는 것, 일월성신이 운행하는 도수度數〔躔度〕[5] 등은 사

夫天文者, 朝廷之實政, 儒者之實學, 非比一人一事, 可以掉三寸之舌, 立地雌黃, 灑筆端之墨, 依稀形似者也. 此其道在於測驗. 書曰: "日中星鳥, 宵中星虛." 又曰: "在璿璣玉衡, 以齊七政." 皆言測驗也. 測驗之法不一. 擧其膚淺而易見者言之, 如日月之交蝕, 太陽之出入, 晦朔之盈虧, 五星之躔度, 擧世之人有目共見. 測之而驗者法也, 測之而不驗者非法也. 盡人以合天者, 懷仁之言也, 强天以合人者, 光先之言也. 光先胸無確據, 强辯飾非, 不過借曆法以行恩怨, 無怪乎屢測而屢謬也.

---

2 大統曆을 말한다.

3 "日中, 星鳥, 以殷仲春 …… 宵中, 星虛, 以殷仲秋."(『尙書』「堯典」) '日中'은 춘분을 말하고 '星鳥'는 별 이름으로 남방의 朱雀七宿이 새 모양으로 나타나기 때문에 이렇게 칭하였다. '宵中'은 추분을 말하며 '星虛'는 별 이름으로 북방 玄武七宿 중 하나이다.

4 "在璿璣玉衡, 以齊七政."(『尙書』「舜典」) 요임금이 舜에게 섭정하도록 하고 天命을 관찰하게 하자 舜이 북두성을 관찰해 칠정을 조화롭게 다스렸다고 한다. '璿璣'는 북두성 중 제1성에서 제4성, '玉衡'은 제5성을 말한다. 둘 다 천체 관측의 의기를 말하기도 한다.

5 '躔度'는 日月星辰이 운행하는 궤도의 도수를 말한다. 옛날에는 하늘을 360도로 나누고 구역을 정해 日月星辰의 방위를 판별했다.

람들이 모두 함께 볼 수 있는 현상들이다. 그것을 관측하여 검증된 것이 역법이고, 관측하되 검증되지 않는 것은 법이 아니다. 사람이 최선을 다해 하늘의 뜻에 맞춘다는 것은 나 남회인을 두고 한 말이고, 억지로 하늘의 뜻을 사람에게 맞춘다는 것은 양광선을 두고 한 말이다. 양광선은 마음속에 확실한 증거도 없으면서 억지 말재주를 부려 그릇된 것을 덮어 감추었는데, 이것은 역법을 빌려 원한을 풀려는 것이니 그가 여러 차례 관측하였는데도 모두 오류가 생기는 것은 이상할 것이 없다.

대개 천문학은 세월이 지날수록 더욱더 정밀한 것을 추구한다. 옛날에 처음으로 역법을 만든 사람은 그 총명함이 지금 사람들보다 백배는 더하였을 것이고, 그 어려움 또한 오늘날보다 백배는 더하였을 것이다. 그러나 한 번의 관측으로 모든 것이 갖추어질 수는 없었다. 몇백 년, 몇천 년을 거치면서 세대마다 주도면밀하게 고찰하고 연구하는 사람이 있었기에 역법은 갈수록 정밀해졌고 학문은 갈수록 정확해졌다. 나 남회인은 보잘것없는 학자에 지나지 않지만, 다행히 그들보다 천 세대, 백 세대 후, 역법이 주도면밀하고 완비된 때에 태어나 그것을 잃지 않고 지켜낼 수 있었다. 위로 하늘의 운행을 관측할 때 거듭 측정하여도 거듭 부합했던 것은 나 남회인의 능력이 아니라 실로 역법이 훌륭했던 까닭이다.

大抵天文之學, 世代愈久, 其講求愈精. 古來創制曆法者, 其聰明百倍于今人, 其艱難亦百倍于今日. 然一時之窺測, 未能盡備也. 閱數百年數千年, 代有其人, 周詳考究, 而其法愈精, 其學愈驗. 懷仁一腐儒爾, 幸而生千百世之後, 曆法詳備之時, 守而勿失. 以上測天行, 所以屢測而屢合者, 非仁之能也, 實法之善也.

그리고 새 역법은 시행된 지 이미 20여 년이 되었다. 신성하신 선황제(順治帝)께서 부서의 관원들, 흠천감의 관원들에게 몇 차례에 걸쳐 상세하고도

且新法之行, 二十餘年矣. 以先皇帝之神聖, 幾經詳愼部測·監測, 屢遣內外大臣公同測驗,

조심스럽게 관측하게 하신 다음, 내외 대신들을 누차 파견해 함께 관측하고 검증하게 하시니, 조금의 오차도 없이 일치하게 되었다. 이에 '지극히 훌륭하고 지극히 아름다우니 영원히 따르도록 하라'는 유지를 받았다. 그리고 특별히 칙서를 내려 "하늘이 현인을 내어, 짐을 도와 역법을 만들게 하시었다"고 하셨으며, 또 "천년의 부족함을 보완하여 한 세대의 거작巨作을 이루었다"[6]고 말씀하셨다.

密合無差, 奉有盡美盡善, 永遠遵行之旨. 特賜敕書云: "天生賢人, 以助朕造曆." 又云: "補千年之缺略, 成一代之鴻書."

눈부시게 빛나는 천자의 조서가 오늘까지 보관되어 있는데도 양광선은 낡은 역법이 좋고 새 역법이 틀렸다고 하면서, 다른 사람의 터무니없는 말을 훔쳐다가 명말에 상소하던 옛 버릇[7]을 그대로 드러내었다. 그럴듯한 말로 사람들을 미혹시켜 하루아침에 흠천감의 관원 여덟이 무고하게 참수되었다.[8] 비통하고 참혹한 광경에 어찌 그 혼자만 부끄러움이 없단 말인가?

煌煌天語, 至今猶存, 乃光先以舊法爲善, 以新法爲謬, 竊無稽之唾餘, 逞明季上書之故態. 鴟張簧鼓, 不崇朝而監員八人, 無辜駢首. 傷心慘目, 寧不獨愧于心乎?

게다가 양광선은 "역리만 알고 역법은 모른다"고 말했다. 모든 역법은 역리로부터 나오며 그 원리는 역법으로 검증된다. 이는 천고에 변치 않는 정론이다. 지금 양광선이 역리는 안다고 인정하면서 감히 역법을 안다고 시인하지 못하는 것은, 역법에는 능히 근거할 만한 관측과 검증이 있어 즉시 진위를

且光先之言謂: "但知曆理, 不知曆法." 夫法出於理, 理以法征. 此千古不易之定論. 今光先止認通理而不敢認通法者, 其心蓋懼曆法有測驗可據, 立時可辨眞僞, 曆理人多未諳, 或可

---

6 순치 14년(1657) 2월 황제가 지은 비문(世祖碑)에 있는 말로, 黃伯祿 編, 『政敎奉褒』(上海: 慈母堂, 1884)에 실려 있다.

7 陳啓新을 탄핵한 일을 말한다.

8 강희 4년(1665) 5월 18일에 楊光先의 상소를 심의하여 湯若望을 능지처참형(孝庄皇太后의 건의로 집행되지는 않았다), 南懷仁을 유배형에 처하고 흠천감에서 선교사와 신부 들에게 협조한 李祖白 등을 처결하도록 하였다. 이를 '康熙曆獄'이라 하는데, 이때 참수된 관원을 말하는 듯하다.

판별할 수 있기에 두렵고, 역리는 많은 사람들이 알지 못하니 혹 궤변으로 얼버무리고 둘러댈 수도 있으리라고 여겼기 때문이다. 그의 간교한 계략이 이와 같다. 자신을 속이고 남을 속이며 하늘을 속이고 윗사람을 기망하였으니, 어찌 천하에 웃음거리가 되지 않을 수 있겠는가?

以强辯支五口. 奸計若此. 其自欺欺人, 以欺天欺上, 豈不貽笑於天下哉?

강희 9년(1670)[9]에 폐하께서는 내대신內大臣[10]들에게 명을 내려 내원內院[11]과 부원部院[12]의 대신들이 함께 영대靈臺[13]에서 관측하도록 하고 다시 오문午門[14]에서 두 달 동안 관측하게 하였다. 그 후에 올린 소문疏文에서 "남회인이 말한 것은 〔관측한 결과〕 갖가지가 모두 부합되지만 양광선이 말한 것은 모두 부합되지 않는다"고 하였다. 이에 명이 내려와 친왕親王 및 조정대신에게 함께 의논하도록 하니, 소문을 올려 "양광선은 아무것도 모르면서 터무니없는 사단을 일으켜 많은 사람을 무고하고 해쳤으므로 사형에 처할 것을 주청한다"고 하였다.[15]

至康熙九年, 上命內大臣, 內院部院大臣一測於靈台, 再測於午門者兩閱月. 疏稱懷仁所言, 件件皆合, 光先所言, 件件不合. 又命親王及廷臣會議, 疏稱光先茫然無知, 妄生事端, 誣害多人, 奏請大辟.

---

9 '강희 9년'이란 말은 잘못된 것이다. 南懷仁이 말한 일들은 모두 강희 7년(1668) 11월부터 그다음 해 8월 사이에 일어난 것이다.

10 청나라는 滿洲의 鑲黃·正黃·精白·三機에서 각 2명씩 모두 8명의 자제를 선발하여 황제의 侍衛로 삼고 勳戚들이 통괄하였는데, 그들을 '領侍衛內大臣'이라 불렀다. 그 밖에 掌先後扈御·左右翊衛·出入扈從도 內大臣이라 했다.

11 '內院'은 황제의 정무 처리를 보조하던 청대의 기구 內三院으로, 內國史院·內秘書院·內弘文院을 말한다.

12 청나라 때 中央六部와 都察院을 합하여 부르던 말.

13 고대 제왕들이 天文星象과 妖祥災異를 관찰하던 건축물.

14 紫禁城의 정문으로, 남북이 똑바로 연결되는 위치에 子午 방향을 향하고 있어 '午門'이라 했다.

15 강희 7년(1668), 청 조정은 楊光先의 역산이 정확하지 않다는 것을 알고 다시 南懷仁을 기용하였다. 이듬해 양쪽의 실제 추산을 비교한 결과, 南懷仁의 역산이 정확하다는 것이 입증되자 南懷仁은 소를

아, 이제 국가의 대전大典이 바로 서게 되었고 천고의 시비가 밝혀졌으니 나 남회인은 이제 아무 말 하지 않아도 그만이다. 하지만 천하 후세들이 양광선이 쓴 글을 보고 혹시라도 종이 위에 늘어놓은 헛소리에 현혹될까봐 두려워 그가 퍼뜨린 「적류십론」 등의 글에 대하여 조목조목 신중하게 분석하고자 한다. 말한 것에 대해서는 반드시 근거를 제시할 것이고 역법에 대해서는 반드시 검증할 것이니, 누가 옳고 누가 그른지 분별할 수 있는 사람이 세상에 반드시 있을 것이다.

吁, 今而後國家之大典已正, 千古之是非得白, 懷仁可以無言矣. 竊恐天下後世, 見光先之書, 猶有惑于紙上空言者, 謹將其所布十謬等書, 條分縷析. 言必有憑, 法必有驗, 孰得孰失, 世必有能辯之者.

극서예수회 신부 남회인 씀.

極西耶穌會士南懷仁識.

올려 楊光先의 처형을 주청하였다.

개요

總略

새 역법은 서양에서 전해져온 것이다. 여러 나라 역법 전문가들이 서로 심사하고 잘못을 바로잡은 끝에 역법의 형태가 갖추어졌다. 역법이란 수천 년을 내려오는 동안 수백 명의 손을 거쳐서 이루어진 것이지, 한 사람이 한때 억지 주장을 펴서 아무렇게나 만들어낸 것이 아니다. 명말에 역법을 사용한 지 오래되어 점차 오차가 생기자 상세히 살펴서 개정하였는데, 이 또한 탕약망 한 사람이 일 년 동안 힘써서 이루어낸 일이 아니다. 만력 연간(1573~1620)부터 이마두利瑪竇(Matteo Ricci, 1552~1610), 웅삼발熊三拔(Sabbathinus de Ursis, 1575~1620), 양마락陽瑪諾(Manuel Dias, 1574~1659), 애유략艾儒略(Giulio Aleni, 1582~1649), 고일지高一志(Alfonso Vagnoni, 1566~1640), 등옥함鄧玉函(Johann Terrenz Schreck, 1576~1630), 나아곡羅雅谷(Giacomo Rho, 1593~1638) 등이 앞뒤로 틀린 것을 바로잡았고[16] 계속 이어져 탕약망에게까지 이르렀다. 거쳐 간 사람이 여덟이요, 흐른 세월이 83년이었다.

夫新法者, 傳自西洋. 諸國曆家, 互相考訂, 法綦備矣. 曆數千年, 經數百手, 非憑一人一時之臆見貿貿爲之者. 明末曆法, 歲久漸差, 詳稽修改, 亦非湯若望一人一歲之力. 自萬曆利瑪竇暨熊三拔·陽瑪諾·艾儒略·高一志·鄧玉函·羅雅谷諸君後先訂正, 累繼而及湯若望. 人閱有八, 歲閱八十有三.

이 몇몇 사람들은 모두 일월오성에 정통했고, 변통變通에도 능했다. 먼저 일식과 월식, 능범凌犯이

玆數人者, 皆精於象緯, 善於變通. 先以交食凌犯諸星行動, 較

16 利瑪竇는 역법에 정통한 선교사들을 중국에 파견시켜 역법 편수에 참가하게 하라고 건의하고 추진한 공은 있으나, 직접 역법 편수에 참가하지는 않았다. 이는 陽瑪諾, 艾儒略, 高一志도 마찬가지다.

일어나는 여러 행성의 움직임을 가지고 순천부順天府[17]의 자오정선子午正線을 바로잡고, 대지의 경도와 위도에 의거해 관측하고 검증함으로써 일월오성의 일정한 조응 상태를 관찰했다. 그런 다음 서양의 이름난 역법가들이 만든 역서들 중 정밀한 것을 택해 추산 방법을 본받고, 중국과 서양의 연대 차이를 참조하고 연구하여 백여 권의 책[18]으로 편집하였으며 그 책을 내정內廷에 삼가 올리어 황명을 받아 사관史館[19]에 교부하였다.

定順天府子午正線, 依大地之經緯度以便測驗, 以爲諸耀之定應. 然後於西國治曆諸名家所訂曆書, 採其精微, 仿其推步, 按中西年代, 參究異同, 匯輯成書一百餘卷, 恭進內廷, 業蒙宣付史館.

또 관측하고 검증하는 일이 역법가들의 첫째 임무이므로 어지를 받들어 역법을 수정하기 시작한 이래 서양에서 만든 대형 동의銅儀[20] 몇 대 외에 역국曆局에서 따로 대형 의기儀幾 몇 대를 만들고, 흠천감 관생들과 함께 낮에는 해를 관측하고 밤에는 달과 별을 관측하였다. 오성五星의 능범과 복현伏見,[21] 일식과 월식을 만나면 부部와 흠천감 관원들이 함께 관상대에 나아가 관측하고 검증하였으며, 치밀하게 부합시키도록 애썼다.

又以測驗爲曆家首務, 故奉旨修改以來, 除西制大銅儀數具外, 在曆局別造大儀幾座, 同監局官生, 晝測日, 夜測月星. 遇五星淩犯伏見, 日月交食, 公同部監赴觀象臺測驗務求密合.

그 사이에 황제께서 대신들을 여러 차례 보내 수

累蒙欽遣大臣, 隨時審視. 又因

17 명나라 永樂 원년(1403)에 北平府를 고쳐서 설치한 관청의 이름.

18 『崇禎曆書』를 가리킨다.

19 청나라 때 황제가 신하를 불러 만나고 政務를 처리하던 곳으로, 軍機處 · 南書房 등 중요한 기구가 여기에 있었다.

20 銅으로 만든 천체 관측기구로, 康熙 연간(1662～1722)에 南懷仁의 감수로 만들어진 天體儀 · 赤道經緯儀 · 黃道經緯儀 · 地平經儀 · 象限儀 · 紀限儀 등을 포함해 8개의 銅儀가 현재 북경 古관상대에 남아 있다.

21 지구에서 보아 행성이 태양의 위치에 가까워져 보이지 않거나〔伏〕 다시 보이는〔見〕 현상을 말한다. 지구보다 바깥 궤도를 도는 외행성은 晨見과 夕伏이 있고, 지구보다 안쪽 궤도로 도는 내행성은 晨伏과 夕見이 있다.

시로 자세히 살펴보도록 하셨다. 또 관원을 사방에 보내 일식과 월식 현상의 차이점을 관측하고 검증하게 하시고, 이어 칙명을 내리시어 황적대의黃赤大儀·성구星晷·천구天球·대일구大日晷 등을 만들게 하셨다. 때로는 내정에서 몸소 관측하셨고, 때로는 내영대內靈臺에서 여러 신하들과 함께 관측하셨다. 이같이 하기를 또 몇 년이었다.

交食, 差官四方測驗異同, 嗣後奉命造進黃赤大儀及星晷天球, 大日晷等. 或內廷親測, 或內靈臺諸臣公測. 如是者又數年.

우리 세조世祖[22]께서 천명을 받아 즉위하여 도읍을 정하시면서 하늘을 본받고 백성을 위해 힘쓰는 것을 으뜸가는 정무로 삼으시고, 역법에 유념하시어 더욱 정밀하고 상세하게 고치셨다. 황제께서 내대신內大臣들을 파견하여 함께 일식과 월식 등을 관측하게 하니, 과연 오차 없이 치밀하게 부합되었다. 이에 칙명을 내려 급히 새 역법을 만들고 반포하게 하시었다. 이때에 양광선은 이미 북경에 들어와 숨어 살고 있었다. 만약 그의 지식이 장황제(世祖)를 조금이라도 미혹시킬 수 있고, 고관대작이나 명철한 선비들을 능가할 수 있었다면, 마땅히 사실에 근거하여 진술함으로써 오류를 바로잡았어야 했다. 그런데 어찌하여 20년 동안이나 독을 품고 있다가 장황제께서 세상을 뜨시고 탕약망이 병들어 말을 할 수 없게 된 틈을 타 그물을 펼쳐 죄를 뒤집어씌웠단 말인가? 그러니 양광선의 마음은 진정 따져 물을 수도 없거니와 그는 참으로 장황제께는 죄인인 것이다.

至我世祖握符定鼎, 以憲天勤民爲首務, 留心曆法, 更復精詳. 欽遣內大臣公同測交食等, 果密合無差. 乃命以新法纘造頒行. 當此之時, 楊光先早已潛身京師. 倘智識果能恍惚章皇帝萬分之一, 而駕諸巨卿名哲之上, 卽宜據實陳言, 以正訛謬. 何以含毒二十年, 乘章皇帝龍馭賓天與湯若望病暗, 始張陷誣之網? 然則光先之心眞不可問, 眞爲章皇帝之罪人矣.

22 順治帝(1638~1661)를 말한다. 6세에 제위를 계승했고 1644년에 順治로 改元한 뒤 북경으로 수도를 옮기고 황제에 즉위했으며 14세에 親政을 시작했다.

'依西洋新法' 다섯 글자와 중국이 서양 역서를 받든다는 것에 대한 변석

辨依西洋新法五字幷中國奉西洋正朔

탕약망이 처음 역서를 바칠 때는 역서 겉장에 '依西洋新法(서양의 새 역법에 따라서)'이라는 글자가 없었다. 이 다섯 글자는 내삼원內三院의 대학사가 황제의 전지를 받들어 원본 역서 표지 위에 비답批答을 쓰고 예부에 넘겨서 반포, 시행한 것이다. 그때 탕약망은 아직 관직이 없었으며 이 역서와 비답을 받아 시행한 사람은 감정 과승과戈承科[23]였다. 양광선은 "황제의 역서에 '依西洋新法'이라는 다섯 글자를 적는 법은 결코 있을 수 없으며, 이는 대청국을 멸시하고 황제를 기만하는 것"이라고 하였다. 그 말이 사실이라면, 예부에서 해마다 역서를 반포한 지 이미 20여 년이나 되었는데 여러 대신들이 모두 그 다섯 글자를 보지 못하고 서로 기망하고 멸시하였단 말인가? 더욱이 순치 원년(1644) 7월 10일에 받은 어지에는 "지금 사용하고 있는 여러 역법은 모두 새 역법에 따라 추산하도록 한다. 반포할 역서의 양식을 빨리 만들기를 독촉하여 바치도록 하라. 예부에서 상세히 알아보도록 하라"고 하셨고, 또 다른 어지에서는 "먼 곳에서 온 신하

湯若望初進曆時, 曆面上原無依西洋新法字樣. 此五字者, 乃內院大學士奉上傳, 批在原本曆面上, 發於禮部頒行. 時若望尚未受職, 承行者監正戈承科也. 光先云: "依西洋新法五字, 斷無加於皇上之曆之理, 藐大淸而欺皇上." 信斯言也, 則禮部歲歲頒曆, 已二十餘年, 豈內外諸大臣俱未見此五字, 皆相率而欺藐耶? 況順治元年七月初十日, 奉旨云: "應用諸曆, 一依新法推算. 其頒行式樣, 作速催竣進呈. 禮部知道." 又旨云: "遠臣湯若望所用西洋新法, 測驗日食, 時刻分秒方位, 一一精確, 密合天行, 盡善盡美. 現今定造時憲新曆, 頒行天下, 宜悉依此法爲準" 云云.

23 명 崇禎 연간(1628~1644)과 청 順治 연간(1644~1661)에 걸쳐 흠천감 감정을 지낸 戈承科를 말한다.

탕약망이 서양의 새 역법을 써서 일식을 관측하고 검증하였는데, 시각이나 분초分秒, 방위까지 하나하나가 모두 자세하고 정확하여 천상의 운행과 조금의 오차도 없이 부합하니 매우 훌륭하다. 지금 새로이 '시헌신력時憲新曆'을 만들어 천하에 반포하고 시행하도록 확정하였으니 모두 마땅히 이 역법을 표준으로 따라야 한다"고 하셨다.

이로써 한 왕조가 흥성하려면 반드시 그 왕조의 역법이 있어야 한다는 사실을 명백히 보이셨다. 대청국의 역법은 서양의 새 역법을 써서 추산하였으니 전대前代의 역법과 비할 바가 아니다. 칙서에서 다음과 같이 말씀하셨다. "명나라 때 비록 원나라의 '수시력'을 '대통력'이라 고쳤으나 시차의 누적을 계산하는 방법은 실로 옛날 그대로였다. 새 역법의 귀중한 점은 다만 역법의 이름만을 고친 데에 있는 것이 아니라 실제로 역산하는 방법을 개정한 데에 있다. 현재 우리 청나라의 역법은 '대통'을 '시헌'이라는 이름으로 바꾸었을 뿐만 아니라 특별히 서양의 새 역법을 써서 옛 역법의 여러 가지 오차를 개혁하였다. 설사 옛날 성명한 군왕과 현철한 재상 들이 북두칠성의 운행 법칙을 상세히 파악하여 칠정을 다스리는 성대한 정치를 훌륭히 수행했다고 하더라도 지금을 능가하지는 못할 것이다." 그러니 이 다섯 글자를 쓴 것은 그 성대함과 아름다움을 찬양한 것이니, 어찌 의미가 없는 것이겠는가? 이로써 우리 청나라가 수도를 정하고, 구만리 밖에서 온 외로운 신하에게도 작은 힘이나마 바치게 함으로써 이런 위대한 전적을 빛내는 데 힘을

明以示天下一代之興, 必有一代之曆. 而大淸之曆, 用西洋新法推步, 非前代之曆可比. 敕書云: "明代雖改元授時爲大統之名, 而積分之術實仍其舊. 然則新法之可貴者, 不徒改曆之名, 正在改曆之法. 今我皇淸之曆, 不但改大統爲時憲之名, 特用西洋新法, 改革舊法諸差. 卽自古聖君賢相, 握機衡以齊七政之盛治弘庥, 無逾斯時." 則書此五字, 以讚揚盛美, 豈無意哉? 正以見我皇淸鼎定, 能使九萬里孤臣亦竭效微勞, 以隆玆巨典, 何不可之有? 謹按, 御制碑文有云: "天生斯人, 以待朕創制曆法之用, 卽傳之天下, 垂之永久. 於以彰至治之美. 俾薄海內外聞之, 莫不梯航恐後, 意至深遠也." 今光先托稱古法, 以欺誑朝廷, 豈不知推算儀器

보태게 하였음을 볼 수 있으니, 안 될 것이 어디 있었겠는가? 삼가 어제비문御制碑文을 살펴보니, "하늘이 이 사람을 내어 짐이 역법을 창제하는 데 쓰도록 하였으니, 이제 천하에 전파하여 영원히 남기고자 한다. 성대한 통치의 아름다움을 빛냄으로써 나라 안팎으로 하여금 이를 듣게 하여 행여 늦을세라 모두 산 넘고 물 건너 앞다투어 오게 할 것이니, 그 의미가 지극히 심원하다"고 쓰여 있다. 지금 양광선이 옛 역법이라는 것에 의지하여 조정을 속이고 있지만, 그 자신이 추산에 쓰는 의기 등 역법 갖가지가 실제로는 여전히 대통력 당시의 묵은 것이라는 것을 어찌 모르는가? 단지 '시헌'이라는 두 글자만이 대청의 역법임을 나타내는 헛된 명분이 될 뿐이다. 양광선이 임금을 기망하기가 이보다 더 심할 수 있겠는가?

等法種種, 實仍大統之舊? 獨時憲二字, 爲大淸曆之虛名. 光先之欺君罔上, 孰有甚於此哉?

또 중국이 서양의 책력을 받든다는 망언을 하고 있는데, 양광선은 중국 역법과 서양 역법이 크게 다르다는 것을 모르고 있다. 예를 들면, 중국 역법에서는 입춘이 가까운 달을 정월로 하지만 서양 역법에서는 동지 후의 대략 10일을 정월로 한다. 이것이 첫 번째로 다른 점이다. 중국 역법에서는 칠정七政·민력民曆 등을 추산할 때 동지에서 시작하지만, 서양 역법에서는 춘분에서 시작한다. 이것이 두 번째로 다른 점이다. 중국 역법에서는 합삭合朔으로 달의 초하루를 정하고 보름을 기준으로 그 전후를 상현과 하현으로 나누지만, 서양 역법에서는 삭망이나 상현과 하현으로 한 달을 나누지 않고 다만 절기와 날짜의 계산을 가지고 달과 날을

又妄言中國奉西洋正朔, 光先不知中曆與西曆大不相同. 如中曆以立春近之月朔爲正月, 西曆則冬至後約十日爲正月. 一不同也. 中曆推算七政·民曆等, 從冬至起, 而西曆則從春分起. 二不同也. 中曆以合朔定月初日, 以月望上下弦分之, 西曆不用朔望上下弦而定月分, 惟以節氣日計定月日. 三不同也. 中曆每月計日或二十九日, 或三十日爲一月, 西曆每月計日或三十日, 或三十一日, 或二

정한다. 이것이 세 번째로 다른 점이다. 중국 역법에서는 한 달의 날수를 29일이나 30일로 계산하지만, 서양 역법에서는 한 달의 날수를 30일이나 31일, 혹은 28일로 계산한다. 이것이 네 번째로 다른 점이다. 중국 역법에는 윤달이 있으나, 서양 역법에는 윤달이 없고 4년마다 윤일이 하루 있다. 이것이 다섯 번째로 다른 점이다. 중국 역법의 28수 등 서로 이어져 있는 별자리는 서양 역법의 서로 이어져 있는 별자리와 비교할 때, 그 수의 많고 적음이나 형상과 명목이 모두 다르다. 이것이 여섯 번째로 다른 점이다. 종합하건대, 중국 역법과 서양 역법을 비교하면 일월과 오성 등의 도수와 분수가 하루라도 서로 합치되는 것이 없으니 어찌 중국 역법을 가리켜 서양 역법이라고 할 수 있겠는가? 양광선은 아무것도 모르면서 그저 황제의 귀를 솔깃하게 만들고 민심을 미혹하고자 하였다. 그래서 망령되이 이러한 말을 지어내 자신의 간교한 거짓을 이루고자 하였다.

十八日爲一月. 四不同也. 中曆有閏月, 西曆無閏月, 每四年只閏一日. 五不同也. 中曆二十八宿等相連之星座與西曆相連之星座, 其多形象名目俱不同. 六不同也. 總之, 以中曆與西曆相較, 日月五星等度分不能一日相合, 豈可指中曆爲西曆哉? 光先茫然無知, 惟圖聳動上聽, 蠱惑人心. 故妄爲此言, 欲遂其所奸欺耳.

관측과 검증이 모든 판별의 근거이다

測驗爲諸辨之据

역법은 정미한 것이어서 날마다 역서와 역법을 전심으로 연구한다고 하여도 그 이치를 다 명백히 알기는 어려운데, 하물며 그 두 가지에 다 통달하는 것이야 더 말할 것이 있겠는가? 이에 양광선이 얼마나 도리에 어긋나는 짓을 했는지를 판별해보고자 한다. 여러 역법의 심오한 의미와 새 역법에서 보여준 역학曆學은 잠시 제쳐놓고, 눈앞에서 다 같이 볼 수 있는 관측과 검증만 가지고도 판별의 근거로 삼을 수 있다.

曆法之精微雖日究心於書於法者, 尙難盡晰其理, 矧兼通乎? 故欲辨光先之悖理. 姑舍諸曆奧義與新法所著曆學, 惟以測驗乃眼前共見者, 可爲諸辨之據.

양광선은 스스로 역법의 원리를 잘 안다고 여기고 책을 써서 주장을 내세웠다. 거기서 온갖 황당무계한 주장을 펼쳐 스스로를 높이면서 새 역법의 오차를 반복하여 논하고 모진 욕설을 퍼부었는데, 그 의도인즉 역법을 깊이 연구해보지 못한 사람들을 선동하려는 것이었다. 그러나 속일 수 없는 것이 하늘이고 엄폐할 수 없는 것이 사람이라는 것을 어찌 알았으랴? 예를 들어 두 의사가 저마다의 견해를 고집한다면 의술을 모르는 사람은 누구의 의술이 높은지 구분하기 어려울 터이니, 오직 효험을 보이는 처방이 훌륭하다 여길 수밖에 없는 것처럼 새 역법과 옛 역법의 경우도 이와 마찬가지다. 하늘에 부합하는지를 보아 효험이 있다 여기고, 마땅히 하늘을 관측한 것을 근거로 삼아야 할 것이다.

光先自謂能知曆理, 故著書立言. 其中種種妄誕自尊, 至反復論新法之差, 深加詈罵, 意不過煽搖未究心曆法者爾. 豈知難欺者天, 難掩者人也? 譬猶兩醫於此, 各執一見, 不知醫者, 似難分其高下, 惟視其立方之有效爲優, 新舊二法亦然. 視合天爲效, 當以測天爲據.

역법을 만드는 것처럼 어려운 것도 없고 그것을 판별하는 것처럼 쉬운 것도 없다. 저 높은 하늘과 저 먼 별들을 미리 계산하여 시각·분·초를 털끝만큼의 오차도 없이 추산해내야 하니, 이는 오랜 기간에 걸쳐 관측하고 검증하여 누차 수정하지 않고는 절대로 불가능한 것이다. 지금 학술과 기예의 정묘함과 졸렬함을 판별하고 수립한 규범의 정밀함과 엉성함을 점검하려면, 일식과 월식, 오성의 능범과 복현 등을 미리 추산하게 하면 된다. 그때가 되어 저들이 관측하고 검증한 시각·분·초가 그에 맞으면 옳은 것이고 틀리면 그릇된 것이다. 이는 손바닥 들여다보듯 훤한 일인데 어찌 속일 수 있을 것인가? 그러므로 양광선이 두려워하는 것은 관측과 검증인 것이다.

蓋莫難於造曆, 莫易於辨曆. 天之高, 星辰之遠, 先期布算, 使時刻分秒, 毫發不爽, 非積久測驗, 累經修改, 其勢不能. 今欲辨術業之巧拙, 課立法之疏密, 則以日月交食, 五星淩犯伏見等類, 預令推算. 臨時測驗時刻分秒, 合卽是, 不合卽非. 若指諸掌, 安可欺乎? 故光先所懼者, 測驗也.

강희 4년(1665)에 조정에서 심사할 때 춘분의 시각을 관측하는 것에 대해 물은 적이 있었다. 나 남회인은 새 역법과 옛 역법 가운데서 어느 것이 맞고 어느 것이 틀렸는지 알려면 반드시 두 역법이 스스로 결정하게 해야 한다고 대답했다. 즉 춘분 당일이나 춘분 전후에 어느 날 어느 시각에 구애받지 말고 어느 규표圭表[24]의 해그림자 길이가 몇 척 몇 촌 몇 푼인지 추산하도록 한 다음, 그때가 되어 관측해보면 어느 것이 맞는지 곧 알 수 있다고 하였다.

當康熙四年朝審時, 問測春分時刻. 仁對欲知新·舊二法之孰是孰非, 須兩法自定·或春分本日, 或春分前後, 不拘某日時刻, 某表影應長短幾尺寸分, 臨測孰合, 一見便知.

24 고대의 해시계로 가늘고 긴 각도판(圭)과 한두 개의 標杆(表)으로 구성되어 1년 24절기 시간의 장단을 측량한다.

대체로 해는 날마다 일정한 고도가 있으며 규표의 그림자에도 역시 일정한 길이가 있다. 매 절기의 시각은 해마다 똑같으며 늦어지지도 앞당겨지지도 않는다. 당시 양광선은 측정하고 검증하지도 못하면서 모호하게 새 역법이 틀렸다고 하고 절기 변화를 근거로 삼자고 감히 청하였다. 지금은 절기 변화를 관측하고 검증한 지 이미 3년이나 지나 오래지 않다고는 못할 것이니, 분명 시비를 입증할 확실한 증험이 있을 텐데, 어찌하여 한 글자도 위에다 아뢰지 않고 한마디 말도 선포하지 않는가? 아마도 양광선은 감히 관측하고 검증할 수 없기에 회피하여 절기 변화를 근거로 하자고 하고, 절기 변화 또한 검증할 수 없으니 회피하여 본래부터 역법을 몰랐다고 스스로 공술한 것이리라. 이것은 옛 역법이 틀렸다는 것을 명백히 알고서도, 나중에 기망했다는 대죄를 면할 수 없을까 두려워 따로 핑곗거리를 찾아 지난번의 수치를 감추려는 것이니 어찌 그리될 수 있겠는가?

蓋太陽日日有一定之高度, 表影亦有一定之長短. 每節氣日時刻, 年年如一, 不容增減. 此時光先不敢測驗, 但混言新法錯了, 請以候氣爲憑. 今候氣已三年矣, 不爲不久, 宜有確驗以證是非, 何元無一字上達, 無一語布聞? 蓋光先測驗不敢, 遁而候氣, 候氣又不驗, 遁而自供原不知曆. 是明知舊法之差, 恐他日難逃欺罔之闢, 欲別尋一題目, 以掩前差, 奚可得耶?

새 역법이 성지를 따랐다는 것은 변석할 필요조차 없음에 대한 규명

新法曆遵聖旨爲無庸辨之原

양광선은 「얼경孼鏡」에서 "대통력의 황도黃道는 곽수경郭守敬 때부터 지금까지 3백여 년 동안 수정한 적이 없어서 그 차이가 이미 5도나 되었으니 추산에 능숙한 사람이라도 평분선〔平線〕으로 그것을 구할 따름입니다. 〔도수의〕 분, 초에 정확함이 결여되어 있어서 그 사이에 시·각·분·초의 차이가 있게 됩니다"라고 하였고, 또 "대통력의 황도는 곽수경 때부터 지금까지 수정한 적이 없어서 12궁의 넓고 좁은 것이 일정치 않으니 마땅히 시급히 수정하여야 할 것입니다"라고 하였다. 이것이 양광선의 말이 아니란 말인가! 이미 오차가 있다는 것을 똑똑히 알고 있으면서도 어찌하여 세조 황제께서 하늘에 부합됨을 누차 검증하신 새 역법을 내치고, 윤음綸音까지 받든 역법을 무용지물 취급하는가?

楊光先孼鏡中云: "大統曆之黃道, 自郭守敬至今三百餘年未修, 而差已五度, 雖善算者, 不過以平線求之. 分秒終有所未盡正, 間有時刻分秒之差." 又曰: "大統黃道, 自郭守敬至今未修, 十二宮之闊狹盡皆不同, 所當亟宜修改者也." 此非光先之言耶! 既明知其有差, 何以敢廢世祖皇帝屢驗合天之新法, 將曆奉綸音等之弁髦耶?

순치 원년(1644) 8월 1일의 일식 때 중당中堂에서 공동으로 기구를 사용하여 관측하고 검증한 것에 대해 내원內院의 대학사는 다음과 같이 아뢰었다. "대통력은 반 시진時辰의 차이가 있었고 회회력은 한 시진의 차이가 있었으나, 오직 서양의 새 역법만은 분·초·시·각이 조금도 차이가 없었습니다. 명나라 때 20년 동안 시행되지 못하던 새 역법이 대청에 이르러 불과 며칠 만에 시행되고 단 한 차

順治元年八月初一日日食, 內院大學士批中堂公同用儀器測驗曰: "大統曆差有一半, 回回曆差有一個時辰, 惟西洋新法分秒時刻纖忽不差. 以明朝二十年未及行之新法, 大清朝以數日間行之, 一試驗而合若符節, 可謂奇矣. 着用心精造新

례의 시험 검증에서 마치 부절符節처럼 부합되었으니, 가히 기이하다 이를 만합니다. 마땅히 심혈을 기울여 새 역법을 정밀하게 만듦으로써 천년만년 전해질 역법이 되게 하여야 할 것입니다."

曆, 以爲萬年之法傳."

〔8월〕 7일에는 다음과 같은 유지를 받았다. "서양의 새 역법으로 관측하고 검증한 일식은 시·각·분·초, 방위 하나하나가 모두 정확하고 천상의 운행에 정밀하게 부합하였으니, 모든 것이 완벽하다. 지금 '시헌신력時憲新曆'을 제정하고 천하에 반포하여 시행하니, 모두 이 역법을 준거로 삼아 정중히 천도天道를 섬기고 공경하여 백성들에게 농사철을 가르쳐야 할 것이다. 흠천감의 옛 역법이 오래되어 날짜가 차이 나는 것은 여러 관원들의 추산이 잘못되었기 때문은 아니다. 이후로는 모두가 정성껏 새 역법을 배워야 할 것이고 태만해서는 안 된다. 예부에서 상세히 알도록 하라."

初七日奉旨: "西洋新法測驗日食時刻分秒方位, 一一精確, 密合天行, 盡善盡美. 現今定造時憲新曆頒行天下, 宜悉依此法爲準, 以欽崇天道, 敬授人時. 該監舊法歲久日差, 非由各官推算之誤. 以後都着精習新法, 不得怠玩. 禮部知道."

순치 2년(1645) 정월 15일 월식이 있은 다음 받은 유지에서는 "이번에 상주한 월식의 분·초·시·각 및 방위는 공동으로 관측하고 검증한 것과 완전히 일치한다. 잘 알았으니 예부에서 상세히 알도록 하라"고 하셨다. 하지만 양광선은 이 말에 반박하며 "새 역법은 갖가지가 도리에 어긋나며 갖가지가 오류이다"라고 하였고, 또 "새 역법이 시행된 것은 대통력과 회회력으로 월식과 일식을 검증하지 않았기 때문이며, 새 역법의 검증은 진정한 검증이 아니었다"고 하였다. 이것이 양광선이 성지를 멸시하고 군주를 기망한 죄 가운데 하나다.

順治二年正月十五日月食, 奉旨: "這所奏月食分秒時刻方位, 公同測驗, 一一吻合. 知道了, 禮部知道." 光先反其言曰: "新法件件悖理, 件件舛謬." 又曰: "新法之行, 起於大統·回回交食之勿驗, 而新法驗不是眞驗." 此光先蔑旨欺君之罪一.

순치 2년에는 "새 역법은 천상의 운행과 치밀하

順治二年, 奉有: "新曆密合天

게 부합되며 진헌한 역서는 근거가 정밀하고 상세하며 도리가 명백하고 수치가 뚜렷하다"는 유지를 받았으나, 양광선은 이 말에 반박하며 "한마디로 서양의 학문은 좌도左道의 학문이다. 저들이 지은 책과 저들이 하는 일은 모두 이치에 어긋나고, 도에 위배된다"고 하였다. 이것이 양광선이 성지를 멸시하고 군주를 기망한 죄 가운데 하나다.

行, 所進曆書, 考據精詳, 理明數著"之旨, 光先反其言曰: "總之, 西洋之學, 左道之學也. 其所著之書, 所行之事, 靡不悖理叛道." 此光先蔑旨欺君之罪一.

순치 원년 7월 20일에 탕약망이 「삼가 만년보력을 진헌합니다〔恭進萬年寶曆〕」라는 소장을 올리고 받은 유지는 이러하였다. "공경히 진헌한 새 역서에서는 절기의 교체와 해의 출입, 밤낮의 시각을 지역에 따라 각기 다른 방법으로 추산하였는데, 과연 참으로 정확하였다." 그러나 양광선은 이 말에 반박하며 "이는 황당한 소리"라고 하였다. 이것이 양광선이 군주를 기망하고 성지를 멸시한 죄 가운데 하나다.

順治元年七月二十日, 湯若望有恭進萬年寶曆一疏, 奉旨: "這恭進新曆, 節氣交脫與太陽出入, 晝夜時刻, 按道里遠近, 推算諸方各有不同, 果爲精確." 光先反其言曰: "此爲荒唐之說." 此光先欺君蔑旨之罪一.

어제비문御制碑文에 있는 말을 간추려보면 이러하다. "탕약망은 배를 타고 바다를 건너서 찾아왔다. 그가 역법 원리와 역수에 모두 정통하니, 하늘이 이 사람을 내어 짐이 역법을 창제할 때 쓰도록 해주신 것 아니겠는가?" 그리고 가명嘉名을 내리는 칙명[25]에서 "성상星象의 경위經緯에 정통하였고 역

御制碑文略曰: "湯若望航海而來. 理數兼暢, 豈非天生斯人以待朕創制曆法之用哉?" 賴敷賜嘉名曰: "精於象緯, 閎通曆法." 光先反其言曰: "一代之大經大法, 不可委之不學無術之夫, 任

25 順治 10년(1653) 3월에 湯若望에게 '通玄教師'라는 이름을 내린 것을 가리킨다. 이때 順治帝는 친필 御旨를 내렸는데 그 글은 다음과 같다. "짐은 나라를 방금 창건하고 대업을 이루었으므로 天時를 기록하여 백성들에게 알려주고 역법을 제정하는 것을 급선무로 삼는다. 羲和 이후로, 예를 들면, 漢나라의 洛下閎, 唐나라의 李淳風, 승려 一行 등 여러 사람들은 역법에 대하여 왕조마다 늘리고 줄이는 것이 있었다. 다만 일식·월식·삭망이 시작되고 끝나는 분·초의 계산에는 착오가 아직도 많기 때문에 절기·절후의 시각이 검증되지 않았다. 元나라의 郭守敬이 〔역법에〕 정통하였다고 일컬어졌지만 경위

법을 깊이 통달하였다"고 하였다. 그러나 양광선은 이 말을 반박하며, "한 왕조의 대경대법大經大法을 학식도 재간도 없는 사람에게 맡겨 제 마음대로 결단하고 고치도록 해서는 안 된다"고 하였다. 이것이 양광선이 군주를 기망하고 성지를 무시한 죄 가운데 하나다.

其胡裁亂訂." 此光先欺君蔑旨之罪一.

가명을 내리는 칙명에서는 이렇게 말하였다. "원나라의 곽수경이 〔역법에〕 정통하였다고 일컬어졌지만 경위의 도수는 여전히 하늘의 운행에 부합하지 못하였으며, 그 후로 해시계에 비친 해그림자의 도수도 점차 차이가 나게 되었다. 하늘이 현인을

賴賜嘉名曰: "元郭守敬, 號爲精密, 然經緯之度, 尙未能符合天行, 其後晷度亦遂漸差矣. 天生賢人, 佐朕定曆, 補數千年之缺略, 成一代之鴻書, 非偶然

의 도수는 여전히 하늘의 운행에 부합하지 못하였으며, 그 후로 해시계에 비친 해그림자의 도수도 점차 차이가 나게 되었다. 그대 湯若望은 서양으로부터 10만 리 바다를 건너와서 明나라 말에 北京에 살았는데, 星象의 經緯에 정통하였고 역법을 깊이 통달하였다. 그때 대학사 徐光啓가 특별히 조정에 천거하여 曆局에서 역법을 편수하도록 하였다. 한때 전문가들이 역법을 다루었으나 魏文奎 같은 사람들이 추산하고 관측한 역법은 진정 그대〔의 역법〕에 이르지 못하였다. 하지만 〔그대는〕 먼 곳에서 온 사람이었기 때문에 대부분이 그대의 성공을 꺼렸으므로 10여 년이 되도록 끝내 쓰이지 못하였다. 짐이 하늘의 은총을 받고 나라를 창건한 초기에 그대의 성명을 물은 뒤 〔그대는〕 짐을 위해 『大淸時憲曆』을 편수하여 마침내 이뤄내었으니 근면하였다고 말할 수 있다. 또 자신을 정결히 하여 수행하였으며 마음을 다해 섬기고 뭇 관원들을 이끌어 나아가고 있으니 충성스럽다고 말할 수 있다. 옛날의 洛下閎 같은 사람들에 비해 뛰어나지 않다고 할 수 있겠는가? 오늘 그대에게 특별히 嘉名을 내려 '通玄教師'라고 하니 이후에도 예전과 다름없이 品級을 유지해주리라. 이로써 하늘이 현인을 내어 〔짐을〕 도와 역법을 제정하게 하고 수천 년 동안 있었던 결함을 보완하여 한 왕조의 거작을 이뤄냈으니 이는 결코 우연이 아님을 알게 한다. 그대가 더욱더 근면히 노력하여 그 결함을 보완하고 京師의 관직에 봉직하며 그것을 史册에 남겨 전해지게 한다면 어찌 아름다운 일이 아니겠는가? 이에 알리노라.〔朕維國家肇造鴻業, 以授時定曆爲急務. 羲和而後, 如漢洛下閎, 張衡, 唐李淳風, 僧一行諸人, 於曆法代有損益. 獨於日月朔望, 交會分秒之數, 錯誤尙多, 以致氣候刻應不驗. 至於有元郭守敬, 號爲精密, 然經緯之度, 尙未能符合天行. 其後, 晷度亦遂漸差矣. 爾若望來自西洋, 涉海十萬里, 明末居京師, 精於象緯, 宏通曆法. 其時大學士徐光啓特薦於朝, 令修曆局中. 一時專家治曆, 如魏文奎等推測之法, 實不及爾. 但以遠人之故, 多忌成功, 曆十餘年, 終不見用. 朕承天眷, 定鼎之初, 愛諮爾姓名, 爲朕修大淸時憲曆, 迄於有成, 可謂勤矣. 又能潔身持行, 盡心乃事, 董率群宮, 可謂忠矣. 比之古洛下閎諸人, 不旣優乎? 今特賜爾嘉名, 爲通玄教師, 余守秩如故. 俾知天生聖賢, 佐朕定曆, 補數千年之闕略, 成一代之鴻書, 非偶然也. 爾其益懋厥修, 以服厥官, 傳之史册, 豈不美哉? 故諭.〕" 黃伯祿, 『正教奉褒』 참조.

내어 짐을 도와 역법을 제정하게 하고, 수천 년동안 있었던 결함을 보완하여 한 왕조의 거작을 이뤄냈으니 이는 결코 우연이 아니다." 양광선은 이 말에 반박하며 "새 역법은 천상에 크게 부합되지 않으니 한 왕조의 전장典章으로 삼을 수 없다"고 하였다. 이것이 양광선이 군주를 기망하고 성지를 무시한 죄 가운데 하나이다.

也." 光先反其言曰: "新法大不合於天, 不可爲一代之典." 此光先欺君蔑旨之罪一.

황제께서 손수 지으신 글에서 "복희씨는 간지干支를 만들었고, 신농씨는 여덟 절기[26]를 나누었으며, 황제는 육술六術[27]을 종합하였고, 전욱顓頊[28]은 두 정삭正朔을 합쳤다. 요임금은 역상曆象[29]을 정하였고, 순임금은 기형璣衡[30]을 살폈으며, 삼통三統[31]이 엇갈아 홍기하였고, 각 왕조마다 줄이고 늘리는 것이 있었다. 〔유가의〕 경전經傳에는 잘 나타나 있으나, 역법이 모두 전해지지 않았다. 한나라 이래로 원나라 말에 이르기까지 수정한 것이 70여 차례이고 역법을 창제한 사람이 13명이나 된다. 명

御制文曰: "伏羲制干支, 神農分八節, 黃帝綜六術, 顓頊合二正. 堯欽曆象, 舜察璣衡, 三統迭興, 代有損益. 見於經傳彰矣, 而其法皆不傳. 自漢以還, 迄於元末, 修改者七十餘次, 創法者十有三家. 至於明代, 雖改元授時曆爲大統之名, 而積分之術實仍其舊. 洎乎晩季, 至分漸乖, 朝野之言僉曰宜改." 又

26 입춘·입하·입추·입동·춘분·하지·추분·동지를 말한다.

27 占日·占月·占星氣·律呂·甲子·算數를 말한다.

28 중국 전설 속의 帝王. 司馬遷은 『史記』를 5명의 聖天子, 즉 五帝의 治世에서부터 써나갔는데, 그 五帝 중 한 사람인 顓頊은 黃帝의 증손자라고 전해지며 처음 高陽에 나라를 세웠기 때문에 高陽氏라고도 불렸다. 顓頊은 사려가 깊었고 天人 간의 道를 명확히 밝혔으며, 尊卑의 도리를 바로 세우고 五行의 氣를 다스려 백성들을 올바르게 이끌었다고 한다. 『山海經』·『淮南子』·『搜神記』 등에도 기록이 전하는데, 顓頊은 손자인 重과 黎를 시켜 하늘과 땅의 통로를 끊고 인간과 신의 교류를 막음으로써 우주의 질서를 도모했다고 한다.

29 천체의 운행을 추산하고 관측하는 것을 말한다.

30 천체 관측 기구인 璇璣와 玉衡의 간칭. 璇璣와 玉衡은 원래 북두칠성의 앞의 4성과 뒤의 3성을 가리키는 것으로 북두칠성의 범칭으로 쓰이기도 한다.

31 夏·商·周 三代의 正朔을 가리킨다. 夏의 正朔은 建寅인데 人統이라 했고, 商의 正朔은 建丑인데 地統이라 했으며, 周의 正朔은 建子인데 天統이라 했다.

나라 때에 이르러 원나라 '수시력'을 '대통력'이라 고쳤으나 시차의 누적을 계산하는 방법은 여전히 옛것 그대로였다. 나중에 춘분과 추분이 점차 어긋나게 되자 조야의 모든 사람들이 반드시 고쳐야 한다고 하였다"고 하였다. 또 순치 원년(1644) 6월 23일에 "옛 역법은 세월이 오래되어 오차가 있다. 서양 역법은 여러 차례 오차 없이 부합되었다"는 유지를 받았다. 성인의 계책은 성대하고도 완벽하여 만대가 우러러보는 바이다. 양광선은 옛 역법을 다시 회복시키려고 그 말에 반박하면서 "희화羲和 역법을 존숭한다"고 하였다. 옛 역법이 바로 희화 역법이란 말인가? 아니면 혹시 양광선이 스스로 희화 역법을 만들어내겠다는 말인가? 이것이 양광선이 군주를 기망하고 성지를 멸시한 죄 가운데 하나이다.

順治元年六月二十三日, 奉有: "舊曆歲久差訛. 西洋新法屢屢密合"之旨. 聖謨洋洋, 萬代瞻仰. 光先欲復舊法, 反其言曰: "尊羲和之法." 豈舊法旣羲和之法乎? 抑光先自立羲和之法乎? 此光先欺君蔑旨之罪一.

양광선이 지적한 새 역법의 첫째 오류에 대한 변석
(여러 과의 교정을 채용하지 않았다는 것에 대해)

辨光先第一摘以爲新法不用諸科較正之謬

양광선이 무고한 바에 따르면 새 역법이 〔흠천감의〕 여러 과[32]와 비교하여 바로잡지 않은 것이 오류라고 한다. 양광선의 뜻인즉 새 역법이 모든 것을 추산에만 맡기고는, 회회과에서 능범을 관측한 것과 비교하지도 않았고, 천문과에서 관측하고 검증한 것으로 고증해보지도 않았으며, 누각과에서 갈청재가 날리는 시각으로 절기를 살피던 것으로 검증하지도 않은 채 오로지 자기네 법만 가지고 추산하는 데 일임하였으니, 이것이 바로 오류라는 것이다.

據楊光先所誣, 以新法不用諸科較正爲謬. 其意謂新法一應推算, 不用回回科之凌犯以較之, 不用天文科之測驗以考之, 不用漏刻科候氣飛灰之時刻以驗之, 惟憑己法推算, 卽以爲謬.

교정較正이라는 말이, 자기 법에 오차가 있을 때 오차가 없는 남의 법을 빌려다 교정하는 것임을 어찌 알겠는가? 지금 세 과(회회과 · 천문과 · 누각과)에서 쓰고 있는 법은 명말에 이미 쓰지 않던 것인데, 양광선이 훌륭한 역법을 이미 폐기된 역법과 비교하여 바로잡으려 하고 있으니, 눈먼 사람에게 길을 묻는 것과 같지 않은가? 회회과만 보더라도 명나라 말기에는 오랫동안 수정하지 않았다는 이유로 보존해두고 참고만 했을 뿐이다. 지금 우리 나라 조정에서 그 역법의 오차와 오류에 대해 논의한 것

豈知較正之說, 不過因己法有差, 始借他法之不差者以較正之? 今三科所用之法, 卽明季已壞之法, 光先意慾以良法而就正於敝法, 是不猶問道於盲乎? 卽如回回科在明季時, 不過爲曆久未修, 存之以備參考. 今就我國朝論其法之差謬, 一見於順治元年八月初一日之日食, 一見於順治十四年八月二十四

32 흠천감은 天文科 · 漏刻科 · 回回科 · 曆科로 나뉜다.

을 찾아보면, 먼저 순치 원년(1644) 8월 1일의 일식에서 볼 수 있었고, 두 번째는 순치 14년(1657) 8월 24일의 수성水星〔관측〕이 있은 후에 그 역법을 폐지하고 사용하지 않은 데서 볼 수 있다. 세 번째는 순치 원년 10월에 받은 "회회과에서 일식과 월식에 대해 보고하여 새 역법을 혼란시키는 것을 다시는 허락하지 않는다"[33]는 유지에서 볼 수 있고, 네 번째는 순치 3년(1646) 5월에 받은 "회회과의 오성 능범에 관한 역법은 다시 쓸 필요가 없다"라는 유지에서 볼 수 있다. 다섯 번째는 순치 9년(1652) 5월에 받은 "회회과는 여름철 천상天象을 더 이상 보고할 필요가 없다"고 한 주상主上의 전지에서 볼 수 있고, 여섯 번째는 순치 14년(1657) 8월에 내부內部에서 수성의 출현을 두고 논의한 사항에서 볼 수 있다. 이때 복본覆本을 올려 "오명훤吳明烜[34]이 허망하다는 것이 판명되었으니 그의 모든 추산 또한 허망하다는 것을 가히 알 수 있습니다"라고 하니, 이에 "논의에 따르라"는 유지를 받았었다.

日之水星, 其曆之革而不用. 一見於順治元年十月奉有: "回回科不許再報交食, 以亂新法"之旨, 一見於順治三年五月內奉有: "回回凌犯曆不必用"之旨. 一見於順治九年五月內奉有: "回回科不必再報夏季天象"之上傳, 一見於順治十四年八月內部議水星出現一節. 覆本有云: "吳明烜旣屬虛妄, 其一應推算, 亦屬虛妄可知," 奉有: "依議"之旨.

이러한 것들을 살펴볼 때, 회회력을 사용하지 말 것에 대해서는 여러 차례에 걸쳐 엄한 유지를 받았다. 모두가 제왕이 재결한 것인데 어느 누가 감히 거역하고 위반할 수 있겠는가? 게다가 양광선은 어찌 회회력에 오차가 없다는 말을 여전히 고집할 수 있는가? 새 역법에 오차가 없다는 것을 숨길

審此, 則回回曆之不用, 屢奉嚴旨. 悉憑乾斷, 誰敢抗違? 且光先果能執言彼曆之無差乎? 如不能諱其無差, 而徒咎不用其曆之爲非. 試思不用之權在若望乎, 在朝廷乎? 其所以不用之

33 이하 여섯 번째의 유지까지 『湯若望奏疏』 卷3(順治 刻本, 中國科學院 所藏) 참조.

34 본명은 吳明炫으로, 回回科의 추정관이었다. 『曆法不得已辨』과 康熙帝 이후의 문헌에서는 대부분 '吳明烜'이라고 쓰고 있는데, 이것은 康熙帝의 이름에 대해 避諱하기 위한 것이었다.

수 없는데도 회회력을 쓰지 않은 것이 잘못이라고 탓한다면, 생각해보라. 역법을 사용하지 않을 권한이 탕약망에게 있는가, 아니면 조정에 있는가? 그것을 사용하지 않는 까닭이 오차나 오류 때문인가, 아니면 탕약망 때문인가?

由, 因差謬自致之乎, 抑若望致之乎?

천문과의 경우 본래 밖에 있는 관측대에서 당직을 서면서 천상을 관측하고, 누각과의 경우 본래 내정內庭에서 당직을 서면서 절기를 관측하고 봉직한다. 역과와 더불어 과마다 제각기 주관하는 직무가 있는 것이다. 그러니 어찌 자기 것만 믿고 다른 과들을 폐기했다고 일컬을 수 있는가? 〔갈청재로〕 절기의 변화를 검증하는 일만은 너무 어리석은 짓이라 그냥 둔 채 사용하지 않은 지가 이미 오래이니, 새 역법에서 처음 비롯된 일이 아니다. 양광선은 소장에서 "신 청하옵나니, 후기실候氣室의 율관律管을 다시 설치하면 절기가 자연히 올바르게 될 것입니다"라고 하였다. 이 또한 오명훤과 같은 말도 안 되는 소리를 하고 있을 따름이다. 대개 율관에서 갈청재가 날리는 것으로 절기를 관측하거나 검증할 수 없다는 것은 사람마다 다 아는 사실인데 양광선만 모르고 있다. 이제 간략하게 네 가지로 그것을 밝혀보기로 하겠다.

至天文科, 原輪直外台, 觀候天象, 漏刻科, 原輪直內庭, 候時供事. 並曆科俱各有專司職業. 何謂憑一已而廢諸科? 獨候氣一說, 事涉迂闊, 置之不用, 從來久矣, 非自新法始也. 楊光先疏內云: "臣請復候氣室之律管, 則節氣自然眞矣"云云. 此亦把明烜之唾餘耳. 夫葭管飛灰, 不可以測驗節氣, 人人知之, 特光先未之知也. 今約擧四端以明之.

첫째, 춘분날은 해가 바로 적도와 만나는 날로서 모든 나라에서 다 같이 춘분이라고 한다. 그러므로 모든 나라가 모두 같은 날에 관측하고 검증할 수 있다. 그런데 갈청재가 날리는 것으로 절기를 관측하고 검증한다는 것은 전적으로 지상의 기후에 관련되어 있다. 지상의 기후는 차고 덥고 건조하고 습한

一, 春分之日, 太陽正交赤道之日也, 萬國同是此日. 故萬國同日皆可以測驗. 飛灰候氣, 全系地氣. 地氣有冷熱乾濕之不同, 萬國有不同之地氣, 無不一之春分也.

차이가 있으며 모든 나라의 지상의 기후가 다른데, 그렇다고 해서 춘분이 여럿일 수는 없는 것이다.

둘째, 해마다 해가 한 번씩 적도와 만나면 곧 춘분이 된다. 그러니 춘분은 만년이 가도 똑같으며 영원히 변하지 않는다. 하지만 춘분 때 지상의 기후는 나라마다 또 해마다 다르게 바뀐다. 지상의 기후로 춘분을 측정하려 한다면 춘분이 해마다 바뀌게 될 것이다.

二, 每年太陽一交赤道, 便爲春分. 則春分萬年如一, 永不改變. 若地氣至春分時, 各國每年改變不同. 設欲以地氣測春分, 則春分年年不同矣.

셋째, 춘분은 오직 하루뿐이지만 춘분 전후의 며칠 동안은 지상의 기후가 건조하고 습하고 차고 더움이 대체로 비슷해서 분별하기 어렵다. 하물며 춘분 등의 절기는 바로 그 당일 한 시각 사이에만 있는데, 당일 아침부터 저녁때까지의 지상의 기후는 대체로 비슷해서 분별하기 어렵다. 그러니 어찌 지상의 기후를 가지고 춘분이 어느 날, 어느 시각에 든다고 관측하여 확정할 수 있겠는가?

三, 春分只有一日, 春分前後幾日, 地氣乾濕冷熱, 大概相同, 難以分別. 況春分等節氣, 只在本日一刻之間, 本日自朝至暮, 地氣亦大概如一, 又難以分別. 何可就地氣以測定春分在某日某時刻乎?

넷째, 지상의 기후는 지세에 따라 다르다. 산에 의지한 곳이거나 강과 호수에 가깝거나 늘 변화가 있기 마련이다. 또 바람, 비, 구름, 안개도 지상의 기후를 변화시킬 수 있다. 춘분날은 전적으로 해가 적도와 일정한 도수에서 만나는 데 따른 것이고 지상에서 아주 멀리 떨어진 곳에서 생기는 현상인데, 지상의 날씨와 무슨 관련이 있겠는가? 어찌 변화가 많은 지상의 기후로써 변함이 없는 춘분을 관측하고 검증할 수 있단 말인가?

四, 地氣依乎地勢. 或傍山, 或近江湖, 常有變換. 又有風雨雲霧, 皆能變易地氣. 春分之日全憑太陽交赤道度, 距地甚遠, 與地何涉? 豈可以多變之地氣, 測驗不變之春分也?

양광선은 춘분 즈음에 직접 춘장春場의 후기당候氣堂[35]에 나가서 며칠 동안 관측했으나 아무 결과를 얻지 못했다. 그런데도 승복하지 못하고서 다시

光先於立春之際, 親至春場候氣堂曆候數日不效. 心猶不服, 又請工部錢糧, 於私宅之前特

공부工部에 돈과 식량을 요구하여 자기 사택 앞에 특별히 후기당 한 곳을 마련하고 여러 차례 직접 검증해보았으나 이번에도 아무 결과를 얻지 못했다. 그 후 다시는 〔갈청재가 날리는 것으로〕 절기를 관측하고 검증한다는 말을 감히 하지 못했을 뿐 아니라, 옛 제도에서 율관을 놓고 절기를 관측하고, 율관을 들어 절기를 검증하던 의식도 모두 폐지하고 쓰지 않았다. 이것을 보면, 양광선은 절기를 관측했으나 아무 결과를 얻지 못함으로써 자기 스스로 새 역법을 대신 변호해준 꼴이 된 것이다.

修候氣堂一所, 屢次親驗又不效. 從此不敢復言候氣, 並將舊制安管候氣, 起管驗氣之典禮, 俱廢棄不用. 審此, 則光先候氣不效, 已自代新法辯矣.

35 春場은 봄에 사냥과 활쏘기를 하기 위해 교외에 만들어진 장소로, 봄맞이 의식을 거행하기도 했다. 候氣堂은 절기를 관측하고 검증하는 곳이다.

양광선이 지적한 새 역법의 둘째 오류에 대한 변석
(한 달에 세 절기가 있다는 것에 대해)

辨光先第二摘以爲新法一月有三節氣之謬

양광선은 "역법에 달마다 하나의 절기, 하나의 중기中氣가 있다는 것은 정해져 있는 법이고 도리이다. 순치 3년(1646) 병술년에 탕약망이 처음으로 역법을 진헌하였다. 그해 11월 1일 계묘일 묘시 1각이 대설인데 11월의 절기이다. 15일 정사일 해시가 동지인데 11월의 중기이다. 30일 임신일 미시 초初 1각이 소한인데 12월 절기이다. 두 달에 걸쳐 있어야 할 절기가 한 달에 있는 것이다. 천지개벽 이래 오늘까지 이 같은 역법이 있다는 말은 들어본 적이 없다"는 등의 말을 한 바 있다.

光先云: "曆法每月一節氣, 一中氣, 此定法也, 亦定理也. 順治三年, 歲在丙戌, 爲若望進曆之始. 其年十一月初一日癸卯卯時一刻大雪, 十一月節. 十五日丁巳亥時冬至, 十一月中. 三十日壬申未時初一刻小寒, 十二月節. 是一月之內, 有兩月之節氣矣. 自開天闢地至今, 未聞有此曆" 等語.

새 역법은 하늘을 12개 궁宮으로 나누며 한 궁이 30도다. 해가 궁을 만나서 15도까지 운행하는 것을 중기中氣라 하고, 15도로부터 30도까지 운행하는 것을 절기節氣라 한다. 하나의 궁은 30도이고 궁마다 모두 절기와 중기 두 개의 기가 있다. 동지 전후는 〔30일이 있는〕 큰달이므로 해가 빨리 운행하는 궤도에 있기 때문에 30도를 운행하고도 남음이 있다. 이 때문에 그달에는 하나의 중기, 하나의 절기 도수가 다 들어 있으며, 또 다음 달의 중기와 만나는 분도分度가 있다. 이는 해마다 이러한 것이지 어찌 병술년(1646)만 그러하겠는가! 하지 전후의 달에는 비록 큰달이 있기는 하지만 해가 늦게

新法分天十二宮, 每宮三十度. 太陽從交宮至十五度之行爲中氣, 從十五度至三十度之行爲節氣. 每一宮之三十度, 共有二氣. 冬至前後月大盡, 太陽因在疾限, 行三十度有餘. 所以是月內, 卽全有一中氣一節氣之度數, 又有次月氣交接之分度. 每年如此, 何獨丙戌年哉! 夏至前後月, 雖有大盡, 太陽因在遲限, 行不到三十度. 所以是月無一中氣, 竝一節氣之度. 而光先妄

운행하는 궤도에 있기 때문에 30도에 이르기까지 운행하지 못한다. 이런 달에는 하나의 중기와 하나의 절기 도수가 아울러 있을 수 없다. 그런데 양광선은 터무니없이 달마다 하나의 절기, 하나의 중기가 있다고 하였다. 이것은 어디에 근거한 역법이고 원리인가? 평균적으로 절기를 나누는 것에만 구애되는 것, 이것이 바로 옛 역법이 크게 틀린 까닭이다. 더구나 양광선은 먼저 그 자신이 정한 원리에서, 무신년(1668)에 진헌한 역법에서는 8월에 다만 추분 하나의 절기만을 기록하였음을 살피지 못하였으니, 이 어찌 자기모순이 아니겠는가?

言每月一節氣一中氣. 此何據之定法定理乎? 惟拘泥平分節氣之法, 此舊法所以大錯也. 況彼又不顧前自定之理, 戊申年所進之曆, 八月中止載秋分一氣, 豈不自相矛盾哉?

대체로 해는 어느 절기, 어느 중기의 시각에 일정한 고도와 남북의 위도를 가지고 있으므로 규표의 해그림자는 일정한 길이를 가진다. 해마다 이러하며 영원히 바뀌지 않는다. 어느 달에 과연 세 절기가 있는지 알려면 기구로 관측하고 검증해야 한다. 역서에서 미리 어느 절기의 날, 정오라는 시각을 정하였을 경우에 해가 과연 그 절기, 혹은 그 고도나 위도에 있는지 규표의 해그림자를 관측하면 저절로 알 수 있다. 새 역법이 말하지 않더라도 하늘이 대신해서 말해주는 것이다.

夫太陽某節氣, 某中氣之時刻, 有一定之高度, 與南北緯度, 則表影有一定之長短. 年年如一, 永遠不改. 要知某月內, 果否有三節氣, 用儀器測驗. 曆書先定某節氣之日正午時, 太陽果躔其節氣, 或高度, 或緯度, 觀表影便自了然. 雖新法不言, 天代爲言之矣.

양광선이 지적한 새 역법의 셋째 오류에 대한 변석
(하지와 동지의 길이를 잘못 계산했다는 것에 대해)

辨光先第三摘以爲新法二至長短之謬

옛 역법에서 춘분·추분의 길이와 하지·동지의 길이를 똑같다고 한 것은 전혀 하늘의 운행에 부합되지 않는다. 새 역법은 그렇지 않은데, 그 정미한 원리는 『신법역서新法曆書』[36]에 상세히 쓰여 있다.

舊法二分二至之平分, 斷不合於天. 新法不然, 其理精微, 詳在新法曆書.

새 역법에서 똑같이 나누지 않은 것은 옛 역법의 절기에 비하여 한 해 동안 30일의 차이가 있기 때문이다. 어느 것이 옳고 어느 것이 그른지는 해의 고도와 위도, 규표에 비친 해그림자, 이 세 가지 표준으로 검증해보면 알 수 있다. 대체로 춘분부터 추분까지는 추분부터 춘분까지보다 하늘 운행의 자연적인 이치에 따라 8일이 더 많아야 한다. 역서의 절기가 천상의 절기와 비교해서 7~8각刻의 차이가 있다 해도 엉성할 판에, 그 차이가 30일에 이른다면 3천 각의 차이가 날 것이니 이 같은 역서가 있단 말인가? 새 역법의 절기와 일식·월식·칠정·능범 등의 역상에 대하여 그간 흠천감과 부部에서 함께 검증한 것이 모두 몇 번인지 알 수 없다.

新法不平分, 是以其節氣與舊法之節氣, 一年之間有三十日之差. 誰是誰非, 以太陽之高度·緯度·表影三法驗之而知. 蓋自春分至秋分, 比秋分至春分, 依天行自然之數應多八日. 夫曆書之節氣, 與天上之節氣, 倘有七八刻之差, 便爲疏遠, 若至三十日, 則有三千刻之差矣, 有如是者之曆乎? 夫新法節氣與日月交食七政淩犯等曆, 已經公同監測部測, 不知凡幾.

수많은 사람들이 모두 감복하고 모든 의론이 찬동한 연후에 역서를 쓰고 역법을 제정하여 영구

業已衆心咸服, 衆議僉同, 然後著書定法, 以垂永久, 豈偶然

36 明末에 찬수한 『崇禎曆書』를 말하며, 『四庫全書』에는 '新法算書'라고 되어 있다.

히 전하도록 하였으니 그것이 어찌 우연이겠는가? 『치력연기治曆緣起』[37]를 찾아볼 수 있는데도, 양광선만이 알지 못하고 있을 따름이다. 어찌하여 함께 관측하고 검증하지 못하고 헛되이 거짓말을 지어내어 사람들의 이목을 어지럽히는가?

哉? 有治曆緣起可考, 獨光先不知. 何不公同測驗, 徒揑造訛言, 以亂人聽聞爲哉?

37 崇禎帝 때 曆局에서 上奏한 疏章을 모아 편집한 것으로, 『崇禎曆書』 및 王重民의 『徐光啓集』에 모두 기록되어 있다.

양광선이 지적한 새 역법의 넷째 오류에 대한 변석
(하지에 태양이 늦게 운행한다는 것에 대해)

辨光先第四摘以爲新法夏至日行遲之謬

양광선이 말을 많이 늘어놓았지만 그것이 뜻하는 바는 하나다. 그는 그렇게 되는 이치를 알지 못했기 때문에 허망하고 잘못된 말을 터무니없이 늘어놓은 것이다. 이것이 바로 〔「적류십론摘謬十論」의〕 두 번째, 세 번째, 네 번째와 같은 지적이 나온 까닭이다. 절기에는 일수日數가 있고 도수가 있으며 일수와 도수〔의 길이〕가 같지 않다. 춘분에서 추분까지 태양이 황도 180도를 운행하는 데 대략 186일이 걸린다면 추분에서 춘분까지 해가 황도 180도를 운행하는 데 대략 178일이 걸린다. 적도 이북에서는 8일을 더 운행하고 적도 이남에서는 8일을 적게 운행한다. 남북의 도수는 같지만 일수가 각기 다르기 때문에 느리고 빠른 구분이 있게 된다. 이같이 느리고 빠르게 되는 원리에 대하여 『일전역지日躔曆指』[38] 등에 상세히 쓰여 있지만 양광선은 아직 〔읽어〕본 적이 없다. 그랬기 때문에 '새 역법에서 하지의 낮이 길기 때문에 해의 운행이 느리다고 하고 동지에는 낮이 짧기 때문에 해의 운행이 빠르다고 하였다'는 등의 말을 터무니없이 늘어놓

光先論說多, 而所指之意則一. 因不明其所以然之理, 故妄發其虛謬之談. 此二三四摘之所自來也. 夫節氣有日數, 有度數, 日數與度數不等. 從春分至秋分太陽行黃道一百八十度, 約一百八十六日, 從秋分至春分太陽行黃道亦一百八十度, 約一百七十八日. 在赤道之北, 多行八日, 在赤道之南, 少行八日. 南北之度數同, 而日數各異, 所以有遲疾之分也. 而遲疾所以然之理, 詳在日躔曆指等書, 光先從未之見. 是以妄言新法因夏至晝長, 故云日行遲, 冬至晝短, 故云日行疾等語.

38 明末에 번역된 서양 曆書의 하나이다. 崇禎 4년(1631)에 進呈하였으며 『崇禎曆書』에 수록되었다.

았던 것이다.

『신법역서』는 백여 권이나 되지만 어디에도 그러한 말이 없는데, 양광선은 어디에서 그같이 황당무계한 말을 알아왔는지 알 수 없다. 새 역법을 무고할 수는 있겠지만 하늘이야 무고할 수 있겠는가? 한마디로 관측과 검증을 위주로 하되, 때로는 태양의 고도에 따르고 때로는 태양의 위도에 따르며 때로는 규표에 비친 해그림자의 길고 짧음에 따르는 것은 자명한 도리이다. 예를 들어, 춘분에서 시작하여 186일이 지나 하늘을 관측한다면 어김없이 태양이 추분과 만나는 것을 똑똑히 볼 수 있을 것이며, 또 추분에서 시작하여 178일이 지나 하늘을 관측한다면 어김없이 태양이 또다시 춘분과 만나는 것을 똑똑히 볼 수 있을 것이다. 이를 통해 새 역법에서 하지와 동지를 늦고 빠르게 계산한 것은 하늘에 부합하지만, 옛 역법은 평분하는 데 매달려 큰 착오가 생겼다는 사실을 알 수 있다.

新法曆書, 百有餘卷, 從無此說, 不知從何處得此荒唐不稽之語. 新法可誣, 天可誣乎? 總之, 以測驗爲主, 或依太陽之高度, 或依太陽之緯度, 或依表影之長短自明. 如從春分起, 過一百八十六日測天, 必明見太陽交秋分矣, 又從秋分起, 過一百七十八日測天, 必明見太陽復交春分矣. 可見新法二至之遲疾合天, 舊法因泥平分而大錯也.

대체로 태양은 동지에는 운행이 꽉 차고 하지에는 운행이 축소된다. 축소된다는 것은 느린 것이고 꽉 찬다는 것은 빠르다는 것이다. 유명한 역법가들과 곽수경은 모두 이런 사실을 말할 수 있었지만, 왜 그렇게 되는지 원인은 알지 못했다. 지금 양광선은 똑같이 운행한다는 케케묵은 견해에 얽매여 동지와 하지에 결코 해의 운행이 느리거나 빠른 구분이 없다고 말하고 있는 것이다. 새 역법을 원수로 여길 뿐만 아니라 역법가들과 곽수경까지도 원수로 여기는 것이리라! 그가 역리와 역수에 모두 통달했다고 일컬었던 곽수경마저도 원수처럼 여길 것인가? 이제

夫太陽冬至行盈, 夏至行縮. 縮卽遲, 盈卽疾. 諸名公與郭守敬皆能言之, 而但未明其所以然. 今乃悉泥平行之腐說, 而謂冬夏竝無遲疾二行之分. 不特仇新法, 竝仇諸名公與郭守敬矣! 夫守敬固彼所謂理數兼到之人, 而亦仇之耶? 今借圖略解二三四摘所辯之題.

그림을 이용하여 두 번째, 세 번째, 네 번째 지적에 대한 해명을 해보기로 하겠다.

여름·가을·겨울·봄이 황도로 나뉘고, 신辛·병丙·무戊·경庚이 번갈아가며 태양의 궤도〔日輪道〕가 된다. 황도의 중심인 갑甲은 땅과 같지만 태양 궤도의 중심인 을乙과는 같지 않다. 그러므로 황도와 태양의 궤도는 위아래로 마주하고 있으며 같은 하나의 평면에 있다. 태양이 본도의 경庚에 있을 때 땅에 사는 사람이 갑에 있는 것과 같다. 그것을 보고 황도에서의 봄을 알아 춘분을 정한다. 태양이 신辛·병丙·무戊를 따라 운행하면 사람들은 그것을 보고 황도에서의 여름·가을·겨울을 알고서 하지·추분·동지를 정한다. 다만 태양은 본도에서 영원히 평행 운행하며 하루에 대략 59분을 운행한다. 겨울·봄·여름·가을에도 그 운행 도수는 다르지 않으며 그 궁도 크고 작은 구분이 없다. 그러나 본도의 궁도宮度를 황도의 궁도에 상응시키면 반드시 크고 작은 것이 있으며 날마다 같지 않다. 왜 그런가? 대체로 그 본도의 중심 을이 황도의 춘분·추분의 선線에서 떨어져 있고 하지에 가까우므로 경庚·신辛·병丙의 본도는 크며, 동지에서 멀리 있으므로 병丙·무戊·경庚의 본도는 작기 때문이다. 을이라는 중심이 황도에서 떨어져 있고 하지·동지의 선이 추분에 가까우므로 신·병·무의 본도는 크기 때문이다. 춘분에서는 멀리 있으므로 무戊·경庚·신辛의 본도는 작기 때문이다.

夏秋冬春分爲黃道, 辛丙戊庚爲日輪道. 黃道之心甲與地相同, 與日輪道之心乙不同. 然兩道上下正相對, 同在一平面. 如太陽在本道之庚時, 人居地者如甲. 見之知在黃道之春而爲春分. 太陽躔辛丙戊, 人見之知在黃道之夏秋冬, 而爲夏至秋分冬至. 但太陽在本道, 永久平行, 一日約五十九分. 冬春夏秋, 其行度數無二, 其宮亦無大小之分. 然以其本道宮度對黃道宮度, 必有大小, 日日不同. 何也? 蓋其本道之心乙, 離黃道二分之線, 近於夏至, 故庚辛丙之道大也, 遠於冬至, 故丙戊庚之道小也. 乙心離黃道, 二至之線近於秋分, 故辛丙戊之道大也. 遠於春分, 故戊庚辛之道小也.

태양이 본도의 경·신·병을 평행 운행하는 데에는 병·무·경을 운행하는 것보다 8일이 더 걸리기

所以太陽平行本道之庚辛丙, 比行丙戊庚而多八日, 故春分至秋

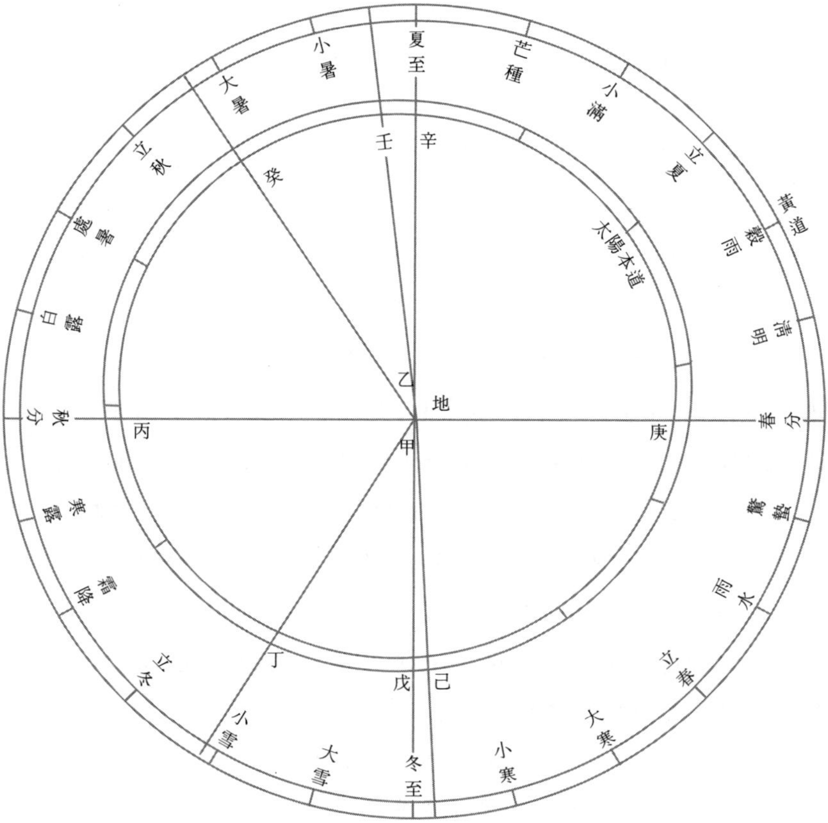

태양의 운행이 느리고 빠름을 설명한 그림

太陽行遲疾之圖

때문에 춘분에서 추분까지는 추분에서 춘분까지보다 8일이 더 걸린다. 무·경·신을 운행하는 것은 신·병·무를 운행하는 것보다 짧기 때문에 동지에서 하지까지는 하지에서 동지까지보다 운행이 짧다.

이제 임계壬癸와 정기丁己를 해의 본도의 한 달 운행 도수로 한다면, 황도는 동지 〔전후로〕 한 달에 세 절기를 운행하게 되고 하지에 운행하는 것은 두 개의 기氣〔절기와 중기〕에 미치지 못한다. 이 사실이 여기에서 더욱 명확해진다. 양광선은 똑같이 나눈다는 생각에 사로잡혀 운행이 많고 적은 원리를 알지 못하였기에 하지와 동지가 길고 짧은 것을 엉터리로 들춰내어 오류라고 한 것이다. 〈태양행지질지도太陽行遲疾之圖〉를 펼쳐놓고 상세히 점검해보기 바란다. 하지 때 해의 운행이 느리고 동지 때 해의 운행이 빠른 까닭도 이 그림에 잘 나타나 있다. 하지 때 해의 운행이 임壬에서 계癸에 이르는 것과 동지 때 해의 운행이 정丁에서 기己에 이르는 것은 그 본도의 도수가 모두 똑같다. 그러나 황도의 도수에 대조하면 하지는 동지에 비해 도수의 차이가 있고 일수는 같다. 하지 때 해의 운행이 느리고 동지 때 해의 운행이 빨라서 그리된 것 아니겠는가?

分, 比秋分至春分多行八日, 此之故也. 其行戊庚辛, 比行辛丙戊爲少, 故冬至至夏至, 比夏至至冬至行少, 亦此之故也.

今當壬癸與丁己, 爲太陽本道一月之行度, 則黃道冬至一月行三節氣, 夏至行不及二氣. 於此愈明矣. 光先泥平分之見, 而不知行多行少之所以然, 故妄摘二至長短以爲謬. 披圖者, 幸詳考之. 至於夏至行遲, 冬至行疾之故, 亦於茲圖著焉. 夏至之行, 從壬至癸類, 與冬至之行, 從丁至己本道度數皆一也. 然對黃道之度數, 夏至較冬至而度數有多少之不同, 而日數同. 豈非夏至行遲, 冬至行疾之所以然哉?

양광선이 지적한 새 역법의 다섯째 오류에 대한 변석
(인궁 기수 3도를 옮겨 축궁에 들여놓은 것에 대해)

辨光先第五摘以爲新法移寅宮箕三度入丑宮之謬

양광선이 다섯 번째로 들춰낸 것을 한마디로 말하면 새 역법에서 말한 성수星宿의 이동이 옛날의 역법 전문가들이 정해놓은 12궁의 주수主宿·분야分野[39] 등과 맞지 않는다는 것이다. 묻노니, 하늘을 억지로 바꿔 사람들의 역법에 맞추는 것이 맞는가? 아니면 사람이 정한 역법을 고쳐서 하늘에 맞추는 것이 맞는가? 성수의 이동에 관해 말하려면 마땅히 먼저 하늘에는 두 가지 이동이 있다는 것을 알아야 한다. 하나는 동쪽에서 서쪽으로 이동하는 것이고, 다른 하나는 서쪽에서 동쪽으로 이동하는 것이다. 동쪽에서 서쪽으로 이동하는 것은 일월·오위五緯[40]·28수로서 명백히 볼 수 있으므로 이것은 굳이 해석할 필요가 없다. 서쪽에서 동쪽으로 이동하는 것 중에서 일월과 오성은 분별하기 쉽지만, 28수의 운행 이동은 아주 미세한 것이므로 알기 어려우며 한 세대, 한 사람이 관찰하고 연구할 수 있는 바가 아니다. 옛날의 역법 전문가들이 그 정해진 도수를 관측하고서 그것이 바뀌고 변하는

光先五摘, 總謂新法說天上星宿移動, 與前人所定十二宮主宿分野等不合. 試問或强天以合人之法爲準乎? 抑將改人定之法以合於天爲準乎? 論星宿移動, 應先知天上有兩動. 一自東而西, 一自西而東. 自東而西者, 日月五緯二十八宿明白可見, 玆不必解. 自西而東者, 日月五星不難分別, 二十八宿之行動甚微, 故爲難知, 非一代一人之可考究. 前古曆家, 旣已測其定度, 欲必得其轉移之數, 或百年, 或數十年, 方可察其微渺之詳. 後學相傳測度, 復身試之, 始知恒星有本行之實度分及其移易之所以然也.

39 '分野'는 고대의 천문가들이 지상의 州 구분처럼 하늘의 별자리를 구역으로 나눈 것을 말하는데, 三垣·十二次·二十八宿의 구분이 있었다.

40 '五緯'는 太白·歲星·辰星·熒行·塡星의 五星을 말한다.

數를 얻어내려고 하였지만, 백 년 또는 수십 년을 거쳐야 비로소 그 미묘함을 자세히 살필 수 있었다. 후학들은 관측하는 법을 서로 전수하고, 또 직접 시험해보고서야 비로소 항성恒星의 운행 자체에는 실제적인 도·분이 있다는 것과 그것이 이동하고 바뀌는 원리를 알게 되었다.

예를 들면, 옛날 서양의 현인 지말흡地末恰(Timocharis)[41]은 중국력으로 주나라 난왕赧王 20년 병인년(B.C. 295)에 각수角宿라는 큰 별의 경도가 추분이 되기 전에는 순미궁鶉尾宮 22도에 있음을 관측하였다. 한나라 순제 영화永和 3년 무인년(138)에 서양의 현인 다록무多祿茂(프톨레마이오스)[42]는 순미궁 27도에 있음을 관측하였다. 가정 4년 을유년(1525)에는 서양의 현인 니곡로尼谷老(코페르니쿠스)[43]가 추분이 지나면 수성궁壽星宮 17도에 있음을 관측하였다. 만력 13년 을유년(1585)에 서양의 현인 제곡弟谷(Tycho)[44]은 수성궁 18도에 있음을 관측하였다.

如角宿大星, 古西賢地末恰考對中曆, 於周赧王二十年丙寅, 測得經度在秋分前鶉尾宮二十二度. 至漢順帝永和三年戊寅, 西賢多祿茂測在鶉尾宮二十七度. 嘉靖四年乙酉, 西賢尼谷老測得過秋分, 在壽星宮一十七度. 萬曆十三年乙酉, 西賢弟谷測在壽星宮一十八度.

41 Timocharis of Alexandria(B.C. 320~B.C. 260)는 그리스의 천문학자이자 철학자로, B.C. 300년경에 Aristillus의 도움으로 제작한 星表는 Hipparchus에게 영향을 주었다. 역대 천문가의 生平事蹟을 다룬 阮元의 『疇人傳』 권43에 '地末恰'으로 표기되어 있다.

42 Claudios Ptolemaeos(85?~165?)는 고대 그리스의 지리학자·천문학자·수학자로, 『천문학 집대성』을 지었다. 지구중심설을 주장했으며 최초로 천체의 구성과 운동을 체계적으로 관측했다. 『疇人傳』 권43에는 '多祿某'로 표기되어 있다.

43 Nicolaus Copernicus(1473~1543)는 폴란드의 천문학자로, 『천체의 회전에 관하여』를 지었으며 지동설을 주장했다. 『疇人傳』 권43에는 '泥谷老'로 표기되어 있다.

44 Tycho Brahe(1546~1601)는 덴마크의 천문학자로, 1575~1595년에 大星表를 만들어 발표했고 항성 770개의 위치를 확정했다. 그의 천체 관측은 망원경이 개발되기 전 가장 정밀한 것으로 평가된다. 그 관측 자료는 제자인 Johannes Kepler에게 넘겨져 행성운동의 법칙을 확립하는 기반이 된다.

헌원성軒轅星도 이와 같았다. 주나라 난왕 병인년(B.C. 295)에 순수궁鶉首宮 27도에 있음을 관측하였다. 한나라 영화 무인년(138)에는 순화궁鶉火宮 3도 30분에 있음을 관측하였고, 숭정 원년(1628)에는 순화궁 24도 40분에 있음을 관측하였다. 나머지 별들도 모두 이와 같았다. 이 때문에 요임금 때에는 낮과 밤의 시간이 같은 때 주작성좌가 나타난다〔日中星鳥〕[45]고 하면서, 춘분 황혼 때 순화 가운데 있음을 설명하였다. 그리고 주나라 말에는 정수井宿에, 숭정 원년(1628)에는 삼수參宿에 있음을 관측하였다. 요임금 때에는 동지가 허수虛宿 6도에, 한나라 · 당나라 때에는 북두칠성에, 숭정 원년에는 기수箕宿에 있음을 관측하였다. 그것에 자체의 운행 도수가 있는 것이 아니라면 어떻게 동지가 허수를 떠나 서쪽으로 이동할 수 있으며, 자오子午를 떠나 동쪽으로 이동할 수 있겠는가? 곽수경은 미세한 움직임이 있다고 여겼지만 결론을 내리지 못하였다. 그러나 서양 역법에서는 진작부터 관측하여 그 원리를 명확히 알고 있었다. 매년 동쪽으로 51초를 운행하고 대략 70여 년 동안 누적되면 1도가 차이 난다고 상세히 추산하였고, 2,170여 년이 지나면 궁 하나의 차이가 나며 도합 25,410여 년이 지나면 열수列宿들이 하늘을 한 바퀴 운행한다고 상세히 추산하였다. 오성을 보면 아주 느리게 이동하여 거의 움

軒轅星亦如之. 周王赧丙寅, 在鶉首宮二十七度. 漢永和戊寅, 在鶉火宮三度三十分, 崇禎元年, 測在鶉火宮二十四度四十分. 餘星皆如此. 是以帝堯之世, 日中星鳥, 謂春分則初昏時鶉火中也. 而周末在井, 崇禎元年, 測在參矣. 堯時冬至在虛六度, 漢唐在斗, 崇禎元年, 測在箕矣. 非其自有行度, 安得冬至離虛宿而西焉, 離子午而東乎? 郭守敬以爲微有動移而未決. 西法從來測驗, 灼見其然. 詳算每年東行五十一秒, 約積七十年有奇, 而差一度, 二千一百七十年有奇, 而差一呂, 計二萬五千四百一十年有奇, 而列宿行天一週矣. 以視五緯, 是爲至遲之動, 與不動埒. 以新法論, 十二宮之度數, 不在列宿天, 實在宗動天. 與二十四節氣之度數相同.

45 『尙書』「虞書」'堯典'에 나오는 말이다. "日中星鳥"에서 '日中'은 춘분과 추분을 가리키며, '星鳥'는 남쪽 하늘에 떠오르는 朱雀星座이다. 춘분과 추분 때가 되면 일곱 개로 이루어진 이 성좌가 하늘에 모두 모습을 드러낸다 하여 붙은 말이다.

직이지 않는 것 같다. 새 역법으로 논해보자면 12궁의 도수는 열수의 하늘에 있는 것이 아니라 실제로는 종동천宗動天[46]에 있다. 그것은 24절기의 도수와 같다.

이른바 종동이라는 것은 칠정과 항성을 따르지 않고, 능히 칠정과 항성의 준칙이 될 수 있는 것이다. 역법 전문가들은 천원도天元道 · 천원극天元極 · 천원분天元分[47]이라고 부르는데, 예로부터 바뀌지 않았다. 춘분과 추분은 황도가 적도와 만나는 곳으로 정해져 있고, 동지와 하지는 황도의 적도 극남 · 극북의 위도로 정해져 있다. 축궁은 동지와 소한 두 절기를 포괄하고 있다. 그 밖의 궁들도 모두 이와 같지 않은 것이 없다. 그러므로 12궁은 영원히 이동하지 않는 것으로서, 곧 만세토록 불변하는 추산의 근원이다. 하늘은 흐르는 물처럼 동쪽으로 운행하고[48] 모든 별이 따른다. 12궁은 본래 사람이 정한 것으로 일월日月과 뭇별이 각각 춘하추동 등의 절기에서 얼마나 멀리 떨어져 있는지를 나누어 24절기에 고정시킨 것이다. 마치 물가에 심어놓은 나무처럼 물은 흘러가더라도 나무는 움직이지 않는 것과 같다. 양광선의 말에 따른다면, 12궁은 열수의 하늘에 고정되어 있으니 열수 하늘이 움직이면 12궁도 자연 그에 따라 움

所云宗動者, 不依七政恒星而能爲七政恒星之準則. 曆家謂之天元道 · 天元極 · 天元分, 終古無變易也. 蓋春秋二分, 定在黃道於赤道相交之處, 冬夏二至, 定在黃道於赤道極南極北之緯度. 丑宮, 包含冬至, 小寒兩氣. 其餘宮無不皆然. 所以十二宮是永不移動者, 乃萬世推算之原也. 諸天如水流東行, 日月諸星因之. 十二宮原從人所定, 以分別日月諸星相距於春夏秋冬等氣近遠若幹, 因鈴在二十四節氣上. 猶植樹於水邊, 水流而樹不動也. 若依光先所云, 十二宮鈴在列宿天上, 列宿天旣動, 則十二宮必因而皆動矣. 何以用宮宿以分別日月諸

46 움직임의 기준, 준칙이 되는 하늘을 말한다.

47 周曆의 建子는 지금의 대통력 11월을 정월로 하였으며 周曆이 하늘의 正道를 얻었다 하여 이를 天元이라 하였다. 道는 즉 天道이며 하늘이 운행하는 길이라는 뜻이다. 極은 끝, 分은 나눈 경계라는 뜻이다.

48 흐르는 물처럼 동쪽으로 운행한다고 한 것은 중국의 강들이 모두 동쪽으로 흐르기 때문에 나온 비유이다.

직여야 한다. 그러니 어떻게 궁수로써 각각 일월, 뭇 별의 운행이 시작되고 머무는 근원으로 삼을 수 있겠는가? 무릇 동지라는 것은 황도의 가장 남쪽 위도에 있다. 태양은 하늘을 한 바퀴 돌고는 다시 원점과 만나며, 낡은 한 해가 여기에서 끝나고 새로운 한 해가 여기에서 시작된다. 이때에 태양의 궤도상에 나타나는 성차星次[49]는 축궁이다. 축궁은 초궁初宮이다. 초궁에서 제1, 다시 제2, 다시 제3의 순차로 11궁에까지 이르면 또 초궁과 만나고 다가오는 한 해의 동지가 되니 먼 옛날부터 모두 이러하였다. 다만 열수가 동쪽으로 이동하기 때문에 동짓날은 단지 종동천의 시점과 만날 뿐이고 열수의 수도宿度[50]와는 만나지 않는다. 그래도 궁은 궁인데 어찌 뒤로 물러난다는 명목으로 하늘을 무고하면서 태양의 궤도가 성수를 바꾸고 아울러 궁을 바꾼다고 하겠는가? 요임금 때에 동짓날은 허수에 있었는데, 이때 허수는 축궁에 있었다. 원·명나라 이후에는 동짓날이 기수에 있었다. 지금은 기수가 비록 인궁·축궁에 걸쳐 있으나 동지가 되면 태양은 여전히 축궁 초初·도度·분分에서 만난다. 그러니 결코 자궁子宮이나 인궁에 있을 까닭이 없는 것이다. 양광선은 생각해보라. 새 역법이 틀렸는가? 아니면 새 역법을 틀렸다고 하는 사람이 틀렸는가?

星行動起止之根源哉? 夫冬至者, 黃道最南之緯度也. 太陽曆天一週, 復與元點相會, 舊歲於此終, 新歲於此始也. 是時, 日躔星紀丑宮. 丑宮, 初宮也. 自初而一而二而三, 以次及十一宮, 又交初宮爲來年之冬至, 亘古盡然. 只因列宿東移, 故冬至日, 但與宗動天元點會, 不及與列宿天元宿度會. 而宮則猶是宮也, 豈可誣天以卻退之名而謂日躔更宿竝更其宮哉? 堯冬至日在虛, 是時虛在丑宮也. 元明以來, 冬至日在箕. 今箕雖跨連寅丑, 而當冬至時, 則日仍交丑宮初度分矣. 斷無或在子或在寅之理. 光先試思. 新法謬乎? 抑謬新法者謬乎?

49 해와 달, 오성의 운행과 절기의 변화를 설명하기 위해 적도 위의 하늘을 서쪽으로부터 순서에 따라 12등분하고 그것을 '星次'라 하였다.

50 星宿의 위치를 표시한 도수를 말하며, 28수들은 각각 일정한 도수를 차지한다.

양광선이 지적한 새 역법의 여섯째 오류에 대한 변석

(자수·삼수를 바꿔놓았다는 것에 대해)

辨光先第六摘以爲新法更調觜參二宿之謬

양광선이 여섯 번째 오류라고 지적한 것의 뜻인즉, 자수觜宿는 화火에 속하고 삼수參宿는 수水에 속하므로 자수는 삼수의 앞에 있어야 하는데 지금 새 역법에서는 이를 반대로 해놓았다는 것이다. 그렇다면 자수·미수尾宿 등의 화에 속하는 성수들은 삼수·벽수壁宿 등등의 수水에 속하는 성수들에 비해서 더욱 높이 있어야 하고 대지에서 더욱 멀리 있어 같은 하늘에 있을 수가 없다. 만약 굳이 소속을 가지고 그 순서를 정한다면 수성은 반드시 수에 속해야 하고 토성은 반드시 토에 속해야 할 것이다. 토는 무겁고 수는 가벼우니 수성은 마땅히 토성의 위에 있어야 하는데, 〔어찌하여〕 토성은 본래부터 오성 가운데 가장 높은 하늘에 있고 수성은 본래부터 오성 가운데 가장 아래쪽 하늘에 있는지 알 수 없다. 이것은 양광선의 논리와 상반되는 것이다.

光先之摘六謬, 意謂觜屬火, 參屬水, 則觜在參之前, 今新法相反. 然則, 觜·尾等屬火之宿, 比參·壁等屬水之宿宜更高, 而離地更遠, 不宜在同天矣. 如必以所屬而定其序, 則水星必屬水, 土星必屬土. 土重水輕, 水星宜在土星之上, 不知土星本在五星最高之天, 水星本在五星最下之天. 與光先之論正相反耳.

대체로 화·수의 구분으로 자수·삼수를 소속시키는 것은 사람의 의사에 따라 그 차례를 배치한 것이다. 열수들이 점차 동쪽으로 이동하는 것은 실제로 하늘의 운행 도수에 따르는 자연적인 것이다. 새 역법에서 삼수를 앞에 정해놓고 자수를 뒤에 놓은 것은 천문과 기상을 관측한 것에 근본을 둔 것

夫以火水分屬觜·參者, 此出人意安排之次第. 而列宿逐漸東移, 實天行度之自然. 新法之定參先觜後, 本諸測候, 所謂順天以求合. 泥水火之序, 而謂參必不先, 觜必不後, 未免自人以

으로 이른바 하늘에 순응해 부합하기를 바란다는 것이다. 화·수의 차례에 얽매여서 기어코 삼수를 앞에 놓고 자수를 뒤에 놓는다면 사람 마음대로 하늘을 검증하려 한다는 혐의를 면할 수 없다. 그러나 그 이유는 한두 마디로 쉽게 설명되지 않는다. 그림으로 그것을 고찰해보면 그 선후가 판별된다.

驗天. 然其故未易以一二語明也. 據圖以考之, 則先後判矣.

옛날에는 적도의 경도에 의거해 자수가 삼수의 서쪽에 있었는데, 지금은 삼수의 동쪽에 있는 것은 무엇 때문인가? 대체로 28수는 적도의 끝을 운행의 끝으로 삼지 않으며 황도의 끝을 그 끝으로 삼는다. 그것이 황도를 따라 운행하는 것은 예나 지금이나 같으며 서로 앞뒤나 원근이 변하거나 바뀌는 일이 없다. 앞뒤나 원근이 변하고 바뀌는 것은 전적으로 적도를 지나는 경도 호선弧線[51]이 남북 위도에 따라 차이가 나는 데에서 기인한다.

古昔依赤道經度, 觜在參之西, 今在其東何也? 蓋二十八宿, 不以赤道之極爲本行之極, 而以黃道之極爲極. 其依黃道行, 古今如一, 無彼此先後近遠之變易. 其變易全由於過赤道之經弧而緯南北多寡不等.

그림에서 보는 것처럼 적도의 북극 갑甲에서 시작된 여러 호선, 예를 들어 갑을·갑병 등은 각기 10도씩 떨어져 있다. 황도 북극의 정丁에서 시작된 각 호선도 또한 이와 같다. 예를 들어 신辛이라는 별(辛星)이 있다고 하면 적도의 끝에서 시작된 호선 갑신을甲辛乙이 그에 대응하며 적도를 따라 서쪽으로 20도 떨어진 위치에 머물게 한다. 그러나 성수는 적도를 따라 운행하지 않고 황도와 평행 거리를 유지하는 선을 따라 운행하는데, 신에서 경庚을 향해 대략 7백 년에 10도씩 운행한다.

如圖中赤道之北極甲所出各弧, 如甲乙·甲丙等相距各設爲一十度. 黃道之北極丁, 所出各弧亦如之. 譬有星爲辛, 赤極所出甲辛乙弧對之, 而限其依赤道離西二十度. 但星不依赤道行, 乃依黃道平距線, 自辛向庚, 約每七百年行一十度.

51 활처럼 휜 곡선을 말한다.

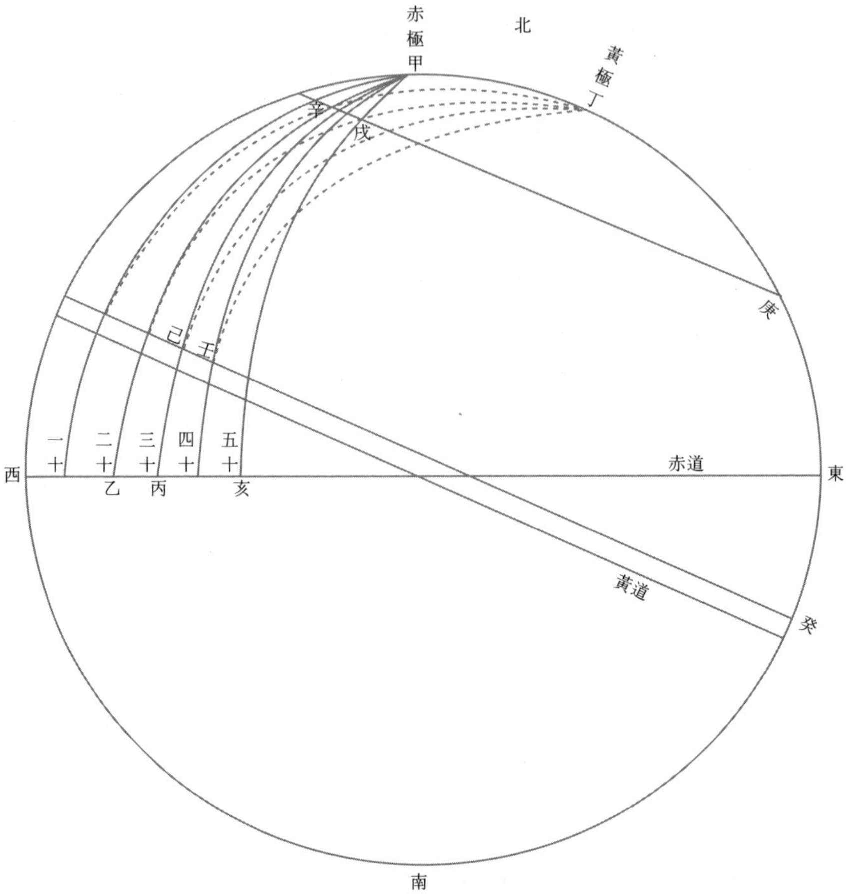

삼수가 앞, 자수가 뒤에 있는 그림

參前觜後之圖

또 기라라는 별(己星)은 적도의 끝에서 시작된 갑기병甲己丙 호선이 그에 대응하며 서쪽에서 30도 떨어져 있고 신성辛星의 10도 뒤에 있다. 이 별도 황도와 평행 거리를 유지하는 선을 따라 기로부터 계癸를 향해 운행한다. 그러니 7백 년 사이에 기성己星은 기己에서 임壬에 이르게 되고, 적도의 끝에서 시작된 갑임甲壬 호선이 그에 대응하게 되며 서쪽으로 40도 떨어지게 된다. 신성辛星은 그 사이 역시 신에서 무戊에 이르고 적도의 끝에서 시작된 갑해甲亥 호선이 그에 대응하게 되며 서쪽으로 50도 떨어진다. 원래 앞에 있던 신성이 뒤로 옮겨가는 것은 천상의 운행에서 나타난 필연적 현상이다. 삼수와 자수의 선후 문제도 바로 이 때문에 그렇게 되는 것이다.

又一星己, 赤道極所出甲己丙弧對之, 則離西三十度, 而在辛星之後一十度. 此星亦依黃道平距線, 自己向癸. 則七百年間, 己星自己至於壬, 而赤極所出甲壬弧對之, 則離西四十度矣. 辛星於此年數, 亦自辛至戊, 而赤極所出甲亥弧對之, 則離西五十度矣. 是辛星原先者轉後, 出天行之必然. 而參觜之先後, 正若此之所以然耳.

천문역법에 밝은 사람만이 성수의 운행이 적도를 따르지 않고 다만 황도와 평행을 이루는 선을 따른다는 것, 그리고 적도를 지나는 경도經度 호선이 남북 위도에 따라 차이가 난다는 것을 알고 있다. 그러니 뒤의 것이 앞으로 옮겨지고 앞의 것이 뒤로 옮겨지는 까닭은 마치 손바닥의 지문처럼 확연한 것이다. 역사책에 기록되기를 원나라의 태자 유덕太子諭德[52]이 일찍이 『역의曆議』라는 책을 지어 새 역서에서 하늘에 순응하여 부합하기를 구하는 증험을 밝혔으며 전대 역법가들이 억지로 꿰맞춘 잘못을 고증하였다고 한다. 오늘날 어찌하면 이 사

高明者惟得諸星之行, 不依赤道, 只依黃道平距線, 竝知過赤道之經弧緯南北多寡不同. 則後者轉先, 先者轉後之故, 如掌上螺紋矣. 史載元太子諭德, 嘗著曆議, 發明新曆順天求合之征, 考證前人附會之失. 今安得再起斯人, 而爲時憲曆一發明一考證乎? 最可駭者, 光先擅改距星, 以求濟其邪說. 夫距星乃各宿之一星, 於各宿衆星中簡

52 태자를 시종하며 덕을 일러주던 관직.

람을 다시 나오게 하여 시헌력을 위해 증험을 밝혀 주고 고증하게 할 수 있겠는가? 가장 놀라운 것은 양광선이 거성距星[53]을 함부로 고쳐서 자신의 틀린 주장을 구제하려 한 사실이다. 대체로 거성이란 모든 성수 중 하나의 별로, 각 성수의 여러 별들 중에서 하나를 선택하여 서로 떨어져 있는 도수를 정하는 것이다. 거성은 한나라·당나라 이래로 천년 동안 한결같이 바뀌지 않았다.

其一, 以定彼此相距之度. 漢唐以來, 千年惟一, 永無更易.

다만 순치 14년(1657)에 흠천감에서 오명훤의 망설을 변박[54]할 때, 역사책에 기록된 한·당·송·원대의 거성의 도수가 점차 차이가 난다고 증명하자 양광선은 입장을 바꾸어 역대의 거성이 달랐다고 말하면서 사람들을 속이고 미혹시켰다. 그런 법이 어디 있을 수 있단 말인가? 그리고 그는 또한 삼수에 여러 개의 별이 있다고 믿고 자신의 그릇된 견해를 꾸며댔다. 만약 허수에 단지 두 개의 별뿐이라면 임의로 왕조 때마다 거성을 바꾸었다 하더라도 두 개의 숫자에서 벗어나지 말아야 할 것이다. 지금 한·당·송·원나라의 네 왕조를 고찰해보면 거성의 숫자가 역시 넷인 것은 무엇 때문인가?

只因十四年欽天監辨吳明烜之妄駁, 證以史載漢·唐·宋·元距度以漸而異, 光先遂變爲歷代距星不同之說, 以相誑惑. 有是理乎? 且彼亦恃參宿有多星, 得以文其邪說. 若虛止二星, 縱令各代改距, 亦應不出二數. 今考漢·唐·宋·元四代, 其距數亦四者何?

실수室宿·벽수壁宿는 각기 두 개의 별인데 네 왕

室·壁各二星, 而四代距數有

53 28宿 각 宿의 初點이 되는, 가장 밝은 별을 말한다.

54 順治 14년에 吳明烜은 두 차례에 거쳐 疏章을 올려 湯若望의 새 역법을 공박하였다. 4월에 올린 첫 번째 疏章에서는 새 역법은 水星의 伏見에 착오가 있다고 지적하였고, 7월에 올린 두 번째 疏章에서는 湯若望이 天象을 추산한 것이 틀렸다고 하면서 다음과 같은 세 가지 오류가 있다고 하였다. 紫氣를 누락시켰고 觜宿와 參宿 및 羅計를 뒤바꿔놓았다는 것이다. 南懷仁이 말한 것은 바로 이것이다. 그리고 다음 글 뒤에 부록으로 첨부한 「湯若望辨吳明烜原刻」이 바로 7월 탄핵 疏章에 대한 湯若望의 답변이다.

조 때 거성의 숫자는 셋이며, 심수心宿는 세 개의 별인데 거성의 숫자는 넷이다. 거성이 별의 숫자보다 많은 것, 즉 거성의 수가 다른 것은 거성이 바뀌었기 때문이 아니라 거성이 옮겨갔기 때문임이 분명하다. 곽수경은 하늘의 열수의 도수를 논하면서, 열수들이 서로 떨어져 있는 도수에 대한 역대의 관측이 다른 것은 미소한 이동이 있기 때문이 아니라 바로 전대 역법가들의 관측이 치밀하지 못했기 때문이라고 하였다. 만약 곽수경이 스스로 거성을 바꿨다면 어찌 미소한 이동이 있다거나 전대 역법가들의 관측이 치밀하지 못했다고 의혹을 제기하였겠는가?

三, 心三星, 而距數有四. 距數多於星數, 則距之異數, 非由距改而由距移明矣. 郭守敬論周天列宿度有云, 列宿相距度數, 歷代所測不同, 非微有動移, 則前人所測未密云云. 如果守敬自改距星, 則何有微有動移, 前測未密之疑哉?

탕약망이 오명훤을 변박한 원각본을 뒤에 붙임

湯若望辨吳明烜原刻附後

통정사사通政使司[55]의 통정사로 2품 관모와 의대衣帶에 한 품급을 더해 받고 흠천감의 인장을 장악하고 사무를 주관하는 이 탕약망이, 주소奏疏와 관련하여 시비를 명백히 밝힘으로써 폐하께 상주하여 품고해주시기를 위한 건.

通政使司通政使用二品頂帶, 又加一級掌欽天監印務湯若望爲就疏剖明, 以便回奏事.

요즈음 저보邸報[56]를 읽어보니 오명훤이 과科를 설치하는 일 등에 관해 상세히 진술한 소장이 있었습니

頃閱邸報, 有吳明烜爲詳述設科等事一疏. 內列交食合朔之

55 '通政使司'는 명·청 시기 내외의 奏章과 申訴文書를 받아서 검사하던 중앙기구로, 장관을 '通政使'라 했다.

56 '邸報'는 일종의 신문으로, 지방장관들은 京師에 官邸를 설치하고 詔令, 奏章 등을 베껴 諸藩에 보고하였다.

다. 그 소장에는 일식·월식·합삭에 관한 시비가 쓰여 있었습니다. 이미 감정인 제가 접본摺本을 갖추어 명백히 변석하여 부部에 보낸 외에, 그 주장奏章에서 상주한 세 가지 조목은 모두 없는 것을 있다 하고 옳은 것을 그르다 하였으며, 말은 크게 과장되었고 제대로 알지도 못하면서 만든 것이었습니다.

是非. 除已經本監具折辨明送部外, 至所奏三款盡皆以無爲有, 以是爲非, 言大而誇, 不知而作.

귀부에서 유지를 받들어 밝게 살피고 상주하도록 하기 위하여 삼가 그 세 가지 조목에 대하여 다음 글에서 하나하나 명백히 변석합니다. 그리고 바쳐 올린 구舊 각본 역서 중에 서술되어 있는 세 조목에 관한 부분과 수성水星의 복현에 관해서도 함께 모아서 권책卷冊을 만들어 부에 올립니다. 이에 근거하여 자세히 살펴보시고 주장奏章을 갖추어 올려주십시오.

因貴部奉旨察明具奏, 謹就三款, 逐一辯一明於後. 又舊刻進呈曆書中, 所載有關三款及水星伏見者二竝簡匯成扶呈部. 以憑詳察具奏, 施行.

삼수와 자수를 뒤바꿔놓았다는 것에 대한 변박

辨顚倒參觜

천체는 수박과도 같고 두 극은 수박 꼭지와도 같으며 극에 가까운 도수는 좁고 극에서 먼 도수는 넓습니다. 이 도리는 누구나 다 아는 바입니다. 또 경성經星[57]은 해마다 점차 동쪽으로 운행하므로 세차歲差가 이로부터 생깁니다. 도수가 좁은 곳을 운행할 때면 빠르고 도수가 넓은 곳을 운행할 때면 느립니다. 느린 운행이 오래되면 원래 앞에 있던 것이 뒤로 가게 되고, 빠른 운행이 오래되면 원래 뒤에 있던 것이 앞

天體如瓜, 兩極如蒂, 近極度狹, 遠極度寬. 此理人多知之. 又經星每歲浸漸東行, 歲差所由生也. 行當狹處則速, 行當寬處則遲. 遲之卽久, 則原先者轉後, 速之卽久, 則原後者轉先. 不但西法, 卽中華從古皆以爲然.

57 28宿 등의 恒星을 말하는 것으로, 行星과 구별된다.

으로 나오게 됩니다. 서양의 역법에서뿐만 아니라 중국에서도 예로부터 모두 이와 같이 말해왔습니다.

자수와 삼수 사이의 거리에 관해서 한나라 때에는 2도라고 관측하였고, 당나라 때에는 1도라고 관측하였으며, 송나라 때에는 1도에서 반半 도라고 관측하였고, 원나라 때에는 5분이라고 관측하였는데, 모두 역사책에서 살펴볼 수 있습니다. 명나라 숭정 무진년(1628)이 되면 이미 또 3백 년이 흐른 다음입니다. 이 때에 이 탕약망이 마침 역법을 수정하기 시작하였습니다. 자수를 자세히 관측하였더니 이미 삼수 24분에까지 잠행潛行해 들어와 있었습니다. 이것은 천체 운행에서 필연적인 것으로서 털끝만치도 놀라워할 것이 없습니다. 오명훤은 옛날의 기록도 살펴보지 않고 또 그것을 하늘에서 구하려고도 하지 않고 함부로 뒤바뀌었다고 하였는데 과연 뒤바뀐 것이겠습니까?

觜之距參, 漢測二度, 唐測一度, 宋測一度迨半度, 元測五分, 諸史可考. 迨至前朝崇禎戊辰, 又越三百餘年. 是時適當望修曆之始. 細測觜宿, 已浸入參宿二十四分. 此天行之必然, 毫無足訝者. 烜不考諸古, 不求諸天, 而妄以爲顚倒, 果顚倒乎?

귀수鬼宿 같은 것에 대해 말하면 지금도 귀수는 버젓이 유수柳宿의 서쪽 2도 남짓한 위치에 있으니 어찌 삼수·자수와 함께 말할 수 있단 말입니까?

至若鬼宿, 今仍在柳宿之西二度有餘, 安得與參觜常同論?

역曆이라는 것은 경과한다는 의미이니, 천체 운행이 경과한 도수에 따라서 역법이 이루어지게 됩니다. 꾸며낸 글에 억지로 맞추려 하고, 천체의 운행을 어겨가면서 아랑곳하지 않는다면 이것이 어찌 의로운 자가 감히 할 수 있는 소행이겠습니까? 하물며 어느 것이 앞에 있고 어느 것이 뒤에 있다고 하는 것은 모두가 각 성수의 거성을 가리켜 말한 것인데, 오명훤은 그것을 알지 못하면서 제멋대로 성좌를 거론하였고 함부로 탄핵하여 내치려 했습니다. 그리고 또 새 역법이 삼수가 반도半度를 차지하고, 자수가 11도

夫曆者曆也, 按天行所曆之數以成曆也. 苟欲附合一切緣飾之文, 甘心悖天行而不顧, 斯豈義之所敢出乎? 況某先某後, 皆指各宿距星而言, 烜不曉此, 而妄擧星座, 以恣彈駁. 且又謂新法錯定參佔度半, 觜佔十一度. 望有見界星圖, 刊行已久, 烜獨未之見乎? 何不詳考之圖, 而信口妄言也?

를 차지하도록 잘못 정하였다고 말하였습니다. 탕약망이 가지고 있던 <견계성도見界星圖>[58]는 간행된 지 이미 오래이거늘 오명훤만 본 적이 없단 말입니까? 어찌하여 <견계성도>를 상세히 점검해보지도 않고 입에서 나오는 대로 망언을 한단 말입니까?

58 崇禎 초에 禮部尙書 徐光啓가 역법을 개수해 올린 〈見界總星圖〉를 말하는 것으로 보인다.

양광선이 지적한 새 역법의 일곱째 오류에 대한 변석
(자기紫氣를 빼버렸다는 것에 대해)

辨光先第七摘以爲新法刪除紫氣之謬

양광선의 뜻인즉 무릇 당·송 역법에 없는 것이면 마땅히 모두 삭제해버리고 당·송 역법에 있는 것이면 마땅히 모두 보존해야 한다는 것이다. 하지만 당나라 이전에는 이 같은 학설이 없었고, 당나라 이후에는 모두 버리고 수록하지 않았다는 사실을 모르고 있다. 양광선이 믿는 바는 당·송의 역법이고, 새 역법이 의거하는 바는 하늘에 부합되는 것이다. 만약 하늘에 부합되지 않는다면 당·송 역법에 있었다 한들 무슨 도움이 되겠는가! 자기紫氣가 과연 있는가 없는가 하는 것은 마땅히 하늘에 물어보아야 할 것이다. 하늘에 묻는다는 것은 어떻게 하는 것인가? 관측하고 검증하는 것이다. 관측하고 검증하면 〔자기가〕 하늘에 없다는 사실을 감출 수 없을 터인데, 어찌 양광선만 홀로 그것이 있다고 억지를 쓸 수 있겠는가! 하늘이 뚜렷이 드러내 보이는 것은 믿을 수 없고 양광선이 허망하게 꾸며낸 것은 오히려 근거로 삼을 수 있다니, 실로 가소롭다.

光先意謂凡唐宋曆之爲無, 應該盡削, 凡唐宋曆之爲有, 應該盡存. 不知唐以前未有此說, 唐以後皆棄弗錄. 然光先所恃者, 唐宋曆乎, 新法所倚者合天耳. 如天之不合也, 雖唐宋何益哉! 紫氣之果有與否, 應該問天. 問天者何? 測驗是也. 測驗而天不能掩其無, 豈光先者獨能强爲有哉! 是天之顯著不足憑, 而光先之虛妄偏足據, 可笑也夫.

탕약망이 오명훤을 변박한 원각본을 뒤에 붙임

湯若望辨吳明烜原刻附後

역법가들은 하늘의 일을 주관하는데, 천체에는 형체가 있기에 형상이 있고, 형상이 있기에 법칙이 있으며, 이에 논리적인 설명이 생기게 된다. 형상이 있기에 도수가 있고, 이에 추산이 생기게 된다. 가령 형상이 없다면 아무리 재간 있는 역법가라 하더라도 하늘을 어기고 하나의 법칙을 창조할 수 없으며 하나의 도수도 늘어놓을 수 없다.

曆家爲司天, 天有形乃有像, 有像乃有理, 論述生焉. 有像乃有數, 推算生焉. 苟無其像, 雖巧曆不能違天創一理, 設一數也.

지금 자기紫氣라고 하는 것은 이름은 있으나 성상星像은 없다. 형상이 없으면 법칙도 없는 법이니, 도수가 어디에서 나오겠는가? 후세 사람들이 근거 없이 허망하게 보탠 것임에 분명하다. 당나라 이전에는 그런 학설이 없었으며 당나라 이후에도 바른말을 하는 사람들은 모두 그것을 내던지고 기록하지 않았는데 시헌력이 무슨 수로 이를 이어받아 보존하였겠는가! 그가 기록한 월패·나후·계도〔孛羅計〕[59]는 모두 태음의 운행 도수를 가리키는 것으로서, 여기餘氣에 관한 이야기가 아니다. 어찌 법칙이 있고 도수가 있는 월패·나후·계도를 기록했다 하여 법칙도 없고 도수도 없는 자기紫氣까지 한데 기록하려 하는가?

今稱紫氣有名, 而無星像. 夫旣無其像矣, 理必竝無, 數從何起? 明系後人無端妄增. 唐以前不聞其說, 卽唐以後凡爲正術者, 皆棄之弗錄, 時憲曆何得承說存之! 其所載孛羅計, 皆指太陰行度, 非餘之說. 安得因載有理有數之孛羅計, 而竝欲載無理無數之紫氣乎?

나라가 흥성하려면 반드시 상서로운 징조가 있으니, 천인天人이 상응하는 도리는 참으로 진실된 것이

且國家將興, 必有禎祥, 天人相應之理誠然. 但因此而强援

59 計都와 羅睺는 인도 점성술에서 말하는 서로 마주하고 있는 두 별로, 해와 달, 그리고 오성과 더불어 九曜라 칭해진다. 여기에 紫氣와 月孛를 더해 十一曜라 하는데, 羅睺와 計都는 日月을 거슬러 운행하고 紫氣와 月孛는 日月을 따라 운행한다고 한다.

다. 그러나 이 때문에 동방의 백기白氣를 억지로 끌어다가 자기紫氣라고 한다면 그것 또한 하늘을 심히 기망하는 것이다. 군주가 살육을 좋아하지 않는 것에 대해 말하면 그것은 덕德을 수양하고 인仁을 행한 데에서 오는 응험인데, 오명훤은 그것이 곧 목덕木德의 응험이라고 가리키면서 자기紫氣가 반드시 있다는 증거로 삼았다. 만약 그의 말대로라면, 천하 만백성이 안락함을 누리며 편히 사는 것에 대해 모두 조정에 감사할 필요 없이 자기紫氣에 감사해야 할 것이다. 또한 걸왕桀王·주왕紂王과 같이 자고이래로 포학한 자들은 모두 자기紫氣가 영험하지 못한 탓으로 허물을 돌려버릴 수 있을 것이다. 그의 주장이 얼마나 그릇되고 잘못되었는지, 꼭 지혜로운 이라야 변석해낼 수 있지는 않으리라!

東方之白氣, 以爲紫氣, 則又誣天甚矣. 至於人主之不尚殺, 自系修德行仁之驗, 烜乃指爲木德之驗, 以征紫氣之必有. 苟如其說, 則天下臣民安享恬熙, 皆不必感朝廷而感紫氣. 而自古暴虐如桀紂, 皆得卸咎於紫氣之無靈矣. 其說之舛謬, 豈待智者而辨哉!

양광선이 지적한 새 역법의 여덟째 오류에 대한 변석
(나후와 계도를 바꿔놓았다는 것에 대해)
辨光先第八摘以爲新法顚倒羅計之謬

태음(달)의 한 달 간의 운행은 태양의 1년 동안의 운행과 비슷하다. 태양이 황도를 지날 때, 봄가을에 적도와 만나 두 번의 만남이 이루어진다. 태음도 이와 같다. 그것의 본도本道는 나후와 계도에서 황도와 만나 두 번의 만남이 이루어진다. 태양은 1년 동안 적도의 남쪽에서 북쪽으로 오면서 먼저 춘분과 만나고 적도 북쪽에서 남쪽으로 가면서 나중에 추분과 만난다. 태음도 그러하다. 황도 남쪽에서 북쪽으로 오면서 먼저 나후와 만나고 황도 북쪽에서 남쪽으로 가면서 나중에 계도와 만난다. 그런데 무엇이 오류이고 무엇이 뒤바뀌었다는 것인가?

太陰一月之中, 肖太陽一年行動. 太陽之道黃道也, 交赤道於春秋, 而以爲兩交. 太陰亦然. 其本道於羅計交黃道, 而以爲兩交. 太陽一年之中, 從赤道之南往北, 以春分爲前交, 從赤道之北往南, 以秋分爲後交. 太陰亦然. 從黃道之南往北, 以羅爲前交, 從黃道之北往南, 以計爲後交. 何以爲謬而顚倒乎?

새 역법의 칠정력七政曆에서는 해와 달에 남북의 위도가 있는데 나후와 계도와 두 번 만나기 전후에 일정한 도수의 거리를 갖고 있다고 하였다. 만약 위도가 하늘에 부합된다면 나후와 계도가 앞뒤로 떨어져 있는 도수가 하늘에 부합되지 않을 수 없다. 날마다 관측할 수 있으나 그 정확도는 일식과 월식 때에 가장 뚜렷하다. 나후와 계도는 일식과 월식을 추산하는 중요한 근간인 만큼 나후와 계도의 위치에 오차가 나면 월식 때의 월리月離[60]까지 모두 틀리게 된다.

夫新法之七政曆, 日月有南北之緯度, 相距羅計兩交前後, 一定之度數. 若緯度合天, 則羅計前後相距度數, 不得不合於天矣. 日日可以測驗, 但測驗之準, 無不灼明於交食. 而羅計爲推算交食之要綱, 羅計有錯, 則交食月離皆錯矣.

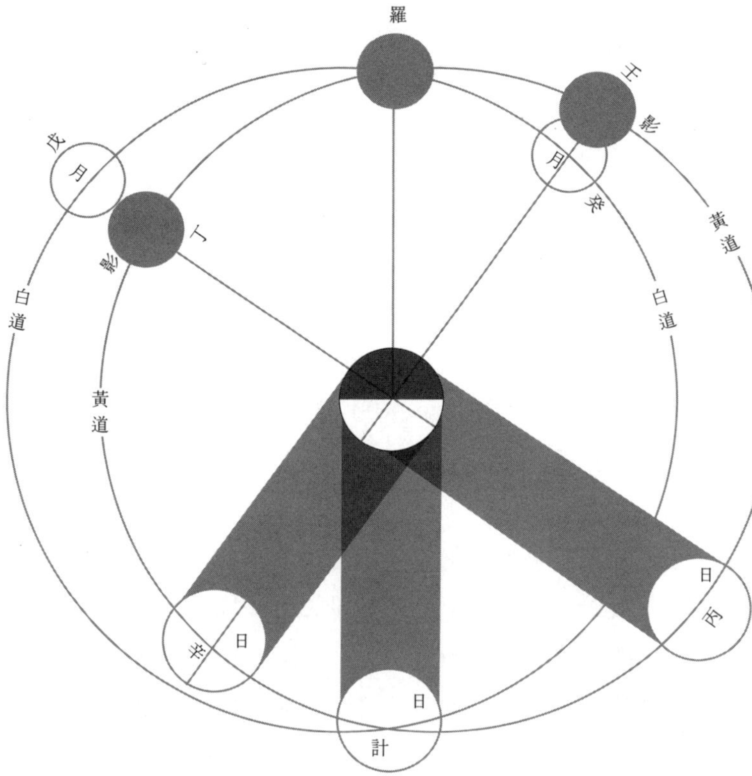

나후와 계도의 그림
羅計之圖

예를 들어 일식도日食圖를 보면, 달의 길〔白道〕은 나후·계도에서 황도와 만나며, 태양이 병丙에서 지구를 비추면 지구의 그림자는 반대편 정丁에 있게 된다. 달이 무戊에 있을 때 정과 무戊는 멀리 떨어져 있으므로 달은 월식의 한계 밖에 있게 되는데, 그것은 지구의 그림자를 끊어버리지 못하기 때문이다. 만약 태양이 신辛에 있어서 계도의

如日食圖, 月道交黃道於羅計, 太陽在丙照地, 而地影相對在丁. 月在戊, 丁戊因離交遠, 所以月在食限之外, 以不能切地影故也. 若太陽在辛, 近於計交, 則地影正對在壬, 近於羅交, 月在癸, 切地影而見食矣. 若太

60 달이 운행하는 도수와 순차.

교차점에 가까워지면 지구의 그림자가 정반대편 임壬에 있어 나후의 교차점에 가깝게 되고 달이 계癸에 있으면 지구의 그림자를 끊어버려 월식을 볼 수 있게 된다. 만약 해가 계도의 교차점 위에 있고 지구의 그림자가 정반대편 나후의 교차점에 있어 경도와 위도가 달과 같아지면 달은 전월식全月食으로 나타난다. 태양·달·지구의 그림자가 각기 자체의 교차점에서 얼마만큼 멀고 가까운가에 따라 식분食分[61]의 많고 적음이 결정된다. 이것이 나후와 계도가 일식과 월식을 추산하는 중요한 근간이 되는 까닭이다.

陽在計交之上, 而地影正對在羅交, 於月同經緯度, 而月見全食矣. 日月地影, 各離本交, 近遠若干, 則食分多少若干. 此羅計所以爲推算交食之要綱也.

지금 양광선이 새 역법의 일식과 월식에 의거하여 월리를 바로잡았으면서 어떻게 나후와 계도가 뒤바뀌었다고 이 같은 잠꼬대를 뱉어내고 있는가? 한번 펼쳐보면 환히 알 수 있을 것이다. 그는 또 나후가 화火에 속하고 계도가 토土에 속하며 그것이 수도宿度를 운행하는 바에는 각기 길흉이 응험한다고 했는데, 천문 역술가〔星士〕[62]들이 오성을 추산하는 말을 들어보면 매번 나후와 계도의 순서에 따라 사람의 길흉을 정하면서 뒤바뀌서는 안 된다고 한다. 이런 논조는 바로 양광선이 스스로 역법원리를 통달했노라 하고, 남들이 알 수 있는 바가 아니라고 떠벌리는 것이니, 사람을 포복절도하게 만들지 않을 수 있겠는가!

今光先既依新法之交食以正月離, 有何羅計之顚倒, 而出此夢囈耶? 一披閱而瞭然矣. 至所云羅屬火, 計屬土, 其所躔宿度, 各有吉凶之應, 每聞星士推算五星, 俱必按羅計之序以定人休咎, 是以不宜顚倒. 此等之論乃光先自稱能通曆理之言, 非他人所得知也, 能無令人絶倒!

61 日食이나 月食 때 어두워지는 정도.

62 星命學으로 사람의 운명을 예측하는 사람. 星命學에서는 사람의 禍福壽夭가 星宿의 위치 운행과 관계된다고 여기고 사람의 生年時辰에 天干地支를 배합하여 운명을 예측한다.

탕약망이 오명훤을 변박한 원각본을 뒤에 붙임
湯若望辨吳明烜原刻附後

새 역법에서는 나후와 계도 모두 태음의 운행 도수를 가리킨다. 그러나 오명훤은 낡은 학설을 이어받아 나후는 화성의 여기餘氣이고, 계도는 토성의 여기라고 하였다. 이에 대해 따져보고자 한다.

羅計新法, 皆指太陰行度. 而烜沿舊說, 謂羅爲火之餘氣, 計爲土之餘氣. 請得而辨之.

대체로 여기라고 하는 것은 반드시 그 본래의 성수와 이어져 있어야 한다. 비유를 들자면, 우레 소리가 그쳐도 여음餘音이 있어 그 울림이 반드시 우레와 이어져 있는 것과 마찬가지다. 해가 대지에서 기울어도 여광餘光이 있어 그 빛이 반드시 해와 이어져 있는 것과 마찬가지다. 지금 화성과 토성의 여기라고 하였으니 어찌 화성이나 토성과 이어져 있지 않을 수 있겠는가? 만약 그것이 정말 이어져 있다면, 금년의 정월 월삭月朔에 토성은 진궁辰宮 5도에 있었는데, 오명훤이 지적한 토성의 여기는 축궁에 있었으니 세 개 궁이 이어져 있는 셈이 된다. 화성은 인궁寅宮 26도에 있었는데, 오명훤이 지적한 화성의 여기는 미궁未宮에 있었으니 다섯 개 궁이 이어져 있는 셈이 된다. 성수 하나의 여기가 하늘의 90도, 혹은 150도를 차지하고 있으니 이 같은 도리가 있을 수 있단 말인가?

夫所謂餘氣, 必其與本星相連者也. 譬謂雷發聲訖, 猶有餘響, 響必與雷相連. 日在地頃, 猶有餘光, 光必與日相連. 今曰火土餘氣, 豈得不與火土相連乎? 如其果連, 則今年正月朔, 土在辰官五度, 烜所指土之餘氣, 乃在丑宮, 是相連有三宮也. 火在寅宮二十六度, 烜所指火之餘氣, 乃在未宮, 是相連有五宮也. 一星之氣, 而佔天九十度, 或百五十度, 有是理乎?

만약 여기가 원래의 성수와 이어져 있지 않다면, 토성을 진궁에서 볼 수 있는데 어떻게 토성의 여기가 축궁에 있다는 터무니없는 말을 하고, 화성이 인궁에 있는데 화성의 여기가 미궁에 있다는 터무니없는 말을 할 수 있는가? 그런 법이 어디 있는가?

如謂餘氣不與本星相連, 則何所見而以在辰之土, 妄指其餘氣在丑, 在寅之火, 妄指其餘氣在未? 又有是理乎?

어떤 이는 옛날에 여기를 추산할 때는 모두 도度와

或曰舊算餘氣, 皆有度分之數,

분分의 수치가 있었으니 터무니없이 한 말은 아닐 것이라고 한다. 나후와 계도가 〔본래〕 성수도 없고 형상도 없다면 도수가 생겨날 수 없다. 그런데 도와 분이 있다고 하는 것은 수치가 없는데도 있다고 하는 것이니 이것이 터무니없는 말이 아니란 말인가?

非屬妄指. 夫羅·計旣稱無星無象, 則數本無從生. 而謂有度分, 是無數而有數也, 豈非妄指乎?

새 역법에서 태음의 운행 도수를 고쳐 바로잡은 지가 이미 14년이나 되었다. 그런데도 오명훤이 아직까지 이것을 쥐고 분쟁의 실마리로 삼고 있으니 크게 미혹되어 이해하지 못하는 자라고 말할 수밖에 없다. 나후와 계도가 여기가 아니라면, 그 둘이 뒤바뀌었음은 변석하지 않고도 절로 명백해진다.

新法改正爲太陰行度, 已十有四載. 乃烜猶執此以爲爭端, 可謂大惑不解已. 羅·計旣非餘氣, 則顚倒不辨自明.

나후와 계도는 본래 명칭에 따른 것으로 실상 달이 〔황도에 들어가고 나오면서〕 교차 운행하는 것이다. 그것을 정교正交·중교中交[63]라고 하는 것일 뿐이며 서양에서는 그것을 용두龍頭·용미龍尾라고도 하고, 또 천수天首·천미天尾라고도 한다. 일반적으로 초궁初宮이 머리가 되고 달이 운행하여 여기서 교차하는 것을 정교라 하며, 육궁이 꼬리가 되고 달이 운행하여 여기서 교차하는 것을 중교라 한다. 나후는 초궁에서 시작하여 추산하고 계도는 육궁에서 시작하여 추산하므로 머리와 꼬리가 분명하며 정교와 중교의 순서가 되는데 오명훤이 터무니없이 뒤바뀌었다고 말하는 것은 무엇 때문인가? 월식에서 드러나는 색채는 본래 몽기蒙氣[64]·습기로부터 생기는 두 가

蓋羅睺計都, 從原稱也, 實爲月之交行. 曰正交·中交耳, 西謂之龍頭·龍尾, 亦有謂天首·天尾者. 蓋初宮爲首, 月行交此爲正交, 六宮爲尾, 月行交此爲中交. 羅從初宮起算, 計從六宮起算, 首尾分明, 正中順序, 烜妄稱顚倒何也? 至於月食所見之色, 本由蒙氣·濕氣二影, 與地影相參而生. 詳交食曆指中. 烜不曉此, 而歸之羅計, 又豈非妄乎?

63 『新五代史』「司天考」에 따르면 달이 운행하여 황도에 들어가는 것을 '中交', 황도에서 나오는 것을 '正交'라고 한다.

64 지구의 둘레를 에워싸고 있는 대기.

지 그림자가 지구의 그림자와 서로 섞여 생기는 것이다. 이에 대해서는 『교식역지交食曆指』[65]에 상세히 서술되어 있다. 오명훤은 이것을 알지 못하고 그것을 나후와 계도에 귀결시켰으니 어찌 망령된 짓이 아니겠는가?

65 明末에 번역된 서양 曆書의 하나이다. 崇禎 5년(1632)과 7년 두 차례에 걸쳐 進呈하였으며 『崇禎曆書』에 수록되었다.

양광선이 지적한 새 역법의 아홉째 오류에 대한 변석
(황도로써 절기를 추산한다는 것에 대해)

辨光先第九摘以爲新法黃道算節氣之謬

절기의 도수란 다름 아니라 태양이 황도에서 운행하는 도수일 따름이다. 24절기라는 것은 황도를 24로 나눈 것이다. 태양이 동지로부터 시작하는데, 황도 15도를 운행하면 동지 절기이고, 또 15도를 나아가면 소한 절기이다. 그 밖의 절기도 모두 이와 같다. 매 절기는 15도이고 궁마다 두 절기가 있다. 옛사람들이 마디 절節 자를 취한 의도는 대나무의 마디가 마디마다 고른 것과 같다는 뜻이니, 옛 역법에서 황도의 궁은 어지러이 그 너비가 일정치 않다고 말한 것과는 뜻이 다르다. 옛 역법에서 절기의 일수日數를 똑같게 나눈 것은 전적으로 하늘의 현상에 부합되지 않는다. 〔이것은〕 앞서 둘째, 셋째, 넷째 오류에 대한 변석에서 이미 분명하게 따졌다. 절기를 추산하는 방법에 대해 논한다면 반드시 절기의 도道에 따라야 한다. 그런데 절기의 도라는 것은 태양의 도이고, 태양은 본래 황도에서 운행하며 영원히 거기에서 이탈하지 않는다.

節氣之度無他, 不過太陽黃道上所行之度耳. 二十四氣者, 黃道二十四平分也. 太陽從冬至起, 行黃道十五度爲冬至氣, 又進十五度爲小寒氣. 其餘皆如此. 每一氣十五度, 每一宮二氣. 古人以節取義, 如竹節段段均勻之意, 非如舊法謂黃道宮有闊狹之紊亂也. 舊法平分節氣之日數, 盡不合於天. 前二三四摘, 已經辨明. 至論推節氣之法, 必依節氣之道. 而節氣之道者, 太陽之道也, 太陽本行黃道上, 永遠不離.

열수천列宿天(28수의 하늘)의 뭇별의 경도는 전적으로 황도를 따른다. 그 황도에서의 위도는 언제나 한결같으며 영원히 변하지 않는다. 뭇별의 적도에서의 위도에 대해 말하자면 언제나 같지 않으며 해마다 바뀐다. 태음과 오성에 대해 말하자면 모두가

列宿天之諸星經度, 全順黃道. 其緯度於黃道, 萬古如一, 永不改變. 論諸星赤道之緯度, 從來不同, 年年改變. 論太陰五星, 皆順黃道而出入內外不遠, 金

황도를 따르며 안팎으로 멀지 않게 드나드는데, 금성은 위도에서 대략 9도까지 이르고 달은 5도이며 그 밖의 것은 각기 2 · 3 · 4도이다. 적도의 일월과 오성에 대해 말하자면 그 안팎과 남북을 드나드는 폭이 23도이며 31도 남짓에 이르는 것도 있다.

星大約緯至九度, 月五度, 其餘或二三四度. 論赤道日月五星, 出入其內外南北, 隔二十三度, 有至三十一度有餘者.

황도 360도는 동서 · 남북으로 모두 지평면을 드나드는데, 정오正午 때의 고도는 각기 조금씩 다르다. 정동 · 정서를 드나드는 것은 적도의 춘분 · 추분 두 시기와 만나는 두 점뿐이다. 일월과 오성이 지평면을 드나들 때 정오의 고도를 지나는 것 역시 그러하다. 적도에 대해 말하자면 그것이 지평면을 드나들 때 정동 · 정서에서 정오의 고도를 지나는 것은 영원히 변하지 않는다.

黃道三百六十度, 皆出入地平, 於東西之南北, 其午正之高度多少各不同. 出入正東正西者, 不過是交赤道春秋二分之點也. 日月五星, 出入地平, 過午正之高度亦然. 若論赤道, 其出入地平, 正東正西過午正之高度, 永久如一.

따라서 황도는 뭇별의 본래 운행을 따라서 서쪽에서 동쪽으로 움직이고, 적도는 이와 반대로 동쪽에서 서쪽으로 움직임으로써 본래의 운행을 거스르는데, 이는 뭇별에 대해서는 억지 운행인 것이다. 모든 역법에서 절기마다 해가 뜨고 지는 시각이 한 해 동안 날마다 다른 것은 모두 황도가 서쪽에서 동쪽으로 운행하는 도수를 따랐기 때문이다. 그 밖에 칠정력 · 능범력凌犯曆에 있는 해와 달, 오성의 경도와 위도는 서쪽에서 동쪽으로 이르며 모두 황도가 운행하는 도수를 따른다. 옛 역법이 모두 이러한데 양광선은 무슨 역법에 근거하였기에 하늘을 거슬러 추산하였다며 망언을 하는가?

所以黃道順諸星之本行, 自西而東, 赤道反自東而西, 逆其本行, 爲諸星之强行. 凡在曆內, 每節氣太陽出入之時刻, 週年日日不同者, 皆依黃道之行度, 自西而東. 外七政曆 · 凌犯曆, 凡有日月五星經緯度, 皆是自西而東, 順黃道之行度. 古法皆然, 光先所憑何法, 而妄言逆天之推算耶?

양광선이 지적한 새 역법의 열째 오류에 대한 변석
(역법이 단지 200년에 그친다는 것에 대해)

辨光先第十摘以爲新法止二百年之謬

새 역법이 한 해에 한 번씩 역서를 진정하는 것이 옛날의 역법가들과 다르지 않거늘, 200년의 역서를 진정하는 일이 어찌 있을 수 있단 말인가? 역서에 기록되어 있는 200년 연근年根[66]은 그 숫자가 역법에서의 100분의 1로서 바로 역원曆元과 같은 뜻이다. 다만 해마다 있는 하나의 역원은 차례에 따라서 더하고 빼는 방법이 있다. 어찌 옛 역법에서 지원至元 연간(1335~1340)의 신사년辛巳年[67]을 역원으로 받들어 오늘에 이르러 하늘과 크게 멀어지게 한 것과 같겠는가? 하물며 〈이백년항년표〔二百恒年表〕〉 외에도 〈영년표永年表〉가 있어 위로 4천 년을 포괄하고 아래로 4천 년을 포괄했음에랴. 그러고도 변통의 방법을 세워 항년과 영년의 각 표를 추산해나갈 수 있도록 하였으니 어찌 다함이 있을 것이며, 또 어찌 200년의 역서에 그치겠는가!

新法一年一進曆, 無以異於前人, 安有進二百年曆之事? 曆書中所載二百年年根, 此數於曆法爲百分之一, 卽與曆元同意. 但每年一元, 挨次自有加減之法. 豈若舊曆奉至元辛巳爲曆元, 以致今日大與天遠哉? 況二百恒年表外, 有永年表, 上括四千年, 下括四千年. 又立變通之法, 可以再推恒年, 永年各表, 豈無窮盡, 豈止二百年之曆哉!

순치 2년(1645) 11월 19일에 흠천감에서 진정한 『신법역서新法曆書』 1백 권에서는 절기와 뭇별을 모두 황도에 의거하여 추산하였고, 겉면에 '영표永

順治二年十一月十九日, 欽天監所進新法曆書一百卷, 節氣諸星, 俱依黃道推算之, 表表面

66 曆法에서 추산하는 起點을 말한다.
67 辛巳年은 1341년이므로 至正 연간(1341~1368)이다.

表'라는 두 글자를 뚜렷이 새겼다. 그리고 소장에는 대략 "이 왕조의 역법은 전대를 초월하여 억만년 무궁한 역수가 될 것이다"라고 적었다. 21일에는 "새 역법은 하늘의 운행과 정밀하게 부합하니 영원히 이를 따르도록 하고, 사관史館에 넘기어 위대한 법식을 빛내도록 하라"는 유지를 받았다. 양광선이 에둘러 빗대고 거짓을 날조했음이 더 변박하지 않아도 저절로 명백히 드러난 것이다.

上明刻永表二字. 疏略曰: "本朝曆法, 度越前代, 爲億萬年曆數無疆." 二十一日, 奉有: "新法密合天行, 永遠遵守, 仍宜附史館, 以彰大典"之旨. 光先影射捏誣, 可不辨而自明矣.

밤낮을 100각으로 나눈 것에 대한 변석
辨晝夜一百刻之分

옛 역법에서는 하루 밤낮이 100각刻으로 나뉜다고 하였으며 이를 지금까지 따라왔다. 그래서 새 역법에서 96각으로 나눈 것을 보고 이를 오류라고 여긴 것이다. 이 4각의 차이로 말할 것 같으면, 옛 역법이 더 많았던 것이지 새 역법이 적은 것이 아님을 어찌 모르는가. 대개 하루 밤낮은 12시진時辰으로 똑같이 나눈다. 한 시진은 8각이므로 12시진을 곱하면 96각인데 어찌하여 적다고 하는가? 옛 역법에 4각이 더 많은 이유에 대하여 일찍이 물어본 적이 있었다. 어떤 이는 자子·오午·묘卯·유酉시에 각기 1각씩을 보태어 시진을 고르게 하였다고 말하였다. 이처럼 네 시진에만 보탠 것은 도리에 크게 어긋나는 것이다. 해가 뜨고 지는 시각은 지역마다 다르니 이곳이 자시子時면 저곳은 축시丑時이거나 인시寅時일 수도 있고 이곳이 오시午時이면 저곳은 미시未時이거나 신시申時일 수도 있다. 가령 이곳에서 자시·오시에 각기 1각을 보탠다면 저곳에서는 축시·미시에 또한 1각을 보태야 할 것이며 또 다른 지방에서도 인시, 신시에 각기 1각을 보태야 할 것이다. 〔이렇게 되면〕 그 법이 어찌 문란해지지 않겠는가?

舊法謂每一晝夜, 有一百刻, 所從來矣. 今見新法所稱九十六刻, 遂以爲謬. 豈知是四刻者, 實舊法所多, 非新法所少也. 蓋一晝一夜, 平分十有二時. 時各八刻, 積十二時計之是九十六刻, 何云少也? 舊曆增設四刻, 間嘗擧以相質. 有謂子午卯酉, 各增一刻, 均之時也. 而四時獨增, 此於其理甚謬. 且太陽出沒, 隨地異時, 在此爲子, 在彼或爲丑爲寅, 在此爲午, 在彼或爲未爲申. 設此方子午各增一刻, 則彼一方丑未亦各增一刻, 彼又一方寅申亦各增一刻矣. 其法不幾紊亂乎?

내 생각에 옛 역법에서 억지로 4각을 보탠 것은 100각이라는 숫자를 채워서 계산하기 편리하게

竊思舊法强增四刻者, 意慾湊成百刻之成數, 以便籌算云耳.

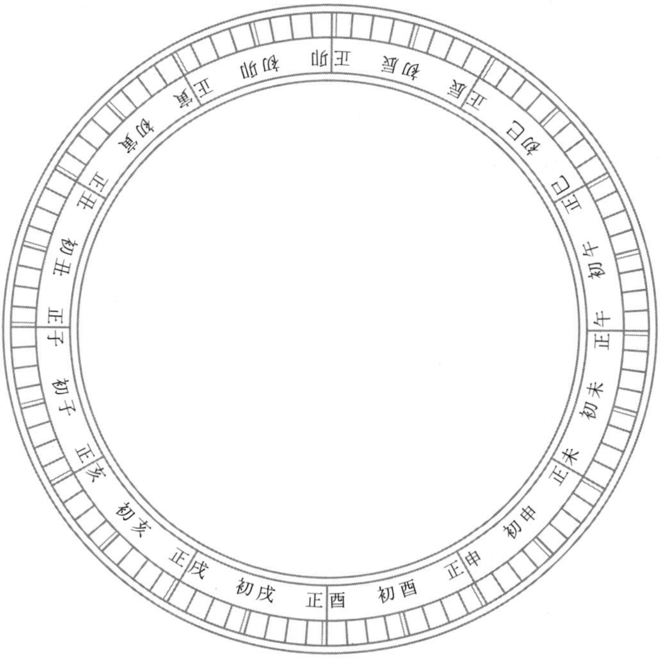

100각도
百刻圖

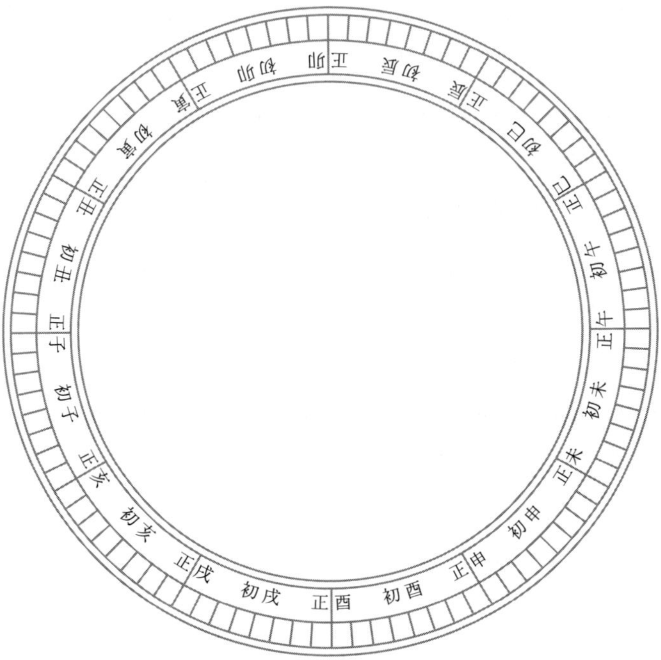

96각도
九十六刻圖

하려고 한 것일 뿐이다. 그러나 『수시력』에서 100각을 나눈 방법에 따르면 한 시진은 8각이라 하였고 각각 하나씩 영零 이하의 나머지 숫자가 있었다. 큰 것에서부터 세밀한 것으로 차례로 계산해 간다면 반드시 이 나머지 영 이하의 숫자를 끝없이 계산해내야 할 것이다. 더구나 요즈음 주인疇人[68]의 자제들은 100각이 번잡하여 쓰임에 적합하지 않다는 사실을 잘 알고 있었다. 그들은 일식과 월식을 추산하고 시차의 분을 구할 때 여전히 96각을 기준으로 쓰고 있었으니 그렇다면 옛 역법에 4각이 더 많다는 것이 명확히 검증된 것 아닌가? 4각의 많고 적음을 말한다는 것은 양광선의 말처럼 각刻이 많아서 날이 길고 각이 적어서 날이 짧다는 뜻이 아니다. 하루 밤낮을 100각으로 나누거나 96각으로 나누거나 그 길이는 마찬가지이다. 이 때문에 그림에서는 위아래 두 개의 원으로 나누어 그렸다. 위의 그림은 옛 역법의 그림으로, 밤낮을 100각으로 나누었으며 한 시진은 8과 1/3각이다. 이것은 관상대에서 옛날부터 써오던 간단한 그림이다. 아래 것은 새 역법의 그림인데, 밤낮을 96각으로 나누었으며 나머지 영 이하의 숫자가 없을 뿐만 아니라 그 격식도 단 하나뿐이다.

然據授時曆分派百刻之法, 謂每時有八刻, 又各有一奇零之數. 由粗入細, 以遞推之, 必將爲此奇零, 而推至無窮盡矣. 況邇來疇人子弟, 亦自知百刻煩瑣之不適用也. 其推算交食, 求時差分, 仍用九十六刻爲法, 豈非舊法多四刻之明驗乎? 至論四刻之多與少, 非如光先之以刻多日長, 刻少日短之謂也. 蓋一晝夜, 或分百刻, 或分九十六刻, 其長短一也. 故圖分前後兩圈. 前系舊法圖, 晝夜分一百刻, 每時八刻又三分刻之一. 此觀象臺從古所用簡易圖也. 後系新法圖, 晝夜分九十六刻, 竝無奇零, 其款樣惟一.

지금까지 하늘을 관측하는 의기儀器를 보면 각의 수를 똑같게 나누어 표시하였다. 하물며 천체의 운행이 한결같으며 문란하지 않고 하나의 각에 정

蓋從來測天儀器, 其刻數必平分相等. 況天行均平不亂, 每刻有定度, 豈有刻大刻小、刻遲刻

68 算學의 전문가를 말하는데, 天文과 曆算에 정통한 사람을 가리키기도 한다.

해진 도수가 있는데, 각에 크고 작은 것이 있고 각에 늦고 빠른 것이 있을 수 있겠는가? 비유컨대, 한 척尺은 10촌으로 □□ 아닌〔그렇지 않은〕 것이 없는데 □〔한〕 척 중의 촌의 길이가 제각각이고 가지런하지 않다면, 이런 자를 어찌 쓸 수 있겠는가? 종합해보면, 하루 밤낮을 100각으로, 한 각을 여섯 개의 분分으로 나눌 경우, 분으로 논해보면 한 시진 여덟 각 가운데 7분과 6분의 서로 다른 각이 생기게 된다. 위의 그림에서 보는 것처럼 해가 정오를 지나 7분에 있다면 옛 역법에서는 정오 1각으로 계산해야 하며, 정오를 지나 13분에 있다면 정오 2각으로 계산하여야 할 것이다. 이것이 100각 역법을 쓸 수 없는 첫 번째 이유다.

速之理? 譬之尺爲十寸, 莫不□□, □尺中之寸有不齊, 此豈可用哉? 試總論之, 晝夜百刻, 每刻分六分, 若分論之, 其在一時八刻內者, 又有七分六分不等之刻. 如上圖太陽在正午後七分, 舊法當算午正一刻, 若在午正後十三分, 當算午正二刻. 此其不可用一也.

또 100각으로 나누는 역법에서 정오 초각初刻이라면 1각의 1/6을 더해주어 각기 초초각初初刻이라고 해야 할 것이다. 광서廣西와 섬서陝西의 정오 초각은 바로 북경에서 정오가 지난 후 2각이 될 것이며, 또 사천四川 등 지방의 정오 초각은 북경에서의 정오가 지난 후 3각이 될 것이다. 이같이 계산한다면 초각에 더해주어야 할 뿐만 아니라 2각, 3각 등에도 또 1초초각을 더해주어야 할 것이다. 이것이 100각 역법을 쓸 수 없는 두 번째 이유다. 100각으로 나누는 역법이 기왕 하늘에 부합하지 않는다면, 왜 이 초초각을 똑같이 1시진 8각 안에 나누어 넣어서 새 역법처럼 하루 밤낮을 96각의 정수正數로 나누고 나머지 영 이하의 숫자나 크고 작은 차이를 없애지 못하는가?

又百刻之法, 如午正初刻, 加上一刻六分之一, 各爲初初刻. 令廣西陝西之午正初刻正爲京都午正後二刻, 又四川等處之午正初刻, 爲京都午正後三刻. 似此, 則不唯初刻宜加, 卽二刻三刻等, 亦應加一初初刻矣. 此其不可用二也. 夫百刻之法, 旣不合於天, 何不將此初初刻, 平分一時八刻之內, 如新法分晝夜九十六刻正數, 無奇零無大小哉?

양광선이 말한 윤달의 허망함에 대한 변석

辨光先閏月之虛妄

양광선은 신축년辛丑年(1661) 12월에는 중기中氣가 없어서 윤7월의 역법과 똑같으니 이것은 한 해에 두 개의 윤달이 있는 역법이라고 말하였다. 12월에 중기中氣가 있고 8월에 중기가 없다는 것은 그해의 여러 역법으로 살펴볼 수 있으니 따지지 않아도 저절로 명백해질 것이다. 다만 윤달을 정하는 법은 다음 달의 합삭을 위주로 한다. 태양이 그 달의 중기와 만날 때 그 시기가 다음 달의 합삭 전이라면 그 달에는 윤여閏餘가 없으며, 다음 달의 합삭 이후에 만난다면 그 달은 윤달이 된다. 신축년의 경우 태양이 8월 중기와 만나는 것은 다음 달 합삭 후이므로 그 달은 윤달이다. 7월부터 12월까지 해가 중기와 만나는 것은 다음 달의 합삭 전이므로 11월은 윤달이 될 수 없다. 이렇게 쉽게 알 수 있는 것을 양광선만 모르고 있다.

光先云, 辛丑歲十二月無中氣, 正與閏七月之法同, 是一年而有兩閏月之法云云. 十二月有中氣, 八月無中氣, 有本年之諸曆可考, 不辨自明. 但閏月之定法, 以次月之合朔爲主. 太陽交本月之中氣, 若交在次月合朔之前, 則本月無閏, 交在次月合朔之後, 則本月爲閏. 今太陽交八月中氣, 在次月合朔之後, 故此月爲閏. 七月至十二月, 太陽交中氣在次月合朔之前, 故此月不可以爲閏十一月. 此最易明者也, 特光纜未之知耳.

합삭과 초휴가 앞뒤로 되는 까닭

合朔初虧先後之所以然

역법가들은 모두 천체의 운행 도수에서 일식과 월식보다 추산하기 어려운 것은 없으며, 일식과 월식보다 쉽고 명백히 알 수 있는 것은 없다고 공언하고 있다. 일전日躔과 월리月離,[69] 오위五緯의 능범凌犯을 추산하는 역법은 모두 □리理가 미묘하고 심오하여 추산하기 어려운데 그것은 모두 일식과 월식에 달려 있다. 칠정七政 중 해와 달이라는 천체는 아주 크고 분명해 눈을 들어 보기만 하면 쉽게 알아볼 수 있기 때문에 관측하고 검증하기가 어렵지 않으니, 뭇별과 오위의 도수·분, 그리고 능범을 관측하고 검증하는 것과는 다르다 하겠다. 오성五星 등을 관측하고 검증할 때는 반드시 의기로써 도수·분·초를 자세히 분별해야 하는데, 이것이 첫째이다. 반드시 의기를 설치해놓고 하늘의 여러 가지 □에 대해 높거나 낮게, 똑바르거나 비스듬하게 사방에 마주 대하게 하여야 하는데, 이것이 둘째이다. 반드시 의기를 □□□선의 수직선, 규통窺筒[70]의 중심 등에 고정시키고 작은 별들과 마주 대하게 하여야 하는데, 이것이 셋째이다. 반드시 역법과

曆家公論曰, 在天之行度, 莫難推於交食, 莫易辨於交食. 蓋推算日躔月離, 五緯凌犯曆, 凡□理之微奧難算, 皆寓交食一事. 蓋七政內日月之體, 至大不昧, 擧目易知, 故測驗不難, 非與測驗諸星, 五緯度分凌犯等同. 測驗五星等, 須儀器細分度數分秒, 一也. 須置儀器與天上各□高低正斜四方相對, 二也. 須儀器定表□□□線垂線, 窺筒中心等, 與微小之星相對, 三也. 須精於用法用器者, 其人則鮮, 四也. 若辨交食, 此等一切不用, 惟全食竝食分多寡, 初虧·食甚·復圓時刻, 方位等. 不論知曆與否, 儀器有無, 隨人擧目皆知. 郭守敬曰: "曆法疏密, 驗於交食," 知言哉. 其所以然, 後論

69 '日躔'은 해가 운행하는 도수와 순차이고, '月離'는 달이 운행하는 도수와 순차이다.

70 명말 서양에서 들어온 일종의 망원경으로 窺筒遠鏡, 千里鏡 등으로도 불렸으며 湯若望이 직접 제작하기도 했다.

의기를 사용하는 데 정통하여야 하는데 그러한 사람이 드무니, 이것이 넷째이다. 하지만 일식과 월식을 판별할 때는 이 모든 것이 필요 없으며, 다만 전일식과 전월식, 그리고 식분食分의 다소, 초휴初虧 · 식심食甚 · 복원復圓[71]의 시각과 방위 등만 따지면 된다. 역법을 알거나 모르거나, 의기가 있거나 없거나, 다른 사람들이 하는 대로 눈을 들어 보기만 하면 모두 알 수 있다. 곽수경은 "역법이 엉성한가 정밀한가는 일식과 월식의 관측에서 드러난다"고 하였는데, 이는 참으로 알고 한 말이다. 그렇게 되는 까닭은 뒤에서 자세히 말하겠다. 그러므로 일식과 월식〔의 관측〕이 엉성하여 하늘에 부합되지 않으면 수정해야 한다는 의론이 나오게 되는 것이다.

詳之. 故交食疏而不合於天, 則議修改之所由起也.

원나라 초기에는 금나라의 『대명력大明曆』[72]을 이어받았다. 경진년庚辰年(1220)에 태종太宗[73]이 서쪽 정벌을 나갔을 때 5월 망일望日의 월식 관측이 들어맞지 않았다. 2월과 5월의 삭일에 초승달이 서

元國初, 承用金大明曆. 庚辰歲, 太宗西征, 五月望日, 月食不效. 二月五月朔, 微月見於西南. 中書令耶律楚材以大明曆後天,

71 日食과 月食의 과정은 初虧 · 食旣 · 食甚 · 生光 · 復圓의 다섯 단계로 이루어진다. 月食을 예로 들면 初虧는 달이 지구 그림자에 닿는 상태, 食旣는 달의 서쪽 면이 지구 그림자의 서쪽 면에 잘린 상태, 食甚은 달의 중심이 지구 그림자의 중심과 가장 가까운 위치에 있을 때로 최대한 가려진 상태, 生光은 달의 동쪽 면이 지구 그림자의 동쪽 면에 잘려 있는 상태, 復圓은 달이 지구 그림자로부터 벗어나 월식이 끝나는 상태이다. 食甚은 日食 또는 月食이 최대한 진행된 상태, 또는 그 과정에서 해가 달에 가려지거나 달이 지구 그림자에 가장 많이 가려질 때의 양자의 위치관계를 가리킨다. 또 全日食과 全月食 과정에서 食甚은 해가 달에 전부 가려지거나 달이 완전히 지구 그림자 속으로 들어가 양자의 중심 간 거리가 가장 가까운 상태를 말한다. 달이 가려진 정도를 食分이라 한다.

72 『大明曆』은 金 太宗(1123~1135) 天會 5년(1127)에 司天 楊級修가 편찬하였고, 世宗(1161~1189) 大定 11년(1171)에 趙知微가 重修하였다.

73 '太宗'은 오고타이(窩闊臺)를 말하는데, 太宗 때에는 庚辰年(1220)이 없었으므로 여기서는 太祖 테무친(鐵木眞)이라고 해야 한다.

남쪽에 나타났다. 중서령中書令 야율초재耶律楚材[74]가 대명력이 실제 시각보다 좀 늦다고 하여 즉시 고쳤다. 명나라 말기 숭정崇禎 기사년己巳年(1629)에 일식을 추산하였으나 부합되지 않았으므로 서양 역법을 써서 수정할 것을 의논하기 시작하였다. 이로부터 역법 가운데 오직 일식과 월식의 관측에서 하늘에 부합되기만 하면 일전·월리·오성의 위도와 경도·능범 등이 하늘에 부합되지 않는 것이 없다는 것을 알 수 있다. 가장 가소로운 것은 양광선이 역법원리를 안다고 자신하면서 "합삭이 일어난 지 2각 13분이 지나고 나서야 초휴가 나타난 적은 없었다"라고 한 말이다. 이 또한 오명훤이 일식과 월식의 원리에 대해 알지 못하고 한 말인데, 양광선이 이를 따라 한 것이다.

乃爲更改. 明季崇禎己巳年, 推日食不合, 始議用西法改修. 可知曆法中, 惟交食恒合於天, 則日躔·月離·五星經緯度·淩犯等, 莫不合於天矣. 最可笑者, 光先以知曆理自任, 而曰:"未有合朔已過二刻十三分, 而後始見初虧者." 此亦吳明烜不通交食之理之論, 而光先襲之也.

일반적으로 합삭이라는 명칭에는 두 가지가 있는데, 하나는 시삭視朔이고 다른 하나는 실삭實朔이다. 실삭의 추산은 지구의 중심 즉 세상의 중심을 위주로 한다. 일전·월리·오성을 추산하는 것은 모두 이러하다. 시삭은 사람의 눈을 위주로 한다. 역법에서 가리키는 합삭은 곧 실삭이다. 그러나 〔우리가 보는〕 교식의 합삭은 바로 시삭이다. 시삭은 실삭 전에 있는 것도 있고, 실삭 후에 있는 것도 있다. 시삭의 초휴는 그로 인한 것인데, 실삭 전후에 있으므로 일식을 추산할 때는 반드시 시차의 가

夫合朔之名有二, 一曰視朔, 一曰實朔. 推算實朔, 以地心 即寰宇之心 爲主. 推算日躔·月離·五緯皆然. 視朔以人目爲主. 曆上所指之合朔, 乃實朔也. 而交食之合朔, 乃視朔也. 視朔有在實朔之前, 有在實朔之後. 視朔之初虧因之, 而在實朔之前後, 故推算日食, 必用時差之加減. 舊法亦莫非如是. 夫實朔旣以

74 中書令은 본래 漢나라 때 설치한, 詔令을 전달하고 宣布하는 관직으로 환관들이 맡았으며, 隨·唐 이후에는 재상을 가리키기도 했다. 耶律楚材(1190~1244)는 몽골 太宗 때 大臣으로 있었다.

감을 써야 한다. 옛 역법에서도 모두 이와 같이 했다. 실삭은 지구의 중심을 주체로 하는데, 지구의 중심은 오직 하나뿐이므로 실삭도 오직 하나뿐이며 역법에서 정한 것도 바로 이것이다. 시삭은 지면을 주체로 하는데 지면은 천만 곳이나 되어 한 곳이 아니므로 각 성에서 반포한 일식의 분과 초가 각기 다른 것은 오직 이 때문이다. 이제 강희 3년(1664) 12월의 실삭과 시삭을 그림으로 그려 비유하여 말해보기로 한다.

地心爲主, 而地心惟一, 故實朔惟一, 曆上所定者是也. 視朔以地面爲主, 而地面千萬不一, 故視朔亦不一, 所以各省頒日食分秒各不一者, 職此故也. 今將康熙三年十二月之實朔與視朔作圖, 以取譬焉.

갑甲이 지구의 중심이고 정丁이 지면이면, 을무계乙戊癸는 둥근 달이고 병기임丙己壬은 둥근 해다. 미시未時 정3각에 해와 달이 서로 만나면 함께 갑을병甲乙丙 선 위에 놓이게 된다. 그러나 세상 사람들은 지면에서 살고 있지 지구 중심에 사는 것이 아니므로, 실삭일 때에 순천부順天府는 정丁에 있어 초휴를 볼 수 없다. 신시申時 1각이 좀 지나서 해가 병丙에서 서쪽으로 기己에 이르고 달은 종동천宗動天을 따라서 을乙에서 서쪽으로 가서 무戊에 이르고 갑신기甲辛己, 즉 실삭의 선을 이탈하여 그 동쪽에 있게 된다. 둥근 달은 자체의 운행에 따라 해를 이탈하여 동쪽으로 향하는데, 한 시진에 대략 반 도쯤 움직인다. 사람이 보는 위치인 정丁에서 해의 서쪽 호선 정무경丁戊庚 쪽으로 가면서 둥근 달의 동쪽 호선을 끊는다면 둥근 달의 동쪽 호선은 해의 서쪽 호선을 가로막아 초휴가 된다. 신시 정2각 반이 되면 해는 다시 서쪽으로 가서 임壬에 있고 둥근 달은 계癸에 있다. 그런데 정丁에서 해의 방향으로 정임丁壬 선을 지나가고 해와 달의 중심이 마주 보고 있으니 둥근 달이 둥근

如甲爲地心, 丁爲地面, 乙戊癸爲月輪, 丙己壬爲日輪. 未正三刻, 日月相會, 同在甲乙丙線上. 但天下人居地面, 不居地心, 所以當實朔時, 順天府在丁, 不得見初虧. 到申初一刻强, 日輪從丙往西至己, 而月依宗動天, 從乙往西至戊, 離甲辛己, 卽實朔之線, 而在其東. 月輪依本行, 離日向東, 一時約半度. 從人目丁, 向日輪之西弧丁戊庚線切月輪之東弧, 則月輪東弧隔障日輪西弧, 而爲初虧. 到申正二刻半, 日輪更西在壬, 月輪在癸. 而從人目丁向日輪出丁壬線, 日月中心相對, 而月輪隔障日輪之光, 而爲食甚. 此理至明, 易見易知. 光先以爲必無之數之法與理, 遂執爲攻瑕要

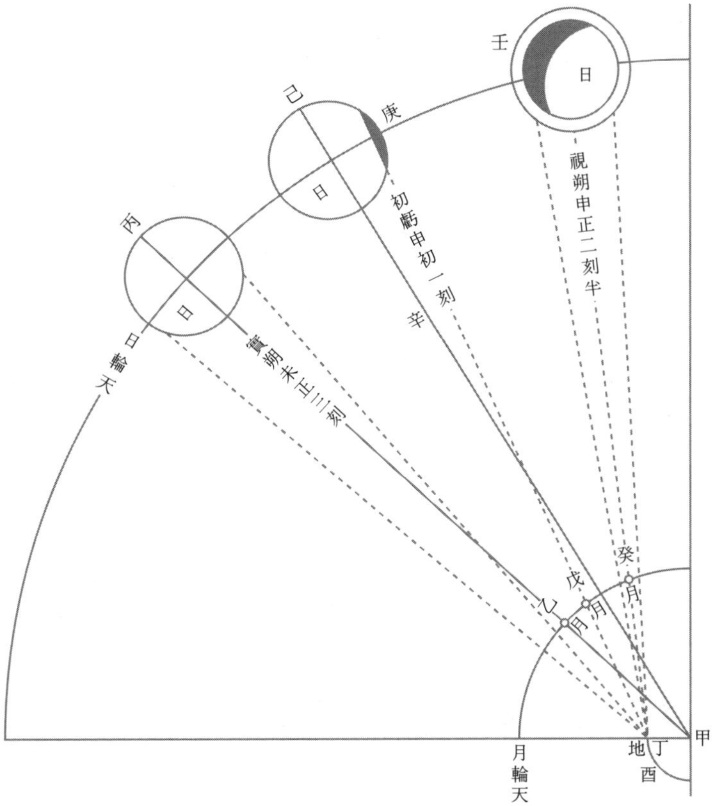

강희 3년(1664) 12월의 실삭實朔과 시삭視朔

해의 빛을 가로막을 것이고 이에 식심食甚이 생기게 된다. 이 이치는 아주 명백하여 쉽게 볼 수 있고 쉽게 알 수 있다. 양광선이 절대로 있을 수 없는 수치數値의 방법과 이치로써 끝까지 남의 결점을 공격하여 영합하라고 협박하니 어찌 견식이 넓은 이들의 비웃음을 사지 않겠는가?

款, 寧不見笑於大方乎?

일식과 월식으로 칠정 및 능범을 관측하고 검증하는 역법의 엉성함과 정밀함

交食測驗七政幷凌犯曆疏密

역법상의 칠정의 경도와 위도, 나아가고 물러감〔進退〕, 머물고 숨었다가 드러남〔留伏見〕은 하늘에 있는 칠정과 다르지 않다. 이러한 모든 현상은 일식과 월식으로부터 관측할 수 있는데, 일식의 관측이 월식의 관측보다 더 정밀하다. 해와 달의 경도와 위도에 대해 말하자면 모두가 일식과 월식 자체의 분도分度로서 그 차이가 미세하지만 일식과 월식을 논할 때는 많은 차이가 나게 된다. 일식과 월식에서 차이가 나지 않으면 자연적으로 경도와 위도에서도 차이가 없다. 그 밖에 오성의 경도와 위도는 모두 태양의 전도躔度와 태양의 위치가 가장 높은 때, 가장 낮은 때와 관련되어 정해진다. 태양은 뭇별 가운데 자리하고 있으며 또한 모든 빛의 근원이다. 태양이 뭇별 한가운데 있는 모습은 마치 군주가 뭇 신하들 가운데 있는 모습과 같다.

曆上七政之經緯度, 進退留伏見, 與在天之七政無二. 凡此皆從交食可測, 而日食比月食之測更密. 論日月之經緯度, 皆爲交食之本分, 其差雖微, 論交食則差多矣. 交食不差, 則經緯度自然無差. 其餘五星經緯度, 皆關於太陽之躔度及太陽之最高最低而定. 太陽居諸曜適中之所, 又爲萬光之元. 其在衆星中, 若君主在衆臣之中.

토성·목성·화성 세 별이 해마다 한 바퀴 돌고, 금성·수성이 숨었다가 드러나며 도는 것도 모두 태양을 중심으로 한다. 화성이 태양과 마주 볼 때면 태양보다 위치가 낮은데, 이는 보고 관측하는 바와 모두 부합한다. 금성·수성 두 별은 태양과 평행으로 운행함으로써 하늘과도 평행을 이루는데, 이는 예나 이제나 다름이 없다. 그러나 화성은

土木火三星之歲輪, 金水二星之伏見輪, 皆以太陽爲中心. 火星對沖太陽時, 則卑於太陽, 皆與所見所測合. 金水二星, 以太陽之平行, 爲本天之平行, 古今不異. 然火星之歲輪, 時大時小, 皆系太陽在最高, 或最高之

해마다 〔태양의 주위를〕 돌 때 때로는 크게 때로는 작게 도는데, 이는 모두 태양의 가장 높은 위치, 또는 그와 마주하는 위치에서 얼마나 멀고 가까운지에 관련되어 있다. 그러므로 더 커지고 작아지는 것은 이에 따라 결정된다. 오성의 위도에 대해 말하자면 모두 경도에 의거해 추산한다. 대체로 경도의 도·분이 본체와 만나기 전후와 얼마간씩 떨어져 있다면 그 위도의 도·분 역시 그 정도 거리가 된다. 태음의 위도가 본체와 만나기 전후와 얼마씩 떨어져 있는 것과 똑같은 이치이다. 그러나 그 경도는 전적으로 태양의 전도에 연관되어 정해지므로 그 위도 또한 반드시 태양의 전도에 연관되어 정해지게 된다. 이 이치는 아주 복잡한데 『오위역지五緯曆指』[75]에 상세히 기술되어 있다.

沖近遠若干. 所以加減大小, 因之而定也. 論五星之緯度, 皆依經度而推. 蓋經度分相距本交之前後若干, 則其緯度分亦若干. 與太陰之緯度, 相距本交前後, 同是一理. 然其經度, 全系太陽之躔度而定, 則其緯度, 亦必系太陽之躔度而定. 此理甚繁, 詳五緯曆指等書.

이로부터 오성의 경도와 위도, 빠르고 느림, 나아가고 물러감, 머무름과 숨었다가 드러남 등이 모두 태양의 전도와 관련된다는 것을 알 수 있다. 그러니 그 엉성함과 정밀함은 일식과 월식을 통해 관측하는 것보다 쉬운 게 없다. 능범을 추산하는 역법에 관해 논하자면, 그것은 월리·오위·□□성들이 같은 경도와 위도 안에서 서로 일정하게 가까이 있는 분과 초의 한계를 계산하는 것에 지나지 않는다. 이 경도와 위도가 하늘에 부합한다면 능범에 관한 역법도 부합하지 않을 리 없다.

可見五星之經緯度, 遲疾行進退留伏見等, 皆系太陽躔度. 則其疏密, 莫易測驗於交食. 至論推凌犯曆, 不過推月離·五緯·□□星, 同經緯度內, 彼此有一定相近分秒之限而已. 此經緯度合於天, 凌犯曆不得不合.

칠정의 경도와 위도가 정밀하게 하늘에 들어맞

七政經緯之疏密於天, 莫易測

75 崇禎 7년(1634)에 欽天監에서 번역한 서양 역서로, 『崇禎曆書』에 수록되어 있다.

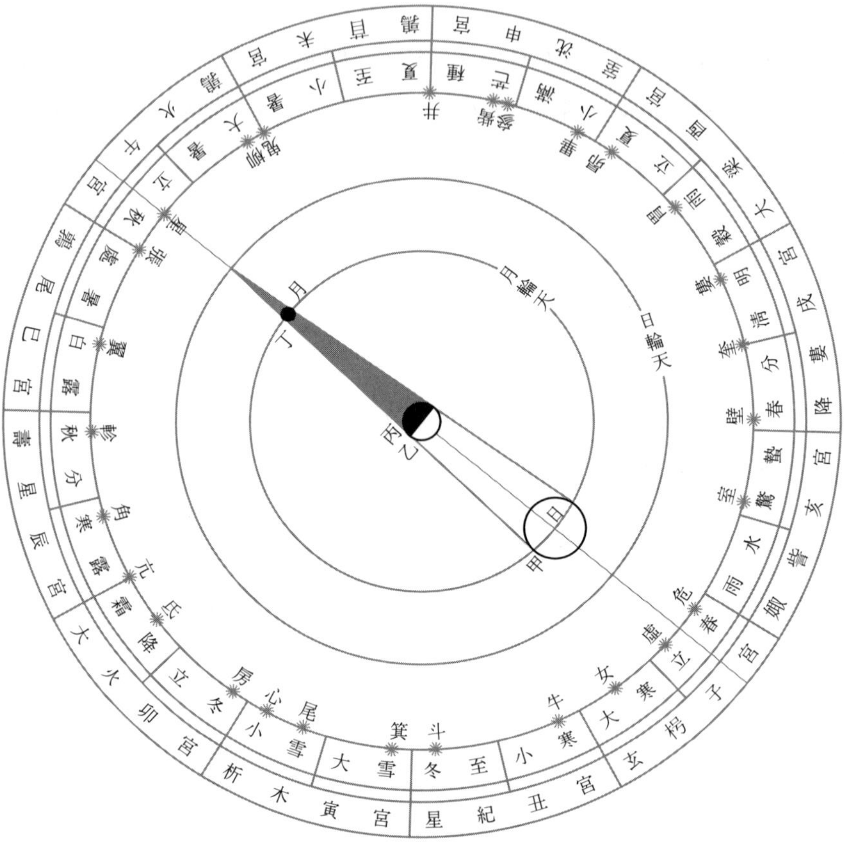

일식과 월식 그림
交食圖

는지 아닌지를 일식과 월식의 관측을 통해 가장 쉽게 알 수 있다면, 능범에 관한 역법의 정밀도도 일식과 월식을 관측할 때 명백히 드러날 것이다. 항성의 경도와 위도를 측정하고자 하면 앞에서처럼 태백太白(금성)의 경위도에서 태양을 관측하여 확정하는 방법밖에 없다. 그러니 일식과 월식이 역법의 실제 근거가 아니겠는가?

驗於交食, 則凌犯曆之疏密, 由交食時亦明見矣. 欲測定恒星之經緯度, 其法不過如前測太陽於太白之經緯度而定耳. 然則交食, 豈非曆法之實據乎?

이 때문에 역법가들은 역법가가 정밀한지 아닌지는 일식과 월식의 관측에서 드러난다고 논한 것이다. 따라서 예로부터 역법가들은 일식과 월식의 관측이 정밀하지 못하면 곧 역법이 실제와 맞지 않는다고 여겨 역법을 개정하자는 논의의 발단으로 삼았다. 지금 새 역법의 일식과 월식 그림을 통해 볼 때 모두가 하늘에 부합하였으므로 일전·월리·궁수宮宿·절기·도수 등 또한 하늘에 부합하지 않는 것이 없음이 밝혀졌다. 갑은 해이고 을은 지구이며 병은 지구 그림자이고 정은 달이다. 달이라는 천체는 빛이 없으며 그것의 빛은 햇빛을 받아 반사된 것이다. 월식 때에 지구는 해와 달 사이에 있으므로 그 절반은 햇빛을 받고 절반은 달에 그 빛을 쏜다. 달은 완전히 지구의 그림자 안에 있게 되므로 지상에 있는 사람은 달빛을 볼 수 없다. 이것이 곧 월식이다. 무릇 일식이 나타날 때에는 해와 달이 반드시 같은 도수에 있다. 무릇 월식이 있을 때면 해와 지구와 달이 반드시 일직선상에서 만나게 되며 해와 달은 반드시 정면으로 마주 보는 도度와 분分에 있게 된다. 예를 들면, 강희 3년(1664) 정월 15일 월식에서 해亥시 정1각에 식심食

故曆家公論曰, 曆家之疏密, 驗在交食. 所以自古曆家, 凡見交食疏遠, 卽以爲曆法疏遠, 此議修改之所由起也. 今借新法交食圖而因其交之合天, 以發明日躔·月離·宮宿·節氣·度等, 無不合天矣. 甲爲日輪, 乙爲地球, 丙爲地影, 丁爲月輪. 蓋月體無光, 其光乃太陽所映者. 月食時, 地在日月之間, 以半體受光於日, 以半體射影於月. 月全居地影之內, 而居地上者, 視月無光. 卽食也. 凡有日食, 則日月必同度. 凡有月食, 則日與地與月, 必爲一線相參値, 日月必在相對度分. 如康熙三年正月十五日月食, 亥正一刻食甚, 月離黃道鶉火宮二十二度五十一分, 卽立秋七度五十一分. 星宿初度十一分, 則太陽正相對, 躔黃道玄枵宮二十

甚이 나타났고, 월리는 황도의 순화궁鶉火宮 22도 51분이었는데, 바로 입추의 7도 51분이었다. 성수가 초도初度 11분이라면 태양과 정면으로 마주보게 되고, 황도를 따라 운행하여 현효궁玄枵宮의 22도 51분이 되면 곧 입춘 7도 51분, 허수虛宿 4도 6분이 된다. 그 밖의 일식과 월식에서도 모두 이와 같다. 새 역법에서 일전과 월리를 계산할 때, 때로는 일식월식법〔交食法〕에 따르고 때로는 궁수절기법宮宿節氣法에 따라 계산하므로 도수와 각수에 차이가 없다. 하지만 옛 역법은 그렇지 않다. 일식과 월식, 절기의 입궁入宮과 입수入宿를 계산하는 방법에는 제각기 어느 정도 차이가 있다. 예를 들어 봄과 가을에 일식과 월식을 계산하면 하늘과 어긋나는 것이 2~3각에 불과하지만, 춘분과 추분에는 하늘과 어긋나는 것이 2백 각 남짓이 되기도 한다. 그 나머지 절기도 모두 이러하여 입수入宿·입궁入宮의 날과 시각은 더욱 차이가 많이 난다.

二度五十一分, 卽立春七度五十一分, 虛宿四度六分. 其餘交食皆如此. 蓋算新法之日躔月離, 或依交食法, 或依宮宿節氣法算, 則度數刻數無二. 若舊法則不然. 其算交食節氣入宿入宮諸法, 各有疏遠多少不同. 如春秋日算交食. 其失天不過二三刻, 惟春秋分失天至二百刻有餘. 其餘節氣亦皆如此, 入宿入宮日時刻更疏遠矣.

양광선은 세상을 속이고 자기 죄를 가렸다

光先欺世飾罪

양광선은 새 역법이 하늘에 부합하는 것을 알지만 명백히 말할 수도 없고, 또 세상 사람들이 이구동성으로 옳다고 하니 감히 다 부정할 수도 없어서 "희화역법을 받들어 그것을 위주로 하되 수정을 가하고, 서양 역법의 일식과 월식 관측을 이용해 일전과 월리를 바로잡아야 한다"는 궤변을 늘어놓았다. 여기에는 세상을 속이는 말이 두 가지 들어 있다.

光先知新法合天不明言, 又因天下衆口同然, 不敢盡非, 故詭其言曰: "遵羲和之法以爲之主而加修之, 用西洋之交食以正日月之躔離." 斯言也, 有兩謠焉.

첫째, 역법 가운데 가장 추산하기 어려운 것이 일식과 월식이고, 가장 보기 쉬운 것이 일식과 월식이다. 일식과 월식을 한번 잘못 추산하면 뭇사람들의 눈을 가릴 수 없다. 하지만 절기·칠정·능범 등은 간혹 검증하지 못할 때도 있을뿐더러, 검증했다 하더라도 세상에 역법을 안다고 말할 수 있는 사람이 과연 몇이나 되겠는가? 그러므로 양광선은 먼저 서양의 일식·월식 관측법으로 옛 역법의 큰 잘못을 덮으려 했던 것이다. 그 절기가 정확하지 않은 것은 검증할 길이 없으므로 적당히 얼버무려 속일 수 있다고 여겼기 때문이며, 결국 새 역법이 하늘에 부합되므로 마음속으로 감복하여 감추기 어려웠기 때문이다. 일식과 월식이 하늘에 부합하기만 하면 다른 여러 가지 역법도 부합되지 않는 것이 없으며, 일식과 월식에서 오차가 있으면 여러 가지 역법도 오차가 생기지 않을 수 없다는

其一, 曆法中最難推者交食, 最易見者交食. 倘交食一錯, 衆目難掩. 至節氣七政凌犯等, 或無考驗, 卽有考驗, 天下號稱知曆者幾人? 所以光先欲將西洋之交食, 以飾舊法之大謬. 其節氣疏遠, 無從考驗, 可得而混欺故耳, 是新法之合天, 其心服同難昧矣. 不知交食合, 諸法無不合, 交食差, 諸法莫不差. 何以交食用新, 而他法反用舊耶? 況交食動閱歲月, 而日躔·月離·五星經緯行度, 則逐日可求, 又焉得自欺以欺世? 此則光先之心, 欲巧而彌拙者也.

것을 그는 알지 못했던 것이다. 어떻게 일식과 월식을 관측할 때만 새 역법을 쓰고 다른 관측에서는 옛 역법을 쓸 수 있단 말인가? 더구나 일식과 월식은 세월을 두고 살펴야 하지만 일전·월리·오성의 경위와 운행 도수는 날마다 검증할 수 있는 것인데 또 어떻게 자신을 속이고 세상을 속일 수 있단 말인가? 이런즉, 양광선의 속내는 교묘하게 꾸미려 할수록 더욱 졸렬해지는 것이다.

둘째로는 요순시대 희화의 존귀한 이름을 빌려 그 자신이 임금을 속이고 정사를 어지럽힌 큰 죄를 덮고자 하였다. 예컨대, 원나라 때의 곽수경이 수정하여 확정한 역법이 바로 요순시대에 정한 역법이며 희화가 친히 만든 역법이란 말인가? 한나라에서 원나라까지 역법을 수정한 것이 70여 차례나 되고 역법을 만든 사람은 열세 사람이나 된다. 묻건대 70여 차례나 수정한 역법 가운데 어느 것이 요순시대에 정한 역법이며 어느 것이 희화가 직접 만든 것이란 말인가? 양광선은 요순과 희화의 이름을 빌려 장황제章皇帝를 압박하고 20년 동안 반포하고 시행한 중요한 전장典章과 법령을 폐지하도록 강요한 것이다. 이에 양광선의 죄는 덮으려 할수록 더욱 드러나는 것이다.

其一, 借堯舜羲和之尊名, 以掩其欺君亂政之大罪. 如謂元朝郭守敬改定之曆, 卽爲堯舜之所欽定, 羲和之所創制乎? 自漢至元, 修改者七十余輩, 創法者十有三家. 試問其七十曆之中何一爲堯舜所定, 何一爲羲和所創? 光先不過借堯舜羲和之名, 實以挾制章皇帝, 而廢二十年頒行之大典. 此光先之罪欲盖而彌彰者也.

양광선은 역법 개정을 통해 간악한 속임수를 엄폐하려 하였다

光先計圖修曆以掩奸欺

옛 역법에 오차가 생긴 것은 양광선 때문에 시작된 것이 아니므로 그에게 씌울 죄목이 있을 수 없다. 그러나 그 오차를 알면서도 이를 이용하여 조정을 속이고 중요한 전장과 법령을 혼란시켰으며 여러 차례에 걸쳐 내린 성지를 멸시하고 천하를 미혹시켰으니 그 죄는 참으로 크다. 오차가 있는 것을 잘못 사용한 줄 알고서도 대역죄를 지었고 그 잘못을 계속 따를 수밖에 없어 달리 죄를 모면할 길을 찾은 것이다. 이것이 바로 양광선이 역법을 개정할 것을 주청한 간교한 모략이다. 아, 역법 개정이 그렇게 쉽게 할 수 있는 말인가!

舊法之差, 非自光先始, 原無可加之罪也. 但知其差, 而至用其差, 以誑朝廷, 亂大典, 滅屢旨惑天下, 罪甚重矣. 旣知誤用差, 而負此不赦之辟, 又不得不因其誤, 別尋一躱罪之路. 此則光先計圖請修曆法之奸謀也. 嗟夫, 修曆寧易言哉!

살펴보건대, 역법은 요임금 때 시작되었으니 지금까지 4천여 년이나 된다. 그동안에 역법은 조악하고 서툰 것에서 세밀한 것으로 발전되었다. 한나라와 당나라 때에는 오차가 하루 이틀이었던 것이 그다음에는 한두 시간으로 좁혀졌다. 〔원나라 때〕 곽수경의 『수시력』을 가리켜 고금을 통하여 가장 정밀한 것이라고들 하였지만, 경도와 위도의 도수는 여전히 하늘의 운행과 부합하지 않았다. 그 후 해시계의 도수상의 오차가 점차 누적되어 역법이 완성된 지 채 18년도 지나지 않아, 대덕大德(元成宗, 재위 1297~1307) 3년(1299) 8월에 일식이 있

按曆昉自唐堯, 迄今四千餘年. 其法從粗人細, 從疏入密. 漢唐以來, 有差自二日一日者, 後有差一二時者. 至於守敬授時之法, 古今稱爲極密, 然其經緯之度, 尙未能符合天行. 其後, 晷度亦遂積差矣, 成曆後不越十八年, 爲大德三年八月, 已推當食而不食, 大德六年六月, 又食而失推. 事詳律曆志. 迨明元統等因之爲大統曆, 僅能依法布

을 것이라고 추산하였으나 일식이 없었으며, 대덕 6년(1302) 6월에는 일식이 있었는데 이를 놓쳤다. 이 일은 『율력지律曆志』[76]에 상세히 기록되어 있다. 명나라 때에 이르러 원통元統[77] 등은 『수시력』에 근거하여 '대통력大統曆'을 만들었는데, 역법에 따라 계산이나 하였을 뿐 그렇게 되는 근거는 설명하지 못했다. 그런즉 역법의 어려움은 오차가 있음을 알았을 때 오차가 생긴 원인을 찾아내는 데 있다. 오차가 없기를 바란다면 반드시 오차가 생기지 않게 하는 방법을 찾아내야 한다.

算, 而不能言其所以然之故. 故曆之難, 難於知其差而得其所以差之故. 今求不差, 必得其所以不差之故.

위로 먼 옛날 것을 추산하고 아래로 앞날을 예측할 때에는 반드시 하나하나 틀림없어야 하고 일일이 정밀하게 부합되어야 한다. 또한 반드시 근원을 끝까지 탐구하여 명백하고 쉽게 알 수 있는 학설을 세우고 일목요연하게 하여 백 세대 후의 사람도 모두 그 학설에 따라 일할 수 있게 해야 한다. 작은 오차가 생겼을 경우에는 때와 사안에 따라 역법에 의거하여 수정해야 한다. 도수가 명확하다면 다른 여러 가지 일에도 두루 적용하여 제때 쓰일 수 있을 것이다.

上推遠古, 下驗將來, 必期一一無爽, 事事密合. 又須窮原極本, 著爲明白簡易之說, 一覽瞭然, 百世之後人人可以從事. 遇有少差, 因可隨時隨事依法修改. 且度數旣明, 又可旁通衆務, 濟時適用.

바로 이러한 이유 때문에 옛날 성명한 제왕과 현군 중 어느 누구도 경건히 하늘에 순응하여 공손히 백성들에게 계절을 알려주는 전장을 존중하지 않

所以從古聖帝賢君, 莫不崇欽若敬授之典, 必求明理大臣, 克勝斯任者, 始畀以督領之權. 復

76 正史 중 樂律과 曆法제도 등을 기록한 책.

77 호는 抱拙子이며 長安 사람이다. 일찍이 刻漏博士, 監令 등을 지냈으며 명나라 초기에는 천문가로, 大統曆을 개정하였고 洪武 연간(1368~1398)에 아라비아의 역법 추산에 관한 전적을 번역하는 일에 참여하였다.

는 이가 없었으며, 반드시 그 원리에 밝은 대신과 책임을 감당할 수 있는 자를 얻은 다음에야 비로소 감독하고 통솔하는 권한을 넘겨주었던 것이다. 또 그런 다음에도 좋은 의견을 더욱 널리 듣고 다른 의견도 함께 채택하여 얻은 인재의 재능을 온전히 발휘하게 하였다.

積思廣益, 竝採兼收, 以成一得之用.

다른 것은 번거롭게 거론할 것도 없이 『원사元史』에 기록된 것만 보더라도 재상 왕문겸王文謙과 추밀樞密 장역張易[78]이 주관·통솔·재결하여 주상께 상주하자, 좌승상 허형許衡에게도 명을 내려 그 일에 참여하도록 하였으며, 왕순王恂과 곽수경에게 태사원사太史院事를 겸직시켜 그 밑에서 천상을 관측하여 검증하고 계산하는 일을 주관하게 하였다. 또 널리 양공의楊恭懿 등 여러 사람들을 동원하여 그들을 돕게 하였다. 그런데도 5년이란 세월이 흘러서야 역법이 완성되고, 6년 지나서야 반포하여 시행하였으며, 10년이 지나서야 역서가 진정되었다. 그러니 역법을 완성한다는 것이 얼마나 어려운 일인가!

餘不暇繁稱, 止據元史所載, 以宰相王文謙, 樞密張易主領裁奏於上, 仍命左丞許衡參預其事, 王恂·郭守敬兼太史院事, 分掌測驗, 推步於下. 而又博征楊恭懿諸人助之. 然猶五年而成, 六年而頒行, 十年之後始陸續進書. 則成之難, 其何如哉!

지금 양광선이 스스로 역법을 모른다고 말하고 있으니, 흠천감정 직책을 수행해내는 일은 결코 양광선이 감히 감당해낼 수 없을 것이다. 하물며 이미 수정한 새 역법을 버리고 일부러 방치하여 쓰지 않으면서, 이미 쓸모없어진 옛 역법을 다시 취해

今光先自言不知曆法則勝任愉快者, 必非光先之所敢當. 況舍已修新法, 故棄不用, 而更取已壞舊法, 另圖修改. 推其心不過借此以掩從前奸欺之罪, 又得

78 許衡·王恂·楊恭懿와 함께 『元史』에 傳이 있다. 張易은 字가 仲儒이며 原籍은 太原이다. 至元 연간(1264~1294)에 여러 차례 승진하여 樞密副司·知密書監 겸 太史院司天台事를 지냈다. 阿合馬를 주살하려던 일이 탄로나 죽임당했다.

따로 수정하고자 함에랴. 그의 심보를 짐작해보면 이러한 일을 빌려 이전에 자기가 지은 간악한 죄를 엄폐하고 또 세월을 끌어 목숨이 다할 때까지 구차히 기다리려는 것이리라. 운이 좋아 법망을 빠져나간다면 어찌 지옥에서 끌어내어 도끼질을 가할 수 있겠는가! 이것이야말로 양광선의 지극히 중대하고 지극히 간교한 모략 중의 모략이다.

寬長歲月, 以偸視崦嵫食息. 幸而漏網, 安能起九原而加之斧鑕哉! 此則光先至要至奸之極謀者也.

지구가 둥글다는 것을 실증함

地爲圓形實證

양광선이 역법의 원리에 대해 터럭만큼도 아는 것이 없다는 것은 대지가 둥글지 않다고 한 말 한 마디에서 모두 드러난다. 대지는 틀림없이 둥글다. 여러 가지 □□□ 의견이 있더라도 그것은 모두 억설일 뿐이다. 여기에서 세 가지로 요약해 말하겠다.

光先於曆理, 毫無所諳, 見於大地非圓一語. 蓋大地必爲圓體, 多端各有□□□臆說也. 玆略擧三端焉.

첫째, 월식의 모양새이다. 월식은 지구가 해와 달 사이에 있어 해가 달을 비추지 못하는 까닭에 생긴다. 그래서 지구가 자기 그림자를 달에 던진 것을 보면 그 또한 둥글다. 이에 지구가 둥글다는 사실을 알 수 있다.

一, 月食之形. 夫月食之故, 由大地在日月之間, 日不能施照於月. 故地射影於月而亦成圓形. 則地爲圓可知.

둘째, 대지에는 동쪽과 서쪽이 있어서 월식이 드는 시각이 지역마다 다르다. 예를 들어, 순천부에서 월식이 자시子時에 나타났다면 달은 하늘의 한가운데 있으며 지평선 위의 70도에 있을 것이다. 순천부의 동쪽에 있는 곳에서 월식이 축시丑時와 인시寅時 사이에 나타날 때, 달은 하늘 중천의 서쪽 30도나 60도에 있으며 지평선 위의 40도나 20도에 있다. 순천부의 서쪽에 있는 곳에서 월식이 술시와 해시 사이에 나타났을 경우에는 달이 하늘 중천의 동쪽에 떨어져 30도나 60도에 있으며 지평선 위의 40도나 20도에 있다. 만약 두 곳이 90도로 떨어져 있다면 동쪽에서는 자시에 월식이 나타나고

二, 地有東西, 月食之時刻各處不同. 如順天府見食於子時, 月在天之正中, 在地平上或七十度. 距順天府東者, 當見食於丑寅之間, 月在天中之西或三十或六十度, 在地平土或四十或二十度. 距順天府西者, 當見食於戌亥之間, 月離天中之東, 或三十或六十度, 在地平上或四十或二十度. 若兩地相距九十度, 則東方當見食於子時, 月在天之正中, 西方當見食

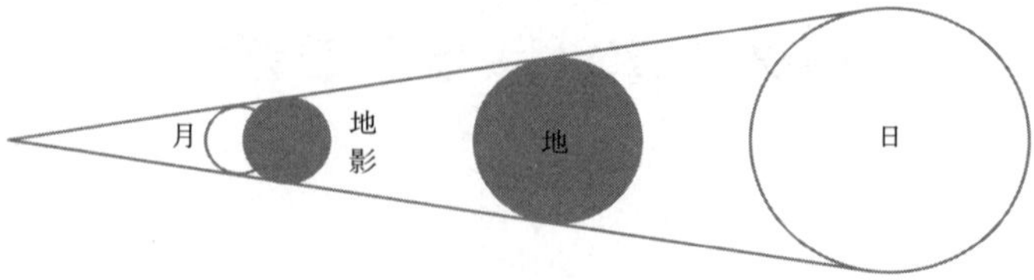

땅이 둥글면 그림자도 둥글다
若地圓則影圓

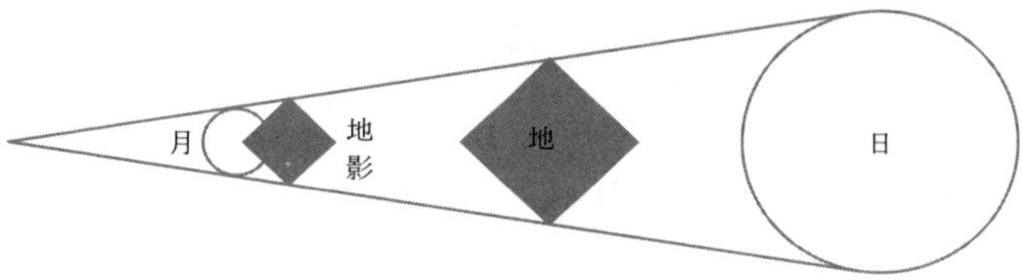

땅이 네모나면 그림자도 네모나다
若地方則影方

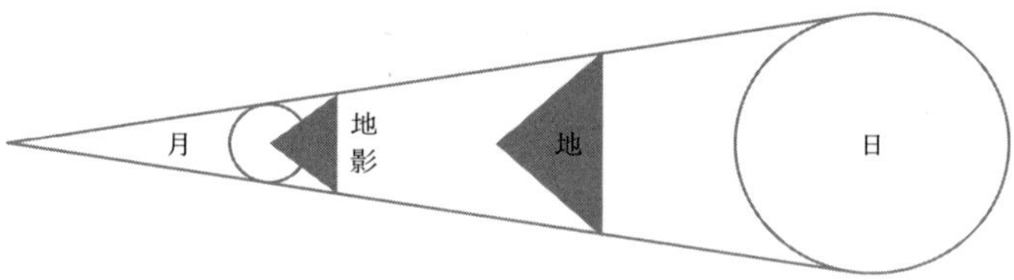

땅이 삼각형이면 그림자도 삼각형이다
若地爲三角則影三角

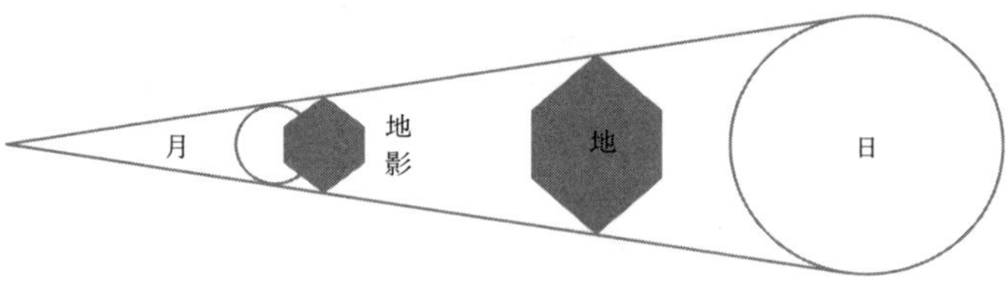

땅이 육면체이면 그림자도 육면체이다
若地六面則影六面

지체가 둥글고 모나지 않음을 보여주는 그림
地體爲圓無方之總圖

달은 하늘 한가운데 있을 것이며, 서쪽에서는 월식이 묘시卯時에 나타나고 달은 지평선 위로 솟아오르고 있을 것이다. 만일 대지가 동쪽에서 서쪽까지 네모나고 원형이 아니라면 지면 위에 사는 사람들은 동쪽에 살거나 서쪽에 살거나를 말할 것도 없이 모두 자시에 월식을 볼 것이며, 달이 하늘의 한가운데 있거나 지평선 위 70도에 있는 것도 어느 지방에서 보나 모두 같아서 순천부에서 보이는 것과 다름이 없을 것이다. 이 때문에 동쪽에서 서쪽으로 가보면 지구가 둥글다는 것을 검증할 수 있는 것이다.

於卯時, 月將出地平. 若大地自東而西爲方形不圓, 則人居地面之上者, 不論東西皆見月食於子時, 月在天之正中, 在地平上七十度, 各地皆同, 與順天府無二矣. 此自東往西可驗, 其爲圓形.

예를 들어 첫 번째 그림에서 오유자묘午酉子卯는 해가 운행하는 하늘이고 갑을병정甲乙丙丁은 지구이다. 지금 해가 오午에 있고 사람은 갑에 살고 있다고 하면, 해가 바로 그곳 하늘 꼭대기에 있기 때문에 오시午時를 맞은 것이다. 만약 〔그 시각에〕 사람이 병에 살고 있다면 곧 자시를 맞는다. 이때 해가 그곳 하늘 꼭대기에 있다면 상충된다. 만약 동쪽으로 갑에서 90도를 간다면 정에 사는 사람은 유시를 맞을 것이고, 해는 하늘 꼭대기를 지나서 땅으로 들어갈 것이다. 〔이때는〕 오갑병자午甲丙子가 그곳의 지평선이 된다. 서쪽으로 90도를 가면 을에 살고 있는 사람은 묘시를 맞을 것이고, 해는 그곳 하늘 꼭대기를 향해서 막 대지에서 솟아오를 것이다. 이때에도 오갑병자가 그 지평선일 것이다. 이같이 추산해보면, 해가 지평선에서 솟아올라 묘에 있을 때 정에 사는 사람은 오시를 맞고, 을에 사는 사람은 자시를 맞는다. 이같이 되는 까닭은 무엇인가? 지구가 둥글기 때문에 해가 묘에서

如第一圖, 午酉子卯爲日天, 甲乙丙丁爲地球. 今日輪在午, 而人居甲, 日正在其天頂得午時. 人居丙, 卽得子時, 日在其天頂, 沖也. 東去甲九十度, 居丁得酉時, 日旣過其天頂, 將沒於地. 則午甲丙子, 爲其地平也. 西去九十度, 居乙卽得卯時, 日向其天頂, 方出於地. 亦午甲丙子爲其地平也. 依此推算, 令日輪出地平在卯, 人居丁得午時, 居乙得子時也. 此何以故? 地爲圓體, 故日出於卯, 因甲高於乙, 障隔日光不照. 故丁之日中, 乙之半夜也. 若地爲方體, 如第二圖, 甲乙丙丁, 則日出卯, 凡甲乙丙丁地面人, 宜俱得卯. 日入酉, 宜俱得酉. 不應東西相去距

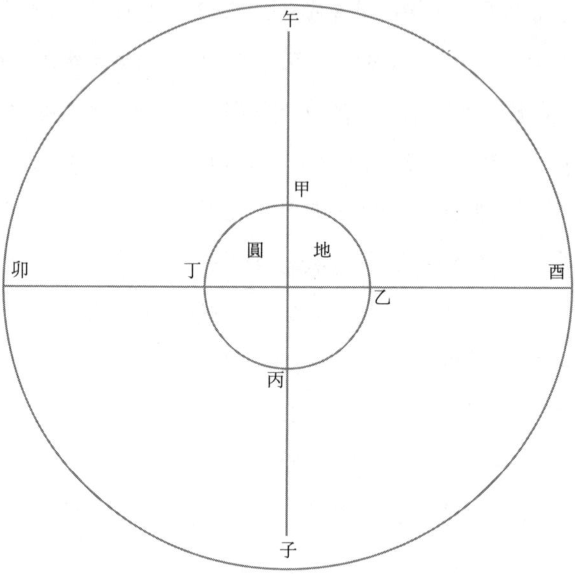

첫 번째 그림
第一圖

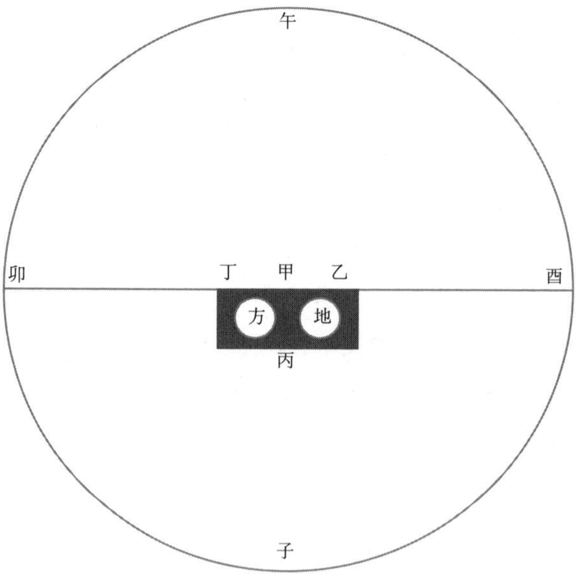

두 번째 그림
第二圖

동쪽에서 서쪽으로 가보면 지체는 둥글며 네모나지 않음을 보여주는 그림(제1도, 제2도)
地體自東而西爲圓非方之圖

솟아오르면 갑이 을보다 높은 탓으로 햇빛이 비치지 못하게 가로막는다. 그래서 정의 해는 정오이고 을에서는 밤중인 것이다. 만약 지구가 네모꼴이라면 두 번째 그림에서처럼 갑을병정에서 해는 묘에서 솟아오를 것이고, 갑을병정 모든 땅 위의 사람들은 다 같이 묘시를 맞이해야 할 것이다. 해가 유에서 진다면 모두가 유시를 맞이해야 할 것이다. 동서가 서로 250리를 떨어져 있어도 1도의 차이가 나지 말아야 할 것이고, 또 7천 5백 리마다 1시간의 차이가 나지 말아야 할 것이다. 이로써 시차가 있음이 명백해졌으니, 지구가 둥글다고 믿지 않을 수 없다. 또 정과 을은 갑과 서로 다른 지방이니 하늘도 다르고 정오도 다를 것이지만, 갑과 같은 묘시나 유시라도 정에서의 오전은 짧고 오후는 길 것이며 을에서의 오전은 길고 오후는 짧을 것이다. 오직 갑에서만은 오시를 맞는 전후가 똑같을 것이다! 그런데 지금 낮을 반씩 나눈 길이는 천하가 모두 같으니 이것은 무엇 때문인가? 그러니 낮을 절반씩 나누는 것을 아는 사람이라면 지구가 둥글다는 것을 믿지 않을 수 없다.

二百五十里而差一度, 又七千五百里而差一時也. 是明有時差者, 不能不信地圓也. 又丁乙與甲異地, 卽異天頂, 卽異日中, 而又與甲同卯酉, 卽丁之午前短, 午後長矣 , 乙之午前長, 午後短矣. 獨甲得午前後平耳! 而今之半晝分, 天下皆同, 何也? 則明有半晝分者, 不得不信地圓也.

셋째, 사람들은 사는 곳이 북쪽에 가까울수록 북극이 지평선에서 더욱 높은 고도에 있는 것을 볼 수 있으며 사람들은 사는 곳이 남쪽에 가까울수록 북극이 지평선에서 더욱 낮은 고도에 있는 것을 볼 수 있다. 예를 들어 광동廣東에서 북극이 지평선 위의 약 24도에 있는 것을 보았다면, 강서江西에서는 28도에 있는 것을 볼 것이며, 강남江南에서는 32도에 있는 것을 볼 것이고, 산동山東에서는 36도에 있

三, 人居愈北, 見北極在地平上愈高, 人居愈南, 見北極在地平上愈低. 如廣東見北極在地平上約二十四度, 江西則二十八度, 江南則三十二度, 山東則三十六度, 順天府則四十度. 若大地方而不圓, 則天下各省見北極, 俱當四十度, 又與順天府無

는 것을 볼 것이며, 순천부에서는 40도에 있는 것을 볼 것이다. 만약 지구가 네모나고 원형이 아니라면 천하의 각 성에서 북극을 보는 것은 모두가 〔지평선 위〕 40도로 순천부에서 보는 것과 다름이 없어야 할 것이다. 이로써 남쪽에서 북쪽으로 가면서 지구가 원형이라는 것을 검증할 수 있는 것이다. 만약 대지가 네모나고 원형이 아니라면 천하 각 성에서의 지평선은 모두 한가지이고 다름이 없을 것이다. 그런데 각 지방의 지평선 위에 보이는 별들에 어찌하여 높고 낮은 구별이 있는가? 예를 들어 세 번째 그림에서 서남동북을 하늘의 둘레라고 하고 갑을병정을 지구의 둥근 형태라고 하며 정무기丁戊己를 대지의 네모난 평면이라고 하자. 만약 사람이 지구의 을에 있다면 남쪽에 보이는 여러 별들이 을에서 차차 병으로 나아가고, 남쪽의 여러 별들은 차차 희미해지는 것을 보게 될 것이다. 점차 갑으로 나아간다면 그와 반대로 될 것이다. 만약 사람이 대지 평면의 정丁에 있다면 모두 남북 두 극의 별들을 볼 수 있을 것이다. 무戊에 있든지 기己에 있든지 모두 같을 것이다. 이것으로 지구가 원형이라는 사실을 또 검증할 수 있다.

二. 此自南往北, 可驗其爲圓形矣. 大地若方而不圓, 則天下各省地平皆一無二. 而星辰在各地平上, 豈有高低之分? 如第三圖, 西南東北爲周天, 甲乙丙丁爲地之圓球, 丁戊己爲地之方面. 若人在球之乙, 卽見在南諸星, 從乙漸向丙, 而南諸星漸隱矣. 漸向甲者, 反是. 若人在平面之丁, 卽得俱見南北二極之星. 其在戊, 在己亦如之. 則地爲圓體, 亦可證矣.

어떤 이는 대지에는 높은 산과 깊은 골짜기가 있는데 어떻게 둥글 수 있냐고 말한다. 이에 답한다면, 지구의 형체가 공과 같다는 것은 장인匠人이 만든 수레바퀴처럼 전체가 미끈하게 둥글어 울룩불룩한 부분이 전혀 없다는 말이 아니다. 단지 그 전체로 보아 원형으로, 모나지도 않고 뾰족하지도 않으며 날카롭게 모서리가 지지도 않은 것과는 차

或曰大地有高山深谷, 何能爲圓體? 曰地形如球者, 非如匠工車旋器物之渾淪, 而毫無凹凸處也. 特謂其全體圜圓, 以別不方不尖不楞, 類天之球耳. 況山谷之度數, 比大地無足置算. 天下最高之山, 比地之全徑僅爲

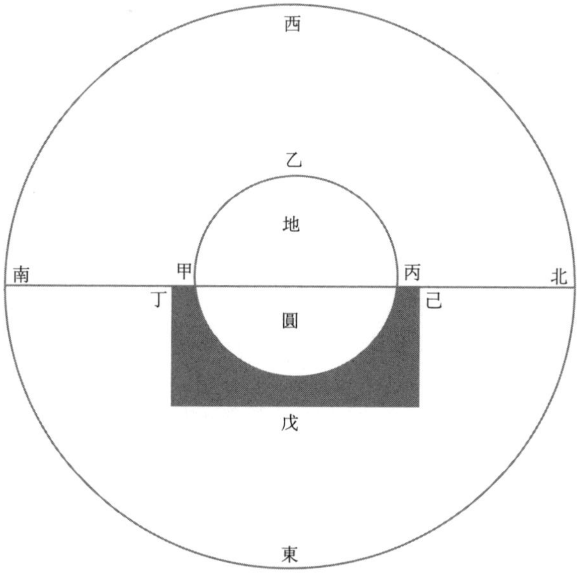

세 번째 그림
第三圖

동쪽에서 서쪽으로 가보면 지체는 둥글며 네모나지 않음을 보여주는 그림(제3도)
地體自東而西爲圓非方之圖

이가 있으며 그저 천구天球와 비슷할 따름이라는 말이다. 하물며 산과 골짜기의 도수는 큰 지구에 비해 계산에 넣을 가치도 없음에랴. 세상에서 가장 높은 산이라 해도 지구의 직경에 비하면 겨우 5,727분의 1밖에 되지 않는다.

五千七百二十七分之一.

어떤 이는 사람이 지구 위에서 눈길이 미치는 곳까지 바라보아도 둥글게 보이지 않고 수백 리까지라 해도 모두 평면으로 보이는 것은 무엇 때문이냐고 묻는다. 그것은 지구가 크고 넓기 때문이라고 답하겠다. 비유를 들자면 5장丈 길이의 밧줄을 지면 위에 놓고 그 한끝을 땅에 고정시켜 중심으로 삼고 다른 한끝은 당겨서 한 자의 호선을 그린다면 이 한

或曰人在地上, 眼力所及, 不見爲圓, 卽數百里俱爲平面, 何也? 曰此地球廣大之故. 譬設一五丈繩於地, 一端定地爲心, 一端拉開畫一尺之弧, 是弧爲其本圜內三百一十四分之一. 然目終難分其曲. 猶人在地平, 或

자의 호선은 이 밧줄 반경으로 그린 원둘레의 314분의 1이 된다. 그러나 눈으로는 아무리 봐도 그것이 곡선이라는 것을 분별해낼 수 없다. 그것은 마치 사람이 지평면이거나 수평면에서 〔아무리 멀리 바라본다고 해도〕 지면과 해면이 지극히 넓기 때문에 눈길은 대략 13리까지밖에 미치지 못하여 지평면이 휘어졌다는 것을 알지 못하는 것과 같다. 그러나 지구의 주위 둘레는 9만 리이다. 13리를 9만 리와 비교해보면 겨우 6,923분의 1일뿐이니 어찌 그것이 휘어졌다는 것을 분별해낼 수 있겠는가?

海面上, 視地與水面極廣, 目力約足十三里之遙. 然地球週圍九萬里. 以十三里比九萬里, 僅六千九百二十二分之一, 安能分其曲也?

양광선은 대지가 정말 공과 같다면 사방에 있는 국토의 웅덩이에 고인 바닷물이 어찌하여 기울어지지 않는지 알 수 없다는 등의 말을 하였다. 이에 답하면 다음과 같다. 사물의 무게에는 각기 그 물체의 무게중심이 있다. 이 무게중심은 무거운 물체의 안에 있다. 지구의 무게중심은 여러 무거운 물체의 무게중심의 근본이 되는 곳으로, 물체의 무게중심은 모두 이 지구의 무게중심으로 몰린다. 무릇 아래에 있는 것들은 반드시 하늘과 멀리 떨어져 지구의 중심으로 몰리며, 무릇 위에 있는 것들은 반드시 하늘로 몰리고 지구의 중심에서 멀어진다. 대지라는 공은 공중에 매달려 있는데, 공중에서 닿을 데가 없어 언제나 평온 무사할 수 있다. 그리고 사방의 흙이나 물체들은 모두 지구 중심의 근본이 있는 곳으로 내려와 몰리고 싶어 한다. 동쪽에서 떨어져 지구 중심으로 몰리던 것이 서쪽에서 몰리는 것과 만나면 멈추지 않을 수 없고, 남쪽에서 떨어져 지구 중심으로 몰리던 것이 북쪽에서 몰리는 것

光先云, 果大地如圓球, 則四旁在下國土窪處之海水, 不知何故得以不傾云云. 曰物重者, 各有體之重心. 此重心者, 在重體之中. 地中之心爲諸重物各重心之本所, 物之重心, 悉欲就之. 凡謂下者, 必遠於天, 而就地心, 凡謂上者, 必就天而遠於地心. 而地之圓球, 懸於空際, 居中無著, 常得安然. 而四方土物, 皆願降就於地心之本所. 東降欲就其心而遇西就者, 不得不止, 南降欲就其心而遇北就者, 亦不得不止. 各就皆然. 相遇之際, 皆能相衝相逆, 故凝結於地之中心. 卽不相及者, 以欲就亦附離不脫. 致令大地懸居空際也.

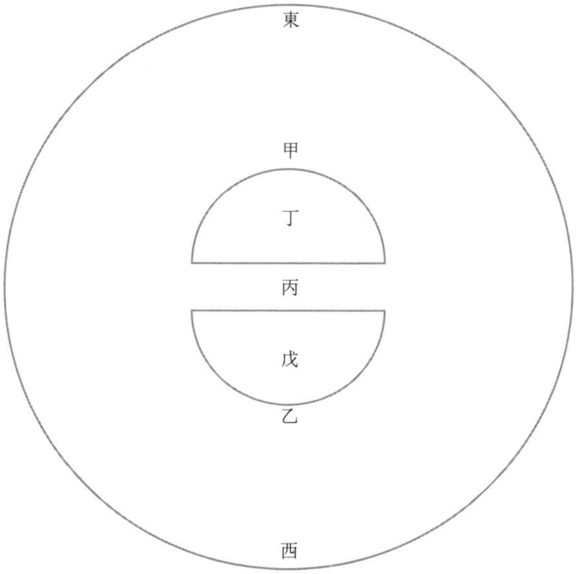

네 번째 그림
第四圖

동쪽에서 서쪽으로 가보면 지체는 둥글며 네모나지 않음을 보여주는 그림(제4도)
地體自東而西爲圓非方之圖

과 만나면 역시 멈추지 않을 수 없다. 여러 방면에서 몰려오는 것이 모두 이러하다. 서로 만날 때 부딪히고 거스를 수 있는데, 그 때문에 지구 중심을 에워싸고 엉겨 붙어 있게 된다. 설사 서로 만나지 못했다 하더라도 몰리려고 하면서 붙어 있고 떨어져 나가지 않는다. 그리하여 대지는 공중에 떠 있을 수 있는 것이다.

네 번째 그림 같은 경우, 병丙이 지구 중심이고 갑을甲乙이 각기 둘로 나뉜 지구의 반구라고 한다면, 갑은 동쪽에서 떨어지며 지구 중심으로 몰릴 것이고 을은 서쪽에서 떨어지며 또한 지구 중심으로 몰릴 것이다. 두 반구에도 각기 정丁·무戊와 같

如第四圖, 丙爲地中心, 甲乙兩分各爲之半球, 甲東降就其心, 乙西降亦就其心. 兩半球又各有本體之重心, 如丁如戊, 甲東降, 必欲令本體之重心丁, 至丙

은 그 본체의 중심이 있으므로 갑은 동쪽에서 떨어지면서 반드시 그 본체의 중심 정을 병의 중심에까지 이르게 한 다음에 멈출 것이며, 을은 서쪽에서 떨어지면서 반드시 그 본체의 중심 무를 병의 중심에까지 이르게 한 다음 멈출 것이다. 그러므로 두 반구는 병의 중심에서 서로 만나게 된다. 갑은 을이 동쪽으로 가지 못하게 하고 을은 갑이 서쪽으로 가지 못하게 한다. 하나는 밀고 나아가려 하고 하나는 그것을 막으려 하기 때문에, 힘이 균형을 이루어 두 반구는 나아가지도 않고 뒤로 물러가지도 않으며 공중에 떠 있으면서 영원히 평온하게 그 자리에 있다. 문에 비유하자면, 두 사람이 동시에 문으로 들어오고 나가려고 할 때, 바깥에 있는 사람은 밀고 들어오려고 문을 열려 하고, 안에 있는 사람은 그걸 막으면서 닫으려고 한다면, 하나는 열려고 밀고 하나는 막으려고 닫으니 그 힘이 평형을 이루고 상쇄되어 끝내 꿈쩍도 하지 않는 것과 같다. 갑과 을 두 반구도 이와 같은 이치다. 사면팔방의 티끌 하나, 흙 한 덩어리도 모두가 이와 같지 않은 것이 없다. 무너져내려 응결되는 것도 오직 이 때문이다!

中心然後止, 乙西降, 必欲其本體之重心戊, 至丙中心然後止. 故兩半球, 相遇於丙中心. 甲不令乙得東, 乙不令甲得西. 一沖一逆, 力勢均平, 遂兩不進亦兩不能退, 而懸居空際, 安然永奠矣. 譬一門焉, 二人出入, 在外者沖欲開之, 在內者逆欲閉之, 一沖一逆, 爲力均平, 門必不動. 甲乙半球, 其理同也. 至四面八方, 一塵一土, 莫不皆然. 隤然下凝, 職由於此矣!

적도를 따라 관측하고 검증하는 것에 대한 변석

辨依赤道測驗

역법가에게는 관측하고 검증하는 일이 가장 중요한 임무이고, 역법이 엉성한지 정밀한지는 관측과 검증을 통해서 손바닥을 보듯 똑똑히 드러난다. 옛 역법은 관측과 검증에서 많은 오차가 있었는데, 여기서 네 가지로 요약해보겠다.

夫測驗爲曆家首務, 曆法疏密, 於此如指掌焉. 舊法之測驗多錯, 今略擧四端.

첫째, 적도간의赤道簡儀[79]로 황도를 따라 추산한 칠정을 관측하고 검증하는 것은 그 무엇보다도 하늘에 들어맞지 않는다. 대체로 적도가 정동正東에서 정서正西로 운행하는 것은 영원히 변함이 없다. 적도간의를 옮길 때는 반드시 동서남북의 사정四正과 마주 보게 하여야 한다. 황도의 경우는 이와 다른데, 때로는 동북쪽에서 서남쪽으로 운행하기도 하고 때로는 동남쪽에서 서북쪽으로 운행하며 시시각각으로 다르다. 〔따라서〕 이를 관측하는 의기도 반드시 그에 따라 움직여야 한다. 지금 적도를 따라 황도에서 계산한 칠정을 관측한다면 동북쪽으로 운행하는 것을 정동으로 운행하는 것으로 삼고, 서남쪽으로 운행하는 것을 정서로 운행하는 것으로 삼아야 하는데, 비뚤어진 것을 바

一曰, 依赤道之簡儀測驗依黃道推算之七政, 失天莫大於是. 蓋赤道行自正東而正西, 永久不變. 移赤道之簡儀, 必對其東西南北之四正. 黃道不然, 或自東北而西南, 或自東南而西北, 時時刻刻不同. 其相應之儀器, 必隨之而動. 今依赤道測黃道所算之七政, 則以東北之行爲正東之行, 以西南之行爲正西之行, 以偏爲正, 以正爲偏可乎? 如圖子午卯酉, 爲天上過南北二極之圈, 正東正西爲赤道, 東北西南爲黃道, 午赤極, 未黃

79 '簡儀'는 천체의 위치를 측량하는 의기로, 郭守敬이 1276년 설계하여 1279년에 완성했는데, 唐·宋代의 복잡한 渾儀를 간단히 개량했다 하여 '簡儀'라 했다. 簡儀는 천체의 적도 좌표(去極度와 入宿度)를 측량하는 赤道 장치와 천체의 地平 방위 및 고도를 측량하는 地平 장치의 두 부분으로 이루어졌다.

른 것으로 하고 바른 것을 비뚤어진 것으로 삼는 것이 가능한 일인가? 그림에서처럼 자오묘유子午卯酉를 하늘에서 남북 두 극을 지나는 둘레라고 하고, 정동–정서를 적도라고 하며, 동북–서남을 황도라고 하면, 오午는 적도의 극이고 미未는 황도의 극이며 임壬은 적도와 황도가 서로 교차하는 춘분점이 된다. 만약 위도 북쪽의 신성辛星을 관측하려면 황도와 적도의 두 극인 오午와 미未에서 출발하여 양쪽 다 신성의 호선을 지나, 의기의 선이 하늘의 호선에 해당된다. 각기 본도本道 위에 이르는 것을 보아야 한다. 예를 들면, 오신갑午辛甲 호선과 미신을未辛乙 호선이 바로 이런 것이다. 오신갑 호선은 신성을 가리키는데, 적도를 따라 적도 갑의 도수 위에서 관측하면 춘분에서 35도 떨어진 임갑壬甲 호선에 있다. 미신을 호선은 신성을 가리키는데, 황도를 따라 황도의 을 도수 위에서 관측하면 춘분에서 45도 떨어진 임을壬乙 호선에 있다. 이같이 황도와 적도에 따른 관측은 서로 10도의 차이가 난다. 또 예를 들어 무성戊星을 관측할 경우에 적도를 따라 관측하면 적도의 기己 도수에 있을 것이며 춘분에서 임기壬己 호선만큼 떨어지게 되고, 황도를 따라 관측하면 황도의 경庚 도수에 있게 될 것이다. 이 두 별은 황도의 을경乙庚 호선만큼 15도 떨어져 있게 된다.

極, 壬兩道之交爲春分. 如欲測緯北之辛星, 從午未黃赤兩極出, 兩過辛星之弧, 儀器之線, 當天上之弧. 各至本道上. 如午辛甲, 未辛乙是也. 午辛甲弧, 指辛星, 依赤道測在赤道甲度上, 離春分壬甲弧爲三十五度. 未辛乙弧, 指辛星, 依黃道測在黃道之乙度上, 離春分壬乙弧爲四十五度. 兩道之測, 彼此差十度. 又如測戊星, 依赤道測則在赤道之己度 ,離春分壬己弧, 依黃道測, 則在黃道之庚度. 此兩星相距黃道乙庚弧爲十五度.

만약 옛 역법처럼 적도간의를 가지고 역법에 기록된 황도를 따라 계산한 도수를 관측하고 검증한다면, 辛과 戊 두 별에서 갑甲과 기己까지의 거리는 30도의 오차가 생긴다. 뭇별을 관측하는 것도 모

若舊法依赤道之簡儀, 測驗曆上所載依黃道算度, 則此兩星相距甲己, 卽有三十度之錯矣. 凡測天上諸星皆如此. 如張宿

두 이와 같다. 예를 들어 장수거성張宿距星[80]을 적도의기로 관측하면 추분 전前 36도 38분에 있으며, 황도의기로 관측하면 추분 전 29도 56분에 있으므로 서로 5도 42분[81]의 차이가 난다. 뭇별을 적도와 황도에 따라서 관측하면 각기 다르며 다 구별하기 어렵다. 예를 들어 그림 안에 있는 계성癸星을 황도의기로 관측하면 병丙에 있는데, 바로 춘분 후의 80도이다. 적도의기로 관측하면 갑에 있는데 바로 춘분 후의 30도[82]이니 50도의 차이가 난다. 만약 같은 방법으로 관측하면 오위五緯는 날짜로만 계산되는 것이 아니라 몇 달 전후의 실제 시간에서 차이가 나게 된다. 항성은 햇수로만 계산되는 것이 아니라 몇백 년 전후의 실제 시간에서 차이가 난다. 옛 역법에서 사용한 황도와 적도의 표준은 황도와 적도의 도수를 변통하여 쓰는 것인데, 이 방법은 다만 뭇별 가운데 황도의 중심선에 있는 것에 한해서 쓸 수 있을 뿐 위도 남북에 있는 것에는 쓸 수 없다. 지금 온 하늘의 별들이 모두 황도의 안팎을 드나드는데 위도 남쪽과 위도 북쪽의 것들은 각기 얼마씩 차이가 있고 황도의 중심선에 널려 있는 것은 다만 6~7개뿐이다. 그러므로 황도를 표준으로 한다는 것은 지나치거나 미치지 못하는 큰 오차

距星, 依赤儀測, 在秋分前三十六度三十八分, 依黃儀測, 在秋分前二十九度五十六分, 差五度四十二分. 諸星依赤道黃道所測各各不同, 難以盡別. 如圖內癸星, 依黃儀測在丙, 卽春分後八十度. 依赤道儀測在甲, 卽春分後三十度, 差五十度. 若依如此測法, 五緯不惟日計, 且有幾月先, 後天之差. 恒星不惟年計, 且有幾百年先後天之差矣. 論舊法所用黃赤道率, 以相變通兩道之度數, 此法只可用於諸星在黃道之中線者, 而不可用於緯南北者. 今渾天之星皆出入黃道之內外, 緯南緯北, 各多少不同, 列黃道之中線者, 僅六七耳. 所以黃道之率, 有過不及之大差. 如前圖, 辰星依赤道測在甲, 離春分壬甲之度數. 今舊法用黃道率, 變通壬亥黃道之度數, 而以辰星爲在黃道之

80 '張宿'는 鶉尾라고도 하는데, 28宿의 하나이고 朱雀七宿 중 다섯 번째이다. 여섯 개의 별이 있으며 長蛇座 안에 있다. '距星'은 每宿 중 천체 赤經(적도 좌표에서 춘분점을 지나는 시간권과 천체를 지나는 시간권이 이루는 각)을 측량할 때 표지로 쓰이는 별을 말한다.

81 6도 42분의 오기로 보인다.

82 35도의 오기로 보인다.

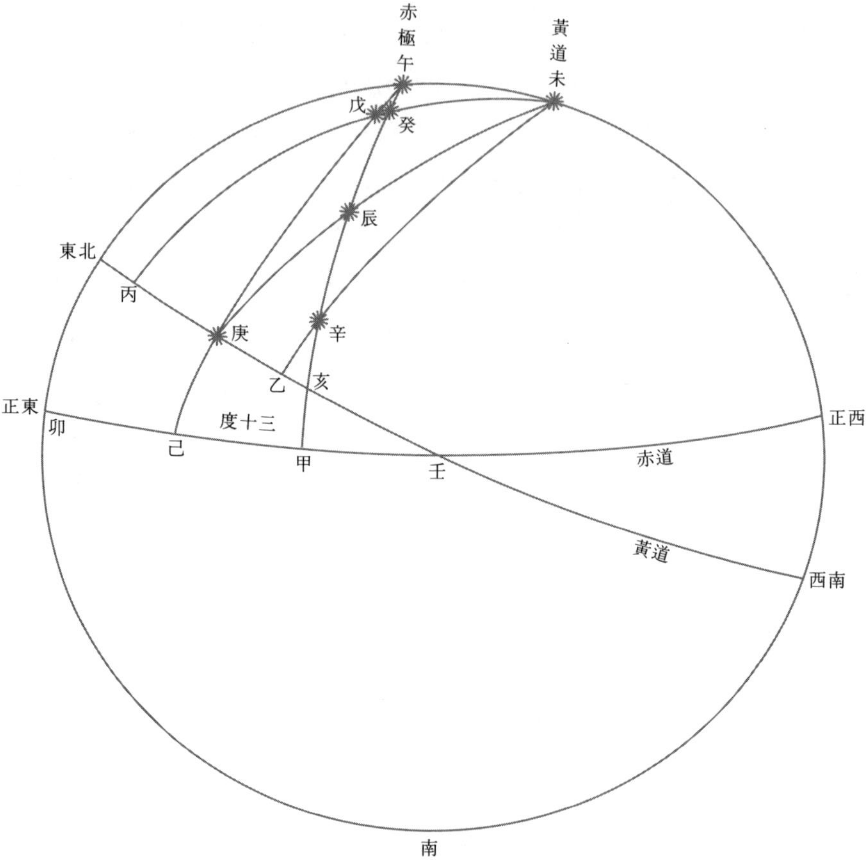

황도와 적도의 관측과 검증 그림
黃赤二道測驗之圖

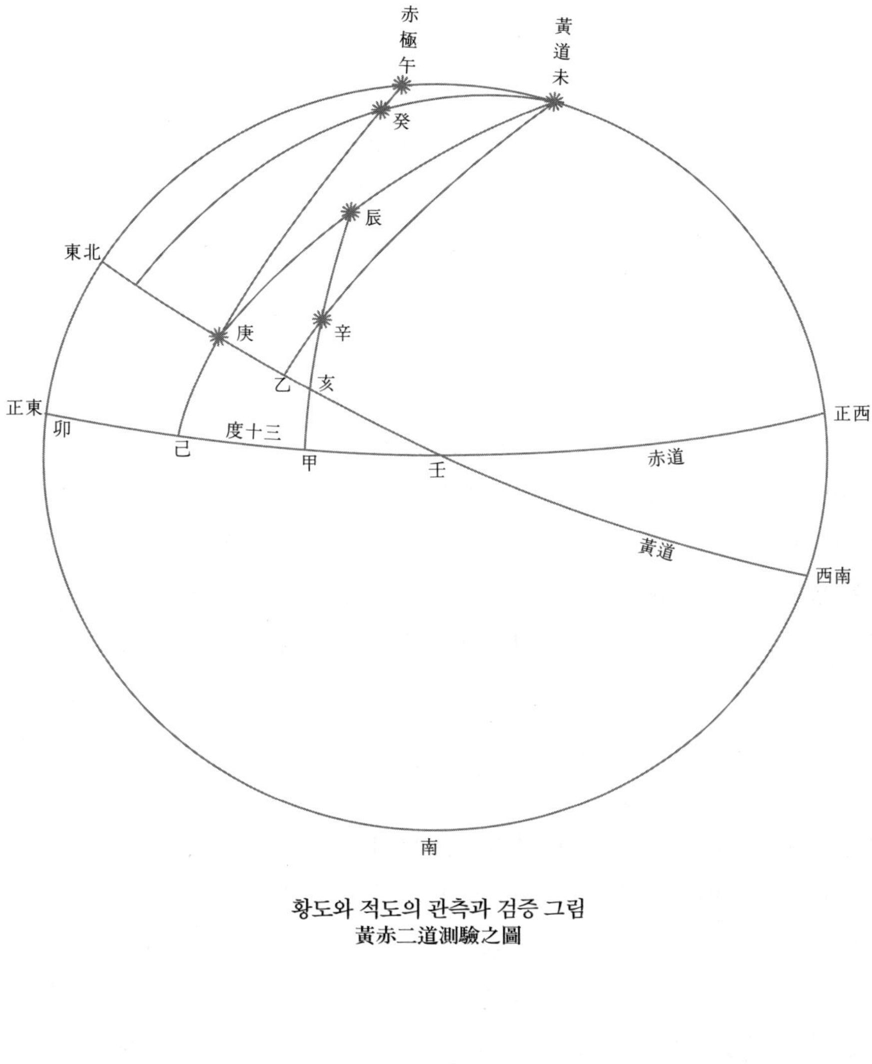

황도와 적도의 관측과 검증 그림
黃赤二道測驗之圖

가 있다. 앞의 그림에서처럼 진성辰星을 적도를 따라 관측하면 갑에 있고 춘분점 임壬에서 떨어져 갑甲의 도수에 있다. 지금 옛 역법에서는 황도를 표준으로 하고 임해壬亥 황도의 도수를 변통하여 진성이 황도의 해亥의 도수에 있는 것으로 여겼지만, 실제로는 황도 경庚에 있다. 그러니 이 표준법은 해경亥庚의 도수에 미치지 못하는 큰 오차가 있는 것이다. 별의 위도가 높을수록 이 표준법의 오차는 더욱 커지게 된다.

亥度, 而其實在黃道之庚. 則此率法, 有亥庚度數不及之大差. 星緯度愈多, 則率法所差愈遠矣.

둘째, 관측하고 검증하면서 확정된 시간에 더하고 뺀 것이 없다. 『칠정력』에 기록된 오성은 모두 자정子正에서부터 계산한다. 옛 역법에서 황혼이나 새벽 시각에 관측하고 검증할 때 시각을 더하고 빼는 방법을 쓰지 않는다. 따라서 『칠정력』에 기록되어 있다는 자정의 경위도는 자연히 천상의 경위도와 맞지 않는다. 태음이 자정에 정수井宿 초도初度에 있다고 가정하면 황혼 시각에는 정수 9도나 10도에 있을 것이니 크게 다른 것이다. 관측하고 검증하는 시각에 대해 말한다면 요지를 세 가지로 정리할 수 있다. 첫 번째, 항성 등을 쓰는 방법으로 먼저 그것을 관측하는 자체 시각을 정해야 한다. 두 번째, 미리 또는 나중에 마땅히 관측해야 할 별이 자체 시각에 하늘의 어느 도·분·초에 있는지 계산하여야 한다. 세 번째, 자체 시각이 이를 때 즉시 의기를 해당 별과 마주 보게 한 다음 관측하는 경도와 위도의 도와 분이 추산한 경도와 위도의 도와 분과 부합하는지 살펴야 한다. 이것은 정해진 법이고 정해진 이치이다.

二曰, 測驗無定時之加減. 夫七政曆上所載五星, 俱從子正起算. 舊法測驗或昏或晨刻, 不用時刻加減之法, 則載七政曆上, 子正經緯度, 自然不得合於天之經緯度也. 假如太陰子正, 在井宿初度, 昏刻在井宿或九或十度, 大不同矣. 至論測驗之時刻, 其大要有一二. 一, 宜以恒星等法, 先定其測之本刻. 二, 或先或後, 推算其當測之星於本刻之在天上何度分秒. 三, 本刻至時, 卽將儀器正對於本星, 然後看測經緯之度分, 於推算經緯之度分全合於否. 此爲定法, 亦定理也.

셋째, 세 가지의 오차가 있으니 즉 높고 낮은 오차, 시간의 오차, 절기의 오차이다. 다른 별의 세 가지 오차로 말하자면 계산에 넣지 않아도 좋을 만큼 작다고 할 수 있다. 그러나 태음은 계산하지 않을 수 없다. 그러지 않으면 그 위도 사이에서 하루가 먼저 들거나 나중에 드는 오차가 생긴다. 경도가 극極의 도수에서 서로 떨어져 있는 것도 모두 이 때문이며 어쩔 수 없이 몇 각刻의 차이가 나는데 일식과 월식을 통해 실증할 수 있다.

三曰, 誤三差, 卽高下差, 時差, 氣差是也. 論別星三差, 微小可以不算. 論太陰不得不算. 不然, 其緯度間至一日卽有先後天之差矣. 經度距極度皆因之, 而未免數刻之差, 於交食可證.

넷째, 몽기蒙氣의 오차[83]이다. 뭇별은 지평선 위 20도 이하에 있으며 모두 몽기의 한계 안에 있다. 몽기를 관측할 때 몇 분分의 오차가 생기면 성수星宿가 실제 시각보다 앞서거나 늦어지게 되는데, 그러면 몇 각의 오차뿐만 아니라 며칠의 오차도 생길 수 있다. 그 밖에도 관측하고 검증할 때의 변고가 여러 가지이지만 여기서 일일이 말하지는 않겠다. 이상과 같이 네 가지로 요약해 전체적으로 옛 역법의 오류를 따짐으로써 황도에 의한 계산은 반드시 황도에 따라 관측하고 검증해야 하며 그렇게 해야만 만대에 걸쳐 쓸 수 있는 확정된 역법이 될 수 있음을 밝힌다.

四曰, 誤蒙氣之差. 諸星在地平上二十度以下, 俱在蒙氣限內. 測蒙氣誤或幾分之差, 則星或先天性或後天, 不但數刻, 且有數日矣. 其餘測驗之故多端, 今不具論. 略擧四端以總辨舊法之錯, 而明黃道之推算, 必須依黃道之測驗, 斯可爲萬世之定法也.

83 '蒙氣'는 지구 바깥을 싸고 있는 대기를 말한다. 먼 천체의 빛이 지구 대기층을 뚫고 들어올 때 진공 상태에서 공기로 진입함으로써 전파 방향에 미소한 변화가 생겨 굴절이 일어나게 된다. 이것이 蒙氣로 인한 차이이며, 별빛의 경우 우리가 보는 위치보다 실제로는 조금 높은 위치에 있게 된다.

옛 역법과 새 역법의 비교

新舊二曆疏密

역법과 관련된 모든 규칙과 역수는 반드시 장소에 따라 추산해야 하며 어느 한 곳을 기준으로 다른 곳을 똑같이 처리해서는 안 된다. 예를 들면 각 성省에서 해가 뜨고 지는 시각, 낮의 길이, 절기와 일식과 월식이 드는 시각은 각각 더하거나 빼는 방법을 써야 한다. 옛 역법은 겨우 한 개 성省에서나 쓸 수 있는 역법이라고 할 수 있다. 해가 뜨고 지는 시각, 밤낮의 길이를 계산하는 방법은 강남에서만 쓸 수 있고, 절기와 일식과 월식이 드는 시각을 계산하는 방법은 북경에서만 쓸 수 있을 뿐, 다른 곳에서는 응용할 수 없다. 형관찰邢觀察은 『율력고律曆考』[84]를 써서 〔옛 역법의〕 그릇됨을 따졌으나 단지 방법을 몰라서 〔옛 역법의 잘못을〕 고치지 못했을 따름이다. 새 역법의 『칠정력』에서는 해와 달, 오성을 추산하면서 하루하루의 경도와 위도, 수궁宿宮의 도度와 분分을 모두 밝혔으므로 그날그날 관측하고 검증할 수 있다. 그러니 일력을 가지고 절기를 계산할 수 있으며 오성이 운행하는 도·분, 삭망·상현·하현의 시각이 하늘에 부합하는지 알

凡系曆法款數, 須隨地推算, 不可以一處而概他處. 如各省太陽出入, 晝間長短, 節氣交食時刻, 各有加減之法. 據舊法, 僅可謂一省之曆耳. 蓋所算晨昏太陽出入, 晝夜長短時刻, 其法止可用於江南, 算節氣交食時刻, 其法止可用於京都, 不能變通他方. 邢觀察律曆考亦辨其非, 第無術爲之更定耳. 新法七政曆, 推日月五星, 皆有每日之經緯宿宮度分, 隨日可以測驗. 而知曆日推算之節氣, 五星之行度分, 朔望上下弦時刻, 合天與否, 開卷瞭然. 又有一年每月太陰正斜横升, 所以推各朔之前後太陰或早·或遲, 見於東西. 舊法不然, 止有宿度, 無宮次經緯度. 每月朔望上下弦, 曆

84 '邢觀察'은 명나라 때의 邢雲路를 말한다. 자는 士登이고, 安肅(지금의 河北 徐水縣) 사람이다. 만력 연간의 進士로, 陝西按察副使 등을 지냈다. 『律曆考』(전체 명칭은 『古今律曆考』)는 상고시대부터 수시력에 이르기까지 역법을 전면적으로 검토한 책으로, 『四庫全書』 子部 天文算法類에 수록되어 있다.

려면 책을 펼치기만 하면 된다. 또 한 해 동안 매달 태음이 똑바르다가 기울고 가로로 누웠다가 떠오르는 것으로 삭朔 전후에 태음이 빨라지거나 늦어지는 것, 동쪽이나 서쪽에서 나타나는 것도 추산할 수 있다. 옛 역법은 그렇지 않아 단지 성수의 도수만 있고 궁의 순차나 경도와 위도가 없다. 매달의 삭망·상현·하현에 관해 옛 역법에서는 단지 어느 날이라고만 기록하였을 뿐 몇 시 몇 각인지는 기록하지 않았다. 그러니 하늘과 80각 또는 90각이 어긋나도 어떻게 판별할 수 있겠는가? 〔새 역법의〕 『칠정력』으로 계산할 때까지 태음과 오성이 하늘의 남쪽에 있는지 북쪽에 있는지 알아내지 못하였고 성수의 운행에 대해서도 도수만 알았고 분수分數는 알아내지 못하였다.

止載何日, 不載何時何刻. 故錯於天或八十或九十刻, 從何而辨? 至所推七政曆, 不知太陰五星天上在南在北, 竝其宿行止有度數, 無分數.

대저 관측과 검증의 정밀함은 분초까지 계산해 내는 데 달려 있다. 도수에 차이가 생기면 실제와 맞지 않게 된다. 분수로 계산할 수 없다면 어떻게 하늘과 정확하게 맞겠는가? 또 무엇으로 일력의 엉성함과 정밀함을 알 수 있겠는가? 하물며 토성·목성·화성은 하루의 운행이 1도에 그치지 아니하며, 토성과 수성은 어떤 때는 열흘에서 스무 날 이상을 1도도 운행하지 않는 때도 있지 않은가! 그러니 스무 날이나 서른 날의 오차가 났는지 나지 않았는지 어떻게 알 수 있단 말인가? 옛 역법의 세차歲差에 따르면 성수가 해마다 동쪽으로 1분 50초 움직이고, 66년이 좀 더 지나면 1도를 움직인다. 옛 역법에는 단지 도수만 있고 분수가 없으니 66년 동안 매해의 세차와 성수의 움직임을 분별할 수

夫測驗之精微, 在於分秒. 若差度數, 卽爲疏遠. 無分數, 則何以爲合天之准? 又何以爲見曆日之疏密? 何況土木火三星日行不止一度, 土水二星間有一十, 二十多日不行一度! 則有二三十日之差否, 何從而知? 依舊法歲差, 星宿每年往東行一分五十秒, 六十六年有餘行一度. 舊曆上旣止有度無分數, 則六十六年間每年之歲差與星宿之行動, 旣無以分別, 又何以爲曆乎? 曆者曆也, 在曆七政經緯之度分與在天經緯之度分, 密合

도 없는데 또 무엇으로 역산을 할 수 있겠는가? '역曆'이란 경과한다는 의미이니 역법상 칠정의 경도와 위도의 도·분이 실제 하늘에서의 경도와 위도의 도·분과 일치해야 비로소 〔참된〕 역법이라고 할 수 있고, 아니면 잘못된 것이라 할 수 있다. 『칠정력』은 매일 하늘에 떠 있는 해와 달, 오성의 전체 그림 가운데 한 폭일 뿐이다. 각 천하의 성을 표시한 지도처럼 말이다. 각 성을 표시할 때 남북의 구분이 없고 경도 사이의 정확한 거리가 표시되지 않는다면 그것을 과연 지리地理라고 부를 수 있겠는가? 『칠정력』에 성수의 남북의 구별, 궁의 순차, 경위도의 도분이 없다면 어찌 〔참된〕 『칠정력』이라고 할 수 있겠는가? 하물며 오성의 복현에 있어 특히 그 어긋남이 심함에랴! 지금 저들의 추산에 따르면, 볼 수 있다고 하였는데 실제로 볼 수 없었고, 숨어든다고 하였는데 실제로 숨어들지 않았다. 어떤 때는 열흘이나 스무 날까지 앞뒤가 뒤바뀌고 심지어 한 달의 오차가 나는 때도 있다. 오성이 하늘에서 서로 만나는 날도 며칠의 오차가 있다. 28수 사이의 떨어진 도수는 천도天度의 크고 작음과 관계가 있는 것인데 이것 또한 1, 2, 3도씩 혼란스러운 것도 있다. 이런 것들은 실제와 거리가 먼 것들 가운데 가장 분명한 것들이다. 양광선에게 주둥이가 백 개 있다 한들 이런 것을 덮을 수 있겠는가?

無間, 斯稱爲曆, 不則謬矣. 夫七政曆, 爲日月五星每日在天之一幅總圖耳. 如天下各省地圖者然. 各省無南北之分, 無經度之里數, 豈得謂之地理耶? 七政曆無星宿南北之分別, 無宮次經緯之度分, 豈得謂之七政曆乎? 況五星伏見, 尤其舛甚! 今據所推, 云見而實不見, 云伏而實未伏. 或先後錯至一旬二旬, 甚且期月者有之. 五星相會之期於天, 又差數日矣. 二十八宿距度, 其中於天度有大有小, 亦有紊亂一二三度者. 此皆疏遠之最昭晰者也. 光先卽有百喙, 其能掩乎?

달력에서 스스로 모순에 빠진 몇 가지
曆日自相矛盾數端

양광선이 스스로 인정한 옛 역법의 오차는 곧 해마다 달력에 보이는 칠정 등이 하루도 하늘의 운행에 맞는 것이 없다는 것이다. 해와 달, 오성의 그날그날의 수도宿度·궁도·절기·삭망·일식과 월식 같은 것도 틀리지 않는 것이 없다. 그가 쓴 「얼경」에서 "일식과 월식은 전적으로 황도 12궁의 넓고 좁은 도수 증감의 차이에 달려 있으며 증감할 수 있다면 일식과 월식을 검증하지 못할 것이 없다. 대통력의 황도는 곽수경 때로부터 삼백여 년 동안 수정한 적이 없으므로 이미 5도의 차이가 난다"고 하였다. 또 12궁의 넓고 좁은 것이 모두 다르니 하루빨리 점검하여 수정해야 한다고 했다. 『천문도天文圖』에서는 옛날에는 길었던 성수가 오늘날 줄어들어 짧아졌고 옛날에는 짧았던 성수가 오늘날 늘어나서 길어졌다고 하였다. 그가 스스로 인정한 바에 따르면 옛 역법의 절기는 1년 중에 오백 각의 차이에만 그치는 것이 아니다. 성수의 길고 짧음에 대해 말하면 해마다 더해지거나 줄어드는 차이가 있다. 곽수경 때로부터 지금까지 더했거나 줄인 적이 없다면 달력에서 성수의 길고 짧음은 360여 년의 차이가 있을 것이다. 12궁도 마찬가지다. 그러니 해와 달, 오성에서 하루하루의 수도와 궁도가 어찌 하늘의 운행과 맞을 수 있겠는가? 또 양광

依光先自認舊法之差, 則每年曆日七政等, 全無一日合天矣. 如日月五星每日宿度宮度, 節氣朔望交食, 皆無不錯. 其孽鏡云: "夫交食之法, 全在黃道十二宮之闊狹度數增減之差, 增減得而交食自無不驗. 大統曆之黃道, 自郭守敬三百餘年未修, 而差已五度"等語. 又說十二宮之闊狹, 盡皆不同, 所當極宜考修者. 又天文圖內云, 古宿之長者, 今則減而爲短, 古宿之短者, 今增而爲長. 據所認舊法之節氣, 一年之中不止有五百刻之差. 論宿之長短, 年年有加減之差. 自郭守敬至今從無加減, 則在曆上宿之長短, 有三百八十六多年之差. 十二宮亦然. 日月五星, 日日之宿度與宮度, 豈得而合於天乎? 又據其自認舊法之交食, 未曾修改, 不得不錯. 而三百多年以來, 全無修改之法, 今光先保用全不合天之舊法, 而滅世祖欽

선이 스스로 인정한 바에 따르면 옛 역법의 일식과 월식은 일찍이 수정한 적이 없어서 오차가 나지 않을 수 없다. 삼백여 년이 지나도록 한 번도 수정한 적이 없는 역법이거늘, 양광선은 하늘의 운행에 전혀 부합하지 않는 옛 역법을 보존해 사용하자고 하고, 세조께서 흠정하신 하늘에 맞는 새 역법은 말살해버리려고 한다. 정신 나간 자가 아니고서 감히 이럴 수 있겠는가? 이에 특별히 〔그가〕 스스로 모순에 빠진 몇 가지를 아래에서 밝혀보고자 한다.

定合天之新法. 非病狂喪心者, 敢如是乎? 茲特揭其自相矛盾數端於左.

첫째, 춘분과 추분에 관하여 말해보자. 이른바 춘분과 추분은 밤과 낮의 길이가 똑같은 것을 이르는 말이다. 지금 정미년(1667)의 달력을 보면 2월 26일의 밤과 낮은 각기 50각씩이니 마땅히 이날이 춘분이 되어야 할 것이다. 그런데 이틀이 지난 28일을 춘분이라고 하였다. 8월 7일의 밤과 낮이 각기 50각이니 마땅히 이날이 추분이 되어야 할 것이지만 도리어 사흘을 앞당겨 초4일이 추분이라고 하였다.

一, 論春秋二分. 所謂春分秋分者, 晝夜平分之謂也. 今閱丁未歲曆, 二月二十六日晝夜各五十刻, 則應爲春分矣. 乃逾二日, 至二十八日爲春分. 八月初七日, 晝夜各五十刻, 則應爲秋分矣, 乃反前三日, 於初四日爲秋分.

둘째, 매년 절기의 낮과 밤의 길이에 대하여 말해보자. 하루의 낮과 밤의 길이는 모두 그날 해가 뜨고 지는 시간을 미루어 계산하니, 이것은 정해진 법이다. 이제 이 달력의 낮과 밤의 길이에 대하여 말하면 대부분이 해가 뜨고 지는 것과 맞지 않는다. 예를 들면 12월 27일 해가 지는 시각은 유시酉時 초초각初初刻이니 이치상으로는 이날 낮은 42각이고 밤은 58각이어야 할 것이다. 그런데 지금 이 달력에서는 닷새 전의 낮이 42각이고 밤이 58각이다. 11월 22일에도 해가 또 유시 초초각에 진다고

一, 論一年每節氣晝夜長短. 凡本日晝夜長短悉依本日太陽出入推算, 此定法矣. 今就本曆晝夜長短而論, 多與太陽出入不相合. 如十月二十二日, 日入酉初初刻, 理宜本日晝四十二刻, 夜五十八刻. 今彼曆五日前, 晝四十二刻, 夜五十八刻. 十一月二十二日, 日又入酉初初刻. 而五日之後, 晝四十二刻, 夜五十

하였다. 그런데 닷새 후의 낮이 42각이고 밤이 58각이었다. 또 12월 20일은 낮이 44각이고 밤이 56각이라고 하였으니 이치상으로는 이날 해가 뜨는 시각은 묘시 정3각이고 해가 지는 시각은 유시 초1각이어야 할 것이다. 그러나 지금 달력에서는 하루 전날의 해가 뜨는 시각이 묘시 정3각이고 사흘 전의 해가 지는 시각이 유시 초1각이다. 이 사흘 사이에 해가 하늘 주위를 운행하고 이동할 때 더 길어지거나 짧아진 것이 전혀 없을 수 있단 말인가? 하물며 엿새 전에 그 운행과 이동에서 1각을 가감하지 않았던가. 정월부터 12월까지 한 해 동안 그 오류가 이와 같으니 그 밖의 세세한 오류를 어찌 일일이 꼽으랴?

八刻. 又十二月二十日, 晝四十四刻, 夜五十六刻, 理宜本日日出卯正三刻, 日入酉初一刻. 乃今曆上先一日, 日出卯正三刻, 先三日, 日入酉初一刻. 豈此三日之間, 太陽週天之行動, 絶無增減乎? 何況六日之前, 其行動加減一刻也. 自正月至十二月, 一歲之內其舛謬若此, 其他纖悉微細之間, 豈易屈指數耶?

셋째, 오성의 합복合伏에 대해 말해보자. 무릇 별들이 해와 같은 경도에 있는 것을 합복이라고 한다. 지금 강희 6년(1667)의 달력을 보면 오성의 합복은 대부분 해와 다른 경도에 있다. 예를 들면 2월 18일에는 수성이 실수室宿 2도에서 합복되어 있으나 이날 해는 실수 10도에 있었으며 합복이 이레나 앞당겨져 있다. 또 4월 19일에 수성은 위수胃宿 8도에서 함께 합복했다가 나왔으나 이날 해는 위수 11도에 있었으며 또 합복이 사흘 앞당겨져 있었다. 또 5월 20일에는 수성이 정수井宿 18도에 있어 해와 합복되어 있으나 이날 해는 정수 15도에 있었으니 합복이 또 사흘 앞당겨진 것이다. 또 7월 20일에는 수성이 익수翼宿 10도 있어 해와 합복되어 있으나 이날 해는 익수 3도에 있어 또 이레의 차이가 났으며, 9월 17일에는 수성이 저수氐

一, 論五星合伏. 凡星與太陽同經度, 名爲合伏. 今康熙六年曆, 五星合伏, 多與太陽不同經度. 如二月十八日, 水星在室宿二度合伏, 而太陽本日在室十度, 過前合伏七日矣, 又四月十九日, 水星在胃八度合退伏, 而本日太陽在胃十一度, 又過前合伏三日矣. 又五月二十日, 水星在井十八度, 與太陽合伏, 而太陽本日在井十五度, 又過前合伏三日矣. 又七月二十日, 水星在翼十度, 與太陽合退伏, 而太陽本日在翼三度, 又差七日矣, 又九月十七日, 水星在氐一

宿 1도에 있어 해와 합복되어 있으나 이날 해는 항수亢宿 7도에 있어 또 사흘의 차이가 났다. 또 수성이 3월 11일에는 규수奎宿 2도에 있어 해와 합복되어 있으나 이날 해는 규수 4도에 있었으며, 화성이 4월 30일에 묘수昴宿 5도에서 해와 합복되어 있으나 이날 해는 묘수 6도에 있었다. 토성은 12월 12일에 우수牛宿 5도에서 해와 합복되어 있으나 이날 해는 우수 6도에 있었다. 이처럼 스스로 모순에 빠져버린 내용은 하나하나 다 늘어놓을 수 없을 정도이다.

度, 與太陽合伏, 太陽本日在亢七度, 又差三日矣. 水星三月十一日在奎二度, 與太陽合伏, 而太陽本日在奎四度, 火星四月三十日在昴五度, 與太陽合伏, 而太陽本日在昴六度. 土星十二月十二日, 在牛五度, 與太陽合伏, 而太陽本日在牛六度. 似此自相矛盾之處, 不能枚擧.

제4부

명말청초의 반그리스도교 운동 관련 자료

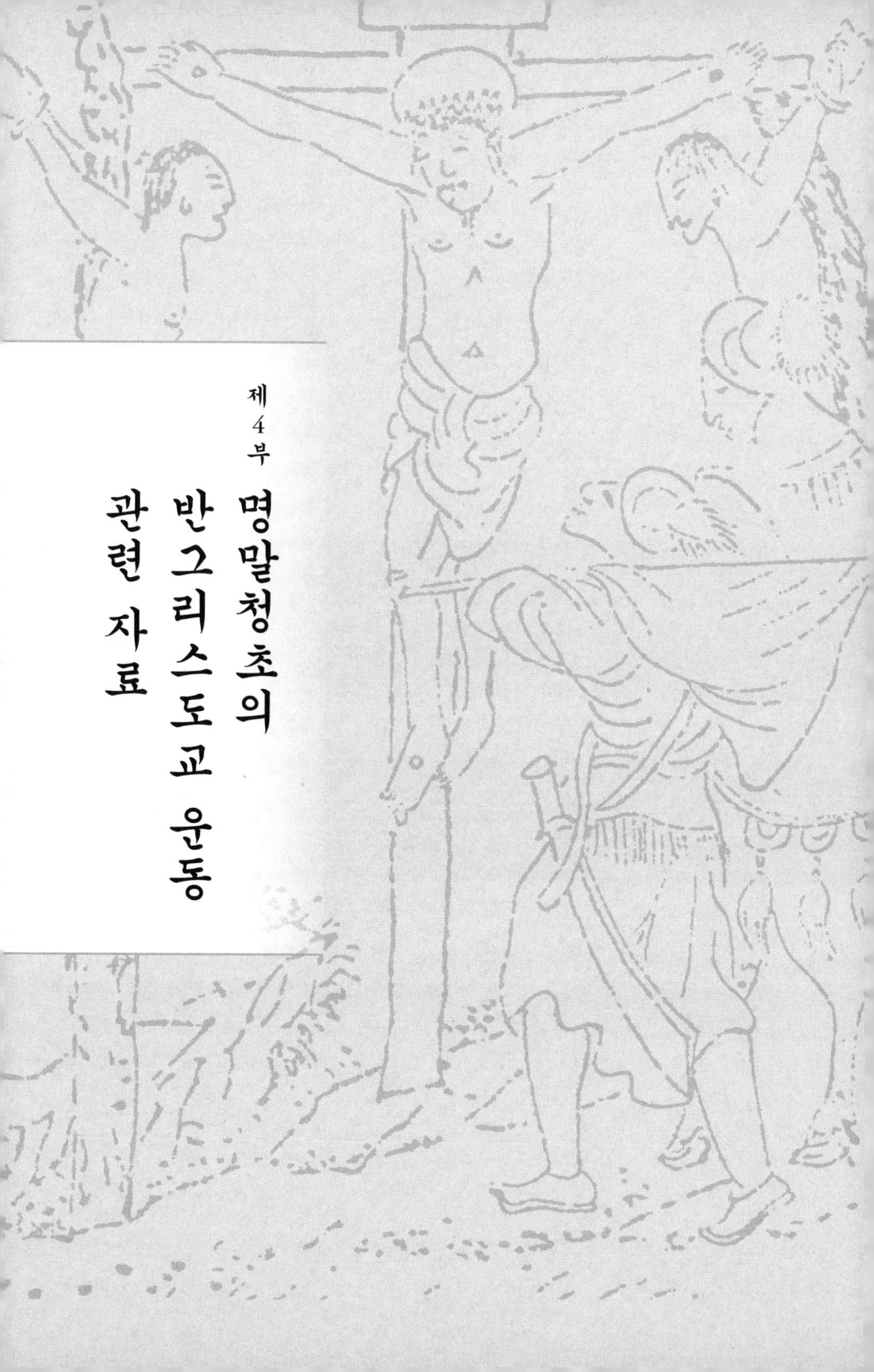

천학전개 서문[1]

天學傳槩 序文

허지점許之漸

천지의 마음이 드러난 뒤에 군주와 스승의 도가 일어났다. 제왕이 천하를 다스리는 방법이나 성현이 학문을 하는 방법은 모두 하늘에 근원을 두고 있다.

황제 헌원씨軒轅氏 이래 지금 세상에 이르기까지 대대로 다스림이 다르지 않았건만, 종교의 대통大統이 한번 분열되자 사람들은 각자 학설을 세웠고 일가一家마다 스승을 자처하여 마치 불과 물이 서로 용납하지 못하듯 하였다. 요컨대 하늘을 떠받들어 학설을 세우지 않는 자는 없었다.

그들은 피차간에 겉으로는 상대방의 명호名號를 내치지만 암암리에는 실질을 훔쳐가곤 했다. 도교의 유묘幽渺[2]나 불교의 허적虛寂[3]이라 할지라도, 기탁하는 바를 따져보면 우리 유교의 진성지명盡性至命[4]과 길만 다르지 귀결처는 결국 같지 않

自天地之心見, 而後君師之道興. 帝王之所以爲治, 聖賢之所以爲學, 未有不本乎天者也.

黃軒迄今, 世無異治, 而敎統一裂, 人自爲學, 家自爲師, 若水火之不相謀. 要無不尊天以立說者.

一彼一此之間, 往往陽擯其名, 而陰竊其實. 雖道家之幽渺, 釋子之虛寂, 窮其所托, 與吾儒之盡性至命, 不有殊途而同歸者乎? 惟是斁倫毁紀, 舍君臣父

1 '天學傳槩'의 '天學'은 천주교의 속칭이고, '傳'은 전하다, 전파의 뜻이며, 槩는 槪의 옛 字로 槪略, 槪要 등의 뜻이다.

2 精微하고 심오함.

3 虛無하고 靜寂함, 또는 淸淨함.

4 儒家에서 사람과 사물은 모두 天理를 포함하고 있으나 다만 至誠스러운 사람만이 사람과 사물의 本性을 발휘할 수 있어 각기 자기가 있어야 할 자리에 있게 된다는 것을 이르는 말이다. 『周易』「說卦」에는 "窮理盡性, 以至於命(사물의 이치를 구명함과 동시에 人性을 꿰뚫어 알아서 하늘이 부여한 수명을 누

은가?[5] 다만 윤리를 망치고 기강을 훼손하며, 군신 부자의 큰 도리를 버리고 유묘와 허적에 현혹되어, 저들 나름대로 이른바 하늘이라는 것을 추구하였으니, 이것이 바로 우리 유교가 도교와 불교를 거절하며 물리친 까닭이다.

子之大, 而耽夫幽渺虛寂, 以別求其所謂天, 此二氏之敎吾儒所以辭而闢之也.

저들의 행실은 그저 겉으로 익힌 것이어서 군신 부자의 도리에 있어 자신을 끝까지 살피지는 못한다. 그러나 하늘이 하늘 된 이유를 알지 못하는 것은 간혹 우리 유자들도 폐단을 면치 못하니, 만약 폐단을 찾아서 바로잡고자 한다면 하늘을 받들어 학설을 세우고 이를 서로 전수하는 것만 한 것이 없다.

彼行之不著習矣, 不察終其身於君臣父子. 而莫識其所爲天, 卽儒者或不能無弊, 如欲循其弊以爲救, 仍莫若尊天以立說相傳.

천지개벽 이래로 천주학을 하는 자들이 있는데, 그들의 학설을 얼핏 들어보면 아득하기만 하여〔若倘怳〕[6] 종잡을 길이 없다. 그러니 우리 유자들에게는 마땅히 이제삼왕二帝三王[7]의 도, 일월성신의 운행, 천지가 밝은 이유, 귀신의 행적이 어두운 이유, 만물이 번성하는 이유, 강물이 흐르는 이유로써 고해야지 귀 아프게 천주학의 학설로써 말해서는 안 될 것이다.[8]

開闢以來, 有所爲天主敎學者, 驟而聆其語, 若倘怳而弗可據. 卽其於吾儒, 當告之以二帝三王之道, 日月星辰之行, 天地之所以著. 鬼神之所以幽, 物類之所以蕃, 江河之所以流, 不應瀆告之以其學也.

릴 수 있다)"라는 말이 있는데 같은 뜻이다.

5 원문은 "殊途而同歸"로, 『周易』「繫辭傳」 下에 "天下同歸而殊途(천하의 모든 사람은 돌아가는 곳이 같으나 그곳으로 가는 길은 다르다)"라는 말이 있다.

6 "若倘怳"의 '倘怳'은 어리둥절하다, 멍하다, 어슴푸레하다는 뜻이다.

7 '二帝'는 唐堯·虞舜이고, '三王'은 夏虞·商湯·周文王이다.

8 이 구절은 唐나라 韓愈의 「送浮屠文暢師序(和尙 文暢師에게 드리는 서문)」에 있는 말과 별 차이가 없는데, 인용하면 다음과 같다. "如吾徒者, 宜當告之以二帝三王之道, 日月星辰之所以行, 天地之所以著, 鬼神之所以幽, 人物之所以蕃, 江河之所以流而語之.(만약 우리의 제자들이라면 마땅히 그에게 이제삼왕의 도와 일월성신이 운행하는 까닭이며, 천지가 환히 드러나는 까닭이며, 귀신이 행적을 은폐하는

시간이 지나 〔천주학을 하는〕 사람들과 친근해지고 그들의 책을 공부해보면, 그들이 밝게 섬기며 타락하지 않는 것을 종지宗旨로 삼고, 극기하여 남을 사랑하는 일을 공부로 삼으며, 개과천선하는 것을 입문으로 여기고, 죽고 사는 큰 문제에 대해서도 미리 준비하여 근심 없게 함을 궁극의 경지로 여기는 것을 알 수 있을 것이다. 이제삼왕의 도나 일월성신의 운행, 천지가 밝은 이유와 귀신의 행적이 어두운 이유, 만물이 번성하는 이유와 강이 아래로 흐르는 이유 등의 문제를 놓고 견주어 보아도 서로 시종이 되지 않는 것이 없고 표리관계가 아닌 것이 없다. 그런즉, 도교나 불교보다 월등하게 뛰어나니, 이런 줄 안 연후에야 천주학이 바로 우리 유학과 다름없다는 것을 깨달을 수 있을 것이다.

久之而親其人繹其書, 以昭事不墮爲宗旨, 克己愛人爲工夫, 悔過遷善爲入門, 生死大事, 有備無患爲究竟. 其於二帝三王之道, 日月星辰之行, 天地之所以著, 鬼神之所以幽, 物類之所以蕃, 江河之所以流, 靡弗相始終相表裏. 超出乎二氏之上, 而後知其學何莫非吾儒之學也.

천주교는 한나라·당나라 때부터 중국에 전파되었다. 명나라 만력 신사년(1581)에 예수회 신부 이마두가 구만리 바다를 건너와서 선무문 안에 교회당을 세우자 당시 이름난 벼슬아치들이 즐겨 그와 사귀었다.

其教自漢唐流傳中土. 明萬曆辛巳耶蘇會士西泰利子, 航海九萬里, 而來建堂於宣武門內, 一時名公卿多樂與之遊.

우리 조정에 이르러 황제의 예우가 더욱더 융숭해지니, 통미교사通微教師(湯若望)는 실제로 역법에 관한 일을 총괄하기도 하였다. 또 칙서가 내려와 동당東堂[9]을 짓게 하니, 이류사와 안문사가 그것을

至國朝恩禮倍渥, 通微教師實總曆務. 復勅建東堂, 再可利子景明安子主之. 余俱樂與之遊.

까닭이며, 사람과 사물이 번성하는 까닭이며, 강물이 흐르는 까닭으로써 그에게 말해야 할 것이다.)”

9 湯若望이 황제가 하사한 자금으로 지은 교당으로, 利瑪竇가 宣武門에 지은 교당의 동쪽에 있었기 때문에 東堂이라고 이름을 붙였다.

주관하였다. 나는 그들과 즐겨 사귀었다.

그런데 연진然眞 이조백李祖白은 내가 그들이 하는 말을 잘 안다고 여기고, 자신이 지은 책을 가지고 와 이류사에게 주면서 내게 서문을 부탁했다. 이에 그 대략을 적었다. 생각해보니, 이전에 복청福清 섭상국葉相國이 신부에게 바친 시에서 "중화의 풍교風教를 앙모함인가, 우리 유교의 교리와 깊이 합치하네"라고 하였다. 또 "편협하기 짝이 없는 저 유생은 그저 대롱으로 세상을 보지만, 달관한 자가 볼 때는 하나라네"라고 하였다. 진실로 서로 다른 것을 동화시킨 견해이다. 하늘을 받들어 학설을 세운 것들을 취해 그 귀결점을 궁구해보고 숨겨진 의미를 정밀히 따져본다면, 학설을 말할 것도, 종교를 말할 것도 없을 것이다. 궁극에 이른 신묘함이나 지극한 변화 등, 여기서 한 걸음 더 나아간 것들은 나의 지식이 미치지 못하는 바이다.

강희 3년 갑진년(1664) 봄 왕정월
주하사 비릉 허지점 삼가 짓다.

而然眞李子以余爲有契乎其言也, 持所著書屬利子索余序. 因述其大畧. 惟向者福清葉相國贈西賢詩有云: "言慕中華風, 深契吾儒理." 又云: "拘儒徒管窺, 達觀自一視." 誠化其同異之見. 取所爲尊天以立說者, 究其指歸, 精其義蘊, 卽不言學, 幷不言教, 可也. 而一切窮神達化, 更有進乎此者, 抑非余之所及知也已.

康熙三年歲在甲辰春王正月
柱下史毘陵許之漸敬題

천학전개

天學傳槩

연오 후학 이조백 지음 燕吳 後學 李祖白 撰

천학天學이란 천주학이다. 천주天主는 태초에 만물이 나기 전부터 존재하시던 분이다. 세상의 근본조차 없었을 때에 만물의 시초가 되셨다. 덕德[10]과 복福이 부족함 없이 완전하고, 지혜와 능력이 혼연히 온전하며, 만물을 초월하는 묘성妙性을 지니고 계시어, 그 사유와 깨달음이 오묘한 궁극에까지 달하였다. 중국에서는 그를 높여 '상제上帝'라고 부른다. 천주학에서는 그가 천지의 주재자이기 때문에 그대로 '천주'라고 부른다.

天學, 天主教學也. 天主爲萬有之初有. 其有無元而爲萬有元. 德福圓滿, 知能渾全, 妙性超然, 奧窮思悟. 中土尊稱之曰上帝. 玆以其爲天地之主宰, 故質稱天主也.

이 종교는 사람을 위해 세운 것이므로, 사람을 동물과 구별하고 사람을 천사와 나란히 하게 하여 진정한 근원을 향해 진정한 복을 추구하도록 하였다. 그 요지인즉, 밝게 하늘을 섬기어 타락하지 않는 것을 종지로 삼고, 극기하여 남을 사랑하는 것을 공부로 삼으며, 개과천선하는 것을 입문으로 삼는다. 또 생사의 큰일에 있어서는 유비무환을 궁극의 목표로 삼는다. 진실로 우리들이 가장 중요하게 여기는 실학인 것이다.

而其教則爲人而立, 別人於蠢動, 儕人於天神, 令向眞原而求眞福. 大要以昭事不墮爲宗旨, 以克己愛人爲工夫, 以悔過遷善爲入門. 以生死大事有備無患爲究竟. 誠吾人最喫緊之實學.

10 善行 또는 天地가 萬物을 化育하는 기능을 가리킨다.

그 유래 또한 오래이다. 아득한 옛날, 천주이신 상제께서 태초에 천지를 개벽하고 만물을 생장하게 하시니, 편안하게 살아가고 쓰기에 이로운 것들이 모두 갖추어졌다. 이에 인류 최초의 인간으로 남녀를 한 명씩 태어나게 하셨다. 그들의 영성靈性에 마땅히 지켜야 할 준칙을 부여하시니, 선을 좋아하고 악을 미워하며, 타고난 법도를 지키면서 영원히 저버릴 수 없게 하셨다. 충효와 같이 큰 절개를 만나면 마치 목마른 자처럼 우러러 앙모하였고, 사악하고 간특한 것을 만나면 마치 원수를 보듯 모두 미워하였다.

而其從來遠矣. 緬昔天主上帝, 於厥世始, 開闢乾坤, 發育萬物, 所以資人安居利用者悉備. 而生初人男女各一. 其靈性賦以當然之則, 好善惡惡, 秉爲彝常, 永不能脫. 凡遇忠孝大節, 擧仰慕之若渴, 凡遇奸頑大慝, 擧疾視之若讐.

예로부터 이를 '본성의 교화'라고 일컬었으니, 미련한 자라고 해서 〔가르치기에〕 부족하지 않았고, 성인이라고 해서 〔가르치고〕 남는 것이 아니었다. 그런데 어찌하여 그렇지 않은가? 다만 본성에 타고난 기질이라는 것이 섞이게 되고, 외물의 유혹이 번갈아 침범하여 처음의 양지良知를 잃었기 때문이다. 이에 그저 질펀한 말만으로는 권도勸導할 수 없어 글로써 교화하게 되었다.

自古稱爲性教, 愚非不足, 聖非有餘. 豈不然乎? 祗以性參氣稟, 物誘交侵, 失其初良. 而不敢漫言率也, 則繼之以書教.

개벽 후 3,701년에 천주께서 시나이산〔西納山〕 중국에서 서쪽으로 4만 리 떨어져 있다 꼭대기에 돌비석 두 개를 내려 십계명을 뚜렷이 열거하여 알려주었으니, 이를 요약하면, 천주를 사랑하고 사람을 사랑하는 것을 기강으로 삼는 것이었다.

後開闢三千七百有一年, 天主於西納山 西距中國四萬里 頂, 降石碑二, 明列十誡爲曰, 括以愛主愛人爲綱.

이러한 '글의 교화'는 '본성의 교화'를 넓히기 위한 것이었다. 여기서 그친 것이 아니다. 다시 1,497년이 지난 후에, 천주께서 세상 사람을 교화하실 때 더 나아간 바가 있었다. 먼저 명을 내려 세

是書教者, 所以爲性教之申命也. 而不惟是. 又後千四百九十七年, 天主之教世又有進焉者. 先是詔示人間秉遣神人. 此因擧世沉迷,

상에 알려주셨고 이어 선지자를 내려보내기도 하셨다. 그러다 이번에는 세상이 깊이 미혹되어 있는 것을 보시고는, 몸소 구원하러 내려오셔서 땅에서 인성을 취하여 본성에 접목하시려고 유대 나라에서 태어나셨다. 태초의 인간도 여기서 탄생했었다. 시나이 산이 그 지역에 있으니, 그곳의 이름은 베들레헴〔白稜郡〕이요, 태어난 자의 이름은 예수〔耶穌〕였다. 인간 세상에 33년 동안 있었는데, 그가 드러내 보여준 기적은 아주 많았다. 죽은 사람더러 살아나라 하면 곧 살아났고, 눈먼 사람더러 보라고 하면 즉시 보았으며, 사나운 파도나 거센 바람도 멎으라고 하면 곧 멎었고, 함부로 생령을 해치던 잔악한 마귀도 물러가라고 하면 즉시 물러갔다.

躬自降救, 下取人性以接本性, 而生如德亞國. 初人亦生于此. 西納山在其界內之白稜郡, 名耶穌. 在世三十有三戴, 所顯奇跡甚衆. 命死者活卽活, 命瞽者見卽見, 巨浪雄風命息卽息, 虐魔恣害命退卽退.

만물을 화육생장化育生長시켜서 공용功用을 만들고, 명만 내리면 모두 응하여 이루어지게 하는 조물주와 다름없는 신이함이었다. 계율의 도리를 상세하고 명백히 밝히고, 새로운 규범을 간명하게 정하니, 뭇사람들이 마음으로부터 크게 믿고 따랐다. 그 종교를 '은총의 종교'라고 부름으로써, 이 종교는 천주로부터 총애를 입은 것이지 사람의 복으로 가질 수 없는 것임을 드러냈다. 이전의 본성의 교화나 글의 교화에 비해 베풀어주신 은총이 더욱 깊다. 그렇다면 천주교가 중국에 전파된 시대를 상고할 수 있는가? 이에 대해서는, 사람이 있었다면 이 종교도 있었다고 말할 수 있다. 중국에서는 사람과 종교를 동시에 얻었던 것이다. 어째서 그렇게 말하는가?

蓋與化成功用萬有應命而出者, 同一神異也. 詳明誡理簡定新規, 群心大服. 名其教爲寵教, 以見教由主寵, 非人分所應有云. 較前性書二教, 恩施此尤摯矣. 然則天學之傳及中土, 其時亦可得而稽乎? 曰有斯人, 卽有斯教. 中土人與教同時幷得也. 何以言之?

천지가 개벽했을 때 최초의 인간의 자손들은 유

方開闢時, 初人子孫聚處如德

대 나라에 모여 살았으며, 그 나라 밖에는 사방 어디에도 사람이 살지 않았다. 그때에는 한 분의 주님을 모시고 하나의 종교만 믿었을 뿐이어서 갈래갈래 분분한 이단의 사설이 생겨날 수도 없었다. 그 후에 인류가 날로 늘어나 머나먼 곳으로 흩어지면서 먼 동방과 먼 서방에도 사람이 살기 시작하였다. 그 시기는 대체로 비슷한데, 역사책을 살펴보고 햇수를 따져보니 중국에서는 복희씨의 시대에 해당된다. 복희씨가 아니더라도 복희씨보다 조금 앞섰을 것이며, 이것이 중국에 사람이 살기 시작한 처음이다. 이들이 바로 중국에 나타난 최초의 인류이지만, 실상은 유대인의 후예이다.

亞國, 此外東西南北並無人居. 當是時, 事一主, 奉一敎, 紛岐邪說無自而生. 其後生齒日繁, 散走遐逖, 而大東大西有人之始. 其時畧同, 考之史册, 推以歷曆年, 在中國爲伏羲氏. 卽非伏羲, 亦必先伏羲不遠, 爲中國有人之始矣. 惟此中國之初人, 實如德亞之苗裔.

서쪽에서 동쪽으로 오면서 천주학을 지니고 왔을 것이다. 자손을 낳아 키우면서 집집마다 천주학을 전수하고 학습하였으니, 당시 중국의 천주학은 지금보다 갑절이나 더 홍성하고 발달하였을 것이다. 당요唐堯와 우순虞舜에 이르고 그 아래로 삼대三代에 이르는 동안, 임금과 신하가 조정에서 경계할 때나 성현들이 후세에 교훈을 남길 때 종종 천제天帝를 부르면서 서로 경계하고 격려하곤 하였다. 이는 전해받은 바가 있어서이지, 어찌 우연이었겠는가!

自西徂東, 天學固其所懷來也. 生長子孫, 家傳戶習, 此時此學之在中國, 必倍昌明於今之世. 延至唐虞, 下迄三代, 君臣告戒於朝, 聖賢垂訓於後, 往往呼天稱帝, 以相警勵. 夫有所受之也, 豈偶然哉!

『상서尙書』에서는 이렇게 말하였다. "명백히 상제의 명을 받으니 하늘이 아름답고 착한 뜻을 재삼 너에게 내려주리라."[11] "나는 상제가 두려우니

其見之書曰: "昭受上帝, 天其申命用休." 曰: "予畏上帝, 不敢不正." 曰: "惟皇上帝降衷于

11 『尙書』「虞夏書」'皐陶謨'.

감히 그〔夏桀〕를 징벌하지 않을 수 없다."[12] "거룩하신 천제께서는 착한 심성을 천하 백성들에게 내려주실 것이다."[13] "상제께서는 진실로 천하 백성들을 보우하신다."[14] "모든 것은 상제께서 마음속으로 따져보셨을 것이다."[15] "상제의 태도가 언제나 한결같지는 않으시니 착한 일을 하면 온갖 상서로움을 내려주고 악한 일을 하면 온갖 재앙을 내린다."[16] "하느님의 밝은 명을 명심한다."[17] "하느님께서는 천하 백성을 보우하여 그들에게 임금을 세워주고 스승을 마련해주거니 이런 이들은 상제의 뜻을 살필 수 있다."[18] "우리도 감히 상제의 명에 편안히 거하면서 영원히 하늘의 위엄을 염두에 두지 않을 수 없다."[19]

下民." 曰: "上帝孚佑下民." 曰: "惟簡在上帝之心." 曰: "惟上帝不常, 作善降之百祥, 作不善降之百殃." 曰: "顧諟天之明命." 曰: "天佑下民作之君, 作之師, 惟其克相上帝." 曰: "我亦不敢寧於上帝命, 弗永遠念天威."

『시경』에서는 이렇게 말하였다. "문왕이 하늘에 계시어 그 덕이 하늘에 뚜렷하시니, …… 문왕의 영혼 오르내리며 상제 곁에 계시네."[20] "문왕께서 삼가하고 조심하여 덕을 닦으시어 밝게 상제를 섬기고 …… 하늘이 세상을 두루 살펴 천명을 문왕께 내리셨네. …… 상제가 그대들을 보고 계시니 두

見之詩曰: "文王在上, 於昭于天 …… 文王陟降, 在帝左右." 曰: "維此文王翼翼, 昭事上帝, …… 天鑒在下, 有命旣集. …… 上帝臨女, 無貳爾心." 曰: "皇矣上帝, 臨下有赫." 曰: "敬

12 『尙書』「商書」'湯誓'.
13 『尙書』「商書」'湯誥'. 원문의 '皇'은 위대하고 至上의 존재라는 뜻이고, '衷'은 착함, 복됨의 뜻이다. 착한 심성은 仁·義·禮·智·信 등 五常의 性情을 말한다.
14 『尙書』「商書」'湯誥'.
15 『尙書』「商書」'湯誥'.
16 『尙書』「商書」'湯誥'.
17 『尙書』「商書」'湯誥'.
18 『尙書』「商書」'太甲' 上.
19 『尙書』「周書」'君奭'.
20 『詩經』「大雅」'文王'.

마음 먹지 말라 하셨네."[21] "위대하신 상제께서 위엄 있게 땅 위에 임하셨네."[22] "노하신 하늘을 공경하여 감히 희롱하며 즐기지 말고, 하늘의 변화를 공경히 받들어 함부로 행동하지 말라."[23] "광대한 덕이 있는 하늘의 상제는 백성의 임금이시거늘 …… 하늘이 백성을 낳으셨으나 그 명을 믿고 있을 수만은 없네."[24] "우리에게 밀과 보리 내리시어 상제가 널리 자라게 하셨네."[25] "밝고 밝으신 강원姜嫄의 덕이 조금의 티도 없어 하늘이 어여삐 보시니 …… 딴마음 갖지 말며 근심 말라. 상제가 그대 위에 임하고 계시네."[26]

天之怒, 無敢戲豫, 敬天之渝, 無敢馳驅." 曰: "蕩蕩上帝, 下民之辟, …… 天生蒸民, 其民匪諶." 曰: "貽我來牟, 上帝率育." 曰: "赫赫姜嫄, 其德不回, 上帝是依, …… 無貳無虞. 上帝臨女."

『논어(魯論)』에서는 이렇게 말하였다. "하늘에 죄를 지으면, 기도한들 무슨 소용이 있겠는가."[27] "내가 만약 잘못했다면, 하늘이 나를 버리리라, 하늘이 나를 버리리라."[28] "나는 기도한 지 오래이다."[29] "천명을 두려워한다."[30]

魯論曰: "獲罪於天, 無所禱也." 曰: "予所否者, 天厭之, 天厭之." 曰: "丘之禱久矣", 曰: "畏天命."

『중용』에서는 이렇게 말하였다. "교사郊社의 예는 상제를 섬기려는 까닭이다."[31] "하늘이 다스리심

中庸曰: "郊社之禮, 所以事上帝也." 曰: "上天之載, 無聲無

21 『詩經』「大雅」'大明'. 인용한 원문 중 "維此文王翼翼"은 『詩經』의 본래 글에서는 "維此文王, 小心翼翼"으로 되어 있다.
22 『詩經』「大雅」'皇矣'.
23 『詩經』「大雅」'板'.
24 『詩經』「大雅」'蕩'.
25 『詩經』「周頌」'思文'.
26 『詩經』「魯頌」'閟宮'.
27 『論語』「八佾」.
28 『論語』「雍也」.
29 『論語』「述而」.
30 『論語』「季氏」.
31 『中庸』 19장.

에는 소리도 없고 냄새도 없다."[32] 이는 지극히 합당한 말이다.

『맹자』에서는 이렇게 말하였다. "천리天理의 미덕美德을 즐겨하는 자는 천하를 가질 수 있으며, 천명天命을 경외하는 자는 나라를 가질 수 있다."[33] "천의天意에 순종하는 자는 생존할 수 있고, 천의를 거스르는 자는 멸망한다."[34] "비록 악인이라도 재계齋戒하고 몸을 깨끗이 한다면 하늘에 제사지낼 수 있다."[35] "자기의 선량한 본심을 보존하고 자기의 천부적인 본성을 양성함으로써 하늘을 섬긴다. 단명하든지 장수하든지 두 마음을 품지 않고 자신을 수양하며 천명을 기다리고, 그럼으로써 천명을 확립하는 것이다."[36]

이 모든 글의 어느 하나인들 천주학의 오묘한 말씀이요 법도가 아닌 것이 있겠는가? 이 글들에서는 '상제'라고 했을 뿐 아니라 '하늘'이라고도 했는데, 하늘은 곧 상제이다. 신하와 백성들 사이에서 임금을 일컬어 조정이라고 하는데, 조정이 곧 임금인 것과 마찬가지 경우이다. 이것을 살펴볼 때, 중국의 종교 중 천주학보다 앞서는 것이란 없다. 그런데 애석하게도 삼대 이래로 풍기는 날로 타락하고, 민생은 전쟁의 고통에 시달렸으며, 선비들은

臭." 至矣.

孟子曰: "樂天者保天下, 畏天者保其國." 曰: "順天者存, 逆天者亡." 曰: "雖有惡人, 齋戒沐浴, 則可以事上帝." 曰: "存其心, 養其性, 所以事天也. 殀壽不貳修身以俟之, 所以立命也."

凡此諸文, 何莫非天學之微言法語乎? 其不但言帝又言天者, 天卽帝也. 猶臣民間稱君上爲朝廷, 朝廷卽君上也. 審是, 則中國之教, 無先天學者. 惜乎三代而還, 世風日下, 民生苦於戰爭, 士習壞於功利. 呂秦代周, 任法律, 棄詩書, 從前載籍, 盡遭烈焰. 而天學不復覩其詳矣,

32 『中庸』 33장.
33 『孟子』 「梁惠王」 下.
34 『孟子』 「離婁」 上.
35 『孟子』 「離婁」 下. 원문의 '事上帝'는 다른 판본에서는 '祀上帝'로 되어 있다.
36 『孟子』 「盡心」 上.

공리功利만을 추구하는 데에 젖어 있었다. 여진呂秦[37]이 주周왕조를 대신하고는, 법률만을 크게 떠받들고 『시경』이며 『상서』 등 경적을 모두 버리니, 종전의 전적들이 모두 세찬 불길에 타버리고 말았다. 그리하여 천주학의 상세한 정황을 다시는 살펴볼 수 없게 되었으니, 실로 슬픈 일이로다!

傷哉!

서한西漢 원수 연간(B.C. 2~B.C. 1)에 천주께서 강림하셨다. 천주께서 세상 구제하는 일을 완성하셨을 때, 그의 제자인 사도 도마〔多默〕[38]가 중국에 와서 포교하였는데, 이 사실은 서방의 역사책에 기록되어 있다. 그중 중주中州[39] 근방에는 명나라 말기에 십자교규十字教規가 유행했는데, 천주께서 세상을 구원하고 십자가에 못 박혀서 그 일을 완성하셨다 하여 그런 이름이 붙었다. 이것이 곧 도마가 남긴 종교이다.

逮至西漢元壽, 天主降生. 及救世畢, 宗徒聖多黙者, 行教中土, 事載西史. 而此中中州近地, 明季流傳十字教規, 緣天主救世, 功成十字, 故以名教. 是卽多黙所遺教也.

당나라 정관 9년(635), 천주께서 강생한 지 635년이 되는 해에 유대 나라(대진국)의 수사 아라본阿羅本이 멀리서 성경과 성상을 가지고 이중의 통역을 거치며 우리 나라에 들어왔다. 이에 재상이 교외까지 나가 맞아들이고 내전內殿에서 경서를 번역하게 하였으며, 그 종교의 이름을 경교景教라 하였다. 처음에는 칙서를 내려 장안에 대진사大秦寺

逮至有唐貞觀九年, 上遡天主降生六百三十五祀, 大秦國卽如德亞國修士阿羅本, 遠將經像重譯來朝. 爾乃宰相郊迎, 翻經內殿, 命名景教. 初勅造大秦寺於京, 後又徧勅諸州, 各置景寺. 開元以後四朝, 寵賚彌渥,

37 秦始皇 瀛政이 呂不偉의 소생이라 하여 경멸하는 뜻에서 呂政이라 부르고, 秦나라도 呂秦이라고 부르는 경우가 있었다.

38 '多默'은 예수의 열두 제자 가운데 하나인 '도마'의 음역. 사도 도마가 나중에 동방으로 와서 선교하였다(『신약성서』 「요한복음」 20장 24~29절)는 설이 있는데, 李祖白은 이를 중국으로 끌어다가 설명하였다.

39 中州는 豫州(하남성 일대) 또는 中原 지역을 가리킨다.

를 짓게 하더니, 후에는 여러 주州에 두루 칙서를 내려 각기 경사景寺를 두게 하였다. 개원開元 연간(713~741) 이후 네 분의 황제를 거치면서 은총이 더욱더 두터웠으니, 분양왕汾陽王 곽자의郭子儀는 거듭 법당을 넓혀, 인덕을 표준으로 삼고 이로움을 베풀었으며, 긍휼히 여기는 마음을 실행하였다. 경교는 당나라 때에 거의 2백 년 가까이 성행했다. 지금 장안에 '대진경교유행중국비大秦景敎流行中國碑'[40]가 있으니 고증해볼 수 있다.

卽郭汾陽王, 亦復重廣法堂, 依仁施利, 修擧哀矜. 敎行有唐, 蓋二百載而近矣. 今長安有景敎流行中國碑可考也.

또 946년이 지나 서기 1581년 명나라 만력 신사년에, 서태西泰 이마두가 유럽에서 구만리를 항해하여 동방으로 왔다.[41] 경자년(1600)에 연경燕京에 도착하여 성상聖像과 서금西琴, 그리고 자명종 등의 물건을 바쳤다. 조정에서는 성대한 예로써 먼 곳에서 온 그를 맞아들이며, 은전과 예의를 잘 갖추었다. 선비들은 그와 사귀며 천주의 큰 도리를 강구하였는데, 서로 의기투합하는 바가 많았다. 이마두는 『천주실의』 및 『기인십편』 등의 책을 저술하여 세상에 퍼뜨렸는데, 그 종교를 믿고 감화된 자들이 여기저기에 있었다. 신해년(1611)에 북경에

又後九百四十六載, 遡天主降生千五百八十一年, 爲明萬曆辛巳, 耶蘇會士西泰利子, 自歐羅巴梯航九萬里東來. 庚子底燕京, 貢聖像西琴自鳴鍾等物. 朝廷義隆柔遠, 恩禮備至. 縉紳先生與之游, 講究天主大道, 多所契合. 著有實義畸人等書行世, 服從其敎感其化者比比. 辛亥卒於京, 賜地葬焉.

40 大秦景敎流行中國碑는 唐나라 때에 경교도 伊斯(Issu 혹은 아들인 景淨)가 건립한 비석으로, 德宗 建中 2년(781)에 세워졌다. 명나라 天啓 5년(1625)에 출토되었으며, 현재는 西安 碑林에 있다. 唐 太宗 때에 景敎가 중국에 전파되고 長安에서 寺宇를 세워 僧徒들을 出家시키고 敎義를 선전한 정황이 적혀 있다. 비석 아래쪽과 양옆에는 시리아 문자로 쓰인 題名이 있다.

41 利瑪竇는 1582년(임오년) 8월 7일 마카오에 도착하였는데, 중국 본토(肇慶)로 들어간 것은 1583년 9월이며, 북경에 두 번째로 진입하여 황제에게 공물을 바친 것은 1601년(신축년)의 일이니 李祖白의 글은 시기 문제에 있어서 정확하지 않다.

서 죽어[42] 하사받은 땅에 묻혔다.

이때 웅삼발熊三拔·방적아龐迪我·양마락陽瑪諾·용화민龍華民 등이 앞뒤로 북경에 와서 선교를 하였다. 산서성에는 고칙성高則聖이 있었고, 복건성에는 애유략艾儒略이 있었으며, 강남에는 필금량畢今梁(畢方濟)이 있어 당시에 나란히 이름을 날렸다.

於是熊龐陽龍諸子, 先後接踵來京司教事. 而晉有高則聖, 閩有艾思及, 江南有畢今梁, 並顯聞於時.

숭정 기사년(1629)에 조정에서 역법 찬수에 관한 의논이 있었다. 이때 서광계는 일찌감치 자신의 몸을 낮추어 서양의 신부들과 생명을 건 교분을 갖고 있었기에 그들이 역학曆學에 두루 밝다는 사실을 잘 알고 있었다. 이때 소종백少宗伯이 역서 찬수를 담당하고 있었는데, 상소를 올려 등옥함鄧玉函을 천거하였으나 얼마 되지 않아 사망하였다. 뒤이어 나의 스승 탕약망과 나아곡羅雅谷을 천거하였으나 역서가 완성될 무렵에 나아곡이 또 병으로 사망하니, 나의 스승만이 역서 찬수에 시종 종사하게 되었다. 청나라에 들어와서는 그의 역법으로 시헌력을 만들어 천하에 반포하고 흠천감을 맡으라는 명이 내려졌다. 그는 재삼 사양하였으나 윤허받지 못하였다. 신묘년(1651)에 세조 황제의 각별한 은총과 돌보심을 입어 아름다운 이름까지 하사받고 높은 품계에 올랐다.

崇禎己巳, 庭議修曆. 徐文定公素折節西賢爲性命交, 知其旁通曆學. 時以少宗伯領督修, 疏薦函璞鄧子, 未幾病歿. 續薦余師道未湯子, 暨味韶羅子, 曆垂成羅又病歿, 獨余師與曆事相始終. 入國朝, 用其法造時憲曆頒行天下, 命掌欽天篆. 辭再三不允. 至辛卯遂荷世祖皇帝特達之恩眷, 錫嘉名, 晋崇階.

또 탕약망이 나이 들어 쇠약한 것을 염려하시어 호부에 칙지를 내려 그에게 땅을 하사하여 생전에 분묘를 만들게 하였을 뿐만 아니라, 그의 집을

更念其將老, 勅戶部查給地畝任作生壙, 而且駕數臨堂, 諮求教學. 賜御製文有銘. 西泰氏舊

42 이마두는 1610년(庚戌年) 5월 11일에 죽었으므로, 이는 오기로 보인다.

몇 차례 왕림하시어 종교의 교리와 학문에 대해 자문을 구하시기도 했다. 또 황제께서 직접 쓰신 묘지명을 하사하셨다. 이마두가 세웠던 낡은 천주당의 동쪽 모퉁이에 스승께서는 서양의 양식을 모방하여 새 천주당을 다시 지었는데, 이전보다 몇 배는 넓어졌다. 그 동쪽 계단에 황제의 조서를 받들어 새겨 영원히 남기니, 세상 사람들은 이 말을 듣고 그를 영광스럽게 생각했다. 이 천주당은 선무문에 가까우며 성서구城西區에 속한다. 동화문東華門의 구등시舊燈市 남쪽에 천주당이 또 하나 있는데, 순치 을미년(1655)에 황제께서 하사하신 것을 강희 임인년(1662)에 고쳐 지은 것이다. 이 천주당 역시 서양식 건물인데, 함께 이 천주당 안에서 선교를 했던 자들은 이재가〔利類思〕와 안경명이었다. 사람들은 이를 '동당'이라 부르면서 선무문에 있는 천주당과 구별하였다.

堂之東偏, 師爲倣西式改創新堂, 寬數倍. 於其東階, 恭勒綸音於石, 以垂不朽, 天下聞而榮之. 堂近宣武門, 屬城西. 東華門舊燈市之南, 又一堂, 欽賜於順治乙未, 改建於康熙壬寅. 堂亦西式, 相偕在內行教者, 再可利子, 景明安子也. 人稱東堂, 以別于宣武門之堂.

북경의 천주교 정황은 온 천하가 우러르는 바가 되었다. 북경의 천주당이 새로워지고 황제의 각별한 은총을 입게 되면서부터 사방의 신부들은 방울을 울리며 이곳으로 오고 선비와 백성들은 더욱더 떨쳐 일어나 흠망하였다. 이때에 마침 중승中丞 회백匯白 통공佟公(佟國器)과 염찰廉察 학사鶴沙 허공許公(許之漸) 두 사람이 독실하게 천주교에 귀의했는데, 벼슬살이로 인해 옮겨 가는 곳마다 재물을 풀어 건물을 짓고 천주를 받들어 모셨으며, 봉록을 받으면 자기 것이라 생각하지 않고 천주의 것이라 여기었다. 그러니 명나라 말엽의 섭문충葉文忠·서광계·한포주韓蒲州·유성도劉成都·이경경李冏

天學之在京師, 爲四方之望. 自京師堂構一新, 叨恩格外, 而四方西賢鐸振之地, 士民益奮欽崇. 會有中丞匯白佟, 廉察鶴沙許二公信嚮綦堅, 宦游所到, 損貲營築以奉天主, 俸入不爲己有而爲天主有. 其視明葉文忠·徐文定·韓蒲州·劉成都·李冏卿·楊京兆數君子樂爲道侶身主者, 又何讓乎!

卿 · 양경조楊京兆 등 여러 선비들이 기꺼이 도의 반려가 되어 주를 섬겼던 것에 비해 무슨 손색이 있겠는가!

강남의 소주와 오송 두 개 군, 절강의 무림武林(杭州), 강서의 남창南昌 · 건창建昌 · 남공南贛, 형초의 무창武昌, 복건의 복주福州 · 건녕建寧 · 연평延平 · 정주汀州, 사천의 중경重慶 · 보령保寧에는 모두 새로 지은 천주당이 있으며 신부들이 거기에 살고 있다.

江南之蘇淞二郡, 浙之武林, 江右之南昌, 之建昌, 之南贛, 楚之武昌, 閩之福州, 之建寧, 之延平, 之汀州, 蜀之重慶, 之保寧, 咸有新堂, 西賢居焉.

기축년(1649)에 나의 스승께서는 역법의 학문이 영구히 지속되게 하기 위해 특별히 상소문을 올렸다. 남돈백南敦伯(南懷仁)은 역법을 알고 있던 덕분에 조정에 들어가 높은 관직에 올랐다. 동시에 윤허를 얻어 도성에 들어온 자들이 또 십여 명이나 되었다. 우리 나라는 화하華夏를 건립한 이래로 외인을 배척하지 않고 통일을 지켜왔다. 이름난 공경대부들이 위에서 서로 조정을 보좌하였다. 경성京城 안팎으로 성 소재지처럼 복잡한 곳이건 시골처럼 외진 곳이건, 신부들이 와서 머물게 되면 때로 그들이 배운 바를 내놓아 세상으로 난 다리 역할을 해주었다. 참된 것을 가리켜 안정된 법도로 올려놓고 거짓과 미혹을 막아 길 한편에 내다 버림으로써 아래로는 인심을 인도하고 위로는 천자의 교화를 보좌하였다. 당요唐堯와 우순虞舜, 그리고 삼대의 기풍이 오늘에 다시 나타나는 것 아니겠는가.

前己丑, 余師爲曆學計久遠, 特疏上請. 敦伯南子以知曆赴闕庭, 仰給大官. 同時遵旨入內地者, 又十餘人. 我國家肇造區夏, 一統無外. 名公鉅卿, 相與黼黻皇猷於上. 輦轂內外, 或省會之衝, 或鄉邑之僻, 每有西賢至止, 時出其所學, 爲世津梁. 指正眞之定極, 杜誑惑之旁蹊, 於以下肅人心, 上襄王化. 唐虞三代之風, 庶其再見於今日歟.

스승께서는 이마두 이래로 가장 많은 책을 저술하셨다. 역서曆書 백여 권을 진정進呈하니, 이는 영

利西泰而下, 著述號最富者. 進呈曆書百餘卷, 業蒙宣付史館.

광스럽게도 사관史館에 보관되었다. 기타의 기구를 다루는 특수한 휘집彙集 같은 것들도 천주학과 관련되지 않는 것이 없기에 다시 삼백 권의 책으로 엮었는데, 경經도 있고 사史도 있으며, 초형성학超形性學도 있고, 형성학形性學도 있다. 또 수신학修身學과 천문학도 있는데, 북경·강남·절강·복건·섬서·산서 등지의 각 천주당에 판본이 소장되어 있다. 그뿐 아니라 싣고 온 책들이 모두 칠천여 권에 달한다.[43] 〔중국의〕 여러 현자들은 천주의 보호에 감사하였고, 객으로 중국에 온 자는 돌아갈 것을 잊으니, 함께 맹세하여 번역을 도왔다. 머리를 파묻고 번역을 하니 그 기세가 대단해 그칠 날이 없을 것 같았다. 아, 이것은 진秦나라 분서 이전에도 없었던 성대한 일이로다. 한나라와 당나라 때는 말할 필요도 없으리라. 계묘년(1603) 10월에 공무를 처리한 뒤 잠깐의 여가에 한 객이 천주학의 현재와 과거의 개괄에 대하여 묻기에, 삼가 들은 바를 서술하여 대답을 대신한다.

他若理器殊彙, 莫非教學攸關, 成書又三百卷. 有經, 有史, 有超形性學, 有形性學. 有修學, 有天文學, 板藏京師·江南·浙·閩·秦·晋各堂. 且總計載來圖書七千餘部. 羣賢感荷帡幪, 賓至忘返, 共矢恊佐同文. 抑首翻譯, 川至日升, 殆無窮竟. 嗚呼, 此又秦火以前未有之盛事也. 漢唐無論矣. 癸卯孟冬公餘少暇, 客有問天學今昔之概者, 謹遵所聞論次之, 以代口答.

43 1613년 2월 9일 龍華民의 결정에 따라 선교사 金尼閣을 유럽으로 보내 利瑪竇가 죽은 후 20년 동안의 중국 선교에 대해 보고하게 하고 필요한 기물과 서책들을 가져오게 하였다. 金尼閣은 1619년 7월 22일 羅雅谷·湯若望 등과 함께 칠천 권에 달하는 서책 등을 가지고 마카오로 돌아온다. 이 책의 일부가 지금도 上海에 보관되어 있다. 方豪, 「明季西書七千部流入中國考」, 『文史雜誌』, 3권(1945) 1~2호 참조.

고 전 흠천감 감정 양광선 별전

故前欽天監監正楊公光先別傳[44]

소목蕭穆

양광선은 자가 장공長公이고, 강남 흡현 사람이며, 상서 응凝의 먼 후손으로서 세습직인 신안위중소부천호新安衛中所副千戶[45]였다. 그 관직을 동생 광필光弼에게 양보하고 혼자 몸으로 북경으로 왔다. 강희康熙 『휘주부지徽州府志』

楊光先, 字長公, 江南歙縣人, 尙書凝裔孫, 世襲新安衛中所副千戶. 讓職與弟光弼, 孑身入都. 康熙徽州府志

산양山陽 출신으로 무과에 급제한 진계신陳啓新이라는 자는 숭정 9년(1636)에 궁궐에 가서 상주하기를 천하에 세 가지 큰 병폐가 있다고 하였다. 상소장을 들고 정양문正陽門에 사흘을 꿇어 엎드려 있자 중관中官[46]이 그것을 가져다 바치니 황제께서 크게 기뻐하시며 즉시 이과급사중吏科給事中으로 발탁하셨으며, 후에 병과좌급사중兵科左給事中을 역임하였다. 유종주劉宗周·첨이선詹爾選 등이 앞뒤로 그를 탄핵하였고, 광선이 계신이 비천한 종 출신이며 사적인 정 때문에 비리를 범하고 뇌물을

山陽武擧陳啓新者, 崇禎九年詣闕上書, 言天下三大病. 捧疏跪正陽門三日, 中官取以進, 帝大喜, 立擢吏科給事中, 歷兵科左給事中. 劉宗周·詹爾選等先後論之, 光先訐其出身賤役及徇私納賄狀, 帝悉不究. 然啓新在事所條奏, 率無關大計. 明史姜埰傳

44 '別傳'은 史部 분류 중의 하나로, 雜史에 속한다. 일반적으로 한 사람의 逸話·奇聞을 기재하는데, 本傳의 부족함을 보충할 수 있다. 이 양광선 별전에서는 글쓴이가 표시한 典據가 단락마다 원문 끝에 나와 있다. 蕭穆 撰, 「敬孚類稿」 권10, 『續修四庫全書集部別集類』(上海: 上海古籍出版社, 1992), 71~73쪽. 「敬孚類稿」는 총 16권으로, 光緖 32년(1906)에 간행된 바 있다.

45 청조 호적 편제에서 3천 호를 1衛로, 천 5백 호를 1所라 하였다.

46 宮內, 朝內의 관원. 또는 환관을 가리킨다.

받은 일을 적발하는 소장을 올렸으나 황제께서는 모두 추궁하지 않으셨다. 그러나 계신이 현직에 있으면서 아뢴 상소들은 대계大計[47]에 관계가 없는 것들이었다. 『명사明史』「강채전姜埰傳」

온체인溫體仁이 나랏일을 주관한 지 오래되자 그를 탄핵하는 상소장이 헤아릴 수 없이 많았다. 유종주는 그의 열두 가지 죄상과 여섯 가지 간계를 들어 탄핵하였는데, 모두가 사실에 근거한 것이었다. 종번宗藩[48]으로는 당왕唐王 율건聿鍵 같은 자들, 훈신勳臣으로는 무령후撫寧侯 주국광朱國光 같은 인물, 벼슬 없는 백성으로는 하유현何儒顯·양광선 같은 자들이 모두 체인을 탄핵하였다. 광선이 관을 수레에 싣고 가서 어명을 기다렸으나 황제께서는 모두 돌아보지 않으셨고 〔체인이〕 갈수록 고립되자 〔황제께서는〕 번번이 죄를 추궁하는 자들을 물리쳐 그를 위로하셨는데, 심지어 〔그 때문에〕 장형杖刑으로 죽는 자까지 있었다. 『명사』「온체인전溫體仁傳」

溫體仁當國既久, 劾者章不勝計. 而劉宗周劾其十二罪, 六奸, 皆有指實. 宗藩如唐王聿鍵, 勳臣如撫寧侯朱國弼, 布衣如何儒顯·楊光先等亦皆論之. 光先至輿櫬待命, 帝皆不省, 愈以爲孤立, 每斥責言者以慰之, 至有杖死者. 明史溫體仁傳

광선은 장형을 받고 요서遼西 지방의 변방 수자리로 쫓겨갔다. 『휘주부지』 및 왕태징王泰徵의 「시신록서始信錄序」 계미년(1643) 겨울에 열황제烈皇帝가 경연에서 문무 인재를 구할 때 양성백襄城伯 이국정李國楨이 광선을 들어 답하였다. 주상께서 "그 관을 들고 왔던 광선인가"라고 말씀하시고 드디어 대장군인

光先被杖謫戍遼左. 徽州府志及王泰徵始信錄序 癸未冬, 烈皇御經筵, 求文武材, 襄城伯李國楨以光先對. 上曰: "是舁櫬之楊光先乎?" 遂懸大將軍印以待之. 襄城遣人迎, 未至而明已

47 3년에 한 번씩 관리들의 업적을 심의하는 것 또는 중대한 계책을 말한다.
48 天子의 分封을 받은 宗室의 諸侯.

을 내걸고 그를 기다리셨다. 양성백이 사람을 보내 그를 영접해 오게 하였는데 도착하기 전에 명나라가 이미 망했다. 왕태징, 「시신록서」

匸. 王泰徵始信錄序

청나라에 들어와서 순치 17년(1660)에 황제께 소를 올려 서양 종교의 그릇됨을 질책하면서, 서양인들의 예수회는 중국 땅 성인의 가르침이 아니며 아울러 탕약망이 만든 시헌력은 그 겉장에 주상께서 전지傳旨 회시回示로 내리신 "依西洋新法(서양의 새 역법에 따라서)"이란 다섯 글자를 쓰지 말았어야 했다는 말 등으로 예부에 정문을 갖추어 올렸으나, 준허하지 않으셨다. 『휘주부지』, 완원阮元의 『주인전疇人傳』,[49] 황백록黃伯錄의 『정교봉포正教奉褒』

入國朝, 順治十七年, 抗疏斥西洋教之非, 以西人耶穌會非中土聖人之教, 且湯若望所造時憲書, 其面上不當用上傳批依西洋新法五字等語, 具呈禮部. 不准. 徽州府志·阮元疇人傳及黃伯錄譯正教奉褒.

강희 3년(1664) 7월에 광선은 탕약망의 새 역법이 지닌 오류 열 가지를 지적해서 저술한 「적류론摘謬論(摘謬十論)」으로 고혼소를 올렸으며, 또 탕약망이 영친왕의 장례 기일을 택하면서 홍범오행洪範五行을 잘못 썼다는 내용으로 「선택의選擇議」 한 편을 저술하여 상소하니 의정왕 등에게 내려보내 함께 논의를 확정하게 하였다. 4년(1665) 3월 임인일에 의정왕 등이 한 조목씩 절록節錄한 열 가지 오류에 대해 국문하니 양광선과 탕약망이 제각기 자기가 옳다고 말하였다. 역법은 심오하고 미묘한 것이어서 〔시비를〕 판별하기 어려웠다. 그때까지의 낡은 역법은 하루를 12시 100각으로 나누었

康熙三年七月, 光先叩閽進所著摘謬論一篇, 摘湯若望新法十謬, 又選擇議一篇, 摘湯若望選擇榮親王安葬日期誤用洪範五行, 下議政王等會同確議. 四年三月壬寅, 議政王等逐款鞫問所摘十謬, 楊光先湯若望各言己是. 曆法深微, 難以分別. 但歷代舊法每日十二時分一百刻, 新法改爲九十六刻, 又康熙三年立春日候氣先期起管, 湯若望謊奏候至其時, 春氣已應,

49 중국 고대로부터 清나라 말까지의 天文家와 數學家 4백 명(부록에 서양인 52명 別記)의 전기가 포함되어 있는 책이다. 清나라의 阮元이 1799년에 완성했으며, 후에는 羅士琳의 속편(1840), 諸可寶의 三編(1886), 黃鐘駿의 四編(1898)이 나왔다.

으나 새 역법은 96각으로 고쳤다. 또 강희 3년 입춘일 절기를 증험하기 위해 율관律管을 미리 열었는데 탕약망은 절기가 제때에 이르러 봄날의 기상이 이미 응험應驗되었다고 거짓으로 상주하였다. 또 28수宿의 순서는 오래전부터 정해져 있는 것인데 탕약망은 사사로이 삼수參宿와 자수觜宿의 순서를 뒤바꿔놓았고, 또 사사로이 사여四餘 중에서 자기紫氣를 빼버렸으며, 또 200년 역법을 바쳤다. 하늘은 황제의 무한한 역운歷運을 보우해주는데 탕약망은 단지 200년 역법만 올렸으니 이 모든 것이 크게 합당치 않았다. 탕약망 등은 영친왕의 장례 기일을 선택할 때에 정오행正五行을 쓰지 않고 도리어 홍범오행을 썼다. 산의 방위, 향좌, 연월의 선택에서 모두 금기와 재살災煞을 범하였으니 일을 그르친 정도가 엄중하고도 큰 것이었다. 그리하여 흠천감 감정 탕약망, 각루과刻漏科[50] 두여예杜如預, 5품 품계의 설호정挈壺正 양굉량楊宏量, 역과曆科의 이조백, 춘관정春官正 송가성宋可成, 추관정秋官正 송발宋發, 동관정冬官正 주광현朱光顯, 중관정中官正 유유태劉有泰 등은 모두 능지처참한다고 결정하였다.

又二十八宿次序分定已久, 湯若望私將參觜二宿改調前後, 又私將四餘中刪去紫氣, 又湯若望進二百年曆. 夫天祐皇上曆祚無疆, 而湯若望止進二百年曆, 俱大不合. 其選擇榮親王葬期, 湯若望等不用正五行, 反用洪範五行. 山向年月, 俱犯忌殺, 事犯重大. 擬欽天監監正湯若望, 刻漏科杜如預, 五品挈壺正, 楊宏量, 曆科李祖白, 春官正宋可成, 秋官正宋發, 冬官正朱光顯, 中官正劉有泰等皆凌遲處死.

이미 죽은 유유경劉有慶의 아들 유필원劉必遠, 가량기賈良琦의 아들 가문울賈文鬱, 송가성宋可成의 아들 송철宋哲, 이조백의 아들 이실李實, 탕약망의

已故劉有慶子劉必遠, 賈良琦子賈文鬱, 宋可成子宋哲, 李祖白子李實, 湯若望義子潘盡孝,

50 刻漏를 관할하는 관측 부서로, 刻漏는 시간을 측정하는 器具이다. 銅으로 만든 단지(주전자) 밑바닥에 구멍을 뚫어 놓고 단지 안에 눈금을 새긴 화살 모양의 浮標를 하나 세우면 단지 안의 물이 한 방울씩 새어나가면서 화살 모양의 浮標 눈금이 점차 드러나는데 그것을 보고 시각을 알 수 있었다.

의자義子 반진효潘盡孝는 모두 즉시 참형에 처결하도록 하였다. 다음과 같이 칙지를 받았다. “탕약망은 인감을 장악하고 있는 관원으로서 〔장례 기일 등을〕 선택하는 일에서 상세히 살피고 조심하여 처리하지 않고 번번이 자기 마음대로 일을 처리하였다. 본래 결정한 대로 사형에 처하여야 할 것이나 그가 전문적으로 천문을 주관하였으며, 날을 선택하는 것은 그가 배운 바가 아닌 점을 감안하고, 아울러 〔그가〕 여러 해 동안 충실히 일하였으며 또 노쇠하였음을 고려하여 죽음을 면하도록 한다. 두여예·양굉량은 본래 결정한 대로 사형에 처하여야 마땅할 것이나 영릉永陵[51]·복릉福陵[52]·소릉昭陵[53]·효릉孝陵[54]의 풍수지리를 모두 그들이 보아서 정하였고 일찍이 충실히 일해온 것을 고려하여 역시 죽음을 면하도록 한다. 탕약망 등과 그와 관련된 자들이 마땅히 어떤 죄를 받아야 할 것인가는 의정왕, 패륵貝勒대신[55], 구경과도九卿科道에 의뢰하여 상세히 심의토록 한 뒤 분명히 확정된 의론을

俱斬立決. 得旨. “湯若望係掌印之官, 於選擇事情不加詳愼, 輒爾准行. 本當依擬處死, 但念專司天文, 選擇非其所習, 且效力多年, 又復衰老, 著免死. 杜如預·楊宏量本當依擬處死, 但念永陵·福陵·昭陵·孝陵風水, 皆伊等看定, 曾經效力, 亦著免死. 湯若望等並其干連人等, 應得何罪, 仍著議政王, 貝勒大臣, 九卿科道再加詳覈, 分明確議具奏.” 東華錄

51 遼寧省 新賓縣 啓運山 기슭에 있는 淸皇帝 先祖들의 陵墓로, 興祖 福滿, 景祖 覺昌安, 顯祖 塔克世 등이 안장되어 있다. 조성 연대에 대한 기록은 없다.

52 遼寧省 瀋陽市 天柱山에 있는 청나라 최초의 공식적인 陵園으로, 淸太祖 누르하치(1559~1626, 재위 1616~1626)와 太宗의 생모인 孝慈高皇后(1575~1603)가 안장되어 있다. 天聰 8년(1634)에 착공하여 順治 8년(1651)에 완공하였다.

53 遼寧省 瀋陽市 隆業山에 있으며, 太宗 皇太極(1592~1643, 재위 1626~1643)과 孝端文皇后(1599~1649)가 안장되어 있다. 崇德 8년(1643)에 착공하여 順治 8년(1651)에 완공하였다.

54 河北省 遵化市 淸東陵 昌瑞山 기슭에 있으며 世祖 福臨(1638~1661, 재위 1643~1661)과 孝康章皇后(1640~1663), 孝獻皇后(1639~1660)가 合葬되어 있다. 康熙 2년(1663)에 착공하여 이듬해에 완공하였다.

55 청 전기에 議政王(만주족 종실의 왕), 貝勒(親王·郡王 다음의 만주족 귀족) 대신이 참여하는 국정처리회의가 있었다.

모아서 상주하라." 『동화록』

여름 4월 기미일에 의정왕 등이 칙지를 좇아 다시 의논하여 탕약망·두여예·양굉량·반진효 및 이 사건에 관련된 죄인들은 모두 곤장을 쳐서 유배 보내고 나머지는 모두 이미 전에 확정된 의론대로 처리한다고 상주하였다. 다음과 같이 칙지를 받았다. "이조백·송가성·송발·주광현·유유태는 모두 즉시 참형에 처하라. 탕약망, 두여예, 양굉량은 꾸짖어 벌한 뒤 유배하고 죽음은 면하게 한다. 저들은 이미 죽음을 면하였고 탕약망의 의자義子 반진효 및 두여예·양굉량과 관련된 가족들은 꾸짖어 벌한 뒤 유배하고 역시 죽음은 면하게 한다. 나머지는 의론에 따르라." 『동화록』

夏四月己未, 議政王等遵旨再議, 湯若望·杜如預·楊宏量·潘盡孝及案內干連人犯等, 俱責打流徒, 餘俱照前議. 得旨. "李祖白·宋可成·宋發·朱光顯·劉有泰俱著卽處斬. 湯若望, 杜如預, 楊宏量, 責打流徒, 俱著免. 伊等旣免, 其湯若望義子潘盡孝及杜如預·楊宏量干連族人, 責打流徒亦著俱免. 餘依議." 東華錄

광선이 소장疏章에서 탕약망의 역법은 하나하나가 도리에 어긋나고 오류가 있다고 말하니 그를 특별히 흠천감 우감부右監副로 제수하고 얼마 지나지 않아 감정監正으로 승진시켰다. 완원의 『주인전』, 『휘주부지』, 황백록 역 『정교봉포』

光先疏言, 湯若望之曆法, 件件悖理, 件件舛謬, 特授欽天監右監副, 旋授監正. 阮元疇人傳·徽州府志及黃伯錄譯正教奉褒.

광선은 천상역법을 추산하는 도리만 알 뿐 이를 추산하는 역수曆數는 모른다고 하며 고혼소를 모두 다섯 번 올렸으나 사직을 준허되지 않았다. 앞뒤로 올린 상서·논술·소장을 찬집하여 상하권으로 묶고 책 이름을 '부득이'라 하였다. 『주인전』과 『휘주부지』에서는 모두 아홉 차례나 고혼소를 올리고 열세 번이나 사직상소를 올렸으나 윤허하지 않고 맡은 관직에서 힘쓰라고 격려하였다 한다. 지금은 『주인전』과 『부득이不得已』에서 인용하였다.

光先以但知推步之理, 不知推步之數, 叩閽辭職, 疏凡五上, 不准辭. 輯前後所上書狀論疏, 爲上下卷, 名曰不得已. 疇人傳又徽州府志云, 凡九叩閽十三疏辭, 弗允, 勉就職. 今据疇人傳及不得已本書.

〔강희〕 5년(1666) 2월 정사일에 흠천감 감정 양

五年二月丁巳, 欽天監監正楊

광선이 다음과 같이 상주하였다. "지금 절기 변화를 검증하는 방법은 오랫동안 실전失傳되었고 12월 중기中氣는 응험되지 않습니다. 바라옵건대 신이 학문이 깊고 계산에 능한 사람을 청하여 가르침을 받아 그와 함께 기기를 제작하여 절기를 관측하도록 윤허해주시고, 아울러 예부에 조칙을 내려 의양 금문산의 죽관, 상당 양두산의 검은 기장, 하내의 갈청을 채취하여 갖추어 쓸 수 있도록 윤허하여 주시옵소서." 이에 따랐다. 『동화록』

光先奏. "今候氣之法, 久失其傳, 十二月中氣不應. 乞准臣延訪博學有心計之人, 與之制器測候, 並勅禮部采取宜陽金門山竹管, 上黨羊頭山秬黍, 河內葭莩備用." 從之. 東華錄

〔강희〕 7년(1668)에 조칙을 내려 바른말을 구하니, 광선은 열 가지를 조목조목 진술하였고, 그의 의견은 모두 채납되었다. 그 가운데는 도망친 자 하나를 받아주면 열 집을 연좌하던 조목을 없애는 것도 있었다. 『휘주부지』

七年, 詔求直言, 光先條陳十款, 悉見采納. 內逃一人一款, 得免十家連坐之例. 徽州府志

겨울 10월 무자일에 예부에서 강남으로부터 원나라 때 곽수경郭守敬의 의기들을 가져올 때 가부를 결정해줄 것을 청하였다. 〔이와 관련하여〕 다음과 같은 유지를 받았다. "양광선이 상주하여 사용하겠다고 한 율관, 갈청, 검은 기장은 이미 얻어왔다. 치수와 방위에 따라 2년 동안 살펴보았으나 효험을 보지 못하였다. 결론적으로 절기의 변화를 예측하는 법은 북제北齊 때 신도방信都芳이 효험을 본 이후 천 2백여 년이 지나 모두 실전失傳되었다. 예부에서는 의논하여 양광선에게 넘겨 박학하고 계산에 능한 사람을 찾도록 하여 1천 2백여 년이나 실전된 부분을 능히 개정할 수 있는지 여부와 양광선이 능히 개정할 수 있는지 여부를 모두 상세히 물은 다음 다시 의논하고 정문을 갖추어 상주하

冬十月戊子, 禮部以江南取到元郭守敬儀器, 請旨定奪. 得旨. "楊光先奏稱所用律管葭莩秬黍已經取到. 照尺寸方位候過二年, 未見效驗. 案, 候氣之法, 自北齋信都芳取有效驗之後, 經千二百餘年, 俱失其傳. 爾部議交與楊光先, 令訪求博學有心計之人, 應將一千二百餘年失傳之處, 能行修正之人可得與否, 及楊光先能修正與否, 俱詳問再議具奏." 東華錄

라." 『동화록』

11월 병진일에 예부에서 유지를 좇아 논의하여 복명하였다. "절기의 변화를 검증하는 일은 흠천감 감정 양광선의 주청에 따르면, 사마천의 『사기史記』에 율관 치수에 대한 기록이 있기는 하나 사용법이 실전되었다 하옵니다. 현재 널리 방문하여 절기 변화를 검증할 수 있는 사람을 찾고 있으나 아직 만나지 못하였고 신하가 풍질에 걸려 관리할 수 없다 하옵니다. 양광선의 직무가 감정이라는 것을 고려하면 절기의 변화를 예측하는 일을 남에게 미루어서는 안 될 것이옵니다. 그런즉, 계속 박학하고 계산에 능한 사람을 찾아서 절기 변화를 검증하는 방법을 얻게 하여 주옵소서." 이에 따랐다. 『동화록』

十一月丙辰, 禮部遵旨議覆. "候氣之事, 據欽天監監正楊光先奏稱, 律管尺寸, 雖載在司馬遷史記, 而用法失傳. 今博訪能候氣之人, 尙在未得, 臣身染風疾, 不能管理. 查楊光先職司監正, 候氣之事, 不當推諉. 仍令延訪博學有心計之人, 以求候氣之法." 從之. 東華錄

12월 경인일에 역법을 관리하는 남회인이 다음과 같은 탄핵 상주문을 올렸다. "흠천감 감부 오명훤이 만든 강희 8년(1669)의 『칠정』·『민력』 중 강희 8년 윤달 12월은 마땅히 강희 9년 정월이 되어야 할 것이며, 또 1년에 두 개의 춘분, 두 개의 추분이 있는 것 같은 갖가지 착오가 있사옵니다." 이에 내린 유지는 다음과 같았다. "역법은 관계關繫가 중대하다. 의정왕·패륵대신·구경과도가 회동하여 논의를 확정하고 정문을 갖추어 상주하라." 『동화록』

十二月庚寅, 治理曆法南懷仁劾奏. "欽天監副吳明烜所造康熙八年七政民曆內, 康熙八年閏十二月, 應是康熙九年正月, 又有一年兩春分, 兩秋分種種差誤." 得旨. "曆法關繫重大. 著議政王貝勒大臣九卿科道會同確議具奏." 東華錄

〔강희〕 8년 봄 정월 경신일에 의정왕 등이 모여 다음과 같이 의논하였다. "남회인은 오명훤의 역법 추산에 잘못이 있었다고 상주하였는데, 성지를 받고 대학사 도해圖海 등을 보내 흠천감 감정 마호馬祜와 함께 〔그러한 잘못이 정말 있었는지〕 측정

八年春正月庚申, 議政王等會議. "南懷仁奏吳明烜推算曆日差錯之處, 奉旨差大學士圖海等同欽天監監正馬祜測驗. 立春, 雨水, 太陰, 火星, 木星, 與

하고 검증하게 하였다. 입춘·우수·태음·화성·목성이 남회인이 지적한 모든 조목과 부합되며 오명훤이 말한 조목들과는 부합되지 않으니 강희 9년(1670)의 모든 역법 추산은 남회인에게 맡겨야 한다." 〔이에〕 다음과 같은 유지가 내렸다. "양광선이 이전에 탕약망을 고발했을 때 의정왕과 대신들이 모여 논하기를, 양광선이 어떤 부분에서 옳으니 의론에 근거하여 실행하도록 준허하며 탕약망이 어떤 부분에서 틀리니 즉시 논의해 정지시킨다 하였다. 그날 정지시킨다 논의하고서 오늘 다시 회복시킨다 논의하는 연고를 마호·양광선·오명훤·남회인에게 분명히 묻고 상세히 아뢰게 하지도 않고 경솔하게 의론하고 답복하는 것은 합당치 않다. 다시 확정해 논의하라." 『동화록』

南懷仁所指逐款皆符, 吳明烜所稱逐款不合, 應將康熙九年一應曆日, 交與南懷仁推算." 得旨. "楊光先前告湯若望時, 議政王大臣會議以楊光先何處爲是據議准行, 湯若望何處爲非輒議停止, 及當日議停今日議復之故, 不向馬祜·楊光先·吳明烜·南懷仁問明詳奏, 乃草率議覆, 不合. 著再行確議." 東華錄

2월 경오일에 의정왕 등이 유지를 좇아 회동하여 의논하였다. "지난번에 대신 20인에게 명을 내려 관상대에 나가 측정하고 검증한 결과, 남회인이 말한 것은 모두 응험되었고 오명훤이 말한 것은 모두 응험되지 않았사옵니다. 감정 마호, 감부 의탑라宜塔喇·호진월胡振鉞·이광현李光顯에게 물으니 모두가 남회인의 역법이 천상에 부합된다고 합니다. 하루를 100각으로 하는 것이 역대로 행해진 지 오래이나, 남회인이 96각으로 추산한 것이 이미 천상에 부합하오니, 강희 9년부터는 마땅히 96각에 따르는 것을 시행하여야 할 것이옵니다. 남회인은 '나후·계도·월패는 역법 추산에서 소용되는 것이므로 역법에 넣어야 하며 자기紫氣는 형상이 없고 역법 추산에서도 소용이 없으므로 넣지 말아

二月庚午, 議政王等遵旨會議. "前命大臣二十員赴觀象臺測驗, 南懷仁所言逐款皆符, 吳明烜所言逐款皆錯. 問監正馬祜, 監副宜塔喇·胡振鉞·李光顯亦言南懷仁曆皆合天象. 竊思百刻曆日, 雖歷代行之已久, 但南懷仁推算九十六刻之法旣合天象. 自康熙九年始, 應將九十六刻曆日推行. 又南懷仁言羅睺·計都·月孛星係推算曆日所用, 故開載, 其紫氣星無象, 推算曆日並無用處, 故不開載. 自康熙九年始, 將紫氣星不必造入七政曆日

야 한다'고 하옵니다. 강희 9년부터 시작해 자기는 『칠정력七政曆』에 넣을 필요가 없사옵니다. 절기의 변화를 검증하는 것은 예로부터 내려온 것이나 역법 추산에 소용이 없으므로 이후로는 정지해야 마땅할 것이옵니다. 양광선은 맡은 직무가 감정인데도, 역법 날짜의 오차를 개정하지 못하고 오명훤을 두둔하며 터무니없이 96각의 역법 추산은 서양 역법이므로 절대로 쓸 수 없다고 말하였으니 마땅히 광선의 관직을 삭탈하고 형부에 넘겨 죄를 의논하여 정하게 하여 주옵소서." 〔이에〕 다음과 같이 유지가 내렸다. "양광선을 파직시키되 관용을 베풀어 형부에 넘기는 것은 면제하라. 나머지는 의론에 따르라." 『동화록』

內. 又言候氣, 係自古以來之例, 推算曆法亦無用處, 嗣後亦應停止. 楊光先職司監正, 曆日差錯不能修理, 左袒吳明烜, 妄以九十六刻推算謂西洋之法必不可用, 應革職, 交刑部從重議罪." 得旨. "楊光先革職, 從寬免交刑部. 餘依議." 東華錄

3월 경술일에 서양인 남회인을 흠천감 감부로 제수하였다.

三月庚戌, 授西洋人南懷仁爲欽天監監副.

이보다 먼저 흠천감 감관이 옛 역법 추산에 따라 강희 8년 역법에서 12월에 윤달을 두었다. 이렇게 되자 남회인이 우수雨水는 정월의 중기中氣이고 이 달 29일이 우수에 해당하니 곧 강희 9년 정월에는 윤달을 두지 말아야 하며 윤달은 마땅히 다음해 2월에 두어야 한다고 하였다. 이에 대해 황제께서는 예부에 상세히 고찰하라고 명을 내리시니 흠천감 관원들은 대부분 남회인이 옳다고 하였다. 이에 강희 8년 12월 윤달을 폐지하고 강희 9년 2월로 윤달을 옮겼으며 절기나 점후占候[56] 모두 남회인의 말을

先是欽天監官, 案古法推算, 康熙八年曆以十二月置閏. 至是南懷仁言雨水爲正月中氣, 是月二十九日值雨水, 卽爲康熙九年之正月, 不當置閏, 置閏當在明年二月. 上命禮部詳詢, 欽天監官多直南懷仁. 乃罷康熙八年十二月閏, 移置康熙九年二月, 其節氣占候, 悉從南懷仁之言. 東華錄

56 天象을 끌어다 인간 세상의 일에 맞춰 길흉을 예언하는 것을 말한다.

따랐다. 『동화록』

8월 신미일에 강친왕康親王 걸서傑書 등이 의론하고 답복하니 남회인·이광굉李光宏 등이 정문을 올려 고하였다. "양광선은 오배鰲拜에게 빌붙어서 없는 말을 지어내고 남을 무고하였습니다. 역대로 써온 홍범오행을 '멸만경滅蠻經'이라 하였고, 이조백 등 여러 관원을 법에 의해 사형당하게 하였으며, 역법 추산이나 절기 변화를 검증하는 데 무지하였고, 의기를 실어오면서 돈과 양곡을 낭비하였습니다. 경솔히 신명神明을 고쳐 길흉을 전도하였으며, 터무니없이 사단을 일으키어 무고한 사람에게 재앙이 미치게 하였습니다. 오명훤을 끌어다 천거하고 거짓으로 상주하여 관직을 제수하고, 허황된 일을 날조하여 탕약망이 모반한다고 무고하였습니다. 죄상이 중대하므로 마땅히 참형에 처하고 처와 자식들은 영고탑寧古塔[57]에 유배하여야 할 것입니다. 천주를 받들어 신봉하는 일은 그 나라의 옛 습속이고, 또 실제로 악한 짓을 행한 흔적이 없습니다. 탕약망에게는 '통미교사通微教師'라는 명호를 회복시켜주어야 하고 그의 본래 품계에 따라 재물을 내려야 하며 천주당 건축 부지는 되돌려주어야 합니다. 허찬증許纘曾 등은 복직시키되, 그들이 모여서 『천학전개』를 나눠주고 동상銅象 등 물건을 나눠주는 것은 계속 금지시켜야 합니다. 서양

八月辛未, 康親王傑書等議覆, 南懷仁·李光宏等呈告. "楊光先依附鰲拜, 捏詞陷人. 將歷代所用之洪範五行稱爲滅蠻經, 致李祖白等各官正法, 且推曆候氣, 茫然不知, 解送儀器虛糜錢糧, 輕改神明, 將吉凶顚倒, 妄生事端, 殃及無辜. 援引吳明烜, 謊奏授官, 捏造無影之事, 誣告湯若望謀叛. 情罪重大, 應擬斬, 妻子流徒寧古塔. 至供奉天主, 係沿伊國舊習, 並無爲惡實蹟. 湯若望復通微教師之名, 照伊原品賜卹, 還給建堂基地. 許纘曾等復職, 伊等聚會散給天學傳槩及銅像等物, 仍行禁止. 西洋人栗安黨等, 該督撫驛送來京. 李祖白等照原官恩恤, 流徒子弟取回, 有職者復職. 李光宏·黃昌司·爾珪·潘盡孝原降革之職, 仍行給還." 得旨. "楊光先理應論死, 念其年老, 姑從寬免, 妻子亦免流徒. 栗安

57 城 이름으로, 清 皇族의 遠祖 六兄弟가 여기서 살았다 한다. 寧古塔은 滿語로 여섯이라는 뜻인데 新舊 寧古塔이 있다. 舊城은 지금의 흑룡강성 寧安 서쪽 海林河 남안의 舊街鎭이고, 新城은 강희 5년(1666)에 지금의 寧安縣城에 건설한 것이다.

인 율안당栗安黨 등은 총독總督과 순무巡撫의 책임 하에 역마로 북경으로 호송해와야 합니다. 이조백 등은 원래 관직에 따라 조정에서 은휼恩恤[58]을 내리고, 유배되었던 자제들은 돌아오게 하며, 관직에 있었던 자는 복직시켜주어야 합니다. 이광굉 · 황창사黃昌司 · 이규爾珪 · 반진효는 파면되었거나 강등되었던 본래의 관직을 회복시켜주어야 합니다.” 〔이에〕 다음과 같이 유지가 내렸다. “양광선은 도리대로 하면 사형에 처해야 하지만 그가 늙은 것을 고려하여 관대히 사면하고 처자들도 유배를 면하게 한다. 율안당 등 25인은 북경으로 데려올 필요가 없다. 천주교는 남회인 등이 그대로 행하게 하는 것 외에 직예直隸[59] 각 성에서 천주당을 다시 세워 사람들을 교회에 들게 할까 염려되니 엄격히 금지시킴을 알리라. 나머지 것은 의론에 따른다.” 『동화록』

黨等二十五人, 不必取來京城. 其天主教除南懷仁等照常自行外, 恐直隸各省復立堂入教, 仍著嚴行曉諭禁止. 餘依議.” 東華錄

광선은 은택을 입어 사면을 받아 『정교봉포』 방면되었으나 고향으로 돌아가는 길에 죽었다. 『휘주부지』

光先邀蒙恩免 正教奉褒 放歸卒於途. 徽州府志

또 『주인전』에서는 “흡현 사람들이 말하기를 광선은 남(고향)으로 돌아가던 중에 산동에 이르러 갑자기 죽었는데 아마 서양인들에게 독살되었을 것”이라 한다. 그런데 『지북우담池北偶談』[60]에서는 “대

又疇人傳: “歙人言光先南歸, 至山東暴卒, 盖爲西人毒死.” 而池北偶談則稱: “論大辟.” 其實光先盖論大辟, 免死歸卒者也.

58 조정에서 죽은 자에게 내리는 무휼, 구제.

59 京師에 예속된 지구. 宋代부터 그 명칭이 있었으며 清初에는 북경 · 천진과 하북성 일대 하남 · 산동 일부를 直隸省이라 했다.

60 清나라 王士禛이 撰修한 筆記로, 26권이다. 대부분 明 · 清의 典章制度 및 선비들의 言行을 기록한 내

벽죄로 처형되었다"고 한다. 실제로 광선은 대벽죄로 결정되었다가 사면받고 고향으로 돌아가던 중에 죽었을 것이다.

또 『정교봉포』에서는 "북경을 떠나 고향 집으로 돌아가다가 산동 덕주德州 지방에 이르러 병이 나 사망했다"고 한다.

又正教奉褒: "出京回家, 行至山東德州地方, 病發背死."

용이다. 神怪하고 奇異한 이야기들도 섞여 있다. 그중 談藝 9권은 神韻說을 표준으로 詩書를 평론한 것인데, 큰 영향력이 있었다.

고 전 흠천감 흡현 양공 신도비[61]

故前欽天監歙縣楊公神道碑

소목蕭穆

나 소목은 일찍이 공경스러운 마음으로 세종 헌황제(옹정제)께서 기록하신 『정훈격언庭訓格言』[62]을 읽었는데, 그 안에는 이런 가르침이 있다. "너희들은 단지 짐이 산술에 정통한 것만 알고 내가 산술을 배우게 된 까닭은 모르고 있다. 짐이 어렸을 때 흠천감의 한인漢人 관원과 서양인 사이가 좋지 않아서 서로 탄핵하여 거의 사형에 처해질 뻔하였다. 양광선과 탕약망이 오문午門 밖에서 구경九卿들이 지켜보는 가운데 햇볕의 그림자를 측정하여 승부를 겨루었지만, 구경 중에 역법을 아는 자가 한 사람도 없었으니 어찌할 수 없었다. 짐은 '자기가 모르고서야 어찌 남의 시비를 판단할 수 있겠는가'라고 생각하고 그 일로 해서 스스로 분발하여 〔역법 추산을〕 배우게 되었다. 이제 여덟 가지 계산법을 모두 편집하여 책으로 만들고 조목조목 상세히 분

穆嘗恭讀世宗憲皇帝所錄庭訓格言, 中有訓曰: "爾等惟知朕算術之精, 卻不知我學算之故. 朕幼時, 欽天監漢官與西洋人不睦, 互相參劾, 幾至大辟. 楊光先湯若望於午門外九卿前當面賭測日影, 奈九卿中無一知其法者. 朕思己不知, 焉能斷人之是非, 因自憤而學焉. 今凡八算之法, 累輯成書, 條分縷析. 後之學此者, 視此甚易. 誰知朕當日苦心研究之難也."

61 神道碑는 묘 앞의 길목에 죽은 사람의 일생을 기록하여 세우던 비석이다. 원래는 내용이 간단했으나 후에는 인물의 전기라 할 정도로 상세해졌다. 蕭穆 撰,「敬孚類稿」 권10,『續修四庫全書集部別集類』(上海: 海古籍出版社, 1992), 79~80쪽.

62 『庭訓格言』은 강희제가 짓고 그 아들 옹정제가 기록한 것으로, 독서·修身·為政 등 일상생활의 각 방면에 대해 아들에게 훈계한 내용이다. 강희제 사후, 옹정 8년(1730)에 追述된 것으로 모두 246조로 되어 있다.

석해놓았다. 훗날에 이것을 배우는 자들이 보면 아주 쉬울 것이다. 누가 짐이 당시에 고심하여 연구한 어려움을 알 수 있겠는가.”

이 소목이 성조 인황제(康熙帝)께서 산술에 정통하신 연유가 여기에 있음을 알고, 이에 양공楊公의 사람됨을 생각하게 되었다.

穆旣知聖祖仁皇帝之精算術, 實由於此. 因想楊公之爲人.

금년 여름에 이현黟縣에 있는 옛 벗 이종미李宗媚를 만나서 양공의 그날 있었던 일들을 이야기하게 되었다. 그래서 사람을 보내 흡현 양씨 후손들로부터 양공이 저술한 책을 구했는데, 얼마 지나서 양공의 먼 후손인 손효렴孫孝廉의 가문에서 그 책을 얻었고, 소목은 그때 그 책의 부본副本을 얻었다.

今年夏, 晤黟縣老友李君宗媚, 談及楊公當日情事. 因託遣人於歙縣楊氏代求楊公所著之書. 旋於楊公族裔孫孝廉家得之, 穆旣得所錄副本.

양공의 묘가 세월이 오래되어 잡초가 무성했을 수도 있으리라 생각되어 다시 이종미에게 부탁해서 나중에 효렴과 만나 〔묘를〕 손볼 일을 상의하게 되었는데, 이로 인해 양공이 평생에 한 일을 개략적이나마 적어서 훗날 그의 무덤 비석에 써넣으려 한다.

因念楊公之墓, 年久不免荒蕪, 復託李君他日會同孝廉商爲修理, 因略敍其生平事蹟, 他日表於其阡.

공의 성은 양楊씨이고, 휘는 광선光先이며, 자는 장공長公이고, 휘주 흡현 사람이다. 그의 선조는 휘가 응凝이고, 자가 언밀彦謐이며, 명나라 선덕宣德 5년(1430)에 진사가 되어 관직이 예부상서에 이르렀는데, 후에 남경 형부상서로 전임되었다. 일찍이 스스로 여러 전공을 내세우며 세음世蔭을 간청하였는데, 그의 아들 우堣가 드디어 신안위新安衛 부천호副千戶를 얻게 되니 자손들이 그것을 세습하였다. 이 벼슬이 공에게까지 세습되었으나 공은 관직을 사양하여 동생 광필光弼에게 넘겨주고 홀홀단신

公姓楊氏, 諱光先, 字長公, 徽州歙縣人也. 其世祖諱凝, 字彦謐, 明宣德五年進士, 官至禮部尙書, 調南京刑部尙書. 嘗自敍前後戰功, 乞世廕, 子堣遂得新安衛副千戶, 子孫遂世襲焉. 傳世至公, 乃讓職與弟光弼, 孑身入京師. 時爲崇禎十年也.

북경에 왔다. 그때가 숭정崇禎 10년(1637)이었다.

이때에 산양山陽 출신으로 무과에 급제한 진계신陳啓新이라는 자가 숭정 9년(1636)에 대궐에 와서 글을 올리어 이르기를, 천하에는 세 가지 큰 병폐가 있다고 하였다. 그가 주소장奏疏章을 받쳐 들고 정양문正陽門 앞에 사흘 동안 꿇어 엎드려 있으니 중관이 그것을 가져다 바쳤다. 황제께서 대단히 기뻐하시며 즉시 그를 이과급사중吏科給事中으로 발탁하시고 병과좌급사중兵科左給事中을 역임하게 하셨다. 유종주·첨이선 등이 차례로 그를 논박하였다. 공이 또 그가 출신이 비천하고 사사로이 뇌물을 받은 일을 들어 탄핵하였으나 황제께서는 모두 추궁하지 않으셨다. 다시 어사御史 왕취규王聚奎·윤지해倫之楷, 급사중給事中 강채姜埰가 차례로 그가 직분을 망각하고 청탁 때문에 뇌물을 받은 일, 고향에 돌아가서 교만과 횡포를 부리고 불충하고 불효한 일, 간악한 죄와 사기죄를 크게 저지른 정상을 들어 탄핵하니 드디어 그의 관적을 삭탈하셨다. 순무巡撫와 안무按撫에 넘겨 장물을 회수하고 죄를 논하게 하셨으나, 계신이 도망하여 간 곳을 알 수 없었다.

時有山陽武擧人陳啓新者, 崇禎九年詣闕上書, 言天下三大病. 捧疏跪正陽門三日, 中官取以進. 帝大喜, 立擢吏科給事中, 歷兵科左給事中. 劉公宗周·詹公爾選等先後論之. 公復劾其出身賤役及徇私納賄狀, 帝悉不究. 復經御史王公聚奎·倫公之楷, 給事中姜公埰先後劾其溺職及請託受賕, 還鄕驕橫倂不忠不孝, 大奸大詐狀, 乃削籍. 下撫按追贓擬罪, 啓新竟逃去, 不知所之.

또 중극전中極殿 대학사 온체인溫體仁이 나랏일을 주관해온 지가 이미 오래되니 그를 탄핵하는 자들이 심히 많았다. 공이 또 그를 탄핵하고 관을 수레에 싣고서 명을 기다렸으나 황제께서는 돌아보지 않으셨고, 매번 그에게 책벌을 주라고 말하는 자들을 물리쳐서 그를 안위하셨는데, 심지어 장형을 당해 죽는 자까지 있었다. 그래서 공도 이 일로

又中極殿大學士溫體仁, 當國旣久, 劾者尤多. 公復論之, 至輿櫬待命, 帝皆不省. 每斥責言者以慰之, 至有杖死者. 而公卒以此遣戍遙左. 然體仁亦旋以黨與奸狀, 爲帝所悟放歸.

인하여 끝내 요서遼西 수자리로 쫓겨났다. 그러나 체인도 얼마 못 가서 사당私黨을 만들고 간악한 죄를 저지른 정상 때문에 이를 깨달으신 황제에 의해 쫓겨나서 고향으로 돌아갔다.

16년(1643) 겨울 열황제(崇禎帝)께서 경연에 임하시어 문무 인재를 구하신 적이 있었는데, 양성백襄城伯 이국정李國楨이 공을 천거하니 이렇게 물으셨다. "그 관을 들고 왔던 양광선인가?" 이어 대장군인을 내걸고 그를 기다리셨다. 양성백이 사람을 보내어 그를 맞아오게 하였으나 그가 도착하기 전에 명나라가 이미 망했다.

十六年冬, 烈皇御經筵求文武材, 襄城伯李國楨以公對, 上曰: "是舁櫬之楊光先乎?" 遂懸大將軍印以待之. 襄城遣人迎, 未至而明已亡.

이 일보다 먼저 숭정 원년(1628)과 2년 사이에 열황제께서 흠천감에서 한 추산이 천체의 운행과 부합되지 않고 일식이 검증에 어긋났으므로 대관臺官[63]들에게 죄를 물으려 하셨다. 그때 예부상서 서광계가 말하기를 "대관들이 천문과 기상을 관측하는 방법은 본래 곽수경이 쓴 방법이온데 원나라 때 일식이 생겨야 할 때에 일식이 나타나지 않아 수경이 잠시 이같이 하였사오니 대관들의 예측이 잘못된 것을 나무랄 수 없사옵니다"라고 하였다. 〔또〕 "신이 듣건대 역법이 오래되면 반드시 오차가 생긴다 하오니 제때에 바로잡아야 마땅할 줄로 아옵니다"라고 하였다. 황제께서 그 말에 따라 조칙을 내리시어 서양인 용화민 · 등옥함 등을 불러 역법을 추산하게 하시고, 서광계가 이를 감독하게 하셨다.

先是崇禎元, 二年間, 莊烈帝以欽天監推算不合天行, 日食失驗, 欲罪臺官. 時禮部尙書徐光啓言: "臺官測候本郭守敬法, 元時當食不食, 守敬且爾, 無怪臺官之失占." "臣聞曆久必差, 宜及時修正." 帝從其言, 詔西洋人龍華民 · 鄧玉函等推算曆法, 徐光啓爲監督. 三年五月, 又徵日耳曼人湯若望意大理人羅雅谷, 襄授製器, 演算諸法.

63 조정 公卿들에 대한 통칭인데, 觀象臺의 관리를 가리키기도 한다. 여기서 臺는 관상대를 말한다.

3년(1630) 5월에 또 독일 사람 탕약망, 이탈리아 사람 나아곡을 불러 의기 제작과 여러 가지 연산법을 옆에서 도와주도록 하셨다.

청나라 때에 이르러 순치 원년(1644) 여름에 탕약망이 소장疏章을 갖추어 올려 아뢰었다. 앞으로 올해 8월 초하룻날에 일식이 있을 것이고 다음해 정월 보름날에 일식이 있을 것이라 하면서 새 역법에 따라 북경에서 관측되는 태양이 이지러지는 시간의 분·초 및 다시 제대로 회복되는 방위 도상圖象과 각 지방에서 관측되는 각기 다른 시각 등의 수치들을 추산하여 책으로 엮어서 진정하였다. 가을이 시작된 7월에는 또 그가 제작한 혼천성구渾天星球 한 틀, 지평일구地平日晷, 망원경 각기 한 구具와 지병도地屛圖 한 폭까지 아울러 진정하니 얼마 지나지 않아 흠천감 감정으로 제수되었다. 이때로부터 10여 년 사이에 여러 차례 황제의 은총을 입어 발탁되었다.

入國朝, 順治元年夏, 湯若望具疏. 將本年八月朔日食, 明年正月望日食, 照新法推步京師所見虧蝕分秒並起復方位圖象與各省所見不同之數, 繕册進呈. 秋七月, 復將所製渾天星球一架, 地平日晷, 窺遠鏡各一具, 併輿地屛圖一幅進呈, 旋補授欽天監監正. 自是十餘年, 屢加恩擢用.

〔순치〕 17년(1660)에 공이 북경에 와서 황제께 글을 올려 서양인들의 예수회는 중국 땅의 성인의 가르침이 아니며, 아울러 탕약망이 만든 시헌력은 그 표지에 황제께서 전지傳旨 회시回示로 내리신 "依西洋新法(서양의 새 역법에 따라서)"이란 다섯 글자를 쓰지 말았어야 했다는 말로 예부에 정문을 갖추어 올렸으나 준허하지 않았다.

十七年, 公入京抗疏, 以西人耶穌會非中土聖人之敎, 且湯若望所造時憲書, 其面上不當用上傳批依西洋新法五字, 具呈禮部, 不准.

그해(1660)에 다시 벨기에 사람 남회인을 불러 북경에 와서 역법을 찬수하도록 하였다.

是年, 復召比利時人南懷仁來京纂修曆法.

강희 3년(1664) 7월에 공은 또다시 그가 저술한 「적류론」 한 편으로 고혼소를 올렸는데, 그것은 약

康熙三年七月, 公復叩閽進所著摘謬論一篇, 摘若望新法十

망의 새 역법의 열 가지 오류를 지적한 것이었다. 또 하나는 「선택의」였는데 약망이 영친왕의 장례 기일을 선택할 때 홍범오행을 잘못 썼다는 등의 오류를 지적하여 논한 것이었다. 〔이에 황제께서는 그것을〕 의정왕 등에게 내려보내 모여서 의논하게 하셨다. 4년(1665) 3월에 의정왕 등이 조목조목 국문하고 심의하여 성지에 따라 다시 의논하였으며, 탕약망 등은 유지諭旨를 받고 파직 처분만 받았는데 얼마 후에 병으로 죽었다.

謬. 又選擇議一篇, 摘若望選擇榮親王安葬日期, 誤用洪範五行. 下議政王等會議. 四年三四月, 議政王等逐款鞫問, 及遵旨再議, 湯若望等奉旨僅得罷職, 旋以病死.

성조께서는 특별히 공을 흠천감 우감부右監副에 제수하셨고 얼마 지나지 않아 감정으로 승진시키셨다. 공은 '천상역법을 추산하는 도리만 알 뿐, 천상역법 추산의 역수曆數는 모른다'는 이유로 사직을 청하는 고혼소를 올렸는데, 모두 다섯 번이나 올렸으나 준허받지 못하게 되었다. 이에 차례로 올렸던 상주서, 논술, 소장을 찬집하여 상하권으로 묶고 이름을 '부득이'라 하였다.

聖祖特授公欽天監右監副, 旋授監正. 公以但知推步之理, 不知推步之數, 叩閽辭職, 疏凡五上, 不准, 乃輯前後所上書狀論疏, 爲上下卷, 名曰不得已.

〔강희〕 7년(1668)에 조칙을 내려 바른말을 구하니, 공은 열 가지를 조목조목 진술하였고, 그의 의견은 많이 채납되었다. 그 가운데는 도망친 자 하나를 받아주면 열 집을 연좌하던 조목을 없애는 것도 있었는데, 이것은 사실 공이 발의한 것이었다.

七年, 詔求直言, 公條陳十款, 多見采納. 內逃一人一款, 得免十家連坐之例, 實自公發之.

〔강희〕 8년(1669) 봄 2월에 역법을 관리하는 일로 인하여 남회인이 그를 탄핵하여 역서의 착오를 지적하자 유지를 받고 파직되었다. 그 후 얼마 되지 않아 황제의 은총을 입고 풀려나 고향으로 돌아가다가 도중에서 죽었다.

八年春二月, 爲治理曆法南懷仁所劾, 曆日差錯, 得旨革職. 旋蒙恩放歸, 卒於途.

공이 세상을 떠난 뒤 서양인들은 비싼 값에 그

公歿後, 西人以重價購其書, 悉

의 책을 사서 모조리 불에 태워 흔적을 없애려 하였다. 신성新城 문간공文簡公 왕사정王士禎은 『지북우담』을 찬술하면서 일찍이 이 책(『부득이』)에 관한 일을 기록하였는데, 실제로 서양인들은 기록에서 이 조목을 삭제하려 기도했으며 이 책을 비방하는 내용으로 고치기도 하였다. 이 때문에 공이 쓴 이 책과 평생에 한 일들에 관하여 아는 후세 사람은 매우 적다.

爲焚燬, 欲滅其迹. 新城王文簡公士禎所撰池北偶談, 曾記此書事. 實西人復以計削去此條, 且有改爲詆毁此書者. 以故公此書及生平事實, 後人罕有知者.

가경 연간(1796~1820)에 오문吳門[64]의 주사主事 황비열黃丕烈, 가정嘉定의 소첨사少詹事 전대흔錢大昕, 의징儀徵의 상국相國 완원阮元이 차례로 논평과 발문을 썼다. 완공阮公은 초판인쇄본 『지북우담』을 다시 보고 아울러 공이 지은 「일식천상험」편을 수집해 『주인전』에 넣었다. 또한 서양 역법이 한 달에 세 절기가 들도록 고치고, 인궁寅宮 3도를 옮겨서 축궁丑宮에 들게 고쳤음을 비방한 「적류십론」을 추천하였으니 천상역법 추산에 밝은 자라면 버릴 수 없는 바였던 것이다. 전대흔은 비록 공이 연월과 절기의 추산에 대해 전공한 사람은 아니었지만 공에게 유력한 조력자가 없었기 때문에 끝내 그들(서양인을 비롯한 반대파)에게 억울한 일을 당한 것이라며 몹시 애석해하였고, 공이 예수와 천주교를 비방하고 사람들이 전파하고 배우는 것을 금지시킨 일은 명교(유교)에 큰 공을 세운 것이라고 하였다. 최근에 오문의 섭정관葉廷琯은 "공은 일찍이 젊

嘉慶間, 吳門黃主事丕烈曾得此書, 嘉定錢少詹事大昕, 儀徵阮相國元, 先後評跋. 阮公復見初印本池北偶談併采公所著日食天象驗篇, 爲疇人傳. 且推摘謬十論譏西法一月有三節氣之新, 移寅宮三度入丑宮之新, 則固明於推步者所不能廢. 錢公雖以公於步算非專家, 亦深惜公無有力者助之, 故終爲彼所詘, 其詆耶蘇異教, 禁人傳習, 爲大有功名教. 近吳門葉君廷琯嘗稱: "公少年已氣節航航如此, 乃越三十年, 時移世易, 而剛直之性不渝, 可謂豪傑之士. 其書雖爲西人計燬, 然迄今仍有傳本, 而姓氏亦稱道弗衰, 盖

64 蘇州 또는 그 부근이 春秋 시기에 吳나라 땅이었으므로 이곳을 가리켜 吳門이라 한다.

은 나이에 절조가 이같이 강직하였고 30년이 지나 세월이 가고 세상이 바뀌었어도 강직한 성품은 변함이 없었으니 가히 호걸다운 선비라고 일컬을 수 있다. 비록 서양인들이 그의 책을 태워 없애버리려 하였으나 지금까지도 그대로 전해지는 판본이 있고, 그의 이름이 쇠함 없이 불리고 있는 것은 그의 정성이 굳어서 닳아 없어지지 않았기 때문일 것이다"라고 하였다. 이 모두를 통해 공이 사려 깊은 사람임을 알 수 있다.

其精誠固結, 自有不可磨滅者在"云云. 皆能知公之深.

나 소목이 이에 공경히 『정훈격언庭訓格言』 한 조목을 기록하는 것과 아울러 『명사明史』의 강채·온체인 등의 전기 및 『동화록東華錄』, 강희제 때의 『휘주부지徽州府志』, 근세의 명인들의 저술 중에서 전하고 믿을 만한 것들을 종합하여 서술하는 목적은 뒤틀린 것을 바로잡아 공의 묘비에 표술表述하여 고향의 후진들로 하여금 상세히 알게 하려 함이다.

穆乃恭記庭訓格言一則, 並綜明史姜埰·溫體仁等傳及東華錄, 康熙朝徽州府志, 近世名人著述之可傳信者, 櫽括以表公阡, 俾鄉之後進者詳焉.

『청사고』에 수록된 양광선 전기[65]

清史稿楊光先傳

양광선은 자가 장공長公이고 강남 흡현 사람으로서 명나라 때에 신안소新安所 천호千戶[66]였다. 숭정 10년(1637)에 소장을 올려 대학사 온체인, 급사중 진계신을 탄핵하고 관을 짊어지고 스스로 나아갔다. 장형을 받고 요서 변방 수자리에 갔다.

楊光先, 字長公, 江南歙縣人. 在明時爲新安所千戶. 崇禎十年, 上疏劾大學士溫體仁, 給事中陳啓新, 舁棺自隨. 廷杖, 戍遼西.

청나라 초기에 탕약망에게 명을 내려 역법을 주관하고 새로운 역법을 쓰게 하여 시헌력을 반포하였는데, 탕약망이 겉장에 "依西洋新法(서양의 새 역법에 따라서)"이란 다섯 글자를 썼다. 이에 광선이 글을 상소하여 마땅히 쓰지 말았어야 할 것이라 하였다. 또 이미 탕약망이 순치 18년(1661) 윤시월을 윤칠월로 바꾼 잘못을 꾸짖었고, 이른바 「적류론」과 「벽사론」 등 여러 편의 논술을 진정하여 탕약망을 호되게 공격하였으며, 그들이 떠받드는 천주교가 터무니없는 말로 대중을 현혹시킨다고 통렬히 비판하였다. 성조(강희제)께서 즉위하신 뒤 네 보좌輔佐 대신들이 정사를 주관하면서 광선을 무척 아꼈으므로 〔양광선이 진정한 내용을〕 예부와 이

國初, 命湯若望治曆用新法, 頒時憲曆書, 面題依西洋新法五字. 光先上書, 謂非所宜用. 旣又論湯若望誤以順治十八年閏十月爲閏七月, 上所爲摘謬闢邪諸論, 攻湯若望甚力, 斥所奉天主教爲妄言惑衆. 聖祖卽位, 四輔臣執政, 頗右光先, 下禮吏二部會鞫. 康熙四年, 議政王等讞, 盡用光先說, 譴湯若望, 其屬官至坐死. 遂罷新法, 復用大統術. 除光先右監副, 疏辭, 不許, 卽授監正, 疏辭, 復不許.

65 『清史稿校註』 제11책(臺北: 國史館, 1989), 8634~8635쪽.

66 '千戶'는 金나라 때부터 있던 세습 軍職으로, 위로는 萬戶에 예속되고 아래로는 百戶를 통솔했다. 元代에는 군사 수에 따라 上·中·下의 3等으로 나누었고, 明代에는 衛所制에 속하는 직급으로서 千戶는 千戶所를, 百戶는 百戶所를 통솔했다.

부에 내려보내 모여서 심문하게 하셨다. 강희 4년(1665)에 의정왕 등이 죄를 다스리면서 광선의 말을 전부 이용해 탕약망을 견책하였으며 소속 관원들이 연좌되어 사형을 받기에 이르렀다. 드디어 새 역법이 폐지되고 『대통술大統術』[67]을 다시 쓰게 되었다. 광선을 우감부에 제수하시니 사직소를 올렸으나 윤허하지 않으셨으며 곧바로 감정으로 제수하시니 사직소를 또 올렸으나 윤허하지 않으셨다.

광선은 그가 지은 글들을 편집하고 정리하여 '부득이'라는 제목을 붙였으며, 지난날의 주장을 가지고 탕약망을 탄핵하였다. 스스로 생각해보아도 천문학에 조예가 깊지 못한지라 여러 차례 사직하고자 하였지만 윤허받지 못하게 되어 오명훤을 감부로 추천하였다. 명훤은 명현明炫의 형제 항렬[68]인데, 명현은 회회과回回科를 회복시킬 것을 의론하였으나 윤허받지 못했다. 이때에 이르러 명훤이 광선의 감부가 되어 추산을 맡았다. 〔강희〕 5년(1666) 봄에 광선이 소장을 올려 다음과 같이 아뢰었다. "지금 절기 변화를 검증하는 방법은 오랫동안 실전되었고 12월 중기는 응험되지 않습니다. 바라옵건대 학문이 깊고 계산에 능한 사람을 청해 가르침을 받아 그와 함께 의기를 제작하여 천문과 기상을 관측하게 윤허해주시고, 아울러 예부에 신

光先編次其所爲書, 命曰不得已, 持舊說繩湯若望. 顧學術自審不逮遠甚, 旣屢辭不獲, 乃引吳明烜爲監副. 明烜, 明炫兄弟行, 明炫議復回回科不得請, 至是明烜副光先任推算. 五年春, 光先疏言: "今候氣法久失傳, 十二月中氣不應. 乞許臣延訪博學有心計之人, 與之制器測候, 並飭禮部採宜陽金門山竹管, 上黨羊頭山秬黍, 河內葭莩備用." 七年, 光先復疏言: "律管尺寸, 載在史記, 而用法失傳. 今訪求能候氣者, 尙未能致. 臣病風痺, 未能董理." 下禮部, 言

67 大統曆을 말한다. 명나라 초기에 劉基가 大統曆을 바쳤다. 분초의 누적법 등은 모두 원나라 때의 授時曆數를 이어받은 것이었다.

68 吳明烜은 곧 吳明炫으로, 강희제의 이름을 忌諱하기 위해 烜을 炫으로 고친 것이다. 이 부분의 『清史稿』 서술은 잘못된 것이다.

칙하여 의양 금문산의 죽관, 상당 양두산의 검은 기장, 하내의 갈청을 채취하여 수시로 쓸 수 있게 구비하도록 윤허해주시옵소서."〔강희〕 7년(1668)에 광선이 또다시 소장을 올려 아뢰었다. "율관의 치수가 역사의 기록에 있기는 하나 그 사용 방법은 실전되었사옵니다. 지금 절기 변화를 검증할 수 있는 사람을 수소문하고 있으나 아직 찾지 못했사옵고, 신은 풍비風痹[69]에 걸려 감독하고 관리할 수 없사옵니다." 예부에 내려보내니 광선의 관직이 감정으로서 책임을 미룰 수 없으므로 계속해서 절기 변화를 검증할 수 있는 사람을 찾게 하라고 하였다.

光先職監正, 不當自諉, 仍令訪求能候氣者.

이때 조정에서는 광선이 〔천문학과 관련하여〕 학술적인 책임을 감당할 수 없음을 알고 서양인 남회인을 다시 등용하여 역법 일을 장악하게 하였다. 남회인이 상소문을 올려 명훤을 탄핵하면서 그가 만든 강희 8년(1669)의 칠정七政 민력民曆은 그 해 12월에 윤달을 두었으나 마땅히 강희 9년 정월에 두어야 하며, 또 한 해에 춘분과 추분이 두 번이나 있는 등 여러 가지 황당한 착오가 있다고 아뢰니 의정왕 등에게 내려보내 모여서 의논하게 하셨다. 의정왕 등이 의논한 후, 역법이란 것은 심오하고 미묘한 것이어서 급히 판정을 내리기 어려우므로, 대신들이 공동으로 측정하고 검증하는 것을 감독하도록 명을 내려주기를 청하였다. 8년에 황제께서 대학사 도해 등 20인을 보내 감정 마호와 함

是時朝廷知光先學術不勝任, 復用西洋人南懷仁治理曆法. 南懷仁疏劾明烜造康熙八年七政民曆, 於是年十二月置閏, 應在康熙九年正月, 又一歲兩春分, 兩秋分, 種種舛誤, 下議政王等會議. 議政王等議, 曆法精微, 難以遽定, 請命大臣督同測驗. 八年, 上遣大學士圖海等二十人會監正馬祜測驗立春 雨水兩節氣 及太陰火木二星躔度, 南懷仁言悉應, 明烜言悉不應.

69 몸에 한기와 습기가 침습하여 앓는 관절통과 마비증을 말한다.

께 입춘과 우수 두 절기 및 태음, 화·목 두 별이 운행하는 도수〔躔度〕를 측정하고 검증하게 하셨는데[70] 남회인의 말은 모두가 응험되었으나 명훤의 말은 모두 응험되지 않았다.

의정왕 등은 정문을 올려 강희 9년(1670)의 역법은 남회인에게 넘겨 추산하게 하도록 주청하니 황제께서 물으셨다. "광선이 전에 탕약망을 탄핵했을 때 의정왕과 대신들이 모여 논하기를, 광선이 어떤 부분에서 옳고 탕약망이 어떤 부분에서 틀렸다고 했는데, 새 역법에 관하여 그날 정지시킨다 논의하고서 오늘 다시 회복시킨다고 논의하는 것은 그 까닭이 어디에 있는가?" 의정왕 등이 소疏를 올려 아뢰었다. "지난번에 대학사 도해 등 20인에게 명을 내려 관상대에 나가 측정하고 검증한 결과 남회인이 말한 것은 모두 응험되었고 오명훤이 말한 것은 모두 응험되지 않았사옵니다. 감정 마호, 감부 의탑라宜塔喇·호진월胡振鉞·이광현李光顯에게 물으니 모두가 남회인의 역법이 천상에 부합된다고 했습니다. 하루를 100각으로 하는 것은 역대로 법으로 되었으나, 지금은 남회인이 96각으로 추산한 것이 천상에 부합하옵니다. 강희 9년부터는 마땅히 96각으로 추산하고 시행하여야 할 것이옵니다."

議政王等疏請以康熙九年曆日交南懷仁推算, 上問: "光先前劾湯若望, 議政王大臣會議, 以光先何者爲是, 湯若望何者爲非, 及新法當日議停, 今日議復, 其故安在?" 議政王等疏言: "前命大學士圖海等二十人赴觀象臺測驗, 南懷仁所言悉應, 吳明烜所言悉不應, 問監正馬祜, 監副宜塔喇·胡振鉞·李光顯, 皆言南懷仁曆法上合天象. 一日百刻, 歷代成法, 今南懷仁推算九十六刻, 旣合天象, 自康熙九年始, 應按九十六刻推行."

남회인이 아뢰었다. "나후·계도·월패는 역법

南懷仁言: "羅睺·計都·月孛,

70 『聖祖實錄』에서 圖海 등 20인이 함께 검증한 것은 '康熙七年'이었는데, 때는 12월 29일 癸巳라고 하였다.

추산에서 소용되는 것이므로 역법에 넣고, 자기紫氣는 형상이 없고 역법 추산에서도 소용이 없으므로 역법에 넣지 말아야 합니다. 강희 9년부터 시작하여 자기는 칠정력七政曆에 넣을 필요가 없사옵니다." 또 아뢰었다. "절기의 변화를 검증하는 것은 옛 방법이온데 역법 추산에서도 소용이 없으므로 이후로는 정지해야 마땅할 것이옵니다. 주청하오니 광선의 관직을 삭탈하고 형부에 넘겨 죄를 의논하여 정하게 하여 주옵소서." 〔이에〕 황제께서 광선은 관직만 삭탈하고 그 죄를 사면하라고 명하셨다.

推曆所用, 故入歷, 紫氣無象, 推曆所不用, 故不入曆. 自康熙九年始, 紫氣不必造入七政曆." 又言: "候氣爲古法, 推曆亦無所用, 嗣後並應停止. 請將光先奪官, 交刑部議罪." 上命光先但奪官, 免其罪.

남회인 등이 다시 정문을 올려 광선은 오배鰲拜에게 빌붙어 역대로 사용해온 홍범오행을 '멸만경滅蠻經'이라 하였고, 이조백 등을 무고하여 죽게 하였으며, 오명훤을 끌어들여 탕약망이 모반하였다고 무고하도록 했다고 고발하였다. 의정왕 등에게 내려보내 의논하도록 하니, 광선을 연좌시켜 참수시키자고 하였다. 그러나 황제께서는 광선이 늙었다 하여 사형을 면하게 하시고 고향으로 돌아가게 하셨는데, 가는 길에 죽었다. 형부에서는 명훤이 상주한 사실이 실제에 맞지 않으므로 마땅히 장형에 처하고 유배를 보내야 한다고 결정하였는데, 황제께서는 태형 40대를 치고 석방하라고 명을 내리셨다.

南懷仁等復呈告光先依附鰲拜, 將歷代所用洪範五行稱爲滅蠻經, 致李租白等無辜被戮, 援引吳明烜誣告湯若望謀叛. 下議政王等議, 坐光先斬. 上以光先老, 貸其死, 遣回籍, 道卒. 刑部議明烜坐奏事不實, 當杖流, 上命笞四十釋之.

『청사고』에 수록된 남회인 전기[71]

清史稿南懷仁傳

남회인의 원래 이름은 페르디난드Ferdinand(佛迪南特斯)이고 성은 페르비스트Verbiest(皐泌斯脫氏)이며, 벨기에(比利時) 사람이다. 강희 초년(1662)에 중국에 들어왔다. 당시 탕약망이 〔감정 자리에서〕 쫓겨난 뒤에 양광선이 감정이 되었고 오명훤이 감부로 있었으며, 대통술大統術을 역법으로 쓰고 있었는데 절기가 응험되지 않았고 금·수 두 별의 운행 도수도 어긋나고 있었다. 명훤이 수성이 당연히 나타날 것이라고 상주하였지만 그 말을 들어주는 사람이 없었다. 이에 남회인을 불러 역법을 제정하게 하였다. 남회인이 광선과 명훤을 탄핵하여 물러가게 한 뒤에 남회인이 감부로 제수되었다.

南懷仁, 初名佛迪南特斯, 姓皐泌斯脫氏, 比利時國人. 康熙初, 入中國. 時湯若望放黜, 楊光先爲監正, 吳明烜爲監副, 以大統術治曆, 節氣不應, 金·水二星躔度舛錯. 明烜奏水星當見, 其言復不售. 乃召南懷仁, 命治理曆法. 南懷仁劾光先明烜而去之, 遂授南懷仁監副.

강희 8년(1669) 3월, 남회인은 말하기를 옛 역법대로 하여 11월[72]에 윤달을 두었지만 새 역법으로 측정하고 점검하면 윤달은 〔강희〕 9년 정월에 두어야 한다고 하였다. 또 이미 말한 것과 같이 같은 달 29일 우수雨水는 정월의 중기中氣로서 곧 강희 9년 정월이고 윤달은 마땅히 그해 2월에 두어야 한다고 하였다. 황제가 명을 내려 예부에서 흠천감 관원들

時康熙八年三月, 南懷仁言是歲按舊法以十一月置閏, 以新法測驗, 閏當在九年正月. 旣又言是月二十九日雨水, 乃正月中氣, 卽爲康熙九年之正月, 閏當在是年二月. 上命禮部詢欽天監官, 多從南懷仁, 乃罷八年

71 『清史稿校註』 제11책(臺北: 國史館, 1989), 8635~8636쪽.
72 十二月의 誤記로 보인다.

에게 물으니 많은 자들이 남회인의 말을 따랐으므로 드디어 〔강희〕 8년 12월의 윤달을 폐지하고 〔윤달을 강희〕 9년 2월로 옮겼으며, 절기와 점후占候는 모두 남회인의 주장을 채용하였다. 〔강희 8년〕 6월에 남회인이 관상대 기구를 다시 만들 것을 청하니 그 청에 따랐다. 〔강희 8년〕 12월에 의기儀器가 만들어졌으며 남회인이 감정으로 발탁되고 승진하였다. 의기는 모두 여섯 가지였는데, 황도경위의黃道經緯儀 · 적도경위의赤道經緯 · 지평경의地平經 · 기한의紀限 · 천체의天體儀, 이 다섯 가지에는 그림이 그려져 있고 사용 설명이 있었다. 나머지 하나는 영대의상지靈臺儀象志였다. 〔강희〕 17년(1678)에는 '강희영년표康熙永年表'를 진정하였는데, 영년표에서 칠정七政의 운행과 일식과 월식을 추산하였으며, 탕약망이 끝내지 못한 책을 남회인이 이어 완성하였다. 〔강희〕 21년(1682)에 남회인에게 명을 내려 성경盛京(瀋陽)에 가서 북극의 고도를 측정하게 하였는데, 북경보다 2도가 높았다. 그리고 별도로 일식과 월식이 나타나는 표를 만들어 올리었다. 남회인은 감정으로 오랫동안 있었으며 승진을 거듭하여 공부시랑工部侍郎에까지 이르렀다. 〔강희〕 27년(1688)에 사망하였으며 시호는 근민勤敏이다.

十二月閏, 移置九年二月, 節氣占候, 悉用南懷仁說. 六月, 南懷仁請改造觀象臺儀器, 從之. 十二月, 儀器成, 擢南懷仁監正. 儀凡六, 曰皇道經緯儀, 曰赤道經緯儀, 曰地平經儀, 曰紀限儀, 曰天體儀, 並繪圖立說, 次爲靈臺儀象志. 十七年, 進康熙永年表, 表推七政交食, 爲湯若望未竟之書, 南懷仁續成之. 二十一年, 命南懷仁至盛京測北極高度, 較京師高二度. 別爲推算日月交食表上之. 南懷仁官監正久, 累加至工部侍郎. 二十七年卒, 諡勤敏.

〔남회인이 감정직을 맡은 이후〕 흠천감에서 서양인을 기용하여 감정이나 감부로 승진시키는 일은 계속이어졌다.[73] 〔강희〕 54년(1715)에는 명을

自是欽天監用西洋人, 累進爲監正監副, 相繼不絕. 五十四年, 命紀理安製地平經緯儀, 合

73 청나라의 천문역법을 관장하는 관청인 흠천감은 南懷仁 이후 천주교 선교사들이 계속 요직을 차

내려 나라의 법도에 따라 지평경위의地平經緯儀를 제작하고 관리하도록 하였으며, 지평의와 상한의象限儀를 합쳐서 하나로 만들도록 하였다. 건륭 연간(1736~1795) 중기에 대진현戴進賢·서무덕徐懋德·유송령劉松齡·부작림傅作霖에게 진사를 하사하였다. 도광 연간(1821~1850)에는 고공신高拱宸 등이 귀국하기도 하였고, 혹 어떤 이는 병으로 사망하기도 하였다. 이때에 이르러서는 감관들이 이미 서양 역법에 대해 깊이 알고 있어 더는 서양인을 쓸 필요가 없었으므로 선종宣宗의 유지를 받들어 서양인들이 흠천감에 들어오는 것을 정지시켰다. 성조가 남회인을 등용하였을 때에는 천주교를 허락하고 그 나라 풍속에 따르도록 하였지만, 각 성에 천주당을 세우고 〔일반 백성들이〕 천주교에 들어가는 것은 금지하였다. 이때에 이르러 이미 각 성의 천주당은 30여 개소나 되었다. 옹정 연간(1723~1735)에는 엄한 금령[74]을 내리고 〔천주당을〕 모두 허물어버리도록 하였으나, 북경의 천주당 하

地平象限二儀爲一. 乾隆中, 戴進賢·徐懋德·劉松齡·傅作霖賜進士. 道光間, 高拱宸等或歸國, 或病卒. 時監官已深習西法, 不必復用西洋人, 奏奉宣宗諭, 停西洋人入監. 方聖祖用南懷仁, 許奉天主教, 仍其國俗, 而禁各省立堂入教. 是時各省天主堂已三十餘所. 雍正間, 禁令嚴, 盡毀去, 但留京師一所, 俾西洋人入監者居之. 入內地傳教, 輒繩以法. 迨停西洋人入監, 未幾海禁弛, 傳教入條約, 新舊教堂遍內地矣.

지하면서 중국 전교와 동서 문물, 문화의 접점이 되었다. 청나라 중엽까지 181년(1645~1826) 동안 흠천감에서 책임자 또는 부책임자로 있었던 예수회 신부로는 Adam Schall von Bell(湯若望), Ferdinand Verbiest(南懷仁), Tome Pereira, Antoine Thomas(安多), Claudio Filippo Grimaldi(閔明我,), Kilian Stumpf, Ignatius Koegler(戴進賢), Andre Pereira(Andrew Jackson), Augustin von Hallerstein, Anton Gogeisl, Felix da Rocha, Jose d'Espinha, Andre Rodrigues, Jose Bernardo de Almeida 등이고, 예수회 해체 이후에도 Alexandre de Gouvea(湯士選), Nicolas Joseph Raux, Domingos-Joachim Ferreira, Jose Riberiro-Nunez, Verissimo Monteiro da Serra 및 Gaetano Pires-Pereira 등이 있다. 이들 선교사들 외에도 많은 중국인 천주교인들이 흠천감에서 일하였는데, 1702년에는 천주교인 역관만 30명이 넘었다고 하며 역관의 일은 주로 세습되었다고 한다. Nicolas Standaert, *Handbook of Christianity in China*, Volume One(635~1800), pp. 719~721 참조.

74 1720년 교황이 파송한 Mezzabarba 사절단의 접견을 계기로 그리스도교에 대한 康熙帝의 입장은 강경해졌고, 그의 사후 1724년에 雍正帝는 금교령을 발동한다.

나만은 남겨두어 서양인들 가운데 흠천감에 들어온 자들이 살도록 하였다. 내지에 들어와 선교 활동을 하는 자들은 곧 법으로 구속했다. 서양인들이 흠천감에 들어와 일하는 것을 정지시킨 지[75] 얼마 되지 않아 해상통항금령이 느슨해지고 선교 문제가 조약에 포함되었으며[76] 개신교와 천주교의 교당이 내지內地 여러 곳에 건립되게 되었다.

---

75 1792년 흠천감의 책임자들인 Rodrigues(1787~1795 감정 역임)와 de Almeida(1787~1795 좌감부, 1795~1805 감정 역임)는 역관 양성기관을 북경에 설치하여 현지인 역관들을 전문적으로 양성하기 시작하였다. 중국에서 역관이라는 직업은 가업을 계승하는 것이었으므로 흠천감에서 역관인 한인들의 역할은 한정되어 있었고, 청나라 초기(1644)부터 서양 천문역법의 실용성이 입증되었으므로 1826년 마지막 서양인 감정 Jose Riberiro-Nunez(1806~1826)까지 180년 넘게 서양인 선교사들이 흠천감의 감정직을 맡아왔던 것이다. 그러나 중국에 대한 서양 제국의 침탈이 시작되는 19세기 초에는 서양인 선교사가 고위직을 유지하기 어려워졌고, 또한 중국인 역관들이 서양인들을 대체할 능력을 갖추게 되자 1826년부터 한인 역관이 흠천감의 책임자가 되었다.

76 1858년 6월 天津條約에 따라 내지에서의 자유로운 선교가 허용되었다.

강희 『흡현지』에 수록된 양광선 전기[77]

康熙歙縣志楊光先

양광선은 자가 장공長公이며, 선조 영寧의 음관蔭官 신안위 부천호를 세습했다. 호방하고 소탈하며 배우기를 즐겼고 불안한 시국을 우려하여 관직을 사양하고 동생 광필光弼에게 넘겨준 뒤 홀로 북경에 왔다. 숭정 때 관을 수레에 싣고 대궐 앞에 가서 이과급사중 진계신, 수석대학사 온체인을 탄핵하다 장형을 받고 요서 변방 수자리로 쫓겨났다. 청나라 때에 이르러 황제에게 천주교의 그릇됨을 물리쳐야 한다는 상소를 올렸는데 〔이 상소에서〕 새 역법을 힐난하고 변박하여 흠천감 감정으로 제수되었다. 모두 아홉 차례의 고혼소와 열세 차례의 사직 상소를 올렸으나 황제의 허락을 얻지 못하고 직무를 맡아 힘을 다했다. 강희 7년(1668)에 조서를 내려 직언을 올리라 구한 일이 있는데, 광선이 열 조목에 걸쳐 하나하나 진술하였다. 당시의 폐단을 바르게 짚어내었으므로 황제께서 그의 직언을 받아들이는 은덕을 입었다. 〔그 가운데〕 도망친 자를 받아들이는 조목은 열 집의 연좌를 면제해주는 관례를 열어놓았는데, 그로 인해 살린 자가 만을 헤아린다. 얼마 되지 않아 새 역법이 시행되니 화를 예측할 수 없었는데 특별히 성지가 내려 풀려나서 고향으로 돌아가던 길에 죽었다.

楊光先, 字長公, 以祖寧蔭世襲新安衛副千戶. 倜儻好學, 篙目時艱, 讓職弟光弼, 孑遊都門. 崇禎時, 舁棺闕下, 劾吏科給事中陳啓新, 首輔溫體仁, 廷杖戍遼左. 入國朝, 抗疏斥西洋教之非, 詰辯新曆法, 授欽天監監正. 凡九叩閽, 十三拜疏辭, 弗允, 勉就職. 康熙七年, 詔求直言, 光先條際十款, 切中時弊, 獲蒙采納. 內逃人一款, 得免十家連坐之例, 發全活以萬計. 未幾, 新法獲行, 禍不可測, 特旨放歸, 卒於途次.

77 『歙縣志』 권9(강희 38년, 1699 刊本).

부득이 제기[78]

不得已題記

전대흔錢大昕

이전에 들으니 나의 벗 대동원戴東原이 말하기를, 유럽 사람들이 비싼 값으로 이 책을 사다가 불태워 그 흔적을 없애려 한다 하였다. 오늘 비로소 오문吳門의 황씨黃氏 학경당學耕堂에서 이 책을 보게 되었다. 양군楊君[79]은 절기의 추산을 전공한 사람이 아니고, 또 힘 있는 조력자도 없었으므로 끝내 거기서 쫓겨났다.[80] 그러나 그가 예수교라는 이방 종교를 질타하고 사람들이 그것을 전파하고 배우는 것을 금지시켰으니 명교名教(유교)에 공이 없다고 할 수 없다.

向聞吾友戴東原說, 歐羅巴人以重價購此書, 卽焚燬之, 欲滅其迹也. 今時於吳門黃氏學耕堂見之. 楊君於步算非專家, 又無有力助之者, 故終爲彼所詘. 然其詆耶穌異教, 禁人傳習, 不可謂無功于名教者矣.

기미년(1799) 10월 19일
죽정거사 전대흔이 책머리에 쓰다.
올해 나이 일흔둘.

己未十月十九日,
竹汀居士錢大昕題.
時年七十有二.

78 錢大昕의 「不得已題記」는 『不得已』 원문에 첨부되어 있던 글로, 뒤에 나오는 黃丕烈과 柳詒徵의 「不得已題記」와 錢綺의 「不得已跋」도 마찬가지이다.

79 錢大昕이 선대의 楊光先을 '君'이라고 부른 것은 친근감을 표시한 것이다.

80 '쫓겨났다(詘)'는 것은 楊光先이 흠천감 감정으로 있다가 물러난 일을 말하는 듯하다.

부득이 제기

不得已題記

황비열黃丕烈

처음에 책장수가 이 책을 가지고 와서 팔겠다고 했을 때, 나는 그 이름을 기이하게 여겼던 까닭에 은 한 덩이를 주고 샀다. 나중에 이상지李尙之가 죽정 전대흔 선생이 일찍이 이 책을 보지 못했다고 말한 적이 있다고 해서 이 책이 참으로 보기 드문 서책인가 하였다. 표장表裝하는 기회에 죽정 선생에게 한마디 써달라 했는데 앞에 있는 발문跋文[81]이 바로 그것이다. "절기의 추산을 전공한 사람이 아니다"라는 말에 대하여 상지에게 그 까닭을 상세히 말해줄 것을 부탁하였으나, 마침 상지가 운대芸臺[82]의 완중승阮中丞[83]의 초빙을 받고 선발 임용을 기다리느라 돌아오지 않아 그 말을 듣지 못하였다. 훗날을 기다릴 뿐이다.

기미년(1799) 11월 16일

연음서관에서 황비열이 쓰다.

初書估携此册求售, 余奇其名, 故以白金一錠購之. 後李尙之謂余曰, 錢竹汀先生嘗以未見此書爲言, 則此誠罕覯之本矣. 因付裝潢, 求竹汀一言, 前所跋者是也. 至於步算非專家, 余屬尙之詳論其所以, 適尙之應阮芸臺中丞聘臨行揀, 還未及辨此. 當俟諸異日爾.

己未冬十一月旣望

書於聯吟西館 黃丕烈

81 489쪽에 있는 錢大昕의 題記를 말한다.

82 서적을 보관하는 곳 또는 관장하는 官署, 즉 秘書省을 말한다.

83 中丞은 환관이나 내관을 가리키는데, '阮中丞'은 阮元을 가리킨다.

부득이 발문

不得已跋

전기錢綺

이 책은 흡현 출신의 벼슬 없는 선비 양광선의 저술이다. 양공은 강희 초년(1662)에 북경에 가 서양인들이 사교인 천주교로 중국에서 사람들을 선동하고 현혹시키니 반드시 큰 재난이 될 것이라고 고발하였는데, 2백 년이나 앞서 선견지명이 있었던 것이다.[84] 진실로 그는 우리 왕조(청나라)에서 식견과 담력을 가진 최초의 인물이었고, 그의 책 역시 명교名教에 관련되고, 성학聖學에 공을 세우며, 민생을 구제한 최초의 책이었다. 그때에 사악한 세력이 올바른 세력을 당해내지 못하니, 묻고 심판하는 가운데 모든 것이 밝혀져서 탕약망 등은 파직되었고, 감관으로서 천주교에 붙어먹은 다섯 사람은 죽임을 당했으며,[85] 중국 사람들이 천주교를 익히는 것이 금지되었다. 다시 하늘의 해를 보게 되었다고 말할 수 있다. 그러나 서양인들은 재물을 가지고 신통한 재간을 부려 자리를 틀고 들어앉아 떠나지 않았다.

此書歙縣布衣楊光先所著. 楊公於康熙初入京告西洋人以天主邪教煽惑中國, 必爲大患, 明見在二百年之先. 實爲本朝第一有識有膽人, 其書亦爲第一有關名教, 有功聖學, 有濟民生之書. 當時邪不敵正, 質審明白, 黜湯若望諸人之官, 殺監官之附教者五人, 禁中國人習天主教, 可謂重見天日矣. 乃西洋人財可通神, 盤踞不去.

〔서양인들이〕 한인漢人 가운데 힘 있는 자들에

遍賄漢人之有力者, 暫授楊公

84 錢綺가 이 발문을 쓴 1846년은 중국이 유럽 여러 나라의 침탈을 당하면서 그리스도교에 대한 반감이 최고조에 이르고 있을 때였다.

85 曆科의 李祖白, 春官正 宋可成, 秋官正 宋發, 冬官正 朱光顯, 中官正 劉有泰 등 楊光先이 주동한 역옥으로 1665년 5월 18일에 참수된 흠천감의 관리들을 말한다.

게 두루 뇌물을 주어 잠시 양공에게 흠천감 감정의 벼슬을 주게 한 다음, 틈을 노리다가 그를 죽을 자리로 몰아넣으려 한 것이 틀림없었다.[86] 양공은 그들의 계략을 환히 꿰뚫어 보고 다섯 번이나 소장을 올려 사양하였고, 또 여섯 가지 두려운 일과 두 가지 부끄러운 일[87]을 적어 소장을 갖춰 올렸는데, 그 내용과 표현이 명백하고도 딱 들어맞는 것이었다. 예부에서 의논하였으나 몰래 사주를 받았던 까닭에 끝내 〔사직의 요청이〕 허락을 얻지 못하였다. 부득이 그 직책에 나아간 지 얼마 되지 않아 윤달을 두는 문제에서 착오가 있어 대신들 사이에 대벽죄로 다스리기로 의론이 되었는데,[88] 황제의 은총으로 칙지가 내려 사면되어 〔고향으로〕 돌아가던 길에 서양인들에게 독살당하였다.[89] 그 후에 서양 역법이 다시 시행되니 너무도 견고하여 없앨 수가 없었다.

爲監正, 必欲伺其間隙, 置之死地. 楊公明燭其謀, 五疏力辭, 又條上六畏二羞之疏, 情詞剴切. 部議陰受指使, 始終不准. 不得已就職, 不久卽以置閏錯誤, 座論大辟, 蒙恩旨赦歸, 中途爲西洋人毒死. 而後西法復行, 牢不可拔.

양공이 관직을 받기 전에 죽었다면 그의 잘못을 지적할 수 없었을 것이고, 그리되었다면 서양의 기술은 〔중국에서〕 다시 흥성할 수 없었을 것이며, 흥성했다 하더라도 끝까지 자리 잡지 못했을 것이다. 이 때문에 그러한 함정을 만들어놓고 저들의

蓋楊公死於未授職之前, 則無以摘其誤謬, 而西術不能復興, 卽興亦終不能固. 故設此陷穽, 以洩其憤. 而售其奸邪, 謀之深毒, 不可畏哉? 然而, 天主教

86 錢綺는 楊光先이 흠천감 감정이 된 것조차 서양인과 그 동조 세력의 음모라고 보았는데, 이것은 19세기 중반 중국이 제국주의의 노리개로 전락하고 있던 시대적 상황에서 나온 말이다.

87 '六畏二羞'라고 하여 생전에 겪은 여러 가지 두려운 일과 부끄러운 일을 상소문에서 밝힌 바 있다.

88 1669년 南懷仁의 상주에 따라 황제가 유지를 내려 윤달의 정확성 여부를 실제로 검증하게 한 결과 吳明烜, 楊光先 등이 문책되고 파직된 일을 말한다.

89 『疇人傳』에 楊光先이 독살되었다는 소문이 기록되어 있으나, 『池北偶談』·『正敎奉褒』·『徽州府志』 등에는 독살설을 뒷받침할 만한 기록이 전혀 없다.

분憤을 토해내었던 것이다. 그렇게 간악한 수작을 펴고 지독한 음모를 꾸몄으니 어찌 두렵지 않으랴? 그러나 천주교는 공공연히 전파되지 못했으니[90] 중국 백성들이 공공연히 천주교를 받들어 섬겨 모두 아비도 임금도 없는 짐승으로 되지 않은 것은 모두 양공의 힘에 의한 것이었다. 사람의 마음을 바로잡고 사설邪說을 그치게 한 사람은 맹자 이후에 그 한 사람뿐이다. 어떤 이들은 나의 말이 지나치다고 할 것이지만 식견이 있는 사람들이라면 잘 판별해주기 바란다.

之不敢公然大行, 中國之民不至公然習天主教而盡爲無父無君之禽獸者, 皆楊公之力也. 正人心, 息邪說, 孟子之後一人而已. 或以愚言爲過, 當請具眼人辨之.

이 책의 각판본을 임인년(1842년) 여름에 오수운吳壽雲으로부터 얻었다. 값이 너무 비싸서 살 수가 없었으므로 벗에게 청해 하나를 영인하였다. 나중에 죽정 선생(전대흔)이 손수 발문을 썼는데, 〔그 발문에서〕 서양인들이 이 책을 사서 태워버린다고 하였다. 사악한 음모를 제대로 찌르지 않았다면 〔서양인들이〕 왜 이런 짓을 하겠는가!

此書於壬寅夏得刻本於吳壽雲處. 價昂不能購, 倩友人影抄一本. 後有竹汀先生手跋, 謂西人購此書, 卽焚燬之. 苟非切中邪謀, 何以如是!

양공이 절기의 추산을 전공한 사람이 아니라면, 도리에는 밝지만 역수曆數에 대해서는 밝지 못하다는 것인데, 이것은 공이 이미 스스로 말한 바이다. 어찌 공의 잘못이겠는가? 그 책의 변론 중 서슬이 시퍼런 말들이 없다고는 할 수 없는데 이단異端을 논박하다 보니 부득불 그리될 수밖에 없었을

至楊公步算非專家, 則明理不明數, 公已自言之. 何得爲公病! 書中辨論未必無鋒稜太峻語, 然闢異端不得不如此. 聖人復起, 亦當許之. 特拘墟小儒, 眼光如豆, 不免以此訾議耳.

90 淸帝國의 기초를 다진 康熙帝는 1692년 諭旨를 내려 그리스도교의 선교를 허용하였으나, 국가의 기강과 제도를 확립하는 데 힘을 쓴 雍正帝가 즉위한 후 상황은 뒤바뀌어 종교에 대하여 간섭정책으로 전환되었고, 1724년에는 사실상의 포교금지령이 반포되어 서양 선교사들의 선교 활동은 치명적인 타격을 입게 되었다.

것이다. 성인이 다시 나왔는데 이 정도는 허용하는 것이 마땅하다. 다만 견문이 좁은 소유小儒가 콩알만 한 식견으로 이를 함부로 헐뜯는 것이야 어쩔 수 없다.

관직을 사양하며 올린 상소문들에 대해 말하면, 언어가 간절하고 진지하며 막힘이 없었고 〔서양인들의〕 간계를 진작부터 환히 꿰뚫어 보았다. 뜻이 이같이 정성스럽고 식견이 이같이 밝았던 사람이 처음에는 벼슬 없는 몸으로 이 일을 감당하고, 마침내 감정의 자리에까지 나아간 것은 진실로 황제의 은총에 감격하여 차마 집정자들을 나쁜 자들과 한패거리라고 의심하지 못했기 때문이다. 받드는 척하면서 모함을 일삼는 짓은 처음부터 나쁜 자들이 군자를 해치기 위해 특별히 내놓은 길이어서 명철한 군주라도 의심하지 못하는 것이다. 나는 양공 때문에 가슴 아프고 세상의 도리와 인심 때문에 가슴 아프다.

병오년(1846) 6월
원화 전기가 발문을 쓰다.

至於辭官諸疏, 懇摯暢達, 奸謀早已洞燭. 如意此其誠, 見如此其明, 而猶始以布衣供事, 終乃就職監正者, 實因感激聖恩, 以不忍以黨邪疑執政耳. 假尊崇爲傾陷, 爲從來宵小害君子者特闢一途, 雖聖主亦所不疑. 吾爲楊公痛, 吾爲世道人心痛矣.

丙午六月
元和錢綺跋.

취망록[91]

吹網錄

섭정관葉廷琯

구본 『지북우담』에 '부득이'라는 조목이 있었다.

池北偶談舊本有不得已條.

『부득이』라는 책은 강희 연간(1662~1722) 초기에 흡현 사람인 양광선이 서양인 탕약망을 힘써 공격하여 지은 것이다. 책은 모두 2권인데, 이전에 각판본이 있었으나 지금은 전해지는 것이 거의 없다. 장서가들 사이에는 필사본이 있어서 나도 일찍이 한 질帙을 본 적이 있는데, 그것도 낡은 필사본이었다. 뒤에는 전궁첨錢宮詹(錢大昕)이 황요포黃蕘圃(黃丕烈)에게 써준 서문과 발문 및 요포가 책을 입수한 경위를 직접 적은 몇 마디 말이 있고, 그 앞 한 면에는 『지북우담』의 한 편이 부록으로 붙어 있었다. 그 밑에 '부득이'라는 세 자의 주석이 있었으며, 그 뒤에는 "논하기를"로 시작하는 한 단락이 있었는데, 스스로 원元이라고 한 것은 완문달공阮文達公(阮元)의 말이다.

不得已一書, 爲康熙初歙人楊光先力攻西洋人湯若望而作. 書凡二卷, 舊有刻本, 今已罕傳. 藏書家間有鈔本, 余嘗見一帙, 尙系舊鈔. 後有錢宮詹爲黃蕘圃題跋及蕘圃自識得書數語, 而其前一項, 先附錄池北偶談一則. 下註不得已三字, 後有論曰一段, 自名爲元, 是阮文達公語.

내가 읽은 것은 지금 통행되는 어양漁洋의 『지북우담』인데, 이는 중각본으로 '부득이'라는 조목이 없다. 이 판본에 수록된 것은 당연히 원각본에서 선택해 넣은 것일 텐데, 현재 원각본 『지북우담』은

余覽今世所行漁洋池北偶談, 乃重刻本, 無此不得已一條. 此編所錄, 應尙從原刻采入, 今原刻偶談絶少. 其重刻之無此條

91 '吹網欲滿'의 준말인 '吹網'은 그물에 바람을 불어넣어 가득 채우려고 한다는 말로, 불가능함을 뜻한다. 葉廷琯, 「吹網錄」 권 5, 『筆記小說大觀』(江蘇: 廣陵古籍刻印社, 1983) 제19책.

극히 드물다. 중각본에 이 조목이 없는 것은, 전대흔이 발문에서 말한 바와 같이 유럽 사람들이 광선의 책을 몹시 꺼려 『우담』을 중각할 때 삭제하도록 뇌물을 써서 그 흔적을 지워버린 탓이다.

者, 當如錢跋所述歐羅巴人深惡光先之書, 亦賂使重刻偶談者刪去, 以滅其迹耳.

가경嘉慶 연간(1796~1820) 초기에 문달이 편찬한 『주인전』에서는 『우담』의 이 조목을 채택해 광선의 일대기를 쓰고 그에 대한 평론을 덧붙여 제36권에 실었다. 이 편찬본 『부득이』를 소장하고 있는 사람들이 또 『주인전』에 있는 일대기를 책머리에 수록했으므로 문달의 글과 함께 실린 것이다.[92] 〔문달이 쓴〕 그 일대기를 요약한다.

嘉慶初, 文達撰疇人傳, 采偶談此條, 作光先傳文, 加以論詞, 列第三十六卷. 藏此編不得已者, 又從疇人傳錄此傳于卷首, 故并文達之論錄之也. 傳略云.

양광선은 자가 장공長公이고 휘주 흡현 사람으로 세습에 의해 신안위新安衛 관생이 되었다. 〔양광선이〕 서양인들의 예수회가 중국의 유교를 비난하였고, 탕약망이 추산하여 만든 시헌력 겉장에 황제의 "依西洋新法(서양의 새 역법에 따라서)"이란 전지傳旨 다섯 글자를 쓰지 말았어야 했다고 하면서, 순치 17년(1660)에 정문을 갖추어 예부에 올렸으나[93] 〔예부에서〕 준허하지 않았다. 또 강희 3년(1664)에 상소를 올려 예부에 고소하였는데 칙지를 받들어 예부에 내려보내니 이부와 함께 심의하였고 탕약망 등은 이 때문에 자리에서 쫓겨났다. 강희 4년(1665)에는 흠천감 우감부右監副로 특별히 제수되었고,

楊光先字長公, 徽州歙縣人也, 恩蔭新安衛官生. 以西人耶穌會, 非中土聖人之教, 且湯若望算造時憲書面, 不當用上傳依西洋新法五字, 於順治十七年, 具呈禮科不准. 又於康熙三年狀告禮部, 奉旨下部, 會吏部同審, 湯若望等由是罷黜. 四年, 特授欽天監右監副, 旋授監正.

---

92 陳占山에 따르면, 黃一農의 「康熙朝漢人士大夫對"曆獄"的態度及其所衍生的傳說」(『漢學硏究』 제11권 제2기, 臺北, 1993)을 보면 『池北偶談』이 다시 인쇄되었다는 말은 믿을 바가 못 된다고 한다.

93 1660년 12월 3일 時憲曆 겉장에 "依西洋新法"이라는 회시를 넣은 것을 문제 삼아 황제에게 직언한 「正國體呈稿」를 말한다.

얼마 지나지 않아 감정監正으로 승진되었다.

광선은 천상역법天象曆法을 추산하는 도리는 알지만 그 추산의 역수曆數는 모른다는 이유로 고혼소를 올려 사직하려고 하였는데, 소장疏章을 모두 다섯 번이나 올렸으나 허락을 얻지 못하였다. 〔이러한 사건의〕 앞뒤로 올린 글, 고소장, 논술, 소장을 상하 두 권으로 편집하여 책 이름을 '부득이'라 하였다. 그 가운데 실렸던 「일식천상험日食天象驗」 편은 여기에 수록하지 않았다.[94]

光先以但知推步之理, 不知推步之數, 叩閽辭職, 疏凡五上, 不准辭. 輯前後所上書狀論疏爲上下卷, 名曰不得已. 中載其日食天象驗篇, 玆不具錄.

마지막에는 이렇게 썼다. "광선은 흠천감에서 3년 동안 일하였는데 무신년(1668) 12월에 윤달을 두어야 한다고 말하였으나 얼마 지나지 않아 그것이 틀렸음을 깨닫고 스스로 잘못을 찾아 드러내었는데, 마침 다음해에 시헌력이 반포되고 실시되었다. 드디어 칙조가 내려 윤달을 더는 두지 않게 되고 송사에서 지자 대벽죄로 논고되었다."

末云: "光先在監三年, 謂戊申歲當閏十二月, 尋覺其非, 自行檢擧, 時來年時憲書已頒行. 乃下詔停止閏月, 尋事敗, 論大辟."

다음과 같이 논하였다. "전대흔이 말하기를 '일찍이 나의 벗인 대동원이 유럽 사람들이 비싼 값으로 『부득이』를 사다가 불태워버린다고 했다'는데, 그것은 그 책을 몹시 꺼렸기 때문이다."

論曰: "錢少詹大昕曰, 吾友戴東原嘗言歐羅巴人以重价胸不得已而焚毁之, 盖深惡之也."

광선은 천문에 대해서는 조예가 별로 깊지 못하였으니 얼마 지나지 않아 그가 송사에서 지게 된 것은 당연한 일이었다. 그러나 「적류십론」에서 서양 역법이 한 달에 세 절기가 들도록 바꾸었다고 비난하고, 인궁寅宮의 기수箕宿를 3도 옮겨서 축궁

光先于步天之學, 本不甚深, 其不旋踵而敗, 宜哉. 然摘謬十論, 譏西法一月有三節氣之新, 移寅宮箕三度入丑宮之新, 則固明于推步者所不能廢也.

94 「日食天象驗」은 『不得已』 하권에 수록되어 있는데, 阮元이 왜 수록되지 않았다고 했는지는 알 수 없다.

丑宮에 들도록 바꾸었다고 비웃은 것은, 진실로 역법 추산에 밝은 사람으로서는 무시할 수 없는 의견이었다.

완원이 소장하고 있는 『부득이』 마지막 부분에는 잡기雜記 몇 조목이 있는데 편찬한 사람의 이름이 쓰여 있지 않다. 그중 한 조목의 내용은 이러하다. "흡현 사람들이 말하기를, 광선이 남쪽으로 돌아가던 도중에 산동에 이르러 폭사暴死하였는데, 대개 '서양인들에게 독살당했을 것'이라고 하였으나 『지북우담』에서는 대벽죄로 논고되었다고 하였다. 사실 광선은 대벽죄로 논고되었으나 사형당하는 것을 면하고 돌아가던 길에 죽었을 것이다."

元所藏不得已卷末, 有雜記數條, 不署撰人名氏. 中一條云: "歙人言光先南歸, 至山東暴卒, 盖爲西人毒死, 而池北偶談則稱論大辟. 其實光先盖論大辟, 免死歸卒者也."

『명사明史』「온체인전溫體仁傳」을 보면, 광선이 당시 벼슬 없는 한낱 선비로서 소장을 올려 온체인을 탄핵하고 관을 수레에 싣고 궁궐에 이르러 명을 기다렸다 하니 젊은 나이에 절조가 이처럼 강직하였음을 비로소 알 수 있었다. 30년이 흘러 세월이 바뀐 뒤에도 그 올곧은 성격은 변함이 없었으니 가히 호걸이라 할 수 있겠다. 그의 책은 비록 서양인들이 훼손하려고 했으나 지금까지도 그대로 전해지는 판본이 있고, 그의 이름도 잊히지 않고 불리고 있다. 이것은 아마도 그의 정성이 단단히 맺혀 저절로 지워지지 않는 점이 있기 때문일 것이다.

余按明史溫體仁傳, 光先時以布衣上章劾之, 至輿櫬待命, 始知其少年已氣節鯱鯱如此. 乃越三十年, 時移世易, 而戇直之性不渝, 可謂豪杰之士. 其書雖爲西人計毀, 然迄今仍有傳本, 而姓氏亦稱道弗衰. 盖其精誠固結, 自有不可磨滅者在耳.

『부득이』 상권의 마지막에 첨부되어 있는 왕태징王泰徵이 선생을 위해 지은 「시신록서始信錄序」에서, 광선이 온체인을 탄핵하고 일찍이 장형을 받고 수자리로 쫓겨났다고 했는데, 야사를 쓴 몇 사람이 모두 이 일을 적었다. 또 계미년(1643) 겨울에 열황

不得已上卷, 後附王泰徵爲光先撰始信錄序, 言光先劾溫相時, 曾廷杖遣戍, 野史數家咸書之. 又言癸未冬, 烈皇御經筵, 求文武才, 襄城伯李國楨以光

제烈皇帝가 경연에 임하여 문무 인재를 구하였는데 양성백襄城伯 이국정李國楨이 광선의 이름을 언급하여 대답하니 황제께서 "관을 싣고 왔던 그 양광선인가"라고 물으시고는 드디어 대장군인을 걸어 놓고 그를 기다리셨다고 하였다. 양성백이 사람을 보내 그를 영접해오게 하였으나 도착하기 전에 명나라가 이미 망했었다. 그러나 이 두 가지 일은 『명사明史』를 찾아보아도 보이지 않는다.

先對, 上曰: "是舁櫬之楊光先乎?" 遂懸大將軍印以待之. 襄城遣人迎, 未至而明已亡. 按此二事, 明史皆未見.

부득이 제기

不得已題記

류이징柳詒徵

양장공楊長公이 스스로 『부득이』란 책을 간행한 후, 옹정제(재위 1722~1735)와 건륭제(재위 1735~1795) 때에 와서는 전해지는 판본이 이미 드물어졌다. 정면장程綿莊은 이 책이 처음 세상에 나오자 서양인들이 한 부에 2백 금씩 비싼 값으로 쳐주고 사서 거의 다 불태워 없앴다고 말하였다. 뒤늦게 완릉宛陵 매공梅公의 소장본을 얻어 천구天球나 법물法物[95]을 얻은 것보다 더 애지중지하였으니 그 책이 진귀하기가 이와 같았다. 발산盋山 도서관에서 보존하고 있는 정씨丁氏 소장 동호東湖 장씨蔣氏의 절록본에는 「청주사교소」·「여허청서시어서」·「벽사론」 세 편만이 수록되어 있다. 그것도 모두 절록한 것이고 전문이 아니다.

楊長公自刊不得已一書, 雍乾間傳本已鮮. 程綿莊謂此書初出, 西人購以重資, 每部二百金, 燔毁略盡. 晩得宛陵梅公所藏, 愛之重之, 逾于天球法物, 其可珍貴若是. 盋山圖書館庋有丁氏所藏東湖蔣氏節錄本, 僅錄請誅邪教疏·與許青嶼侍御書·辟邪論三篇. 皆節錄非全豹也.

올 정월에 오위조吳慰祖가 『부득이』 사본 한 권을 집에 보존하고 있었는데 상하 두 권이 모두 그대로였으나 죽정·요포 및 전 선생(錢綺)의 발문이 없었다. 오위조는 그 책이 왕박신王朴臣 선생이 남기신 것인데 어느 외진 곳의 노점에서 샀다고 말하였다. 그래서 중사中社에 부탁하여 영인하고 소경부蕭敬

今年正月, 吳君慰祖以不得已寫本一册存館中, 上下兩券具足, 未有竹汀·蕘圃及錢子文跋. 吳君謂系王朴臣先生故物, 沽自冷攤者. 爰付中社影印, 幷錄蕭敬孚先生所撰碑傳于后,

95 '天球'는 옥의 이름으로, 『尙書』 「顧命」에 "大玉·夷玉·天球·河圖가 동쪽 사랑방에 있었다〔大玉·夷玉·天球·河圖在東序〕"는 말이 있다. '法物'은 고대 제왕의 의장, 제사의 기물, 또는 技藝로 제작한 물건을 가리킨다.

孚(蕭穆) 선생이 찬술한 비문을 함께 수록하여 후세에 전하니 그 책이 널리 유전되었다 한다.

以廣其傳.

장공의 논조가 예리하여 손연여孫淵如는 글이 전아하고 온화하지 못하다며 경시했는데 사실 이 책은 종교사宗教史에서 명청 교체기의 중요 공안公案이므로 문장의 좋고 나쁨을 가지고 따질 필요가 없다.

長公持論銳利, 以孫淵如以文不雅馴少之, 實則此書爲宗教史上明淸之際一重公案, 不必斤斤于文字工拙也.

기사년(1929) 상사일上巳日[96]

진강鎭江 류이징 쓰다.

己巳上巳

鎭江柳詒徵.

96 '上巳'는 옛날 명절 이름으로, 漢나라 이전에는 음력 3월 상순의 巳日을 上巳라 했고 魏晋 이후에는 3월 3일을 上巳日이라 했다. 六朝 시대의 白樸은 3월 8일을 上巳節令이라 했다.

인명사전

ㄱ

가의목(賈宜睦, 1603~1662): 이탈리아 시칠리아 출신 신부로, 본명은 Hieronymus de Gravina이다. 1637년 중국에 가 선교활동을 펼쳤고, 저서로 신학 논저 『提正編』이 있다.

격노적오(格老的惡, 1581~1615): 본명은 Claudius Aquaviva로, 로마 예수회 제5대 총장이다.

고일지(高一志, 1566~1640): 이탈리아 태생의 예수회 선교사로, 본명은 Alfonso Vagnoni이고, 字는 則聖이다. 처음에 중국에 입국했을 때는 王豊肅이라고 했으나, 1624년에 재입국했을 때 高一志로 개명했다. 1604년부터 南京에서 주로 활동했는데, 南京教案의 표적 인물이 되어 澳門으로 압송되었다. 南京教案이 진정된 후 재입국하여 山西省 絳州·蒲州에서 활동했으며 山西 지역의 그리스도교 선교 창시자로 받들어졌다. 저서로 『教要解略』·『聖母行實』·『天主聖教聖人行實』·『四末論』·『則聖十篇』·『勵學古言』·『西學修身』·『西學治平』·『西學齊家』·『童幼教育』·『寰宇始末』·『斐錄彙答』·『譬學警語』·『神鬼正紀』·『空際格致』·『達道紀言』·『推驗正道論』 등이 있다.

곽거정(郭居靜, 1560~1640): 이탈리아 출신의 예수회 선교사로, 본명은 Lazare Cattaneo이고, 字는 仰鳳이다. 1593년에 澳門을 통해 중국에 들어갔고, 이듬해에 利瑪竇를 따라 北京으로 가 1598년까지 선교활동을 했다. 후에 利瑪竇의 명으로 南京·南昌·韶州 지역의 교무를 맡았다. 1606년 澳門에 머물 때 포르투갈인들이 보루를 쌓자 그들이 중국을 공격한다는 소문이 돌았는데, 위엄 있는 모습 때문에 郭居靜이 황제로 추존될 것이라는 엉뚱한 오해를 받아 조사를 받았다. 徐光啓·李之藻와 교분이 깊었고, 1608~1611년에는 徐光啓의 요청으로 上海에 가 천주당을 세웠다. 이후 浙江 지역에서 선교활동을 했으며, 杭州에서 일생을 마쳤다. 저서로 『靈性詣主』·『悔罪要旨』가 있다.

곽수경(郭守敬, 1231~1316): 元나라 順德 연간 邢臺(河北 邢臺) 사람으로, 字는 若思이다. 조부에게서 數學과 數理를 배우고 劉秉忠의 제자가 되었다. 1276년 世祖의 명으로 王恂 등과 함께 역법 제정에 착수하여 4년에 걸쳐 『授時曆』을 완성했는데, 이는 이후 360여 년간 통용되었다. 簡儀·仰儀·圭表·景符 등 13가지 기구를 제작하여 천상을 측정했으며, 전국에 관측소를 세웠고, 都水監으로 大都와 通州를 잇는 通惠河를 개통했다. 湯若望은 그를 존경하여 중국의 弟谷(Tycho Brahe, 덴마크 천문학자)이라 불렀다.

김니각(金尼閣, 1577~1628): 벨기에 태생의 예수회 선교사로, 본명은 Nicolas Trigault이다. 1610년에 중국에 입국했고, 이듬해 南京으로 가 高一志와 郭居靜의 지도를 받았다. 龍華民의 명으로 1613년에 로마에 가 머물면서 선교 보고서를 작성하여 제출하였다. 1619년에 7천여 권의 서양 도서를 가지고 湯若望 등과 함께 澳門을 통해 중국에 재입국했는데, 그 뒤 주로 山西省 등 내지에서 활동하였다. 저서로는 『推曆年瞻禮法』·『宗徒禱文』·『況義』·『西儒耳目資』 등이 있다.

ㄴ

나아곡(羅雅谷, 1593~1638): 이탈리아 출신의 예수회 선교사이자 수학자로, 본명은 Giacomo Rho이다. 1624년 龍華民의 권유에 따라 鄧玉函·湯若望 등과 함께 고아(Goa)와 澳門을 거쳐 중국에 입국, 山西 등에서 전교하다가 1630년부터 徐光啓·李之藻·湯若望 등과 함께 北京에서 천문역법의 일에 종사했다. 저서로는 『哀矜行詮』·『人身圖說』 등이 있다.

나유망(羅儒望 또는 羅如望, 1566~1623): 포르투갈 태생으로, 본명은 Joannes de Rocha이고, 字는 懷中이다. 1598년에 중국에 입국해 26년간 선교활동을 펼쳤다. 利瑪竇가 北京으로 간 뒤, 南京을 중심으로 建昌·嘉定·漳州 등지에서 선교활동을 계속하여 초기 중국 선교의 기반을 마련했으며, 1603년에는 徐光啓에게 세례를 준 바 있다. 그리스도교 관련 서적 편찬뿐만 아니라 銃炮 제조 등에도 참여했으며, 저서로 『天主聖像略說』·『天主聖教啓蒙』·『誦念珠規程』 등이 있다.

남회인(南懷仁, 1623~1688): 벨기에 출신의 예수회 신부이자 천문학자로, 본명은 Ferdinand Verbiest이고, 字는 敦伯이다. 천문역법에 통달하여 康熙帝의 과학 교사로 있기도 했으며, 각종 天文儀器의 제작, 화포의 구조 등에도 공이 있다. 관직은 工部侍郎에 이르렀다. 1641년 예수회에 입회해 1658년부터 29년간 중국에서 선교활동에 종사했다. 1659년에 陝西에 파견되었고, 1660년 北京으로 가 당시 欽天監 監正이었던 湯若望을 도왔으며, 1664년 楊光先의 무고로 그리스도교가 박해당했을 때 湯若望·利類思·安文思와 더불어 투옥되어 고초를 겪었다. 1669년에 사면되어 欽天監 監副가 되었고, 다른 신부들의 복귀와 선교활동을 도왔다. 1676년에는 예수회 副省會長이 되었다. 저서로 『康熙永年曆法』·『坤輿圖說』·『西方要記』 등이 있다.

ㄷ

대진현(戴進賢, 1680~1746): 예수회 선교사로, 본명은 Ignatius Koegler이다. 강희 55년(1716)에 중국에 가 欽天監 監正에 임명되었고, 1731년에는 禮部侍郎이 되었다. 29년간 중국에서 봉직했다.

도해(圖海, ?~1681): 청나라 滿洲 正黃旗 사람으로, 馬佳氏이며, 字는 麟州이다. 順治帝 때 秘書院學士·議政大臣 등을 거쳤고, 康熙帝 때 특별히 총애를 받아 正黃旗滿洲都統·中和殿大學士兼禮部尙書·弘文院大學士 등이 되었으며, 定西將軍·撫遠大將軍으로 임명되어 吳三桂의 난을 평정하는 데 공을 세웠다. 1667년 南懷仁이 欽天監 監正 吳明烜의 역법 추산이 틀렸다고 탄핵했을 때, 諸臣과 함께 측정에 참여했다.

동국기(佟國器, ?~1684): 字는 思遠, 호는 滙白이며, 楊瑪諾의 『十誡眞銓』, 何大化의 『天主聖教蒙引要覽』 등에 序文을 썼다. 康熙帝의 외조부였던 佟圖賴의 조카로, 江蘇·浙江·福建·江西 등지를 돌며 신부들을 보호했고, 福州·贛州·吉安·建昌 등지의 성당 중수와 聖教經書 간행을 돕고 序를 쓰는 등 선교활동을 도왔다.

두여예(杜如預): 順治帝 때 太仆寺卿·太常寺卿·通政使를 제수받았으며 賜號를 '通玄教師'라 했다. 1661년 順治帝가 죽고 康熙帝가 즉위한 뒤 輔政大臣 鰲拜 등이 서양학설을 반대하여 1664년에 湯若望·南懷仁 등 선교사들이 체포되었는데, 1665년 湯若望·李祖白 등에게 능지처참형이 내려졌을 때, 당시 刻漏科의 杜如預도 함께 형에 처해졌으나 湯若望이 사면될 때 그동안의 공로를 인정받아 함께 사면되었다.

등옥함(鄧玉函, 1576~1630): 독일 출신의 그리스도교 선교사이자 과학자로, 본명은 Johann Terrenz Schreck이다. 1611년에 예수회에 가입했고, 1619년에 湯若望·羅雅谷·傅汎際와 함께 澳門을 통해 중국에 입국했다. 1621년에는 杭州에서, 1623년부터는 北京에서 활동했다. 1629년 徐光啓의 추천으로 역법 개정에 참여했으나 이듬해에 죽었다. 중국에 최초로 천문망원경을 들여왔으며, 천문·의학·역학·기계학에 밝았고, 저서로 『遠西奇器圖說』이 전해지고 있다.

ㄹ

류이징(柳詒徵, 1880~1956): 현대유학자로, 詩書禮樂의 유교경전을 모두 역사로 보았으며 유학정신이 중국고대사의 핵심이라고 보았다. 유가의 근본정신으로 현대사회의 문제들을 해결할 수 있다고 하여, 현대사회에서의 유학의 의의를 강조했다.

림비리(林斐理, ?~1613): 본명은 Felicianus de Silya로, 1599년에 王豊肅·陽瑪諾과 함께 澳門을 통해 중국에 입국했다. 후에 韶州에 이르렀다가 江西 南昌府로 갔으며, 1611년부터는 南京에서 선교하였다.

ㅁ

마열라(馬熱羅, 1804~1862): 포르투갈 출신의 나사로회 신부로, 본명은 Jeronimo-Jose Da Matta이다. 1825년 澳門에 도착했는데, 1844년부터 1862년까지 澳門의 주교를 지냈다.

만기연(萬其淵, 1631~1700): 字는 三泉으로, 江西 建昌府 사람이다. 江西 지역은 利瑪竇가 南昌府를 중심으로 선교활동을 펼쳐 1664년에 이미 천여 명의 신도와 세 개의 성당이 있을 정도로 교세가 확장된 곳이었으며, 建昌에는 당시 약 5백 명의 신도와 한 개의 성당이 있었다고 한다. 萬其淵은 47세에 杭州에서 예수회에 들어갔는데, 1688년에 신부가 된 후, 浙江·福建·廣東 등 江南 일대에서 선교활동을 펼쳤으며, 1698년에는 다시 上海로 가 그 지역 교회 발전에 공헌했다.

만제국(萬濟國, 1627~1687): 본명은 Franciscus Varo이며, 주로 福建 지역에서 선교활동을 펼쳤다. 현지 언어로 선교하기 위해 『漢語官話語法Arte de la Lengua Mandarina』(1680년 완성, 1703년 廣州 출판) 썼는데, 이는 서양의 한어 연구사상 개척적 의의를 지닌 저작이다.

민명아(閔明我, 1610~1689): 스페인 출신 Domingo Fernandez Navarrete로, 도밍고회 소속이다. 아메리카와 마닐라를 거쳐 澳門을 통해 중국에 들어가 12년 동안 선교활동을 하고 돌아갔는데, 1645년부터 1670년대까지 자신의 여정을 『上帝許給的土地: 閔明我行記和禮儀之爭』으로 지어 남겼다.

민명아(閔明我, 1639~1712): 1669년 北京으로 들어간 이탈리아 출신 그리스도교 선교사 Philippus Maria Grimaldi이다. 南懷仁의 조수로 역법 수정 등을 도왔고, 러시아와의 외교 업무도 맡아 1683년과 1685년 두 차례 康熙帝를 수행해 해외에 다녀오기도 했다. 曆獄 때 25명의 신부들과 함께 격리되었으나 1671년 이후 선교활동을 활발하게 재개했고, 1695년에는 예수회 副省

會長을 지냈으며, 1700년에는 中·日 양국의 會務 시찰을 맡았다. 41년 동안 선교활동을 펼치다가 北京에서 사망했다.

ㅂ

반진효(潘進孝): 湯若望의 하인이며, 그리스도교도이다. 1661년에 湯若望이 그의 아들을 義孫으로 삼았기 때문에 자연스럽게 湯若望의 양자가 되었다. 康熙帝 즉위 후 鰲拜 등의 무고로 1665년에 湯若望과 함께 사형에 처해지나 때마침 나타난 불길한 천문 현상과 京城의 지진으로 인해 湯若望이 사면되자 潘進孝 역시 사면되었다.

방적아(龐迪我, 1571~1618): 스페인 출신의 그리스도교 선교사로, 본명은 Didace de Pantoja이고, 字는 順陽이며, 1589년 예수회에 가입했고, 1597년 澳門에 도착하여 신학 훈련을 받았다. 1600년에 일본으로 파송될 예정이었으나, 利瑪竇가 두 번째로 北京에 갈 때 동행하여 그를 도왔다. 1610년에 利瑪竇가 죽자 예수회 중국 구역 회장으로 추대되었고, 1611년에는 명나라 조정의 명을 받아 역법을 수정하였으며, 南京教案 때 澳門으로 추방되어 거기서 죽었다. 그리스도교의 교리를 해설한 『龐子遺詮』을 썼으며, 이 밖에 『七克大全』이 전한다.

백내심(白內心 또는 白乃心, 1623~1680): 오스트리아 출신으로, 본명은 Joannes Gruebar이고, 字는 葵陽이다. 1641년에 예수회에 가입한 후 신학과 천문학과 수학 등을 배웠으며, 1658년에 澳門을 통해 중국에 입국한 뒤 北京에서 활동했다.

백응리(柏應理, 1624~1693): 프랑스 출신의 예수회 신부로, 본명은 P. Philippus Couplet이다. 1659년에 중국에 입국하여 江西·福建·湖廣·浙江 등지에서 선교했으며, 1665년 曆獄에 연루되어 격리되었다가 1671년에 江南의 선교지로 돌아갔다. 저서로 『天主聖教百問答』 등이 있다.

부범제(傅汎際, 1589~1653): 포르투갈 출신의 선교사로, 본명은 Francisco Furtado이고, 字는 體齋이다. 1618년에 金尼閣과 함께 중국에 입국했고, 1620년에 澳門으로 갔으며, 이후 鄧玉函과 함께 嘉定으로 가 費奇規에게서 중국어를 배웠다. 후에 杭州로 가 李之藻와 함께 번역 작업을 했으며 아리스토텔레스의 철학을 소개했다. 1630년에는 陝西로 가 선교활동을 했고, 1636년에는 在華耶蘇會華北教省 省會長이 되었다. 역서로 『寰有詮』·『名里探』이 있다.

비기관(費奇觀, 1571~1649) 포르투갈 출신의 그리스도교 선교사로, 본명은 Gaspar Ferreira이다. 1588년에 예수회에 가입하였다. 1603년 중국에 입국하여 이듬해 北京으로 갔으며, 이어서 南昌과 韶州(廣東)에서 활동했다. 1612년에 신부로 서품되었고 南京教案 때 嘉定으로 피하여 孫元化에 의지해 살았다. 利瑪竇가 죽은 뒤 神의 이름에 관하여 '天主'와 '上帝'를 동일시하였던 利瑪竇와 의견을 달리하는 龍華民 편에 서서 그리스도교의 神은 天主라고 주장하였다. 저서로 『週年主保聖人單』·『玫瑰經十五端』·『振心總牘』 등이 있다.

비기규(費奇規): 費奇觀의 誤記로 보인다.

ㅅ

사무록(謝務祿) → 증덕소

서광계(徐光啓, 1562~1633): 明代 松江府 上海縣 사람으로, 字는 子先이고, 호는 玄扈이다. 上海 지

구 최초의 그리스도교도로 알려져 있으며, 세례명은 Paul이다. 1596년 韶州(廣東)에서 郭居靜을 처음 만났고, 1600년에는 利瑪竇를 만났다. 1603년 南京에서 羅如望 신부로부터 영세를 받았고, 이듬해 進士가 되어 한림원 학사로 관리 생활을 시작했으며, 禮部尙書·文淵閣大學士 등을 지냈다. 天文과 曆算에 능해 熊三拔과 觀象 기구를 제작하고 龍華民·鄧玉函·羅雅谷 등과 역법을 수정했다. 서양 선교사들의 중국 선교를 도왔으며 많은 서적을 중국어로 번역하였다. 李之藻·楊廷筠과 함께 중국 그리스도교 초기의 三柱石으로 불린다.

서무덕(徐懋德, 1690~1743): 포르투갈 출신의 선교사로, 본명은 Andreas Pereira이고, 字는 卓賢이다. 1716년에 중국에 입국해 華南의 각 省에서 10여 년간 선교활동을 했으며, 廣州로 가 예수회 會計職을 맡았다. 曆算에 능해 1724년에는 北京으로 불려가 역법 수정을 도왔고 欽天監監副에 제수되었다. 15년간 欽天監에서 봉직 후 戴進賢과 함께 『曆象考成』을 지었고, 耶蘇會中國省區 會長을 지냈으며, 北京에서 죽었다.

서일승(徐日升, 1645~1708): 포르투갈 출신의 예수회 신부로, 본명은 P. Thomas Pereyra이다. 1672년에 중국으로 가 1673년부터 欽天監에서 南懷仁을 도왔으며, 1688년에 南懷仁이 죽자 그 자리를 이어받았다. 閔明我·安多와 함께 역법뿐만 아니라 외교 업무까지 맡아보았으며, 1685년에는 閔明我와 함께 康熙帝를 수행해 해외에 다녀오기도 했다. 1689년에는 黑龍江 일대의 국경 지역을 측량하였고, 음악에 관한 저술을 남겼다. 특히 음악에 정통해 중국 음악을 듣고 즉시 연주해낼 수 있었으며, 이를 듣고 황제가 비단을 하사하기도 했다.

서창치(徐昌治, 1575~?): 명말 浙江 海鹽 사람으로, 法名은 孝廉이며, 別號는 無依道人이다. 『楞嚴經』을 읽은 후 관직을 버리고 禪門에 들었다. 1628년에 金粟寺의 주지 圓悟를 만나 제자가 되었으며, 1638년에는 釋通容을 따라 天童山에 머물렀다. 1640년에 『破邪集』을 편찬해 출간했으며, 저서로 『祖庭指南』·『醒世錄』·『高僧摘要』·『無依道人錄』·『白痴和尙梵勝散錄』 등이 있다.

섭정관(葉廷琯, 1791~?): 청대 江蘇 吳縣 사람으로, 字는 紫陽이고, 號는 調笙·蛻翁·十如老人이다. 사회 현실을 반영한 시를 많이 썼고, 책을 校勘하는 것을 즐겼다. 저서로 『吹网錄』·『鷗陂漁話』·『楙花庵詩』 등이 있다.

소경부(蕭敬孚, 1835~1904): 蕭穆을 말한다. 자는 敬甫·敬孚이며, 「楊光先別傳」을 썼다. 농촌 출신으로 私塾에서 청강하며 어렵게 공부했다. 經史와 古文에 힘썼고, 일찍부터 서적 수집에 열심이었으며, 1872년 曾國藩의 도움으로 上海制造局 飜譯館에서 편찬 일을 맡은 뒤 30여 년간 校勘한 책이 9백여 종에 이른다. 그중 姚鼐의 『古文辭類纂』과 劉大櫆의 『歷朝詩約選』 등이 유명하다. 寒士였지만 서적 수집에 대한 열정이 대단해 藏書가 수만 권이었다.

소급우(蘇及寓): 霞漳 사람으로, 1638년에 「邪毒實据」를 지어 그리스도교의 폐해와 선교사의 행적을 비판했다.

소여망(蘇如望, 1566~1607): 포르투갈 출신의 선교사로, 본명은 Joao Soerio이다. 1584년 예수회에 가입한 뒤 고아에서 신학 수업을 마치고 1591년에 중국으로 갔으며, 1595년부터 南昌에서 활동하였다. 저서로 『天主聖敎約言』이 있다.

소여한(蘇如漢) → 소여망

송가성(宋可成): 1664~1665년에 楊光先 등이 상서를 올려 湯若望의 서양 新法이 잘못되었음을 지적하고 특히 順治帝의 황태자 榮親王의 葬期를 잘못 선택해 불길한 일이 연이어 일어난 것(榮親王이 병사하고 2년 후, 생모 董鄂妃가 병사했으며, 136일 후 順治帝도 붕어했다)을 추궁하자, 당시 서양인들의 조정 참여를 못마땅하게 여기던 執政 顧命大臣 鰲拜의 주동으로 康熙曆獄이 일어나게 된다. 이때 春官正 宋可成은 曆科 李祖白·秋官正 宋發·冬官正 朱光顯·中官正 劉有泰와 함께 능지처참형에 처해지고, 湯若望·刻漏科 杜如預·五官挈壺正 楊宏量 등은 그간의 공로와 노쇠함을 이유로 죽음을 면하게 되며, 이로부터 新法이 폐지된다.

송발(宋發): 康熙曆獄 때 欽天監의 秋官正이었으며 宋可成·李祖白·朱光顯·劉有泰 등과 함께 능지처참형에 처해졌다.

심각(沈㴶, 1565~1624): 浙江 烏程 사람으로, 字는 銘縝이다. 1592년의 進士로, 庶吉士·檢討에 제수되었고 南京에서 禮部侍郞을 지냈다. 利瑪竇가 南京에 머무르면서 王豊肅과 함께 그리스도교를 선양하자 많은 사대부들이 그를 추종했는데, 沈㴶은 1616~1617년에 세 차례에 걸쳐 「參遠夷疏」를 올려 그리스도교를 금지시킬 것을 요구하였다. 1621년에 太子太保·文淵閣大學士·武英殿大學士가 되었다.

ㅇ

안경명(安景明) → 안문사

안다(安多, ?~1709): 벨기에 사람으로, 본명은 Antonius Thomas이고, 字는 平施이다. 1684년 중국에 입국했다. 천문역법에 밝았으며, 閔明我·徐日昇과 함께 외교 업무에도 참여하여 두 차례 康熙帝를 수행해 해외에 다녀오기도 했다. 1692년부터 1703년까지 예수회 北京會院 院長 및 副省會長을 지냈다.

안문사(安文思, 1610~1677): 포르투갈 출신의 선교사로, 본명은 P. Gabriel de Magalhães이다. 1640년에 중국으로 가서 흠천감에서 활동하였다. 저서로 『復活論』이 있다.

애유략(艾儒略, 1582~1649): 이탈리아 출신의 예수회 신부로, 본명은 Giulio Aleni이고, 字는 思及이다. 1610년에 중국에 입국했다. 北京에서 徐光啓와 함께 上海로 갔고 揚州로 가서 한 고위 관원을 그리스도교에 들게 하였으며 후에 그 사람을 따라 陝西에 이르러 그 지역에 포도를 재배하는 법을 전수하였다. 1620년 杭州에 이르러 李之藻·楊廷筠과 함께 선교활동을 벌였고, 1623년에는 常熟에 처음으로 그리스도교를 전파하였다. 1625년에는 福州, 1634년에는 泉州·興化로 갔으며, 각 府에 교회당 여덟 곳을 세웠는데, 해마다 그리스도교에 새로 들어오는 사람이 8~9백 명씩 되었다고 한다. 관리와 사대부 들과 교제하여 명성이 높았으며 '서방에서 온 공자'로 불렸다. 1649년 延平에서 죽었으며 福州 十字山에 묻혔다. 중국어에 정통했으며, 저서로 『利瑪竇行實又名大西利先生行跡』·『萬物眞原』·『性學觕述』·『職方外紀』·『三山論學記』·『彌撒祭義』·『幾何要法』·『天主降生言行紀略』·『出象經解』·『口鐸日抄』·『聖體四字經文』·『聖體要理』·『五十餘言』 등이 있다.

양광선(楊光先, 1597~1669) : 字는 長公이며 徽州 歙縣 사람으로, 명나라 崇禎帝 때 관을 메고 나아가 권신 陳啓新, 溫體仁을 탄핵하는 상소를 올렸다가 杖刑을 받고 변방 수자리로 쫓겨난 바 있다. 후에 대장군으로 임명될 기회가 있었으나 明나라가 멸망했고, 淸나라에 들어와서는 서양인들의 천주교 선교와 역법 개정에 대해 반대하는 상소를 여러 차례 올렸다. 1664년에는

湯若望의 새 역법이 지닌 오류를 지적한 소를 올려 당시 흠천감 監正이었던 탕약망 등이 형에 처해지도록 했다. 이후 흠천감 감정으로 임명되자 역법 전문가가 아니라는 이유로 여러 차례 고사했으나 받아들여지지 않았으며, 남회인이 주장한 서양 역법이 정확하다는 것이 판명되자 파직되었다. 무고죄로 참형에 처해지려다 사면받고 고향에 돌아가는 길에 죽었다.

양굉량(楊宏量): 1665년 曆獄 때 湯若望·李祖白·杜如預 등과 함께 능지처참형에 처해지나, 永陵·福陵·昭陵을 잘 선정한 공을 인정받아 杜如預와 함께 사면된다.

양마락(陽瑪諾, 1574~1659): 포르투갈 출신의 선교사이자 천문학자로, 본명은 Manuel Dias이다. 1592년에 예수회에 가입했으며 1605년에 澳門으로 가 신학을 가르쳤다. 韶州·南雄·北京·南京·上海·抗州·福州·寧波 등지에서 활동하였고, 1623년에 중국 예수회 부구장으로 임명되었다. 저서로 『聖經直解』(예배용으로 색인을 넣은 14권으로 된 성경해설집. 1642년에는 8권으로 발행됨)·『景教碑詮』·『天問略』 등이 있다.

양정균(楊廷筠, 1562~1627): 浙江 仁和 사람으로, 字는 仲堅이고, 호는 淇園이며, 세례명은 Michael이다. 1592년에 進士가 되었고 監察御史를 지냈다. 王學을 배우다 불교에 심취했고 불교 대사들과 함께 抗州에서 강학하다 1601년 北京에서 利瑪竇와 교류한 뒤 그리스도교에 관심을 가졌다. 관직을 그만둔 뒤에는 杭州에서 東林講會에 참여하면서 당시 江南에 있던 선교사 郭居静·金尼閣·艾儒略 등과 왕래했다. 1611년 李之藻 부친의 서양식 장례에 참석한 후 그리스도교로 개종했으며 李之藻·徐光啓와 함께 그리스도교의 三大柱石으로 불렸다. 저서로 『代疑编』·『代疑續编』·『聖水紀言』·『天釋明辨』 등이 있다.

여녕석(黎寧石, 1572~1640): 예수회 선교사로, 郭居静·畢方濟·羅如望 등과 함께 주로 上海·南京 등지에서 교무를 담당하며 활동했다.

오배(鰲拜, ?~1669): 鼇拜라고도 한다. 청나라 滿洲 鑲黃旗 사람으로, 公爵에 피봉되었다. 1661년에 聖祖가 8세에 즉위하자 그와 索尼·蘇克薩哈 등이 順治帝의 유명에 따라 輔政大臣이 되었는데 私黨을 만들고 정권을 독단하였다. 1669년 聖祖가 친정을 시작하자 체포되었다가 병으로 죽었다.

온체인(溫體仁, 1573~1639): 절강 烏程(湖州) 사람으로, 자는 長卿이고, 호는 園嶠이다. 1630년에 禮部尙書兼東閣大學士가 되어 입각하여 정사를 보좌했다. 각신 錢謙益과 대치해 그를 뇌물죄로 탄핵하는 등 정적을 배척하고 음모를 꾸미는 데에 몰두해 輔政 기간 동안 수차례 탄핵되었다.

왕여망(汪如望, 1599~1696): 본명은 Joannes Valat이다. 1684년에 康熙帝가 남순했을 때 다른 신부와 함께 네 가지 공물을 바쳤는데, 康熙帝는 그중 코담배(西蜡, snuff)만을 받았다고 한다.

왕여순(王汝淳): 徐光啓·李之藻·楊廷筠·馮應京·陳繼儒·曹于汴 등과 함께 그리스도교 전파에 힘썼다.

왕풍숙 → 고일지

용화민(龍華民, 1565~1655): 이탈리아 시칠리아 출신의 선교사로, 본명은 Nicolo Longobardi이다. 1597년 중국에 입국하여 韶州에서 활동하였고 1609년 北京으로 가서 利瑪竇의 후계자 훈련을 받았다. 神의 이름에 관하여 利瑪竇가 죽은 후 그와 다른 견해를 피력하며 오랜 논쟁을 이끌었다. 서양 도서의 도입에 노력하였고, 南京教案 때는 北京에 머물면서 선교활동을 중단

하지 않았다. 조선의 사신 鄭斗源과 1631년에 접촉한 일이 있다. 山東 지방 선교에 힘을 쏟았는데, 그가 죽자 順治帝는 하사금을 내리기까지 하였다. 저서로는 『聖若瑟法行實』·『地震解』 등이 있다.

웅삼발(熊三拔, 1575~1620): 이탈리아 출신의 예수회 신부로, 본명은 Sabbathinus de Ursis이고, 字는 有綱이다. 1606년에 중국에 와서 利瑪竇를 따라 중국어를 배우고 그의 조수가 되었다. 후에 徐光啓·李之藻를 도와 『行星說』을 번역하고 北京의 經度를 측정했으며, 후에는 水法을 연구하여 여러 가지 기구들을 제작하였다. 南京教案 때 澳門으로 압송되었다. 저서로 『泰西水法』·『簡平儀說』·『表度說』이 있는데, 모두 『四庫全書』에 수록되어 있다.

유온덕(劉蘊德, 1628~?): 欽天監 관원으로, 그리스도교 신부였다.

유유태(劉有泰): 欽天監의 中官正이었으며, 曆獄 때 李祖白·宋可成·宋發·朱光顯 등과 함께 능지처참형에 처해졌다.

율안당(栗安黨, 1602~1669): 본명은 Antonio de S. Maria이며, 栗安當·李安堂이라고도 한다. 方濟會(Franciscan) 會士로, 중국에서 예수회와 전례논쟁을 이끌었다. 1669년 康熙帝의 親政이 시작되고 南懷仁이 欽天監 監副로 기용되면서 광동에 연금되어 있던 20여 명의 사람들과 함께 풀려났다.

은리격(恩里格, 1624~1684): 오스트리아 태생의 예수회 신부로, 본명은 Christianus Herdtricht이다. 1660년 중국에 도착해 開封에서 金尼閣과 함께 선교활동을 펼쳤으며, 1665년 曆獄으로 廣州에 격리되었으나 1671년에 曆書 편찬을 도왔다.

이류사(利類思 또는 利再可, 1606~1682): 이탈리아 출신의 선교사로, 본명은 Lodovicus Buglio이다. 1636년 중국에 도착해 1665년 曆獄에 연루되었으나 1669년에 사면되었다.

이마두(利瑪竇, 1552~1610): 이탈리아 출신의 예수회 신부로, 본명은 Matteo Ricci이다. 그리스도교 중국 선교를 개척한 선교사이자 학자로, 1568년 로마에서 법률학을 공부한 뒤 1571년 예수회에 가입하였으며, 예수회가 아시아 선교를 위하여 설립한 Coimbra 대학에서 수학하였다. 1577년에 포르투갈을 떠나 1578년 인도의 고아에 도착하여 공부를 계속하였고, 1580년 6월 26일 신부로 서품되었다. 1582년 澳門에 도착하여 1583년에 郭應聘(1529~1586)으로부터 체류 허가를 얻어 羅明堅(Michele Ruggieri, 1543~1607)과 함께 1583년 9월 10일 肇慶에 머물게 되면서 중국의 첫 그리스도교 선교사로서 활동을 시작하였다. 1598년 처음으로 北京을 찾았고, 1601년 1월 龐迪我와 다시 北京으로 가서 1610년에 죽을 때까지 北京에서 서양과학의 전파와 저술을 통한 선교에 힘썼다. 그는 기독교의 하나님(Deus)과 중국의 절대신인 上帝가 같은 신이라고 주장하였는데, 이러한 동일화 작업을 통하여 복음의 접촉점을 찾아 선교의 새로운 지평을 열었다. 중국 선비들과 교우하면서 四書를 라틴어로 번역한 것을 시작으로 세계지도와 많은 번역서와 저술을 남겼다. 그의 중국어 역저는 『天主實義』·『交友論』·『西國記法』·『二十五言』·『畸人十篇』·『辯學遺牘』·『西琴八曲』·『齋旨』·『奏疏』·『幾何原本』·『同文算指』·『測量法義』·『勾股義』·『圜容較義』·『渾蓋通憲圖說』·『經天該』·『萬國輿圖』·『西字奇跡』·『乾坤體義』 등인데, 이들 대부분은 李之藻의 『天學初函』에 수록되어 있다.

이방서(李方西, 1608~1671): 본명은 J. F. R. de Ferrariis로, 1659년 南懷仁이 陝西로 파견되었을 때 함께 일했다.

이상지(李尙之, 1773~1817): 李銳를 말한다. 清代 浙江 元和 사람으로, 상지는 字이다. 經義·古曆·算學과 이 분야의 중국과 서양의 차이에 대해 밝았다. 『疇人傳』을 편집했고, 저서로 『句股算術細草』·『回回曆元考』 등이 있다.

이수겸(李守謙): 예수회 선교사로, 본명은 Simon Rodriguey이다. 1679년 南懷仁의 추천으로 北京에 들어가 역법 관련 일을 도왔다. 공적을 인정받아 '奉旨傳教'라는 御書를 얻어 공식적으로 각 성에서 선교활동을 할 수 있게 되었는데, 이는 강희 8년(1669)의 禁教令 정책에 이미 변화가 일어났음을 알리는 표지라 할 수 있다.

이조백(李祖白, ?~1665): 字는 然眞이며, 흠천감의 夏正官으로, 그리스도교도였다. 湯若望의 제자로 그와 함께 일하였으며, 1622년에 영세를 받았고, 1665년에 曆獄으로 사형당했다. 저서 『天學傳槩』는 중국 교회사의 중요한 자료로, 중국의 시조도 인류의 조상인 아담의 자손이라 하여 楊光先의 주된 비판 대상이 되었다.

이지조(李之藻, 1565~1630): 杭州 출신으로, 字는 振之·我存이다. 徐光啓·楊廷筠과 함께 중국 그리스도교의 三大柱石이라 불린다.

이천경(李天經, 1579~1659): 河北 吳橋縣 사람으로, 字는 仁常·性參·長德이며, 그리스도교도이다. 1613년에 進仕가 되어 開封府學敎諭가 되었고 天啓 연간 초에는 濟南知府를 지냈다. 崇禎 연간에는 大梁藩臺(布政使의 별칭)·陝西臬臺(按察使)를 지냈으며, 1633년에는 李之藻·徐光啓와 함께 鄧玉函을 도와 역법 개편에 참여하였다. 曆局에서 1634년부터 1644년까지 일했고 청대에 들어서서 중용하려 했으나 나아가지 않았다.

ㅈ

전기(錢綺, 1798~1858): 청대 江蘇 元和 사람으로, 字는 映江이고, 號는 竺生이다. 『左傳』을 좋아했으며, 저서로 『左札』·『南明書』가 전한다. 「不得已跋」을 썼다.

전대흔(錢大昕, 1728~1804): 청대 江蘇 嘉定 사람으로, 字는 曉徵·及之이며, 號는 辛楣·竹汀居士이다. 經史·文字·音韻·天文·地理 등에 두루 밝았다. 「不得已題記」를 썼다.

정면장(程綿莊, 1691~1767): 程廷祚를 말한다. 본명은 默이고, 字는 啓生, 號는 綿莊이며, 自號를 靑溪居士라 했다. 經史와 제자백가서에 통달했고 天文·地理·食貨·兵農·水利·禮樂 등에 두루 밝았다.

주광현(朱光顯): 欽天監 관원으로, 曆獄 때 李祖白·宋可成·宋發·劉有泰 등과 함께 능지처참형에 처해졌다.

주지기(周之夔): 合縣(福州) 사람으로, 字는 章輔이다. 1631년에 進士가 되어 蘇州推官에 제수되었으나 강직한 성품 때문에 관직을 버렸다. 명말 문인들의 결사조직인 復社의 성원이었으며, 회화에 뛰어났다. 艾儒略과 사적인 교분을 가지고 있었으며 그의 선교활동을 찬양한 시편을 지은 바 있으나 후에 그리스도교를 반대하는 활동에 적극적으로 참가하였다.

증덕소(曾德昭, 1585~1658): 포르투갈 출신의 선교사로, 본명은 Álvaro Semedo이다. 처음의 중국명은 謝務祿이었다. 1602년에 예수회에 입회했고, 1608년에 고아를 거쳐 1613년에 중국에 도착했다. 南京에서 高一志와 함께 활동하였으며, 南京教案 때 투옥되었다가 추방되었다. 1620년 曾德照라는 새 이름으로 재입국하여 활동했으며, 1625년 西安에서 景敎 선교비를 발견하였다. 로마 방문 후 1644년 澳門을 통해 다시 입국해 명의 멸망을 목도했으며, 나중에 청나라 군사에게 체포되었으나 湯若望의 도움으로 풀려났다. 저서로 『字考』(중국어 · 포르투갈어 사전), 『중국통사』(포르투갈어 저서) 등이 있다.

ㅌ

탕약망(湯若望, 1591～1666): 독일 태생의 예수회 신부이자 천문학자로, 본명은 Johann Adam Schall von Bell이다. 명말청초 중국의 궁정에 봉사한 선교사이다. 1622년에 金尼閣과 함께 중국에 입국, 西安에서 전교하던 중 鄧玉函이 죽자 北京으로 가서 천문역법에 관련된 일에 종사했다. 궁중 선교에 힘써 皇族, 太監 등 2백여 명을 신도로 만들었고 월식을 세 차례 정확히 예측해 명성을 얻었다. 『崇禎曆書』(청대에 들어서 『西洋新法算書』로 개명)를 완성했고, 청나라 때에는 欽天監 감정의 중책을 맡았으며, 順治帝의 총애를 받았다. 1657년 이후 吳明烜 · 楊光先 등이 탄핵해 지위가 흔들렸고, 1665년에는 曆獄의 중심인물로 참형에 처해졌으나, 順治帝의 모친 太皇太后의 청으로 사면되었다. 출옥 후 南懷仁 · 利類思 · 安文思와 함께 지내다 서거했다. 저서로 『進呈書像』 · 『主教緣起』 · 『渾天儀說』 · 『西洋測日曆』 · 『西洋曆法新書』 등이 있다.

ㅍ

필가(畢嘉, ?～1696): 이탈리아 사람으로, 본명은 Dominicus Gabiani이고, 字는 鐸民이다. 1659년에 중국에 입국한 이래 揚州 · 常州 · 南京 일대에서 선교활동을 했으며 揚州에서 죽었다. 1664년 揚州의 그리스도교도는 천 명에 가까웠으며 蘇北 지구에서 교당의 규모가 가장 컸다고 한다. 1689년 康熙帝의 南巡 때 江寧에서 洪若과 함께 빗속에서 무릎을 꿇고 앉아 聖駕를 영접한 이래 康熙帝의 총애를 받았으며, 궁에서의 알현과 南京에서의 두 차례 만남 등에 관해 일화가 전한다.

필방제(畢方濟, 1582～1649): 이탈리아 태생의 선교사로, 본명은 Francesco Sambiasi이고, 字는 今梁이다. 1602년 예수회에 입회했고, 1610년에 澳門을 거쳐 1613년에 北京으로 파송되었다. 南京教案 때 龍華民과 함께 徐光啓와 楊廷筠의 보호를 받았다. 후에 欽天監에서 일했고 여생을 장강 하류 지역에서 선교활동을 하며 보냈다. 저서로 『靈言蠡勺』 · 『睡答』 · 『畫答』 · 『奏疏』 등이 있다.

ㅎ

하대화(何大化, 1592～1677): 포르투갈 출신의 예수회 선교사로, 본명은 Antonius de Gouvea이고, 字는 德川이다. 1636년 중국에 파송되어 武昌 · 蘇州 · 福州 등지에서 선교활동을 했고 1665년 曆獄 때 체포되어 廣州로 추방되었다. 1669～1672년 중국 예수회 省區會長이었으며, 저서로 『天主聖教蒙引要覽』 · 『遠方亞洲』 등이 있다.

허지점(許之漸, 1612～1700): 字는 義吉, 號는 青嶼이다. 『天學傳槩』의 서문을 써 楊光先의 비판을 받았으며, 1664년에 楊光先의 상소 때문에 관직이 삭탈되었으나 8년 후에 사건의 억울함이 밝혀져 복직되었다. 성격이 강직했으며, 복직 후 오래지 않아 사망하였다.

허찬증(許纘曾, 1627~1693): 松江 華亭 사람으로, 字는 孝彦이고, 호는 鶴少이다. 모친이 徐光啓의 손녀로 어려서 영세를 받았으며, 1657년부터 벼슬길에 나아가 四川 지방의 관리가 된 뒤 모친의 뜻에 따라 穆格我(Claudus Motel) 신부 등의 선교활동을 도왔다. 恩里格과 함께 河南省의 교회당을 건축하였으며, 曆獄에 연루되어 파직되었으나 곧 복직되었다.

호진월(胡振鉞): 欽天監 監副로, 1668년 11월 23일 康熙帝의 명에 따라 楊光先 · 李光顯 등과 함께 관측 시험에 참여했다. 사흘 동안 관측한 결과, 南懷仁 등의 관측과 추산이 정확한 것으로 나타나자 胡振鉞도 이를 인정했다. 이후 청조는 1670년 南懷仁의 추산과 주장을 받아들여 하루를 100刻으로 나누던 것을 96刻으로 나누기 시작했고, 羅睺 · 計都 · 月孛는 그대로 사용하고 紫氣는 사용하지 않기로 했다.

황비열(黃丕烈, 1763~1825): 청대 江蘇 吳縣 사람으로, 字는 紹武이고, 號는 蕘圃 · 復翁이다. 藏書家로 특히 宋代의 서책을 모으기 좋아했으며, 校勘學에 밝았다. 「不得已題記」를 썼다.

찾아보기

ㅈ

ㅊ

명말청초 반기독교 문서

제1권

부득이–17세기 중국의 반기독교 논쟁

안경덕, 김상근, 하경심 옮김

청 초, 기독교 및 서양 천문학과 역법에 대한 비판과 기독교의 세 확장에 대한 경계의 글을 모은 양광선(楊光先)의 『부득이(不得已)』(상·하권. 1665), 이를 조목조목 반박한 서양인 신부 이류사(利類思)의 『부득이변(不得已辯)』(1665)과 남회인(南懷仁)의 『역법부득이변(曆法不得已辨)』(1669)을 수록하고, 당시의 반기독교 운동 관련 자료를 함께 소개하고 있다.

제2권

파사집–17세기 중국인의 기독교 비판

안경덕, 이주해 옮김

명 말, 기독교의 세 확장에 위기를 느낀 중국의 승려, 관료, 문인 40여 명이 유교와 불교의 입장에서 쓴 기독교 비판의 글 60여 편을 모아 황정(黃貞)이 편찬하고 서창치(徐昌治)가 최종 완성한 『파사집(破邪集)』(1640)을 수록하고, 승려 지욱(智旭)이 천주교의 교리를 비판하고 중국의 도통을 수호할 것을 역설한 글 두 편(天學初徵, 天學再徵)으로 이루어진 『벽사집(闢邪集)』(1643) 중 일부를 함께 실었다.

제3권

오문기략–마카오에서 만나는 유럽

하경심, 이주해, 정찬학 옮김

『오문기략(澳門記略)』(1751)은 18세기 초 오문(마카오)에 부임한 두 관리 인광임(印光任)과 장여림(張汝霖)의 오문에 대한 종합보고서로, 상권(形勢篇, 官守篇)과 하권(澳蕃篇)으로 이루어져 있다. 오문의 형세, 행정과 법, 풍물 뿐 아니라 이곳을 드나들던 외국인 및 외국의 종교와 풍속 등을 담고 있어 당시 청대 관리들의 대외인식과 위기감도 엿볼 수 있으며, 다양한 삽화를 통해 당시 오문의 모습과 외국인 거주자들의 모습을 볼 수 있다.

지은이

양광선(楊光先, 1597~1669) : 『不得已』의 저자.

徽州 歙縣 사람으로, 湯若望(Johann Adam Schall von Bell)의 새 역법이 지닌 오류를 지적한 소를 올려 이른바 曆獄(欽天監教難)을 일으켰다. 후에 흠천감 감정으로 임명되었으나 서양역법이 정확하다는 것이 판명되자 파직되었다. 참형에 처해지려다 사면받고 고향으로 돌아가는 길에 죽었다.

이류사(利類思, 1606~1682) : 『不得已辯』의 저자.

이탈리아 출신 선교사로, 본명은 Lodovicus Buglio이다. 1636년 중국에 와 선교활동을 벌였으며, 1665년 曆獄(欽天監教難)으로 고초를 겪었고 1669년 사면되었다.

남회인(南懷仁, 1623~1688) : 『曆法不得已辨』의 저자.

벨기에 출신의 예수회 신부이자 천문학자로, 본명은 Ferdinand Verbiest이다. 1658년부터 중국에서 선교활동에 종사했으며, 欽天監에서 탕약망을 도와 일하다 1665년 曆獄(欽天監教難)으로 옥고를 치렀다. 자신의 역법 추산이 정확하다는 것이 판명되어 1669년에 흠천감에 복귀했다.

옮긴이

안경덕

연세대학교 경영학과를 졸업하고, 서울대학교 신문대학원을 수료했다. 산업은행과 대우그룹에서 일하고 새한컨설팅을 창업했으며, 은퇴 후 연세대학교 연합신학대학원에서 「적응과 관용－명말 청초 반기독교 정서의 기원과 확산」이라는 논문으로 석사학위를 취득했다. 현재 몽골종교문화연구소 소장으로 동방기독교에 관한 연구를 하고 있다. 역서로 『나는 팔레스타인의 크리스천이다』(CLC, 2008)가 있다.

김상근

연세대학교 신학과 졸업 후, 미국 에모리대학교와 사우스캐롤라이나 주립대학교에서 석사학위를 취득하고 프린스턴신학교 대학원에서 「마테오 리치의 하나님 이름 번역과정과 이에 대한 중국인들의 반응에 대한 연구」로 박사학위를 취득했다. 현재 연세대학교 신과대학 교수로 재직 중이다. 저서로 『동서문화의 교류와 예수회 선교역사』(한들, 2006), 『프란치스코 하비에르』(홍성사, 2010) 등이 있고, 역서로 『인도의 길을 걷고 있는 예수』(평단문화사, 2005) 등이 있다.

하경심

연세대학교 중어중문학과 졸업 후 동 대학원에서 「孟稱舜 『嬌紅記』의 비극성 연구」로 박사학위를 취득했다. 현재 연세대학교 중어중문학과 교수로 재직 중이다. 역서로 『중국연극사』(학고방, 2001), 『田漢 희곡선』(학고방, 2006), 『두아 이야기, 악한 노재랑』(지만지, 2008) 등이 있고, 논문으로 「『澳門記略』을 통해 본 '竹枝詞'의 기능과 수용」, 「중국 전통극 제재의 변용에 관한 일고」, 「중국전통극 중 여성영웅형상 연구」 등 다수가 있다.

명말청초
반기독교
문서 1

부득이

17세기 중국의 반기독교 논쟁

1판 1쇄 펴낸날 2013년 8월 30일

지은이 | 양광선, 이류사, 남회인
옮긴이 | 안경덕, 김상근, 하경심
펴낸이 | 김시연

펴낸곳 | (주)일조각
등록 | 1953년 9월 3일 제300-1953-1호(구 : 제1-298호)
주소 | 110-062 서울시 종로구 경희궁길 39
전화 | 734-3545 / 733-8811(편집부)
733-5430 / 733-5431(영업부)
팩스 | 735-9994(편집부) / 738-5857(영업부)
이메일 | ilchokak@hanmail.net
홈페이지 | www.ilchokak.co.kr
ISBN 978-89-337-0666-4 93210
값 35,000원